【国学精粹珍藏版】

中华历代名人大传

◎尽览中国古典文化的博大精深
◎读传世典籍，赢智慧人生
——受益终生的传世经典

李志敏 ⊙ 主编

卷一

民主与建设出版社

图书在版编目（CIP）数据

中华历代名人大传/李志敏编著；郑琦绘. ——北京：民主与建设出版社，2015.12
ISBN 978-7-5139-0933-4

Ⅰ.①中… Ⅱ.①李…②郑… Ⅲ.①名人-列传-中国 Ⅳ.①K82

中国版本图书馆 CIP 数据核字（2015）第 275501 号

ⓒ 民主与建设出版社，2015

中华历代名人大传

总　策　划：	董治国
发行统筹：	王　辉
主　　编：	李志敏
责任编辑：	王　颂　王　倩
审读编辑：	陈雪涛
装帧设计：	王洪文
出版发行：	民主与建设出版社有限责任公司
地　　址：	北京朝阳区阜通东大街融科望京中心 B 座 601 室
电　　话：	010-59419778　59417747
印　　刷：	永清县晔盛亚胶印有限公司
开　　本：	787 mm×1092 mm　1/16
字　　数：	460 千字
印　　张：	32
版　　次：	2016 年 1 月第 1 版　2016 年 7 月第 2 次印刷
印　　数：	1-5000
标准书号：	ISBN 978-7-5139-0933-4
定　　价：	280.00 元（全四卷）

前言

在华夏五千年文明的长河中,悠悠流淌着各个朝代的兴衰更替和历史名人的荣辱成败。名人们在历史的舞台上演绎着各自的人生,他们或辉煌,或黯然,或幸运,或悲苦……他们中不乏辅助帝王的名相,亦有驰骋沙场的军事将领;有热爱钻研的科学巨匠,也有著作颇丰的文学大家,有魅力非凡的艺术精灵,还有在经济领域获得成功的商界大亨。

本书撷取了我国历史上多个领域的百余名著名人物,以简洁通畅的语言,从生平、成就和生活趣事等方面对人物进行了介绍。在这些名人中,鉴于不同的历史背景,既有从失败走向成功的,也有从辉煌走向败落的,其故事有的让我们深刻反思,有的让我们扼腕叹息,从而让读者切身感受到名人先贤们身上的智慧。

众多名人汇集于此,受篇幅所限,我们不可能将人物的一生详尽记述,只能选取重要事例来叙述,以更好地凸显人物的性格。可以说,书中选取的名人信息可读性强,且文中配有大量的图片,图文并茂,是一本值得阅读的融知识性和趣味性于一体的好书。

总之,阅读中国名人传记,能让广大青少年更好地了解我国的历史文化,激起他们的爱国热情和斗志,让他们站在历史的高度重新审视自己的历史使命。它将成为青少年和其他作者群的最佳读物。

名人的影响力是深远的,名人的感染力是巨大的。愿您走进历史名人,在本书中寻找到一分清凉和欣喜。

目录

卷一

政治领袖

伏羲氏 ·· 1
"三皇"之首 ·· 1
创立八卦 ·· 2
夏禹 ·· 2
大禹治水 ·· 2
受禅为帝 ·· 3
周文王 ·· 4
贤明仁政 遭忌被囚 ·· 5
知人善任 招纳贤才 ·· 6
灭商就绪 身死垂成 ·· 7
周武王 ·· 8
牢记遗训 加强战备 ·· 8
内应外合 一举制胜 ·· 10
兴利弊害 保国安民 ·· 11
齐桓公 ·· 13
迷惑对手 兼程即位 ·· 13
决计行动 消除隐患 ·· 14
不计前嫌 重用管仲 ·· 15

九合诸侯	16
晋文公	18
流亡他国 终当国君	18
平定内乱 安民兴国	21
争霸称雄	22
楚庄王	24
不鸣则已 一鸣惊人	24
慧眼识人 励精图治	25
发兵征战 问鼎中原	26
勾践	28
兵败为奴，忍辱负重	28
蔽敌获释	29
卧薪尝胆 越甲吞吴	30
秦始皇	31
谁是生父	32
诛父罢相 实权在握	33
荆轲刺秦 秦灭六国	34
十二铜人	37
刘邦	38
娶妻吕雉	38
斩蛇起义	39
立足关中	40
楚汉相争	41
巩固皇权	43
刘备	45
乱世起兵 智杀吕布	45
三顾茅庐 礼贤求才	47
联孙抗曹 攻占益州	49
自立汉中王	52
白帝城托孤	53

孙权
- 少年承志 有智有谋 ········· 54
- 有胆有识抗曹军 ············· 56
- 联蜀称帝 ··················· 57
- 由贤明转向糊涂 ············· 59

李世民
- 夺嫡篡位 ··················· 62
- 选立太子 ··················· 63
- 嗜马成癖 ··················· 64
- 迷信兆卜，又寻仙丹 ········· 66

武则天
- 掐死亲生女儿 ··············· 67
- 毒杀次子李贤 ··············· 69
- "告密特使" ················· 71
- 男宠入宫 ··················· 72

李煜
- 亡国亡命 ··················· 73
- 迷情大小周 ················· 75

忽必烈
- 兄弟相残 ··················· 77
- 尊用汉法 ··················· 79
- 重用汉儒 ··················· 81

康熙
- "天花"成就皇位 ············· 83
- 六次南巡 ··················· 84
- 传位之争 ··················· 85

雍正
- 矫诏夺位 ··················· 86
- 密用和尚参政 ··············· 88
- 死因种种 ··················· 90

乾隆 ·· 91
　迷离身世 ·· 91
　青年登基 ·· 93
　西北战事 ·· 94
　诗文才华 ·· 95
　禅位 ·· 96

辅政名臣

周公旦 ·· 97
　辅助武王 ·· 97
　伐灭三监 ·· 98
　制礼作乐 ·· 99
　归政成王 ·· 100
管仲 ·· 101
　管仲拜相 ·· 101
　纵论国策 ·· 103
　智过鬼泣谷 ····································· 105
　病榻论相 ·· 106

卷二

商鞅 ·· 111
　投奔秦国 ·· 111
　立木建信 ·· 111
　商鞅变法 ·· 112
　车裂身死 ·· 113
张仪 ·· 114
　游说秦国　登坛拜相 ························ 114
　秦命使楚　离间两国 ························ 114

齐楚断交 秦国得利 …… 115
游说天下 连横成功 …… 116

苏秦 …… 117
悬梁刺股，志存高远 …… 117
游说天下 六国会盟 …… 119
六国纷扰 弃赵投燕 …… 120
东窗事发 身遭车裂 …… 121

蔺相如 …… 122
完璧归赵 …… 122
渑池之会 …… 124
将相和 …… 125

李斯 …… 126
布衣之子 荀子门徒 …… 126
投奔秦国 跻身吕门 …… 127
邀功秦王 谏逐客书 …… 127
臣事秦王 统一六国 …… 128
登坛拜相 力主变革 …… 129
焚书坑儒 累于名禄 …… 130
伪造遗诏 终遭腰斩 …… 131

萧何 …… 131
小沛起兵 追随刘邦 …… 131
萧何月下追韩信 …… 133
鞠躬尽瘁 死而后已 …… 135

诸葛亮 …… 138
隐居隆中 …… 138
三顾茅庐定计天下 …… 139
赤壁之战天下三分 …… 140
白帝城受命 …… 141
治理蜀国 …… 142
北伐曹魏 …… 143

房玄龄 ······ 144
　开国功臣 ······ 144
　玄门当机赢得胜利 ······ 146
　力主安抚通好外邦 ······ 147
　惧内宰相 ······ 149
　一代勋臣 ······ 150
魏征 ······ 151
　乱世纵英才 ······ 151
　第一诤臣 ······ 153
狄仁杰 ······ 155
　"真大丈夫" ······ 156
　勤政惠民 ······ 157
　智辅武周 ······ 159
包拯 ······ 161
　少年苦学,孝闻乡里 ······ 161
　忠直一生,铲奸除佞 ······ 162
王安石 ······ 165
　志存高远 ······ 165
　变法强国 ······ 166
张居正 ······ 167
　少有英才 ······ 167
　初入内阁 ······ 169
　万历新政 ······ 170
　人亡而政息 ······ 173
林则徐 ······ 174
　初入仕途 ······ 174
　虎门销烟 ······ 175
　死而后已 ······ 177
曾国藩 ······ 179
　仕途平坦 ······ 179

讨逆功臣 ································· 180
功败垂成 ································· 181

权臣奸相

屠岸贾 ································· 183
谗臣乱政 ································· 183
灭门惨案 ································· 185
罪有应得 ································· 186
赵高 ····································· 186
篡诏弑君 ································· 186
君臣狼狈为奸 ··························· 189
黄粱梦断 ································· 193
李林甫 ································· 196
跑官有道 ································· 196
嫉贤妒能 ································· 197
冤杀忠良 ································· 200
蔡京 ····································· 203
百变谋相位 ······························ 203
借行新法排斥异己 ···················· 205
怂恿皇上玩物丧志 ···················· 206
罢相惨死 ································· 206
秦桧 ····································· 210
主张抗金 却成了和议使者 ········ 210
罢相复相 议和先锋 ·················· 211
造冤案害死岳飞 ······················· 213
跪拜忠魂 ································· 215
贾似道 ································· 216
纨绔子弟 扶摇直上 ·················· 216
谎报战功 独擅朝政 ·················· 218
回买公田 剥削人民 ·················· 219

谋取权位,恣意淫乐 ……………………………………… 220
向敌称臣,不战而溃 ……………………………………… 223
恶贯满盈 下场可耻 ……………………………………… 225
严嵩 ………………………………………………………… 226
发迹之路 …………………………………………………… 226
阿谀谄媚得高官 …………………………………………… 228
排斥同僚害忠臣 …………………………………………… 230
鱼肉百姓误国家 …………………………………………… 231
奸横骄纵终败亡 …………………………………………… 233

卷 三

魏忠贤 ……………………………………………………… 239
谋害异己 …………………………………………………… 239
迫害东林党 ………………………………………………… 240
人生终途 …………………………………………………… 243
鳌拜 ………………………………………………………… 247
专权擅权 阻我者亡 ……………………………………… 248
狂妄至极 目无君王 ……………………………………… 251
鳌拜被擒 …………………………………………………… 253
和珅 ………………………………………………………… 255
好不容易找到这个孙女婿 ………………………………… 256
机敏应对 巧于逢迎得赏识 ……………………………… 258
贪赃枉法一场空 …………………………………………… 259

军事将领

孙武 ………………………………………………………… 263
隐居著兵法 ………………………………………………… 263
斩姬立威纪律严 …………………………………………… 265

西破强楚功业成 ·· 266
吴起 ··· 267
杀妻求将为仕途 ·· 267
阴晋之战 ··· 269
弃魏投楚搞变法 ·· 270
孙膑 ··· 271
求学兵法遭迫害 ·· 271
离魏去齐显才华 ·· 273
围魏救赵 ··· 275
见机而退 ··· 276
晚年著述《孙膑兵法》 ······································ 278
廉颇 ··· 279
将相和 ··· 280
秦赵之战 ··· 281
传说故事 ··· 282
韩信 ··· 283
少年受尽屈辱 ·· 284
立为齐王 ··· 285
凄惨的结局 ·· 285
李广 ··· 287
英勇的飞将军 ·· 287
冯唐易老 李广难封 ·· 289
卫青 ··· 291
苦尽甘来命运转 ·· 291
初露锋芒 ··· 292
河南战役 ··· 293
大败匈奴受加封 ·· 295
身居高位娶公主 ·· 297
李靖 ··· 297
王佐之才 ··· 297

屡建战功受重用……300
郭子仪……301
打败叛军 收复洛阳……301
遭人嫉妒被罢免……303
单身走访回纥营……303
李光弼……306
斩杀崔众树立军威……306
太原保卫战……307
河阳之战尺寸必争……308
岳飞……310
离家从军崭露头角……310
岳飞抗金死不屈……311
戚继光……313
将门虎子立国志……313
浙江倭匪被驱尽……316
入闽胜利剿倭……317
进军牛田捣贼窝……318
扼制边关护百姓……320
袁崇焕……321
单骑出关……322
营筑宁远……323
宁锦大捷……324

文坛名宿

屈原……327
壮志难酬……327
投身汨罗江……329
一代辞宗……332
司马迁……333
游学生涯……333

忍辱负重著《史记》	335
李白	337
一进长安	337
命丧流放中途	340
杜甫	341
生逢乱世	341
世称"诗圣"	343
后世影响	345
柳宗元	346
宦海浮沉	346
文学成就	350
范仲淹	353
一心向学	353
入仕	354
征战西北	357
先天下之忧而忧	360

卷 四

欧阳修	367
仕途艰涩	367
回河之争	368
狄青之死	369
醉翁四逸事	371
文学成就	372
苏轼	375
政见不合，屡屡遭贬	375
不思量，自难忘	377
画扇断案	378

轶闻三则	380
艺术成就	381
陆游	382
爱情悲歌	382
报国无门	384
施耐庵	385
避乱修书	386
死于冤狱	387
吴承恩	388
恃才傲物	388
奇书《西游记》	389
曹雪芹	390
离奇身世	391
"字字看来皆是血,十年辛苦不寻常"	392

科学巨匠

鲁班	393
发明成就	393
个人传说	395
蔡伦	396
生活困苦辛酸入宫	396
伴君如伴虎	397
书写困境	401
蔡伦造纸	403
张衡	405
家世背景	405
文学创作	409
科学发明成就	411
祖冲之	416
致力于历法研究	416

其他发明成就 ……………………………………… 418
贾思勰 ……………………………………………… 419
热爱农学搞创作 …………………………………… 419
农学思想精髓 ……………………………………… 421
沈括 ………………………………………………… 422
广泛兴趣 …………………………………………… 422
外交军事成就 ……………………………………… 425
郭守敬 ……………………………………………… 426
成长经历 …………………………………………… 426
熟悉水利巧提建议 ………………………………… 428
西夏治水 …………………………………………… 428
编订《授时历》 …………………………………… 429
黄道婆 ……………………………………………… 430
痛苦的年幼时期 …………………………………… 431
纺织成就 …………………………………………… 431
徐光启 ……………………………………………… 433
仕途之路 …………………………………………… 433
科学成就 …………………………………………… 434
徐霞客 ……………………………………………… 437
背负行囊外出考察 ………………………………… 437
《徐霞客游记》 …………………………………… 439

艺术大师

王羲之 ……………………………………………… 441
年少时轶事 ………………………………………… 441
仕途不顺辞官职 …………………………………… 442
苦练书法 …………………………………………… 444
王氏书法的艺术魅力 ……………………………… 445
顾恺之 ……………………………………………… 446
绘画作品与成就 …………………………………… 446

- 记载轶事·················· 448
- **吴道子** 449
- 走上绘画之路·············· 449
- 代表作品·················· 450
- 生活速写·················· 451
- **颜真卿** 452
- 酷爱书法成大家············ 452
- 威武不屈·················· 454
- 师从张旭·················· 455
- **柳公权** 456
- 学识素养·················· 457
- 学书法之路················ 458
- 从别家汲取精华············ 460
- **张择端** 463
- 绘画题材的来源············ 463
- 《清明上河图》赏析········ 464
- **唐寅** 465
- 厌倦仕途转绘画············ 465
- 独特画风才华高············ 466
- 生活故事·················· 467
- **郑板桥** 469
- 卖画求生计················ 469
- 绘画的艺术性·············· 470

商界名人

- **范蠡** 473
- 助勾践灭吴雪耻············ 473
- 弃政从商变富豪············ 474
- **吕不韦** 476
- 商人之鼻祖················ 476

开创了商人从政的历史先河 ……………………………… 477
沈万三 …………………………………………………… 478
致富的真正原因 ……………………………………… 479
三次打击致其衰落 …………………………………… 480
乔致庸 …………………………………………………… 480
乔氏家族发家史 ……………………………………… 481
善于用人 ……………………………………………… 482
胡雪岩 …………………………………………………… 483
慷慨相助结至交 ……………………………………… 483
大树底下好乘凉 ……………………………………… 485
另择木而栖 …………………………………………… 488

政治领袖

伏羲氏

伏羲，又作宓羲、庖牺、包牺、伏戏，亦称牺皇、皇羲、太昊，史记中称伏牺，是中华民族人文始祖，我国古籍中记载的最早的王，所处时代约为新石器时代早期，他根据天地万物的变化，发明创造了八卦，成了中国古文字的发端，也结束了"结绳纪事"的历史。他又结绳为网，用来捕鸟打猎，并教会了人们渔猎的方法。他的活动，标志着中华文明的起始。

"三皇"之首

伏羲是传说中人类文明的始祖，被尊为"三皇"之首。他的母亲名叫华胥氏，是一个非常美丽的女子。有一天，她去雷泽郊游，在游玩途中发现了一个大大的脚印。出于好奇，她将自己的脚踏在大脚印上，当下就觉得有种被蛇缠身的感觉，于是就有了身孕。而令人奇怪的是，这一怀孕就怀了十二年。后来就生下了一个人首蛇身的孩子，这就是伏羲。当地的人为了纪念伏羲的诞生，就将地名改为成纪，因为在古代，人们把十二年作为一纪。据史学家考证，古成纪就是今天的天水。《汉书》中说道："成纪属汉阳郡，汉阳郡即天水郡也。古帝伏羲氏所生之地"。所以，天水历来被称为"羲皇故里"。

创立八卦

在天水麦积区（原叫做北道区）渭南乡西部，有一卦台山，这里就是伏羲画八卦的地方。

在伏羲生活的远古年代，人们对于大自然一无所知。当下雨刮风、电闪雷鸣时，人们既害怕又困惑。天生聪慧的伏羲想把这一切都搞清楚，于是他经常站在卦台山上，仰观天上的日月星辰，俯察周围的地形方位，有时还研究飞禽走兽的脚印和身上的花纹。

有一天，他又来到了卦台山上，正在苦苦地思索他长期以来观察的现象。突然，他听到一声奇怪的吼声，只见卦台山对面的山洞里跃出一匹龙马。说它是龙马，那是因为这个动物长着龙头马身，身上还有非常奇特的花纹。这匹龙马跃到了卦台山下渭水河中的一块大石上。这块石头形如太极，配合龙马身上的花纹，顿时让伏羲有所了悟，于是他画出了八卦。

后来，那个跃出龙马的山洞被人们称为龙马洞，渭水河中的那块大石就叫做分心石。现在去卦台山，还可以看到这些地方。而且，龙马洞里还有石槽和石床的残迹。

伏羲八卦，具有博大精深的文化内涵。以伏羲八卦为特征的伏羲文化，到现在仍吸引着国内外无数学者在探索、研究。而且，当代的许多学科都深受其影响，并从中得到启示。

夏禹

大禹是我国古代原始社会末期中原地区的最后一位部落联盟的首长，姓姒，名文命，又称大禹、夏禹、戎禹，是黄帝的第四代子孙。相传禹治黄河水患有功，受舜禅让继帝位。禹是夏朝的第一位天子，因此后人也称他为夏禹。

大禹治水

远古时期，天地茫茫，宇宙洪荒，人民饱受海浸水淹之苦。尧帝开始起用禹的父亲鲧治理洪水。鲧治水逢洪筑坝，遇水建堤，采用"堙"的办法，九年而水不息。尧的助手舜行视鲧治水无功，将他诛杀在羽山。

舜命鲧的儿子禹继续治水。

禹接受任务以后，立即与益和后稷一起，召集百姓前来协助。他视察河道，并检讨鲧失败的原因，决定改革治水方法，变堵截为疏导，亲自翻山越岭，淌河过川，拿着工具，从西向东，一路测度地形的高低，树立标杆，规划水道。他带领治水的民工，走遍各地，根据标杆，逢山开山，遇洼筑堤，以疏通水道，引洪水入海。禹为了治水，绞尽脑汁，不辞劳苦，从来不敢休息。他与涂山氏女名女娇新婚不久，就离开妻子，重又踏上治水的道路。后来，他路过家门口，听到妻子生产，儿子呱呱坠地的声音，都咬着牙没有进家门。第三次经过的时候，他的儿子启正被抱在母亲怀里，他已经懂得叫爸爸，挥动小手，和禹打招呼，禹只是向妻儿挥了挥手，表示自己看到他们了，还是没有停下来。禹三过家门不入，正是他劳心劳力治水的最好证明。

禹把所有的心思都用在治水上，他经常穿着破烂的衣服，吃粗劣的食物，住简陋的席篷，每天亲自手持耒锸，带头干最苦最脏的活。几年下来，他的腿上和胳膊上的汗毛都脱光了，手掌和脚掌结了厚厚的老茧，躯体干枯，脸庞黧黑。经过13年的努力，他们开辟了无数的山，疏浚了无数的河，修筑了无数的堤坝，使天下的河川都流向大海，终于治水成功，根治了水患。

受禅为帝

由于禹治水成功，帝舜在隆重的祭祀仪式上，将一块黑色的玉圭赐给禹，以表彰他的功绩，并向天地万民宣告成功和天下大治。不久，又封禹为伯，以夏（今河南万县）为其封国。禹在天下的威望达到顶点。万民称颂说："如果没有禹，我们早就变成鱼和鳖了。"帝舜称赞禹，说："禹啊禹！你是我的胳膊、大腿、耳朵和眼睛。我想为民造福，你辅佐我。我想观天象，知日月星辰、作文绣服饰，你谏明我。我想听六律五声八音来治乱，宣扬五德，你帮助我。你从来不当面阿谀背后诽谤我。你以自己的真诚、德行和榜样，使朝中清正无邪。你发扬了我的圣德，功劳太大了！"

帝舜在位三十三年时，正式把天子位禅让给禹。十七年以后，舜在南巡中逝世。三年治丧结束，禹避居阳城，将帝位让给舜的儿子商均。但天下的诸侯都离开商均去朝见禹。在诸侯的拥戴下，禹正式即天子位，以安邑（今山西夏县）为都城，国号夏。分封丹朱于唐，分封商均于虞。改定历日，以建寅之月为正月。又收取天下的铜，铸成了九鼎，作为天下共主的象征。

当了天子的禹更加勤奋地为万民谋利，诚恳地招揽士人，广泛地听取民众的意见。有一次，他出门看见一个罪人，竟下车问候并哭了起来。随从说："罪人干了坏事，你何必可怜他！"帝禹说："尧舜的时候，人们都和尧舜同心同德。现在我当天子，人心却各不相同，我怎能不痛心？"仪狄造了些酒，帝禹喝了以后感到味道很醇美，就给仪狄下命令，要他停止造酒，说："后代一定会有因为酒而亡国的。"

禹继帝位不久，就推举皋陶当继承人，并让他全权处理政务。在皋陶不幸逝世以后又推举伯益为继承人，负责政务。

帝禹在位第十年南巡。过江时，一条黄龙游来，拱起大船，船上的人很害怕。帝禹仰天叹息道："我受命于天。活着靠上天的佐助，死了要回到天上去。你们何必为这一条龙担忧？"龙听到这一席话，摇摇尾巴，低下头就不见了。帝禹到涂山，在那里大会天下诸侯，献上玉帛前来朝见的诸侯竟达万名之众。

帝禹在位十五年后逝世，葬于会稽（今浙江绍兴），终年100岁。

周文王

周文王（前1152～前1056），姓姬，名昌，晚年自号为文王。他在位50年，承袭其祖上的政策，尽力抛弃奴隶制度而推行封建制度，使周国很快强盛起来，不仅具备了推翻商王朝的力量，也为周武王的伐纣夺取天下打下了良好的基础，而且更推动了整个社会的进步，他所创立的卓越功绩是值得后人崇敬的。

贤明仁政 遭忌被囚

姬昌的父亲是周朝创业者古公的第三个儿子季历。姬昌出生时，曾有一口衔丹书的赤雀落在他门前，人们认为他有圣王吉兆。古公很爱昌，曾说："我们家族将来当有兴国立业的人出现，大概就是昌吧？"古公的另外两个儿子太伯和虞仲知道古公想要立季历，以便传位给昌，哥俩为了让位，就逃到南方"荆蛮"地区（今江苏苏州、无锡一带），像当地土著一样，断发文身，定居了下来。于是季历在古公之后当上了周人的首领。太伯、虞仲避免与弟弟争夺王位而主动远徙退让，这在当时是难能可贵的，因而周人常赞颂他们此举，无形中在部族内部养成了崇尚仁义和礼让的风气。

季历当政时期，周势力渐趋强大，曾多次在与南下侵扰的游牧部落作战中取胜，赢得了西北地区一些小邦国的拥戴。商王便承认季历做西方的霸主，号称西伯。后来商王文丁因感到周国的威胁，而杀害了季历。季历死后，姬昌即做周君，也号称西伯，后称周文王。

周文王继承后稷、公刘的遗业，效法古公、公季的成规，笃行仁政，敬老爱幼，礼贤下士，并且以商纣王为戒，始终保持周人质朴的美德，坚持过着俭朴无华的生活，不敢乐于饮酒打猎，不敢贪图享乐，玩物丧志。他勤于政事，重视发展农业生产，亲自穿着平民的衣服，从事开山垦荒、耕田种地的劳役。并从中体察民情，了解农民的辛苦。他还很关心那些鳏寡孤独、孤苦无依的小民，帮助他们解决生活上的困难。

周文王很注意施行仁政和裕民政治，主要就是适当节制租税征收，让农民有些积蓄而对劳动发生兴趣。为此他采用了一种类似征收劳役地租的办法，即将每一方里的农地划成一个井田区，每井共九百亩（每百亩约合今24.6亩），正当中的那一百亩为公田，外围让八家农民各分得一百亩作为私田。大家共同助耕公田，交九分之一的租税。大小官都有分地，子孙继承，作为公禄。这比商朝奴隶制国家的租税征收数额要轻许多。其次是规定关卡和集市只稽查不征税，以利裕民和促进商业的发展。此外，还规定对罪人判刑不株连妻室儿女，不许把他们籍没为奴。这些政策都是比较进步，很得人心的。

由于文王的贤明仁政，周国的进步发展很快。商纣王的侍臣崇侯虎是商王朝中比较有头脑的人物，他看到周国的势力越来越大，就提醒商纣说："西伯积德行善，诸侯都归向他，这对帝王您是很不利的啊！"商纣觉得他言之有理，便在一次周文王来殷都朝见时，借故把他拘捕，关押在羑里。对此，周文王并不因此而灰心丧气，他在那里曾把相传由伏羲氏发明的八卦，推衍、发展为六十四卦，并且写了卦词。由此形成了一本著作——《周易》。

周文王在羑里被囚禁两年，周的大臣们都十分着急。闳夭、散宜生等人设法找来了有莘氏的美女和骊戎地区出产的红鬃白身骏马、有熊国产的36匹良马以及其他奇珍异宝，通过殷的宠臣费仲去献给纣。纣非常高兴，说："有这么一个美女就大可释放西伯了，更何况有这么多好东西呢？"便赦了周文王。御赐给他弓箭斧钺，授权他可以讨伐不听命的诸侯。不幸的是，被作为人质送到殷都的周文王的大儿子伯邑考却仍被纣王留下，不久就郁郁地客死在殷都。从此，文王与纣结下了不共戴天之仇。虽然表面上仍尊奉商王朝的号令，暗地里文王却在加紧积蓄力量，准备灭掉商纣。

笃行仁政，礼贤下士，俭朴无华，体察民情，充分展现了文王的崇高风范；而纣王在嫉妒中，耍尽手腕，狡猾阴险，拘禁文王，还害死了文王的长子，实在令人恨之入骨。

知人善任 招纳贤才

周文王，虽然脱离了虎口，逃难归国，但长子伯邑考的死使他承受了重大的打击。悲伤之中，他更加痛恨纣王的残暴野蛮。为了进一步壮大势力，伺机推翻商朝，他更加推行仁政，行善积德，积极争取与国，尽力招贤纳士。周国不仅继续做着西部许多邦国和部族的共主，而且进而联络东方一些对商王朝不满的邦国。针对商纣招诱奴隶，为其他小国所不满的形势，周又定出一条"有亡（奴隶逃亡）荒（大）阅（搜索）"的法律，宣示谁的奴隶归谁所有，不许藏戒，借以争取各国，孤立商纣。这时，周文王的威望越来越高，诸侯间有了争端，常常不去找商纣而来找文王裁决。一次，虞国（今山西平陆）和芮国（今陕西大荔）为了争边界上的一块土地，两国国君相约同去请周文王公断。他们到了周国境内，看到耕田者互让田界，百姓对长者礼让成俗；进入城邑，又见秩序井然，老年人都不提东西；进入宗庙，见官员也互相礼让，一派君子之风。对照之下，感到十分惭愧。他们便互相商量，说："我们所争执的，正是周人所耻于去争的，何必再去找西伯？找他，不过是自取羞辱罢了。"于是各回本国，所争的地，两国也都谦让不要，成了一块管它叫"闲原"的无主的空地了。消息传出，人们更加佩服周文王，有四十几个小国又自动来归附周国。诸侯说："西伯真可说是'受天命之君'了。"

周文王特别敬重并注意延揽有才能的人来帮助自己治理国家，他也很知人善任。他的两个弟弟虢仲和虢叔贤明而有才干，他便内举不避亲，用他们做卿士。他们后来对周王室都有所建树。商纣王的臣子辛甲，因纣王淫乱，屡谏不听，便离殷而至周，周文王亲自接见，知其贤能，令做公卿，封于长子（今山西上党）。其他有许多有才能的人，包括太颠、闳夭、散宜生、鬻子等社会贤达慕名而来，文王都热情接待，因任授官。一次，文王在渭水边遇见姜尚，发现他不仅熟悉东夷各邦国的内部情况，而且博学多识，很有文韬武略。文王深感他是自己理想的辅弼大臣，就恳切地对他说："我们盼望您很久了，请您到我们那里去，帮助我们治理国家吧！"说完，就邀请他和自己一同上车回到都城。文王先任姜尚为国师，这是最大的武官；后就擢升他为国相，总管全国政治和军事。姜尚就是后来赫赫有名的姜子牙，他不仅是周文王也是其后周武王、周成王的重要辅臣，对周王朝的创建与治理，有着卓越的功绩。由于周文王的父亲太公季历在世时就盼望着能找到姜尚这样的大贤臣，所以人们尊称姜尚为"太公望"，后来又干脆把"望"字省略，称他为姜太公。

灭商就绪 身死垂成

姬昌在他称王前的四十多年中，不仅使周王室实力空前增强，逐渐具备了与殷相抗衡的力量，而且使周人树立了明确的灭殷目标。称王后，他继续用主要力量对付西北各少数部族，北逐严狁，西攘昆夷，灭了阮（泾川东南）、共（泾川北）等小国，开拓了西北的疆土，巩固了大后方，接着，在姜尚的大力协助下，先后讨伐犬戎、密须（今甘肃灵台西南）、耆（今山西黎城）。周国的这种强劲而又咄咄逼人的势头，引起了商王朝中一些有识之士的不安，商大臣祖伊连忙告诉商纣，这时纣王正好在对淮夷的征伐中连连得手，他志骄气傲，满不在乎，说："我不是受命于天吗，姬昌能拿我怎样？"周文王见纣王毫无戒心，又进而攻灭了邗（今河南沁阳）和崇国（今河南嵩县北）。崇国是忠于殷的一个大国，灭了崇国，不仅清除了周人向殷进攻的一个最大障碍，而且取得了关中肥沃之地，有利于周人力量向东发展。灭崇第二年，周文王就下令其子姬发在沣水东岸营建镐邑，并把周都从岐迁到了丰（今西安市西南），以便向东开拓。到周文王晚年，周已控制了当时天下的2/3，为灭商奠定了坚实可靠的基础。

在即将大功告成之时，周文王突然患病死去。他的儿子姬发继承了王位，就是周武王。周武王继承父亲的遗志，尊称姜尚为师尚父。在师尚父的辅佐下，终于完成了灭商的大业。

周武王

武王（约前1087～约前1043），文王姬昌之子，名发，是西周王朝的开国君主。武王是他死后的谥号。周文王共有十个儿子，武王姬发是老二。他的哥哥是伯邑考，八个弟弟分别是管毅鲜、周公旦、蔡叔度、叔振铎、成叔武、霍叔处、康叔封、冉季载。在这十兄弟中，要数武王发和周公旦最有才干。大概在武王将届成年时，他的哥哥被商纣王杀害，因此武王成为其父的正式继承人。周武王是一位具有卓越政治和军事才能的杰出人物，他作为对后世有深远影响的周王朝基业的奠定人和传统礼乐文明的开创者，一直为后人所称颂。

牢记遗训 加强战备

周文王临终前把武王姬发叫到身边，谆谆告诫他要敬慎自省，以民生为念，牢记周族所以兴旺之由，好好地和姜尚等辅臣相处，共图灭商复仇大计。文王去世后，武王即位。他根据文王的遗命，以太公望为军师，让他的弟弟周公旦辅政。对内重贤用能，因材录用。弟弟康叔为司寇（主管刑狱），冉季为司空（主管建筑工程、车船器械制造等）。其他如召公、毕公等贤良都各当其位。对外继续尽力争取与国，联合反殷力量，孤立敌人，壮大自己。又在沣水东营建新都镐京（今陕西西安南、沣水东岸。称为宗周，又称西都），积极从政治、军事等各方作灭商的准备。

两年后，周武王便带着部队向东进发，前往孟津"阅兵"，实际是举行一次征殷的大规模军事演习。他在出发前先到毕邑祭扫文王墓，并做了一个木头的周文王牌位，装在车子上，置于中军。周武王自称太子发，表示是奉了周文王的遗命起兵演习的。据说大军渡黄河，船到中流时，有条白鱼跳进武王的船里，武王俯身拾起，用来祭天。渡过黄河后，有一火团从天而降，落到武王所住的房子上面，随后化成一只乌鸦。武王和臣子们都认为这是吉兆，是上天示意支持周武王。这开了后代君臣寻找祥瑞事物而说成是天意的先声。

周武王这次举行军事大演习，事前并没有与其他诸侯商量，但诸侯们听到武王出兵的消息后，纷纷派兵赶来会合，接受武王的统一指挥。在部队到达孟津时，不期而来会师的各路诸侯有八百之多。周武王得到如此众多的诸侯的支持，已知人心所向，自己在政治上、军事上已取得相当优势，商纣王已陷于十分孤立的境地。前来会师的诸侯们都建议武王说："可以伐纣了！"但太公望根据沿途所了解的情况，再次陈说理由，认为现在还没有把握一举战胜殷人，建议武王慎重行事。武王仔细估量形势，同意太公望的见解，决定班师回周，等候时机。于是，他就以"天命"为借口，向诸侯们说："照天命而言，现在还不是伐纣的时候。"并以继位周君的身份和他们举行了同心灭商的盟誓，随即撤兵回去了。

内应外合 一举制胜

在周武王精心准备，见机讨伐纣王之际，商纣王的残暴厉政更加严重：杀了叔父比干，并剖腹取心；囚禁了贤人箕子；纣的哥哥微子进谏多次毫无效果，出奔避祸；乐师太师疵和少师疆抱着殷宗庙乐器逃奔到周国；奸佞当权，贤臣善民却被杀被逐，纣王已把自己推向众叛亲离的境地。

武王听到了这些消息，又得知商纣的精锐部队连年在与南方的淮夷作战，内部空虚，百姓怨愤，他就与姜尚商议讨伐大计，决定借此机会大举伐商。于是，他派人通知诸侯："纣有重大罪恶，不能不讨伐他了。"并再次带着周文王的木头牌位，率领了兵车300辆、虎贲（冲锋兵）3000人、士卒45 000人，东进伐纣。行军中前歌后舞，士气旺盛。全军再次到了孟津，诸侯们和南方庸、蜀、羌、微、庐、彭、濮等许多部落也都率兵来会，并共同立下盟誓，保证支持周武王，合力伐纣。武王就写了《泰誓》，作为共同伐纣的誓师词，而后率领大军从孟津渡过黄河，直奔商都朝歌。

周武王十一年正月甲子日清晨，伐纣大军来到了离朝歌七十里的牧野（今河南汲县西南）。这时武王就举行誓师仪式。他左手执着象征军队指挥权的黄钺，右手握着用以发号施令的氂尾杖，在姜尚和周公旦的左右护卫下，登上土坛，向全体将士发表了被后人称为《牧誓》的著名誓词，指责纣王听信妇（妲己）言，不祭祀祖宗，不信任亲族，招集四方逃犯，虐待百姓，使奸邪横行。表示他决定代天施行惩罚。接着宣布了作战纪律，勉励全体将士要像虎那样威武，如熊一般雄壮地去奋勇杀敌，义无反顾。周武王的战前动员会，极大地鼓舞了早已高涨起来的周军士气，也更加激发了大家同仇敌忾的心理。随后各国兵车总计有4000辆，在牧野摆开了进攻朝歌的阵势。商纣王听说周武王率军打来，因一时来不及调回征讨东夷的大军，只得临时把奴隶和夷方战俘武装起来，和留守殷都的卫队混编在一起，凑成了一支17万人的部队，由自己亲自统帅，开赴牧野迎战。

战斗一开始，武王便让师尚父亲自率领虎贲勇士冲向纣军阵前挑战，只见他如雄鹰奋击长空，大有一口将商纣吞下去的气势，接着大军就以"虎贲三千人，戎车三百辆"为先导，如疾风暴雨般掩杀过去。纣王的军队人数虽大大超过武王率领的联军，但这支主要由奴隶和战俘组成的军队，平日就恨透了虐待他们的奴隶主贵族，不但不愿为商纣卖命，反而希望周武王能胜利，使商纣早日垮台。两军一接触，商纣王的军队就纷纷在阵上起义，并且帮助周军一起作战。殷军很快土崩瓦解了。纣王见大势已去，只得匆匆逃回朝歌。讨伐大军随之追到城下。

第二天一早，纣王登上平日寻欢作乐的鹿台，点火自焚而死。武王率领周和诸侯联军进入朝歌，到商纣自焚的地方，向纣尸连射三箭，用黄钺砍下纣的头，悬挂在太白旗上示众。

次日，周武王就在朝歌举行隆重的告天典礼，宣布今后将由周代殷，由此历史进入了一个新的朝代。

对于武王伐纣的确切时间根据南京紫金山天文台科研人员以哈雷彗星绕太阳运转规律，进行科学推算结论：其时间是公元前1057年3月7日。另据《史记·周本纪》以及《竹书纪年》年代推算，武王克商是在公元前1066年。

兴利弊害 保国安民

周武王推翻商朝，建立周朝，得到了商朝老百姓的热烈拥护，可是商朝的奴隶主贵族是很不服气的，因为他们不能再像过去那样享乐腐化，肆意剥削压迫劳动群众，为所欲为了，所以对周朝的统治处处采取反抗的态度。为了制服和笼络他们，并遵行当时国虽灭而祭祀不可绝的惯例，周武王经与太公望姜尚和周公旦商量，采取了以殷治殷，分而治之的办法，封纣的儿子武庚在商朝的旧地为诸侯，让他去统治商朝的旧奴隶主贵族，并且允许他在这侯国范围内可以保存商朝的太庙，祭祀商族的祖先，借以缓和商朝旧奴隶主贵族的敌对情绪。

姬发又采纳了周公对商民进行安抚以稳定天下形势的办法。以公、侯、伯、子、男五等爵位分封亲属和功臣，让他们建立诸侯国。如封姜尚于营丘为齐国，封周公于曲阜为鲁国。与此同时，他又释放囚犯，赈济贫民，发展生产，从而促进了西周初年政治经济的稳定和发展，推动了社会的前进。

他委贤任能，因才录用。命周公为太宰，康叔为司寇，丹季为司空。其他召公、太公、毕公等贤臣良将各当其位，专司其职，共同治理国政。其次，对在灭商大业中做出贡献的姬姓宗族和有功之臣论功行赏，在统治阶级上层进行权力分配，给他们在政治上、经济上某种好处，换取他们对周王朝的支持。为使殷的遗臣顺从周朝，武王令召公去监狱给箕子松绑，令毕公把囚在牢里的国人释放归里，恢复自由。并到商容的故宅对这位殷朝贤臣进行表彰。令南宫散鹿台之财物和钜桥之粮粟救济贫民，藉以稳定刚刚建立起来的周王朝。

周从往日西北隅的一个小邦，很快而成为天下共主，如何管理好向周臣服的广大邦国，巩固自己的统治，确是一件极棘手的事。此时，不断传来东夷一些部落不遵从新宗主国周朝的号令、进行叛乱的消息，而周政治重心偏处西部，也难以及时举兵东下。因此，周武王常常思索保国安民的良策，有时甚至忧虑得整夜睡不好觉。不久，他在和太公望、周公旦反复商量后，采取了三项重大措施来保守周朝的天下：

第一，封邦建国，屏藩宗周。即把在灭殷大业中做出了贡献的王室的亲族和有功之臣封为诸侯，让他们建立一些小国家，来拱卫周朝的中央政权。如把太公望封在营丘（今山东省临淄市）：国号齐；把周公旦封在曲阜，国号鲁；把召公奭封在燕国；弟弟叔鲜封在管国，叔度封在蔡国；等等。后来武王的弟弟周公旦和儿子周成王又封了更多的诸侯。历史上把这叫做周初大封建。周实施"封邦建国"制后，其王朝与各邦国的关系就逐渐成了统辖与被统辖的关系，宗主对各地的控制大为增强了。西周一代三百年的统治基业也就因此而确立起来。

第二，营建洛邑（今河南洛阳市内王城），安定东土。周朝的老家在沣水以西的丰城，武王灭商后在沣水以东建了新都镐京，但仍偏西，不便于对东方的控制。因此，武王考虑再三，决定派周公旦在今洛阳一带营建洛邑，称为"成周"，以作为恩都宗周之外的陪都。可惜周武王没有等到建成就死去了。这个都城没有夏桀、商纣那种倾宫、鹿台一类的豪华建筑，但规模还很宏伟，内城达九里见方，外城达二十七里见方，是大量使用商朝遗民的劳动，一共花了九年多的时间建成的。从此周朝有了东西两个都城。

第三，制订礼仪，倡行德政。周武王为了适应君临天下的宗主之国的需要，委托周公旦参酌殷礼，把周国原有的礼仪制度加以整理改革，订出一套比较完备的礼仪来，以利巩固统治，保持"天命"。

武王一生严谨稳重，具有卓越的政治、军事才能。他在夺取全国政权之后在位七年，因病而逝。

齐桓公

齐桓公（？～前643），姓姜名小白，姜太公吕尚的第十二代孙，齐厘公禄甫的儿子，是春秋时齐国国君。公元前685至前643年在位。他选贤任能，改革齐政，使国富民强，"九会诸侯，一匡天下"，成为春秋时期的第一个霸主。

迷惑对手 兼程即位

齐国，都临淄（今山东淄博市），地处黄河下游，土质肥沃，靠山临海，有渔盐之利，是东方最大的诸侯国。齐国国群的始祖叫姜尚，因其祖先曾封于吕，故又叫吕尚。姜尚即人们常说的姜太公，曾为周王朝立下很大功劳，被封于齐。

从姜尚下传至第十四个国君是齐襄公，即小白的哥哥。襄公当政（前697～前686年）时，荒淫无道，政治腐败。耗费大量民脂民膏兴修宫殿，供其享受，整天狩猎游玩。他执政期间，除饮酒玩乐外，性情喜怒无常，猜忌心很重，动不动就杀掉他不满意，或者他认为图谋作乱的人，还做过一系列诸如和同父异母妹妹私通、杀死妹夫鲁桓公等类坏事，以致齐国政治极其混乱。齐国庶出的公子纠和小白（即后来的齐桓公）因担心受到迫害，于公元前686年相继出奔到其他国家避难。公子纠因母亲是鲁国人，就逃到鲁国，跟随去辅佐的有管仲和召忽；公子小白的母亲是卫国人，就逃到莒国，跟随去辅佐的有鲍叔牙等人。

不久，齐国发生内乱。齐襄公的堂弟公孙无知联合大夫连称和管仲，杀死襄公自立为君。由于公孙无知曾在齐国雍林地区干过虐待民众的坏事，当地人对他恨之入骨。他在即位的次年即公元前685年，一次去雍林游玩时，便被该地区民众杀死。于是齐国出现了国无君主的局面，亟需解决王位继承人的问题。

齐国大夫高奚与公子小白关系密切，就派人前往莒国迎小白回国为君。鲁庄公则想立公子纠为齐君，他得到消息后，立即亲自率兵车300辆，以曹沬为大将，护送公子纠回齐国，而另外派管仲率领一部分兵马去拦截公子小白，以消灭公子纠的竞争对手。

管仲带着兵车，在途中埋伏守候。当公子小白的车队一出现，管仲立即拦住他们进行袭击。在战斗过程中，管仲对准小白射了一箭，正好射中了小白的铜衣带钩。机智的小白一见出现了袭击的队伍，知道情况不妙，他怕管仲再射，便顺势大叫一声，倒在车上，为了迷惑对方，小白佯装中箭而亡，乘一辆轻便小车，昼夜兼程向齐都驶去。

管仲见公子小白被射死，便赶快派人报告鲁庄公说小白已死。这样一来，护送公子纠的队伍放了心，也就放慢了行进的速度，一直走了6天才到达齐国。这时候，公子小白早已赶到了齐国，被高溪等主要大臣立为国君，是为齐桓公。

决计行动 消除隐患

齐桓公诈死迷惑了对方，自己日夜行程赶到齐国并即了位。他料定公子纠也将到达，便下令发兵阻挡护送公子纠的鲁军。鲁庄公不肯善罢甘休，两军在乾时（今山东省淄博市西面）混战了一场，鲁军大败，回鲁国的后路也被齐军截断，鲁庄公只得弃车逃跑，鲁国的汶阳也被齐军夺去。于是，鲍叔牙代表齐国写信派人送给鲁国说："公子纠是我国国君的兄弟，我们不忍动手杀他，请鲁国将他杀掉。召忽、管仲是我国国君的仇人，请交给我国，我们准备把他们剁成肉酱。如你们不照此办理，我们将对鲁国采取军事行动。"

鲍叔牙的这封信里，有真话，也有假话。要求鲁国杀掉公子纠是真话。说齐国要把召忽和管仲剁成肉酱则是假话。真正的目的是希望鲁国把管仲活着送到齐国，以便齐桓公重用他。原来，鲍叔牙和管仲是相知最深、交谊极笃的好朋友，由于齐国历来重视发展商业，做生意受到国家的支持和提倡，他们两人曾长期合伙做过生意，所以鲍叔牙很了解管仲的水平才能。

打了败仗的鲁庄公很害怕齐国，不敢抗命，就急忙杀了公子纠，把召忽和管仲囚禁起来，准备送交齐国。召忽随即自杀。管仲因知鲍叔牙受到齐桓公重用，而鲍叔牙与自己私交甚好，相信他必会向齐桓公推荐自己，所以不肯像召忽那样一死了之。

鲁国谋士施伯见管仲不自杀，便劝告鲁庄公说："管仲很有才能，齐国要得到管仲，看来并不是要杀他，而是要重用他。管仲一旦被齐重用，齐必国富兵强，成为鲁国祸患，不如杀了他，把尸首交给齐国。"这时鲁庄公动了心，打算杀管仲，鲍叔牙派到鲁国去接管仲的隰朋闻讯，赶快跑去向鲁庄公请求说："我国国君想要亲手杀死他，如果不能得到活的在群臣面前杀他来警众，还是没有达到我们的请求，请把活的还给我们。"鲁庄公怕得罪齐国，只好让人把管仲装上囚车交给隰朋带回齐国。

管仲进了齐国的地界，早就等在那里的鲍叔牙，如获至宝，马上让人把囚车打开，把管仲放出来，一同回到临淄。鲍叔牙把管仲安排在自己家里住下，随后即去向齐桓公力荐管仲。

不计前嫌 重用管仲

其实齐桓公发兵攻打鲁国时，一直怀恨管仲对他的一箭之仇，并想杀掉管仲以出自己胸中的一口恶气。但是太宰鲍叔牙深知管仲之才，所以，他虽明知桓公对管仲有恼恨之心，却不避嫌疑，冒着危险竭力推荐管仲。他对桓公说："臣下，只是君主的一个平庸的臣子。我的才干比起管仲来差的很多，有'五不如'：宽惠安民，我不如他；治国不失其根本，我不如他；能以忠信赢得百姓，我不如他；制定礼仪推行四方，我不如他；担任主帅，指挥战争，使士卒能勇气倍增，我不如他。君主如果仅仅要治理好齐国，我还勉强可以辅佐，如果想要往诸侯国中称霸，就非用管仲不可了。你如能重用他，一定能使齐国成就大业。"桓公说："可那管仲曾经射中我的衣带钩，使我差点送了命。"鲍叔牙说："他为了自己主人的利益才干的，您如果能赦免他让他辅佐您，他也同样会效忠于您的。"

齐桓公听了鲍叔牙这番话后，权衡利弊，比较得失，决定摒弃私仇，不计前嫌，接受举荐，就说："那你明天带他来见我吧。"鲍叔牙笑了笑说："你要得到有用的人才，必须恭恭敬敬以礼相待，怎么能随随便便召来呢？"于是齐桓公选了一个好日子，亲自出城迎接管仲，并且请管仲坐在他的车上，一起进城。途中，桓公就询问他治国的方略，管仲谈得一清二楚，两人越谈越投机，真有相见恨晚之感。齐桓公接着就任命管仲为相，位在鲍叔牙之上。

不过，桓公对管仲也并不是一开始就言听计从的。当桓公得知鲁国加紧练兵造戈，准备攻打齐国时，便想先发制人进攻鲁国，管仲劝阻说："国家尚未安定，不能发兵攻鲁。"桓公不听，结果被鲁国的曹刿在长勺打得大败。桓公更恨鲁国，又派人去宋国借兵，宋闵公派了南宫万长率兵协助攻鲁。不料齐军再次大败，南宫做了鲁国的俘虏。军事上的连续失利，使桓公认识到管仲预见的高明，至此齐桓公开始了对管仲真正的信赖。

九合诸侯

随着齐国的日益富强，齐桓公想当诸侯的霸主的野心也越来越强烈。一想到做了霸主就能向各路诸侯发号施令，他们就得按时给自己进贡，听从自己的指挥，齐桓公就感到兴奋莫名。

有一天，他急不可耐地对管仲说："咱们兵精粮足，是不是可以会合诸侯，共同订立个盟约了？"管仲说："咱们凭什么去会合诸侯呢？大家同是周王朝的诸侯，谁能服谁呢？周天子虽然势弱，但毕竟还是天子，谁敢比他大？"管仲接着建议齐桓公打出"尊王攘夷"的旗号，在中原建立霸主地位，管仲解释道："'尊王攘夷'就是尊崇周天子为领袖，联合中原各路诸侯，共同抵御蛮、戎等部族对中原的侵袭。以后谁有难处，大伙儿就帮谁；谁不讲理，大家一起讨伐他。"齐桓公说："这个计策好，但从何处着手呢？"管仲回答道："就从新天子才即位这事着手，主公可以派个使臣向天子朝贺，顺便向他提个建议，说宋国目前正在发生内乱，宋桓公刚即位，地位不稳，宋国国内动荡不安，请天子下道命令，明确宋桓公的国君地位。主公手里有了天子的命令，就可以召集诸侯，订立盟约了，这样做谁还能反对？"齐桓公听了点头赞成，决定马上照此办理。

这时的周王室已是空架子，各路诸侯根本不理会朝觐天子的事情。周釐王刚刚即位，居然有齐国这样的大国派使臣来朝贺，当然兴奋不已，于是就把召集诸侯、确认宋国君位的美差，委派给了齐桓公。

公元前681年，齐桓公奉了周天子的命令，向各诸侯发出通知，约定三月初一，在齐国北杏会盟，共同来确定宋国君位。由于当时齐桓公威望不高，到了会盟日期，只有宋、陈、邾、蔡四国诸侯到会，而鲁、卫、郑、曹等国都在窥测风向。齐桓公感到有些难堪，想改变会期，管仲劝道："第一次会盟绝不可失信。常言道：三人成众。现在已然来了四国，可以按时会盟。"五国诸侯会见完毕后，共推齐桓公为盟主（因他手里有周天子的命令），并在会上订立了盟约。盟约规定：一、尊重天子扶助王室；二、共同抵御蛮、戎等部落侵入中原；三、扶弱济困，帮助有困难和弱小的诸侯。

会盟后，齐桓公首先率军灭掉了没来会盟的遂国，然后先后击败了鲁、郑两国，迫使他们求和。公元前679年，齐桓公又约各国在鄄地会盟，这一次各诸侯国基本上承认了齐桓公的霸主地位。

齐桓公做了霸主后，中原各路诸侯都归服他，按时向齐国交纳贡品。10多年后，齐桓公又率兵马，帮助燕国和卫国驱逐了入侵的山戎和北狄，并帮卫国修复了破败的城墙。凭借这些义举，他得到了中原各路诸侯的赞许和拥戴，威望进一步提高。只有南方的楚国不服齐国，并还想与齐国比高低。

身居蛮荒之地的楚国，与中原诸侯向无来往。楚国人在南方垦殖土地，发展生产，吞并弱小部落，逐步强盛起来，后来他们的首领竟公然藐视周王室，自称"楚王"。

公元前656年，齐桓公会同宋、鲁、卫、郑、陈、曹、许7国军队，联合讨伐楚国。楚成王闻讯，立即调集了大批人马准备抵抗，并派使者去责问齐桓公："楚在南，齐在北，两国素无来往，可谓是风马牛不相及，为什么要来侵犯我们呢？"管仲反驳道："虽然我们两国相距遥远，但我们都是大周天子所封的诸侯。当初武王分封时，曾授权齐太公，如若诸侯有不服从天子者，齐国有权征讨。你们楚国为何多年没向天子进贡？"使者说："这几年我们没有向天子进贡，是我们的不是，以后一定恢复进贡。"使者走后，齐桓公不太相信楚国会这么轻易服输，便和众诸侯们连夜拔营，进军到召陵。楚成王不解其意，又派使者屈完前去探问。为了显示自己的实力，齐桓公请屈完一起乘车检阅中原的联军，果然是威武雄壮，兵精粮足。齐桓公趾高气扬地对屈完说："你看我们有这样兵强马壮的军队，焉能不打胜仗？"屈完不卑不亢地回答道："君侯扶助天子，济困扶弱，我们大家当然都佩服您。但如果您穷兵黩武，以势压人，我们楚国虽不很强盛，但我们用方城作城墙，用汉水作壕沟，你们兵马再多，也未必能攻进去。"齐桓公听屈完的回答挺强硬，估量打败楚国不是轻而易举的事。既然楚国已认错，答应恢复进贡，也就算在面子上服了软，该收场就收场，于是中原的各国诸侯和楚国订立了盟约，各国班师回国。

不久周王室发生了内乱，齐桓公又帮助太子平定了内乱，继承了王位，即周襄王。襄王为报答齐桓公的勋劳，特派使臣将太庙的祭肉作为厚礼送给齐桓公。齐桓公又趁机在宋国葵丘会合诸侯，招待天子使臣，并又一次订立了盟约，盟约规定：各国要和平相处；要修水利，防水患，不要损人利己；邻国有荒灾来买粮食不得禁止，不得搞壁垒政策等等。这是齐桓公第9次，也是最后一次会合诸侯，所以历史上把齐桓公称霸的过程也称作"九合诸侯"。

晋文公

晋文公（前697～前628），姓姬，名重耳，晋献公的次子，晋惠公夷吾的哥哥。他于公元前636年（周襄王五十六年）做晋国国君，在位时间仅8年。在做国君前，他被迫流亡列国，历时达19年之久。长期颠沛流离的生活，大大增长了他的政治阅历，增长了他的治国治军的才干。他当了国君以后，注意选贤任能，修政整军，发展生产，安定人心，加强对外扩张活动，在不长的时间里，完成了足以与齐桓公媲美的霸主事业，开创了晋楚争霸的局面。

流亡他国 终当国君

晋献公在位时，生活奢靡，沉溺酒色。特别是在晚年，听信其宠妾骊姬的谗言，逼死了已故夫人齐姜生的太子申生，又阴谋杀害重耳和夷吾，迫使重耳逃离险境，流亡他国。重耳逃亡在狄国一住就是12年。因他一贯喜爱结贤纳士，晋国一批有才能的人士，包括孤毛、孤偃兄弟、贾佗、先轸、介子推等，都始终追随着他。重耳来狄，他们也都跟着来了。在狄这些年中，晋国情况有很多变化。晋献公于公元前651年（晋献公二十六年）病死。晋王室曾先后拥立骊姬的儿子奚齐和骊姬妹妹的儿子卓子继承王位，都被晋国掌握军事大权的大臣里克杀死了。晋国出现了无君的混乱状态。为此，里克曾派人到狄国来迎接重耳回国为君。重耳因久在国外，不知晋国内部底细，怕回去后被害而婉言谢绝。于是里克又派使者去梁国迎公子夷吾。这样夷吾就当了国君，是为晋惠公。惠公心胸褊狭不仁不义，他为了巩固自己的王位，一上台就杀了里克等一批掌握晋国实权的大臣，弄得人心惶惶，众叛亲离。他为了使秦国支持他回国为君，曾许诺割给秦国五座城市，这时也食言不给了。他即位时，碰上晋国发生饥荒，秦国曾拨出大批粮食救援，后来秦国遭灾时，惠公不但不去救助，反而乘人之危，发兵进攻。惠公对周王派来的使臣也不尊重，外交上十分孤立。秦穆公见惠公如此忘善背德，不得人心，就出动大军迎击来犯晋军。结果晋军大败，惠公被俘。随后经申生的姐姐秦穆公夫人的求情，晋国交割了所许诺给秦国的五个城市，又留下晋太子圉做人质，才放惠公回晋。惠公在被俘后本来就一直担心重耳乘机夺取君位，所以他在释放回晋后，又派人到狄国去谋刺重耳。重耳闻讯只得赶快和他的贤士随从，躲避而去。当时正称霸一方的齐桓公，颇有招贤纳士的善名，重耳一行人便决定离狄去齐。

重耳一行去齐经过卫国时，卫文公不愿接待丧家流亡的重耳。他们走到卫国西北的五鹿（今河南濮阳东）时，因饥饿难耐，向一伙正在田边吃饭的农民讨吃。衣不蔽体的农民望着这群贵族打扮的人说："我们连野菜都吃不饱，哪有多余的送人呢？"有个农民嘲弄地给了重耳他们一大把土块。重耳很生气。赵衰说："土块，象征我们会有土地，您应该拜受它。"于是重耳立即叩头谢过上苍，郑重地捧起土块放到车上。

到了齐国，齐桓公厚礼相待，并把同宗女子姜氏嫁给重耳，又赏给马八十匹。重耳很安于这种生活。两年后，齐桓公死，齐国发生内乱，霸业大衰，已无力使重耳返晋。重耳本人贪图安逸，留恋齐女，也没有离齐它去和回到晋国的心思了。转瞬就是五年。赵衰、狐偃等谋士屡次劝他振作起来，准备完成复国大业，均无效果。后来终于在深明大义的重耳夫人姜氏的帮助下，设法灌醉了重耳，用车把他拉离了齐国。

重耳一行人来到曹国，曹国国君曹共公不听大夫僖负羁的劝告，他听说重耳的肋骨长得紧密相连，人称骈胁，便趁重耳洗浴时前往观看，极不礼貌。僖负羁认为重耳他们绝非平庸之辈，为求日后免祸，私自赠送了藏有璧玉的食品。重耳接受食品，退还了璧玉。

他们随即动身去宋国。这时宋襄公新败于楚国，并且股部受了伤。他听说重耳有贤名，就以接待国君之礼接待重耳。宋国司马公孙固与孤偃相好，对孤偃说："宋是小国，新近又兵败，不能指望宋国帮助回国了，必须另找大国才好。"于是重耳等人离宋去郑。郑文公觉得重耳不过是一个"流亡公子"，不愿以礼相待。重耳就离郑奔楚。

楚成王出于插手中原的考虑，也和宋国一样以诸侯之礼接待重耳。重耳谢不敢当。赵衰说："公子流亡在外十几年，连小国都轻视您，何况大国！如今楚国这样的大国都对你厚礼相待，您就不必谦让了，这是上天在保佑您啊！"于是重耳以相应的客礼会见成王，态度不卑不亢。楚成王问重耳说："您如果回到晋国了，用什么来报答我呢？"重耳说："羽毛、齿、角、玉帛，君王国中应有尽有，我不知道该怎样报答！"楚王说："即使如此，您总应报答我呀！"重耳想了想，说："我回国后，如果有朝一日晋楚两国军队不得已而在中原相遇，我就让晋军退避三舍（九十里）作为报答。"楚国大将子玉听后很不高兴，对楚王说："君王款待重耳如此隆重，他却想着将来同我们作战，出言不逊，请杀了他吧！"楚成王迷信鬼神，说："晋公子贤，他困于国外日子很久了，他的随从都是治国之才，这是上天在帮助他，怎么能杀他呢？违天必有大祸降楚啊。"因此，成王没有采纳子玉的建议。

重耳在楚国住了几个月，这时正好晋惠公病危，在秦国做人质的晋太子圉逃回晋国，秦穆公对太子圉的逃跑十分恼火，便派人到楚国来接重耳一行人到秦国去。楚成王就对重耳说："楚国离晋国远，而秦晋紧挨着，秦国国君是贤君，他一定会帮助你的，你快去秦国，勉力而为吧！"于是送重耳一行人去秦。

重耳一行人来到秦国后，秦穆公给予了热情招待，还把女儿怀嬴改嫁给重耳。当年九月，晋惠公去世，子圉继位，即晋怀公。晋国局势动荡，人心思变。晋国大夫栾枝、谷豰等都暗中到秦劝说重耳回国，他们愿做内应。于是秦穆公就派军队护送重耳返晋。

周襄王五十六年（前636），护送重耳一行人的秦军，击败了前来抵御的晋怀公的军队，晋怀公弃城逃跑，不久被人刺死。前后流亡在外达19年之久，这时已62岁的重耳，终于当了晋国国君，这就是晋文公。

平定内乱 安民兴国

晋文公即位后，惠公、怀公的亲信吕甥、谷芮害怕被杀，密谋与其党羽焚毁文公居住的宫室，活活烧死晋文公。当初曾经奉命要杀死晋文公重耳的寺人披知道了他们的密谋，打算报讯，请求进见文公。文公拒绝接见，并派人斥责寺人披当年在蒲城斩断衣袖、又在狄国行刺的罪行。寺人披说："我过去那样做，是不敢以二心来对待国君的命令，所以才得罪了您。从前齐桓公不计较管仲射钩之仇，委以重任，因此成就了霸业。现在您为前仇不见我，只怕灾难又要降临，而像我这样得罪过您的人都再不敢为您效力了。"晋文公于是转变态度接见了他。文公得知吕、谷的阴谋后，便迅速离开吕、谷党羽众多的国都绛，秘密去秦国请兵。秦穆公设计将焚宫后找不到晋文公而引兵追来的吕、谷等人，诱到黄河边上，由秦、晋两国的军队协同粉碎和消灭了阴谋集团。

晋文公在平定内乱后，即着手整顿内政。首先，他注意减轻百姓税赋，鼓励发展农业、手工业生产，并实行减轻进出口关税，翦除盗匪、确保交通安全，便利商旅往来和宽惠农民等政策，以调动民众的积极性。

其次，他注意"举贤援能"和团结奖励多年来跟随他共度患难的功臣。他对有功人员都论功行赏。只有介子推被漏掉了，晋文公发现后马上改正。但介子推已隐居到了绵山（今山西介休东南）山中，晋文公派人遍寻不得，最后放火烧山以逼他下山，结果他宁愿被烧死，也没肯出山。晋文公为此事做了检讨，将绵山改名为"介山""以记吾过，且旌善人。"如此，使更多的贤士都愿为他效力。

再次，晋文公也注意团结晋国的贵族集团，不歧视没有随他流亡而留居晋国的贵族，他在铲除吕甥、谷芮时，也注意不牵连诛杀无辜的人，以稳定人心，并且后来还根据曾经一直跟随自己流亡的大臣司空季子的推荐，按照不计旧仇、各人责任各自负和用人取其长的原则，重用谷芮之子谷缺，让他担任了下军大夫。

为了增强国力，文公还加强军队建设，把原来的上、下两军，扩充为上、中、下三军，选拔了中军元帅，任命了上、下两军的正副将领，使军事力量大为加强。

重耳经过修政整军，晋国出现了一派生机勃勃、欣欣向荣的景象，政治安定，百姓丰足，财用充裕，由此国力强盛。

争霸称雄

随着晋国的兴盛和实力的增强，晋文公开始向中原地区扩充势力，图谋争霸称雄。这时在各大诸侯中，齐国霸业已衰；秦国僻处西部，东进受阻于晋；宋襄公抗楚失败，霸业无成；只有楚国地广势众，并从江汉流域不断向北推进。而中原各国对自称蛮夷的楚国，历来是心存疑虑和不满，故一直侧目而视。晋文公及其大臣都认识到：晋国要想逐鹿中原，称霸天下，必须抓到"尊王攘夷"的旗帜，并与楚国一决雌雄才行。

这个时机很快到来了。周襄王十六年（前636）周王室内乱，襄王的弟弟太叔子带利用戎人的军队，把襄王赶出京城洛邑。周襄王逃到郑国，要求诸侯国发兵"勤王"（救援王朝）。秦穆公即出兵踞黄河岸，准备"勤王"。赵衰、孤偃对晋文公说，"这是一个难得的机会。求取霸业没有比勤王安周再好的捷径了。晋国如不第一个赶到，而让秦国抢先一步，晋国势将失去号令天下的资格了。"文公于是请秦穆公暂缓出兵，他亲率晋军，杀王子带，护送襄王回洛邑。秦穆公率领的军队中途回国。晋文公立了勤王安周的头功，被视为齐桓公再世。周襄王随即设宴慰劳，并将阳樊（今河南济源县）、原城（河南济源西北）、温（今河南温县西）等八邑赏给了晋文公。

接着，文公决心打击已严重威胁中原各国的楚国势力。

周襄王十九年（前623），由于原来战败而被迫与楚国结盟的宋国，因与楚国有杀父宿仇，又见晋国越来越强大，于是转而背弃楚国，亲近晋国，楚成王便联合陈、蔡、郑、许四国攻打宋国。宋国即向晋国求援。晋文公与群臣商讨对策，一致认为，

这是报答当年宋国厚待之恩和建立霸业的良机。他们分析，楚国与曹、卫两国结盟不久，楚王又刚在卫国娶妻，如晋国攻打曹、卫，楚国必将去救，这样晋国也就可解围了。于是，次年春天，晋文公就出兵讨伐曹、卫，大胜，曹君做了俘虏，卫君离都城出逃。在攻下曹国都时，晋文公还下令不许进入曹大夫僖负羁家，并赦免他的族人，以示尊重贤者，不忘旧恩。

楚成王当得知晋军出兵曹、卫时，就立即下令要伐宋的大将子玉收兵回国，并再次强调晋文公在国外饱经艰难险阻，终于得到晋国，又除去了政敌，说明他是"得到上天帮助的人"，不宜同他作战。但子玉一直不肯收兵，而向成王请战，要求允许他同宋国"打一仗以塞谗邪之言"楚成王看到子玉不听自己的命令，心中不快，也就拨给他较少的军队。

宋国面对楚大将子玉的进攻，又派人向晋国告急。晋文公认为，在没有得到秦、齐同意前，晋、楚不能贸然开战。他就采用中军元帅原轸之计，动员宋国向秦、齐送上厚礼，请秦、齐出面劝说楚国退兵；另方面晋国则将部分曹、卫国土分给宋国。以使楚国迁怒于宋，不接受秦、齐的调解，秦、齐调解不成，又得了宋国厚礼，势必埋怨楚国不讲情面，而同情宋国，这时肯定会支持晋国对楚国的军事行动。情况果如晋国君臣所料，秦、齐两国都被晋国拉过来了。

这时，围宋的楚将子玉迫于形势，便向晋国提出自宋退兵的条件。他派使者宛春对晋文公说："请恢复曹国和卫国，我愿从宋国退兵。"文公经过与群臣商量后，决定将计就计，把楚国使者宛春囚禁起来，而私下答应曹、卫复国，要他们同楚国断交。以激怒楚国，使它解除对宋国之围，转而与晋国较量，从而晋国得有机会打败他们。楚国大将子玉得知楚使被扣，曹、卫听从晋国安排，与楚断交，果然怒不可遏，率领楚军，向晋军扑去。周襄王二十年（前632），晋、楚之间酝酿已久的一场战争打响了。

晋楚交锋，楚国本来处于优势地位，楚国拥有的土地、军队和附属国，都远远超过晋国。晋军实力较弱，又远离本土作战。处于劣势，但晋国正确分析了形势。先攻克了靠近晋国的曹、卫两小国，取得了前进的基地；接着又设法获得了齐秦两国的支持。从而改变了不利的处境，掌握了主动权。

两军对垒，正要开战。晋文公下令晋军"退避三舍"，即九十里，以表示履行当年流亡楚国时的诺言，报答楚成王的礼遇。晋军一直退到城濮（卫国地名，在今山东省濮阳县南）才停下来。实际上，这不单纯是履行诺言，它还是积极防御，挫伤楚军锐气、激励晋军士气的一招，是诱敌深入，合而歼之。结果，楚将子玉中计，全军大溃。楚成王闻讯，使人传话给子玉说"申、息二地的子弟都随你作战而死，大夫回国，何以见申、息二地的父老？"子玉便在回国的路上自杀。晋文公听说子玉已死，高兴地说："我从外面打楚国，楚王从里面打楚国，内外相应，我以后用不着担心楚军了。"

晋文公于是献俘于周，周天子则封晋文公为侯伯，即诸侯领袖。同年冬天，晋文公主持"践土（今河南郑州市北）之盟"，参加者有晋、宋、齐、秦、鲁、郑、陈、蔡、邾、莒十国，周天子（襄王）也应邀赴会。

前631年，周襄王欲召集诸侯，晋文公代襄王命诸侯至翟泉面见周天子。襄王特许晋国，以执政兼上军佐狐偃代文公会盟。6月，诸侯之会如期举行，周襄王面见晋国特使狐偃、宋成公、齐昭公、鲁僖公、陈穆公、蔡庄侯、秦穆公会盟于翟泉。晋以臣面见诸侯之君，彰显其高人一头的优越感，也标志着晋国霸业达到了巅峰。

自此，晋文公已征服了齐、秦、宋、郑、卫、鲁、陈、蔡、莒、邾等诸侯，成为继齐桓公后又一霸主。

楚庄王

楚庄王（？~前591），又称荆庄王，熊氏，名旅，一说名吕或作侣，春秋时楚国最有作为的国君。郢都人，楚穆王之子，公元前614年继位。在位23年。他任贤纳谏，勤理政事，多次用兵，扩大楚国势力范围，并大败晋军，称雄一时，为春秋时期赫赫有名的霸主之一。

不鸣则已 一鸣惊人

前614年，一代枭雄楚穆王含恨而终，嫡长子熊旅即位，是为楚庄王。这时楚庄王还不到二十岁，而由他的两位老师——斗克和公子燮掌握国家大权。年轻的楚庄王新做"千岁爷"，只知玩乐，他白天带领人马去野外打猎，晚上喝酒跳舞，一晃就是三年，从没把国事放在心上。他知道臣下对他的所作所为很有意见，为了堵住他们的口，便通令全国说："不许谏，有敢谏者，杀无赦！"

这时，晋国乘楚国忙于丧事，又重新会合诸侯，订立盟约，随后便把楚国已拉过去的陈、郑等国又拉回自己的势力范围，而楚庄王仍无动于衷，这使楚国大臣们很着急。

一天，大臣伍举来见楚庄王，楚庄王正左手抱着郑姬，右手搂着越女，坐在钟鼓之间，见伍举到，欲理不理。伍举心情沉重地说："臣听说大王心情烦闷，我是来给您讲个谜语故事，为您解闷的。有个谜语，人家叫我猜，我猜了一天一夜猜不着，我想大王是个博学多才的人，一定猜得着。故一大早就来请教您了。"楚庄王听他这样说，不觉兴致来了，就说："那你就把谜语说出来，我来猜猜吧！"

伍举从容地说道："高高山上有只鸟，身披五彩样子好。可是一停三年到，不动不飞也不叫。请大王猜猜，这是一只什么鸟？"

庄王心里明白伍举说的是谁。就说："喔，这不奇怪。它三年不动是在决定志向，三年不飞是在生长翅膀，三年不叫是在观察周围情况。这是一只了不起的鸟，它不飞则已，一飞冲霄，不鸣则已，一鸣惊人。伍举，你去吧，一切我已经明白了。"

慧眼识人 励精图治

在伍举委婉谏言后，一过又是几个月，楚庄王依然日夜玩乐，不管政事，大夫苏从忍耐不住，又入宫进谏。庄王说："你没有听说过我那'有敢谏者杀无赦'的命令吗？"苏从回答说："如杀了微臣，而大王能醒悟，臣愿死！"楚庄王很为感动，于是罢去淫乐，取消阻谏禁令，博采众见，开始励精图治。

他首先整顿内政，惩恶扬善，举贤任能。据说曾惩办贪赃枉法、胡作非为的臣民数百人。当时楚国的令尹斗越椒野心勃勃，想要篡权，楚庄王便任命了三个大臣协助他处理事务，借以削弱其权力，防止他叛乱。在此同时，又起用了几百位贤能之士，任用伍举、苏从主管政务。后又先后用虞丘和孙叔敖为相。

楚庄王甚至在立王妃上也注意选立有才能者。据说，他要立王妃，但不知立哪一位好,便令众姬各备一件礼物,庄王认为哪一件礼物最有意义,便晋封谁为王妃。宫中许多姬妾,都竞相准备礼物,唯独樊姬没有准备。庄王问樊姬为何不准备。樊姬说:"大王,您要立的是王妃。能够当好您的内助,和您一块治理好楚国,这才是最有意义的礼物呀!"于是庄王便立樊姬为妃。民间还传说楚庄王喜吃甜食而不喜吃盐,樊姬劝谏庄王不宜偏食,庄王不听,竟下令禁盐。结果士兵因长期不吃盐而浑身乏力,缺乏战斗力。在关键时刻,樊妃擂鼓助阵,才把敌军击退。从此以后,樊妃有谏,庄王必听。可以说,楚庄王的富国兴邦,与樊妃之力很有关系。

楚庄王十五年(前599)拜孙叔敖为令尹,为自己觅到了一位鼎力之臣。孙叔敖以贤能闻名于世,他主张"施教于民""布政以道",极为重视民生经济,制定、实施有关政策法令,尽力使农、工、贾各得其便。他在汉西利用沮水兴修水利,还在江陵境内修筑了大型平原水库"海子"。鼓励农民秋冬上山采矿,使青铜业大力发展。在孙叔敖的辅佐下,楚国出现了一个"家富人喜,优赡乐业,式序在朝,行无螟蜮,丰年蕃庶"的全盛时期。

发兵征战 问鼎中原

楚庄王处理国事轻重分明,有条不紊。在国内事务处理就绪后,便着手对付外部敌人。他首先采纳大臣为贾的意见,于公元前611年秋起兵伐庸,平息了庸国的叛乱。其他弱小敌国,一见庸国失败,也都撤兵回国,向楚国称臣。

楚灭庸后解除了西部的威胁,其势力范围随扩大到了今湖北西北一带,与陕西的秦国接界,从而大大方便了秦、楚两国的交往。西北方安定后,经过几年治理,国力渐趋强盛,楚庄王便又把注意力转向南方。

楚庄王先把打击目标放在从前与楚交好,后又背叛楚国而与晋国结盟的宋国和陈国。公元前608年,楚国打败宋国,获战车五百乘。过了二年,楚庄王又举兵攻打陆浑(今河南嵩县东北)之戎,到达洛水,陈兵于周天子京城的近郊,以示楚国兵力的强大。周定王派王孙满前往慰劳楚庄王,庄王趁机问鼎。夏、商、周三代本以九鼎为传家宝,鼎为国家政权的象征。楚庄王的问鼎,反映了周天子权威的进一步下降,和楚庄王企图称霸天下的雄心。后人于是把"问鼎"二字作为想要篡夺皇位夺取天下的代名词。

公元前598年，楚庄王就趁陈国发生内乱（大夫夏征舒弑陈灵公，自立为陈国君）的机会，着手攻打陈国。他遣使者去打听虚实。使者回来说不可攻打陈，庄王问到说为何原因。使者回答说："陈城墙高，护城河深，粮草储备多，其国内尚安宁。"庄王说："陈国可以攻打。陈乃小国，而储备却多，储备多说明其赋税重，赋税重百姓会怨恨君主；城墙高，护城河深，民力就会疲敝了。"这一分析，反映了楚庄王的精明与睿智，由此果断地下令发兵攻陈，果然大胜全胜。楚庄王索性把陈国吞并了，使它成为楚国的一个县。对此，楚大臣大都祝贺庄王扩大了楚国的领土，楚大夫申叔却认为这是"蹊（践踏）田夺牛"是轻罪重罚，会引起诸侯不满，不如重新封立陈国，作为楚国的屏障。楚庄王采纳了申叔的建议，史称庄王"纳谏封陈"。这件事得到了其他一些诸侯国家特别是小国的赞誉，给楚国带来不少政治资本。第二年（楚庄王十七年），楚庄王又打败了背盟事晋的郑国。郑襄公肉袒牵羊拜见庄王，以示臣服和谢罪。

陈、郑都是晋国的保护国，楚国出兵陈、郑，显然是向晋国挑战，不承认晋国的霸主地位。于是在这年夏天，晋景公就派荀林父为大将，先轸的孙子先索为副将，率领兵车六百辆，前往救援郑国，晋军快到达郑国时，已听说郑襄公肉袒谢罪，荀林父本想就此班师，但是先縠和赵括、赵同等将坚决主战，并擅自渡河进军。晋军在将帅不和、举棋不定的情况下勉强应战。楚军先发制人，乘夜突袭晋军，两军在邲城（郑地，今河南省郑州东郊外）大战，晋军仓促应战，士气不振，指挥不灵，抵抗无力，结果拥有六百辆兵车的晋军，一夜之间，几乎全军覆灭。

在这次邲城之战中，楚军有位武将五战五胜，势不可挡，打得晋军无力招架。庄王问他何以如此勇敢。这位武将说："臣当死，往者醉失礼，王隐忍不暴（暴露）而诛也。"当"肝脑涂地，用颈血溅敌"。成语"肝脑涂地"即由此而来。原来，有一次楚庄王为了庆功，赐群臣宴饮，日暮酒酣，灯烛灭了。这位武将大概喝多了几杯，竟伸手去拽美人（宫女有美人一级）的衣裳。美人顺手摘下了他的帽缨，对庄王说："刚才烛灭，有人拽我的衣裳，我摘下了他的帽缨，已拿来了，想请取灯上来，看看谁是掉了帽缨的人。"这位武将十分害怕，调戏美人是要处死的。庄王沉思了一会，却说："赐人饮酒，使得他们醉后失礼，怎么能够为了显示妇人的贞节，而羞辱勇士呢？"于是命令大家把帽缨都摘下来，然后才点烛，最后都尽兴而散。因此，这位武将感恩戴德，在作战中奋不顾身，甘愿"用颈血溅敌"以相报。

必城之战，楚军取得重大胜利，晋国虽还未因此大丧元气，但在与楚争霸的事业中已处于下风，以至于在公元前594年楚军再次攻打宋国时，晋不敢出兵援救，徒自发出"天方授楚，未可与争"的悲叹。三年不鸣的楚庄王终于一鸣惊人，他继齐桓公、晋文公、秦穆公之后，也当上了霸主。

勾践

勾践（？~前465），赵王允常之子。公元前496年，即越王位。后被吴军败于夫椒，被围困在会稽册上，被迫向吴投降。做了吴臣仆。此后20年，他忍辱负重，卧薪尝胆，任用贤臣，发展生产重建武装，终于图强雪耻。

兵败为奴，忍辱负重

越国是古代越族人建立的国家，春秋中期以后，越国开始强盛起来。公元前506年，越王允常乘吴国伐楚之机，率军偷袭吴国，从而挑起了吴越两国的战端。公元前496年，越王允常死，其子勾践继位，吴王阖闾乘越国王位更替的时机兴兵伐越，不料被越国打败，阖闾被越将灵姑浮用戈刺中，受了重伤，回国后不久就死了。阖闾死前遗言，要太子夫差代父报仇。从此，两国的仇怨越结越深。吴王夫差即位后，在伍子胥、孙武等人的辅佐下，日夜训练军队，准备为父报仇。

越王勾践想趁吴国未作充分准备时打击吴国，大夫范蠡劝他不要轻启战端，勾践听不进他的话，于公元前494年，发兵准备进攻吴国。吴王夫差接到报告后，调集全国的精兵迎战越军。双方在大椒山（在今江苏省吴县西南太湖中）交战，越军大败，越王勾践带着残兵败将五千人逃回会稽山（在今浙江省中部绍兴市东南），又被吴军追上团团围住。

勾践到此时才后悔没有采纳范蠡的意见，只好再请范蠡出计解围。范蠡说："现在只有带着厚礼低声下气去求和了，如果不答应，就只好把自己抵押给吴国，亲自去侍奉吴王。"大夫文种又说吴国太宰伯嚭很贪财，可以通过贿赂他去求和。于是勾践让文种带着美女和宝器私下里献给伯嚭，由伯嚭带着去见吴王夫差。文种向吴王叩头说："希望大王能够赦免勾践的罪过，勾践愿把国中所有的财宝献给大王；如果大王不肯饶恕的话，勾践决心杀掉自己的妻子儿女，烧毁财宝，率领他那五千人马与大王决一死战，大王恐怕也要付出相同的代价。"这时，伯嚭也在一旁劝吴王说："赦免越王让他做臣子，这对吴国有利。"于是吴王夫差不顾伍子胥的劝阻，同意了越王的请求。从此，越国成了吴国的属国，勾践和范蠡都被带到吴国为吴王服役。过着忍辱负重的生活。

蔽敌获释

越王勾践四年（前493），勾践夫妇及大夫范蠡随吴军来到吴国，朝见吴王夫差，把带来的美女和宝物分送给了夫差和伯嚭等大臣，并一再感谢伯嚭的庇护之恩，伯嚭满脸堆笑，十分得意。吴王夫差罚勾践夫妇、君臣到共父阖闾坟旁的石屋里放养马匹，吃的是糟糠野菜。勾践看马喂草，范蠡打草砍柴，勾践夫人洗衣做饭，日常生活与夫差的其他奴隶相差无几，但他们个个安分守己，毫无怨言。有时夫差乘车出游，勾践还要充当马夫，给夫差牵马驾车，走在路上，任凭百姓取笑、讥骂，勾践都低头不语，只把羞恨深藏在心中。

就这样过了三年，在这三年中，大夫文种在国内时常打发人给吴太宰伯嚭送礼。所以，伯嚭常在夫差跟前给勾践讲情，说了不少关于勾践的好话。夫差听了也半信半疑，曾几次派人悄悄地窥视地勾践，也没看出有什么可疑之处，夫差认为穷苦的生活已使勾践君臣磨灭了复国的意志，断绝了回乡的念头，因而也不再提防他们。久而久之，倒还觉得他们挺可怜，又经伯嚭讲情，便想放他们回国了。老将伍子胥听到了吴王夫差想释放勾践君臣的消息，连忙赶来劝阻，说："大王，古时夏桀囚禁商汤，殷纣囚禁文王，都是因为没有杀掉他们而放他们回国，结果留下后患，落了个国灭身亡的下场。如今大王要放勾践回国，这不是放虎归山吗？大王可不能重蹈夏桀、商纣的覆辙啊！"夫差听了确实也不禁一惊，于是就不再提赦免勾践回国的事情了。

  偏巧这时候夫差病了。范蠡经过了解，知道是寻常疾病。想到大丈夫应能屈能伸，正如月有圆缺，树有枯荣，弓有张弛一样。于是心生一计，让勾践去探视吴王，乘机更加表现出对吴王的忠诚，以取得吴王的信任。勾践一一答应。次日勾践先去拜见伯嚭，说明来意，伯嚭就领他去见夫差。见面后，正赶上夫差要解大便，叫他们在外面等一会儿。左右的人都离开了。勾践却不走，他趁机阿谀说："父亲有病，做儿子的应当侍奉；君主有病，罪臣更应该侍奉。况且罪人少时曾从师名医，能从粪便判断病的轻重呢。"待夫差大便完了，勾践上前看了看，用手醮了一点大便放在嘴里咂了咂。然后转过来，面露笑容，向夫差叩头祝贺说："大王之病不日就可痊愈。"夫差问其何故？勾践答道："刚才我仔细看了大王粪便的颜色。又嗅了气味，尝了尝滋味。可以断定大王腹中的毒气已排泄干净。只待几天就可恢复元气了。"夫差见勾践居然尝粪预疾，很为感动，表示等他病好了就送勾践回国。伍子胥听了，进谏说："勾践居心叵测，看是尝大王的屎，实是食大王的心。"忠言逆耳，夫差听不进去。反而责备伍子胥不如勾践那样尽忠。不久，吴王的病果然痊愈，随即把勾践君臣释放回国。

卧薪尝胆　　越甲吞吴

  勾践于七年（前490）归越。

  越国因遭受战争的创伤，田地荒芜，人口减少，生产受到很大破坏。

  勾践归国后，为使国家富强，采纳了范蠡、文种提出的"十年生聚，十年教训"之策。要范蠡负责练兵，文种管理国家政事，推行让人民休养生息的政策。国家奖励耕种、养蚕、织布。尤其鼓励生育，增加人丁。规定男20、女17必须结婚，否则父母受罚；上了年纪的人不准娶年轻姑娘为妻；妇女临产前要报官，由国家派医官检查照顾；生男奖酒1壶、狗1条，生女奖酒1壶、猪1头；家有2个儿子的，国家负责养活1个，有3个儿子的，国家负责养活2个。

为了激励自己不忘报仇雪耻，勾践睡觉时不铺褥子而铺上柴草。在房间里挂了一个苦胆，每顿饭前都要尝尝，留下了"卧薪尝胆"的典故。他和夫人始终过着清贫的生活，吃饭没有鱼肉，穿衣不加修饰。自己经常同百姓下田耕种，夫人也自己养蚕织布。

越国上下，君民同心，发愤图强，富民兴国。经过十年奋斗，越国终于出现了人民殷富、社会安定的局面。

伍子胥早已察觉勾践所作所为意在复仇，多次劝谏，不仅未被夫差接受，反而引起夫差的反感和怀疑。公元前485年，夫差为争霸而北上伐齐，伍子胥不赞成，指出越国才是心腹大患。夫差不听，继续伐齐，在艾陵之战中大败齐军，获胜而归，夫差十分得意，不久又听信了伯嚭的谗言，赐剑令伍子胥自尽，伍子胥死前说："必取吾眼置吴东门，以观越兵入也！"伍子胥死后，吴王将政事交给伯嚭管理。勾践得知伍子胥已死，拟起兵伐吴，范蠡认为时机未到，还需等待。

勾践二十一年再次伐吴，自周元王元年（前475）开始，对吴都吴（别称姑苏，今江苏苏州）实施长达3年的围困，吴王夫差被越军长期围困，力不能支，遂派王孙雒袒衣膝行向勾践求和。勾践于心不忍，正要应允，范蠡上前说："大王您忍辱受苦20余年，为了什么？现在能一旦抛弃前功吗？"转头又回绝王孙雒说："过去是上天把越赐予吴国，你们不受；今天是上天以吴赐越，我们不敢违背天命而听从你们的请求。"王孙雒还要哀求，范蠡毅然鸣鼓进兵。吴王夫差见大势已去，求和不成就自杀而死，临死时说："吾无面以见子胥也！"勾践葬吴王而诛太宰伯嚭。终于勾践二十四年（前473）一举灭吴雪耻。

随后又乘胜率兵北渡淮水，会中原齐、晋等诸侯于徐州（今山东省滕州市南），向周元王致贡。周元王命使臣赐勾践胙（送来祭肉），封勾践为"侯伯"，晋伯位。自此，越军横行江淮一带，诸侯尽来朝贺，勾践的霸业完成。于是迁都琅琊，称霸中原。勾践成为春秋最后一位霸主。

秦始皇

秦始皇（前259~前210），姓嬴，名政，公元前246~前210年在位。嬴政是秦庄襄王之子，公元前247年庄襄王去世，13岁的嬴政被立秦王，因他年幼，相国吕不韦和太后的宠臣嫪毐（lào ǎi）专权用事。公元前238年，嬴政22岁，开始亲理政事。嫪毐乘他离开国都咸阳（今陕西咸阳附近）外出之际发动叛乱，他迅即平定了叛乱，处死嫪毐。次年，他又罢免了吕不韦的相国职务，后吕不韦畏罪自杀。自此，秦王嬴政牢牢控制了秦国的大权。

谁是生父

秦始皇是继秦庄襄王（子楚）之位，以太子身份登上王位的。秦始皇之母赵姬，据说曾是吕不韦的爱姬，后献予子楚，被封为王后。那么，秦始皇到底是子楚的儿子，还是吕不韦的儿子，后人争议不休。

当时，吕不韦本为河南濮阳的巨富，是远近闻名的大商人。但他不满足这种拥有万贯家私的地位和生活，他野心勃勃，对王权垂涎三尺。他曾与其父有一段精彩的对话：

他问："种田的收益几倍？"

父答："十倍"。

又问："贩卖珠宝，收益几倍？"

又答："百倍"。

再问："扶立一个国君，掌握一国权柄，收益几倍？"

其父笑答："那就千倍万倍，算不清楚了。"

吕不韦意味深长地笑着说："是呀！扶立一个国君，不止可以荣华富贵，还可以泽及子孙后代呀！"

于是，吕不韦打点行装，到了赵国的国都邯郸，精心策划了一个大阴谋，将正在赵国当人质的秦王太子的儿子异人，想法过继给正受宠幸的华阳夫人，转瞬之间，异人被立为嫡

嗣，更名为子楚，当上了皇太孙。

不久，国事不断生变，秦国的秦昭王、孝文王相继不明去世，子楚堂而皇之地登上王位。事遂人愿，吕不韦被封为丞相。不料子楚仅在位三年就神秘地死掉了，于是他的儿子嬴政就顺理成章地继承了王位，这就是后来的秦始皇。

吕不韦认为嬴政是自己的亲生儿子，让嬴政喊自己为"仲父"。他自己则掌管全国政事，被封为文信侯，食河南洛阳十万户，家中奴仆万人，成为一人之下，万人之上，权倾朝野，一手遮天的大人物。吕不韦的野心实现了。

诛父罢相 实权在握

吕不韦的权势在嬴政继承秦国的王位之后，进一步扩大。他官居相国，并取得作为国君长者的"仲父"尊号，成为秦国首屈一指的大富翁和政治暴发户。同时，他还招养门客三千，让他们著写见闻，结集成书，就是著名的《吕氏春秋》。

当年的赵姬，如今的赵太后在秦庄襄王死后，难耐寂寞，与吕不韦旧情复发，二人时常私通。秦王嬴政日见长大，吕不韦恐隐私暴露，祸端临头，想与太后断绝关系，又怕其怨恨，就为自己找了个叫嫪毐的人做替身，假充宦官，进入太后宫中，侍奉太后，深得太后宠爱，所掌政务悉由其决断。不久，赵太后怀孕，恐被人发觉，就诈称神灵指示应当隐居避人，于是移居雍地故宫。在这里，赵太后先后生下二子，在宫中秘密抚养。这时，嫪毐的势力日益强大，他拥有宾客1000余人，家僮数千人，朝中官员争相交结，不少重要官员都成了他的党羽。成为仅次于吕不韦的又一股政治势力。

依靠赵太后的权势，嫪毐被封为长信侯，先得到山阳（今太行山东南地区）作为封地，后来又把河西（今陕西东南部）和太原（今山西中部）二郡更名为毐国。嫪毐还与太后密谋，秦王一死，就扶植私生子继承王位。在赵太后的支持下，嫪毐在后宫为所欲为，毫无忌惮，眼中根本没有国家和君主。

面对吕党和后党两个集团的嚣张气焰，秦王不动声色。秦王九年（前238）四月，他按预定计划到秦故都雍城（治今陕西凤翔南）的蕲年宫举行加冠礼。贵臣向秦王告发了嫪毐与太后的隐私和阴谋。嫪毐得到消息后，遂乘秦王至雍城加冠之机假借秦王玉玺和太后玺捏造属文发动暴乱，企图进攻蕲年宫，杀死秦王。秦王早有戒备，立刻命令相国昌平君等人率军镇压，活捉嫪毒。九月，车裂嫪毒，诛灭其三族；党羽骨干卫尉竭、内史肆、佐弋竭、中大夫令齐等20余人皆枭首示众；舍人都被判处服刑，受牵连的四千余家全部夺爵流放蜀地（今属四川）。秦王嬴政还杀死了赵太后与嫪毒所生的两个私生子，同时把赵太后隔离于雍城宫中监视起来。

嫪毒一案牵连到相国吕不韦。秦王嬴政早已深感吕氏集团对秦国君权的威胁，就打算乘嫪毒案件诛杀吕不韦，一并清除吕氏集团。但是吕不韦辅佐先王继位的卓著功勋众所周知，在秦国也有深厚的根基，操之过急，难免败事，因而秦王暂时没有追究吕不韦。

秦王十年（前237），秦王嬴政已经牢握国政，站稳脚跟，于是免去吕不韦的相国职位，将他赶出秦都咸阳，迁居封邑洛阳（今属河南）。吕不韦在洛阳居住期间，关东六国君主频繁地派人到洛阳向他请安。为防止吕不韦与关东六国的势力变乱，秦王十二年（前235），秦王嬴政果断地决定除掉吕不韦，根除祸患。于是他派人给吕不韦送去一封书信，信中说："君对秦国有何功劳？却封土洛阳，食邑十万。君与秦国有何血亲？却号称仲父，妄自尊大。快带家属滚到西蜀去住！"吕不韦受到这番凌辱，自度免不了一死，于是服毒自尽。吕不韦死后，秦王还严惩了他的家人和宾客。

嬴政亲政不久，就先后消灭嫪毒和吕不韦两大敌对势力，彻底肃清了自己行使君权的严重障碍，显现出了大智大勇。

荆轲刺秦 秦灭六国

嬴政在清除国内敌对势力的同时，发扬先王雄风，礼贤下士，搜罗人才，重新组织文武骨干，并制定出新的战略方针。他继续奉行先王"远交近攻"的战略方针，同时又采用了新的策略加大了进攻六国的步伐。秦国首先向韩国起兵。韩国不堪一击，于秦王十七年（前230）被灭。

秦王十八年（前229），秦军又分兵两路，大举攻赵，俘获赵王；赵公子嘉带数百人逃奔代郡（今河北蔚县一带），自立为代王。

秦军在追逐赵公子嘉时，到达燕的西南边境，兵临易水，震动燕国。燕国的太子丹，曾为质子入秦，刚从咸阳（今属陕西）逃出回国，对秦恨之入骨。

他认为：用燕军去抗秦，简直是以卵击石，不堪设想；合纵诸侯，也为时已晚，因为韩国已经灭亡，赵国也基本不存在了，其余各国都朝不保夕，难于联兵；惟一的办法就是派敢死壮士刺杀秦王，以延缓秦国的进兵，然后再合纵诸侯自保。于是，他不惜任何代价，到处访求刺客，导演了一幕"荆轲刺秦王"的惊险悲剧。

秦王十九年（前228），壮士荆轲在易水（今河北易县，大清河上源支流）慷慨悲歌，别过太子丹及好友高渐离后，和秦舞阳一道，带着秦将樊於期的人头和裹藏匕首的燕国督亢（今河北涿县东，为燕国富饶地带）地图，以向秦王献地的使者身份来到秦都咸阳。秦王嬴政召见荆轲的那一天，荆轲捧着装着樊於期头颅的匣子，秦舞阳捧着装地图的匣子，两人一前一后地走进了咸阳宫。等两人到了大殿的台阶前，秦舞阳已经吓得面容失色，浑身颤抖。秦国的群臣都觉得奇怪。荆轲回头笑着看了一下秦舞阳，上前谢罪道："这是个乡下人，从来没有见过天子，所以才会吓得发抖，请大王别介意。"秦王便对荆轲说："把他捧着的地图呈上来。"

荆轲将地图呈给秦王，秦王把地图展开，图卷展到最后，便露出了匕首。

荆轲趁机左手抓住秦王的袖子，右手抄起匕首向秦王刺去！秦王大惊，见匕首刺来，挺身站起，向后躲去，挣断了半幅袖子。秦王慌忙伸手去拔佩剑，谁知剑身太长，卡在剑鞘里边抽不出来，只好绕着大殿的柱子奔逃，荆轲紧追不舍。

群臣被吓呆了，全都慌了手脚。秦国的法律规定，群臣上殿，都不得携带任何武器，而手持兵器的侍卫们又都守卫在殿下，没有秦王的旨意不许上殿来。此刻情况危急，来不及召唤殿下的卫士，群臣仓皇间也没有合手的东西能够击打荆轲，只好徒手和他搏斗。

正在此时，侍从医生夏无且将他的药囊掷向荆轲，将荆轲阻了一阻。而秦王正绕着柱子奔逃，一时慌张，不知道怎样才好。群臣见状叫道："大王把剑推到背上拔！"秦王恍然大悟，把剑推到背上，一下子拔剑出鞘，砍向荆轲，将荆轲的左腿砍断。荆轲断了腿，无法再接近秦王，便举起手中的匕首掷向秦王。匕首击中了柱子，没有掷中秦王。秦王再一次用剑砍向荆轲，片刻之间将荆轲砍伤了八处。

荆轲知道刺杀失败了，便倚着殿柱坐在地上大笑，骂道："大事之所以没有成功，是因为我想劫持你，逼你订下和平条约来回报太子！"秦王的侍卫们一拥而上，杀死了荆轲。

行刺事件使秦王大怒，他大举征伐燕国，燕王被迫杀了太子丹，将他的头颅奉献给秦军求和。从此，秦王加紧了灭六国的步伐。

秦王二十二年（前225），秦将王贲率军攻魏，掘引黄河、鸿沟，水灌魏都大梁（今河南开封）。三个月后，大梁城破，魏王被俘，魏国灭亡。秦王二十三年（前224），秦王嬴政想一举灭楚，他问年轻将军李信需用多少军队，李信回答："不超过20万人。"又问老将王翦，王翦回答："非60万人不可。"

秦王说："王将军老了，那么怯懦。李将军果然气势勇壮，所言极是。"

于是，他派李信和蒙武率军20万南下灭楚。王翦见秦王不采纳自己的意见，便谢病归老，回到老家频阳（今陕西富平东北）闲居。结果，李信所部秦军被楚将项燕打得大败，阵亡7个都尉，狼狈撤回。

秦王接到报告，大为恼火，立即骑马驰奔频阳，当面向王翦道歉："当初不纳将军之言，李信果然羞辱了秦军。现楚兵正在西进，将军虽然有病，就忍心扔下我不管吗？"王翦说："老臣体弱多病，精神混乱，大王还是选择能干的将领吧。"秦始皇说："事情已经过去，都是我的错误，将军不要再说了。"王翦说："大王一定要用臣伐楚，还是非60万人不可。"秦王说："我这次来，就是听取将军意见的。"于是将60万军队如数交予王翦率领，并亲自为他送行。

临别之时，王翦请求秦王赐予他大的田宅美池，秦王说："将军放心走吧，难道还担忧贫困吗？"王翦说："为大王领兵出征，有功也不能封侯，所以趁大王还看重老臣的时候，老臣也及时请求些田产作为子孙的基业。"秦王听后大笑。

王翦告别秦王，一路上又派回五批使者叮嘱此事。有人认为：身为将军，三番五次向君主讨赏，像个要饭的，有点儿过分了。王翦说："不然。大王为人多虑，不相信人。现在掏空秦国精兵专门委交给我，我不多为子孙请求田宅表明自己，反要大王坐在朝中怀疑我吗？"

王翦率军深入楚境，稳扎稳打，连连击败楚军，楚将项燕自杀，楚王负刍被俘。秦王二十五年（前222），王翦又平定楚的江南地区，设置了会稽郡（治令江苏苏州）。王翦用兵三年，楚国全部灭亡。

灭楚的同年，秦王派王贲进攻燕的辽东，俘获了燕王喜，燕国灭亡。接着回兵进攻代郡，俘获了代王嘉，赵灭亡。

齐国长期屈服于秦，苟且偷安，当秦国吞并山东各国的时候，既不援助别国抗秦，也不修整本国战备。始皇二十六年（前221），山东其他五国已经无一存在。

嬴政从秦王十七年灭韩开始，到始皇二十六年，历经10年时间，终于完成了统一中国的大业。

十二铜人

公元前221年，秦始皇"奋六世之余烈，振长策而御宇内"，荡平六国，建立了中国历史上第一个统一的中央集权的封建国家。秦始皇采取了一系列巩固统一的措施，确定皇帝称号，建立以皇帝为中心的封建官僚体制、实行郡县制，统一度量衡、货币和文字。修筑长城和驰道，防御匈奴，统一"南越"……这些措施有利于国家的统一和社会经济、文化的发展。秦始皇还下令收缴天下兵器，铸成十二铜人，立于咸阳宫外。铜人每个重达千石（相当于3.75吨重），造型精巧逼真。英武威严，令人惊叹。那么，秦始皇为什么要铸十二铜人呢？

据说这里面有着迷信的原因。秦始皇虽暴虐淫威，我行我素，但他怕老天爷、怕死。他登基之后就去泰山封禅，祭告天地，求上苍佑护他的统治。秦始皇还寻觅四海，追访仙人，欲寻长生不死之药。秦统一中国当年，在海边临洮出现了身着少数民族服饰的巨人。这是上天警告秦始皇，如果恣意妄为。残酷暴虐，必遭祸乱报应。秦始皇却认为这是天兆祥瑞，销毁天下兵器，模仿巨人体貌，做了十二个铜人镇守咸阳。

另外他铸造铜人也是为了夸耀武功，粉饰太平。据说，秦统一后，秦始皇接受丞相李斯的建议，不一再分封诸侯，裂地而治。秦始皇认为："天下共苦战斗不休，以有侯王。赖宗庙，天下初定，又复立国，是树兵也，而求其宁息，岂不难哉！"于是，把天下分为三十六郡治理。第二步就是收缴兵器，集中到咸阳销毁，消灭征战的萌芽。为什么要把融化的铜块铸成铜人呢？这缘于秦始皇的一个梦：有一天，秦始皇梦见天象大变，昏天惨地，飞沙走石，妖魔鬼怪，兴风作浪，秦始皇吓得魂飞魄散。突然，一道白光惊现，有一白发道长朗声说道："铸造十二金人，镇压秦都，方保江山无碍。"秦始皇梦醒后，急命工匠按梦中指示铸造铜人。铜人重达千石，背后铭刻着李斯篆、蒙恬书："皇帝二十六年初兼天下，改诸侯为郡县，一法律，同度量"字样。铜人造型逼真，工艺精巧，威严高大，世所罕见。秦始皇把大铜人立在咸阳宫外，意在震慑臣民，粉饰太平盛世。

刘邦

刘邦（前256～前195），公元前256年出生于江苏沛郡的平民之家。他曾任秦朝泗水亭长，公元前209年响应秦末陈胜吴广农民起义，在沛县起兵。3年后，攻克秦都咸阳；4年后，打败项羽，取得楚汉战争的胜利，建立了西汉王朝。

娶妻吕雉

刘邦的妻子是吕公的女儿吕氏，名叫吕雉。吕公和家乡的人结下冤仇后来到了小沛定居，因为沛令和他是好友。在刚刚到沛时，很多人便听说了他和县令的关系，于是，人们便来上门拜访，拉拉关系，套套近乎。刘邦听说了也去凑热闹，当时主持接待客人的是在小沛担任主簿的萧何，他宣布了一条规定：凡是贺礼钱不到一千钱的人，一律到堂下就坐。刘邦根本不管这些，虽然他没有带一个钱去，他却对负责传信的人说："我出贺钱一万！"吕公听说了，赶忙出来亲自迎接他。一见刘邦器宇轩昂，与众不同，就非常喜欢，请入上席就坐。这次刘邦不但白吃一顿饭，酒足饭饱之后，吕公又将他盛情留下，提出将自己的女儿嫁给他为妻。刘邦巴不得成这门亲事，征得父母同意之后，便和吕氏结了婚，这就是以后历史上有名的吕后。汉惠帝刘盈就是她和刘邦的儿子，还有一个孩子就是鲁元公主，嫁给了张敖。

斩蛇起义

刘邦出身布衣，没有任何靠山，他从未钻研过治国平天下之策，游荡到40多岁还未成家立业，却幸运夺得天下。后世广泛流传刘邦是赤帝之子下凡，他斩白蛇，举义旗，身经百战，平定天下，成为名垂千古的开国大帝。

刘邦排行老三，喜欢结交各种朋友，厌恶耕田劳作。他的父亲看不上他的浪荡行为，认定他将来不会有任何出息。全家人也都瞧不起他。刘邦虽然生活上放荡不羁，却胸怀大志。有一次，他押送刑役去咸阳时，看到秦始皇出行那威风凛凛的帝王排场令他感叹道："唉，大丈夫能像这样子，才不枉来世上一遭！"

始皇末年，刘邦受命押送刑徒到郦山修皇陵，刑徒们知道不累死也得活埋，就纷纷逃亡。刘邦睁一只眼，闭一只眼，默许他们溜走。快到郦山时，人快跑没了。来到丰邑西边的大泽里时，刘邦借酒壮胆，把剩下的刑徒都放了。刑徒们得生了，刘邦却要亡命天涯避祸了。有十几个刑徒深受感动，愿意追随刘邦左右。刘邦带着他们连夜逃离大泽里。

黑夜里奔逃，必须探路。刘邦命一人前方开道，不一会，那人惊恐万状地跑回来，报告刘邦说：一条水桶粗细的大白蛇挡在路上，前进不得，赶快绕道而行吧！刘邦酒壮英雄胆，拔剑而起，怒喝道："我们是顶天立地的壮士，岂能怕蛇？我倒要看看谁敢阻我去路？"刘邦冲到前面开路，走不多久，果然一条巨蛇盘踞在道上，把小路堵得满满的，雾气弥漫，飘过一团团腥气，令人作呕。刘邦挥剑将白蛇斩为二段，腥热的污血喷了他一身，没走出几里路，刘邦酒性大作，睡倒在路旁。

后面的人走到斩蛇的地方时，看见一个老妇人在嚎啕大哭。众人问她缘故，老妇人悲哀地说："我儿子是白帝之子，他不该卜凡间闲游呀！他睡中化蛇，哪知挡了赤帝之子的去路，被人家杀啦！"听了老妇人的话，众人只当是胡言乱语。可奇怪的是，大家再回头看时，老妇人消失了，连斩杀的白蛇也不见了，众人惶恐之中始信有其事，刘邦酒醒得知此事，也隐约相信了。

在公元前209年，秦末农民起义爆发，陈胜、吴广率领起义军攻占了陈（现在河南淮阳）以后，陈胜建立了"张楚"政权，和秦朝公开对立。这时，沛的县令也想响应来继续掌握沛郡政权，萧何和曹参当时都是县令手下的主要官吏，他们劝县令将本县流亡在外的人召集回来，一来可以增加力量，二来也可以杜绝后患。县令觉得有理，便让刘邦的挚友樊哙把刘邦找回来，刘邦便带人往回赶。这边的县令却又后悔了，害怕刘邦回来不好控制，弄不好还会被刘邦所杀，等于是引狼入室。所以，他命令将城门关闭，还准备捉拿萧何和曹参。萧何和曹参闻讯赶忙逃到了城外，刘邦将信射进城中，鼓动城中的百姓起来杀掉出尔反尔的县令，大家一起保卫家乡。百姓对平时就不太体恤他们的县令很不满，杀了县令后开城门迎进刘邦，又推举他为沛公，领导大家起事。刘邦便顺从民意，设祭坛，自称赤帝的儿子，领导民众举起了反秦大旗。这一年已经是前209年10月，刘邦已经有48岁了。

立足关中

刘邦进入了咸阳城后，以"关中王"自居。看着富丽堂皇的宫殿，刘邦有些留恋起来，准备就此住下，享受享受。樊哙劝他注意天下还没有平定，别忘了秦的前车之鉴。刘邦根本听不进去，直到张良亲自来劝，他这才认识到了问题的严重性。于是，刘邦将军队撤退到了灞上。

刘邦到达灞上之后，便召集当地的名士，和他们约法三章：杀人者死，伤人及盗抵罪。其他秦朝的苛刻法制一律废除，这使他得到了民心支持。

项羽在打败章邯，迫使他投降之后，也领兵直奔关中而来。范增劝他趁机除掉刘邦这个对手，项羽就下令准备，要在第二天进攻。这时的刘邦在兵力上无法和强大的项羽相抗衡，他只有十万军队，不可能战胜项羽的四十万精兵。最后是项羽的叔叔项伯"救"了刘邦：项伯和刘邦的谋士张良很要好，见项羽要进攻了，便连夜潜入营中找到张良，让他赶紧走，以免被杀。张良却说不能丢下刘邦，就将消息透露给了刘邦。惊慌之下，刘邦赶忙向张良要计策，张良让刘邦赶紧去见项伯，说明自己没有野心和项羽争夺王位。

刘邦依计约到项伯，说明自己并无称王野心，并于项伯约成儿女亲家。项伯当天夜里就返回了军营，他对项羽说："因为沛公先行进入关中，为我们扫除了入关的障碍，我们这才能顺利地通过函谷关，沛公是有功劳的人，我们不应该猜疑他，应该真诚相待。"项羽听了，便决定不再进攻刘邦。

第二天，刘邦来到了项羽的军营，只带了樊哙、张良和一百名精锐亲兵。到了项羽的大帐鸿门，当面向迎接他的项羽赔礼道歉。项羽请刘邦入内赴宴，项羽的亚父范增，一直主张杀掉刘邦，在酒宴上，一再示意项羽发令，但项羽却犹豫不决，默然不应。范增召项庄舞剑为酒宴助兴，趁机杀掉刘邦，项伯为保护刘邦，也拔剑起舞，掩护了刘邦，没有成功。后来刘邦借故离开，回到了大营。

鸿门宴之后，项羽便领兵西进，分封各路将军为王，刘邦被封为汉王，领地是巴、蜀和汉中共四十一县，国都为南郑（现在的陕西南郑）。

楚汉相争

刘邦隐忍自己，接受了汉王的封号。于公元前206年4月领兵入汉中、并烧毁栈道，表明再也无意出兵，以麻痹项羽。项羽亦率军东归。前206年6、7月，齐国贵族后裔田荣不满分封，赶走齐王，杀胶东王，自立为齐王。刘邦乘乱重返关中，击败章邯，迫降司马欣、董翳，并用计欺骗项羽，使其相信自己取得关中后已心满意足，再也不会东进了。项羽放心去攻打田荣，对西边没有加强防范。11月，刘邦挥军东出，拜韩信为大将，明修栈道，暗渡陈仓（今陕西省宝鸡市东），名为义帝发丧，派人联络诸侯，公开声讨项羽，拉开了4年楚汉战争的序幕。

公元前205年5月，刘邦乘项羽在齐国停留的机会，率领诸侯联军56万一举攻占彭城。项羽闻之，急率轻骑兵3万奔袭，联军被杀10万，溺水淹死10万，刘邦仅率数十骑逃脱，反楚联盟瓦解。

同年6月，刘邦到达荥阳，一路收集败兵，并派韩信于萧索之间击败了楚追兵，得以端息，稳住了阵脚，遂重整军队，依托关中基地和有利地势与项羽长期抗争。7月，一直负隅顽抗的章邯终于兵败自杀，刘邦解除了后顾之忧；且在逃往荥阳前便派人说服英布反楚，联络彭越扰楚后方；派韩信开辟北方战场，攻魏俘魏王豹，破代，灭赵杀陈馀。公元前205年冬，项羽发动反攻，围困荥阳，形势十分危急。刘邦用陈平反间计，使项羽怀疑范增，不用其谋，迫使范增怒而归乡。刘邦又派纪信装扮成自己去楚军诈降，乘机逃出荥阳。项羽加紧围攻荥阳，并夺取成皋。

为了减轻楚军对荥阳的压力，刘邦率军经武关、宛（今河南南阳）、叶（今叶县南），想引诱项羽南下。为配合汉军行动，此时韩信也率军到达黄河北岸，声援荥阳。彭越正在进攻下邳（今江苏邳州南）。项羽被迫率军回救，刘邦乘机收复成皋。公元前204年7月，项羽以凌厉攻势拔荥阳，再夺成皋。

刘邦一面命汉军在巩县一带坚守，阻击楚军前进，一面命韩信组建新军击齐，派人入楚腹地协助彭越进攻睢阳（今河南商丘南）、外黄等地，再次迫使项羽回救。公元前204年11月，刘邦用计再次收复成皋，斩杀了项羽大将曹咎。

项羽在击败彭越后，寻汉军主力决战不成，屯兵广武（今荥阳北）与刘邦形成对峙。不久，韩信在潍水之战中歼灭齐楚联军，完成对楚侧翼的战略迂回，又派灌婴率军一部直奔彭城。项羽腹背受敌，兵疲粮尽，遂与汉订盟，以鸿沟为界，中分天下，东归楚，西归汉。公元前203年10月，项羽引兵东归。

楚、汉订盟后，刘邦本想退兵，在张良、陈平提醒下，下令全力追击楚军。公元前203年11月，两军战于固陵（今淮阳西北），项羽小胜。公元前202年1月，刘邦以封赏笼络韩信、彭越、黥布等，垓下一战重创楚军，逼项羽自刎于乌江（今安徽省和县境），终于结束了为期4年的楚汉战争。

公元前202年1月，刘邦、韩信、刘贾、彭越、英布等各路汉军约计70万人与10万久战疲劳的楚军于垓下（今安徽灵璧县南）展开决战。汉军以韩信率军居中，将军孔熙为左翼、陈贺为右翼，刘邦率部跟进，将军周勃断后。韩信挥军进攻，采用诱敌深入战术，前军先诈败，信引兵后退，命左、右翼军包抄攻击楚军后部步军。楚军久战疲劳，后军迎战不利，汉军将楚后军与项羽前军骑士分割两半，韩信再指挥全军反击，楚军大败，阵亡四万余，被俘两万，被打散两万，仅剩不到两万伤兵随项羽退回阵中。后楚军退入壁垒坚守，被汉军重重包围。楚军兵疲食尽。韩信命汉军士卒夜唱楚歌，歌云："人心都向楚，天下已属刘；韩信屯垓下，要斩霸王头！"致使楚军士卒思乡厌战，军心瓦解，项羽只有率800人突围至乌江（今安徽省和县境），这时项羽身边只剩下28骑了，一亭长愿带项羽逃至江东重振霸业，遭项羽拒绝。项羽带着28骑大战汉军，最后全军覆没，项羽不愿被俘受辱，于是在乌江自刎而死。刘邦于是还至定陶，驰入韩信军中，收夺了他的兵权，后改封韩信为楚王，都下邳（今江苏邳州市东）。

在公元前202年2月，刘邦兑现了先前的诺言，封韩信为楚王，彭越为越王。受封的韩信和彭越联合原来的燕王臧荼、赵王张敖以及长沙王吴芮共同上书刘邦，请他即位称帝。刘邦开始假意推辞，韩信他们说："大王虽然出身贫寒，但能率领众人扫灭暴秦，诛杀不义，安定天下，功劳超过诸王，您称帝是众望所归。"刘邦顺水推舟地说："既然你们大家都这样看，觉得有利于天下吏民，那就按你们说的办吧。"

公元前202年2月28日，刘邦在山东定陶氾水之阳举行登基大典，定国号为汉。

后来，刘邦迁都长安是因为一个叫娄敬（因被赐姓刘，又称刘敬）的士卒的提醒，娄敬从山东赶来见刘邦，说刘邦得天下和先前的周朝不一样，所以不应该像周朝那样以洛阳为都城，应该到关中定都，这样便可以在秦地固守险地，国家才能长治久安。张良同意娄敬的建议，他说关中是"金城千里，天府之国"，退可守，攻可出。刘邦听了表示同意，于是很快将都城迁到了长安。

巩固皇权

刘邦虽然做了皇帝，但他也没有敢对自己的皇位掉以轻心。

第一个让他不放心的就是在各地的异姓王。他们都有兵将，有的还有三心二意。

他先收拾的是韩信。在公元前201年，即高祖六年，有人告发韩信谋反。刘邦问怎么办，大家说发兵讨伐。但陈平却反对，他说楚国兵精粮足，韩信又善于用兵，发兵很难取胜。他建议刘邦以巡游云梦为借口，让各诸侯王都到陈县（现在河南淮阳），到那时韩信一定会来，然后再抓他问罪。刘邦依计行事，果然将韩信抓住了。韩信听到对他的指控，大声喊冤："古人说的果然不错：'狡兔死，良狗烹；高鸟尽，良弓藏；敌国破，谋臣亡。'现在天下已经平定，我这样的人也早就该烹杀了。"刘邦将韩信押到了洛阳，但又没有明确的证据，便释放了他，但降成了淮阴侯。这使韩信怀恨在心。

第二年，韩信谋划让陈豨在外地反叛，使刘邦亲自前去平叛，然后自己在都城袭击太子和吕后。但还是事情败露。吕后采用了萧何的主意，将韩信诱骗入宫抓捕，最后在长乐宫斩首。

除了韩信，其他诸侯王如彭越等人也被消灭，只剩下了长沙王吴芮。

第二个问题就是其他将领，为功劳大小和赏赐的多少争斗不止，如果安抚不当，就会投奔那些异姓王作乱。开始，刘邦先是分封了萧何等二十余人官职，但众将领因为互不服气，争功不止，刘邦就没有封官。一次，在洛阳南宫，刘邦看见众将坐在沙地上不知在说什么，问身边的张良怎么回事，张良说他们在谋反。刘邦问为什么，张良说怕他以后不会封他们高官。刘邦又问怎么办，张良就问他最恨的人是谁，刘邦说是雍齿，因为他虽然功劳多，但太张狂，自己曾经想将他杀掉。张良听了就让他封雍齿为侯，这样，大家就觉得被刘邦记恨的雍齿都能受封，他们就更不用着急了。于是，刘邦大摆庆功宴，封雍齿为什方侯，还当场命丞相和御史抓紧时间草拟论功行赏分封的名单。张良的计策果然奏效，众将的心都安定了。

对于原先六国的后代刘邦也没有掉以轻心。为了消除这个顾虑，刘邦将他们和地方的名门望族共十几万人全部迁到关中居住，置于了中央控制之下。

关于丞相的过大权力，刘邦通过把萧何下狱来打击削弱相权。在刘邦平定了黥布叛乱回到长安后，萧何提议把上林苑开放，让百姓去耕种，因为上林苑基本上已经荒芜，并不是养兽供皇帝狩猎的地方。刘邦一听就恼了，硬说萧何拿了商人的贿赂，所以才替他们说话，借百姓之名为商人牟利。刘邦将萧何关进了监狱，几天后，有大臣问丞相犯了什么罪，刘邦却为自己狡辩说："原先李斯做秦国的丞相，凡是功劳都归始皇，不好的事都由自己承担。但现在丞相萧何却接受了商人的贿赂，替他们求我开放上林苑，收买人心。因此要治他的罪。"通过打击元老功臣萧何，刘邦在削弱相权的同时将皇帝的权力提高了。

刘邦从做了皇帝，到最后病死，中间有8年时间，基本上都用在了解决这些让他不放心的问题。

刘备

刘备（161～223），三国蜀汉的开国皇帝。字玄德，河北涿县人，是汉景帝儿子中山靖王刘胜的后代。刘备的祖父、父亲都曾在州郡做官。刘备于公元221年于成都称帝，国号汉，年号"章武"，史称蜀汉。刘备善于用人，在诸葛亮、关羽、张飞等的辅佐下，历尽坎坷，终于成就大业。公元223年，死于白帝城。

乱世起兵 智杀吕布

刘备长得身高、臂长、耳大，平时喜怒不形于色，喜爱结交豪侠之士。然而因为父亲过早去世，家境十分贫寒，平日以贩鞋织席勉强度日。

刘备从小就怀有大志。在小时候和同宗儿童玩耍时，他就曾说："我将来一定要乘上有真正篷盖的天子之车。"

东汉灵帝光和七年爆发的黄巾大起义，给刘备发展势力提供了一个机遇。当时，东汉朝廷大军镇压起义军，各地的军阀豪强也纷纷拉起人马，以镇压义军为名，抢占地盘，扩充实力。刘备也趁机拉起一支乡勇，参加了镇压起义军的行列。这时，河东解县（今山西运城）人关羽、同郡人张飞也来投奔刘备。刘备把关、张二人当成左膀右臂，三人形影不离，晚上睡觉也在一床，像兄弟般亲密。刘备因镇压义军"有功"，被朝廷任命为安喜县（今河北定县东）尉。

不久，朝廷颁布诏书，要考核因军功而提拔任命的官吏，如不称职，就要淘汰。涿郡太守派督邮巡视各县，督察官吏。督邮来到安喜，因刘备未送贿赂要将他撤职。刘备听说自己将被撤职，十分愤恨，便回到自己官署率领一群吏卒，冲到督邮住处，大声喝到："我奉太守密令，收捕督邮！"说罢，率人将督邮从床上提起捆住，押着他率领着自己的人马向外走去。将要出县界，刘备将督邮绑在树上，用马鞭狠狠地抽打了百余下，仍不解气，声言要杀了他，吓得督邮求饶不止。刘备便将官印挂在督邮脖子上，率众弃官而去。

后来，刘备投奔早年的同窗好友、幽州藩将公孙瓒，公孙瓒让他试守平原县令，不久，又领平原国相。当时，天下大乱，人民饥寒交迫，流离失所，许多有才能之士也被迫抛弃家园，颠沛流离。刘备尽管官职不高，但却能对外防御寇难，内部聚集粮物，与一些暂无安身立命之所的人士同席而坐，同盘而食，推心置腹，肝胆相照。因此，甚得民心，附近民众及各方人士纷纷来投奔依附他。

这时，群雄逐鹿中原，各地藩将混战不已。袁绍攻公孙瓒，曹操又攻徐州牧陶谦。陶谦派人向公孙瓒告急，公孙瓒遂派刘备前往徐州（今苏北鲁东南一带）援救陶谦。这时刘备共有士兵千余人和饥民几千人。陶谦见刘备兵力不多，就给了他4000兵士，又任命他为豫州（今豫东皖北一带）刺史，屯驻小沛（今江苏沛县）。后来，陶谦病重，临终时对部下麋竺说："除了刘备，没有人能使徐州安定。"陶谦一死，麋竺就率领徐州人士前往小沛迎接刘备。刘备再三推让，最后终于接管了徐州，第一次跻身于大藩将之列。

刘备占有徐州，近在寿春（今安徽寿县）的袁术十分不满，遣兵进攻刘备。刘备与袁军相持不下，袁术又勾结吕布，指使吕布袭击刘备的后方下邳（今江苏睢宁西北）。吕布原来和刘备是故交，但他反复无常，此时见有利可取，便不顾前谊，袭取下邳。陶谦故将曹豹因与督守下邳的张飞不和，听说张飞要杀他，便招来吕布，举城叛降。吕布乘机攻取下邳，张飞败走，吕布掠得刘备妻子家属。刘备听说后方失守，连忙带兵返回，遭吕布截击，兵众溃散，刘备无奈，只得称降，暂时依附吕布。吕布大喜，遂自称徐州刺史，将刘备家属归还，又派刘备进驻小沛。

刘备返回小沛，兵士渐渐增至万余人。这引起了吕布的不安和嫉恨，他便亲自带兵攻打刘备。刘备被迫应战，旋即战败，只得投奔曹操。曹操举荐刘备为豫州牧，因而史称刘备为刘豫州。这虽是个虚衔，却给刘备带来了声望。曹操给了刘备许多士兵和军粮，让他再去小沛一带收集余众，出击吕布。吕布又派大将高顺攻打刘备。曹操派夏侯惇救援,都被高顺打败,又把刘备的妻子掠去。于是曹操亲自率领大军前往,将吕布擒住。吕布向曹操告饶说:"曹公所怕的不过是吕布,现在我已归顺,天下不必忧虑。您统率步军,我帮您统率骑兵,何愁天下不平定?"说得曹操也有些心动。刘备说:"曹公难道忘了吕布是怎样侍奉丁原和董卓的吗?"曹操点首称是,于是将吕布缢杀。曹军得胜后,刘备跟随曹操到许昌(今河南许昌东),曹操又上表推举刘备为左将军。

三顾茅庐 礼贤求才

刘备跟随曹操来到许昌后不久,就感觉到一种紧张的气氛。原来,汉献帝及其岳父车骑将军董承不满曹操专权,正与将军吴子兰、王子服等人密谋诛杀曹操。这些人听说刘备已来许昌,十分高兴,寻找了个机会,邀请刘备密谈。刘备是汉帝宗室,自然一拍即合,随即答应参与其事,并从董承手中接过了汉献帝以衣襟书写的手诏。

但刘备处事极其慎重。曹操虽然表面厚待刘备,对他十分尊重,出去同坐一车,居内同坐一席,实际上却很不放心,经常派人加以监视。刘备知道曹操提防自己,便深居简出,闭门谢客,不参与其他人的活动。平时,刘备就在院子里刨地种菜,浇水捉虫,乐此不疲,一副悠然自得、胸无大志的样子。一次,曹操请刘备喝酒,谈论天下英雄刘备说:"袁绍或许算是一个英雄吧!",曹操却从容不迫地笑着对刘备说:"现在天下英雄只有你和我。袁绍之流,不算英雄。"刘备一听曹操把自己说成是英雄,误以为密谋泄露,不觉大吃一惊,手中筷子惊落在地。恰巧这时天上响过一阵雷声,刘备灵机一动,俯身拾起筷子,不慌不忙地对曹操说:"圣人说,'惊雷烈风会使人惊惶变色',这话讲得真有道理,雷震之威,想不到如此厉害!"巧妙地将自己的慌张表现掩饰过去了。曹操并未感到怀疑。

刘备知道曹操不可能长期容纳自己,早晚要将自己杀掉,因此密做准备,伺机出奔。正巧,袁术因被曹军打败,想经徐州北上投奔其兄袁绍。曹操不愿他俩联合,准备派兵截击。刘备趁机请求前往。曹操未加考虑,随口答应,刘备立即带兵脱离曹操而去。郭嘉、程昱等人听说此事,连忙来见曹操,大声说道:"主公不可放刘备出去!刘备出去后必然叛变作乱",曹操一听,不觉后悔起来，马上派人追赶，但刘备早已走得无影无踪了。

刘备一到徐州就袭杀了徐州刺史车胄，将汉献帝诛曹操的诏书公之于世，公开打起了反曹旗帜。附近几个郡县也都背叛曹操，归附刘备。曹操随即作出反应，马上派兵攻打刘备，但未能取胜。

汉献帝建安五年，董承等人谋杀曹操的计划泄露，曹操将他们全部杀死。曹操听说刘备也参与了其事，大为恼火，于是决定亲自带兵征讨刘备。

刘备以为曹操正全力对付袁绍，不会亲自带兵前来，没有防备。听说曹操已来，不太相信，亲自带领数十骑外出观察。望见远处尘雾弥漫，旌旗蔽日，大吃一惊，估计自己没有抵抗的实力，便下令退却，投奔袁绍。他的妻子来不及逃跑，又被曹操俘获。镇守下邳的关羽抵挡不住曹军的猛烈进攻，只得束手投降。袁绍听说刘备被曹操打败来投奔自己，十分高兴，以为又添了一个对抗曹操的帮手，马上派军前去迎接。一个多月后，刘备散失的部众渐来会集，力量渐渐恢复。

袁绍依仗优势兵力继续进攻曹操，与曹军相持在官渡（今河南中牟附近）。袁绍派刘备率部众袭击曹操的后方。这时，关羽离开曹操重新逃归刘备，张飞也回归了。刘备见关、张两将回来，大为高兴，遂率军进攻许昌。后来，听说袁绍在官渡全军溃败，刘备遂南下，投奔荆州太守刘表。

刘表好谋无断，虽然拥兵十万，但无所作为。见刘备前来投奔，表面非常客气，内心却十分猜忌。他让刘备屯驻新野（今河南新野）防备曹军南下。

长期以来，刘备没有固定的地盘，经常寄人篱下，先后依附公孙瓒、陶谦、曹操、袁绍、刘表等人，四处奔波，颠沛流离，十分狼狈。徐州两次得而复失，南北征战接连失败，主要原因是刘备实力不足，无法与势力雄厚的曹操等人抗衡；再就是虽有关羽、张飞等几员猛将，但缺乏才能出众的谋士。因此，刘备渴慕贤才奇士辅佐自己。

后来，徐庶前来投奔刘备。刘备十分器重徐庶，又请徐庶再推荐一位贤士。徐庶说："诸葛亮，乃卧龙先生，主公可愿见他？"刘备听说诸葛亮，忙说："愿意，愿意！请您把他请来！"徐庶说："此人可去拜访，不能请他委屈前来，请主公屈尊去拜访他。"于是，刘备就准备去拜访诸葛亮。

刘备打听到诸葛亮的住地后，便率关羽、张飞等随从前去拜访。众人来到了一处风景宜人的茅舍前，经询问，方知诸葛亮外出未归。关、张二人稍感沮丧，刘备却毫无倦容。

第二次，刘备等人又专程拜见诸葛亮，竟又未见到。关羽、张飞等人颇为不满，刘备却对他们说："此次未见，下次再来。"关、张二人更不高兴，嘴里嘟哝不停。

第三次，刘备终于见到了诸葛亮。这就是有名的三顾茅庐，历来被人们传为礼贤下士的美谈。刘备三顾茅庐，精诚所至，使诸葛亮大为感动。二人一见如故，相见恨晚。刘备虚心请教天下之事，诸葛亮便将自己对时局的精辟见解毫无保留地对刘备倾说。诸葛亮分析了曹、孙、刘当时各自占有的天时、地利与人和因素，提出了占荆襄、夺益州三分天下的战略，这就是历史上有名的"隆中对"。刘备听罢这一分析，心悦诚服，连声说道："讲得好！说得对！"于是，刘备便请诸葛亮一同出山，辅佐他成就大业。诸葛亮一来久闻刘备英名，早知刘备乃成大事之人，另一方面为刘备的诚恳心意所感动，于是同意出山，开始辅佐刘备。

联孙抗曹 攻占益州

东汉建安十三年（208），曹操在统一北方之后，率大军南下进攻刘表，企图夺取荆州。这时刘表已经病危，他召来刘备，打算推荐刘备为荆州刺史，治理荆州。刘备推辞不就。

不久刘表病死，其次子刘琮继任荆州牧。刘琮软弱无能，听说曹操30万大军将至，吓得魂飞魄散，连忙上表请降，又不敢告诉刘备。刘备听说此事，连忙派人询问。此时曹操已至宛城，刘备连忙召集部属商议对策。诸葛亮等人劝刘备攻击刘琮，劫持刘琮及荆州官吏士人南至江陵（今湖北江陵一带）。刘备回答说："刘表临死曾将其子托付于我，背信弃义之事，我不能干！否则有何面目见刘表！"于是，刘备率众向江陵撤退。

曹操听说江陵存有大量军械粮草，担心被刘备夺去，就舍弃辎重，轻装赶至襄阳。见刘备已经奔江陵而去，曹操亲率3000精锐骑兵，昼夜兼驰，一日一夜行300多里，于当阳长坂坡（今湖北当阳东北）追上了刘备。

刘备没有想到曹军追赶得如此之快，猝不及防，军队大部被杀散。刘备抛却妻子部属民众，只带领诸葛亮、张飞、赵云等人突围而走。赵云见形势危急，怀抱刘备弱子刘禅，保护着刘禅母亲甘夫人，杀出重围。刘禅母子在赵云力护下得以身免灾祸。刘备令张飞率20余人断后。张飞见刘备等人已过得河去，将桥拆断，张飞立马横矛，站立桥头，怒目注视追兵，厉声喝道："我是张翼德，谁敢来与我决一死战！"曹军被张飞的气势所震慑，无人敢前。刘备等人得以退至夏口（今武汉）。

曹操占据荆州后，收纳了刘琮的水军，又占领了江陵，缴获了大量军资，声势更大。曹军沿江东而下，准备消灭刘备，进而吞并孙权，占领江南。

强敌紧逼，刘备力量单薄，不得不考虑寻找盟友，在东吴鲁肃的建议下，便派诸葛亮去见孙权，劝说他联合抗曹。孙权也早已感到曹军的威胁，曹操曾下书给孙权，声称率80万大军，要与孙权会猎于东吴。东吴群臣噤若寒蝉，纷纷主张投降。只有鲁肃、周瑜主张抵抗。而孙权虽然同意迎战。但仍担心力量不足。听说刘备派诸葛亮联络，十分高兴。二人商谈极为融洽，孙权同意联合抗曹，遂派鲁肃、周瑜、程普等率水军数万，与刘备一起合力抵抗曹操。

孙刘联军到达赤壁（今湖北武昌西），与曹军相持。后来，曹操中了周瑜部将黄盖的诈降计，放松了警惕，船只营寨被吴军用火烧毁，孙刘联军乘势进攻，曹军溃败。这就是历史上有名的"赤壁之战"。刘备联合孙权的力量，打败强敌，争取了自己的安全。

赤壁之战后，刘备宣布刘表的另一个儿子刘琦为荆州刺史，利用刘表父子在荆州的势力和影响，招抚长江以南的荆州四郡太守，四郡太守欣然归附。不久，刘琦病逝，刘备自称荆州牧，荆州一些文武人才，如黄忠、庞统等人，纷纷聚集在刘备身边。

刘备势力渐增，孙权也不得不另眼看待。孙权想利用刘备对抗曹操，不仅承认了刘备为荆州牧的事实，而且主动将自己的妹妹嫁给了刘备，进一步巩固两人之间的关系。

刘备占有荆州大部，又当上了荆州牧，有了立足之地，但其实力和地盘与曹、孙相比，仍难抗衡。因此，如何进一步增强势力、扩张地盘，便成了当务之急。

当初，诸葛亮在"隆中对"中，就提出占有荆益二州以成帝王之业，刘备占有荆州后，便着手进取益州。

益州，主要地盘是现在的四川，并包括现在的云、贵、甘、陕等省的一部分。这里地域广阔，物产丰富，号称天府之国。益州牧刘璋是汉朝宗室，懦弱无能，空有贤才而不能用，手下军队纪律散漫又不能禁止，因此，内部危机四伏，全州上下都盼望贤德之人入主益州。

孙权也早就觊觎益州，他曾写信给刘备，邀刘备一起攻取益州。刘备早想独吞，岂容别人染指？便回信推脱。孙权遂派周瑜率水军进夏口，准备越过荆州而入蜀川。刘备对周瑜说："你如要取蜀，我当入山隐居。"并立即派关羽守江陵，张飞守秭归，扼住入川之路。孙权看透了刘备的意图，知道难以占先，便将周瑜召回。

当初曹操打下荆州，刘琮归降，刘璋也极其害怕，就想归附曹操，便派张松去荆州拜见曹操。谁知曹操对张松十分冷淡，张松极为恼火，不待深谈，便辞别曹操，去见刘备。刘备对张松诚恳热情，使张松十分感动。张松回到益州，大谈曹操的坏话而极力赞扬刘备，劝刘璋与刘备联络。恰好这时占据汉中的张鲁进攻益州，刘璋便派法正去见刘备，刘备待法正也十分热情。张松和法正见刘备时，刘备向他们询问益州的地理形势、军事力量及其他内部情况，张、法二人都详细陈述，并画了地图送给刘备。这样，刘备对益州的虚实了如指掌。法正劝刘备说："以将军的英明才略、刘璋的懦弱无能，还有张松做内应，夺取益州易如反掌。"庞统等人也力劝刘备进取益州。于是刘备决定进川。

刘备让诸葛亮、关羽、赵云等人留守荆州，自己带领庞统、法正等数万人，由水道入蜀。刘备率军来到涪县（今四川绵阳），刘璋从成都赶来迎接，会见时关系十分友好，欢宴达100多日。刘璋以米20万斛、战马千匹、战车千辆及其他物资赠与刘备，并将杨怀、高沛之军交刘备指挥，让刘备攻打张鲁。

刘璋日夜盼望刘备为他出击张鲁，刘备却进军至葭萌（今四川广元），便停顿不前，反而做起笼络人心、树立恩德的事来。刘备在葭萌住了1年，借口曹操要进攻孙权和荆州，写信给刘璋，要求回师救荆州，并要刘璋再给1万军队和粮饷。刘璋极不高兴，只给了刘备四千军队，粮草物资也只给了刘备所要数目的一半。刘备借这一事情，激怒其部下说："我们为益州征讨强敌，将士非常辛苦，而刘璋却如此吝啬，不舍得将仓库里的东西赏给将士，这怎能让我们出力死战呢？"张松在成都听到消息，不辨真假，以为刘备真要撤军，连忙写信给在刘备营中的法正，说："如今大事马上就要成功了，怎么能放弃而去呢？"张松的哥哥、汉太守张肃知道其弟的谋划，生怕连累自己，就向刘璋告发了。刘璋下令杀死张松，并令各关隘守将不要再与刘备联系。

刘备见计划已经暴露，立刻杀了刘璋派在身边的杨怀、商沛二将，收编了他们的军队，进占涪城。接着，又攻占绵竹，包围雒城（今四川广汉）后，攻了足足1年，才把雒城攻下，军师庞统也在攻城中中箭身亡。攻下雒城后，刘备即率军包围了成都。这时，诸葛亮也率张飞、赵云等，沿水道入蜀，攻下白帝城、江州（今重庆），前来与刘备会师。

刘备的军队包围成都几十天，刘璋见内外断绝，坚守无望，只得出城投降。刘备由此占据了益州。

自立汉中王

建安二十年（215），孙权派吕蒙袭取荆南三郡，刘备率军五万下公安，与孙权军对峙。后因曹操夺取了汉中令益州受到很大威胁，于是与孙权和解，割江夏、长沙、桂阳给孙权。又遣黄权率兵迎接败北于曹操的张鲁，但张鲁已降曹操。曹操派夏侯渊、张郃屯兵汉中，多次侵犯边界。刘备遂令张飞进兵宕渠，与张郃等于瓦口发生战争，张郃被大败，刘备也还军成都。

建安二十三年（218），刘备采纳法正的建议，率领诸将起兵攻汉中。派遣将军吴兰、雷铜进攻武都，被曹军消灭。于是刘备遂进兵阳平关，与夏侯渊、张郃等相峙，同时发文书要求诸葛亮增兵，诸葛亮于是调动一切资源全力支援汉中。

建安二十四年（219），刘备南渡沔水，于定军山与夏侯渊部对峙。刘备采用法正计策，夜袭夏侯渊，黄忠斩杀夏侯渊及赵颙等。曹操只好立刻从长安率兵西征汉中，刘备预言："曹公虽来，无能为也，我必有汉川矣。"然后凭借汉中天险，谨守壁垒不与曹军交战。曹操用了一个月也难以攻下，逃亡的士兵越来越多，数月后只得无奈退军。而另一方面，刘备遣刘封、孟达、李严等进攻上庸的申耽等将，申耽等将见曹操率军返回中原，纷纷开城投降。

此时群下上表刘备被拥戴为汉中王。章武元年（221），刘备追谥刘协为孝愍皇帝，乃于成都继承汉室称帝，立国号为"汉"（史称蜀汉），年号"章武"，任诸葛亮为丞相，许靖为司徒。设置百官，建立宗庙祭祀汉高祖等先帝，蜀汉政权正式建立。

白帝城托孤

荆州是西川的门户，自古就是军事要地。刘备特意安排关羽把守，诸葛亮在进川之前，还向关羽交代了"东合孙权，北拒曹操"战略要旨。但是，关羽生性孤傲，并没有把刘备的重托和诸葛亮的嘱咐放在心里。

建安二十四年（219）七月，关羽起兵围襄阳，水淹七军，抓住于禁，斩杀庞德，围困曹仁于樊城，自许都以南纷纷响应关羽，一时间关羽威震华夏。不久曹、孙联合，先是徐晃率众击退关羽，羽退回汉水以南，以水军隔绝汉水，襄阳仍然被困。接着吕蒙白衣渡江，劝降南郡守将糜芳、公安守将士仁，兵不血刃占据荆州地界。关羽后方突失，走投无路，最后在临沮被俘后被杀。

刘备听说关羽被杀，不听诸葛亮劝告，尽起全国大兵去讨伐吴国，为关羽报仇。当时诸葛亮为了防备魏军乘虚偷袭成都，所以没有随刘备出征而是留守成都。但是刘备被吴火烧连营，大败后兵败退到白帝城，自己也病倒在白帝城的永安宫，又加上思念惨死的关羽和张飞，整日啼哭，病势更加沉重。刘备知道自己的病难以治好，便派人日夜兼程赶到成都，请诸葛亮来嘱托后事。

诸葛亮留太子刘禅守住成都，带刘备的另外两个儿子刘永、刘理来到白帝城，进了永安宫，看到刘备病得不成样子，慌忙拜倒在刘备跟前。刘备叫诸葛亮坐在旁边，用手摸着他的肩背说："自从得了丞相，我才有了今天的基业，只是由于知识浅薄，没听丞相的话，遭到今天的失败，实在后悔万分。看来我这病是难好了，我儿子能力太弱，不得不将大事托你。"刘备说完，泪流满面。诸葛亮也哭着说："望陛下保重身体。"刘备用眼睛看了看左右的将官，见马谡也在身边，就叫暂时退出，对诸葛亮说："这人言过其实，不能重用，对于他，丞相要慎重考察。"说完，刘备召集众将官到齐，拿笔写了遗嘱，交给诸葛亮，感叹地说："我本想和你们一同消灭曹丕，不幸中途分手。麻烦丞相把我的遗嘱交给太子刘禅，以后一切事情，都望丞相指点。"诸葛亮拜倒在地上说："望陛下好好安息，臣等一定全力效劳，辅助太子。"刘备叫左右的人扶起诸葛亮，一手擦着眼泪，一手握住诸葛亮的手说："我现在快要死了，有心腹的话要说。"诸葛亮问："有甚么事吩咐？"刘备说："阁下才干高于曹丕十倍，一定能办成大事，如果刘禅可以辅佐就辅佐，实在不行，你就作两川之主。"诸葛亮听到这话，立即哭拜在地说："臣一定尽力辅助太子，鞠躬尽瘁，死而后已。"

公元223年6月10日，刘备驾崩于白帝城永安宫，享年63岁。

孙权

孙权（182~252），三国时吴的开国皇帝。字仲谋，吴郡富春（今浙江富阳）人。父亲孙坚，汉末被封为乌程侯、破房将军；兄孙策，曹操表为讨逆将军、吴侯。孙权公元229~252年在位，谥号"大皇帝"孙权礼贤下士，从善如流，最终称帝，成为三国时期能与曹操、刘备相抗衡的势力，并最终形成中国历史上三国鼎立的局面。

少年承志 有智有谋

孙权出生之时，样貌十分奇特，方面大口，双目炯炯有神。他的父亲孙坚十分惊奇，认为他有贵相，对他特别钟爱。孙权少年时期就随父兄转战南北，见多识广。并且喜欢读书，刻苦非常。10岁那年，孙坚因帮助袁术争夺荆州而中箭身亡。从此之后，孙权就随长兄孙策寄寓军旅，开始了他的军营生活。丰富的生活经验和系统的文化修养，使孙权很快地成长起来。

孙权虽然年轻，却性格开朗，胸怀宽广，度量恢宏，好侠养士，仁义而又果断，因此名声很快就赶上了他的父兄。孙策出兵江东时，孙权经常帮他出谋划策，孙策十分惊奇，以为自己的智谋赶不上这位弟弟。因此，每次宴请宾客，孙策总是对孙权说："在座的各位谋臣猛将，将来都会成为你的部下臣僚。"

孙策见孙权确有才能，便委任他为阳羡（今江苏宜兴一带）县长。这时，孙权才15岁。不久又担任了仅次于将军的军职。

东汉建安五年（200），孙策遇害，临死之前，将重臣张昭等及孙权召到床前，先对张昭等人说："现在天下大乱，如果据有吴、越之众力，保有三江之坚固，便可以坐观成败，进而兼取天下。请诸君好生照顾吾弟！如果仲谋不长进，公等可自取权位。"孙策又将官印授予孙权，对他说："若论率江东之众冲锋陷阵，与天下英雄争高下，你不如我；若论举贤任能，使众人齐心协力保有江东，我不如你，你当善自为之！"当夜，孙策去世，年仅26岁。

孙权继承其父兄的事业之时，虽已拥有会稽、丹阳、吴郡、豫章、庐陵和庐江六郡，但这些地方新占不久，人心并未归服，统治并不巩固。将士新丧主帅，见继位者年轻，放心不下。许多江东英豪和北方侨寓之士，也多徘徊观望，有人甚至想改换门庭，另投新主。在此关键时刻，江东名士周瑜从驻地巴丘率军前来，稳住了军心，与张昭等说服众人齐心辅佐幼主。他们到处宣传孙权有帝王之相，可以共成大业。于是，江东人心渐安。

已经占据北方大部分地区的曹操早有统一天下之志，见江东孙策刚刚去世，人心不稳，便欲乘机伐吴。侍御史孙策旧臣张纮劝阻道："乘人之丧进兵，不合古义，有不仁不义之嫌。如果征伐不利，会将好友变成仇敌。不如利用这个机会厚意待之，孙氏必然感恩戴德。"曹操听从其言，上表请封孙权为讨虏将军，领会稽太守。

于是，孙权便名正言顺地开始行使职权。

他待老臣张昭以师傅之礼，以周瑜、程普、吕范等统率军士。同时，招纳名士、聘请俊杰。于是，一批从北方流寓江南的人士如鲁肃、诸葛瑾等人都成为孙权的座上客，逐渐得到重用。之后，孙权分兵遣将，开始征伐不服从自己的人，巩固在江东的统治。

这时，孙策生前委任的庐江太守李术不肯接受孙权的统领和指挥，还经常将其他一些背叛孙权的将士纳于旗下。孙权写信给李术，要他交出叛将。李术回答说："有德之人，人们自然归顺他；无德之人，人们肯定背叛他。我不能再把这些人交还与你。"孙权大怒，决定出兵征伐李术。

孙权估计李术受攻，必然要向曹操求救，就先以李术曾杀掉曹操委派的扬州刺史严象一事作为出兵理由，写信给曹操，说："严刺史从前为您所用，又是州中的长官。但李术为人凶恶，蔑视朝廷之法，残害州官，惨无人道，应该速速将其诛灭，以惩罚丑恶之人。现在我要讨伐他，上为朝廷扫除不法之徒，下为州郡报仇雪恨。这是天下通义，更是我夙夜所思之事。只恐怕李术受攻、害怕诛杀，必然捏造情况，向您求救。希望您命令下面执事官员，不要听信李术的一面之词。"这一来，孙权既为自己造了出兵的舆论，又堵住了李术的求救之路。

谋划已毕，孙权便出兵把李术包围在皖城。不出孙权所料，李术果然向曹操求救，曹操便不肯出兵救援。由此顺利地除掉了这一心腹之患。

在孙氏家族内部，也有人企图作乱。孙权的叔伯哥哥孙辅担心孙权不能保住江东，便借孙权出行之机，派人拿着书信去邀曹操前来，不想所派之人将书信径直交给了孙权。

孙权得知此事，火速返回。回来后假装不知此事，招呼张昭一同去见孙辅。见到孙辅，孙权半开玩笑地说："兄长快乐够了，不想活了？为什么呼唤他人来江东？"孙辅心中大惊，可嘴里却矢口否认。孙权便把孙辅写给曹操的信拿给张昭看。张昭看后十分愤怒，随即扔给孙辅。孙辅满面羞愧，一言不发，于是孙权将孙辅的左右心腹杀了个一干二净，将他的部下分编到其他军中，将孙辅迁徙东部，看管起来。

由此消除了隐患，孙权在江东的统治便逐渐安定下来。

有胆有识抗曹军

赤壁之战后，周瑜等率军经过一年多的战斗，又夺取了江陵，控制了江陵以南大片土地。建安十五年（210），又任命步骘为交州刺史。步骘率1000军卒南下，杀了不肯归顺的苍梧太守吴巨，东吴的势力便一直扩展到了交州（今广州）一带。

孙权把都城从京口（今江苏镇江市）西迁至秣陵，筑石头城，改名建业（今南京市）。同时，在通往巢湖的濡须口设立夹水坞，控制通往长江的水道，以防曹操南下。

东汉建安十八年（213）春，曹操率大军进攻濡须口。曹军号称40万，声势浩大，攻破了孙权在长江西南的大营，俘虏东吴都督公孙阳。孙权带领7万军队前去迎战。曹军制造了一种油船。用牛皮制成，外涂油漆，轻便异常。夜晚，曹操派部分军士乘坐油船，渡到一个沙洲上，准备偷袭。孙权发现，立即派水军将曹军包围，俘虏了3000人，淹死者还有数千人。曹操吃了亏，便坚守营垒，拒不出战，孙权几次派人挑战，曹军不应。

孙权决定亲自前去观察。他带领军队，乘快船，行至曹军营寨附近。曹军将领以为是挑战者前来，准备出击。曹操说："这一定是孙权前来观察动静。"他下令军中严加戒备，弓箭不得乱发。孙权行了五、六里路，便调转船头返回，还奏起了鼓乐。曹操见孙权胆略过人，所率战船队伍旗幡鲜明，兵械严整，不觉叹道："生儿子就应该像孙仲谋，若像那刘表的儿子，简直跟猪狗一样。"

过了几天，孙权又到曹军水营乘船观察。曹军弓箭齐发，孙权所乘大船的一边被射满了箭，失去平稳，船身渐渐倾斜，差点儿翻船。孙权急忙命令将船转过身来，让另一面受箭。等两边都射满了箭，船身渐渐平稳，孙权方才下令退兵。

双方相持月余，曹军未占优势，曹操虽想退兵，又有些犹豫。这时春雨连绵，不便征战，孙权便写信给曹操说："春水方生，公宜速去。"又另外写道："你一日不死，我一日不安。"曹操对诸将说："孙权没欺骗我，他说的是真心话。"便趁机退兵北返。

联蜀称帝

孙权与曹操数有征战，双方各有胜负。后来，因孙权和刘备争夺荆州发生尖锐矛盾，孙权为避免两面受敌，便于东汉建安二十二年（217）春，向曹操请降讲和。

曹操也知难以战胜孙权，便同意双方修好。此后，孙权便把精力转向了荆州。

就在孙权夺回荆州的第二年，曹操病死，其子曹丕代汉称帝，建立魏国。孙权知道自己夺回荆州，刘备必然出兵再争。为避免两面受敌，必须与魏国暂时搞好关系。因此，他派使节向曹丕祝贺称臣。曹丕封孙权为吴王。

消息传到东吴，孙权召集臣僚商议对策。有人以为孙权不应接受曹魏的封号。孙权考虑再三，对群臣说："从前汉高祖刘邦也接受项羽的汉王封号，这不过是权宜之计，有何不好？"于是，孙权便接受了吴王封号，并遣使至魏称谢。曹丕乘机索求象牙、夜明珠、犀牛角、玳瑁、孔雀、翡翠等珍宝异物。东吴群臣又反对。孙权说："我所钟爱的，是土地、人民。曹丕所求的东西，对我来说不过是瓦石之物，有什么可惜的呢？况且，以这些东西换取荆州以至东吴的平安，是以轻代重。我何乐而不为呢？"于是，孙权便不断地遣使纳贡，奉献方物，恭行臣子之礼。曹丕受到迷惑，不再考虑出兵攻吴，孙权避免了魏的攻击，得以全力对付刘备，在后来的阻击刘备的夷陵之战中大获全胜。

荆州之争和夷陵之战后，吴蜀联盟彻底破裂。孙权因夺荆州、防刘备的需要，表面上向魏国称臣，但并非出于真心。曹丕为加强对东吴的控制，再三要求孙权把儿子孙登送到魏国做人质。孙权当然不肯，推说孙登年幼，不宜入朝，拒绝送入魏国。

东吴黄武元年（222）秋，曹丕以孙权不送子为人质、首尾两端、心怀二意为由，派三路大军直攻洞口（在今安徽和县东南）、濡须（在今安徽巢县）和南郡，孙权连忙调兵遣将，抵挡曹军。

这时，孙权意识到如果继续与刘备为敌，将有被两面夹击的危险，便主动派太中大夫郑泉前往白帝城，向刘备求和。刘备大败之后，也知道荆州难已夺回，如吴军继续进攻，自己也会有危险。同时，刘备又担心魏国灭掉东吴之后，可以全力以赴地对付自己，于蜀汉不利。所以，同意了孙权求和的建议，吴蜀联盟重新建立。

孙权与魏国绝交之后，曹丕十分恼火，他亲自带领大军，到达广陵（今江苏扬州一带），准备进攻东吴。孙权见曹丕来势凶猛，遂召集谋臣武将商议对策，徐盛向孙权建议，在长江南岸多树木桩，围上芦苇，涂上泥灰，建造假楼疑城，迷惑魏军，使之不敢轻易渡江进攻。孙权认为此计大善，便加以采纳，命令东吴军民准备材料，连夜动工。一夜之间，长江南岸出现了无数城楼关隘，连绵不断，首尾相接，足有数百里，远远望去，真假难辨。同时，吴军又在江边停泊了大量舰船，多树旗幡，制造声势。

曹丕在长江北岸隔江望去，只见江边战船密布，旗帜招展，岸上城楼连绵，固若金汤，不觉大吃一惊。他叹口气说："江东人才济济，不可轻易夺取。"于是便无可奈何地撤军北还。

这时，诸葛亮也带领蜀军，对魏国不断发动进攻。曹魏被迫处于守势，已不可能集中兵力对付东吴。这样，孙权建国称帝的时机终于成熟了。

当初，曹丕、刘备相继称帝后，孙权也有称帝之意。但他进一步审时度势，考虑到力量尚微，难以威服众人，时机不成熟，所以没有急于称帝。东吴黄武二年（223），群臣又上孙权尊号，劝其即皇帝之位。孙权再次辞让说："汉朝虽气数已尽，衰败灭亡已成定局，但我既然不能相救，也无心去相争。"说得冠冕堂皇。群臣又称符瑞多次出现，天命已显，反复请求孙权称帝。孙权无奈，只好对群臣说出心里话："我何尝不愿早日当皇帝？只是担心过早称帝，会招致魏国征讨。魏蜀如同时进兵，我们将腹背受敌，岂不危险？请诸君理解体谅我暂时低屈的本意。"

东吴黄龙元年（229），孙权见曹魏幼主临国，不会有大的作为。吴蜀联盟关系融洽，国内统治十分稳固，便正式建立吴国，登上皇帝宝座，改元黄龙。

由贤明转向糊涂

曹魏黄初二年（221），东吴使臣赵咨出使魏国。魏帝曹丕问他："孙权是什么样的人主？"赵咨回答说："是聪明、仁智、雄略之主。"曹丕追问道："为什么这样说？"赵咨答道："吾主孙权纳取鲁肃于凡人之间，是其聪；选拔吕蒙于征战之伍，是其驯；获于禁而不加害，是其仁；取荆州兵不血刃，是其智；据荆、扬、交三州，虎视于天下，是其雄；屈身事陛下，是其略。"曹丕又问："孙权也知道学习吗？"赵咨又答道："吴王带甲百万，战舰万艘，任贤使能，胸有大略，偶有余暇，博览众籍，浏览史书，探索奥秘，不像腐儒那样咬文嚼字，寻章摘句。"说得曹丕不住地点头称是。

孙权早期与群臣推诚相处，君臣和睦，上下同心。有人曾告发诸葛瑾里通蜀汉，孙权说："我与诸葛子瑜，可谓神交，外人流言不能间构。"陆逊坐镇荆州，孙权复刻自己的一枚大印交给他，委他全权处理与蜀汉交往之事。孙权刚刚称帝时，蜀汉有人主张讨伐。丞相诸葛亮说："东吴贤才良多，将相和睦，不可一朝而定。"

  孙权不仅知人善任，而且善抚将士，能得臣下死力，将士都愿以身事主。孙权恩威并著，尤以恩信得众将心。凌统早死，其子尚幼，孙权将其幼子领入宫中抚养，视如己出。吕蒙患病，孙权将其安置在内殿就近治疗，不惜重金悬赏以购求名医名药，悉心治疗。孙权常来探视，又恐吕蒙伤神劳累，乃在墙壁上穿一小洞，随时看望。看到病情偶有起色，小进饭食，孙权便喜形于色，与左右谈笑。否则就黯然神伤，夜不能寐。吕蒙病小愈，孙权特地下令群臣祝贺。后来吕蒙病情转重，孙权亲临榻前探视，又命道士祈祷祛灾。吕蒙终于不起，孙权哀痛已甚，身心为之大伤。平虏将军周泰担负护卫孙权之职，不顾安危，冲锋陷阵，出生入死，曾于重围之中拼死抢救孙权，全身受伤12处。后来，孙权以周泰统率朱然、徐盛等将，二人不服。孙权特置酒席送到周泰军营之中，大会诸将，亲自为周泰行酒，命其解开衣服，亲手指点身上斑斑伤痕，询问其来由。周泰一一述说完毕，孙权扶着他的胳臂，流着眼泪说："周将军，你为我孙氏兄弟出征死战，勇如熊虎，不惜生命，受伤几十处。看您伤痕累累，肤如刻画，我于心何忍！我怎能不把您作为骨肉之亲，授您以兵马之权呢？将军乃东吴之功臣，我要与您休戚与共，同享富贵。"说毕，便将自己所用的御盖赐给周泰。周泰感恩戴德，诸将亦无不心悦诚服。正因为孙权能礼贤下士，爱才如命，天下之士才视孙权为圣君明主，望风而归。使东吴贤臣如林，猛将如云，故能保江东几十年基业。

  孙权还虚怀若谷，从善如流，对臣下的正确进谏，勇于采纳。孙权对自己说过："天下没有纯白的狐狸，而有纯白的狐裘，是集众狐而成的。能用众人之力，则无敌于天下；能用众人之智，则无畏于圣人。"孙权曾在武昌临钓台饮酒，与群臣喝得酩酊大醉但还醉眼朦胧地说："今日大家都要畅饮，一醉方休！只有醉倒台中，才能停下！"老臣张昭正色不语，径直走出台外，端坐车中，孙权派人将张昭唤回说："不过是一起作乐，你何必生气？"张昭答道："过去商纣王作酒池肉林，竞长夜之饮，当时也认为是作乐，而不觉得是作恶。"孙权听后，默然不语，思虑再三，深感惭愧，遂命罢酒。

但孙权到了晚年，刚愎自用，猜忌群臣，信用奸佞，排斥忠良，与前期英雄作为相比，简直判若两人。

东吴嘉禾二年（223），割据辽东的公孙渊突然遣使向东吴上表称臣。孙权大喜过望，为之大赦天下，并欲派遣太常张弥、执金吾许晏、将军贺达等为使，将兵万人，携带金银珠宝，漂洋过海，授公孙渊为燕王，并赐九锡。满朝文武以张昭、顾雍为首，都痛切谏止，认为公孙渊乃反复小人，不必对他宠遇过厚，只需派兵吏护其使者归返即可。张昭说："公孙渊背叛曹魏，担心招致讨伐，故远来求援，归顺并非本意。如果他重又投靠曹魏，我国派出的使节不能返回，岂不取笑于天下？"孙权不听。张昭再三谏诤，孙权仍不接受，依然坚持己见，派张弥、许晏等前往辽东。张昭见此，十分气愤，遂称病不朝。孙权恨张昭不从己命，命人用土将张昭家门堵住。张昭一见，来了个针锋相对，又从门内用土封住，再也不出门。

后来，公孙渊果然斩杀吴国使臣，重新倒向曹魏。孙权听说后，勃然大怒，不仅不检讨自己处置不当，反而迁怒于公孙渊，说道："我已年届60，世界之事，无所不知。近来却为鼠辈所骗，真令人气愤！若不斩杀这鼠子之头掷于海，还有什么面目当皇帝！就算长途跋涉，我也要亲征鼠辈，以雪心头之恨！"说着，就要带兵亲征，幸亏众臣谏止。

随着猜忌心的日益加重，孙权专门设置了校事、察战两职，用以监视文武百官。吕壹为中书校事，诋毁大臣，罗织罪名，构陷无辜，使无罪有功之臣，互相纠举，横受大刑，而孙权对他却十分宠信。丞相顾雍无故被诬陷，遭到软禁。江夏太守刁嘉被陷害，几乎受诛。太子孙和数次劝谏，孙权不听。大将军陆逊见吕壹窃柄弄权，擅作威福，而无人可禁，与太常等人同心忧思，以至流涕。骠骑将军步骘多次上书，揭露吕壹罪行，请求孙权改变虽有贤臣而不能用的状况，重新任用顾雍、陆逊等忠贞股肱之臣，孙权却置若罔闻。

东吴太元元年（251）冬十一月，孙权出南郊祭天地，回宫之后，就中了风。十二月，孙权将大将军诸葛恪召回，拜为太子太傅，开始安排后事。东吴太元二年（252）夏四月，孙权病死，时年71岁。

李世民

李世民（599~649），是唐高祖李渊的次子，公元626年他发动"玄武门之变"，杀死太子李建成，迫使李渊退位，从而当了皇帝，年号贞观，共在位22年（627~649）。聪明英武，少有大志，是中国历史上功名赫赫的皇帝之一。

夺嫡篡位

在中国历史上，"贞观之治"是封建治世的楷模。"贞观"是唐太宗李世民的年号。他在位的二十二年间，由于知人善任、锐意改革、轻徭薄赋、发展文化，使国内经济一片兴旺，国力强盛，政治清明，社会安定，呈现一派民殷财阜的景象。

贞观时期的国家版图也相当大。李世民一举灭掉了东突厥、西突厥，稳定了对大西北的统治，再无外族侵扰之害。他还把文成公主嫁给吐蕃王松赞干布，巩固了西南边疆。当时与中国通使的国家有七十多个，强盛的大唐王朝成了亚、非各国经济、文化的交流中心。唐太宗被各少数民族首领称为"大可汗"。

可是，这样一位文治武功彪炳千秋的君主却是靠着一场血雨腥风的"玄武门之变"登基称帝的。

公元626年7月2日这天的凌晨，李世民同长孙无忌、尉迟敬德等九人率兵埋伏于玄武门内，守玄武门的主将常何也被李世民收买，只等在此地将上早朝的长兄太子李建成和四弟齐王李元吉杀死。天一亮，建成和元吉上朝走到临湖殿时，感到气氛反常，正要拨马回府，突然，李世民领着一彪人马狂奔而来，一箭将李建成射死，又杀死齐王李元吉，继而赶到东宫和齐王府，把李建成和李元吉两家，不论老少，全部杀死斩草除根。之后，李世民派尉迟敬德带兵冲入父王李渊的殿堂。后来，李渊下了诏书，叫东宫和齐王府的将士别再为太子和齐王争仇泄愤，并让各路兵马由李世民指挥。两个月之后，李渊下诏传位于李世民。

史书上说，这次玄武门之变不是"蓄意预谋"，而是临时应变；不是"违反父意"，而是合父王之意；不是"夺嫡篡位"，而是合情合理，该当皇上。

因为玄武门之变事出有因：有一年夏天，突厥率兵南下，李渊派李元吉为帅，领兵迎敌。元吉和建成商量，准备先向父王李渊要求从秦王李世民府中调出大将尉迟敬德、秦叔宝等及部分精兵随军作战，以削弱李世民实力，然后伺机杀死李世民。但此消息被密探得知，李世民被逼无奈铤而走险，才先发制人，发动政变。

选立太子

李世民的14个儿子中，只有长子承乾、四子泰、九子治三个是长孙皇后所生，因而有资格成为太子的人选。根据嫡长子继承制，李世民在登基的当年就把长子承乾立为太子。可是，这个太子颇不争气，顽劣成性，嬉戏无度，根本不配做李世民的继承人。儿时的承乾就胆大妄为，常带领一帮人偷百姓的牲畜，杀死后大家煮肉吃。还扮成突厥人模样，成群结队劫掠牛羊，然后杀了煮吃。恣意胡闹，乐此不疲。年龄稍长，又搞上了"同性恋"，与一个皇宫戏班中叫"称心"的男孩日夜厮混。李世民一怒之下杀了"称心"，承乾却在宫中为"称心"修墓、立碑，无所顾忌。更有甚者，他还亲自领着一队兵马，与七叔汉王元昌在宫中玩布陈交战的"游戏"，谁不真打真杀就被他绑在树上吊死。直到见了伤亡，血溅战袍，他才算玩得尽兴。他甚至狂妄地说，如果我做了皇帝，就在皇宫中设"万人营"，那时坐观交战才叫痛快。谁敢劝谏就杀了谁！后来，他真的派人暗杀劝谏他的大臣。眼见这样不成才的儿子，李世民气愤异常心灰意冷，便打算废了他，承乾在自己不争气的荒唐放纵中渐渐失了宠。

正在此时，承乾的弟弟老四李泰想取而代之，承乾顿起杀心。他先派人冒充李泰府中的人到父皇面前诬告李泰有种种不法行为，被太宗识破；他再派人去暗杀李泰也没成功。于是，承乾狗急跳墙，密谋杀入皇宫以武装政变夺取皇位。不料阴谋败露，太宗看承乾已不可救药，一怒之下，把承乾废为庶人。

李泰是承乾的亲弟弟，排行老四。他本来很有文才，李世民对他格外宠爱。只因哥哥是长子，才成为太子，他心里很不是滋味。后来见太子胡作非为，渐渐失宠，他就忍不住想尽快挤掉太子而自代。于是他勾结朝臣组成死党，形成一股颠覆太子的势力。待到承乾被废，太子之位似乎非他莫属了。可是，朝中的大臣们却为此分成了两派：一派主张立李泰，另一派主张立李治。而拥立李治的都是元老大臣。这下使太宗为难了：真若是李泰做皇帝，那么李治和几位重臣早晚得受害，朝廷可能出现一场悲剧。后来，太宗又发现李泰暗中胁迫软弱的李治退出太子之争，再联想到李泰排挤承乾的举动，遂暗中决定不立李泰。待决定立李治为太子后，李世民为防止李泰闹事，派人把他囚禁起来了。李泰聪明反被聪明误，也没得到好下场。

贞观十七年（643），15岁的李治被立为太子。若不是他大哥承乾和四哥李泰鹬蚌相争，太子的头衔怎么也不会落到他头上。太宗虽然确立了李治的太子地位，他内心深处对这个性情温和、天赋不高的九子并不是很满意。但此时太宗已别无选择，只好为李治日后能胜任皇帝这一角色花费大量心血。太宗先是清洗了承乾与李泰的同党，为李治消除了隐患，又让重臣们兼东宫官职，即让他们教育太子，又让他们亲近未来的皇帝。他还下令全国兵马都要服从太子调遣，树立李治的威信。他又让李治陪同自己朝见群臣，观摩政务，培养太子的治国能力。尤其是太宗亲著《帝范》12篇，专门论述治国之道，让李治研读。可谓用心良苦。

太宗认为李治天性宽厚，办事循规蹈矩，只能算一个好儿子，而不可能做一个精明的帝王。所以对他始终放心不下。直到病重，还为李治做了两件事：一件事是把才智过人的丞相李世绩故意贬到外地，让李治当上皇帝后再召回重用，使李世绩对李治感恩戴德，为新皇效力。第二件事是临终之前，把朝中重臣长孙无忌、褚遂良叫病榻前，赋以重托，希望他们努力辅佐李治。李治就这样被扶上马，即位时才22岁。李治在执政期间，虽没有惊天动地的功绩，没有表现出特殊的治国才能，但由于他基本继承了唐太宗的治国路线，本人也比较谨慎，政局基本稳定。

嗜马成癖

唐王朝建立之后，李世民挂帅出征，削平群雄统一全国，先后消灭了薛举、刘武周、王世充、窦建德等强大的军阀势力。李世民领兵作战取胜的主要一点，是身先士卒，用自己奋勇作战的榜样力量来鼓舞士气。每次作战，他都是亲率精骑，冲入敌阵，由于他武艺高强，机智灵活，胆气过人，虽然身经百战，但从来没有被敌人的刀箭伤过，军中将士都叹为神奇。李世民以马上取天下，也有马的功劳。因此他一生喜马、爱马，甚至嗜马成癖。

李世民生长在边地，自幼就练就了一身骑射功夫。从晋阳起兵到登基称帝，他的生涯几乎是与弓马伴在一起的。东征西讨，出生入死，强弓和骏马从未离身。

在他率军与薛举的儿子薛仁杲作战时，他骑乘宝马"白蹄乌"，一天一夜奔驰了二百多里，乘胜追击，直捣折庶城，迫使薛仁杲率残部投降。在与刘武周的主力宋金刚部作战时，李世民骑着骏马"特勒骠"，猛插敌后，宋军阵营顿时大乱，溃不成军。在与王世充对阵时，李世民骑着"飒露紫"，仅率十余精骑，突袭敌阵，杀开一条血路直出敌后。与窦建德在虎牢关作战时，李世民乘"青骓"冲入敌营，只经过四、五回合的交战，就大败敌军。"什伐赤""拳毛㻄"也都为他冲锋陷阵立了大功。唐太宗李世民临死之前，遗命雕刻"白蹄乌""特勒骠""飒露紫""青骓""什伐赤""拳毛㻄"六匹骏马来装饰自己的陵墓——昭陵。号称"昭陵六骏"。这六匹石马神态生动，雄健有力，造型粗犷，质感强烈。六骏形象各具风采，或原地待命，或轻步徐行，或驰骋战场，或腾空飞跃，是李世民驰誉战场和嗜马成癖的真实写照。

李世民心爱的一匹叫做黄骢骠的骏马病死后，他痛惜不已，还曾特诏令乐工作《黄骢叠曲》进行演奏，以表哀思。

公元647年，突厥人派使者向唐朝献良马百匹，其中十匹尤为健硕，唐太宗称它们为"十骥"，分别给它们起了富有诗意的名字，如"腾白云""凝露白""发电赤"等，并予以精彩评论。

一次，唐太宗特别喜爱的一匹骏马突然死亡，唐朝太宗非常震怒，竟要将养马人处死。幸亏长孙皇后用春秋时期晏婴劝齐景公不要因为马死了就杀养马人的历史典故提醒他，才使唐太宗饶恕了这个养马人。

唐太宗对骏马感情深厚，还写了一些咏马诗，他的《咏饮马》一诗写道："骏骨饮长泾，奔流洒洛缨。细纹连喷聚，乱荇绕蹄萦。水光鞍上侧，马影溜中横。翻似天池里，腾波龙钟生。"可见对马的观察之细和喜爱之深。

全国统一战事结束后，李世民骑射的豪兴仍不减当年。《出猎》一诗就充分反映了他那娴熟的骑射技术:"雕戈夏服箭,羽骑绿沉弓。怖兽潜幽壑,惊禽散翠空。"

当时,大臣虞世南和魏征等,对唐太宗李世民喜欢围猎都加以劝谏,一是为他的安全着想,二是怕他兴师扰民。但唐太宗认为,围猎是为了布阵练兵,强军防敌,因此,一直围猎不绝,在鱼龙川、黄泉谷、骊山、少陵原、广成泽都留下他跨骏飞驰、轻捷矫健的身影。只是在游猎时,克制自己不妨农事,不踏稼禾。

迷信兆卜,又寻仙丹

唐太宗李世民可以说是一位很有作为的皇帝。尤其是在他即位的前期可谓兢兢业业,警省励志。但是,在他作了十几年皇帝之后,也被安逸享乐的生活染上了奢侈腐化的习气。他修复了隋炀帝在洛阳建的豪华宫室。霸占了齐王元吉的杨妃,还把已故大臣武士彟的十四岁女儿选为才人,给她起了个名字叫"媚",这就是"武媚娘"。在他的"晚年",即他作皇帝的最后几年,他一反常态,既迷信兆卜,又痴迷丹药。

贞观二十二年(648),天空中太白星多次在白昼出现。这本来是宇宙间天体运行的自然现象,而太史却占卜说,这"主女主昌盛"。恰好这时民间流传的《秘记》上有这样一个说法,"唐三世以后,女主武王代有天下。"这可让李世民睡不着觉了,他的李家王朝怎能让"武王"取代呢?于是,他要想尽一切办法找到这个"武王",把他扼杀在摇篮里。有个叫李君羡的左武卫将军武连县公正好倒霉。他的官衔、爵号、籍贯和职务里,一连串占了四个"武"字:"左武卫将军"里占一个,"武连县公"占一个,他又是"武安县"人,是宫城北门玄武门的守将,这兆卜正好应在他的身上,巧得不能再巧了。偏偏他的父母在他小时候给他起了个女孩儿的名字,叫做"五娘",是盼他易于养活。可是,"五"与"武"同音,正好牵连到"女主"之忌里去。李世民迷信兆卜,简直丧失了理智,不由分说,先把李君羡贬到华州(今陕西华县)任刺史,后来仍不放心,又借故将其杀死。李君羡到死也不明白自己犯了什么罪,成了李世民迷信的牺牲品。

贞观二十一年(647),李世民得了风疾,瘫痪在床上。经御医诊治,半年后病体稍愈，可以三天上一次朝了。如继续边治边养，或许能够逐渐康复。可是，此时的他却迷恋上了方士炼制的金石丹药，希冀长生不老。他先是服食了国内方士的丹药，并不见效，以为他的道术浅，于是派人四处访求国外高人。贞观二十二年（648），大臣王玄策在对外作战中，俘获了一名印度和尚那罗迩娑婆，为迎合李世民乞求长生不老的心理，把他进献给李世民。这个印度和尚自称有200岁高龄，专门研究长生不老之术，并信誓旦旦地说，吃了他炼的丹药，一定能长生不老，甚至可以白昼羽化登仙。这番谎言竟打动了李世民，遂给这个印度和尚安排了华居美食，天天有人侍奉。这家伙见李世民对自己深信不疑，就煞有介事出了一大串稀奇古怪的药名来，李世民号令天下，按此方采集药草，不惜任何代价。一年之后，药配制好了，李世民非常高兴，毫不迟疑地将药全吃了下去，不料中毒暴亡，一命呜呼。

李世民去世时是贞观二十三年（649）五月己巳（二十六）日（7月10日），享年52岁。

武则天

武则天（624~705），中国历史上唯一一个正统的女皇帝（唐高宗时代，民间起义，曾出现一个女皇帝陈硕真），也是继位年龄最大的皇帝（67岁即位），又是寿命最长的皇帝之一（终年82岁）。唐高宗时为皇后（655~683）、唐中宗和唐睿宗时为皇太后（683~690），后自立为武周皇帝（690~705），改国号"唐"为"周"，定都洛阳，并号其为"神都"。史称"武周"或"南周"，705年退位。另外武则天也是一位女诗人和政治家。

掐死亲生女儿

唐武德六年（公元624年），武则天出生在并州文水（今山西省文水县），兄妹5人，排行老四。大哥武元庆，二哥武元爽均为相里氏（武士彟原配妻子）所生，大姐、自己和妹妹均为杨夫人（武士彟续配妻子）所生。父亲武士彟当初是山西木材商人，为了理想去从军，结识李渊（唐高祖），官路亨通，武德三年升正三品工部尚书（相当于现在的部级干部）。武则天童年时期跟随父亲在各地生活，少而好学，喜读文史诗集，颇有才气。

12岁那年父亲去世，她和母亲受到族兄的虐待。贞观十一年（637），14岁的武则天入宫成为唐太宗的才人（正五品），唐太宗最初非常宠爱她，赐名"武媚娘"，但不久便将她冷落一边。武则天做了12年的才人，地位始终没有得到提升。在唐太宗病重期间，武则天和唐太宗的儿子，即后来的高宗李治建立了感情。

贞观二十三年（649）唐太宗死后，武则天和部分没有子女的嫔妃们一起入感业寺为尼，但是她与新皇唐高宗李治一直藕断丝连。

唐高宗永徽三年，29岁的武则天奉诏离开感业寺，二次进宫，被高宗封为照仪。

武则天进宫后，发现后宫里王皇后与萧淑妃在明争暗斗。王皇后嫉妒生了男孩的萧淑妃，怕"母因子贵"影响到自己的皇后地位，于是支持高宗召武则天回宫，目的是想利用武则天去夺萧淑妃的宠，自己坐收渔利。武则天是何等精明之人，很快猜中了王皇后的意图，所以将计就计，极力巴结王皇后，流露出千般万般感激之情，王皇后被她的虚情假意迷惑，竟视她为知己，不断在高宗面前夸赞武则天，贬损萧淑妃。一来二去，王皇后的目的达到了：萧淑妃失宠了。

但是，武则天并不以此为满足。她千方百计笼络后宫的人，收买宫女太监作耳目，暗察失宠后的萧淑妃的不满言行。终于事遂人愿，萧淑妃被高宗打入冷宫，贬为庶人。

武则天下一个对手就是王皇后了。这王皇后本是高宗的结发妻子，为人持重，举止傲慢，又有外廷的重臣们拥戴，扳倒她谈何容易？于是武则天演了一出残杀爱女的"苦肉计"。

唐高宗永徽四年，武则天生下儿子李弘，又一年，即永徽五年，她再次临盆，生下一个小女孩。这小女孩长得眉清目秀，白白胖胖十分可爱。刚过百天，便会咧着小嘴，笑嘻嘻地伸着小手要人抱。高宗把她看成掌上明珠，每天下朝都要到太极宫里瞧她几眼。有一天，王皇后因事到太极宫找高宗不遇，偶然间见到这个小女婴一人在屋，不由得抱起来逗弄了一阵。过了一会儿，武则天回来，听说此事，便心生一计，狠下心来，把自己天真可爱的小女儿活活掐死了。不多一会儿，高宗进来，发觉爱女死了，气急败坏地大叫："谁杀死了我的女儿？谁杀了我的女儿？"他当然不会怀疑武则天下此毒手，再一查问，知王皇后方才来过，于是"谋害小公主以泄私愤"的罪名便落到王皇后头上，高宗开始考虑废后了。

作为一个母亲，武媚娘竟然能够如此狠毒，忍心害死自己的亲骨肉，一方面是她为实现野心不择手段，另一方面也暴露了后宫争宠夺势的血雨腥风。

不过废立皇后可不是小事，得跟大臣们商量。因为此前高宗想封武则天为宸妃时，大臣们据理反对，高宗就没敢轻举妄动，不希望因为这么一件小事儿引起朝臣的不满。武则天十分清楚，这次要废掉皇后一定要争取明臣们的赞同。为此，她绞尽脑汁、苦思冥想如何向皇后之位逼近。

首先，她想从太尉长孙无忌那里打开缺口。长孙无忌不仅身任宰相兼顾命大臣，还是高宗的亲娘舅，他这一关通过，别的大臣便不在话下了。一天，武则天陪高宗带厚礼亲自到太尉府，当场给长孙无忌祝寿，长孙无忌不为所动。

接着，武则天又暗中指使宫人把一个写有高宗名字和生辰八字的小木偶，埋在王皇后卧榻下面的砖地里；然后派人到高宗那儿密报，说王皇后怨恨皇上，跟她母亲魏国夫人用"厌胜"之术诅咒皇帝早死。高宗见密告之人是王皇后的近侍，岂能生疑？待挖出木偶之后，见木偶的七窍和心口全都插着铁针，高宗气疯了，不问青红皂白，当即下令不许王皇后的母亲魏国夫人再进宫来。高宗全然没有想到这是栽赃，终于下了决心，执意要废后了。

在宣布废王皇后立武则天的朝堂上，武则天坐在高宗身后的珠帘内，随时替高宗出谋划策。当坚决反对武则天为后的褚遂良说了一大通理由后，武则天竟在帘内大喝："怎么还不赶快扑杀此獠！"幸亏长孙无忌及时求情，高宗才未治褚遂良的罪。朝会不欢而散。就废王立武之事，朝臣们分成了三派：反对派、赞成派和中立派。其实，"中立派"明是中立，实质上等于赞同。反对派虽然有长孙无忌和褚遂良等顾命大臣，但还是少数。于是，高宗把坚决反对者褚遂良贬到外省作都督。紧接着，永徽六年，册封武则天为皇后。武则天五年前在感业寺里想当皇后的梦想，终于变成了现实。

毒杀次子李贤

上元二年（675）四月二十五日，太子李弘病死，唐高宗立次子雍王李贤为太子。章怀太子李贤是武则天的次子，李贤登上储君的位置搅乱了武则天的女皇梦，这使她卧榻难眠。在兄弟4人中，李贤天分最高，聪敏勤学，自幼即读了《尚书》《论语》《礼记》，过目不忘，深受唐高宗钟爱。立李贤为太子后，体弱多病的唐高宗打消了逊位于皇后武则天的念头，一心一意培养李贤，屡次命他监国。李贤曾组织一批名儒注释范晔的《后汉书》，尽管受到唐高宗的褒奖，但也引起母后武则天的猜疑，因为《后汉书》载有后汉大权落入皇后和外戚史实，带有讥讽时政之嫌。李贤处理政务，颇有才干，在士人中声望很高。在仪凤年间，许多重臣都是太子李贤的人。当时的7个宰相李敬玄、薛元超、高智周、张文瓘、来恒、戴至德、刘仁轨诸人，只有一人（刘仁轨）与武则天关系比较密切。曾反对逊位于武则天的中书令郝处俊兼太子左庶子，同中书门下三品李义琰兼太子右庶子，原太子左庶子李大安升任丞相，朝廷中反武则天的力量占有一定的优势，武则天面临着推动权力的危机。武则天为了控制李贤，曾命北门学士撰《少阳政范》和《孝子传》给他读，还"数作书以责让贤"，但李贤并不顺从，双方矛盾终于在明崇俨死亡一事上公开化。明崇俨精通文学和医术，经常借神道评论时政，深得武则天信任。仪凤四年五月的一天夜里，明崇俨突然遇刺身亡。4天后，太子李贤监国，未能破案。武则天怀疑是李贤幕后指使人暗杀，立即派人搜罗罪状，告发太子好声色，怀逆谋。宰相薛元超、裴炎和御史大夫高智周受命审理此案，兴师动众搜查东宫，居然在马坊查获皂甲数百领，这下，李贤有口难辩，调露二年八月，太子李贤被废为庶人，在废太子后的第3天，武则天派人去巴州杀了李贤。李贤一案牵连了很多人，不但他的党羽被杀，宰相、左庶子张大安等十余人被流放，唐宗亲子孙也有许多受牵连，就连李贤的孩子也未能幸免，他的三个儿子光顺、守礼、守义都被幽禁宫中，十八年不许出庭院。据说李贤在流放地作过一首《黄台瓜辞》的诗："种瓜黄台下，瓜熟子离离，一摘使瓜好，再摘令瓜稀，三摘犹为可，四摘抱蔓归"。诉说了内心对武则天难以抑制的怨愤，并暗示武后：不要光杀自己的儿子，否则你也不会有好处的。母子争权酿成了李贤之死。

"告密特使"

武则天从临朝称制到称帝前期，为了对付潜在政治势力，运用其铁的手腕，残忍的手段，实行了10余年的酷吏政治。她采纳了侍御史鱼承晔之子鱼保家的建议，在朝堂上设置铜匦，收受天下投书。敕令正谏大夫为知匦使，侍御史为理匦使，受理天下告密文书。通过这个告密制度，武则天很快物色到一批酷吏。这些人大都出身无赖，性情残忍，专以告密陷害为能事。其中臭名昭著的来俊臣和万国俊还专门编写了一部告密专著《罗织经》，作为培养新酷吏的教材。这些人形成了武则天的特务组织。他们使用惨无人道的酷刑，建立了一整套的实行恐怖政策的制度和特务机构。

武则天放手任用酷吏，被杀的和遭流放的动辄几十，几百，甚至上千人。

他们打击的首要对象是李唐宗室。因为这些人不甘心先帝的事业落在异族女性手里，极端仇视武则天，所以反抗最激烈，遭到的打击也最惨重。垂拱四年宗室起兵流产后，高祖李渊、太宗世民的子、孙、女、婿十余人被贬遭杀。永昌元年，鄱阳公李湮因秘密策划迎立中宗李显，与太宗的孙子李炜等12人被诛杀。载初元年，又以谋反罪诛杀了唐高宗第四子许王李素节及其九子。高宗第三子泽王李上金受牵连，自缢而死，其子七人被杀。这一年的八月，又杀唐高祖第二十一子密王李元晓的长子李颖等宗室12人。这样一来，李唐宗室除李显、李旦及千金公主极少数人尚能保全外，几乎被武则天杀戮殆尽。因此，在天授元年武则天正式登基称帝时，李唐宗室已经再没有人能够反抗了。

武则天打击的另一对象是元老大臣。这些人传统观念根深蒂固，以李唐老臣自居，对武则天掌权不服。成了武则天的肉中刺，稍露形迹，立即铲除。尚书左丞冯元常平时对武则天多有不恭，酷吏周兴就罗列罪名，把他在狱中折磨死了；禁军将领黑齿常之被诬告谋反，酷吏来俊臣说："你不是姓黑齿吗？那就把你的牙齿敲下来，让大伙看一看黑到什么程度！"于是他命人把黑齿常之的牙一个一个用小铁锤敲下来。黑齿常之的牙齿没有了，来俊臣又说："这齿嘛，还不够黑，眼睛倒挺黑，剜眼！"就这样，黑齿常之的眼睛也没了。接着，来俊臣又下令将其割舌、剥皮、剁手脚，最后开膛剜心；右卫将军李安争因反对武则天改唐为周，被酷吏来俊臣杀害。在武则天临朝称制的6年多里，

24个做过宰相的人就有17人被罢相，遭贬或被杀。因而，到武则天称帝时，朝臣中的反武势力就微乎其微了。

除此之外，武则天也滥杀了许多无辜之人，引起朝臣们人人自危，形成了新的危机，武则天为缓和政局，又杀了这些酷吏，最后终于放弃了酷吏政治。据统计，在她实行酷吏政治的14年间，宰相被贬杀的占65%左右，而放弃酷吏政治的最后七年，宰相无一被杀，被贬的只占22%。

男宠入宫

在李唐王朝290年的历史中，有近半个世纪是由武则天这位女性皇帝导演的。她一生的功过，经受了一代又一代人的褒扬与贬詈。那喋喋不休的贬詈中，她因曾拥有几个男宠，便成为亘古难泯的丑闻，成为攻讦咒诅的靶子，以至于连同她创造的卓著的政治业绩也随之淹没了。

武则天宠幸的人主要有薛怀义、沈南及张易之、张昌宗等。高宗死后，陪侍武则天的是薛怀义。薛怀义原名冯小宝，本是洛阳街头卖膏药的小贩，因身材高大，健壮有力，被荐于武则天，立刻大受宠幸。为了使冯小宝随便出入后宫，武则天就让他剃发为僧，出任洛阳名刹白马寺的主持，又将其名改为"怀义"，赐给薛姓。凭着过人的聪明，薛怀义又因督建万象神宫有功被擢为正三品左武卫大将军，封梁国公。后来还多次担任大总管，统领军队，远征突厥。不久御医沈南成为武则天的新宠，薛怀义出于妒嫉，一把火烧掉了耗资巨万的万象神宫，武则天却不予追究。而后薛怀义日益骄横，终于引起武则天的厌恶，指使人将其暗杀。薛怀义死后，时过中年的沈南温和有加，却身心虚弱，满足不了武则天的要求。70多岁的她又陷入了寂寥烦闷之中，喜怒无常，脾气暴躁。恰在此时，有人又荐张易之兄弟侍寝，这两个20岁左右的美少年，不但聪明伶俐，通晓音律，而且更有侍寝本领。一喜之下，武则天马上给二人加官四品。从此二张俨若王侯，每天随武皇早朝，等其听政完毕，就在后宫陪侍。二张恃宠而骄，不仅在后宫恣意专横，而且结党营私干预朝政，文武大臣深为张氏兄弟干政所惶恐，朝廷上下议论纷纷。

当时的皇太孙，即太子李显的儿子李重润对此愤愤不已，便与他的妹妹永泰公主和妹夫武延基私下议论："张易之兄弟凭什么进入宫中胡作非为？"此事传到武则天那里，龙颜大怒，九月壬中，三人皆被武则天通令自杀。其时，永泰公主新婚不到一年，肚里还怀着孩子。此种行为引起了众怒。终于在神龙元年（705）正月，张柬之等策动了"五王政变"，杀掉二张，武则天也在病榻上被"请"下御座，让位于中宗。

同年十一月，武则天去世，享年82岁，遗诏"去帝号，称则天大圣皇后。"

李煜

李煜（937～978），五代十国时南唐国君，961年～975年在位，字重光，初名从嘉，号钟隐、莲峰居士。彭城（今江苏徐州）人。南唐元宗李璟第六子，于宋建隆二年（961）继位，史称李后主。开宝八年，国破降宋，俘至汴京，被封为右千牛卫上将军、违命侯。后为宋太宗毒死。李煜虽不通政治，但其艺术才华却非凡。精书法，善绘画，通音律，诗和文均有一定造诣，尤以词的成就最高，留下《虞美人》《浪淘沙》《乌夜啼》等千古杰作，被称为"千古词帝"。

亡国亡命

李煜是南唐元宗（南唐中主）李璟的第六子，自幼聪悟好学，善属文，工诗画，明音律，但生性懦弱仁厚，与世无争。由于李璟的次子到第五子均早死，故李煜长兄李弘冀为皇太子时，其为事实上的次子。李弘冀"为人猜忌严刻"，时为安定公的李煜惧怕李弘冀猜忌，不敢参与政事。在此期间，他曾给自己取号"钟隐""钟峰隐者""莲峰居士"，表明自己的志趣在于秀丽的山水之间，同时也表明自己无意与兄长争位。

公元959年，李弘冀杀死其叔父李景遂（李璟即位初曾表示要位终及弟），不久后暴卒。李弘冀死后，李璟立李煜为太子，封李煜为吴王、尚书令、知政事，令其住在东宫。

宋建隆二年（961），李璟迁都南昌，立李煜为太子监国，令其留在金陵。六月李璟死，李煜在金陵登基即位。

李煜过分佞信佛教，曾拿出宫中金钱募人为僧，所以金陵一地有上万僧徒，其全部开销都由国家支付。李煜退朝后，就身穿佛衣，诵佛经，俨然一个虔诚的佛教徒。宋太祖赵匡胤听说他酷信佛教，就阴谋选一个口才极好的少年去见李煜，与他讨论佛经佛法。李煜不知是计，十分欣赏此人，谓之"一佛出世"，此后，他再也不关心治国守边之事。

李煜还是个"情种"，先是与妻子周娥皇情深意笃；娥皇死后，他又将真情倾注在娥皇之妹、小周后的身上。他经常与小周后酣饮在苑内，调笑为乐。又于小周后所居的柔仪殿内设诸多用金玉所制的香器，璀璨夺目，豪华无比。他则在香烟缭绕中，令小周后歌舞其间，恣情取乐。甚至在亡国之前，还日夜行乐，满门心思都沉浸在爱情和诗词之中。

由于李煜不理国事，众多奸吏与权臣勾结，把持了朝政，使南唐的政治日益腐败。

当时南唐物阜民富，国力较其他几个割据者都为强盛，所控制的地域也最广，是赵匡胤攻击南方的最后一个目标。为了灭掉南唐，赵匡胤做了精心准备，而李煜却对宋朝唯唯诺诺，抱有不切实际的幻想。

南唐南都留守兼侍中林仁肇素有威名，是朝中少有的忠臣，他曾向李煜建议，趁赵匡胤灭南汉师族疲弊这机，率兵恢复江北旧境。李煜无此胆量，未予采纳；后来竟中了赵匡胤的反间计，用毒酒毒死了林仁肇，令人惋惜，令人心寒。

这时，北宋已消灭了后蜀、南汉、荆、湘等割据政权，从三面包围了南唐的国土，又和吴越结成了军事同盟，吴越之军从东面出动，夹击南唐。形势对南唐极为不利。赵匡胤为了找到出兵南唐的借口，先让作为人质留在汴京的李煜之弟李从善转告李煜，要他来汴京朝见宋太祖，李煜宁愿增加每年的入贡也不进京朝见。后来，赵匡胤见李煜死不肯来，便以此为名，出兵讨伐。大军很快抵金陵附近。面对浩瀚的长江天险，赵匡胤采纳了叛逃到宋的樊若水的建议，以千艘舰船造成浮桥。李煜却认为宋军此举形同儿戏，根本不予重视。待宋军踏过浮桥大举过了长江，层层包围了金陵之时，李煜才如梦初醒，只得苦守金陵城，使得城中之人病死饿死无数。李煜还派大学者徐铉到汴梁说情。徐铉说："李煜无罪，陛下师出无名。李煜从来以小事大，如子事父，未有过失，为什么要兵戎相待呢？"赵匡胤厉声道："既然称为父子，为什么要分成两家？但天下一家，卧榻之侧，岂容他人鼾睡！"李煜这才明白，什么希望都没有了。

开宝八年冬金陵城陷，李煜率群臣肉袒跪拜投降。到了汴梁，李煜等人穿着白衣纱帽，向赵匡胤叩拜再三，得以苟全性命，被赦免无罪，封为"违命侯"。他在汴京过了两年多生不如死的囚虏生活，受尽了宋太祖的侮辱。一腔恨、愁和着血泪都化为词作，陪伴余生。不想又因为一阕词送了性命。

春花秋月何时了？

往事知多少，

小楼昨夜又东风，

故国不堪回首月明中。

雕栏玉砌应犹在，

只是朱颜改。

问君能有几多愁，

恰似一江春水向东流。

一首《虞美人》让宋太宗以为李煜"贼心不死，眷念故园"，贪恋皇帝之位，心存报复，于是在李煜42岁生日（太平兴国三年，即公元978年七夕）那天，赐毒酒给李煜。李煜明知酒里有毒，还是喝了下去，结束了自己亡国之君的生命旅程。

迷情大小周

李煜有过两位最钟爱的妻子，周娥皇及其妹妹，后人称为大周、小周。

李煜18岁那年，娶了比他年长1岁的周娥皇为妻。周娥皇不但容貌出众，而且通晓诗书、善弈棋、歌舞、尤精琵琶，很受李煜宠爱。李煜即位后，册封其为周后。二人一往情深，恩爱甚笃。年轻的李煜从此深浸在幸福中。此时南唐偏安一隅，还呈现出暂时的平静，小两口的家庭生活也涂上了温暖绚丽的色彩。李煜为她写了许多诗词，周后因词谱工，随之演唱。他沉迷于逸乐之中，竟荒废了政事。

他俩最感快乐的是为艺术而互相切磋，共同探讨。娥皇有时为他研墨牵纸，让他尽兴挥毫；有时与他吟咏唐诗，两人评点其中奥妙；有时听他讲解佛经，力求领悟其中真谛。要是论起歌舞，则娥皇如数家珍，让他自愧不如。

然而，红颜薄命，后主28岁那年，这位与李煜厮守了十年的周后生病了。后主朝夕视食，药非亲尝不进，衣不解带者累夕，如侍父母之疾。正在此时，她的二子仲宣又因惊吓而亡，她再也撑持不下去了，几日后即告别了人世。大周死后，后主哀苦骨立，杖而后起，亦如其丧考妣。李煜还曾投井殉情，幸亏被人及时发现救起，捡回了一条命。人虽然救活了，可是，李煜的心已经随着大周去了，他自制诔词数千言，皆极酸楚。对后主来说，周后的故去真是天大的不幸，后主将她葬于懿陵，谥号昭惠。李煜还以"鳏夫煜"的名义写了一篇诔文，命人刻于碑上，竖在娥皇陵前。

此后，李煜在恍恍惚惚中度过了一段时间。接着，娥皇的妹妹成了李煜的最爱，后人称其为小周后。还在娥皇病重之时，15岁的小周后为探视姐姐的病情，来到了宫中。小周后的才情和品貌都不亚于娥皇，且举止大方，青春焕发，两人一见钟情，娥皇死后，妻妹小周后就留在了李煜身边。小周后既为李煜的气质和才华所折服，也为李煜对妻子的真情所感动，对李煜更多添了几分敬爱之情。李煜也把小周后当作"娥皇第二"，备加宠爱。可是，这时李煜的母亲逝世了，李煜须得守孝三年。三年一过，李煜就迫不及待地举行了大婚，立小周后为后。虽然是大敌当前，国府衰竭，李煜还是鼎力大办，以博取小周后的欢心。

此后的李煜仿佛从那纯洁的、两小无猜的夫妻之情中挣脱了出来，也许是国势更加危急，烦民事更多，李煜有了"今朝有酒今朝醉"的心态，开始放纵自己，小周后也知自己无回天之力，就让他能快活时尽量快活去吧。于是，那些后宫佳丽为了得到李煜的青睐，千方百计去取悦他。有个姓乔的宫女知道李煜好佛，就刺血写经，受到李煜的赞赏；有个叫流珠的宫女苦练琵琶，技艺比得上娥皇，李煜有时想念娥皇就让她弹奏一曲；宫女黄氏为了接近李煜，潜心钻研书法，书艺超群，也为李煜赏识；特别是宫女宫娘，为了吸引李煜的注意，竟用帛紧缠双脚，使足趾变形成为"三寸金莲"，跳起舞来摇摆飘逸，更使李煜所欣赏。

李煜就这样沉湎于声色中，疏于朝政，大臣们的谏诤也听不进去，自然，南唐的末日来临了。

南唐灭亡后，小周后随李煜北迁汴梁，过起了囚房生活。李煜与她日夜相伴，相依为命，只求回忆和安静。但是，宋太宗却不给他们安定自在，常让小周后进宫为他歌舞侍寝。每次小周后进宫，李煜只能坐以待旦，以泪洗面，牵肠挂肚的等待妻子回转，回来后，夫妻二人抱头低声哭泣。这是何等屈辱的人生！

后来，李煜被宋太宗毒死，小周后也于数月后在凄楚与悲愤中死去。

忽必烈

孛儿只斤·忽必烈（1215～1294），蒙古帝国成吉思汗孛儿只斤·铁木真之孙，监国孛儿只斤·拖雷第四子，孛儿只斤·蒙哥弟。1260年自称蒙古帝国可汗，汗号"薛禅可汗"，但未获普遍承认。1271年建立元朝，成为元朝首位皇帝，庙号世祖，谥号圣德神功文武皇帝。

兄弟相残

宪宗元年（1251），忽必烈受命总领漠南汉地军国庶事。早在藩王时期就思"大有为于天下"，并热心于学习汉文化。曾先后召僧海云（宋印简）、僧子聪（刘秉忠）、王鹗、元好问、张德辉、张文谦、窦默等，问以儒学治道。先后任用汉人儒士整饬邢州吏治；立经略司于汴梁，整顿河南军政；屯田唐、邓等州。

蒙哥汗三年（1253），忽必烈率蒙古军攻云南，四年灭大理国。九年，忽必烈率军攻打南宋鄂州（今湖北武昌）时，得知蒙哥汗死讯。

元宪宗蒙哥生前没立储君，所以，引起了诸王争夺汗位的斗争。当时，有资格接替汗位的除了蒙哥的几个儿子外，还有蒙哥的两个弟弟：忽必烈和阿里不哥。忽必烈是有雄才大略、手握重兵并立下赫赫战功的征宋主帅；阿里不哥是坐镇和林，受皇后及蒙哥诸子拥护的，还是蒙哥的心腹。两人势均力敌，又都觊觎汗位已久。由此，兄弟二人之间骨肉相残的内战不可避免地爆发了。

忽必烈得知蒙哥死去后，阿里不哥调兵遣将，图谋不轨，感到国内形势危急，不能掉以轻心。幕僚郝经对他说："眼下宋人不值得忧虑，当务之急是对付阿里不哥。您现在虽然握有重兵，但如果他宣称正式继承汗位，我们还能回得去吗？愿您以社稷为念，与宋军讲和。然后率轻骑直奔燕都，使他们的阴谋不能得逞。同时派兵堵住先帝的灵輀，收蒙哥汗的印玺；再遣使通知阿里不哥等诸王到和林会丧；并命令您的儿子真金镇守燕京……。如摆出这种阵势来，汗位就唾手可得了。"当时，正好南宋宰相贾似道派使讲和，忽必烈当即同意，遂把大军留在江北，自己率一支亲军北上。抵达燕京时，忽必烈识破了脱里赤奉阿里不哥扩兵的阴谋，将所扩之兵全部遣散。又派亲信廉希宪到开平争取有实力的塔察儿拥戴忽必烈。中统元年三月，忽必烈在开平召集诸王，登上了汗位。

阿里不哥在和林拥有重兵，自恃有皇后及少数地位高的诸王的拥戴，自称奉遗诏，也在四月宣布继承汗位。

天无二日，国无二君。兄弟二人磨刀霍霍，都想用武力把对方消灭掉。

四月间，双方在秦、蜀、陇地区展开了争战。忽必烈谋划周密，行动果断，以廉希宪、商挺为陕西、四川宣抚使，一路征战，捕杀了刘太平、八春、汪良臣等部，合兵击败阿兰谷儿、浑都海，彻底粉碎了阿里不哥在这一地区的努力，使其失去了西线的优势。

这年春季，忽必烈在得到陕、川的财力、物力的充足供应下，乘胜追击，亲征和林。阿里不哥却是粮草匮乏，供应困难他自知敌不过忽必烈。便弃城而走，撤到西北方面的谦州一带。他一面派阿鲁忽主持国事，筹粮草，一面假意与忽必烈讲和，准备休养生息，伺机而动。忽必烈遂派宗王移相哥驻守边境，自己也返回了开平。谁知第二年秋天，阿里不哥假装投降，出其不意地发动了突然袭击，打败了移相哥。然后，直向忽必烈扑来。忽必烈急忙率军反击。

在昔木土脑儿展开一场殊死大战，结果，阿里不哥大败，向北逃遁，其部将都归降了忽必烈。

此时，阿鲁忽又背叛了阿里不哥，把在察合台征集的大量牧畜、军械、财货据为己有。盛怒之下的阿里不哥率军与阿鲁忽开战，大肆屠杀其兵民，手段极其残忍，令人发指。其部将见其如此暴虐，都纷纷离他而去。后来，阿鲁忽倒向了忽必烈，原来拥戴阿里不哥的诸王也相继投靠了忽必烈。阿里不哥成了孤家寡人，四面楚歌。最后，在至元元年七月，不得已归降了忽必烈，结束了历时四年之久的内战。

按照蒙古古训，阿里不哥应当被杀，但是，忽必烈经过汉儒文化的熏染，很想做个被人称颂的"仁恕"之君。联想到唐太宗李世民虽然堪称一代英主，但他发动"玄武门之变"，杀兄夺位的污点还是遮掩了他的光辉。如今，阿里不哥已是断翅的飞禽再无飞天之势，况且当时不少蒙古诸王都在关注忽必烈对阿里不哥如何惩治。不杀阿里不哥，肯定会使诸王念及他的仁厚，断了叛逆之心。眼下一统天下大业未竟，先安定内部，再全力对付南宋，才是上上之策。

于是，忽必烈决定不杀阿里不哥，但是"死罪可免，活罪难逃"，遂赐阿里不哥一处宅院，让他度其残生去了。

第二年十一月，忽必烈宣布将"大蒙古"国号改为"大元"，以一个新朝雄主的姿态登上了历史舞台。

尊用汉法

忽必烈为了稳固其在中原地区的统治，决心改变以落后的草原奴隶制的统治方式，来统治经济已十分发达的中原地区的做法，他采用中原地区原有的一整套行之有效的政治、经济、思想文化等统治方式，即"尊用汉法"。其中有一项重要的改革，就是大力削弱诸王及汉人世族的权力，以加强中央集权，即"削藩"。

原来大蒙古国的统治方式是分封诸王，实行采邑制。元太祖成吉思汗统一蒙古后，他的弟弟、儿子及勋臣外戚都得到了分地。在各自的领地内，他们不但可以世袭，而且可以有军队，可以对领民收税，俨然是割据一方的独立王国。忽必烈本人亦是宗藩坐大的受益者，他正是凭借自己藩国的强大势力打败阿里不哥而夺取汗位的。正因为他对此深有体会，于是在统一全中国之后坚决开始展开大规模的削藩运动。"改金印"便是削藩的第一步。

据说以前蒙古汗国诸王的印章，有的用金印，有的用"玉宝"，混杂不一。中统二年，忽必烈下令，把个别宗王的"玉宝"一律改为金印，这样，持"玉宝"者惟大汗一人。大汗与诸王的名分在印章上就有了等级高下之分。不久，又特制"十纽"为御用玉玺，以示君臣尊卑，并按诸王等级分别持不同形状、质地的印章。共六等三十六位。

凡获印章王号者，称"大大王"。每一支宗王支系，只封"大大王"一人作为朝廷的代理人，统辖本支，享有系带袛侯扈从的礼遇。凡效忠忽必烈，在拥立、征伐中功勋卓著者，即可接上等爵，未获印章王号者称"小大王"。

六等宗王又分"一字王""二字王"。所谓"一字王"就是持一等金印者，规定其王号仅为汉文一个字。其他王的印章，因其王号为汉文两个字，故称"二字王"。

无论"大大王"还是"一字王"，都是依亲宗法原则及诸王对元廷的忠诚程度来封绶。如有拥兵叛乱者，一律夺印削爵。后来，又形成了"非亲王不得加一字之封"的定制。

通过收玉宝，改金印，论封功赐爵印等办法，忽必烈就打破了昔日家族成员平均共权的旧俗，建立了一个金字塔式的宗室等级秩序，大汗的至高无上的权威地位确立起来了，君臣名分泾渭分明。

名分即定，继之而来的是一系列严厉的削藩措施。忽必烈设置了吉利吉思等五部断事官，直辖诸王领地事务，这样就严格剥夺了诸王独立管理本藩事务的行政权；忽必烈还通过定军籍，建者府，解重兵，削夺了诸王草原领地的军权；中统二年，忽必烈下令禁止诸王私自断理民间狱案，不许其滥刑扰民，这样，诸王领地的司法权也不复存在了。

与此同时，忽必烈又从税收、领民关系、食邑官等任命方面，削夺诸王在食邑的实力基础。忽必烈一系列的削藩措施使诸王对中央集权的威胁大大减轻了。

忽必烈一边加强消藩措施，一边镇压叛乱，迫使他们交出实权和军权。后来又采取了地方兵、民分治制度，实行迁转法、监督汉军，实行易将制，取消汉人封邑等措施，彻底消除了汉人世侯的势力，大大巩固了中央集权。为元朝的统治打下了较为稳定的政治基础。

重用汉儒

元世祖忽必烈的扩张欲极强，他不被蒙古一地所局限，与其子其孙三次西征，建立了历史上罕见的庞大的元帝国，他的雄才大略，绝非一般的封建帝王可比。尤为难能可贵的是，在那个兵荒马乱、天下分裂的时代，他敢于大胆任用汉族儒士，大多称为元朝的治国重臣，在这些人的鼎力辅佐下，忽必烈成为了中国历史上的一代英主。

忽必烈与其他蒙古帝王不同，他自小就对汉族的文化和历史怀着真诚的敬意，即位之前，他就四处网罗人才，延聘名士，待之以上宾之礼，敬之如师。他所求的贤才，均是中原地区的汉人儒士。这些人熟谙汉族文化，是忽必烈用汉人智慧来统治汉人的高参。

他的谋士姚枢被他求贤若渴、礼贤下士的态度所感动，初次相见，就为他写出《治道书》数千言。先述二帝三王所以得天下之道，又列出修身、力学、尊贤、亲亲、畏天、爱民、好善、远佞八条细目，教忽必烈如何做一个优秀的帝王。然后又为他列出三十条方案，细说其中的弛张之道。简直是一套有纲有目的帝王纲领。忽必烈大为赞赏，视姚枢为奇才，动必召问。

他最信任的负责中书省事务的刘秉忠，曾隐居云中南唐寺为僧，法名子聪，因其博学多才，又懂得天文律历及各种奇门异术，被忽必烈重用。刘秉忠跟随忽必烈三十多年，参与军机大事，制定大政方针，在忽必烈登上帝位，统一中国中立下了汗马功劳。据说刘秉忠常在大帐里为忽必烈日夜讲解中国历史与儒家学说，上书言事，出谋划策，二人情同手足。他还用儒家的阴阳文化为忽必烈相地筑城，修建了开平城。后来又替忽必烈修建燕京，即中都，也就是后来的元大都，成为元、明、清三代的首都所在地。忽必烈称帝后，他又为忽必烈全盘考虑并制定了开国的整套制度，如颁章服，举朝仪，给俸禄，定官制等，甚至忽必烈定国号为"大元"，也是刘秉忠从儒家经曲《周易》中的"大哉乾元"中取来的。刘秉忠生前担任太保，死后被追赠为太傅，这都是元代国家最高官职，位列三公。足见忽必烈对他的敬重。

他极为信任的京兆宣抚使廉希宪，从年少时就跟随他南征北战。廉希宪笃好经史，手不释卷，他尤其喜读《孟子》，被忽必烈称为廉孟子。京兆即关中地区，当时是忽必烈的封地。又是控制陇西与巴蜀的战略要地，而蒙古其他亲王的封地分布在京兆四周，百姓也是多民族共处，所以是最难治理之地，廉希宪不负所望，上任伊始就访贫问苦，裁抑豪强，打击奸民，改革弊政，不久就把京北一带治理得井井有条，民安物阜，使忽必烈无后顾之忧，全力向外发展。

蒙哥在位期间，任命忽必烈全权负责南宋方面的军政事务。为了在汉族地区扩大影响，积聚自己的政治势力，为未来统治中国作准备，他采纳了谋士张德辉的建议，做了一件令蒙古人大感不解的事：亲自主持了祭孔典礼。本来忽必烈不懂祭孔有什么意义，但是张德辉告诉他："孔子是万世帝王之师，统治了天下的帝王，都要祭祀孔子，把孔庙修得极其庄严辉煌，并且按时进行祭祀。帝王尊宗孔子与否，对圣人本身无所损益，但可看出帝王的政治水平是高是低。"忽必烈一听，茅塞顿开，立即宣布："从今以后，祭孔之礼不得废弛。"忽必烈在未称帝之前就祭孔，一方面表示了他的帝王之志，另一方面也反映出他要安抚广大汉族知识分子的良苦用心。之后，在这些汉儒的策划下，他韬光晦略，迷惑蒙哥王；在中原地区实行屯田制，暗中壮大自己的实力，在蒙哥对他产生疑心后，他听从姚枢等人的计谋，把家眷送到蒙哥那里作为人质，并亲自晋见蒙哥，骗取了蒙哥的信任。这步步高招，都是那些汉儒为他提供的。

蒙哥在西路军前线突然阵亡后，朝中无君，留守和林的阿里不哥阴谋继位。而这时忽必烈正率领东路军大举向南宋进攻。在此危急关头，忽必烈的谋士郝经提出了著名的《班师议》，建议忽必烈马上与南宋议和，班师回朝，防止阿里不哥抢先占据帝位。忽必烈恍然大悟，于是部署军队，挥师北上，按照谋士们的指点，抛开蒙古人推立新王必须召开宗王大会惯例，自行举行登基大礼，向天下宣布自己已经成为蒙古大汗，即中国正史中称之的元世祖。

忽必烈在位长达31年，享年80岁，是一个颇有作为的帝王。他的成功，很大程度上取决于他的广开言路、任贤用能。

康熙

康熙（1654～1722），又叫清圣祖玄烨，是顺治帝福临的第三子。自幼苦读爱学不倦，学识广博，8岁即位，14岁亲政，在位61年，勤奋治国，是中国历史上一位杰出的帝王，也是中国历史上有文字记载以来在位时间最长的皇帝。

"天花"成就皇位

爱新觉罗·玄烨，顺治十一年三月十八日（1654年5月4日）生于北京紫禁城景仁宫，佟妃所生，是清世祖顺治帝的第三个儿子。1661年，顺治帝得天花确诊不治后，马上召学士麻勒吉、王熙至养心殿，撰写遗诏，安排后事，其中最重要的一件事是选一个适当的继承人。正月初七子夜，顺治死，颁遗诏于天下。在这个诏书中，决定年仅八岁的三皇子玄烨即位，以内大臣索尼、苏克萨哈、遏必隆、鳌拜为辅政大臣。初九日玄烨即位。

顺治帝共有8个儿子，其中有4个早已夭折，剩下的也都年岁幼小。最大的是次子福全，时年仅9岁，三子玄烨时年8岁。顺治帝生前在指定继承人选上并没有一定的意向，临终前他想到了一位从兄弟，但是孝庄皇太后和各位亲王坚决反对，他们都认为应该从皇子中选择一位继承者但皇子有4个，应该选谁呢？在最后的争论中，顺治帝的母亲孝庄太后选择了玄烨而没有选择比玄烨稍长的福全。玄烨的被立，根本的原因在于天花。

玄烨出生那年，北京城内天花泛滥成灾，满族王公亲贵吓得到处躲藏，连皇帝也不例外。为了避痘，出生不久的玄烨在内务府正白旗汉军包衣曹玺之妻孙氏的携带下前往皇宫西华门稍北的一座府第居住。孙氏是玄烨的保姆，就是后来写《红楼梦》的曹雪芹的曾祖母，数十年后的康熙对这一段经历仍记得十分清晰。康熙六十年（1721）曾颁谕说："今王大臣等，为朕御极六十年，

83

奏请庆贺得礼。钦世祖章皇帝，因朕幼年时未经出痘，令保姆护视于紫禁城外，父母膝下，未得一日承欢，此朕六十年来抱歉之处。"不过玄烨在这场天花流行中仍然未能幸免，但染天花后，多亏孙氏精心照料，不久即痊愈回宫。

在选立皇嗣的过程中，一时倍受顺治帝信任，并被其称为"玛法"的钦天监监正、德国传教士汤若望的观点发生了重要作用。他认为：应立已出过天花的玄烨为继承人，因他对天花已有终身免疫力，可免其再遭不幸，而福全没有得过天花，没有免疫力，得时时小心着这种可怕的病症，难免会像顺治帝一样出现悲剧。

在当时，天花是一种非常可怕的传染疫病，如果有人染上天花，必须实行严格的隔离，连皇子和公主们都不例外，许多皇子和公主就是得了天花后不治而死的。现在汤若望把这个问题提出来做为立嗣君的根据，为祖宗社稷着想，孝庄皇太后不能不认真考虑汤若望的意见。这一点，在顺治帝临死前得到了首肯，而孝庄太后也是十分赞同的，所以得过天花成了玄烨登上帝位的重要条件。

六次南巡

康熙皇帝曾先后六次南巡。其时间别是1684年、1689年、1699年、1703年、1705年和1707年。康熙数次下江南，并非是人们通常议论的是为了"赏玩川泽""艳赏江南"。他的南巡，对于当时黄河的治理、安抚民心和促进生产等有着重要的意义。

康熙继位以来，农民军余部和南明小朝廷等各种力量的强烈反抗不断，直到1662年才镇压李自成农民起义军，摧毁南明小王朝，俘获永历皇帝，统一了全国。但不久，又爆发了长达8年的三藩叛乱，直到1682年才平定三藩，1683年收复台湾，清朝为巩固政权而进行的大规模军事镇压才告结束。至此，明末清初以来的战争进行了半个世纪，连年的战争使得人口急剧减少，土地大量荒芜，经济萧条，所以，安抚民心，恢复与发展生产成为当务之急，直接关系到政局的稳定，为此，他一次又一次地南巡。

康熙南巡其中一个非常重要的目的就是治理黄河。当时黄河从河南开封南下，经徐州、宿迁入海，黄河与运河在苏北的清河县相交，淮河、睢水流入洪泽湖内，也在清河县泻入黄河。那里河流交错，水情复杂，经常泛滥，河南、安徽、江苏、山东数省受害不断。康熙6次南巡，前3次主要是为了调查了解灾情，后几次是为了亲自部署治河。

1684年，康熙来到治河重镇宿迁，作出了开挖海口、疏浚下河地区积水的决定，并命安徽按察使于成龙负责这项工作。第二次南巡时，康熙提出了自己治河的总设想。但这段时间内的治河成绩，康熙并不满意。1699年的第三次南巡，康熙亲自测量、规划、部署。次年，他任命两江总督张鹏翮为河道总督。1703年，为了检查张鹏翮的工作，他又第四次南巡。这次南巡中，他两次乘船下河，提出了许多具体意见。1705年，康熙又来到黄淮流域视察，见到当时的治河工程后，他说"朕心甚为快然"，对下属工作比较满意。1707年的第六次南巡是张鹏翮要求的，康熙乘船来到清河县，查看了那里的地形，并测量水位、流量，对工程中的技术性失误进行了纠正，对治河工程中毁坏民田的事情十分愤怒。

康熙南巡的另一重要目的是"观览民情，周知吏治"。南巡的山东、江苏、浙江等东南沿海各省，历来是中国封建经济文化兴盛之地，士绅集中，康熙就谒明陵，祭孔子，召见学者，奖励文学。1684年，他第一次巡时亲赴赴阜，举行隆重盛大的祭孔典礼。他还不断举行各种考试，增加江浙一带入学名额来奖励文学。1705年，他南巡到江宁，决定选渡一些皇宫内的书记抄写人员，这对于江南读书人来说，可以直接为皇帝服务，将来晋升的机会较多，所以报名者十分踊跃，仅苏州一地的考生有五百多名。每次南巡，他还要召见还乡旧臣或亲临他们的府第，为其题匾题联，以示优容。

在南巡过程中，每到一地，康熙确也特别喜欢游览"景物雅趣、川泽秀丽者"，他说自己喜爱佳美山水的兴趣与一般百姓是一样的，而且要欣赏很长时间。不过从总体上说，他南巡的主要兴趣并不在山水和美色，而在于如何稳定统治，如何发展经济。

传位之争

康熙十三年（1674），康熙帝立皇后所生的一岁的皇次子胤礽为太子，但数十年后由于太子本身的素质问题及其在朝中结党而废太子。废太子后众皇子觊觎皇位,矛盾更加尖锐,故太子废而复立,但康熙仍无法容忍其结党,3年后再废太子。最终在康熙六十一年临终时传位于皇四子胤禛。传位给胤禛的理由众说纷纭,有人认为康熙是希望精明干练的胤禛能大力改革康熙末年的宽纵积弊,也有人认为康熙是因为钟爱胤禛之子弘历(未来的乾隆帝)而传位于他,还有说是顾命大臣隆科多和胤禛矫篡遗诏,故有"传位十四皇子"窜改为"传位于四皇子"之传说,但按清宫秘档分析,遗诏是由满、汉、蒙三种语言并列写成,"传位十四皇子"改为"传位于四皇子"之传说符合汉字书写逻辑,却无法符合满文及蒙文书写逻辑。繁体汉字十和于大相径庭。

康熙六十一年十一月十三日(公元1722年12月20日),在位61年的玄烨卒于北京畅春园清溪书屋,终年69岁。

雍正

清世宗爱新觉罗·胤禛(1678~1735),满族,母为康熙孝恭仁皇后乌雅氏,圣祖玄烨第四子,是清朝入关后第三位皇帝,1722~1735年在位,年号雍正,死后葬于清西陵之泰陵,庙号世宗。

矫诏夺位

公元1678年,胤禛出生。生母为德嫔乌雅氏,是康熙皇帝的第四个儿子。1岁后,由贵妃佟佳氏(后为皇后)代养。公元1709年,胤禛被封雍亲王。

康熙皇帝一生共有皇子35人,其中一半以上均有封号。康熙十四年(1675),康熙决定册立皇太子。这年的12月,他立年仅1岁半的二子允礽为皇太子。长大后的允礽能骑善射,有时随父出征,有时还代父办理军国政务,但他日渐养成骄纵恣行的性格,使康熙极为恼火。1708年,康熙废允礽,并怀疑他参与了与索额图一起的篡权活动。但当时康熙的其他皇子们的势力都已形成,对皇位继承都虎视眈眈,且阴谋陷害皇太子的事情屡有发生,康熙也发现自己可能听信了谗言,遂于1709年又复立允礽为皇太子。3年后,康熙发现太子结党不轨,并暗中派人观察自己的行动,便再次将皇太子废黜,并永远禁锢在成安宫。此后,诸王大臣要求重新册立太子,均遭康熙驳回。

最初，康熙帝对胤禛并无好感，他最中意的继承人是皇十四子允禵。康熙五十七年（1718），康熙决定西征准噶尔，正式任命允禵为抚远大将军。由于当时西征之役意义重大，涉及到清朝今后的安危，大将军的位置实际是众皇子逐鹿的对象，而十四子担任这个职务，是破格的措施。出发前，康熙还亲自行礼，举行授大将军仪式。康熙还对青海蒙古部落的首领说：大将军是我皇子，确系良将，他有带兵的才能，所以让他掌生杀重任。你们众人的所有军务，都要遵照大将军的指示。这些话实际上说明了允禵已是康熙心中选定的皇嗣。在康熙的最后四年，允禵在政治上逐步成为十分显赫的人物，越来越多的王公大臣和督抚大吏将他作为实际上的皇太子看待。允禵的气质、品格受到康熙的重视，康熙用各种方式树立允禵的威信，抚爱他的子女，视为政治上的知己，双方感情深厚。然而康熙帝于1722年12月突然死去，引起了皇位继承问题的种种议论。

有人认为雍正是矫诏嗣位的，他将"十"字改成了"于"字。胤禛在位时就有人在一部叫《大义觉迷录》的书中说："圣祖皇帝原传十四阿哥允禵天下，皇上将十字改成于字。"也有人认为雍正将"祯"改为"禛"。十四阿哥允禵原叫胤祯；康熙遗诏传位给允禵，却被改成"胤禛"，从而造成雍正继位。与这种说法相近的一种观点更进一步认为雍正本不叫胤禛，只是为了符合诏书上的"胤祯"读音，改名为胤禛。另一种说法是康熙在临死时说传位给十四子，但因舌头蹇涩，当说到"十"字时，略一停顿，再说出"四子"。负责记录的步军统领隆科多是胤禛的舅舅，故意传旨说皇上单召四皇子见驾，有意漏说"十"字。

更有甚者说胤禛弑父夺位。《清朝野史大观》说，康熙帝垂危之际，只有胤禛一人在身旁，康熙帝欲召见诸王大臣和皇子，以托付后事，但无一人前来，他心知有变，用尽全身力气将手腕上的一串玉珠掷向胤禛，不久就传出皇上驾崩的消息。《大义觉迷录》说康熙病重时，雍正递上了一碗参汤，康熙就一命呜呼了。

很多人也认为雍正是合法继位。康熙与十四子允禵之间，父子情深，但远不能说允禵是皇嗣。如果当时真有诏书传位给他，篡位者雍正焉敢把真命天子容留于世，不仅在位不杀，遗诏不讲杀他，从容使嗣子乾隆封他为王？实际上，康熙十分喜欢胤禛，他八岁时就跟着康熙出塞北巡，10岁时受封贝子，

32岁时由贝勒晋封为亲王。他先后有22次参与了祭祀，次数之多，居诸皇子之冠，他有比其他皇子更多的机会过问国家政治、钱粮和皇家内部事务。

还有一种说法是雍正父凭子贵。在立储问题上，康熙被弄得焦头烂额，到晚年更是心灰意冷。康熙六十一年春三月，胤禛请皇上到自己的赐园圆明园，在牡丹台景区用膳，观赏盛开的牡丹。宴席上，康熙见到了胤禛的儿子弘历，康熙帝对这位皇孙特别喜爱，降旨将他带到宫中抚养。从此，康熙为他选定了武术教师，教他学习射箭和使用火器，还教他读书，讲解文义。这年四月，康熙帝巡幸塞外，10多位皇子随驾前往，皇孙弘历也在这个行列中。经过半个月的跋涉，到达避暑山庄。这时康熙安排弘历住到离皇帝寝宫烟波致爽殿很近的万壑松风殿，这是连皇子们也享受不到的殊荣。康熙批阅大臣的奏章时，弘历侍立一旁，康熙为他准备了书案，在边上学习。康熙还在弘历的生母面前，不止一次地称赞这个当时还是雍亲王福晋的儿媳妇是有福之人。康熙曾说弘历"伊命贵重，福将过予"，如此喜欢弘历，他如不将帝位传给弘历的父亲胤禛，而传给别的皇子，这样的话又从何说起。从这个角度来看，康熙传位胤禛，实为顺理成章之事，并非夺嫡。

史上记载的《康熙遗诏》的最后几句是这样的："……太祖皇帝之子礼亲王饶余，王之子孙，现今俱各安全，朕身后尔等若能协心保全，朕亦欣然安逝。雍亲王皇四子胤禛，人品贵重，深肖朕躬，必能克承大统。着继朕登基，即皇帝位，即遵舆制，持服二十七日，释服，布告中外，咸使闻知。"所以，雍正矫诏夺位不过是坊间故事罢了。

密用和尚参政

清代雍正皇帝是历史上颇有争议的人物，人们对他一生功过毁誉参半。他在位期间，改革赋役，实行"摊丁入亩"；在西南少数民族聚居地区推行"改土归流",巩固了国家的统一;他设立了军机处,强化了中央集权。他的一系列举措,对"康乾"盛世起了很大作用。但另一方面,他即位不久,兴年羹尧案、隆科多案、八阿哥胤禩案、九阿哥胤禟案、吕留良案等,处死重臣及皇室贵胄,手段毒辣,殃及许多无辜,震惊朝野内外。

雍正秉性不喜华靡,日夜忧勤国事,即使在盛夏酷暑或寒冬腊月,他每天深夜批阅奏章,也都要到三更时分才停歇。他的生活是寂寞和枯燥乏味的。为了消磨空闲时间和排忧解愁,他常常独自饮酒赏花吟诗。他曾写过这样一首诗来描写自己:

对酒吟诗花劝饮,花前得句自推敲。

九重之殿谁为友,皓月清风作契交。

其实,雍正也有知心朋友,他们之间的私人感情也很深厚。如推行改土归流有功的鄂尔泰,大学士张廷玉等都是他的肱股之臣。

雍正在位期间还曾经御用高僧,来为他筹谋划策,其中有几个人还和雍正一朝发生的重要历史事件有关联。

雍正是一个很相信迷信的人。佛教、道教、民间的鬼神他都相信。尤其对佛教情有独钟。他即位前的府邸就如同一所殿阁重重的寺院,供奉佛祖,香烟袅袅。雍正三年,改名为"雍和宫",后来成为名闻遐迩的喇嘛寺。他年轻时曾雇人代替自己出家,同时与佛教僧侣颇有来往。他当时曾宣扬佛家的出世思想,但只不过是为他积极谋位作掩护。即位后,他仍继续尊佛,把雍正君臣都比作真仙真圣,是到凡间为百姓做事来了。自称"破尘居士""圆明居士",公开招了十几个门徒,经常谈佛说经,甚至干涉佛教内部事务。与此同时,有些佛教僧侣也参与了政治。其中,西岳华山的住持长老文觉禅师,曾被封为"国师",在宫中直接侍奉雍正。雍正处理军机大事,常请文觉发表意见。文觉足智多谋,往往提出一些颇有见地的见解,深受雍正赏识,成为雍正的心腹。雍正意欲除掉恃功骄横的年羹尧和隆科多两个重臣时,就把他的智囊文觉请来议事。雍正对文觉开门见山地说道:"今有大事和禅师商谈。朕自登基以来,隆科多与年羹尧权重骄横,逾越礼法,深恐他们泄露天机,如何是好?"文觉答道:"圣上有所不知,只要师出有名,待机而动,不怕过河拆桥。要除此二人,只须如此这般,易如反掌。"说着,站了起来,对雍正耳语一番,雍正频频点头称是。后来,果然依文觉之计清除了年、隆二人。文觉从来不公开

89

露面，当众表态。他虽无官无品，却有权有势，朝内文武大臣都对他敬畏有加。雍正十二年，雍正命其往江南朝山，所到之处，地方官都以王公规格迎送，仪卫尊严非同一般。

另外一个比较有名的是京师大觉寺的住持和尚性音，雍正对他颇为器重，引为知己。性音佛学造诣很深，常常语出惊人。雍正即位后，性音到庐山隐居寺修行，四年后圆寂。雍正曾追赠其为国师，赐谥号，并将其著述收入藏经。然而，数年之后，雍正竟削黜其封号，从藏经中撤出其著述，令人大惑不解。据推测，可能他参与了雍正即位前的许多最高机密，其先荣后黜的经历与年、隆二人相似，如此结局就不足为怪了。

还有一个佛门高足超盛和尚。雍正夸奖他听其讲经后能"直蹈三关，洞明妙义"，超过所有同辈僧人。北京卧佛寺重修以后，雍正命他去执掌法席。因系自己耳提面命的高足，自然在密谋大事上，免不了会参与其中，只是无人知晓，做得很隐秘。

死因种种

雍正当政十三年，整顿朝政，严肃吏治，对康乾盛世的形成起了一定的积极作用。

雍正十三年（1735）八月二十一日，雍正在圆明园处理政务，虽身体偶感不适，但未曾重视。二十二日深夜，病情突然加剧。庄亲王允禄、果亲王允礼和大学士鄂尔泰、张廷玉等应召入寝宫安排后事。二十三日凌晨，雍正帝去世，年仅58岁。前后3天，可以算急症。雍正突然死去，官书不载原因。于是，雍正死因之谜，朝野众说纷纭。

一说，胤禛是被吕四娘谋刺死的。此说传吕四娘是吕留良的女儿，也有说是吕留良的孙女。当年，吕留良因文字狱被死后戮尸，吕氏一门，或被处死，或被遣戍。但吕四娘携母及一仆逃出，隐姓埋名，潜藏民间。吕四娘拜师习武，勤学苦练，尤长剑术，技艺高超。后来，吕四娘乔装改扮，混入深宫，一日，乘机砍掉雍正脑袋。

二说，胤禛是被宫女缢死的。柴萼《梵天庐丛录》记载：雍正九年（1731），宫女伙同太监吴首义、霍成，伺胤禛睡熟，用绳缢杀，气将绝，被救活。

三说，胤禛是服丹药中毒而死的。胤禛在雍正七年（1729年），得了一场大病。大臣说"皇上下颏偶有些微疙瘩"，是什么病，说不清楚。胤禛曾向心腹密臣发出谕旨，要他们推荐好医生、道士："可留心访问，有内外科好医生与深达修养性命之人，或道士，或讲道之儒士、俗家。……一面奏闻，一面着人优待送至京城，朕有用处。"后来李卫密荐道士贾士芳，到北京为胤禛看病。后将贾道士处死。胤禛对道士、丹药感兴趣，特为紫阳道人重建道院。胤禛还曾延请道士张太虚、王定乾等，到圆明园炼丹，以求吞服灵丹妙药，长生不老。

四说，胤禛是患中风而死的。

乾隆

乾隆帝（1711～1799），姓爱新觉罗，名弘历。谥号纯皇帝，庙号"高宗"。是雍正的第四子，在位60年，退位后又当了3年太上皇，终年89岁。

迷离身世

爱新觉罗·弘历，生于康熙五十年八月十三日，生母为四皇子胤禛侧福晋钮钴禄氏。

关于弘历的出生，本来很清晰明白的一件事，不知道为什么却在民间一直流传着很多的说法。

流传最广的一种说法称乾隆是浙江海宁陈氏的儿子，从官僚缙绅到妇孺百姓都津津乐道，尽人皆知。《清秘史》《清史要略》《清朝野史大观》中都记载，早在雍正帝为皇子时，他就与海宁陈氏关系密切，两家一直相互有往来。陈氏是明代末年的江南衣冠大家，到了清朝有多人在朝廷任大官，如陈诜、陈世倌、陈元龙等父子叔侄，都位极人臣，受到朝廷重用。这一年，两家都生了个孩子，年月日和时辰都相同。雍正听说后十分高兴，让陈家把孩子抱来看看，过了很久才送回去。这时，陈家发现孩子已不是自己家的那个了，而且男的变成了女的。陈家大惊，但又不敢声张，只能当作没事一样。后来雍正即位，马上提拔了陈家数人到显要的官位。到乾隆嗣位后，对陈家的优待更厚。他曾经南巡至海宁，当天就到陈氏的家里升堂询问家世。临走前步至中门，让陈氏把门封掉，并说："以后除非天子临幸，此门不要轻易打开。"于是陈氏就把门锁上了。也有人说乾隆曾经怀疑自己的亲生父母是谁，因而下江南时特地到陈家询问家世。更有人说，当年陈氏之子抱进府时，是王妃暗中调的包，雍正帝并不知晓。等乾隆成年，四次到海宁，实是想把这件事弄个明白。《清史要略》说乾隆早已知道自己不是满族，在宫中常穿汉人衣服，还召近侍问："朕像汉人吗？"陈家厅堂里有两方匾额，一题为"爱日堂"，一题为"春晖堂"。爱日取自汉代辞赋家扬雄的"孝子爱日"，后世专指儿子奉侍父母之日为爱日；春晖取自于唐朝诗人孟郊的"报得三春晖"，比喻慈母的恩爱。二方匾额都取意儿子对父母的尊敬和孝顺，这与传闻多少有点关联。海宁陈家带回的女孩在陈家长大，后来嫁到江苏常熟蒋家，蒋家为她造了一座小楼，后人叫做"公主楼"。

另外一种传闻说乾隆帝的生母是热河行宫中的一位李姓宫女。有一年的初冬，胤禛随康熙在避暑山庄狮子园中狩猎，由于骑马射箭，不便带了王妃一起从行。恰好当时行宫中有一位汉族的李姓宫女人很漂亮，遂召而幸之。第二天，胤禛返京，将这件事也忘了。第二年秋天，胤禛再次到达狮子园，李氏已近临产。康熙知道后，龙颜大怒，认为当时后宫制度十分严格，是谁把宫女的肚子搞大的，一定要好好深查。三问二查，原来是四阿哥的，弄得康熙很不高兴。这时宫女马上就要生产，为了不污亵宫殿，就让她进一马厩把孩子生下来，就这样，一个统治了中国六十多年的皇帝竟然生在马棚里。不过这种说法经推测十分站不住脚。因为康熙四十九年（1710）五月一日，皇帝率百官从京师出发到塞外避暑山庄，胤禛随驾前往，当年九月初三日回到北京，在冬日到来之前已离开了热河行宫，因此，冬初幸宫女在时间上就站不住了。即便临幸的事情发生在九月初，而弘历生在八月十三日，孕期也不可能长达11个月。

最离奇的说法是这样讲的，雍亲王陪康熙围猎和大队人马失散，他因喝了鹿血，与一个民女野合。民女分娩时，住在避暑山庄的狮子园里，弘历降生在园中的一座草房里，当年为她母亲接生的杨老太太就住在园外附近。因她接生有功，乾隆登基后允她用一天时间跑马圈地。杨老太太是个牌迷，骑马没几步就下马与人打起牌来。待太阳下山时，方才想起圈地的事，但时间已到也就没有圈到多少土地。弘历出生时的这一天夜里，月明星稀，有人看到一头金毛狮子驮着个戴红兜肚的小孩向草房走去。到了门口，狮子大吼一声，屋里的婴儿便呱呱坠地。

青年登基

爱新觉罗·弘历是雍正帝诸子中最有才干的一位，自小甚得其祖父康熙与父亲雍正喜爱，康熙曾为其慎择良师，进行多方面教育。

弘历即位前，封为宝亲王，少年的他聪颖过人，能文能武，行事恩威并施，十分有才干。雍正对他寄予厚望，在皇子中无人可及。早在雍正元年八月，弘历就被以"秘建皇储"的方式立为皇太子。皇子弘时曾与之争宠，却被削除宗籍。但雍正接受康熙的教训，不让皇子参与政治，同样弘历登基前未曾参与过朝廷政事，也未曾出任过军政要职，只于雍正十三年参与了苗疆改土归流的事物处理。1735 年，雍正驾崩，乾隆顺利继承皇位。

乾隆即位后，首先面对的是逐渐升温的朋党之争。他在上台伊始，便明确表明痛恨朋党之争，禁止私立朋党，以警告当时朝廷如日中天的鄂尔泰和张廷玉两派。但他由于此前未曾接触过政治，缺少经验和威信，亦未能有任何亲信，故而初政面对朋党以及宗室的压力，举步维艰。他采用各种手段让张、鄂两派互相牵制，慢慢回笼权利。乾隆四年"弘晳逆案"后，他一心将宗室排除于政权之外，充分利用军机处的功能，独断乾纲，使得君主专制空前加强、中央集权到达顶峰。

勤政爱民是乾隆所标榜的一贯主张，清政府很多官员因此以关心民事为己任。在乾隆所信用的能臣中，还有不少清廉之官。如大学士孙嘉淦、江西奉新人甘汝来等。乾隆要求地方督抚大臣实心任事，反对虚文。他还大胆启用曾被雍正贬谪的各类有能力的官员。

乾隆在位期间，无论文官武将，有能力和抱负的人，不计其数，包括傅恒、兆惠、阿桂、刘统勋等，均为他所提拔，但是由于清朝皇帝强大的政府控制力以及"本朝无能臣"的主张，臣子的才能被笼罩在皇帝巨大的影子底下，他把所有人的荣誉变成了自己的荣誉。

乾隆在发展社会生产方面主要继承自康熙和雍正以来的经济和政治制度，

最大成绩是对雍正时期"改土归流""摊丁入亩"及"火耗归公"等政策执行得非常彻底。为此,乾隆听取大臣张广泗的建议,对贵州、云南等地的少数民族采取安抚为主、征讨为辅的手段,将少数民族的叛乱快速平定。这些措施的施行,使清朝国力达到顶峰。

乾隆在政治上矫其祖宽父严之弊,实行"宽严相济"之策,务实治国,整顿吏治,厘定各项典章制度,优待士人,安抚雍正朝受打击之宗室。经济上奖励垦荒,兴修水利,全国呈现出一派繁荣昌盛之势。从乾隆初年至中期,是乾隆帝政治生命中最有活力,备受后人称颂的时期。后期倚重于敏中、和珅,尤其宠信贪官和珅,加之乾隆帝本人年事已高、志得意满、思想僵化、好大喜功、穷兵黩武,无法摆脱吏治败坏,弊政丛出,贪污盛行,矛盾激化状态,这使得"康乾盛世"之后中国迅速地衰败。

西北战事

蒙古准噶尔部首领噶尔丹被康熙击败后,他的侄子策妄阿拉布坦在西北仍拥有很大的势力,控制了新疆、西藏、青海等地,煽动这些地区的少数民族继续与清廷为敌。策妄阿拉布坦死后,其子噶尔丹策零继续统领其众。公元1755年,遇上蒙古准噶尔部内乱的大好时机,乾隆亲率大军,前往西北镇压一贯时服时叛的准噶尔部。由于乾隆准确判明形势,分兵而进,准噶尔军纷纷投降。清军兵不血刃进入伊犁,随后在南疆维吾尔族人民支持下,将逃往南疆叛乱首领达瓦齐抓获。乾隆将其押往京城,却在痛斥其叛乱行径后,不但赦免其罪行,还封其为亲王,并留他在京城居住。

但噶尔丹策领外甥阿睦尔撒纳降而复叛,清廷在1757年第二次出兵,对准噶尔部实行种族灭绝,准噶尔人从此不复存在。这场战争,从噶尔丹时代算起,已持续了近70年。清军对准噶尔人的大屠杀,是中国历史上规模最大的3次灭种屠杀之一(另两次为冉闵的"杀胡令"和蒙古军对西夏党项人的灭种屠杀)。

准噶尔部平定之后,维吾尔族的首领大和卓木、小和卓木回到新疆,策动维族各部反清。乾隆第三次对西北用兵,这场战争延续了3年,终于迫使大、小和卓木逃亡国外。

随后,乾隆设置伊犁将军,并在喀什等地设参赞大臣、领队大臣等职位,同时大幅减轻了维族地区的赋税负担。西北190多万平方公里的土地,终于巩固在中央政权之下。

诗文才华

乾隆帝颇有艺术才能,热衷书画诗文。他不仅精通新满文,而且熟知老满文;不仅对汉语汉文十分精通,还懂蒙、藏、维等多种语言文字。乾隆喜爱书法。他长期痴于书法,至老不倦。自内廷到御苑,从塞北到江南,园林胜景,名山古迹,所到之处,挥毫题字,墨迹之多,罕与伦比。乾隆撰写了大量文章,仅编成文集的就有《御制文初集》《御制文二集》《御制文三集》《御制文余集》,共1350余篇,还有《清高宗圣训》300卷。乾隆尤喜爱作诗。他的御制诗集,登基前有《乐善堂全集》,禅位后有《御制诗余集》,凡750首。在位期间的《御制诗集》共有5集,434卷,有人统计,其初集4166首,二集8484首,三集11 519首,四集9902首,五集7792首,共计41 863首。乾隆的诗总计42 613首。而《全唐诗》所收有唐一代2200多位诗人的作品,才48 000多首。乾隆帝是个业余诗人,以一人之力,其诗作数量竟与留传下来的全唐诗相仿佛,其数量之多,创作之勤,令人惊叹。

乾隆帝重视文物典籍的收藏与整理,清宫书画大多是他收藏的。在他的主张下,内府珍藏被编成《石渠宝笈》《西清古鉴》等。

乾隆还是陶瓷艺术的爱好者,在其统治期间,中国的陶瓷工业有了长足的发展。直至今日,一些乾隆朝的收藏品和陶瓷宫廷用器还被故宫博物院、伦敦大卫基金会所收藏。

乾隆后期,由于社会阶级矛盾日益尖锐,乾隆帝渐渐改变以前打压下级知识分子的做法,转而拉拢。他将大量知识分子召集到一起编撰了大型典志书《续典通》《续志通》和《续文献通考》。最突出的文化成就是:在全国范围内征集图书，以著名文人纪昀为总裁，组织了包括戴震、姚鼐和王孙念等人在内的 360 余人，历时 15 年，编写了我国历史上最大的丛书《四库全书》。《四库全书》共 36 000 卷，含完整作品 3450 部，其卷数是《永乐大典》的三倍，篇幅之多可谓集我国古籍之大成。该书对以往学术作了较全面的总结，保留了大量有价值的古籍，对古籍整理和总结文化遗产有一定贡献，成为我国古代思想文化遗产的总汇。但同时，在编制《四库全书》的过程中，也对中国古籍进行了大量的胡乱删毁，对中国文化造成了空前的破坏。

禅位

乾隆皇帝在位期间，将祖宗的基业发扬光大，在文治武功方面都有建树，确是一代"有为之君"。

乾隆四十三年（1778）九月二十一日，乾隆宣谕：至六十年内禅。他说：昔皇祖御政六十一年，予不敢相比。若邀穹苍眷佑，至乾隆六十年，予寿八十有五，即当传位太子，归政退闲。这道谕旨的意思是说，他的祖父康熙皇帝在位 61 年，自己不敢相比。如果能在位 60 年，就当传位给太子。

到乾隆六十年（1795）九月初三日，85 岁的乾隆皇帝，御圆明园勤政殿，召见皇子皇孙、王公大臣，宣示立皇十五子嘉亲王颙琰为皇太子，以明年为嗣皇帝嘉庆元年，届期归政。嘉庆元年（1796）正月初一日，乾隆帝御太和殿，举行内禅大礼，授玺。颙琰即皇帝位，尊弘历为太上皇帝，训政。由礼部鸿胪寺官诣天安门城楼上，恭宣嘉庆钦奉太上皇帝传位诏书，金凤颁诏，宣示天下。乾隆内禅皇位后，又训政三年零三天。嘉庆四年（1799）正月初三日逝世，终年 89 岁。

辅政名臣

周公旦

周公旦,姬姓,文王之子,武王之弟,排行第四,亦称叔旦,史称周公旦。出生年月不详,卒年不详,享年大约60多岁。武王死后,其子成王年幼,由他摄政当国。平定三监之乱后,将国家势力扩展至东海,后建成周洛邑,称为"东都"。

辅助武王

武王伐灭殷纣,周朝取而代之,可是对如何处置殷商奴隶主和上层贵族的问题,武王一时拿不定主意。他首先问太公望——姜尚。太公说:"我听说过,爱屋及乌。如果相反,人不值一爱,那么村落里的篱笆、围墙也不必保留。"意思是不光杀掉殷纣,连敌对的殷人也不能保留,要统统杀掉。周武王不同意。又找来召公商量。召公说:"有罪的杀,没罪的留下。"武王说:"不行。"于是又找来周公。周公说:"让殷人在他们原来的住处安居,耕种原来的土地。争取殷人当中有影响有仁德的人。"周公这种给以生路,就地安置,分化瓦解的政策,深得武王的赞许。武王命令召公释放被囚禁的箕子和被关押的贵族;修整商容故居,并且设立了标志;命令南宫括散发了鹿台的钱财,打开钜桥的粮仓,赈济饥饿的殷民。这一切措施都表明要反殷纣之道而行之,给受殷纣残害的人平反昭雪,大力争取殷人。

灭商归来,武王由于日夜操劳,身染重病,周公虔诚地向祖先太王、王季、文王祈祷。他说：你们的元孙某得了危暴重病，如果你们欠了上天一个孩子，那就让我去代替他。我有仁德，又多才多艺。你们的元孙某不如我多才多艺，不能侍奉鬼神。今天我们看来，觉得这种祈祷是好笑的，可是对3000多年前相信天命鬼神的周人来说，那是十分真诚无私的。祈祷以后，武王的病虽然有所好转，但不久还是病故了。武王在临终前愿意把王位传给有德有才的叔旦——周公，并且说这事不须占卜，可以当面决定。周公涕泣不止，不肯接受。

伐灭三监

武王死后，太子继位，是为成王。成王不过是个十多岁的孩子。面对国家初立未稳，内忧外患接踵而来的局面，年幼的成王无所适从，因此，周公称王执政。

周公旦的执政生涯，最重要的一件事，莫过于东征三监（史记作"管蔡之乱"）。

三监，是武王克商之后，分殷地为为邶、鄘、卫三国，封纣王子武庚在邶，让叔鲜治理鄘国，让叔度治理卫国，以此来监察殷商之民，史称"三监"。三监统摄地方，囊括甚大，而叔鲜封于管、叔度封于蔡。管、蔡都在三监统摄的殷商之地内。

周公摄政当国，管叔有意争权，于是散布流言说："周公将不利于孺子（成王）"。灭殷后的第三年（前1024），管叔、蔡叔鼓动起武庚禄父一起叛周。起来响应的有东方的徐、奄、淮夷等几个原来同殷商关系密切的大小方国。这对刚刚建立三年多的周朝来说，是个异常沉重的打击。如果叛乱不加以克服，周王朝就会面临极大困难，周文王惨淡经营几十年建立起来的功业就会毁掉。周王室处在风雨飘摇之中。在王室内部也有人对周公称王持怀疑态度。这种内外夹攻的局面，使周公处境十分困难。他首先稳定内部，保持团结，说服太公望和召公奭。他说："我之所以不回避困难形势而称王，是担心天下背叛周朝。否则我无颜回报太王、王季、文王。三王忧劳天下已经很久了，而今才有所成就。武王过早地离开了我们，成王又如此年幼，我是为了成就周王朝，才这么做。"周公统一了内部意见之后，第二年（前1023）举行东征，讨伐管、蔡、武庚。事前进行了占卜，发布了《大诰》。

周公旦奉成王命，率师东征。经3年的艰苦作战，终于讨平了叛乱，征服了东方诸国，收降了大批商朝贵族，同时斩杀了管叔、武庚，放逐了蔡叔。巩固了周朝的统治。

周公讨平管蔡之后，乘胜向东方进军，灭掉了奄（今山东曲阜）等50多个国家，把飞廉赶到海边杀掉。从此周的势力延伸到海边。

制礼作乐

周公旦为了治理天下，除了推行分封制、营建东都之外，更重要的是制礼作乐，推出一套适合治理天下的礼法制度。这个礼法制度，其效力相当于通行的法律那样，是带有强制性的。

周公制礼作乐主要是如下内容：

"礼"强调的是"别"，即所谓"尊尊"；"乐"的作用是"和"，即所谓"亲亲"。有别有和，是巩固周王朝内部团结的两方面。

礼乐，所要解决的中心问题是分尊卑、别贵贱，周公旦以此确立了宗法制。

宗法制里面最重要的一条，是关于天子的继承问题。根据殷商的传统，兄终弟及、父死传子两种继承制度并存，而传弟、传子，这是一个矛盾的做法，因为传弟之后，必然有先王的子来争夺王位（当然，没子嗣的另当别论），同时传弟之后呢，还有个传弟之子、传兄之子的矛盾。种种矛盾必然导致王位的继承出现纷争，据殷商的历史来看，曾因此出现九世之乱。周公旦深感于这种矛盾，同时有鉴于他自己夺位称王、三监之叔鲜争位作乱，决定改变这种局面。他决定以传子为准，从而杜绝诸弟争位、诸兄弟之子争位等可能性。然而，传子也有个问题，传给哪个儿子？于是，周公旦确定了嫡长子继承的制度。在周公之前，周是没有明显的嫡长子继承这种说法的，无论是太王传位给王季，还是文王传位给武王，王季、武王都不是嫡长子，前者有太伯、仲雍两个哥哥，后者有伯邑考这位长兄。嫡长子继承一经确立，有效地免除了各种纷争，因为继承者已经确定，就看谁生得好了。这就有效地稳定了统治阶级的秩序，起到巩固周王朝的作用。也是宗法制的核心内容。

宗法制还有关于如何处理中央与地方、中央内部的等级关系问题。周公旦以周天子为大宗，以同姓诸侯为小宗，而诸侯在其封国又是大宗，其同姓卿大夫则是小宗，而卿大夫在其家则是大宗，其同姓士民则是小宗。这样一层一层地下来，天子就是金字塔的顶层，最高贵的统治者，明确了以血缘为纽带的政权结构，有效控制了同姓诸侯，进而控制同姓诸侯所统治的地区。对于异姓诸侯，则视同甥舅，以婚姻为纽带，强化与异姓诸侯的关系，进而加强对异姓诸侯的统治。这种以血缘婚姻为纽带的严格的等级制度，必然推演出君君、臣臣、父父、子子之类的礼法要求，是父权制的具体反映。而与此相应的各种礼仪居室服饰用具的规定，更是为这种等级制度树立标杆，各有定分，一旦违反，视为僭越非礼，则天子诛之、诸侯讨之。

宗法制的经济基础是井田制。既然要分封诸侯，让诸侯拱卫天子，那么诸侯封地的稳定性是一定要保证的，尤其周天子的京畿重地也是要稳定的。于是周公旦确立井田制。规定了田地是不许买卖的、百姓不许迁移，土地国有的政策。所谓"普天之下，莫非王土，率土之滨，莫非王臣。"

至此，礼乐征伐自天子出，天子的权威得到巩固，中央王朝对地方的统治得到加强。

归政成王

周公称王的第七年，把王位彻底交给了成王。《尚书·召诰、洛诰》记载了在举行周公退位，成王视事的仪式上周公和成王的对话。周公在国家危难的时候，不避艰辛挺身而出，担当起王的重任；当国家转危为安，走上顺利发展的时候，毅然让出了王位，这种无畏无私的精神，一直被后代称颂。但是，周公并没有因退位而放手不管，成王固然对他挽留，而他也不断向成王提出告诫，最有名的是《尚书·无逸》。无逸就是告诫成王不要贪图安逸。《无逸》开头就讲，知道种地务农的辛劳，才懂得"小人"——农民的隐情，做一个最高统治者要知道下边的隐情疾苦，否则就会做出荒诞的事情来。周公接着举了殷代名君中宗太戊、高宗武丁、商汤之孙祖甲，不是庄严威惧，勤自约束，"不敢荒宁"，就是久为小人，能保惠小民，不敢侮鳏寡，他们享国都能长久。尔后的殷王，生下来就安逸，不知道务农的辛劳，只是贪图享乐，因而他们享国也都不长久。周公接下去又举有周的太王、王季的谦抑谨畏，特别提到文王穿不好的衣服，自奉节俭，参加农业劳动，能"怀保小民，惠鲜鳏寡"，从早到过午有时连饭都来不及吃，为的是团结万民。他们从来不盘桓逸乐游猎，不索取分外的东西，因而享国也比较长久。周公告诫后代，不许放纵"于观、于逸、于游、于田（田猎）"，不能宽容自己说：姑且现在享乐一下，不能像商纣那样迷乱于酒。如果不听，就会变乱先王正法，招致百姓的怨恨诅咒。如果听到民怨，君王要说自己有错误，深自省察，不许含怒，不许乱杀无辜，乱罚无罪。不然，相同的怨忿集中到你一个人身上，那后果是不堪设想的。

周公致政三年之后，在丰京养老，不久得了重病，死前说："我死之后一定葬在成周，示意给天要臣服于成王。"死后葬于文王墓地毕，成王说："这表示我不敢以周公为臣。"

管仲

管仲（约前723/前716～前645）：名夷吾，谥曰"敬仲"，汉族，春秋时期齐国著名的政治家、军事家，辅佐齐桓公成为春秋时期的第一霸主，被称为"春秋第一相"。

管仲拜相

公子小白在与公子纠争夺王位的斗争中领先一步，当上了齐国的王，即齐桓公。而公子纠与扶保他的管仲逃往鲁国。

齐桓公即位后，急需找到有才干的人来辅佐，因此就准备请鲍叔牙出来任齐相。鲍叔牙诚恳地对齐桓公说："臣是个平庸之辈，现在国君施惠于我，使我如此享受厚育，那是国君的恩赐。若把齐国治理富强，我的能力不行，还得请管仲。"齐桓公惊讶地反问道："你不知道他是我的仇人吗？"鲍叔牙回答道："客观地说，管仲，天下奇才。他英明盖世，才能超众。"齐桓公又问鲍叔牙："管仲与你比较又如何？"鲍叔牙沉静地指出："管仲有五点比我强。宽以从政，惠以爱民；治理江山，权术安稳；取信于民，深得民心；制订礼仪，风化天下；整治军队，勇敢善战。"鲍叔牙进一步谏请齐桓公释掉旧怨，化仇为友，并指出当时管仲射国君，是因为公子纠命令他干的，现在如果赦免其罪而委以重任，他一定会像忠于公子纠一样为齐国效忠。齐桓公于是遣书给鲁庄公，叫鲁国杀公子纠，交还管仲和召忽，否则齐军将全面进攻鲁国。鲁庄公得知后与大夫施伯商量，施伯认为齐国要管仲不是为了报仇雪恨，而是为了任用他为政。因为管仲的才干世间少有，他为政的国家必然会富强称霸。假如管仲被齐国任用，将为鲁国的大患。因此施伯主张杀死管仲，将尸首还给齐国。鲁庄公闻齐国大兵压境，早吓得心颤胆寒，没有听施伯的主张。在齐国压力下，杀死公子纠，并将管仲和召忽擒住，准备将二人送还齐桓公发落，以期退兵。召忽为了表达对公子纠的忠诚而自杀。死之前对管仲说："我死了，公子纠可说是有以死事之的忠臣了；你活着建功立业，使齐国称霸诸侯，公子纠可说是有生臣了。死者完成德行，生者完成功名。死生在我二人是各尽其份了，你好自为之吧。"管仲抱着"定国家，霸诸侯"的远大理想，被装入囚车，随使臣回国。在回齐国的路上，管仲生怕鲁庄公改变主意，为了让役夫加快赶路，就心生一计，即兴编制了一首悠扬激昂的黄鹄之词，用唱歌给他们解除疲劳为名，教他们唱歌。他们边走边唱，越唱越起劲，越唱走的越快，本来两天的路程，结果一天半就赶到了。鲁庄公果然后悔，管仲乃天下奇才，若大用于齐，齐桓公无疑如虎添翼，不如先除掉此患。待他醒悟过来派兵追赶时，早已来不及了。管仲一路恐慌，最后平安到了齐国，鲍叔牙正在齐国边境堂阜迎接他。老友相逢，格外亲切。鲍叔牙马上命令打开囚车，去掉刑具，又让管仲洗浴更衣，表示希望能辅助齐桓公治理国家。稍事休息后，管仲对鲍叔牙说："我与召忽共同侍奉公子纠，既没有辅佐他登上君位，又没有为他死节尽忠，实在惭愧。现在又去侍奉仇人，那该让天下人多么耻笑呀！"鲍叔牙诚恳地对管仲说："你是个明白人，怎么倒说起糊涂话来。做大事的人，常常不拘小节；立大功的人，往往不需他人谅解。你有治国的奇才，桓公有做霸主的远大志愿，如你能辅佐他，日后不难功高天下，德扬四海。"然后鲍叔牙和管仲一起去见齐桓公。不久，齐桓公就拜管仲为相，主持政事，为表示对管仲的尊崇，还称管仲为仲父。

纵论国策

管仲拜相后，齐桓公经常同管仲商谈国家大事。一次齐桓公召见管仲，问"你认为现在的国家可以安定下来吗？"管仲这时已深知齐桓公的政治抱负，但又没有互相谈论过，于是管仲就直截了当地说："如果你决心称霸诸侯，国家就可以安定富强，你如果要安于现状，国家就不能安定富强。"齐桓公听后又问："我现在还不敢说这样的大话，等将来见机行事吧！"管仲被齐桓公的诚恳所感动，他急忙向齐桓公表示："君王免臣死罪，这是我的万幸。臣能苟且偷生到今天，不为公子纠而死，就是为了富国家、强社稷；如果不是这样，那臣就是贪生怕死，一心为升官发财了。"说完，管仲就想告退。齐桓公被管仲的肺腑之言所感动，便极力挽留，并表示决心以霸业为己任，希望管仲为之出力。后来，齐桓公又问管仲，"我想使国家富强、社稷安定，要从什么地方做起呢？"管仲回答说："必须先得民心。""怎样才能得民心呢？"齐桓公接着问。管仲回答说："要得民心，应当先从爱惜百姓做起，国君能够爱惜百姓，百姓就自然愿意为国家出力。""爱惜百姓就得先使百姓富足，百姓富足而后国家得到治理，那是不言而喻的道理。通常讲安定的国家常富，混乱的国家常贫，就是这个道理。"这时齐桓公又问："百姓已经富足安乐，兵甲不足又该怎么办呢？"管仲说："兵在精不在多，兵的战斗力要强，士气必须旺盛。士气旺盛，这样的军队还怕训练不好吗？"齐桓公又问："士兵训练好了，如果财力不足，又怎么办呢？"管仲回答说："要开发山林、开发盐业、铁业，发展渔业，以此增加财源。发展商业，取天下物产，互相交易，从中收税，这样财力自然就增多了，军队的开支不就可以解决了吗？"经过这番讨论，齐桓公心情兴奋，就问管仲："兵强、民足、国富，就可以争霸天下了吧？"但管仲严肃地回答说："不要急，还不可以。争霸天下是件大事，切不可轻举妄动。当前迫切的任务是百姓休养生息，让国家富强，社会安定，不然很难实现称霸目的。"

管仲根据当时的形势，对齐国进行了了一系列改革。

在行政方面：划分和整顿行政区划和机构，把国都划分为6个工商乡和15个士乡，共21个乡。15个士乡是齐国的主要兵源。齐桓公自己管理五个乡，上卿国子和高子各管5个乡。把国政分为3个部门，制订三官制度。官吏有三宰。工业立三族，商业立三乡，川泽业立三虞，山林业立三衡。郊外30家为一邑，每邑设一司官。十邑为一卒，每卒设一卒师。十卒为一乡，每乡设一乡师。三乡为一县，每县设一县师。十县为一属，每属设大夫。全国共有五属，设五大夫。每年初，由五属大夫把属内情况向齐桓公汇报，督察其功过。于是全国形成统一的整体。

在军队方面，管仲强调寓兵于农，规定国都中五家为一轨，每轨设一轨长。十轨为一里，每里设里有司。四里为一连，每连设一连长。十连为一乡，每乡设一乡良人，主管乡的军令。战时组成军队，每户出一人，一轨五人，五人为一伍，由轨长带领。一里五十人，五十人为一小戎，由里有司带领。一连二百人，二百人为一卒，由连长带领。一乡二千人，二千人为一旅，由乡良人带领。五乡一万人，立一元帅，一万人为一军，由五乡元帅率领。齐桓公、国子、高于三人就是元帅。这样把保甲制和军队组织紧密结合在一起，每年春秋以狩猎来训练军队，于是提高了军队的战斗力。同时又规定全国百姓不准随意迁徙。人们之间团结居住，做到夜间作战，只要听到声音就能辨别出是敌是我；白天作战，只要看见容貌，大家就能认识。为了解决军队的武器，规定犯罪可以用盔甲和武器来赎罪。犯重罪，可用甲与车戟赎罪。犯轻罪，可以用值与车戟赎罪。犯小罪，可以用铜铁赎罪。这样可补充军队的装备不足。

在经济方面，管仲提出"相地而衰"的土地税收政策，就是根据土地的好坏不同，来征收多少不等的赋税。这样使赋税负担趋于合理，提高了人民的生产积极性。又提倡发展经济，积财通货，设"轻重九府"，观察年景丰歉，人民的需求，来收散粮食和物品。又规定国家铸造钱币，发展渔业、盐业，鼓励与境外的贸易，齐国经济开始繁荣起来。

由于管仲推行改革，齐国出现了民足国富、社会安定的繁荣局面，齐桓公对管仲说："现在咱们国富民强，可以会盟诸侯了吧？"管仲谏阻道："当今诸侯，强于齐者甚众，南有荆楚，西有秦晋，然而他们自逞其雄，不知尊奉周王，所以不能称霸。周王室虽已衰微，但仍是天下共主。东迁以来，诸侯不去朝拜，不知君父。您要是以尊王攘夷相号召，海内诸侯必然望风归附。"

按照管仲设想的尊王攘夷的策略，后来齐桓公果然九合诸侯，实现了称霸的目标。

智过鬼泣谷

管仲推行了一系列有效措施，使齐国日益强大起来。齐国君主齐桓公被各诸侯推举为盟主。齐国北面的山戎民族却出兵攻打与齐国立盟的燕国，企图削弱齐国的势力。燕国君主亲率两万将士出战，却在一个叫鬼泣谷的地方中了山戎的埋伏，只逃出千余人。接着，山戎连拔三城，燕国急派使者向齐国求援。于是，齐桓公统率5万大军开向燕国。

无终国的国君也派遣大将虎儿斑率两千士兵助战。被管仲封为先锋将军的虎儿斑，一连收复了燕国失去的那三座城。但杀到一个叫里岗的地方时，却不敢前进了。他对齐桓公和管仲说："前面是鬼泣谷。如果山戎布下埋伏，我们就是插翅也休想过去。燕国两万大军就是葬身在那里的！"管仲在路上早就想出了过鬼泣谷的计谋，他对虎儿斑说："将军既然有所顾虑，那你就跟在大军的最后吧。"管仲说着，拿出令牌："王子成父、赵川二将！你俩去前军按令牌所指行事，作好准备，明日清晨过鬼泣谷！"

王子成父和赵川接令牌驾车而去。

第二天天刚亮，一辆辆战车向鬼泣谷驶去。只见马的嘴是被网笼住的；战车的轮子上绑有麻皮，发出的声音很小；战车上站着的将士则披甲握戈，显得格外高大；齐国的战旗在谷风的吹动下发出"哗啦哗啦"的响声。

这时，山戎首领密卢举着"令"字小黄旗，出现在鬼泣谷的山头上，见齐军进入了他的伏击圈，就一挥小黄旗，喊声："打！"猛然间，箭、石、木齐下，有的击中齐军将士，有的把战车砸得稀巴烂，有的把"齐"字大旗打断了。

密卢挥动狼牙棒，率兵从山上冲将下来。密卢冲到一个身中数箭仍立于战车上岿然不动的齐将前，举起狼牙棒对着齐将的头部狠击一棒。"咚"一声，把齐将的头盔打掉了。定睛一看，原来被打掉头盔的却是披着衣甲的树桩。密卢知道中计，大惊失色。

　　此刻，鼓声大作。密卢闻声回头，只见齐国骁将王子成父和赵川率兵直扑过来。密卢大喝一声，挥舞着狼牙棒迎上去。他见远处有一个身材高大的人站在战车上，在观看两军作战，断定是齐国相国管仲，就径直朝那人扑去。所扑之处，齐兵无人抵挡得住。片刻，密卢已杀到管仲面前。说时迟，那时快，战车后数十枚箭齐发。密卢惨叫倒地。他手下一员大将冲进重围，把负伤的密卢抢了回去，往山戎的另一部落孤竹国逃去。

　　就这样，管仲智过鬼泣谷，解了燕国之围。

病榻论相

　　周襄王七年（前645），为齐桓公创立霸业呕心沥血的管仲患了重病，齐桓公去探望他，询问他谁可以接受相位。管仲说："国君应该是最了解臣下的。"齐桓公欲任鲍叔牙，管仲诚恳地说："鲍叔牙是君子，但他善恶过于分明，见人之一恶，终身不忘，这样是不可以为政的。"齐桓公问："易牙怎样？"管仲说："易牙为了满足国君的要求不惜烹了自己的儿子以讨好国君，没有人性，不宜为相。"齐桓公又问："开方如何？"管仲答道："卫公子开方舍弃了做千乘之国太子的机会，屈奉于国君15年，父亲去世都不回去奔丧，如此无情无义，没有父子情谊的人，如何能真心忠于国君？况且千乘之封地是人梦寐以求的，他放弃千乘之封地，俯就于国君，他心中所求的必定过于千乘之封。国君应疏远这种人，更不能任其为相了。"齐桓公又问："易牙、开方都不行，那么竖刁怎样？他宁愿自残身肢来侍奉寡人，这样的人难道还会对我不忠吗？"管仲摇摇头，说："不爱惜自己的身体，是违反人情的，这样的人又怎么能真心忠于您呢？请国君务必疏远这三个人，宠信他们，国家必乱。"管仲说罢，见齐桓公面露难色，便向他推荐了为人忠厚，不耻下问、居家不忘公事的隰朋，说隰朋可以帮助国君管理国政。遗憾的是，齐桓公并没有听进管仲的话。易牙听说齐桓公与管仲的这段对话，便去挑拨鲍叔牙，说管仲阻止齐桓公任命鲍叔牙。鲍叔牙笑道："管仲荐隰朋，说明他一心为社稷宗庙考虑，不存私心偏爱友人。现在我做司寇，驱逐佞臣，正合我意。如果让我当政，哪里还会有你们容身之处？"易牙讨了个没趣，深觉管仲交友之密，知人之深，于是灰溜溜地走了。不久管仲病逝。齐桓公不听管仲病榻前的忠言，重用了易牙等三人，结果酿成了一场大悲剧。二年后，齐桓公病重。易牙、竖刁见齐桓公已不久于人世，就开始堵塞宫门，假传君命，不许任何人进去。有二宫女乘人不备，越墙入宫，探望齐桓公。桓公正饿得发慌，索取食物。宫女便把易牙、竖刁作乱，堵塞宫门，无法供应饮食的情况告诉了齐桓公。桓公仰天长叹，懊悔地说："如死者有知，我有什么面目去见仲父？"说罢，用衣袖遮住脸，活活饿死了。桓公死后，宫中大乱，齐桓公的几个公子为争夺王位各自勾结其党羽，互相残杀，致使齐桓公的尸体停放在床上六七十天无人收殓，尸体腐烂生蛆，惨不忍睹。第二年三月，宋襄公率领诸侯兵送太子昭回国，齐人又杀了作乱的公子无亏，立太子昭为君，即齐孝公。经过这场内乱，齐国的霸业开始衰落。

【国学精粹珍藏版】

中华历代名人大传

◎尽览中国古典文化的博大精深 ◎读传世典籍，赢智慧人生——受益终生的传世经典

李志敏 主编

卷二

民主与建设出版社

商鞅

商鞅（约前395～前338），卫国（今河南安阳市）人。战国时期政治家、思想家，先秦法家代表人物。姬姓，卫氏，又称卫鞅、公孙鞅。其在秦执政二十余年，使秦国大治，长期凌驾于山东六国之上，史称"商鞅变法"，但最后还是死于自己的法。

投奔秦国

卫鞅"少好刑名之学"，受李悝、吴起等人的影响很大，专门研究如何以法治国。后为魏国宰相公叔痤家臣。公叔痤见他是个贤才，推举他为中庶子，一有大事，公叔痤总要与卫鞅一起谋划，并总是成功。公叔痤很器重他，欲引荐他做更大的官，只可惜公叔痤不久得了重病，公叔痤病重时对魏惠王说："卫鞅虽然年轻，但他是当世奇才，他若做了相国，比我强十倍。"又对惠王说"大王如果不用他，就把他杀了，以免后患。"公叔痤又对卫鞅说"我先公后私，如果魏王不用你，你赶快逃走，我已建议杀你"，公叔痤死后，魏惠王对公叔痤嘱托不以为意，也就没有照做。

公元前359年，卫鞅听说秦孝公下令在国中求贤者，欲收复秦之失地，便携同李悝的《法经》到秦国去。通过秦孝公宠臣景监三见秦孝公。最初孝公见卫鞅高谈阔论、泛泛而语、不着边际，听了一会儿就睡觉了，一连三次如此。卫鞅没有气馁，最后以"伯术"为题展开话题，却正中孝公下怀，两人交谈三日三夜，孝公不觉过瘾。孝公大喜，封他为左庶长，后升大良造。

立木建信

卫鞅颁布新法之初，他想测试一下民众对变法的态度，更为了取信于民，以便新法能顺利地贯彻、实施下去，采取了立木建信的办法，果然收到了奇效。

卫鞅派人把一根三丈长的木头放在闹市中，下令说："谁能把木头搬到北门去,就奖赏十金",老百姓纷纷来看,但都抱怀疑的态度,无人去搬;卫鞅把赏金加到五十金,大家更加猜疑:秦国可是从来没有出这么重的奖赏的。有一人不信邪,心想:即使没有这么多的奖金,但总有一些吧。他扛起木头,搬到北门,跟随的观众很多。卫鞅如数地兑现了奖金,大家这才相信:卫鞅出令必行!

第二天,卫鞅颁布新法,并使新法顺利地实施了下去。

商鞅变法

公元前356年第一次变法,主要有下列几点:

(1) 颁布法律,制定什伍连坐制度,轻罪用重刑。将李悝《法经》颁布实行,增加了连坐法。就是五家为伍,十家为什,互相告发,同罪连坐,告发"奸人"的与斩敌同赏,不告发的腰斩。一家藏"奸",什、伍同罪连坐。客舍收留无官府凭证的旅客住宿,主人与"奸人"同罪。

(2) 奖励军功,建立二十等军功爵制,秦二十级军功爵位制度〔从低到高〕:1公士 2 上造 3 簪袅 4 不更 5 大夫 6 官大夫 7 公大夫 8 公乘 9 五大夫 10 左庶长 11 右庶长 12 左更 13 中更 14 右更 15 少上造 16 大上造 17 驷车 18 大庶长 19 关内侯 20 列侯。各级爵位都有一定的政治经济特权。规定斩敌甲士首级一颗赏爵一级,田一顷,宅九亩,服劳役的"庶子"一人。爵位越高,相应的政治、经济特权越大。宗室、贵戚凡是没有军功的,不得列入宗室的属籍,不能享受贵族特权。爵位高的还可以"税邑三百家",也可以用爵抵罪或赎罪。

(3) 重农抑商,奖励耕织,特别奖励垦荒。规定:"僇力本业耕织致粟帛多者,复其身;事末利及怠而贫者,举以为收孥"(意思是尽力从事男耕女织的生产事业,生产粮食布帛多的,免除其本身的徭役;凡从事工商业和因不事生产而贫困破产的人,连同妻子、儿女没入官府为奴隶)。

(4) 强调"以法治国"要求国家官吏学法、明法,百姓学习法律者"以吏为师"。

(5) 改法为律。强调法律的普遍性,具有"范天下不一而归于一"的功能。

(6) 轻罪重罚,强化法律意识,不赦不宥。主张凡是有罪者皆应受罚。

（7）鼓励告奸。

（8）用法律手段剥夺旧贵族特权。如废除世卿世禄制度。规定除国君外的嫡系以外的宗室，没有军功就取消其贵族身份。

（9）强化中央对地方的全面控制，剥夺旧贵族对地方政权的垄断权。

（10）统一度量衡。

公元前350年第二次变法，主要有下列三点：

（1）"开阡陌封疆"。破除过去每一亩田的小田界—阡陌和每一项田的大田界—封疆，把原来的"百步为亩"，开拓为240步为一亩，重新设置"阡陌"和"封疆"。国家承认地主和自耕农的土地私有权，在法律上公开允许土地买卖。

（2）普遍推行县制。把秦国划为41个县，在未设县的地方，把许多乡、邑，聚合并成县，共新建31县。设县令、县丞，由国君任免。

（3）迁都咸阳。为了便于向东发展，把国都从原来的栎阳迁移到渭河北面的咸阳（今陕西咸阳市东北）。

商鞅变法使秦国大治，其政治、经济等各方面都得到飞速发展。后人总结道：商鞅变法"行之十年，秦民大悦，道不拾遗，山无盗贼，家给人足。民勇于公战，怯于私斗，乡邑大治。"

车裂身死

公元前340年，卫鞅奉秦孝公命令攻打魏国，魏将公子昂原是卫鞅在魏国时的朋友，卫鞅就请公子昂和谈，公子昂因为与卫鞅过去的友情，对和谈居然没有丝毫的怀疑。结果卫鞅在会谈后生擒魏将公子昂，趁机大破魏军，迫使魏国交还过去夺走的西河地。魏惠王说："寡人恨不用公叔痤之言也。"商鞅因此大功，受封于商（今陕西省商洛市丹凤县商镇）15个邑，号为商君。

公元前338年，秦孝公去世，太子驷即位，即秦惠王。公子虔等人告发商鞅"欲反"，秦惠王下令逮捕商鞅。商鞅逃亡至边关，欲宿客舍，客舍主人不知他是商君，见他未带凭证，告以商君之法，留宿无凭证的客人是要治罪的。商鞅想到魏国去，但魏国因他曾生擒公子昂，拒绝他入境。他回到自己的封邑，举兵抵抗，结果失败战亡，而后被下令车裂其尸。

张仪

张仪（？～前309），魏国大梁（今河南开封市）人，魏国贵族后裔，曾随鬼谷子学习纵横之术，是战国时期著名的政治家、外交家和谋略家。

游说秦国 登坛拜相

秦国在商鞅变法后，经济飞速发展，国富民丰，军队能征善战，如同虎狼之师。秦国的历代君主不断地对外扩张，大施淫威。

齐、楚、赵、燕、韩、魏等六国非常害怕秦国，张仪等人认为，要保障自己的安全，与秦国联盟是最好的办法，因此他们主张"连横"的策略，以秦国为自己的后盾，去对付其他国家，自己就能占据优势和主动。

张仪是"连横"策略的主要代表人之一。他自小聪明好学，读万卷书，长大后就到各国游说。由于他出身贫寒，地位卑下，不被人重视，最后只好投奔到楚国令尹（楚国最大的官）昭阳门下，做了他的门客。

昭阳有一次怀疑贫穷的张仪偷了他的玉璧，将他打了个半死，并将他逐出府邸，张仪的妻子见他被打得这样，非常心疼地说："在家老老实实种地，哪里会受这种罪？"张仪气息微弱地说："你瞧瞧我的舌头还在吗？"他妻子说："舌头还在，没有受伤。"张仪就安慰妻子说："只要舌头没打掉就好。舌头还在，我什么也不怕。"由于这一次被打，张仪在楚国呆不下去了，他很快又跑到了秦国。张仪很快鼓动三寸不烂之舌，获得了秦惠文王的赞赏，被拜为相国。

秦命使楚 离间两国

张仪在秦国为相的消息传到了楚国，楚国人很是不安。为了对付秦国，楚国便打算和齐国结盟。齐楚都是大国，两国结盟，势力就空前强大，可以与秦国分庭抗礼，成为秦国统一天下的最大障碍。张仪当然不能容忍齐楚结盟，于是向秦王自荐出使楚国，想方设法要拆散两国之间的联盟。

公元前313年，张仪在秦王的支持下，首先来到楚国，他首先去拜访了楚怀王最宠信的大臣上官大夫靳尚，并送了许多金银玉器给他。靳尚是个贪财好利的小人，他收了张仪的贿赂，在楚怀王面前就处处帮着张仪说话。

张仪还如法炮制，以重金买通了楚王的其他宠臣，使这些人在朝中都为他说话，这样，张仪就获得了楚怀王的好感与信任。时机成熟之后，张仪就去拜见楚怀王。张仪见到楚怀王后，丝毫不提当年受辱之事，假惺惺地装出十分友好的样子，他说此次出行的目的，是为了秦楚两国的友好和互不侵犯，使两国永远享受和平。楚怀王不明所以，张仪的花言巧语说得楚怀王很是高兴，他说："与秦国结盟，是楚国多年的愿望。"

张仪接着说："当今天下七雄中，秦国最强，如果秦国和齐国联合，那么齐国就强了；如果秦国跟楚国联合，那么楚国就强了。齐与楚的强弱，关键在于和秦国的关系，秦王很愿意和楚国联合，帮助楚国抵制齐国。如果大王愿意和齐断交，取得秦国的信任，秦国情愿把商于（今陕西南部、河南西南部一带）之地六百里归还楚国。"楚王更加高兴，立即答应与齐国断交。

除三间大夫屈原反对之外，朝中大臣都附和楚王的决定。屈原是主张联齐抗秦的人。他指责张仪是个反复无常的小人，说话从来就不讲信用，因此他劝怀王千万不要上当。但屈原的话没有人听，受了张仪贿赂的大臣靳尚说："你们说得倒轻巧，不跟齐国断交，秦国能把六百里地白白送给我们？天下哪有这样便宜的事！"楚怀王急于想得到秦国归还的土地，于是急忙派使臣跟随张仪去秦国，办理土地移交手续。同时宣布与齐国断交，齐王大惑不解，非常恼火楚国的反复无常，齐楚国从此也结下了仇怨。

齐楚断交 秦国得利

怀王为了表示与齐国断交的决心，就派人去齐国边境上无故生事，辱骂齐人，挑起了齐楚边境上的战争，害得百姓不得安宁。齐王于是非常憎恨楚国，暗中与秦结交，约好一起去攻打楚国。齐楚终于由同盟而反目成仇。张仪暗自感到高兴。

楚国的使臣到达秦国之后，张仪却躲了起来。楚国的使臣找不到张仪，就向秦惠王说了张仪答应给楚国土地的事。秦惠文王答复说："张仪答应的事，定会照办的。"不久张仪便会见了楚国使臣。他让楚国的使臣回去接收自己的六里封地。楚国使臣勃然大怒，说："什么，六里？我们大王告诉我的是六百里呀！"张仪言说楚王误解。楚国的使者恼羞成怒，回来就把这件事报告了楚王，气急败坏的楚王下令发兵10万去攻打秦国。但这时齐与楚断交，齐国反而帮助秦国，秦齐联合攻打楚军，结果楚军大败，楚国汉中一带的百姓与土地全被秦国夺去了。

楚王非常憎恨张仪，提出拿楚国黔中一带的土地来换张仪，将张仪抓到后想杀掉他，以报被辱之仇。秦国为利所诱，交出了张仪。张仪一到楚国，就被怀王囚禁起来，准备杀掉以祭告先祖。张仪又趁机游说怀王说："秦国现在据有巴蜀，大战船顺江而下，一日能行500余里，用不了10天就可以到达楚国的边境，楚国的东部地区就很难保住，西部地区的黔中、巫郡就不再属于楚国了。秦军如果出武关，楚国北部地区也难保，秦国三个月内就可以灭楚，而楚国想得到诸侯的援救却至少需要半年，所以，楚国最好的自我保护办法就是与秦国结盟。大王如果与秦国结盟将会获得许多好处。大王可以拿下宋国，然后一直向东，把泗水边的众多小国全部征服。大王如果能听取我的意见，我将让秦国太子到楚国做人质，楚国太子到秦国做人质，让秦国女子做大王的姬妾，进献居民万户的都邑作为汤沐邑，长久作为兄弟邻邦，永世互不攻伐。我认为没有比这更好的计策了。"张仪的一席话说得楚怀王连连点头称是，马上同意与秦和好，并送走了张仪。不久屈原出使归来，问及怀王为什么不杀张仪时，怀王又后悔了，派人去追却为时已晚。张仪又回到了秦国。

游说天下 连横成功

回到秦国后，张仪又向秦王建议用同样的方法去其他国家游说，彻底破坏几国的"合纵"，然后各个击破。秦王同意了。于是张仪便带上许多黄金白玉，到其他国家去从事外交活动。

张仪采取同样的欺诈蒙骗的手法，破坏"合纵"抗秦的计划，向各国推行他的连横策略，获得了很大的成功。各国都被张仪的花言巧语和秦国的空头政治所迷惑。

离开楚国后的张仪接着就前往韩国，他对韩王说："韩国地小人少，大王的士兵全部动员也不足30万，而且国内储粮不足。远远比不上秦国士兵百万，战车千辆，战马万匹的势力。秦国的士兵跟山东各国士兵相比，正像大力士孟贲跟胆小鬼一样，像韩国这样的小国家，要想与秦国作战，无异于以卵击石。大王如果不归顺秦国，秦国将出兵占据宜阳，隔断韩国的土地，东进夺取成皋、荥阳，那么鸿台的宫殿、桑林的苑囿在不久的将来都将不归大王所有了，大王的国土就被分割了。先归顺秦国就安全，不归顺秦国就危险。大王应该帮助秦国攻打楚国。"韩王听从了张仪的计谋。于是韩、齐两国都与秦国结盟，秦国孤立了楚国。

在实现连横策略的过程中，张仪不断使用计谋，为秦国的战略决策顺利铺平了道路。秦惠文王感念张仪的卓越功勋，遂封其为"武信君"，并赐封给他五座城邑。其后不久，秦惠文王死亡，其子武王嬴荡继位，武王自幼讨厌张仪，群臣忌妒张仪，又趁机向武王进谗言，张仪为了避免大祸临头，辞掉了相位，投奔到了魏国。

公元前310年，张仪病死。

苏秦

苏秦（前337~前284），字季子，东周洛阳轩里人（今洛阳市），战国时期的韩国人，著名的纵横家。他出身寒微，没有任何政治背景，仅凭三寸不烂之舌，相继游说燕、韩、赵、齐、魏、楚六国，促成大联合，苏秦为纵约长，配六国相印，权倾一时，后又为齐国宰相，可谓"一怒而天下惧，安居而天下熄"。最终因为替燕国行反间计被齐王所杀。

悬梁刺股，志存高远

苏秦祖上是平民出身，祖祖辈辈都以务农为生。他虽然家穷，但从小志向远大，立志要干一番惊天动地的大事业。他与孙膑、庞涓、张仪等人曾一同求学于齐国的鬼谷子。

苏秦学成归来后，去拜访有名无权的周显王，周显王见苏秦聪明伶俐，能说会道，想留下他任职。可左右的官员都瞧不起出身贫贱的苏秦，于是他只好悻悻地离开。

苏秦听说秦孝公正在求贤招揽人才，于是便到了秦国，但一到秦国，秦孝公却死了，商鞅也已经死去，苏秦只好前去见了新君秦惠文王，他对秦惠文王说："只要大王让我为您献谋效力，大王称帝易如反掌！"秦惠文王对他的自夸并不动心，说："我听说'毛羽不成，不能高飞。'先生说得很好，可我现在还做不到，等几年再说吧！"秦惠文王婉言拒绝了他。但苏秦仍然不死心，他天天在小客栈里奋笔疾书，为秦国用武力一统天下出谋划策。一连10次向秦惠文王上奏章，可惜秦惠文王不予理睬。

苏秦在秦国逗留了将近1年，身上的盘缠全部花光了，苏秦只好讨饭回到家乡。当他狼狈不堪地回到家里时，父母背过脸去不与他说话，正在织布的妻子对他不予理睬。在万般饥饿之中，他到厨房求嫂子给口剩饭吃，没想到嫂子却冷冷地拒绝了他。无奈之余，苏秦只好忍着。

苏秦认为这次游说失败的主要原因是由于自己知识不够充实，另外机遇还没有成熟，于是他将藏书一一翻出浏览。还特地找出了鬼谷子赠送的兵书《阴符》，从此日日夜夜闭门苦读，他还把锥子放在身边，瞌睡了就用锥子猛刺自己的双腿，刺得血流如注，清醒之后再继续读书。后来，他甚至用一根绳子把自己的头发拴起来，吊在梁上，只要一打盹，绳子就会猛地把他拉醒。就是凭借这种头悬梁、锥刺股的精神，苏秦的学问大有长进。他认为自己有了游说各国的本钱之后，于是又找家人要银两，家里不给。他对弟弟们说："我学习已经成功，天下的富贵只要我一伸手就有人送来，二位弟弟要是能凑点路费给我，让我去游说，等我大功告成，我一定十倍、百倍地奉还！"弟弟们这才凑了点路费给他。苏秦再次踏上了游说之旅。

游说天下 六国会盟

这一次苏秦北上燕国，1年之后才见到燕文公。苏秦对燕文公说："这些年来，燕国的人民安居乐业，没有受到战争的骚扰，您知道是什么原因吗？"燕王摇了摇头。苏秦说："燕国不被诸侯国侵扰，主要原因是燕国的南面有赵国作障蔽。秦国无法越过赵国而攻击燕国；而赵国若攻打燕国，则是顷刻之间的事情。所以燕国的真正忧患应该是赵国。大王若与赵国和好，那么燕国就没有后患了。"燕文公觉得苏秦说得有道理，就听从他的计谋，让苏秦带了许多车马、金帛，出使赵国去活动结盟之事。

赵国当时正受到秦国的威胁，赵王听说苏秦带了厚礼求见，亲自带领百官出官迎接。他十分诚恳地求助于苏秦。苏秦说："小民私下里推算，诸侯各国的土地合在一起是秦国的五倍，军队合在一起，则是秦国的十倍。如果六个国家合成一个整体，则秦国必定大败。现在大王您迫于秦国的势力，向秦称臣割地，实在是失策的事情。我私下为您谋划，不如让六国合纵抗秦，由赵国发起，邀请六国君臣在洹水边会盟，交换人质，宰杀白马，宣读盟誓，无论秦国出兵攻打哪一个国家，其他各国都要出兵救援。六国齐心协力，大王的霸业就一定能够获得成功。"赵王非常高兴，于是对苏秦大加赏赐，并给了他足够的资用，让他去联系其他各国。

苏秦带着钱财又来到韩国，对韩宣惠王说："韩国是兵精地广的大国，多年来却一直臣事秦国，不断割地，大王之地是无法满足秦王的贪欲的。长此以往，韩国慢慢地就会被秦国给吞食了。"韩宣惠王听完恐惧得直冒冷汗："先生有何高见？"苏秦就将合纵之事向韩王讲了一遍。韩宣惠工欣然同意，送给苏秦黄金百两，送苏秦去了魏国。

到了魏国苏秦对魏襄王说："魏国人口多，车马络绎不绝，国力与楚国不相上下，是天下的强国。然而一些连横的游说之士却胁迫您伙同秦国来倾吞天下，如果这样下去，有朝一日秦国加害魏国，其他各国定不肯为您分担祸患。您不如与其他五国结盟，共同抗击秦国。"魏襄王权衡利弊之后，欣然允诺。

苏秦又来到齐国，对齐宣王说："齐国地方2000余里，粟如丘山，三军之良，王家之兵，进如锋矢，战如雷霆，解如风雨。齐国民富兵强，如能与五国诸侯联合抗秦，则秦决不敢进攻齐，并可免去韩、魏攻击后背。"齐王也很赞同苏秦的战略，同意合纵，并赠给苏秦金帛一车。

最后，苏秦来到楚国，对楚威王说："楚国和秦国是天下两个最为强大的国家，楚强则秦弱，楚弱则秦强，这两个国家势不两立。所以，为大王计，莫如合纵以孤立秦国。合纵则诸侯割地以事楚；连横则楚国割地以事秦。大王您仔细考虑吧！"楚威王自然选择了前者。

苏秦经过一番游说，终于使燕、赵、韩、魏、齐、楚六国达成同盟，共同对付秦国。各国国君在洹水聚会，歃血会盟，拜告天地祖宗，声势浩大。在这次聚会中，苏秦被六国共同推举为纵约长，并任六国丞相，总管六国军民，成为当时最风光的人物。

苏秦返回赵国时，各国都派使臣礼送。苏秦衣锦还乡，侍卫随从，前呼后拥，车马连接20里不绝，气派与一国之君差不多。吓得周显王连忙清扫道路，进行慰问，并遣使至郊外迎接他。苏秦回到家中，他的兄弟、妻子、嫂子都吓得拜伏在地，不敢抬头看他。他笑着挖苦嫂子说："你以前如此傲慢，今天却怎么这样谦恭了，为什么呢？"嫂子遮住脸赔罪说："如今叔叔做了大官，有钱有势，谁敢不恭敬呢？"苏秦禁不住感叹说："同样是我这个人，如今富贵了，亲戚就都巴结我、畏惧我，贫贱时则大家都蔑视和讽刺我！"此时他的内心便产生了一种由衷的悲凉之情。

六国纷扰 弃赵投燕

六国会盟不久，秦王为了粉碎六国联盟，任用张仪的计谋，暗施反间计，挑动了齐、魏两国攻打赵国。赵王则因此责怪苏秦。这使苏秦深感恐慌，跑回燕国，反秦联盟也从此瓦解。

苏秦定居在燕国，合纵联盟瓦解之后，苏秦失去了作用，寄人篱下，生活得异常窘迫。偏偏这时，他的保护伞燕文公去世，易王继位，国内政局动荡。齐宣王乘机攻燕，燕军大败，被迫割十城予齐。

易王失去十城，将责任全部推于苏秦的六国合纵之事上。就要苏秦赴齐讨回这十个城市。苏秦赴齐，凭借着三寸不烂之舌，居然说服齐宣王归还了十城。回燕后，他又诚恳地向易王表白了对燕国的忠诚，易王也渐渐相信了苏秦的忠诚。

苏秦暗地里与燕文公守寡的夫人私通，不久事情败露，但易王并未加罪于他。苏秦为了此事败露一直惴惴不安，因害怕被杀，就请求赴齐搞反间谍活动，以防齐国进攻燕国。易王同意了他的请求。他就假装与燕王闹了矛盾，制造因得罪燕王而逃奔齐国的假相，蒙蔽了齐国。

苏秦在齐国活动了很多年之后，终于被齐宣王拜为客卿。在这期间，他一方面努力使齐国与燕国和好，另一方面想方设法削弱齐的国力，以减轻对燕国的威胁。齐宣王死后，湣王即位，他劝湣王厚葬齐宣王，同时又劝他大兴土木，修建华丽的宫室和花园，大量消耗齐国的财力。湣王并没有察觉到苏秦的意图，反而更加信任他。齐国的大臣却对他十分妒恨，并收买刺客将苏秦刺伤，湣王还下令通缉刺客。

公元前293年，苏秦为了牵制和消耗齐国的力量，他劝说齐王出兵进攻宋国，使齐国因忙于对付宋、楚等国而忽视对燕国的防范，燕国则为报当年之仇，积极酝酿攻打齐国的准备。这时的齐王非常信任苏秦，于公元前289年拜他为相国。苏秦劝说齐王联合各国攻秦。经过游说，刚被秦掠走两座城邑的赵国同意伐秦。赵相李兑又出面约赵、齐、燕、韩、魏五国合纵攻秦。五国出兵各有打算，因而貌合神离。军队行至荥阳便不再前进。为了破坏五国合纵，秦设法离间和笼络合纵各国，赵、韩、魏动摇，齐派苏秦去游说。五国终于又合纵攻秦，迫使秦国废除帝号，并将以前所取占温、轵、高平归还魏国，将五公、符逾归还赵国，与五国媾和。

苏秦两次合纵，迫使秦国15年不能向东发展一步，可谓功不可没。

东窗事发 身遭车裂

燕国的君主易王死后，燕昭王即位。燕昭王是位有为之君，即位之后，即设黄金台广招贤士，乐毅、邹衍等名士纷至沓来，燕国国力日益强大。燕昭王等待时机，准备伐齐报仇。此时的齐国日益衰败，苏秦已将齐国搞得国内空虚，内外交困，矛盾重重。公元前284年，燕昭王召大将乐毅商议出兵伐齐。乐毅建议燕昭王与楚、赵、魏等国联合伐齐。燕昭王派乐毅出使赵国，又派使者出使魏、楚。赵惠文王将相国之印授予乐毅。燕昭王遂任命乐毅为上将军，率领本国的军队,与赵、秦、魏、韩等国联合向齐国展开进攻。齐王发全国之兵,由向子率领,在济水以西与五国联军交战。

苏秦利用齐王信任他的机会,向齐王屡进谗言,致使齐王诛杀了几位敢于直言进谏的大臣。这样一来,致使齐国君臣相离,斗志全无。同时苏秦又将齐国的政治、军事等机密情报秘密通报燕国,致使双方刚一交战,齐国就处于极为不利的状态。齐军统帅向子就下令退兵,自己率先乘车逃脱,于是齐军大败。齐将达子召集逃亡的齐军士兵继续作战,企图挽回败局,但齐王却不给予任何援助。齐军惨遭失败,达子战死。

苏秦图谋不轨、私通燕国的间谍活动终于被齐王发觉,齐王顿时暴跳如雷,忙将苏秦逮住,将其车裂而死。一代纵横家,最终落得个体无完肤的下场。

蔺相如

蔺相如(前329~前259),战国时赵国上卿,今山西柳林孟门人,一说山西古县蔺子坪人,官至上卿,赵国宦官头目缪贤的家臣,战国时期著名的政治家、外交家。他以自己的大智果敢和坦荡胸怀,因"完璧归赵"、"渑池之会"和"将相和"事件名垂青史。

完璧归赵

战国后期,赵国在诸雄争霸之后脱颖而出,成为仅次于秦的强国。为了控制对方,秦赵之间勾心斗角之事不断。但秦国在这场斗争中明显占据上风,赵国畏惧秦国。

公元前283年,秦昭襄王听说赵惠文王得到了一块稀世珍宝——和氏璧。于是他想方设法找赵王要这个宝物。他下书给赵王说,秦国愿意用15座城池做代价,交换赵国的美玉。

赵王看过信,自己拿不定主意,立即找来大将军廉颇等人商量对策。大家都感到左右为难。答应交换吧,恐怕白白受了欺骗;不交换吧,秦强赵弱,恐怕遭到秦国的侵略与报复。商议半天之后,谁也想不出一个稳妥的计谋。

赵惠文王一连很多天都愁眉苦脸，宦官头目缪贤就说："我有个叫蔺相如的门客，为人足智多谋，可以让他到秦国去处理这件事情。"赵惠文王问："你怎么知道他有智谋呢？"缪贤说："他曾帮奴才度过了一次大难关。有一次，我因为得罪了大王，打算偷偷地逃到燕国去。这件事给蔺相如知道了，他就劝我不要去，说现在你得罪了赵王逃到燕国去，燕国本来就怕赵国，所以燕王决不敢收留你，说不定还会把你捆绑起来送还赵国。到那个时候，你的性命就难保了。你不如到大王的面前请求处罚，这样才能得到大王的宽恕。我听了他的话，照着做了，承大王的恩典，果然宽恕了我。"赵惠文王于是就答应亲见蔺相如。

蔺相如见到赵惠文王，一开始就说："如果赵国不答应秦国的要求，那么赵国就错了。如果赵国将和氏璧送给秦国而秦国不给城池，那么错就在秦国了。秦强而赵弱，不可不换。我愿持璧前往，如果交了城池，和氏璧就给他们。如果不交，也请大王放心，我一定要把和氏璧完好无缺地带回赵国。"赵惠文王听了，立即拜蔺相如为大夫，命他带着和氏璧出使秦国。

秦王在章台接见了蔺相如，蔺相如双手捧宝璧，把它献给秦王。秦王接过璧，捧在手中左看右看，又依次递给妃嫔、文武大臣和侍从们欣赏。众人都一齐称赞叫好，向秦王表示庆贺。秦王非常高兴。正当秦国君臣们快乐的时候，蔺相如却被冷落在一边，秦王始终不提及交割城池的事，好像根本就没有这回事似的。蔺相如知道秦王要霸占这块和氏璧，心里非常气愤，于是便走上前去对秦王说："璧上有点小毛病，让我指给大王看看。"秦王就让手下人把璧还给蔺相如。蔺相如接过玉璧，后退几步，靠着宫中的大柱子，顿时怒气冲冲，他大声斥责秦王说："大王想要得到这块璧，派人持国书去见赵王。赵王召集满朝文武大臣商量，都知道秦王的用意，都不赞成把玉璧送来。我说平民百姓交往还有个信用，何况是堂堂大国呢？如今我把璧送来。这是赵王尊重大王。但大王对我傲慢无礼，把璧传给美人和群臣来看，以此来戏弄我。我看大王缺乏以城池来换璧的诚意，因此把璧收回。如果大王执意要抢夺，我将把璧在这根柱子上撞个粉碎！"说着，举起玉璧，准备朝柱子撞去。

秦王深怕宝贝被砸碎了，马上装出一副笑脸，向蔺相如表示歉意，然后叫来主管国家版图的官吏，打开地图，他指点着说："从这里到那里，15座城池都归赵国。"

蔺相如知道秦王只是做做样子，于是说："和氏璧是天下最珍贵的宝物，赵王送璧予我时，斋戒了5天，现在大王接璧也应该举行个隆重的仪式，斋戒5天，我才敢献璧。"秦王被迫答应了。然后把蔺相如安置在客栈，并派人监视他。到了客栈之后，蔺相如知道秦王没有给城池的意思，为了保护国宝免落敌手，他就让一个随员换上老百姓的粗布短衣，怀揣玉璧，从小路逃回了赵国。

5天以后，秦王斋戒完毕，在朝廷正殿举行隆重的受璧仪式。王公大臣们都来参加。蔺相如空手而去。他对众人说："自穆公以来的秦国前后20几位君主，没有一个讲信用的。这一次我怕上当，所以派人把璧送回赵国去了。秦国若是有意要璧，先割15座城池，赵国一定把璧送来。"秦王大发雷霆，下令将蔺相如烹杀。蔺相如面不改色。秦国谋臣说："现在杀蔺相如，璧仍旧得不到，反而损害了秦赵两国的关系，倒不如趁这个机会好好招待他，以显大王的仁厚。"秦王见蔺相如大义凛然的样子，不知如何是好，最后只好听取臣下的意见，送蔺相如回国。

渑池之会

秦王由于没有得到和氏璧，便派兵来攻打赵国。公元前282年，秦国大将白起攻取了赵国的蔺（今山西离石县西）、祁（今山西祁县）两地。公元前281年，秦国又派兵攻赵，尽管赵国抵抗强烈，但秦军小有胜利，秦国在战争中明显处于优势。

双方在相持阶段，秦王为了腾出力量去攻打楚国，准备向赵国讲和，秦国便派使臣到赵国约会赵惠文王在西河外的渑池约会见面，互相修好。赵王害怕推辞不去。但大将军廉颇和已经升为上大夫的蔺相如都认为赵王还是去为好。蔺相如便说："臣愿与大王一同前往，保证您安然无恙。"赵王非常信任蔺相如，经他这么一劝，也就勉强答应了。临行前，蔺相如又与廉颇商议，廉颇留在国内辅助太子守国，为了保障赵王的安全，由相国平原君调集数万精兵，在边境接应。并让大将李牧带领5000士兵护送。一切都准备就绪之后，赵王和蔺相如在指定的日期到达渑池。

　　渑池之会上，秦王有意污辱赵王，他在酒席宴上对赵王说："我听说你喜欢弹瑟，我这里有瑟，请你弹一支曲子给我听听！"赵王不敢推辞，只好弹了一曲。秦王立即叫身边的御史把这件事情记录在竹简上。这是对赵国的莫大污辱。这样一来，将会使赵王无颜面对诸侯。蔺相如急中生智地走上前对秦王说："赵王听说秦王擅长奏秦国的乐器，我献上一个盆缶，请你敲敲盆缶给大家快活快活。"秦王怒气冲冲地说："你怎么敢如此要求我？"但蔺相如不管这个，端起盆缶走过去将它献给秦王，怒气冲冲地说："现在我离大王只有五步之遥，大王如果不答应我的要求，我将与大王同归于尽。"秦昭襄王只好接过缶，拿起一根小棒，胡乱地敲了几下。蔺相如立即招呼赵国的史官，让他写上："某年某月某日，赵王和秦王在渑池相会；秦王给赵王击缶。"蔺相如不畏强秦，在关键时刻以大智大勇的表现维护了国家的尊严，为国家立下了大功。赵王回国后就拜他为上卿，相当于宰相。

将相和

　　蔺相如当了上卿后，身经百战、功勋卓著的老将廉颇不甘位居相如之下，于是蔺相如和廉颇二人便产生了严重矛盾。廉颇逢人便说："我攻城野战、出生入死，为赵国立下了汗马功劳。蔺相如是一个出身卑贱的人，就靠着一张嘴会说话，居然也做了上卿，位居我之上，实在叫我难服！"廉颇还公开地说："哪天我见了他一定要当面侮辱他一次！"

　　蔺相如听说了廉颇的话后，每逢上朝的时候，蔺相如就以有病相推托，请假不去，为的是避免和廉颇发生冲突。两人就因此再也没有机会见面。有一次，蔺相如老远就看见廉颇坐车过来了，就吩咐车夫调转车头，避到小巷子里去。等到廉颇的车马过去了，他才叫车夫重回原道，继续赶路。蔺相如手下人对他的举动非常不屑,直言对蔺相如说:"您在廉将军面前矮人三分,让我们这些平庸之辈也感到羞耻!"蔺相如问:"廉将军和秦王比,哪个更可怕?"众门客齐说:"秦王自然更加可怕。"蔺相如说:"我不怕秦王,怎么会怕廉老将军呢?如果我和廉将军两个人冲突起来,两败俱伤,对赵国没有好处;秦国就会趁机攻打赵国,那时国家可就危险了。我之所以这么做,为的是赵国的安危。秦国不敢侵犯我们赵国,就是因为赵国有廉将军和我的缘故。我对廉将军忍辱让步,就是私人的仇怨放在一边,为的是顾全国家的安全。"听了这番话,他的手下人更加敬佩他了。

蔺相如说的这番话,廉颇不久就听说了。他异常感动和羞愧,就主动赤背负了荆条,到蔺相如的府邸去请罪。他跪在蔺相如面前说:"我廉颇是个心胸狭窄的粗鲁之人,没想到您竟宽容我到这种地步啊!"蔺相如连忙扶起廉颇,说:"将军的体谅令我感激万分,您又何必如此多礼呢。"于是廉颇、蔺相如又重归于好,成了生死之交。他们的交情被后人称为"刎颈之交",廉颇上门求和的事情被称为"负荆请罪"。

赵国文有蔺相如,武有廉颇,与秦整整抗衡了许多年。

李斯

李斯(?~前208),字通古,楚国上蔡人。战国末期,诸侯争霸。在那个兵戈不息的历史舞台上,李斯凭借政治家的博大胸怀和不凡韬略、计谋,协助秦王嬴政横扫六合,完成了统一中国的伟大事业,继而又辅助秦始皇推行变革,统一文字、统一货币、统一法制、统一度量衡,干出了一番轰轰烈烈的事业。秦始皇死后,秦二世胡亥当政,赵高专权。由于赵高的倒行逆施,李斯成了可悲的牺牲品,被腰斩于咸阳。

布衣之子 荀子门徒

李斯祖辈均为布衣百姓,李斯年少时异常聪明,他又博览群书,对治国平天下有独到的见解。因为生逢乱世,家境贫寒,其才能得不到别人的赏识。

苦于不得志的李斯在穷困潦倒之际,想起了那个在困境中发愤图强,最终身佩六国相印的苏秦。他暗中思量：苏秦凭三寸不烂之舌游说六国，成就了一番伟业，我为何不能试一试呢？想到此，他鼓起勇气闯进了上蔡郡衙的大门。

由于李斯博闻强识，心存翰墨，受到了郡守衙内的赏识，提拔他为管理文书的小吏。这使他实现了由"民"到"吏"的第一个愿望。

在当小吏期间，有一次他在粮仓内看到几只肥硕的老鼠，悠闲自在地尽情享受"美味"，他又在厕所中看到几只瘦小的老鼠，惊惶不安，不禁心生慨叹："厕中鼠吃的是池中秽物，每遇人至惊慌逃窜，而仓中鼠却能够任意挑选仓中谷粟，体肥毛光，悠闲自在。"想到此，一个念头从李斯的脑海当中浮现了出来：我为何不想法改变自己的处境呢？

为了摆脱这种任人宰割的环境，李斯果断地走出了上蔡，拜大儒荀子为师。在荀子门下他与韩非等人成了同学。李斯在荀子门下学习的内容非常广泛，他最感兴趣的是荀子所讲述的"天下为一"的"地位之术"。李斯学成之后，他估计楚王不能成就大事，不值得为楚国效力，而其他东方诸侯各国国势衰弱，没有一个国家可以让他去建功立业的，于是他拜别了荀子的婉言相留，只身到秦国去发展。

投奔秦国 跻身吕门

李斯只身来到秦国，当时秦国的形势是：秦庄襄王驾崩，新主即位，吕不韦独揽朝政大权。李斯看到吕不韦大权在握，于是便投奔到了吕不韦门下。吕不韦听说他是大儒荀子的弟子，于是便与他深谈，知道李斯才华非凡，属奇货可居之人，就收了李斯为门客。李斯参与了《吕氏春秋》这部大型著作的修改与审订。《吕氏春秋》完成的庆功宴会上，李斯向吕不韦表忠心说："我只愿借助相国的春风，下一场润泽秦国大地的好雨。"吕不韦听后对李斯非常赞赏。

吕不韦向秦王推荐李斯，秦王让李斯当了郎官，专门守护宫门、侍卫秦王。

邀功秦王 谏逐客书

当上了郎官的李斯终于取得了与秦王接近的机会，这是他人生的第二个转折点，机会千载难逢。秦王政与李斯言谈非常契合，李斯抓住时机，给秦王政写了一道统一天下、吞并六国的奏疏，并亲自将奏疏呈送给了秦王政。秦王政看后非常欣赏李斯的才华，认为与自己想的一样。于是便任命李斯为长史，让他参与朝政决策。

不久，吕不韦想要篡权夺位的面目日益暴露。李斯敏锐地感觉到秦王政与吕不韦之间，可能会有一场殊死的权力之争。李斯权衡了利弊得失之后，决定疏远吕不韦，向秦王政靠近。一次他向秦王政献计说："臣私下以为，可以暗中让人持黄金去结交六国的权贵，收买各国的权要，使他们为秦国服务。"秦王政认为此计甚高，便派人依计而行，取得了很好的效果。李斯因此渐渐获得了秦王政的赏识，秦王政拜李斯为客卿，客卿的位置仅在宰相之下。

吕不韦阴谋夺权的野心暴露出来之后，李斯坚定地站在秦王政这一边，终于将吕不韦等人斗败。吕不韦死后，颇有心机的李斯并没有参加吕不韦的丧事。事后证明这是明智之举。因为秦王政宣布，凡参加吕不韦丧事的吕不韦门客，都要被逐出咸阳。李斯侥幸躲过了这一劫难。但不久又风声乍起，秦国宗室掀起了一场排外运动，认为客卿是变乱之根源，为此秦王政下了"逐客令"，驱逐来自五湖四海的客卿。李斯不向命运低头，上书秦王政，列举客卿的功绩，这便是著名的《谏逐客书》。秦王政采纳了李斯的意见，取消了"逐客令"，将李斯官复原职。李斯的治国思想终于获得了秦王政的认同。

臣事秦王 统一六国

秦王政铲除了吕不韦等敌对势力之后，便依据李斯的计谋，加快了统一六国的进程。为了统一六国，他受《谏逐客书》的启迪，拓展了用人思路，下令不受地域限制，广招文武良才。魏国的贤士缭就是趁此机会从魏国投奔到秦国的。

李斯向秦王政分析了赵国良将多但矛盾重重、难合力用兵的现状，又介绍了赵与燕两国的互相长期杀伐、互相戒备的情形，请求秦王首先攻打赵国。

公元前236年，秦王嬴政采纳了李斯的建议，先用计挑起赵、燕两国的大战，后以救燕为名向赵国发起进攻，分别占领了赵国的河间六城。公元前234年，秦王嬴政派桓齮攻取了赵国的平阳、武城。经过几年的鏖战，赵国的兵力损失非常严重。公元前230年，秦派内史腾带兵攻打最弱小的韩国，俘虏了韩王安，韩国最先灭亡。灭韩的这一年，赵国发生连年荒旱。公元前229年，秦国再一次大举进攻赵国，赵王迁被俘。赵公子嘉带了宗族几百人逃到赵的代郡（今河北蔚县），自立为代王。在赵王被俘的这一年，秦兵已到达燕的西边，兵临易水，将要向燕进攻。燕国危亡，燕太子丹派荆轲去秦国行刺秦王，结果失败。公元前227年，秦兵攻破了燕、代两国的联军。第二年，燕太子丹被燕王杀死，燕国从此灭亡。公元前224年至公元前222年，秦派大军三次进攻楚国。楚君终因寡不敌众，最终投降，楚国灭亡。

就在灭楚的这一年，秦王派兵俘虏了代王嘉，赵国灭亡。公元前221年，秦兵挥师南下，灭掉了六国中的最后一国——齐国。

在完成统一六国的10年征战中，李斯计谋出众，他为秦始皇出谋划策，立下了赫赫功劳。一统天下之后，在一次庆功宴会上，秦王政公开宣布封李斯为廷尉。

登坛拜相 力主变革

秦国统一中国后，李斯和朝中元老们在行政体制的管理上产生了重大分歧。有人力主分封制，李斯则强力反驳，痛斥其弊端，认为这是导致江山四分五裂的积弊。李斯力主巩固和完善郡县制。李斯的主张最终得到了秦王政的肯定，于是秦始皇决定废除分封制，建立郡县制，在天下设了三十六郡。不久，李斯被任命为左丞相。至此，李斯终于登上了一人之下，万人之上的相位，登上了一生权力的巅峰。

李斯与秦始皇之间呈现出了一种亲密的合作关系。二人携手合作，秦始皇为了笼络李斯，让李斯的儿子们分别娶了秦始皇的公主们为妻，李斯的女儿们也都嫁给了秦始皇的各位公子。三川郡守李由请假回到国都咸阳，文武大臣都到李斯家里祝贺。李斯家里宾客如云。李斯不无感慨地说："我只不过是楚国上蔡的一个平民，如今登上了这样的高位，可以说富贵到了极点，物极必反，我不知道以后会是什么结局啊！"李斯因为受到秦始皇的宠幸，治理国家也更加卖力，更加潜心辅佐秦始皇。在政治上充分发挥出了自己的才能。

为了促进战后的大政统一、社会的安定和农业的发展，李斯还向秦王政建议要实现五个统一：一是统一天下的文字；二是统一法制；三是统一货币；四是统一度量衡；五是统一朝廷各级官员的服饰。秦始皇完全接受了这些建议。在李斯的策划之下，大秦王朝结束了混乱的状况，天下安定太平。

焚书坑儒 累于名禄

天下大定之后，李斯又建议秦始皇巡游全国，扬威于天下。秦始皇巡游途中，李斯始终陪伴在君主左右，为其出谋划策。在齐鲁故地，李斯还手书刻石碑文，为秦始皇献上颂歌。这些刻石的颂歌文字都可以称为书法精品。

伴随秦始皇巡幸归来之后，李斯被受命为寿陵总管。此时的李斯权高势重，他将好友"累于功名，将至祸患"的忠告当做耳旁风。为博取秦始皇的欢心，他广征暴敛，发动劳工建造骊山陵墓，骊山周围白骨成堆；为了掩盖自己当年的卑微身份，他派人杀死了当年的同窗好友，并用毒酒毒死了与他在政治场上的竞争对手韩非。多年的官场生涯，使他变得老谋深算，心狠手辣！不久，他又将矛头指向了与之政见不和的丞相王绾和博士官淳于越。

秦始皇四十三年，在一次大型的宴会上，博士周青臣等人称颂秦始皇的功绩，齐人淳于越连忙进谏说："如今陛下虽拥有海内，而子弟无一官半职，如果突然有变乱之祸患，您没有辅助的藩臣，如何相救呢？"秦始皇把这个意见交给李斯去裁决，李斯认为淳于越的建议十分荒谬，于是暗中与秦始皇商量，凡是天下的《诗》《书》，以及诸子百家的书籍，一律销毁，秦始皇采纳了李斯的建议。不但销毁了许多的书籍，而且坑杀了不少儒生。

这就是中国历史上令人震惊的"焚书坑儒"事件。"焚书坑儒"从客观来说是为秦王朝的统一起到了一定作用，但李斯焚烧古籍、坑杀儒生的不道之行，遭到了后世的唾弃。李斯这种假公名以行私，消灭异己的做法为自己日后走向灭亡留下了很大的隐患。

伪造遗诏 终遭腰斩

秦始皇死后，李斯听从赵高的摆布，矫诏杀死公子扶苏，立二世胡亥为帝。秦二世当上了皇帝之后，荒淫无耻，生活糜烂，凡事都听从赵高的决断，李斯在二世心目中已经没有任何地位。没过多长时间便爆发了陈胜、吴广领导的大泽乡起义。秦王朝摇摇欲坠。由于赵高的倒行逆施，李斯成了可怜的牺牲品——赵高诬陷李斯的儿子三川郡太守谋反，李斯因此受到牵连，被腰斩于市，其三族被诛灭。

萧何

萧何（前257～前193），西汉初期政治家，汉初三杰之一。在刘邦战胜项羽，建立汉朝过程中起了重要作用。高帝十一年（前196）又协助高祖消灭韩信、英布等异姓诸侯王。高祖死后，他辅佐惠帝。惠帝二年（前193）卒，谥号"文终侯"。

小沛起兵 追随刘邦

萧何出生于秦泗水郡丰邑县（今江苏丰县）东护城河西岸。年轻时去小沛任功曹，这是负责县里某项事务的主要吏员。他平时勤奋好学，思想机敏，对历代律令颇有研究。他性格随和，很善于识人，结交了许多好朋友。其中秦泗水亭长刘邦，捕役樊哙，书吏曹参，刽子手夏侯婴，还有吹鼓手周勃（名将周亚夫的父亲），由于他们年龄相近，性格相同，不久便成了莫逆之交。尤其是对刘邦，感情更不一般。他见刘邦器宇轩昂，风骨不凡，谈吐也有别于众人，是大贵之相，所以对他格外佩服，并曾多次利用职权暗中袒护他。

秦二世元年（前209）七月，陈胜、吴广在大泽乡揭竿而起，举起了反秦的大旗，各地豪杰云集响应，天下大乱。此时的萧何仍在小沛当功曹，他和曹参、樊哙、夏侯婴、周勃等人时常聚会，密切注视着局势的发展，并暗中与在芒砀山中的刘邦保持着联系。

　　在陈胜、吴广起义的威慑下，许多地方官吏也感到秦的暴政不能长久，于是也想反叛朝廷，归附义军，保全自己。萧何所在的小沛与蕲州相近，小沛县令眼看烽火遍地，深怕丢了脑袋。于是找来萧何、曹参等人，秘商起兵之事。萧何建议道："你是秦朝官吏，小沛百姓恐难听你的话，欲图大事，非把逃亡的豪杰请回来不可。如此一来，小沛自可安如泰山了。"县令听罢，觉得有理。萧何就保举刘邦，请县令赦罪录用。县令最初觉得有些为难，其后转念一想，天下大乱，刘邦虽然有罪在身，只要他肯诚心助我，倒是合适人选。于是，县令便派刘邦的妻妹吕媭之夫樊哙去芒砀山找回刘邦，共同起义。刘邦欣然应允，立即率众奔小沛而来。不料，县令见刘邦人多势众，担心自己操纵不了这支队伍，又反悔了，将刘邦拒之城外，并将萧何等人抓了起来，押入监内。刘邦兵临城下，见城门紧闭，便知城中有变。于是，下令将城池团团围住，准备攻城。正在这时，萧何、曹参越城逃到刘邦处，刘邦大喜。三人商议一番后，刘邦在帛上写了一封告小沛父老书，用箭射入城内。书中说："天下百姓共同忍受秦苛政之苦已经很久了，如今父老兄弟们却在为县令守城。天下诸侯并起，马上就要攻破小沛城池了。如果沛城的百姓现在起来诛杀县令，响应诸侯，则家室能得以保全。否则，父子都将白白地惨遭杀戮。"小沛百姓看了刘邦的信，就聚集起来攻入县衙，杀了县令，打开城门迎接刘邦。

　　大家推举刘邦为县令，背秦自立。刘邦却推辞道："现今天下纷扰，诸侯并起，沛令一席自应选择全县最有声望之人。我并非自爱，实因德薄能鲜，误己事小，倘若误了全城父老，那就百死莫赎，还是快快另选贤能，以图大事吧。"众人见刘邦出言谦逊，更加悦服。于是众人坚请刘邦担任沛令。刘邦仍是再三推让不就，萧何苦劝也无济于事。众人无奈，便选出9位全县最有声望的人，连同刘邦共计10人，把10个人的姓名写在纸上，敬告天地，拈出何人，何人即为小沛县令，不得推辞。萧何见状，忽生一计，忙对大家说："诸位这个办法很好，取决于天最公道。这点微劳，须让不才来尽。"众人听了十分赞同，都说："萧功曹在县办事多年，做事精细，这件事情理当请萧先生处理"一切准备就绪后，萧何又转身对众人说："刘邦最为乡亲信仰，拈阄之事，我看就请他来担任，以昭郑重。"众人齐声叫好。刘邦只得对天行礼之后，拈出一阄，当众展开一看，上面恰好写着自己的名字，看一眼萧何，又要推辞。萧何见状，忙走上前去，一把将盘中剩余的纸阄抓起，放入口中嚼碎，然后高声说道；"天意所归，还有何说。"众人听了，欢声雷动。刘邦无奈，只好应诺。于是，他们便在县衙大堂举行了仪式，誓师起事，并按楚国旧制，称刘邦为"沛公"。事后，刘邦才知道原来萧何所写的10个纸阄全是刘邦的名字，深知萧何真心拥戴自己，内心十分感激。从此，萧何紧随刘邦南征北战立下了盖世的功勋。

萧何月下追韩信

韩信原是项羽的部下，他有勇有谋，是天下无双的军事家。但在项羽手下却得不到重用，于是就投到刘邦麾下。起初，刘邦让他当了一个管理粮草的小官，韩信大失所望。一次偶然的机会，萧何结识了韩信。在接触过程中，萧丞相发现韩信有胆有识，是个不可多得的人才，于是多次向刘邦推荐，但并没有引起刘邦的重视。

转眼间两个多月过去了。汉军将士不愿在汉中久驻，整天思念家乡，念叨东归，开小差的人也越来越多。一天，韩信见久在汉营仍不受重用，一气之下离开了汉营。萧何得知后，马上放下还没处理完的紧急公务，亲自策马追赶韩信，连个招呼也来不及向刘邦打。刘邦正为军中开小差的人日益增多而焦急，忽然有军吏来报告说："萧丞相也跑了。"刘邦一听大惊失色，说："这还了得！我正要与他商议军中大事，怎么他也逃走了！"当下派人去找萧何。一连两天也不见萧何的影子，急得刘邦坐立不安。再说萧何为追韩信，不辞辛苦，一路问，一路追，直到天黑了，还没追着韩信。正想下马休息一下，忽然远远望见有个人牵着马在河边徘徊。萧何顿时抖擞精神，快马加鞭，大声喊着："韩将军！韩将军！"他策马赶到河边，气喘吁吁地下了马，气呼呼地说："韩将军，咱们总算一见如故，够得上是朋友。你怎么不说一声，就这么走了？"韩信仍不吭声。萧何又说了一大堆劝他回去的话。这时候，滕公夏侯婴也策马赶到；两个人苦苦地相求非要韩信回去不可。他们说："要是大王再不听我们的劝告，那我们三个人一起走，好不好？"韩信只好跟着他们回去。到了第三天，三人才回到南郑。

萧何去见刘邦，刘邦见到萧何又惊又怒，说道："你为什么也想逃跑？"萧何说："我不敢逃跑，我是去追逃跑的人去了。"刘邦问他："你追的是谁？"萧何答道："韩信。"刘邦听后，很不以为然地说："逃走的将军有十多个了，也没听说你去追过谁，怎么偏要去追韩信？这明明是在骗我！"萧何说："那些将军都容易得到，可韩信却是当今数一数二的杰出人才，跑了就再也没有第二个了。大王如果只想当个汉中王，没有韩信也就算了；如果要准备打天下，那就非用韩信不可。您到底准备怎么样？"刘邦说："我当然想打出去，怎么能一直困在这里呢？"萧何说："大王若决定出汉中，能重用韩信，他自然会留下；如果不重用他，他终究会离开的。""那么，"刘邦下决心说，"就依着丞相，让他做个将军，怎么样？"萧何说："叫他做将军，他还得走。""那拜他为大将军怎么样？"萧何说："很好。"刘邦当时就让萧何去召韩信来，马上就拜他为大将军。萧何直率地说："大王平时太不注重礼仪了。拜大将军是件大事，不是小孩子闹着玩儿似的叫他来就来。大王真要拜韩信为大将军，先得命人造起一座拜将台，选个好日子，大王还得沐浴更衣，亲自戒斋，然后隆重地举行拜将仪式。这样，才能让全体将士都能听从大将军的指挥，就像听从大王的指挥一样。"刘邦说："好吧，我都听你的，请你去办吧。"几天以后，萧何命人已筑好了拜将坛。汉王刘邦择了吉日，带领文武百官，来至坛前，缓步拾级而上。只见坛前悬着大旗，迎风招展，四面列着戈矛，肃静无哗。一轮红日光照将坛，真是旌旗耀武，甲杖生威。丞相萧何已将符印斧钺，呈与汉王刘邦。坛下一班金盔铁甲的将官，都翘首伫望，不知这颗斗大的金印，究竟属于何人。只见萧何代宣王命，高声喊道："谨请大将军登坛行礼！"当下陡然闪出一人，从容步上将坛。大家定睛一看，原来是韩信，顿时一片哗然。这也难怪，一个军中不出名的小吏，如今一下子拜为大将军，怎不令众人议论纷纷。

众人见汉王刘邦和丞相萧何却是那么毕恭毕敬，越发感到莫名其妙。后来，韩信果然没有令刘邦失望，没有辜负萧何的良苦用心。在楚汉战争中，韩信率汉军渡陈仓，战荥阳，破魏平赵，收燕伐齐，连战连胜，在垓下设十面埋伏，一举将项羽全军歼灭，为刘邦平定了天下。

鞠躬尽瘁 死而后已

公元前202年二月，刘邦做了皇帝以后，为了巩固新兴的西汉政权，便开始了逐一地翦灭异姓王的斗争。他见韩信功高望重，且握有兵权，便首先从他身上下手。

公元前197年，阳夏侯陈豨举兵谋反，自立为王。刘邦亲率大军前去征讨。当时韩信推说自己有病，没有随同前往。谁知，韩信手下的人上书告发，说陈豨造反是韩信的主意，韩信与陈豨秘密约定，里应外合，由韩信做内应，准备在一天夜里，假传圣旨，释放囚在牢里的所有奴隶和犯人，干掉吕后和皇太子刘盈，然后共取天下。吕后一听事关重大，便急忙秘密召见丞相萧何，商量对策。二人商定对策后，由萧何去执行。

萧何回到家中，心中百感交集，依计派出一名心腹，打扮成军人模样，偷偷绕到北边转了一圈，回来故意称是皇上派来报信的，说陈豨已全军覆没，皇上就要凯旋回朝。众臣听到捷报，都来宫中贺喜，只有韩信称病不出。第二天，萧何就派人请韩信到相府赴宴，谁知韩信自称有病，婉言谢绝了。于是，萧何便亲自来到韩信府上，以探病为由，直接进入韩信的内室。韩信见萧何已经来了，再也无法推托，只得与萧何寒暄一番。萧何说："我和你向来是好朋友，请你去赴宴，是有话对你说。"韩信忙问有什么话。萧何说："这几天皇上从赵地发来捷报，说征讨大军大获全胜，陈豨已经逃至匈奴。你称有病不上朝，已经引起人们的怀疑了。所以我来劝你同我一起进宫，向吕后道贺，消除人们的怀疑。"萧何说的很有道理，不由韩信不信。何况萧何是原来保荐他的人，更是深信不疑，便跟着萧何来到长乐殿向吕后道贺。岂不知宫里早已埋伏着刀斧手，吕后一见韩信中计。喝令刀斧手将韩信绑翻在地。韩信见事不妙，急忙呼叫："萧丞相快来救我！"哪知萧何早已避开，哪里还呼喊得应？吕后坐在长乐殿上，尽数了韩信如何与陈豨暗约谋反，如何欲害她和太子等罪，也不容韩信申辩，便令刀斧手把他拖到殿旁钟室中杀死。随后，吕后又下令将韩信的父、母、妻三族一股脑捕杀净尽。

萧何辅助吕后，诛杀韩信，为刘邦除去了一块心病。刘邦对萧何更加恩宠，加封五千户。

一次，萧何看到长安一带耕地狭小，百姓缺衣少食，可是天子的上林苑中却有许多闲着的荒地用来放养禽兽。萧何觉得太浪费了，便上奏请皇上把这些荒地分给百姓去耕种，收了庄稼留下禾杆照样可以供养禽兽。汉帝刘邦当时正在病中，见此奏章，又恨萧何取悦于民，一怒之下，下令将萧何逮捕入狱。满朝文武以为萧何必犯了大逆不道之罪，怕连累自己，都不敢替他申辩。幸亏有一个名叫王卫尉的人，平日素敬萧何的为人，在侍卫刘邦时顺便向刘邦探问："萧相国犯了什么大罪？"刘邦余怒未消，道："休要提他？提起他朕就生气。当年李斯为秦相时，做了好事都归君主，出了差错就揽在自己身上。现在萧何受了商人的许多贿赂，竟要求我开放上林苑给百姓耕种，这分明是想取悦于民，自己得个好名声吗？不知道把我看成是什么样的君主了！"王卫尉闻言奏道："陛下未免错疑丞相了。臣闻百姓足，君孰与不足，相国为民兴利，化无益为有益，正是丞相调和鼎鼐应做的职务。民间百姓感激，断不会感激丞相一人，因为有这样的良相，必是贤明之君主选用的。还有一层，丞相如有野心，当年陛下在外征战数年，他那时候不费吹灰之力便可坐据关中，何至反以区区御苑，示好百姓，而去收买人心呢？"王卫尉见汉帝认真在听，顿了一下，继续说道："前秦灭亡，正因君臣猜忌，才给了陛下机会。陛下若疑忌萧丞相，不但浅视了萧何，也看轻了陛下自己呀。"刘邦听了，心里虽然不大高兴，但想想王卫尉的话毕竟有些道理，于是挥挥手，当天就命人放了萧何。

萧何当时已是60多岁的老人了，见刘邦开恩释放了他，更是诚惶诚恐，谨慎恭敬。虽然因为全身带上刑具，害得他手足麻木，连路都快走不动了，而且蓬头赤足，污秽不堪，但又不敢回府沐浴再朝拜天子，只得这样上殿谢恩。刘邦见萧何如此狼狈，也觉得有些过意不去，便安抚萧何道："相国不必多礼！这次的事，原是相国为民请愿，我不允许。我不过是夏桀、商纣那样的无道天子罢了，而你却是个贤德的丞相。我之所以关押相国，就是要让百姓知道你的贤能和我的过失啊！"刘邦的这段话虽然言不由衷，但对萧何的廉政为民，终于还是默认了。汉十二年（前195）四月二十五日，汉高祖刘邦病逝于长乐宫。同年，太子刘盈即位，是为惠帝。萧何继任丞相。不过这时，萧何年事已高。这期间，萧何在"约法三章"的基础上，参照秦法，摘取其中合乎当时社会情况的内容，制定了律法共九章。这是汉朝制作律令的开端。萧何制定的汉律九章，删除了秦法的苛繁、严酷，使法令更为明简。公元前193年，年迈的相国萧何，由于常年为汉室操劳，终于卧病不起。病危之际，汉惠帝亲自前往探望，并趁机询问："丞相百年之后，谁可代之？"接着惠帝又问："曹参如何？"萧何听了，竟挣扎起病体，向惠帝叩头，道："陛下能得到曹参为相，我萧何即使死了，也没有什么遗恨了！"

萧何死后，曹参继任丞相，一切公务悉照旧章，照例而行，清静治民，乐在其中。长此以往，一些朝臣便在惠帝面前参奏他因循苟且，惠帝也疑心他倚老卖老，便召见曹参问其缘故。曹参反问惠帝道："陛下自思圣叨英武，能及先帝吗？"惠帝被问得涨红了脸，答道："朕年未成冠，且无阅历，如何及得先帝！"曹参又问："陛下视臣及得萧丞相吗？""朕看来似乎也不能及。"惠帝答道。"陛下说的正是！伏思先帝以布衣起家，南

征北讨，方有天下。若非大智慧，大勇毅，焉能至此。萧丞相明订法令，中具规模，行之已久，万民称颂。今陛下用臣为相，只要能够奉公守法，遵照旧章，能继旧业，已属幸事。若自作聪明，推翻成法，必致上下紊乱，恐欲再求今日之太平，已无可得矣！"惠帝恍然大悟。就这样，曹参位相3年，极力主张清静无为不扰民，遵照萧何制定好的法规治理国家，使西汉政治稳定、经济发展，人民生活日渐提高。

诸葛亮

诸葛亮（181~234），字孔明，琅琊阳都（今山东临沂市沂南县）人，蜀汉丞相，三国时期杰出的政治家、战略家、发明家、军事家。在世时被封为武乡侯，谥曰忠武侯。

隐居隆中

诸葛亮于汉灵帝光和四年（181）出生于琅邪郡阳都县的一个官吏之家，诸葛氏是琅邪的汉族，先祖诸葛丰曾在西汉元帝时做过司隶校尉，诸葛亮父亲诸葛圭东汉末年做过泰山郡丞；诸葛亮3岁母亲章氏病逝，8岁又丧父，与弟弟诸葛均一起跟随由袁术任命为豫章太守的叔父诸葛玄到豫章赴任，东汉朝廷派朱皓取代了诸葛玄职务，诸葛玄就去投奔荆州牧刘表，后诸葛玄去世。诸葛亮只好与弟弟一起来到荆州南阳郡邓县的隆中，在此盖了几间草屋，种了几亩土地，过着隐居的生活，此时诸葛亮年仅十七岁。

诸葛亮自幼聪慧，并且好学。隐居隆中后，虽然生活清贫，但是他边耕种，边求学。在隆中，诸葛亮用大量时间博览群书，刻苦攻读诸子百家，即使是逸闻野史，他都不放过。诸葛亮读书与别人不一样，他不拘泥于一章一句，而是观其大略。经过多年的潜心钻研，诸葛亮不但上知天文下知地理，而且通晓兵法战术。虽然是隐居，但他十分关注天下大事，以此为己任，常自比春秋时期的齐国名相管仲和战国时期燕国名将乐毅。

诸葛亮在隆中隐居时，结识了一批饱学有志的青年人物，如博陵崔州平，颍川徐庶、石韬，汝南孟建，襄阳庞统等。他们经常聚会，纵论天下大事，畅

谈个人抱负。有一次，诸葛亮对石韬、徐庶、孟建三人说："你们三人去做官，将来可至刺史、太守。"三个人问诸葛亮自己会怎样，诸葛亮则笑而不答，可见他的雄心壮志更在三位朋友之上。另外，诸葛亮还结交了两位长者，即襄阳庞德公和颖川司马徽，此二人对诸葛亮的才华十分了解。有一次庞德公向司马徽说："诸葛亮为卧龙，庞统为凤雏。"司马徽对此比喻深表赞同。由此亦可见诸葛亮的声名之一斑。

三顾茅庐定计天下

公元201年，在曹操逼迫下，刘备逃往荆州投靠刘表。刘备自镇压黄巾起义以来，曾先后依附多人，深感自己力量单薄，迫切需要人才。在公元207年，刘备加快了寻访人才的步伐。

他拜访了当时名气很大的颖川司马徽，请求司马徽推荐人才，于是司马徽就向刘备推荐说："我们这里的俊杰就是卧龙凤雏。"刘又问何为卧龙凤雏，司马徽就告诉刘备即诸葛亮和庞统也。没多久，名士徐庶到新野帮助刘备策划军事，也向刘备推荐诸葛亮，他说："我朋友诸葛亮，人称卧龙，是罕见的人才，将军不想见他吗？"于是刘备表示希望见见诸葛亮，并希望徐庶带诸葛亮来。徐庶则说："像诸葛亮这样的人才，只能您去见他，不能随便召他来见您！"

本来，刘备认为徐庶已是个难得的人才，想不到徐庶如此推崇诸葛亮，方知诸葛亮更是人才。于是在公元207年冬天，刘备冒着严寒，三次从新野到隆中拜访诸葛亮，前两次都没有见到，直到第三次，才会见了诸葛亮。

初次相见，刘备十分诚恳地向诸葛亮求教安定天下的大计，诸葛亮便答以著名的《隆中对》。

在《隆中对》中，诸葛亮首先明确了天下的五大势力集团，即曹操、孙权、刘表、刘璋、张鲁五个力量集团。然后又对五支力量进行了具体分析，认为：目前曹操不仅兵力逾百万而且挟天子以令诸侯，是最大的军阀，不能与曹操争锋；孙权占有江东，已经三代，而且江东地势险要，可以联合孙权作为外援；虽然刘表占据荆州，但他懦弱无能，是夺取荆州的良机；益州地势险要、土地肥沃，但是其统治者刘璋昏庸。因此，诸葛亮建议刘备夺取荆州后即取益州，然后与西南少数民族修好，再和孙权结成联盟，内修明政，等待时机北伐，兴复汉室。

刘备听了诸葛亮透彻的分析后，极为敬佩，于是极力恳请诸葛亮出山，帮助他完成大业。诸葛亮见刘备礼贤下士，心胸开阔，抱负远大，正是自己想要辅佐的人，于是就答应刘备的请求。从此以后，诸葛亮成了刘备最得力的助手。

赤壁之战天下三分

曹操统一北方后，雄心勃勃，企图一举南下，统一全国。于是在公元208年7月，统率十万大军南征刘表。8月，刘表病死，次子刘琮率众向曹操投降。如此一来，刘备在襄阳一带无法立足，只好奔向江陵。

江陵地处要冲，而且刘表在江陵屯有大量物资，曹操恐怕刘备先占江陵，于是率精骑五千，昼夜行军三百余里，兼程急迫。当时，襄樊的百姓害怕被曹军屠杀，跟随刘备的很多。由于百姓和物资多，所以队伍行动缓慢。于是刘备只好派关羽先率领水军一万人，从水路赶往江陵。刘备等依旧行进，结果在当阳的长坂（今湖北当阳县东北）被曹操骑兵追上，刘备几乎全军覆没。仅带领诸葛亮、张飞、赵云等数十人逃脱，在江津与关羽水军相遇，渡过汉水，又和刘表长子刘琦的军队会合，退至樊口（今湖北鄂城县西北）。刘备所部共两万多人，实力大为削弱。

曹操占领江陵后，决定乘胜顺江东下，一举消灭江东。他统率大军20万，号称80万，自江陵沿江东下，向东吴进攻。

共同的利益使东吴与刘备联系了起来。

当时孙权拥军柴桑（今江西省九江市西南），但是他在降曹还是抗曹问题上犹豫徘徊。诸葛亮于是便以激将法劝说孙权，他说："曹操现在攻破荆州，威震四海，实力强大。将军如果能够抵抗曹操，就应当及早与曹操绝交；如果不能抵抗曹操，为什么不束手向他投降呢？"孙权听后大怒说："我拥有全吴之地，10万甲兵，岂能受制于人？"于是决定联刘抗曹。诸葛亮则进一步分析指出：刘备虽兵败长坂，但是所部仍有两万余众，而曹操劳师远征，十分疲惫。况且北方之人，不习惯水战；而且荆州归附的部队并非心服。只要将军派出几员猛将，必能破曹，如此，则三足鼎立之势成矣。

听了诸葛亮的分析，孙权决定派周瑜、程普、鲁肃率三万水军，会同刘备抗曹。

公元208年，孙刘联军与曹军在赤壁（今湖北嘉鱼东北）形成对峙局面。时曹军士兵水土不服，染上瘟疫。后来联军用火攻，曹军大败。

于是刘备乘胜追击曹操，占有了荆州江南地区，后又征得孙权的同意占领荆州江北地区。

公元214年，刘备进军四川，取得益州。公元219年，又从曹操手中取得汉中。至此，刘备成为了与曹操、孙权鼎足而立的军事集团之一，东汉末年以来军阀割据混战的局面结束，三国鼎立的形势初步形成。

白帝城受命

公元219年，镇守荆州的关羽北伐，并以大兵围攻樊城，造成荆州兵力空虚，孙权乘机命吕蒙偷袭荆州，吕蒙以伏兵擒获了关羽及其子关平，并将他们杀死，荆州全部归属东吴。

公元220年，曹操病死，其子曹丕废掉汉献帝，自称皇帝。公元220年，在诸葛亮等人的建议下，刘备于此年4月在成都即帝位，国号为汉，并以诸葛亮为丞相。

刘备称帝后，决定讨伐孙权，为关羽报仇，准备重新夺回荆州。众臣苦苦劝阻，希望刘备顾全大局，停止伐吴。但是刘备为关羽报仇心切，不听劝阻，结果在猇亭被东吴大将陆逊打败，其手下大将张南、冯习被杀，胡王沙摩柯、杜路、刘宁则投降陆逊。刘备元气大伤。

经过关羽被杀，荆州丢失和此次伐吴失败的打击，刘备的情绪很坏，再加上征战劳顿，就在白帝城一病不起。病危之际，他派人到成都把诸葛亮请来，托付后事。

公元223年农历2月，诸葛亮奉诏来到白帝城，刘备对诸葛亮说："你的才华是曹丕的十倍，一定可以安定国家，成就北伐大业，如果我的儿子刘禅可以辅佐，你就辅佐他；如果他不争气，你可以取而代之。"然后，刘备又告诫刘禅说："你与丞相共事，侍奉丞相应如父亲一样。"诸葛亮见刘备如此信任自己，十分感动，于是流着泪说："臣将竭尽全力辅佐幼主，贡献忠贞之节。"不久，刘备于4月24日去世，享年六十三岁。

同年5月，诸葛亮辅佐刘禅登基，诸葛亮被封为武乡侯，以丞相身份兼任益州牧，全力辅助刘禅。

治理蜀国

诸葛亮治理蜀国，首先是从建立法治开始的。在刘璋统治益州时期，地方豪强肆意妄为，使得国家政令无法实行下去。面对这种情况，诸葛亮厉行法治，赏罚分明，不久就改变了刘璋统治时期政治腐败的局面，使社会秩序恢复正常。

为了恢复国力，进一步安定人民生活，诸葛亮在政治上、经济上都实行发展生产、安定民生的方针政策，使得蜀国的经济力量得到很大增强。为了保护著名的水利工程都江堰，诸葛亮设立了堰官，并派1200名士兵对都江堰进行保护。

诸葛亮对官吏要求严格，他任人唯贤，提拔了一批德才兼备的人来到各级机关中任职。在公元223年，诸葛亮任命蒋琬为东曹掾，费袆、董允为黄门侍郎，王连为屯骑校尉并兼任丞相长史，拜陈震为尚书；并任命当时有声望的名流大儒为各种官职。而对于那些贪污不法分子则毫不留情地进行罢免和惩办，以树立廉洁公正的风气。诸葛亮自己则作出表率，以影响周围的人。诸葛亮生活非常节俭，他曾在给刘禅的奏疏中说过他自己在成都有800棵桑树、15顷田地，这些生产的东西足够其家人的生活之用，他自己的一切费用，都是由官府供给，因此，不需要别的产业。诸葛亮责任感极强，做丞相的时候，不管什么时间，都是亲自批阅公文，十分认真仔细，即使劳累，也不肯轻易休息。他勤恳认真的做法，给蜀国官员树立了榜样。

诸葛亮因为任重事繁，担心有关军国大计的措施不能保证全部正确。因此，他再三鼓励左右及部下随时指正自己的错误，他曾说："要管理好国家，必须广泛听取各方面的意见。"他的部下参事董和，有一次因为对诸葛亮处理事情不满意，先后与诸葛亮争论了10次，诸葛亮不但没有责备董和，反而加以表扬。诸葛亮之所以能成为历史上著名的政治家，与他这种谦逊踏实的品格是密切相关的。

联吴伐魏是诸葛亮的一贯政策，在刘禅继位后，诸葛亮就考虑如何打破吴蜀之间关系的僵局，重新修好，这样才能解除后顾之忧，集中力量平定南中。为此，诸葛亮于公元223年派邓芝出使孙吴。双方经过谈判，孙权断绝了同曹魏的关系，重新和蜀汉结成联盟。此后，吴蜀双方使臣往来不断，蜀汉减轻了后顾之忧。

在民族关系上，诸葛亮虽然是以武力平定南中地区的少数民族的反抗，但是诸葛亮坚持攻心为上，心战为主。公元225年春，在作了充分准备后，诸葛亮兵分三路，向南中展开进攻。出兵不久，南中地区叛乱首领雍闿被部下杀死，随后，孟获成了南彝的首领。于是诸葛亮七擒孟获，7次将他活捉，又7次将他释放，使孟获心悦诚服地归降蜀国。这样，南中各地少数民族统统归附。

平定南中后，蜀汉后顾之忧解除，诸葛亮于是集中力量，准备北伐。

北伐曹魏

北伐曹魏，统一中原，是诸葛亮在《隆中对》里早就提出的目标。公元227年，一切准备就绪，诸葛亮向刘禅上了《出师表》，对后方的政治、军事作了妥善的安排后,率领老将赵云、魏延及年轻将领马谡等,统率20万大军进驻汉中,伺机北伐。

公元228年春,诸葛亮大军向祁山(在今甘肃永县东)进发。魏明帝亲自到长安督战,并派大将张郃抵御蜀军的进攻。诸葛亮命参军马谡扼守要地街亭(今甘肃秦安县),迎击魏军。结果马谡自恃精通兵法,不遵守诸葛亮的部署,私自上山,被张郃打败,曹军主力东下增援,诸葛亮趁机再次北伐,兵出散关(今陕西宝鸡西南),围攻陈仓,魏将郝昭率军死守20多天,蜀军粮草将尽,而魏将曹真又率兵来援,诸葛亮只好无功而返。此后,诸葛亮又进行了几次北伐,但均无功而返。

公元234年春,诸葛亮发动了第五次北伐,也是最后一次北伐。此次北伐,诸葛亮用了三年时间作准备,他设计了流马来运输粮草,并且和孙权约定同时伐魏。诸葛亮率领十万大军,从斜谷出兵,在五丈原(今陕西郿县西南),与司马懿在渭水相对峙。为了进行长期作战,诸葛亮决定分兵屯田,使屯田兵与渭水沿岸居民杂居,一起农耕。

而司马懿采取坚壁拒守的对策,不出战,两军在五丈原相持100多天。诸葛亮不断向司马懿挑战,但是司马懿不为所动。到了这年八月,诸葛亮由于积劳成疾,病逝于五丈原,时年五十四岁。

"出师未捷身先死,常使英雄泪满襟。"刘禅为了表彰诸葛亮生前的品德和功绩,封赐诸葛亮谥号忠武侯,并将他安葬于汉中定军山(今陕西勉县南)。

房玄龄

房玄龄,(578~648),别名房乔,字玄龄(一说名玄龄,字乔松),唐代齐州临淄(今淄博市),是中国唐朝时的开国宰相。

开国功臣

房玄龄从小博览经书,受到良好的教育,少年时代随父亲去京师,当时隋文帝当国,天下宁晏,一片大好太平景象,但弱冠之年的房玄龄已经对世事有精到的分析,私下对父亲讲:"隋帝本无功德,只知诳惑百姓。而且他不为国家长久之计，诸子嫡庶不分，竞相淫侈，最终会互相诛夷倾轧。现在国家康平，但灭亡之日翘足可待。"18岁时，本州举进士，获封羽骑尉。由于父亲常年卧榻重病，房玄龄一直伺奉左右，为人极其孝顺。李世民领兵过渭北，房玄龄谒于军门投靠。两人一见，便如平生旧识，马上任其为记室参军。房玄龄为报李世民知遇之恩，竭尽心力筹谋军政事务。

当年十一月，唐军攻占隋都长安，第二年五月，李渊灭隋，做了皇帝，改元武德，是为唐高祖。武德元年（618）六月，立李建成为皇太子，封李世民为秦王，李元吉为齐王，李世民拜房玄龄为秦王府记室，封临淄侯。李渊在长安建立唐政权后，以关中为基地，进行统一全国的战争。

李渊任命李世民挂帅，向各个地方割据势力和农民起义军进攻。房玄龄随同李世民转战各地，运筹帷幄，取得一个又一个的胜利。武德六年十一月，首先消灭了陇西的割据势力薛仁果；武德二年（620）又打败了割据西北的刘武周。占领山西后，李世民继续挥师东进，进攻盘踞洛阳的王世充。王世充被围，急忙向河北农民起义军窦建德求援。窦建德亲率十多万大军，火速开往洛阳，水陆并进，势不可挡。李世民让李元吉围困洛阳，自己则亲率精兵三千截击窦建德。

汜水一战，唐军大获全胜，窦建德受伤被俘。王世充眼见大势已去，只得投降了唐朝。武德五年（622），李世民又继续镇压了窦建德余部刘黑闼。于是在短短的四五年间，李世民东征西讨，消灭了各种反唐势力，为唐王朝的统一，立下了赫赫战功。房玄龄随军出征，尽心辅助秦王，做出了卓越贡献。

每攻灭一方割据势力，军中诸人都全力搜求珍宝异物，惟独房玄龄四处访寻英杰人物，并把他们荐于秦王李世民。因此府中的谋臣猛将，心中都十分感念房玄龄推荐之恩，尽死力报效，这些人后来都能出死力帮助李世民夺得帝位。李世民说："汉光武得邓禹，门人益亲，我今有龄，犹禹也。"在各地征战中，房玄龄作为秦王府的记室，撰写了不少军书、表奏，他的文章"文约理足"，又快又好，深得高祖李渊的赏识。

玄门当机赢得胜利

在唐王朝的创建过程中，李世民立下了汗马功劳，无论太原起兵、进军长安，还是东征西讨，削平群雄，他都立下赫赫战功。司马光说："高祖所以有天下，皆太宗之功。"李世民才能出众，这也是无可争辩的事实。房玄龄曾说他："箭穿七札，弓贯六钧，加以留情坟典，属竟篇什，笔迈钟、张，词穷贾、马。"他的父亲李渊对李世民的才干也是赏识的。在太原起兵时，曾面许李世民："若事成，则天下皆汝所致，当以汝为太子。"太子李建成虽没有像李世民那样的赫赫战功，但他自起兵太原，镇守潼关，南进长安，东出洛阳，也立过一定的战功。再加上他位居东宫，联合其弟李元吉，其得到帝位的自然条件是相当优越的。

有锐敏政治眼光的房玄龄，对李世民兄弟之间事态的发展看得一清二楚，他心里十分着急，于是私下对长孙无忌说："今嫌隙已成，一旦祸机窃发，岂惟府朝涂地，实乃社稷之忧；莫若劝王行周公之事以安家国－存亡之机，间不容发，正在今日！"长孙无忌也有同样的感受和忧虑，他把房玄龄的话告诉李世民。

李世民深感忧虑，召房玄龄共同议事，房玄龄与杜如晦劝李世民尽快动手，诛杀李建成和李元吉，但李世民仍犹豫不定，李建成、李元吉为了除掉李世民，首先第一步就是清除李世民身边的人，他先用收买、拉拢的办法想将秦王府的勇将谋臣拉过去，没有获得成功。继而又在李渊面前中伤、挑拨，李建成最忌恨的就是房玄龄、杜如晦。结果，李渊偏听偏信，下令把房玄龄、杜如晦逐出秦王府，武德九年（626）夏，突厥兵犯边，按惯例，大都由李世民督军御敌一，但此时，李建成却提议由李元吉和李艺出征，以阻止李世民掌握兵权。同时，李元吉还征调秦府将领尉迟敬德、程知节、段志玄、秦叔宝前往，借此把秦府精兵抓到自己手中、事成之后他们决定再来谋杀李世民。

李世民得知此事后，立即召集内弟长孙无忌、舅舅高士廉、尉迟敬德、侯君集等商仪，尉迟敬德怂恿说："王今处事有疑，非智；临难不决，非勇，"李世民又秘密召回房玄龄和杜如晦，令二人穿戴道士服潜入秦府，共同议事。

房玄龄说："大王功盖天地，当承大业；今日忧危，乃天赞也，愿大王勿疑。"经过周密的策划，武德九年六月四日，李世民暗中在玄武门设下伏兵，射杀了李建成和李元吉，发动了"玄武门之变"。

"玄武门之变"后，李渊把军国大事完全委托给李世民处理，并立李世民为太子。接着，李世民拜房玄龄为右庶子，不久，又提升房玄龄为中书令，当上了宰相。

力主安抚通好外邦

李世民即皇帝位，改年号为贞观。

太宗论功行赏，把房玄龄跟长孙无忌、杜如晦、尉迟敬德、侯君集五人作为第一等，进爵为邢国公，赐实封千三百户。

唐朝初年面临着极为复杂的民族关系问题，房玄龄在民族政策上，显示了他深思熟虑的外交能力，他主张结好各民族，以减少冲突。贞观十六年（624），雄踞漠北的东突厥薛延陀部实力较强，太宗曾封其酋长夷南为真珠可汗。但薛延陀部反复无常，出尔反尔，唐太宗派兵联合突厥的一部给以致命的打击后，真珠可汗派人来唐求婚。唐太宗虽对薛延陀并不放心，但是在以武力消灭，还是联姻这个问题上一时下不了决心。房玄龄权衡利弊，认为和亲为上策。理由是大乱之后，国家元气尚待恢复，用兵对国家不利。唐太宗采纳了房玄龄的意见，答应许以第十五个女儿新兴公主，但要求"厚纳聘礼"，亲自到灵州迎亲。真珠可汗闻知，兴高采烈，"谓其国中曰：'我本铁勒小帅，天子立我可汗，今复嫁我公主……斯亦足矣。'"从而使薛延陀部归顺了唐朝，避免了一场战争，改善了民族关系。后来，真珠可汗一时无法集得聘礼，延误了迎亲日期。唐太宗以其轻侮中国，"下诏绝其婚"。

唐初，朝鲜半岛有三个国家：西半部的叫百济，中部的叫新罗，北部的叫高丽。其中以高丽最为强大，它占有汉江流域和辽东平原。隋文帝开皇十八年，曾发兵三十万，大举进攻高丽，失败而回。隋炀帝也曾三次征高丽，结果都失败而回，并引起了农民大起义，走上了灭亡的道路。唐初，三国均遣使和唐朝来往。贞观十六年，高丽发生内乱，大臣盖苏文弑其君，独专国政。唐太宗想出兵以武力干预，但房玄龄以为不可。他对唐太宗说："臣观古之列国，无不强凌弱，众暴寡。今陛下抚养苍生，将士勇锐，力有余而不取之，所谓止戈为武者也。"他又以历史为鉴，劝谏唐太宗："昔汉武帝屡伐匈奴，隋主三征辽左，人贫国败，实此之由，惟陛下详察。"唐太宗接受了意见，便中止了这次行动。

贞观十八年，李世民亲征辽东高丽，命房玄龄留守京城，亲手写诏书说："你担负萧何一样的重任，我没有后顾之忧了。"军队的兵器、战士的粮食，都交给他下令处置调发。玄龄多次上书说不可轻敌，尤应当警惕小心。这次东征，唐太宗虽然暂时取得了一些胜利，攻下了一些城池，但遇到顽强抵抗，只能屯兵广安东城下。此时正值隆冬严寒，草枯水冻，士马难久留，且粮食将尽，于是，唐太宗决定班师回京。

对于此次征伐高丽的挫折，唐太宗耿耿于怀，他不甘心，还想举兵东征。此时房玄龄已年老多病，但他出于忧国之心。宰相之责，毅然上书，劝谏唐太宗，他说："进有退之义，存有亡之机，得有丧之理，老臣所以为陛下惜之者，盖此谓也。"他引用老子的话："知足不辱，知之不殆"来劝导唐太宗。他还说："威名功德，亦可足矣；拓地开疆，亦可止

矣。"希望唐太宗放弃"天可汗"的迷梦，不再"驱使无罪之士卒，委之锋刃之下一"，唐王朝的出兵"内为前代雪耻，外为新罗报仇，岂非所存者小，所损者大乎广"。唐太宗对房玄龄的恳切之言深为感动。

惧内宰相

唐太宗年间，宰相房玄龄惧内是有了名的。其妻虽然霸道，但对房玄龄衣食住行十分精心，从来都是一手料理，容不得别人插手。一日，唐太宗请开国元勋赴御宴，酒足饭饱之际，房玄龄经不得同僚的挑逗，吹了几句不怕老婆的牛皮，已有几分酒意的唐太宗乘着酒兴，便赐给了房玄龄两个美人。房玄龄不料酒后吹牛被皇上当了真，收了两位美人，想到霸道且精心的妻子，愁得不知怎么才好。还是尉迟敬德给打了气，说老婆再凶，也不敢把皇上赐的美人怎么样，房玄龄才小心翼翼地将两个美人领回家。不料，房玄龄的老婆却不管皇上不皇上，一见房玄龄带回两个年轻、漂亮的小妾，大发雷霆，指着房玄龄大吵大骂，并操起鸡毛掸子大打出手，赶两个"美人"出府。房玄龄见不对头，只好将美人送出府，此事马上便被唐太宗君臣知道了。李世民想压一压宰相夫人的横气，便立即召宰相房玄龄和夫人问罪。房玄龄夫人也知此祸不小，勉勉强强地跟随房玄龄来见唐太宗。唐太宗见他们来到，指着两位美女和一坛"毒酒"说："我也不追究你违旨之罪，这里有两条路任你选择，一条是领回二位美女，和和美美过日子，另一条是吃了这坛'毒酒'省得妒嫉旁人了。"房玄龄知夫人性烈，怕夫人喝"毒酒"，急忙跪地求情。李世民怒道："汝身为当朝宰相，违旨抗命，还敢多言！"房夫人见事已至此，看了看二女容颜，知自己年老色衰，一旦这二女进府，自己迟早要走违旨抗命这条路，与其受气而死，不如喝了这坛"毒酒"痛快。尚未待唐太宗再催，房夫人举起坛子，"咕咕咚咚"的已将一坛"毒酒"喝光。房玄龄急得老泪纵横，抱着夫人抽泣，众臣子却一起大笑，原来那坛子里装的并非毒酒而是晋阳清源的食醋，根本无毒。唐太宗见房夫人这样的脾气，叹了口气道："房夫人，莫怨朕用这法子逼你，你妒心也太大了。不过念你宁死也恋着丈夫，朕收回成命。"房夫人料不到自己冒死喝"毒酒"得了这么个结果，虽酸得伸头抖肘，但心中高兴万分。房玄龄也破涕为笑。

一代勋臣

宰相一职，是群臣之首，一人之下，万人之上，可以说对于朝廷的风气具有不二的影响力和号召力。房玄龄任相期间，朝中诸臣无论是脾气相异的，还是性情迥然的，都被性情温和、通达睿智的房玄龄揉捏成方向一致、和衷共济的"合力"了。但房玄龄的本事绝不止于此，他有着令人惊叹的办事效率和实干能力。李世民和魏征等人通过争辩讨论定下了大政方针，房玄龄就和他选拔的一批实用性人才一起埋头苦干，去实现贞观的宏图大卷。

贞观时代，朝廷全部官员只有643人，房玄龄做了22年的宰相——除了贞观的最后一年他已过世之外——他总是日复一日处理着繁杂的日常行政事务，让一个高度精简的行政机构，发挥出强大的作用，支撑起贞观之治的日常大局。以致于李世民有时会抱怨他太过细致，警告说，身为宰相应该只管大事，把那些小事丢给下属就好。可房玄龄还是继续"我行我素"地"琐碎"着。当时尚书省下辖的各部里，工作最繁琐、最被士人看不起的，是管理财政预算和账目的"度支司"，一度无人肯任其职。房玄龄竟以宰相之尊自任"度支郎中"，亲自把守着大唐国库。

这22年的殚精竭虑，比起早年辅佐李世民征战天下、决战玄武门，更值得记录在房玄龄一生功业的榜首。诚如后世史学家所公认的那样：作为宰相，他开国有功，却从不突出自己；王、魏征以谏诤闻名，他就竭尽全力给他们提供机会；李靖、李世善于带兵，他就在后方做好后勤支持；每一个官员，他都能让他们在贞观时代淋漓尽致地展示才华；他没有一项拿得出手的"政绩工程"，然而天下人都知道，这个国家少不了他。时不时要找茬痛骂房玄龄的皇帝李世民，其实对这位宰相的政见极为尊重。有一次李世民在外巡游，要任命李纬为户部尚书，当时房玄龄在京城留守，李世民问京城过来的官员，房玄龄对这一任命有什么意见。来人回答道，宰相只说李纬的一把大胡子生得好。李世民一听，立刻将李纬改任洛州刺史。贞观十九年，李世民远征高丽，留守长安的房玄龄将一个告发自己谋反的人送到李世民军前，李世民一句话也不多说，"砍了"，并斥责房玄龄"这种人你应该自己砍掉才对"。

贞观二十二年，房玄龄旧疾复发。当时李世民在玉华宫，闻讯命人用自己的担舆把房玄龄抬入御座前，两人相见，感怀流泪，哽咽不能言。太宗命太医疗治，每日以御膳供房玄龄食用。听说他病有好转，太宗就喜形于色；听见病情加重，太宗马上愁容顿现。临终之时，房玄龄对诸子说："当今天下清平，只是皇上东讨高丽不止，正为国患。主上含怒意决，臣下莫敢犯颜。我知而不言，就会含恨而死啊。"于是抗表进谏，请求太宗以天下苍生为重，罢军止伐高丽。太宗见表，感动地对房玄龄儿媳高阳公主说："此人病危将死，还能忧我国家，真是太难得了。"临终之际，李世民亲至其病床前握手诀别，立授其子房遗爱为右卫中郎将，房遗则为中散大夫，使其在生时能看见二子显贵。房玄龄受遇如此，死时定当含笑。卒年70，诚为喜丧之年。太宗为之废朝三日，赠太尉，谥曰文昭，陪葬昭陵。

魏征

魏征（580~643），字玄成。唐巨鹿人（今河北邢台市巨鹿县人，又说河北晋州市或河北馆陶市人），唐朝政治家。曾任谏议大夫、左光禄大夫，封郑国公，以直谏敢言著称，是中国史上最负盛名的谏臣。

乱世纵英才

魏征生于北周静帝大象二年（580），他的父亲魏长贤精通文史，博学多才，曾做过北齐著作郎，后因直谏朝政，贬为上党屯县令，父亲正直倔强的品质，对青少年时代的魏征产生了很好的影响。然而由于父亲去世较早，家业也因此衰落。穷困的生活，并没有磨灭魏征的意志，他性格坚强，胸有大志，好读书，多所涉览，尤属意于历代兴衰得失之道，这为以后他的从政、治史打下了厚实的基础。

魏征青年时代是在隋末的动乱年代度过的。为了躲避战乱，他出家当了道士。当时，在河南一带翟让、李密领导的瓦岗军，攻占了洛阳东北的最大粮仓兴洛仓；起义军开仓放粮，济贫救苦，深得百姓拥护，队伍迅速扩大，声威日盛，隋大业十二年（616）隋武阳郡丞元宝藏起兵响应李密，元宝藏知魏征有学识，请他到郡府掌管书记，魏征毅然前往。李密见到宝藏的书信，常常赞叹不已，以后知道这些书信均出自魏征手笔，李密便请魏征到元帅府任文学参军，掌管记室。魏征向李密条陈十项，但李密在惊奇魏征之才之余，并不采纳他的计谋。隋大业十三年（617），李密刺杀了瓦岗军首领翟让，瓦岗军的领导力量被大大削弱。瓦岗军是一支很强的反隋力量，曾先后打败隋将王世充和宇文化及，当然，瓦岗军也付出了高昂的代价，强将死伤不少。李密对形势估计错误，并且滋生了骄傲情绪。就在李密谋杀翟让不久，王世充又集中20万大军向瓦岗军扑来。魏征非常关心这次战斗的胜败，他找到李密的一个姓郑长史说："魏公（李密）虽骤胜，而骁将锐卒多死，战士心怠，此二者难以应敌。且世充乏食，志在死战，难与争锋，未若深沟高垒以拒之，不过旬月，世充粮尽，必自退。追而击之，无不胜矣。"魏征的意见无疑是正确的。但目光短浅的郑长史却斥之为"老生之常谈"。魏征非常生气，拂袖而去。结果，李密大败，瓦岗军全军崩溃，李密只得投降唐朝。魏征也随李密来到京城长安。魏征归唐后，并不见重用，默默无闻。因而，他自动请求安抚山东。唐高祖李渊同意他的请求并把他升为秘书丞。从长安来到黎阳，魏征给据守黎阳的李密旧部徐世绩写信，劝他归唐。徐世绩深知形势，很快就归顺了唐朝。

这样，魏征凭一封信就使唐朝获得了山东（太行山以东）广大地区。徐世绩后成为唐朝的一代名将，在多次征讨中曾立下赫赫战功。李渊赐以李姓，又避唐太宗李世民讳，改名李勣。

不久，魏征来魏州，说服元宝藏也归附了唐朝。魏征从魏州又回到黎阳，同年十月，河北农民起义军窦建德攻占黎阳，魏征为其所俘，窦建德就拜任魏征为起居舍人，武德四年（621），李世民率兵围攻洛阳，王世充向窦建德求援，李世民一举击败了王世充和窦建德，魏征再度归唐。

魏征当过道士，又在李密、窦建德的农民起义军中生活了一段时间，他目睹了农民起义军的伟大力量，也深刻了解了农民的悲惨生活和感情，这使他懂得"水能载舟，亦可覆舟"的道理；丰富的实践对魏征以后的政治思想的形成产生了极大的影响。太子李建成知魏征有才气，便召为洗马，掌图书缮写，魏征因而就成了东宫的官属。李建成十分器重魏征，魏征也对李建成忠心不二。在李建成和李世民争夺皇位的斗争中，魏征竭尽全力为李建成出谋划策。

魏征看到李世民在创建唐王朝的过程中立下了巨大功劳，深得人心，因此他提醒太子说："秦王功盖天下，中外归心，殿下但以年长位居东宫，无以功以镇服海内。"当此时,逃往突厥的窦建德残部刘黑闼经过几个月的休整,又把河北失地重新占领,恢复了许多州县。魏征抓住这一时机,对李建成说:"今刘黑闼散亡之余,众不满万,资粮匮乏,以大军临之,势如拉朽,殿下宜自击之以取功名,因结纳山东豪杰,庶可自安。"李建成同意魏征的建议,向李渊请命。李渊下诏让李建成率军征讨刘黑闼。魏征随军出征。唐军至昌乐,刘黑闼严阵拒守,两军形成对垒。魏征向李建成建议,采用镇压和安抚相结合的两手政策,遣返俘虏,使刘黑闼的同党相信朝廷的赦免政策,以瓦解其军心。这一策略的实施使刘黑闼军心涣散,纷纷逃亡,降唐的也不少。最后刘黑闼败走洺州,为唐军所杀。

唐王朝统一天下后,李建成和李世民的矛盾日益激化,魏征屡屡劝说李建成早下决心,除掉李世民以绝后患。但在武德九年(626),李世民却先发制人,在玄武门设下伏兵,一举把李建成和李元吉诛杀,取得了玄武门之变的胜利。李渊被迫接受了现实,他立李世民为太子,并将军国权完全交由李世民处理,玄武门事变后,李世民对东宫僚属一律宽大。有一天,他把魏征召来责问道:"你为什么要离间我们兄弟?"魏征从容答道:"太子若听我的话,决不会有今日之祸?"李世民早就知道魏征的才能,又见他临危不惧,更加器重他。

第一诤臣

贞观二年(628),魏征被授秘书监,并参掌朝政。不久,长孙皇后听说一位姓郑的官员有一位年仅十六七岁的女儿,才貌出众,京城之内,绝无仅有。便告诉了太宗,请求将其纳入宫中,备为嫔妃。太宗便下诏将这一女子聘为妃子。魏征听说这位女子已经许配陆家，便立即入宫进谏："陛下为人父母，抚爱百姓，当忧其所忧，乐其所乐。居住在宫室台榭之中，要想到百姓都有屋宇之安；吃着山珍海味，要想到百姓无饥寒之患；嫔妃满院，要想到百姓有室家之欢。现在郑民之女，早已许配陆家，陛下未加详细查问，便将她纳入宫中，如果传闻出去，难道是为民父母的道理吗？"太宗听后大惊，当即深表内疚，并决定收回成命。但房玄龄等人却认为郑氏许人之事，子虚乌有，坚持诏令有效。陆家也派人递上表章，声明以前虽有资财往来，并无订亲之事。这时唐太宗半信半疑，又召来魏征询问。魏征直截了当地说："陆家其所以否认此事，是害怕陛下以后借此加害于他。其中缘故十分清楚。不足为怪。"太宗这才恍然大悟，便坚决地收回了诏令。

由于魏征能够犯颜直谏，即使太宗在大怒之际，他也敢面折廷争，从不退让，所以，唐太宗有时对他也会产生敬畏之心。有一次，唐太宗想要去秦岭山中打猎取乐，行装都已准备停当，但却迟迟未能成行。后来，魏征问及此事，太宗笑着答道："当初确有这个想法，但害怕你又要直言进谏，所以很快又打消了这个念头。"还有一次太宗得到了一只上好的鹞鹰，把它放在自己的肩膀上，很是得意。但当他看见魏征远远地向他走来时，便赶紧把鸟藏在怀中。魏征故意奏事很久，致使鹞子闷死在怀中。

史书载，有一次，唐太宗被魏征说得受不了，罢朝后，气狠狠地说，我早晚要杀这个乡下佬儿，长孙皇后问是谁，太宗说，魏征在朝廷上顶撞我，使我下不了台，长孙皇后退下后穿上朝服为之祝贺。唐太宗惊问何故，长孙皇后说："妾闻主明臣直，今魏征直，因陛下之明也。"唐太宗于是转嗔为喜，更加敬重魏征。

贞观六年，群臣都请求太宗去泰山封禅。借以炫耀功德和国家富强，只有魏征表示反对。唐太宗觉得奇怪，便向魏征问道："你不主张进行封禅，是不是认为我的功劳不高、德行不尊、中国未安、四夷未服、年谷未丰、祥瑞未至呢？"魏征回答说："陛下虽有以上六德，但自从隋末天下大乱以来，直到现在，户口并未恢复，仓库尚为空虚，而车驾东巡，千骑万乘，耗费巨大，沿途百姓承受不了。况且陛下封禅，必然万国咸集，远夷君长也要扈从。而如今中原一带，人烟稀少，灌木丛生，万国使者和远夷君长看到中国如此虚弱，岂不产生轻视之心？如果赏赐不周，就不会满足这些远人的欲望；免除赋役，也远远不能报偿百姓的破费。如此仅图虚名而受实害的事，陛下为什么要干呢？"不久，正逢中原数州暴发了洪水，封禅之事从此停止。

贞观七年（633），魏征代王珪为侍中。同年底，中牟县丞皇甫德参向太宗上书说："修建洛阳宫，劳弊百姓；收取地租，数量太多；妇女喜梳高髻，宫中所化。"太宗接书大怒，对宰相们说："德参想让国家不役一人，不收地租，富人无发，才符合他的心意。"想治皇甫德参诽谤之罪。魏征谏道："自古上书不偏激，不能触动人主之心。所谓狂夫之言，圣人择善而从。请陛下想想这个道理。"最后还强调说："陛下最近不爱听直言，虽勉强包涵，已不像从前那样豁达自然。"唐太宗觉得魏征说得入情入理，便转怒为喜，不但没有对皇甫德参治罪，还把他提升为监察御史。

贞观十年（636），魏征奉命主持编写的《隋书》《周书》《梁书》《陈书》《齐书》（时称五代史）等，历时七年，至此完稿。其中《隋书》的序论、《梁书》《陈书》和《齐书》的总论都是魏征所撰，时称良史。同年六月，魏征因患眼疾，请求解除侍中之职。唐太宗虽将其任为特进这一散职，但仍让其主管门下省事务，其俸禄、赏赐等一切待遇都与侍中完全相同。

贞观十二年（638），魏征看到唐太宗逐渐怠惰，懒于政事，追求奢靡，便奏上著名的《十渐不克终疏》，列举了唐太宗执政初到当前为政态度的十个变化。他还向太宗上了"十思"，即"见可欲则思知足，将兴缮则思知止，处高危则思谦降，临满盈则思挹损，遇逸乐则思撙节，在宴安则思后患，防拥蔽则思延纳，疾谗邪则思正己，行爵赏则思因喜而僭，施刑罚则思因怒而滥"。

贞观十六年（642），魏征染病卧床，唐太宗所遣探视的中使道路相望。魏征一生节俭，家无正寝，唐太宗立即下令把为自己修建小殿的材料，全部为魏征营构大屋。不久，魏征病逝家中。太宗亲临吊唁，痛哭失声，并说："夫以铜为镜，可以正衣冠；以古为镜，可以知兴替；以人为镜，可以明得失。朕常保此三镜，以防己过。今魏征殂逝，遂亡一镜矣。"

狄仁杰

狄仁杰（630~700）字怀英，唐代并州太原（今山西省太原市）人；唐（武周）时杰出的政治家，武则天当政时期宰相。在武则天当政时，以不畏权贵著称。

"真大丈夫"

　　狄仁杰出生于一个官宦之家。祖父狄孝绪，任贞观朝尚书左丞，父亲狄知逊，任夔州长史。少年时代的狄仁杰刻苦攻读，专心致学，有一次，门人被害，县吏下来调查案情，周围的人都争说与己无关，独狄仁杰仍伏案读书，不予理睬。县吏很气愤，责问狄仁杰。狄仁杰回答说："我正在和书中的贤圣对话，哪有闲功夫和俗吏说话啊！"县吏无言以对。

　　狄仁杰通过明经科考试及第，出任汴州判佐；时工部尚书阎立本为河南道黜陟使，狄仁杰被吏诬告，阎立本受理讯问，他不仅弄清了事情的真相，而且发现狄仁杰是一个德才兼备的难得人物，谓之"河曲之明珠，东南之遗宝"，推荐狄仁杰作了并州都督府法曹。在并州都督府，狄仁杰以孝而著称，很受时人尊重，称"狄公之贤，北斗以南，一人而已。"

　　高宗仪凤元年（676），狄仁杰上调升任掌握刑狱的大理丞。狄仁杰处理刑狱，公正果断，效率极高，在短短的一年时间里，处理了一万七千人的案子，公平合法，没有一人上诉伸冤。

　　有一年，左威卫大将军权善才、右监门中郎将范怀义，误砍了太宗昭陵上的柏树，狄仁杰判两人免官，上奏高宗，高宗非要定两人死罪不可。狄仁杰认为，罪不当死。高宗发怒说："这是使我为不孝之子，必须杀了他才是。"狄仁杰对高宗晓之以理："皇上，自古以来顶撞皇帝的人都没有好下场，我并不以为然。夏桀时代也许如此，而在尧舜时期就不是这样，我庆幸生活在尧舜一样的时代，不怕皇上听不进我的劝谏。汉代的时候，有一个盗贼盗取了高祖庙堂里的玉环，汉文帝大怒，要把盗贼一家全族诛灭？盗贼交与廷尉张释之处置。张释之按法判处弃市（杀头）罪，上奏文帝，文帝大怒，斥责张释之说：'人无道以至于此，竟敢盗取先帝明器！我交付廷尉，欲判他灭族之罪，而你却拘守成法，有违我尊宗庙的原意。'张释之免冠叩头说：'法令该如此判处。今以盗宗庙而灭族，万一有一个愚民挖取了长陵上的一杯土，皇上将以何法惩治呢？'文帝终于认识到延尉的判处是恰当的。今天依照大唐法律，权、范两人并没有犯死罪，陛下却下旨将二人处死，法令如此反复无常，以后还怎么治理国家呢？为昭陵上的一棵柏树而处死二位大臣，后世之人将如何看待陛下呢？"

唐高宗觉得狄仁杰说得有理，怒意稍为缓解，遂免了权善才、范怀义的死罪，流放岭南。据理力争，免除权、范二人死罪之事使唐高宗认识到，狄仁杰是个有胆有识的人。不久便擢升他为侍御史，举劾非法，督察郡县。在侍御史任上，他不顾个人安危，不畏显贵权势，敢于勇敢地向那些恃宠用事、违法乱纪的官员展开斗争。调露元年（679），司农卿韦弘执在洛阳为高宗建造宿羽、高山、上阳等几座豪华的宫殿。特别是上阳宫濒临洛水，一里长的画廊，画梁雕栋，流光溢彩，颇具皇家豪华气派。宫殿建成后，高宗移居东都洛阳。

狄仁杰上疏劾奏韦弘执，说他建造华丽宫殿，是在引诱皇帝追求奢侈。高宗猛然醒悟，免了韦弘执的官职。左司郎中王本立，倚仗皇帝的恩宠，在朝廷目无王法，肆无忌惮，朝中大臣没有一个人敢顶撞他。狄仁杰利用手中的监察权力，向高宗上奏弹劾王立本的罪行。但高宗却下旨赦免了他，

狄仁杰再次上奏，他对高宗说："国家假如缺乏英才，但像王立本这样的人也不少，陛下为什么要宽大他而违反国家的法律呢？臣愿先受斥逐，为群臣之戒。"高宗见狄仁杰说得有理，只得依了狄仁杰，定了王本立的罪。满朝文武十分佩服狄仁杰的胆量和勇气，对他肃然起敬。一次，高宗巡幸汾阳宫，狄仁杰也随行，车驾经过并州，并州长史李冲玄迷信旧俗，认为华服通过妒女祠，会遭致风雷之灾。他驱数万民夫改修驰道，以便皇帝通行。狄仁杰闻知，非常气愤，他说："天子之行，千乘万骑，风伯清尘，雨师洒道，何用回避妒女啊。"立即制止了这一愚蠢举动，命数万民工返归。唐高宗称赞狄仁杰办事果断，说他"真是大丈夫也"。

勤政惠民

弘道元年（683），高宗病逝，其子李显即位，是为中宗，武则天以太后身份临朝执政。第二年，武则天把中宗废为卢陵王，立幼子李旦为帝，是为睿宗，武则天继续临朝称制。

武则天垂拱二年（686），狄仁杰调任宁州刺史，宁州在甘肃境内，是汉民族和少数民族的杂居地区，民族矛盾错综复杂。狄仁杰到任后，体察民情，

施政有方，因而使各民族和睦相处，深得民心。老百姓感其德，立碑记其政绩。

不久，右台监察使郭翰巡视陇右各地，一路所到之处，弹劾了不少贪官污吏。然而一到宁州，则面目一新，百姓安居乐业，人们纷纷称赞狄仁杰的德政。郭翰回到朝廷后，遂即向朝廷推荐狄仁杰，请求重用。不久，狄仁杰被提升为掌握工程建设的冬官侍郎，充任江南巡抚使。吴楚一带修建很多祠庙，祭祀很滥，狄仁杰对这种做法非常厌恶，他不惮非议，一举关闭和拆毁了1700多所祠庙，只保留夏禹、吴太伯、季札、伍员四祠。在焚毁项羽祠时，他还写了一篇《檄告西楚霸王文》，文章大意是：崇高的名声不可假借谬误来取得，天下的帝王不能以力去争夺，顺应天命者才享有百姓拥戴的美名，背违时代者就不是明察物变的君主。

垂拱四年，琅玡王李冲在博州、越王李贞在豫州又起兵反对武则天，但因力量悬殊很快就遭致失败。

为了尽快恢复豫州的局面；武则天派狄仁杰出任豫州刺史。当时武则天为惩治李贞余党，定罪六七百家，籍没五千口。狄仁杰为此密奏武则天，认为这些人仅仅是受牵累，并非存心要作乱。狄仁杰说服了武则天，宽赦了这些人，把他们流放到丰州。这些人深感狄仁杰的活命之恩，在路过宁州时，跪拜在狄公的德政碑前，"设斋三日而后行"。到了丰州又亲手为狄仁杰立下德政碑。当时，平定越王李贞的是宰相张光辅，张光辅的军队在豫州，到处勒索钱财，滥杀无辜。狄仁杰非常恼怒，他亲自出面制止官军的不法行为。为此，张光辅怀恨在心，回到朝廷后上奏武则天，说狄仁杰傲慢不逊，狄仁杰被调往夏州做刺史，后来又降为洛州司马。

一次，武则天问狄仁杰，你在豫州实行善政，但也有人说你坏话，你是否想知道。

狄仁杰回答说："陛下，臣不愿知道。陛下以臣为过，臣愿改正。如臣无过，臣之幸也。"武则天大为赞赏，叹曰："狄仁杰真有长者风范啊！"

天授二年（691），她重新起用狄仁杰，任命他为地官侍郎，同凤阁鸾台平章事，成为宰相。

作为一名精忠谋国的宰相，狄仁杰很有知人之明，也常以举贤为意。一次，武则天让他举荐一名将相之才，狄仁杰向她推举了荆州长史张柬之。武则天将张柬之提升为洛州司马。过了几天，又让狄仁杰举荐将相之才，狄仁杰曰："前荐张柬之，尚未用也。"武则天答已经将他提升了。狄仁杰曰："臣所荐者可为宰相，非司马也。"由于狄仁杰的大力举荐，张柬之被武则天任命为秋官侍郎，又过了一个时期，升位宰相。后来，在狄仁杰死后的神龙元年（705），张柬之趁武则天病重，拥戴唐中宗复位，为匡复唐室作出了巨大的贡献。狄仁杰还先后举荐了桓彦范、敬晖、窦怀贞、姚崇等数十位忠贞廉洁、精明干练的官员，他们被武则天委以重任之后，政风为之一变，朝中出现了一种刚正之气。以后，他们都成为唐代中兴名臣。对于少数民族将领，狄仁杰也能举贤荐能。契丹猛将李楷固曾经屡次率兵打败武周军队，后兵败来降。狄仁杰认为李楷固有骁将之才，若恕其死罪，必能感恩效节，于是奏请授其官爵，委以专征，武则天接受了他的建议。果然，李楷固等率军讨伐契丹余众，胜利凯旋，武则天设宴庆功，举杯对狄仁杰说"公之功也"。

在狄仁杰为相的几年中，武则天对他的信重是群臣莫及的，她常称狄仁杰为"国老"而不名。狄仁杰喜欢面引廷争，武则天"每屈意从之"。狄仁杰曾多次以年老告退，武则天不许，入见，常阻止其拜。武则天曾告诫朝中官吏："自非军国大事，勿以烦公。"

智辅武周

狄仁杰官居宰相，参与朝政之时，也正是武承嗣显赫一时，踌躇满志之日。他认为狄仁杰将是他被立为皇嗣的障碍之一。长寿二年（693）正月，武承嗣勾结酷吏来俊臣诬告狄仁杰等大臣谋反，将他们逮捕下狱。来俊臣为了诱使狄仁杰承认谋反，要他承认愿为武后的臣下就可免去他死罪，狄仁杰为了免于冤死，等待时机，他招认了谋反罪。他说："大周革了唐室的命，万物重生，我们是唐朝的旧臣，谋反确是实情。"其他几个被指控谋反的朝臣，除魏元忠外，都和狄仁杰一样，全都服了罪，来俊臣见服了罪，没有用酷刑，只将狄仁杰等收监。

一天，判官王德寿受来俊臣指使，诱逼狄仁杰招供宰相杨执柔是同党，狄仁杰十分气愤，说："皇天后土，怎么敢叫狄仁杰去干这种事情?!"说罢以头触柱，血流满地，王德寿害怕至极，不敢再说了。狄仁杰承认谋反，来俊臣等也就放松了对他看管，狄仁杰趁此机会，从狱吏那里借来笔砚，偷偷撕碎被子，写了一幅冤状，缝在棉衣里，请狱吏把棉衣送到家里。狄仁杰的儿子狄光远收到棉衣，折开棉絮见到父亲所写的冤状，急忙向武则天告发。

武则天召来俊臣询问，来俊臣对武则天说，狄仁杰下狱，并未动过刑，他住的地方也很舒服，如果没有事实，他怎么会承认谋反。武则天犹疑未定，派通事舍人周𬘩到狄仁杰处察看。来俊臣要狄仁杰穿好朝服，会见通事舍人周𬘩。又假造了一份请求赐死的《谢罪表》，让周𬘩上交武则天。周𬘩对这些没有进行仔细的核查，完全受到来俊臣的利用。

在这关键时刻，鸾台侍郎狄仁杰的儿子被武则天召见，他控告来俊臣谋害了他的父亲。他说，国家的王法为来俊臣所欺弄，任何一个亲信大臣，来俊臣都可以逼他承认谋反。听了这个才九岁小孩的话，武则天有所醒悟。他召来狄仁杰，亲自问他为什么承认谋反。狄仁杰回答说，不承认早就死于酷刑之下了，哪里还有机会向陛下辩白？武则天又问："那又为什么写谢死表呢？"狄仁杰回从来没有写过这样的表章。武则天让人拿出谢死表验看，才弄清楚是伪造的。武则天于是下令释放此案7人，俱贬为地方官。狄仁杰被贬为彭泽令。

如此，狄仁杰运用自己的才智机谋死里逃生。以后，武承嗣欲根除后患，多次奏请诛之，都被武则天拒绝。

697年，狄仁杰晋升为鸾台侍郎，同凤阁鸾台平章事，第二次做了宰相。

圣历元年（698），武则天的侄儿武承嗣、武三思数次使人游说太后，请立为太子。武则天犹豫不决。狄仁杰以政治家的深谋远虑，劝说武则天顺应民心，还政于庐陵王李显。当时，大臣李昭德等曾劝武则天继续以四子李旦为嗣，但没有为武则天接受。对武则天了解透彻、洞烛机微的狄仁杰从母子亲情的角度从容地劝说她。狄仁杰趁此机会，想说动武则天。他说："太宗皇帝不避风霜，甘冒枪林箭雨，九死一生，方平定了天下，创立大唐基业，传给后世子孙。先帝驾崩时，把两位皇子托付给陛下。陛下现在打算把天下移交给别人，这恐怕有违天意思吧！况且，姑妈与侄儿、亲娘与儿子到底谁亲？立儿子为太子，皇位由儿子继承，陛下百年之后牌位送到皇家祖庙，陪伴先帝，代代相传。皇位如由侄儿继承，我从未听说过侄儿当皇帝，把姑妈牌位送到皇家祖庙去的。"狄仁杰的话说到了武则天的心坎上，她无言以对，只好说："这是我的家务事，你不要管。"但狄仁杰还是再说下去："王者以四海为家，四海之内，孰非臣妾，何者不为陛下家事！君为元首，臣为股肱，义同一体。况臣身为宰相，难道可以不直言，欺瞒陛下吗？"他还进一步启发武则天："依臣看，天意和百姓都没有厌弃唐朝，匈奴犯边，梁王武三思公开招募勇士，1个多月还没有招足1000，后来庐陵王出面招纳，不到10天功夫，就有5万人报名。由此可见，立庐陵王是民心所向啊！"最终，武则天感悟，听从了狄仁杰的意见，亲自迎接庐陵王李显回宫，立为皇嗣，唐祚得以维系。狄仁杰因此被历代政治家、史学家称为有再造唐室之功的忠臣义士。

久视元年（700），狄仁杰病故，朝野凄恸，武则天哭泣着说："朝堂空也。"赠文昌右丞，谥曰文惠。唐中宗继位，追赠司空。唐睿宗又封之为梁国公。

包拯

包拯（999～1062），宋庐州合肥（今属安徽）人，字希仁。天圣朝进士。累迁监察御史。以断狱英明刚直而著称于世。

少年苦学，孝闻乡里

包拯生于乡村农家，父母都是农民，以耕作为生，但是对子女有很高的期望，希望他们能够出人头地。包拯5岁开始识字，13岁读完"四书五经"。农忙时，他帮助父母下田做农活。农闲时，就寄居在城南的一座古庙，埋头钻研学问。他对儒家治国安邦的思想和历代清官贤臣的事迹最有兴趣，常常一卷在手，废寝忘食，三更灯火五更鸡，从来不知疲倦。十年寒窗苦读，包拯成为一个满腹经纶、饱读诗书的学者。宋仁宗天圣五年（1027），28岁的包拯考中了进士，朝廷任命他为大理评事，大致相当于现在的法院陪审员，级别很低。接着，又任命他为建昌（今江西永修）知县。由于父母年事已高，不愿意随他一起到江西赴任，包拯只好放弃官职，留在家里，侍候父母。

后来，朝廷又委派他到家乡附近的和州（今安徽和县）做官，负责管理税收钱粮，这一回，包拯去赴任了，但是因为实在放心不下留在家中的父母，只坚持了几个月就打道回府了。

父母相继去世之后，守孝完毕，才在亲友的劝说下为官，期间长达10年之久，故以孝闻于乡里。包拯前往京城等候授予新的官职。他住在小客栈里，夜晚守灯苦读，写下了他平生唯一的一首五律：清心为治本，直道是身谋。秀干终成栋，精钢不作钩。仓充鼠雀喜，草尽狐兔愁。史册有遗训，无贻来者羞。大意是说，做人要光明正大，就像秀挺的木材应该做房屋的栋梁，精炼的钢料决不应去做铁，我应该做一个无愧史书教诲的清官。

忠直一生，铲奸除佞

宋景祐四年（1037），包拯任天长（安徽天长）知县，颇有政绩。任满后，调任知端州（广东肇庆）。回京担任监察御史里行，又改监察御史，为言事官，对处事不当，行事不法的官僚，都可以进行弹劾。为惩治贪官，自庆历四年（1044），他向仁宗上疏《乞不用赃吏》，认为清廉是人们的表率，而贪赃则是"民贼"。包拯七次上书弹奏江西转运使王逵，揭露他"心同蛇蝎"，残害百姓。并严厉批评宋廷的任官制度。皇祐二年（1050）至三年间，包拯升为天章阁待制、知谏院，曾三次弹劾外戚张尧佐，审清妖人冷青冒充皇子的特大诈骗案，震动朝野。

包拯在历官三司户部判官及三司副使期间，先后出任京东，陕西，河北等路转运使，每至一地，都以减轻民间负担、改革弊政、发展生产为己任，提出了宽民利国的经济思想。多次为了国家大事，说了皇帝不爱听的话，论斥权幸大臣，请求罢去皇帝赐给亲信官僚们的恩宠，一切改由主管机构正常渠道进行。他将唐朝魏征给唐太宗的三道奏章写出来，呈给宋仁宗为座右铭，时刻警惕，以国家大事为重。请求仁宗虚心纳谏，分辨是非，不要搞先入为主，偏听偏信，而要爱惜人才，除去苛刻，严正刑禁，禁止妖言邪说，不随意大兴土木，如此等等。朝廷多采纳施行。

对于皇亲国戚、重臣贵胄、地方官宦等等，凡是有违背法度、盘剥欺压百姓的，无论其官位大小，职位高低，包拯都是直言敢谏，而且不怕触怒天颜，屡屡弹劾，对于奸佞、宵小、贪鄙之徒不除不快。

皇祐二年九月，大涝之后天气放晴，仁宗皇帝认定这是吉兆，除了在京城举行祭祀天地的盛大庆祝外，还下诏大赦天下罪犯，给所有文武百官每人晋升一级。这就是所谓"覃恩"。包拯对此提出异议，对仁宗说，罪犯服刑，那是对他们以往犯下的罪行所给予的惩罚，怎么可以因为洪水退去而减轻对他们的惩罚呢？至于官员晋升，更是要考核他们的政绩。假如这样马马虎虎地随便升迁，对那些确有政绩的官员不是太不公平了吗？这样的话，以后谁还会勤勉地为朝廷出力呢？

张尧佐是宋仁宗宠妃张美人的伯父，没有什么才干，却凭借张美人的关系，官运亨通。最初，张尧佐被委任为三司使。包拯极力反对，向皇帝谏议说，像张尧佐这样的人，就连小官也没有资格做，更不用说三司使这样显赫的大官了。但是，仁宗不但不理会他的谏议，反而又加封张尧佐为节度使。包拯非常痛心，继续上谏，坚持怒责张尧佐，可是仁宗仍然置若罔闻，到了第二年，更加封张尧佐出任宣徽南院使。包拯第三次向皇帝进谏，痛加陈词，甚至在朝廷上跟皇帝当面辩论起来，终于迫使皇帝罢了张尧佐的官。

三司使张方平利用自己手中的权力，假公济私。有一次，东京城一个名叫刘保衡的商人，开了一间酒坊，经营不善，欠下官府的小麦，折合现钱一百多万贯，他一时拿不出，张方平下令刘保衡变卖家产抵偿欠债，同时，又趁人之危，用极低的价格买下了刘保衡的家产。包拯获悉之后，大为震怒，认为张方平作为朝廷命官，却利用职权，巧取豪夺，罪不容恕，于是上书皇帝，参了张方平一本。张方平因此被罢了官。

宋祁是名诗人，但是文人无行。他在四川当官时，生活奢靡。每顿饭，必须不少于36味菜，其中有12味荤菜，12味素菜和12味半荤半素的菜。他还养着32名侍女，分别为他摇扇、捶背、敲脚。在他下榻的床边，每夜都有一名丫环通宵守候，照顾他的随时需要。宋祁又十分好色，稍有姿色的良家少女一旦被他看上，他必定千方百计地将她纳为小妾。他道德败坏，丑闻很多，却屡屡受到朝廷的重用。包拯对此非常不满,多次向皇帝上书,对宋祁的丑行大加抨击,终于罢了宋祁的官。

淮南转运使张可久,利用职权,贩卖私盐一万多斤,在宋代是一项很严重的罪行。案情揭发后,张可久被送交大理寺审理。按法例,贩卖私盐的罪行轻重,是依照查获私盐的数量来定刑的。数量越多定罪越重。张可久非常狡猾,每次贩卖私盐,数量虽多,但是转手迅速,从来不留仓储,被查获的数量并不多。大理寺在判刑时,也无计可施。包拯主张不能过分拘泥成法,要严判张可久。他说,张可久身为转运使,竟然目无法纪,公然贩卖私盐,这种罪行不能等同于一般老百姓,必须重判。在他的建议下,张可久受到严厉惩罚,被流放到边远的荒蛮之地去了。

任弁在担任汾州知州时,利用职权,公器私用,役使100多名兵士为他做私家工作。有的,为他织造驼毛缎匹;有的,为他做各种私人杂务。他的罪行被揭发时,占用的工役达23 600多个,折合细绢1600余匹。根据宋朝的法律,这是一种非常严重的罪行,不仅要做出赔偿,罚铜10斤,还要充军到3000里外的边疆去。宋仁宗体恤任弁对朝廷有功,御笔一挥,免去了他发配充军3000里外的刑罚。包拯上书据理力争,他说,作为知州这样的大官,知法犯法,不能随便减轻对他的惩罚。皇帝不得不收回了成命。

王逵是出名的绘吏。他在出任地方官时,横行不法,随意增派各种名目的苛捐杂税,仅其中一次就多收了30万贯。他把搜刮来的钱财,大量贿赂京官,谋取私利。他的吏治手段非常残忍,并且随意杀害百姓。在他任湖南路转运使时,百姓闻风逃散,纷纷躲藏到深山密林的洞穴里,逃避迫害。老百姓对他恨之入骨,可是他受到朝廷宠信,官运亨通,甚至升到淮南转运使的高职。包拯为民请命,七次上书

朝廷罢免王逵，有一次他在皇帝面前慷慨激昂，力陈利害，甚至无意之间把唾沫喷到了皇帝的脸上。在包拯的不断弹劾下，王逵终于被罢免了。

嘉佑元年（1056）年十二月，朝廷任包拯权知开封府，他于次年三月正式上任，至三年六月离任，前后只有一年有余。但在这短短的时间内，把号称难治的开封府，治理得井井有条。敢于惩治权贵们的不法行为，坚决抑制开封府吏的骄横之势，并能够及时惩办诬赖刁民。

由于包拯在开封府执法严明，铁面无私，敢于碰硬，贵戚宦官也不得不有所收敛，听到包拯的名字就感到害怕。儿童妇孺们都知道包拯之名，亲切称呼他为"包待制"。开封府广泛流传着这样的话"关节不到，有阎罗包老。"用阎罗比喻包拯的铁面无私。

宋嘉佑六年（1061），他官至枢密副使，次年五月病逝，"京师吏民，莫不感伤，叹息之声，大街小巷都可听得到。"

王安石

王安石（1021～1086），字介甫，号半山，封荆国公。临川人（今江西省抚州市），北宋杰出的政治家、思想家、文学家、改革家。官至宰相，主张改革变法。

志存高远

王安石出生于仕宦之家，其父王益是宋真宗大中祥符八年（1015）进士，任建安（今福建建瓯）主簿等地方官二十多年，为人正直，执法严明，为百姓做了不少有益的事。其母吴氏从小好学强记，为人通情达理。王益任临江军（今樟树市）判官时，王安石出生于此，王益调任江宁（今南京市）通判，全家迁往江宁。

王安石自幼聪颖，读书过目不忘。从小随父宦游南北各地，更增加了社会阅历，开阔了眼界，目睹了人民生活的艰辛，对宋王朝"积贫""积弱"的局面有了一定的感性认识，青年时期便立下了"矫世变俗"之志。庆历二年（1042）三月，考中进士，授淮南节度判官。七年调任鄞县（今浙江宁波），组织民工修堤堰，挖渠塘，改善农田水利灌溉，便利交通。在青黄不接时，将官库中的储粮低息贷给农户，解决百姓度荒困难，又使官粮得以以陈换新。

皇祐三年（1051），王安石任舒州通判，颇有政绩。宰相文彦博推荐他为群牧判官，出任常州知州、江东刑狱提典。嘉祐三年（1058）任度支判官时，向宋仁宗上万言书，对官制、科举以及奢靡无节的颓败风气作了深刻的揭露，请求改革政治，加强边防，提出了"收天下之财，以供天下之费"的理财原则，请求对宋初以来的法度进行全盘改革，扭转积贫积弱的局势，但并未引起朝廷的重视。不久朝廷任命他入直集贤院，同修起居注，他不愿任此闲职，固辞不就，遂改任知制诰，替皇帝起草诏令文告，纠察在京刑狱，因言忤旨意，难以在朝为官，于八年（1063）八月以母病为由辞官回江宁守丧。英宗即位后（1063～1066），屡召王安石赴京，均以服母丧和有病为由，恳辞入朝。治平四年（1067）神宗继位，起用王安石为江宁知府，旋即诏为翰林学士兼侍讲。

变法强国

为摆脱宋王朝所面临的政治、经济危机以及辽、西夏不断侵扰的困境，熙宁元年（1068），神宗召王安石"越次入对"，即上书主张变法。次年任参知政事，主持变法。为指导变法的实施，设立三司制置条例司，物色了一批拥护变法的官员参与制订新法。熙宁三年（1070）任同中书门下平章事，位同宰相，在全国范围内推行新法，开始大规模的改革运动。所行新法在财政方面有均输法、青苗法、市易法、免役法、方田均税法、农田水利法；在军事方面有置将法、保甲法、保马法等。同时，改革科举制度，为推行新法培育人才。这些措施在一定程度上限制了大地主和豪商对农民的剥削，促进了农田水利事业的发展，国家财政状况有所改善，军事力量也得到加强，北宋积贫积弱的局面得以缓解。熙宁六年（1073），在王安石指挥下，宋熙河路经略安抚使王韶率军进攻吐蕃，收复河（甘肃临夏）、岷（今甘肃岷县）等五州的作战。宋军收复5州，拓地2000余里，受抚羌族30万帐，建立起进攻西夏地区的有利战线。

变法触犯了官僚、大地主的既得利益，遭到保守派的激烈反对，特别是曹太后、高太后的顽固阻梗，加上在实施过程中过分求大求快，许多官吏借机敲诈盘剥，使农民的利益受到损害，实际效果与主观设想相差甚远。王安石处于"众疑群谤"之中，宋神宗迫于皇亲贵戚和反对新法大臣的压力，于熙宁七年（1074）四月罢去王安石相位，再任江宁知府。次年虽又起用为相，但因新法派内部分裂及保守派的挑拨离间，王安石实际上难有作为，至熙宁九年十月再次罢相，出任江南签判。同年，爱子王雱病逝，王安石求退金陵，潜心学问，不问世事。

元丰八年（1085），哲宗即位，年仅10岁，由太皇太后高氏临朝听政，启用反对变法的司马光为相，废除全部新法，极力迫害新法派。王安石在忧愤和遗恨中于翌年四月去世，葬于江宁半山园。王安石晚年封荆国公，世称王荆公、王文公、临川先生。死后被追封为"太傅"；绍圣年间，赐谥号为"文"，配享神宗的庙庭；徽宗时，又配享文宣王庙。而钦宗时，皇帝下诏停止他文宣王庙配享。高宗采纳赵鼎、吕聪的意见，削去了其"舒王"的封号。

张居正

张居正（1525～1582），字叔大，少名张白圭，号太岳，谥号"文忠"，湖广江陵（今属湖北）人。明代政治家，改革家。中国历史上优秀的内阁首辅之一，明代伟大的政治家。

少有英才

嘉靖四年（1525），张居正降生在荆州府江陵县（今荆州市）的一位秀才的家里。张居正降生之前，他的曾祖父恰好做了一个白龟梦，梦中的月亮落在水瓮里，照得四周一片光明，然后一只白龟从水中悠悠地浮起来，曾祖父认定白龟就是这小曾孙，于是信口给他取了个乳名叫"白圭"，希望他来日能够光宗耀祖。

白圭聪颖过人，很小就成了荆州府远近闻名的神童。嘉靖十五年，12岁的白圭报考生员，其机敏伶俐深得荆州知府李士翱的怜爱，他嘱咐小白圭要从小立大志，长大后尽忠报国，并替他改名为居正。这一年，居正补府学生。1

年后，参加乡试，受到湖广巡抚顾璘的阻挠而落榜。但顾璘并非出自私心，而是希望对他多加磨砺，以成大器。3年后，才高气傲的张居正顺利通过乡试，成为一名少年举人。顾璘对他十分赏识，曾对别人说"此子将相才也"，并解下犀带赠予居正说："希望你树立远大的抱负，做伊尹，做颜渊，不要只做一个少年成名的举人。"嘉靖二十六年，23岁的张居正中二甲第九名进士，授庶吉士。

庶吉士是一种见习官员，按例要在翰林院学习三年，期满后可赐编修。张居正入选庶吉士，教习中有内阁重臣徐阶。徐阶重视经邦济世的学问，在其引导下，张居正努力钻研朝章国故，为他日后走上政治舞台打下了坚实的基础。

明初为了加强中央集权，废丞相，设内阁，其职能相当于皇帝的秘书厅。首席内阁学士称首辅，实际上也就是宰相。张居正入翰林院学习的时候，内阁中内阁大学士夏言和严嵩二人正在进行着一场激烈的政治斗争，为争夺首辅职位斗得你死我活，结果先是夏言获胜做了首辅，但是紧接着被严嵩进谗被杀，严嵩继任首辅。

对于内阁斗争，时为新科进士的张居正冷眼观察，对朝廷的政治腐败和边防废弛有了直观的认识。为此，嘉靖二十八年（1549），张居正以《论时政疏》首陈"血气壅阏"之一病，继指"臃肿痿痹"之五病，系统阐述了他改革政治的主张，但没有引起明世宗和严嵩的重视。

嘉靖三十三年，张居正借口请假养病，离开京师来到故乡江陵。休假3年中，他仍不忘国事，亲身接触农民。家境本就贫寒的居正，在乡间体会到了人民的辛劳、饥寒和痛苦。这一切不禁使他恻然心动，济世救国的想法如重担在肩一般。他在等待机会一展抱负。

嘉靖三十六年，张居正仍回翰林院供职。嘉靖四十三年，张居正进宫右春坊右渝德兼国子监司业，深谋远虑的徐阶荐居正为裕王朱载垕的侍讲侍读。逾德只是个虚衔，但由于裕王很可能继承皇位，侍裕王讲读就不是等闲之职了。国子监司业一职也让张居正掌握了很多将来可能进入官场的人，为张居正打开了人脉。

打败高拱后，四十五年，张居正掌翰林院事。

公元1566年，世宗殁，裕王即位，是为明穆宗。张居正的机会来了。隆庆元年（1567），他以裕王旧臣的身份，放擢为吏部左侍郎兼文渊阁大学士，进入内阁，参与朝政。同年四月，又改任礼部尚书、武英殿大学士。这年张居正43岁。

初入内阁

穆宗初期的明王朝，内则土地兼并，流民四散，草寇祸起，国家帑藏空虚，用度匮乏；外则北方鞑靼进兵中原，制造"庚戌之变"，南方土司争权夺利，尤其岑猛叛乱，"两江震骇"，东南倭寇骚扰沿海，民不聊生。而朝廷上的官僚阁老却在为权势你争我夺，朝政废弛。

隆庆二年八月，张居正托《陈六事疏》，从省议论、振纪纲、重诏令、核名实、固邦本、饬武备等六个方面提出改革政治的方案，其核心就是整饬吏治，富国强兵。他批评空作王霸之辩的人"不知王霸之辩、义利之间在心不在迹"，而误认为"仁义之为王，富强之为霸"。明确地把解决国家"财用大匮"作为自己的治国目标。

入阁不久的张居正主持了巩固边防的工作。

隆庆四年，鞑靼首领俺答汗进攻大同，计划称帝。张居正闻悉俺答的孙子把汉那吉，携妻比吉和乳母的丈夫阿力哥共十几人请求归顺明朝，大同巡抚方逢时和宣大总督王崇古一时拿不定主意。鉴于这件事非同小可，张居正写信，要崇古立刻把详情"密示"于他。原来，俺答的第三个儿子死时遗一小孩即把汉那吉，把汉那吉长大娶妻比吉，后爱上姑母之女三娘子并再娶。然而，身为外祖父的俺答也爱上了三娘子，意据为己有。于是祖孙之间为一个小女子心中结怨，演出失恋青年离家投汉的一幕。

张居正接到报告，再次写信给崇古，要其妥善安排把汉那吉，并派人通报俺答："按照大明朝的法令，得到敌酋亲属的透露，可以赏万金，封爵位。我不是不能割下你孙子的头颅去领赏，但他是投奔我大明而来，况且又顾念他是你的亲孙子，不忍杀他。"然后，又告诉崇古、逢时奏疏皇上接受把汉那吉投降。朝中很多人极力反对，认为敌情叵测。果然俺答的骑兵如黑云压城至北方边境。然而王崇古早在张居正授意之下作好战事准备，并以其孙要挟，俺答终于被迫妥协。张居正顺水推舟应俺答的请求，礼送把汉那吉回乡，俺答则把赵全等叛臣绑送明室。

把汉那吉穿着皇上官赐的大红丝袍回鞑靼帐幕。俺答见到非常感动,说以后不再侵犯大同,并决定请求封贡、互市,和明友好相处。

隆庆五年,穆宗在张居正等人的力劝下,诏封俺答为顺义王,并在沿边三镇开设马市,与鞑靼进行贸易。北部边防从此得以稳固。

万历新政

隆庆六年(1572),穆宗病殁,年仅10岁的神宗朱翊钧继位,张居正做了内阁首辅,从此开始了十年之久的万历新政。

万历元年(1573)十一月,张居正上疏实行"考成法",明确职责。他以六科控制六部,再以内阁控制六科。对于要办的事,从内阁到六科,从六科都到衙门,层层考试,做到心中有数。改变了以往"上之督之者虽谆谆,而下之听之者恒藐藐"的拖拉现象。考成法的实行,提高了各级部门的办事效率,而且明确责任,赏罚分明,从而使朝廷发布的政令"虽万里外,朝下而夕奉行"。

张居正在施行考成法时,将追收逋赋作为考成的标准。万历四年规定,地方官征赋试行不足九成者,一律处罚。同年十二月,据户科给事中奏报,地方官因此而受降级处分的,山东有17名,河南2名;受革职处分的,山东2名,河南9名。这使惧于降罚的各级官员不敢懈怠,督责户主们把当年税粮完纳。由于改变了拖欠税粮的状况,使国库日益充裕。据万历五年户部统计全国的钱粮数目,岁入达435万余两,比隆庆时每岁所入(含折色、钱粮及盐课、赃赎事例等项银两在内)250余万两之数,增长了74%。财政收支相抵,尚结余85万余两,扭转了长期财政亏虚的状况。正如

万历九年四月张居正自己所说的："近年以来，正赋不亏，府库充实，皆以考成法行，征解如期之故。"可见，实行考成法虽是一种政治改革，但它对整顿田赋、增加国家财政收入起了很大作用。

张居正还认为"古之理财者，汰浮溢而不骛入，节漏费而不开利源"。理财还是要以节用为主。

张居正通过加强对官吏的考核，裁减冗员，节省朝廷的俸禄开支。据对"两京大小九卿及各属，有沉滥者裁之"，竟"汰冗员二三"。同样，张居正也通过各种途径削减朝廷的军费开支。一方面与鞑靼人修好，通贡互市，保持边境安定，减少战争费用，另一方面也大量削减抚赏开支。到万历二年，北边"三镇二岁之中，所费不过万余，而所省已百余万"。还通过减客兵，清粮饷的办法减少支出，"岁所省，几得数十百万"。

同时，张居正还要求万历皇帝勒紧裤带，和大家一道过紧日子。他不仅多次向神宗提出"节用爱民""以保国本"，而且在皇室的奢侈性花费上，也是锱铢必较，寸步不让。万历七年，神宗向户部索求十万金，以备光禄寺御膳之用，张居正据理力争，上疏说，户部收支已经入不敷用，"目前支持已觉费力，一旦有四方水旱之灾，疆场意外之变，何以给之？"他要求神宗节省"一切无益之费"。结果，不仅免除了这十万两银子的开支，连宫中的上元节灯火、花灯费也被废止。在张居正的力争下，还停止重修慈庆、慈宁二宫及武英殿，节省服御费用，减苏松应天织造等，他还请求将为明神宗日讲的时间放在早上，可以免晚上的灯火费用。自此，皇室的奢侈消费现象大大收敛。

对于自己的用度，张居正也是力戒奢华。纂修先皇实录，例得赐宴一次。张居正参加纂修穆宗实录，提出辞免赐宴。他说："一宴之资，动之数百金，省此一事，亦未必非节财之道。"

张居正在整顿吏治、厉行节约的过程中，不仅自己廉洁奉公，而且对家属也严格要求。儿子回江陵应试，他吩咐儿子自己雇车；父亲生日，他吩咐仆人带着寿礼，骑驴回家祝寿。万历八年，张居正次弟病重，回乡调治，保定巡抚张卤例外发给"勘合"（使用驿站的证明书），张居正立即交还。

当时，明王朝的主要财政收入来源于田赋收入，可是这项收入却因为土地兼并和负担不均而收入甚微。为此，张居正提出惩办贪污，清理欠赋和清查田亩等三项措施，其中尤以清查田亩声势浩大。

万历六年（1578），张居正以福建为试点，清丈田地，结果"闽人以为便"。于是在万历八年，张居正上疏并获准在全国陆续展开清丈土地，并在此基础上重绘鱼鳞图册。

全国大部分地区根据户部颁布的《清丈条例》对田地进行了认真的清丈。大部分州县清丈彻底，额田大有增加。随着额田的增加，加之打击贵族、缙绅地主隐田漏税，明朝田赋收入大为增加。

张居正很清楚，仅靠清丈田亩还远远不能彻底改变赋役不均和胥吏盘剥问题，不进一步改革赋税制度就无法保证国家财政收入的稳定，将会有更多的贫民倾家荡产，不利于社会的安定。赋役改革是一个十分棘手的事情，一旦过多触犯权宦土豪的利益，弄不好就会引起强烈的反对，使自己的所有心血前功尽弃。清丈田亩为推行"一条鞭法"的赋税改革创造了条件。

当时，不少地区已在试行适应本地区的赋役改革方案，如应天府（今江苏南京）的"里甲银"，浙江、广东的"均平银"，福建的"纲银"，还有江南的"十段锦"，以及有些地区的"一条鞭法"等。

一条鞭法最早于嘉靖十年（1531）二月，由南赣都御史陶谐在江西实行，取得了成绩，此后姚宗沐在江西，潘季驯在广东，庞尚鹏在浙江，海瑞在应天，王圻在山东曹县也都实行过一条鞭法。海瑞在应天府的江宁、上元两县"行一条鞭法，从此役无偏累，人始知有种田之利，而城中富室始肯买田，乡间贫民始不肯轻弃其田矣"，做到了"田不荒芜，人不逃窜，钱粮不拖欠"。

万历五年，山东东阿知县白栋推行一条鞭法，全县钱粮均按地丁起科。但由于这种做法触犯了官绅的利益，他们便制造浮言，户科部给事中光懋说："至嘉靖末年，创立条鞭，不分人户贫富，一例摊派……然其法在江南犹有称其便者，而最不便于江北。如近日东阿知县白栋行之山东，人心惊惶，欲弃地产以避之。请敕有司，赋仍三等，差由户丁，并将白栋纪过劣处。"幸亏张居正及时派人前往东阿巡察，才知道光懋歪曲事实。于是张居正拟旨答复："法贵宜民，何分南北？各抚按悉心计议，因地所宜，听从民便，不许一例强行。白栋照旧策励供职。"又致书支持白栋的左都御史李世达："条鞭之法，近旨已尽事理，其中言不便十之一二耳。法当宜民，政以人举。民苟宜之，何分南北。"

张居正认为一条鞭法不仅不应反对，而且可以"不分南北"，在全国普遍推广。万历九年，他终于下令，在全国范围内实行一条鞭法。

一条鞭法是中国田赋制度史上继唐代两税法之后的又一次重大改革。它简化了赋役的项目和征收手续，使赋役合一，并出现了"摊丁入亩"的趋势。后来清代的地丁合一制度就是一条鞭法的运用和发展。

一条鞭法的施行，改变了当时极端混乱、严重不均的赋役制度。它减轻了农民的不合理赋役负担，限制了胥吏的舞弊，特别是取消了苛重的力差，使农民有较多时间从事农业生产。

张居正十分重视人民的实际生活，他通过多种渠道设法减轻人民的赋役负担，有时还直接提出减免人民的税负。万历十年，随着清丈田亩工作的完成和一条鞭法的推行，明朝的财政状况有了进一步的好转。这时太仆寺存银多达400万两，加上太仓存银，总数约达七八百万两。太仓的存粮也可支10年之用。这年二月，张居正上疏请求免除自隆庆元年（1567）至万历七年（1579）间各省积欠钱粮。

另外，张居正还反对传统的"重农轻商"观念，认为应该农商并重，并提出"省征发，以厚农而资商……轻关市，以厚商而利农"的主张。因此也反对随意增加商税，侵犯商人利益。这些做法顺应了历史的发展潮流，在一定程度上减轻了百姓的负担，缓和了一触即发的阶级矛盾，对历史的发展起了积极的推动作用。

人亡而政息

万历十年六月二十日（新历7月9日），居正病逝。死后，神宗为之辍朝，赠上柱国，谥"文忠"，荫一子为尚宝司丞，赏丧银500两。

张居正施行的万历新政挽救了积弱积贫的大明王朝，但是在某些方面也损害了一些官僚、大地主的利益。于是，在张居正死后，有些人就开始了肆意的报复和攻击。

张居正的被参是从一件事情开始的。万历十二年（1584），明神宗下了一道诏书，诏书说过去清丈中出现过许多不法行为。鉴于弊端如此严重，那一次丈量不能作为实事求是的税收依据。万历没有想到，这道诏书虽然没有提到张居正的名字，但一经颁布天下，过去按照张居正的指示而严格办理丈量的地方官，已一概被指斥为佞臣。对张居正的清算由此揭开了序幕。

清算运动慢慢地、但是有进无退地蔓延开去，而参与者也清楚地知道现在和当年政治形势已经大不相同，他们揭发事实，制造舆论，使张居正的形象逐步变得虚伪和毒辣，罪状有欺君毒民、接受贿赂、卖官鬻爵、任用私人、放纵奴仆凌辱缙绅等等，归结到最后，就是结党营私，妄图把持朝廷大权，居心叵测云云。

神宗于是下令抄家，并削尽其官职，迫夺生前所赐玺书、四代诰命，以罪状示天下，还差点开棺戮尸。

谁曾想，一代救时宰相死后落得如此可悲的下场。

林则徐

林则徐（1785~1850），福建侯官人（今福建省福州），字元抚，又字少穆、石麟，晚号俟村老人、俟村退叟、七十二峰退叟、瓶泉居士、栎社散人等。是清朝后期政治家、思想家和诗人，官至一品，曾任江苏巡抚、两广总督、湖广总督、陕甘总督和云贵总督，两次受命为钦差大臣；因其主张严禁鸦片、抵抗西方的侵略、坚持维护中国主权和民族利益深受全世界中国人的敬仰。

初入仕途

林则徐于1785年8月30日出生在福建侯官鼓东街（今福州市鼓楼区）一个下层封建知识分子的家庭里。父亲林宾日，以教读、讲学为生。仅靠父亲教私塾的微薄收入无法维持生活，于是，母亲用手工劳动来分担家庭的困窘。

在科举时代，林则徐的父母指望自己的儿子能在仕宦之途发达上升。林则徐天性聪颖，在4岁时便由父亲"怀之入塾，抱之膝上"，口授四书五经。在父亲的精心培育下，较早地读了儒家经传。嘉庆三年（1798），他14岁中秀才后就到福建著名的鳌峰书院读书，受教于具有实学的郑光策和陈寿祺。在父亲和亲友的影响下，开始注意经世致用之学。

嘉庆九年（1804），20岁中举人。父亲的谆谆教导使林则徐的学业取得了惊人的成就。但此后由于家庭日难，外出当塾师。在十一年（1806）秋，应房永清之聘到厦门任海防同知书记。这里的鸦片烟毒引起他的注意。同年，受新任福建巡抚张师诚的赏识招入幕府。他在张幕府中获知了不少清朝的掌故和兵、刑、礼、乐等知识以及官场经验，为他日后的"入仕"准备了些必要条件。

张师诚位极人臣，对典章大政等政治学问均有所知，他将自己公事上的知识、权术一一传授给林则徐，甚至他在嘉庆十四年八月（1809年9月），镇压海盗蔡牵时亦一同随往，令林则徐间接参与镇压。张师诚事后称赞林则徐"是役也，僚属睹余督剿之劳，佥谓非余先得贼踪，飞檄催战，未必能如斯神速。"

嘉庆十一年（1806）底，张师诚推荐林则徐父亲林宾日为乐正书院主持，林家经济得以改观。后林则徐又在这年参加京师会试，可惜仍是落第，他依然留在张师诚当幕僚。直到嘉庆十六年（1811），林则徐终中进士，殿试高居第二甲第四名，从此踏上官宦之路。

虎门销烟

当时，英国是世界上最大的帝国主义国家，它不断地在世界各地疯狂的掠夺殖民地，还企图用鸦片打开中国的大门。上至朝廷，下至百姓，对烟毒之害深恶痛绝。道光十八年11月15日，林则徐受命钦差大臣，到广州禁烟。

广州是外国烟贩子的贩毒中心。

入广州之前，林则徐先弄清广州受鸦片毒害情况，查找各家烟馆，掌握大量第一手资料。

1839年3月10日林则徐经过两个月的旅程到达广州，成千上万的人挤满了珠江两岸，人人争睹钦差的风采。整个广州都在等待和倾听钦差大臣的声音，林则徐的回答是第二天在辕门外贴出的两张告示《收呈示稿》宣明钦差大臣到广州的目的是查办海口事件。另一个《关防示稿》无异于钦差大臣此行的第一个宣言，是采取禁烟行动的先声。这个告示是林则徐作为钦差大臣向广州官员、百姓和外国人的首次公开亮相，它不仅再次以清廉告白天下，而且是为了驾驭极其复杂的局面。

1839年3月19日，林则徐下令禁止外国人离开广州，命外国鸦片贩子限期缴烟，并具结保证今后永不夹带鸦片，他还严正声明："若鸦片一日不绝，本大臣一日不回，誓与此事相始终，断无中止之理。"但外商拒绝交出。3月21日林则徐下令包围商馆，3月22日下令查拿英国鸦片贩子颠地。

英国驻华商务监督义律的到来，矛盾自然转移到他身上，他到达当天，林则徐下令停泊在黄浦江上的一切外国船只封舱，当天晚上封锁商馆，并且撤走一切差役和中国雇员。但是义律是一个十足的大流氓，面对林则徐的命令，出尔反尔，采取无赖、讹诈、欺骗、撒谎的卑鄙手法交替使用。义律狡猾多端，但不是林则徐的对手，3月28日，向林则徐呈送了《义律遵谕呈单缴烟二万零二百八十三箱禀》。

从林则徐1839年3月10日到达广州，到义律3月28日被迫同意缴出全部鸦片，总共18天，这充分说明了林则徐收缴鸦片第一回合的胜利。

林则徐与邓廷桢等人会商后，就收缴的地点、验收、押运、存储、看管、守卫等各个环节做了无懈可击的指令和安排。

4月10日林则徐、邓廷桢邓亲赴虎门检查收缴前各项准备工作。

4月11日开始收缴，林则徐亲自监督收缴全过程。

5月18日，实用了34天，共收缴烟土19 187箱，又2119袋，总重量1 188 127公斤。

这段日子，林则徐一刻不息的监督这一庞杂的过程。日夜操劳，一丝不苟，无一纰漏。缴烟获得了完全的胜利，但如此巨量的鸦片如何处置，外国人推测中国可能对鸦片实行专卖，从而使鸦片买卖合法化，但他们想错了。林则徐报告道光皇帝，要求验明实物数量，然后焚毁。道光对林则徐表示了很大的信任，他让林则徐和邓廷桢、怡良等人将收缴的鸦片就地销毁。

林则徐下令在虎门将鸦片公开销毁，并带领大、小官员亲自监督。他令人将鸦片放入挖好的两个大池子里，池中放入卤水，鸦片浸泡半日后，再加上生石灰，生石灰将生水煮沸，就把鸦片销毁了。经过22天，才把缴获的鸦片全部销毁。这就是举世闻名的"虎门销烟"。

死而后已

英国殖民者不肯放弃罪恶的鸦片贸易，而且蓄谋要用武力侵略中国。林则徐在广东一边禁烟，一边积极备战，修建炮台，拉拦江木排铁链，相信"民心可用"，招募五千多渔民编成水勇，屡败英军的挑衅。

在 1839 年下半年，取得九龙之役、川鼻官涌之役等反击战的胜利。道光帝盲目骄傲，下旨停止英国贸易。于道光十九年十二月初一日（1840 年 1 月 5 日），清廷授林则徐任两广总督。鸦片战争爆发后，定海失陷，琦善到广州，与林则徐反其道而行之。在英侵略者威胁利诱下，擅自签定割让香港，赔偿烟价六百万元的《穿鼻草约》。但他却把这一切都归罪于林则徐。

林则徐抗英有功，却遭投降派诬陷，被道光帝革职，"从重发往伊犁，效力赎罪。"他忍辱负重，道光二十一年（1841 年 7 月 14 日）踏上戍途。在赴戍途中，仍忧国忧民，并不为个人的坎坷而唏嘘，当与妻子在古城西安告别时，在满腔愤怒下写了"苟利国家生死以，岂因祸福避趋之"的激励诗句。

道光二十一年十一月初九日到新疆。林则徐不顾年高体衰，从伊犁到新疆各地"西域遍行三万里"，实地勘察了南疆八个城，加深了对西北边防重要性的认识。林则徐所译资料中发现沙俄对中国的威胁，促成了他抗英防俄的国防思想，成为近代"防塞论"的先驱。于是他明确向伊犁将军布彦泰提出"屯田耕战"，有备无患。他还领导群众兴修水利，推广坎儿井和纺车，人们为纪念他的业绩，称为"林公井""林公车"。林则徐根据自己多年在新疆的考察，结合当时沙俄胁迫清廷开放伊犁，指出沙俄威胁的严重性，临终时尚告诫"终为中国患者，其俄罗斯乎！"林则徐的远见卓识，已被后来的历史所证实。

道光二十五年（1845）开始，朝廷重新起用林则徐，调任陕甘总督、陕西巡抚、云贵总督。道光二十五年九月奉召回京候补，十一月以三品顶戴署理陕甘总督。二十六年（1846）四月，授陕西巡抚，七月初九（8 月 30 日）抵陕上任。这时的陕西，各种社会矛盾十分尖锐：鸦片战争时，清廷为解决军费困难，除调拨陕西征收的盐税外，还强令陕西捐银一百多万两。鸦片战争后给外国侵略者的赔款也摊派到陕西，仅西安府咸宁、长安两县的赔款银，年征收就在二万两以上，相当于上缴正银数的三分之一；加上各地接连发生灾荒，劳苦群众生活异常艰难；渭南、富平、三原、大荔、蒲城等地的"刀客"与当地回民联合起来，反抗官府的斗争此起彼伏。

林到任后下令对"刀客"严加镇压，并申明对地方官中镇压得力者将奏请朝廷予以嘉奖；同时，又采取了一系列赈灾措施。一方面，把西安府等地的一百多万石存粮向贫民平粜，对于无力购粮的极贫户与老弱病残者，由官方收养，省城西安即收养极贫百姓三四千人；劝绅商富户出钱出粮救济其所在村寨的贫困户，并令地方官与各地富户收买、质押耕牛，以免影响耕种；另一方面，向清廷连上《被旱各属分别缓征折》《咸宁等十二州县应征粮石展限奏销折》，请求朝廷缓征钱、粮。为从根本上免除灾荒，他筹议兴修关中水利，命陕西督粮道张集馨对《关中胜迹图志》一书加以研究，提出方案。这一计划终因费用太大，未能实现。林通过上述多种办法，使陕西局势得到暂时的稳定，但他却因劳累成疾，只好奏请朝廷准假三个月，开缺医治。

道光二十七年（1847）三月，清廷命林则徐为云贵总督。到任后，以维护云南边境安定得力加太子太保，赏戴花翎。二十九年（1849）秋，因病重奏请开缺回乡调治，翌年三月返抵侯官。九月，又被清廷命为钦差大臣，去广西镇压拜上帝会的反清武装起义。他抱病从侯馆起程，十月十九日（1850年11月22日）逝于潮州普宁行馆。在报丧奏折到京前，清廷于十月二十四日（11月27日）还命他暂署广西巡抚。

在任滇都时，他提出整顿云南矿政，鼓励私人开采，提倡商办等主张。这反映出他的思想中包含着萌芽中的资本主义思想。于道光二十九年（1849）因病辞归。结束了他的政治生涯。

道光三十年（1850）清政府为进剿太平军，再任命他为钦差大臣，督理广西军务。在赴任途中，1850 年 11 月 22 日暴卒于潮州普宁县行馆，终年 66 岁。死后晋赠太子太傅，照总督例赐恤，历任一切处分悉行开复，谥文忠。

曾国藩

曾国藩（1811~1872），出生于湖南长沙府湘乡荷叶塘白杨坪（今湖南省娄底市双峰县荷叶镇天坪村）的一个普通耕读家庭。晚清重臣，湘军的创立者和统帅者。清朝军事家、理学家、政治家、文学家，官至两江总督、直隶总督、武英殿大学士，封一等毅勇侯。

仕途平坦

嘉庆十六年（1811），曾国藩出生于湖南长沙府湘乡荷叶塘白杨坪（今湖南省娄底市双峰县荷叶镇天坪村）的一个普通耕读家庭。曾国藩出生时，祖父曾经梦到有一只巨蟒缠在他家的柱子上，所以认为曾国藩是巨蟒转世。曾国藩出生后家中的一棵死梧桐树竟然重新焕发出了生命，让其祖父更加相信巨蟒转世这一梦语。而凑巧的是曾国藩患有类似"牛皮癣"一类的皮肤病，浑身上下都是像蛇的鳞片一样的癣，所以曾国藩也相信了巨蟒转世这一梦语。曾国藩为长子，其下有兄妹九人。祖辈以务农为主，生活较为宽裕。祖父曾玉屏虽少文化，但阅历丰富；父亲曾麟书身为塾师秀才。

作为长子长孙的曾国藩，6 岁时入塾读书，8 岁能读八股文诵五经，14 岁时能读周礼、史记文选，并参加长沙的童子试，成绩俱佳列为优等，可见他自幼天资聪明，勤奋好学。至道光十二年（1832）他考取了秀才，并与欧阳沧溟之女成婚。连考两次会试不中，随后又努力复习一年，在虚岁 28 岁时，道光十八年（1838）殿试考中了同进士，从此之后，他一步一阶的踏上仕途之路，并成为军机大臣穆彰阿的得意门生。在京十多年间，他先后任翰林院庶吉士，累迁侍读，侍讲学士，文渊阁值阁事，内阁学士，稽察中书科事务，礼部侍郎及署兵部，工部，刑部，吏部侍郎等职，曾国藩就是沿着这条仕途之道，步步升迁到二品官位。十年七迁，连跃十级。

讨逆功臣

咸丰二年（1852），曾国藩因母丧在家。这时太平天国的起义已席卷半个中国，尽管清政府从全国各地调集大量八旗、绿营官兵来对付太平军，可是这支腐朽的武装不堪一击。因此，清政府屡次颁发奖励团练的命令，力图利用各地的地主武装来遏制革命势力的发展，这就为曾国藩的湘军的出现，提供了一个机会。

咸丰三年（1853）曾国藩建立地方团练，称为湘军，分陆军、水师两种，士兵则招募湘乡一带农民为主，薪俸为一般绿营的三倍左右，全军只服从曾国藩一人。咸丰四年（1854）二月，总计有陆军十三营六千五百人，水师十营五千人，会集湘潭，誓师出征。曾国藩发表了《讨粤匪檄》。在这篇檄文里，他攻击太平天国农民战争是"荼毒生灵""举中国数千年礼义人伦诗书典则，一旦扫地荡尽。此岂独我大清之奇变，乃开辟以来名教之奇变，我孔子、孟子之所痛哭于九原"，接着号召"凡读书识字者，又乌可袖手安坐，不思一为之所也"其站在了道德的制高点，故动员了当时广大的知识分子参与到对太平军的斗争当中，为日后的胜利打下了坚实的基础。

湘军初战在岳州、靖港，都败给了太平军，接连吃败战，曾国藩几乎跳水自尽，在上书时，只能以"屡败屡战"自嘲。后来，曾国藩重整军实，复占岳州、武昌，太平军势力退出湖南。咸丰八年（1858年5月），湘军攻占九江，气势很盛；咸丰十年（1860），曾国荃包围安庆，以"扎硬寨，打死仗"闻名。同治三年（1864），湘军攻破天京（南京）。

太平军抵抗湘军，让湘军吃足苦头，南京城破时，曾国藩说："今粤匪之变，蹂躏竟及十六省，沦陷至六百余城之多，而其中凶酋悍党，如李开方守冯官屯、林启容守九江、叶芸来守安庆，皆坚忍不屈。此次金陵城坡，十万余贼无一降者，至聚众自焚而不悔，实为古今罕见之剧寇。"曾国藩入南京后，搞三光政策，"……分段搜杀，三日之间毙贼共十余万人，秦淮长河，尸首如麻……三日夜火光不息。"其实十余万人大多是老百姓，南京文士李圭道："至官军一面，则溃败后之掳掠，或战胜后之焚杀，尤耳不忍闻，目不忍睹，其惨毒实较'贼'又有过之无不及，余不欲言，余亦不敢言也。"曾国藩的幕僚赵烈文在《能静居日记》有详细记载南京城破："……沿街死尸十之九皆老者。其幼孩未满二三岁者亦斫戮以为戏，匍匐道上。妇女四十岁以下者一人俱无，老者无不负伤，或十余刀，数十刀……"。曾国荃杀人如麻，纵兵焚城，"雪帅"彭玉麟见状不满，先后二次（1861年安庆之围与1864年金陵之围）致函曾国藩，要求大义灭亲。曾国荃于南京抢得大量财物，曾国藩对朝廷奏称"伪宫贼馆，一炬成灰，并无所谓赋库者，然克复老巢而全无货物，实出微臣意计之外，亦为从来罕见之事"。

曾国藩残酷镇压太平天国起义，用刑苛酷，史称"派知州一人，照磨一人承审匪类，解到重则立决，轻则毙之杖下，又轻则鞭之千百。……案至即时讯供，即时正法，亦无所期待迁延"。不仅他自己直接杀人，他的父亲和四弟也杀人，即有人责其杀人过多，称呼为"曾剃头""曾屠户"。据说，南京小孩夜哭，妈妈说"曾剃头来了"，小孩就不哭了。

湘军在军事素质落后的清朝武装力量中，成为中国南方地区与太平天国军事力量作战的主力之一，是镇压太平天国的"功臣"。曾国藩因此被封为一等勇毅侯，成为清代以文人而封武侯的第一人，后历任两江总督、直隶总督，官居一品。

功败垂成

太平天国失败后，太平军在江北的余部与捻军汇合，清廷命曾国藩督办直隶、山东、河南三省军务。同治五年（1866），时为湘军总领的曾国藩奉令进驻周家口，以钦差大臣的重权身份，督师剿捻。

曾国藩带领湘军二万，淮军六万，配备洋枪洋炮，北上"剿捻"，他的方针是"重迎剿，不重尾追"，并提出"重点设防"等计划。

曾国藩根据捻军行踪不定、流动作战的特点，采用了"重点防务、坚壁清野和画河圈围"的对策，他在周口西至漯河建立起"沙河百里防线"，企图借此天堑把捻军阻击在运河、沙河地区，使捻军无处可逃，然后加以消灭。但是捻军突破了曾国藩的防线，进入山东，使曾国藩的战略计划全部破产。曾国藩被免职，由李鸿章接代。

同治九年，正在直隶总督任上的曾国藩奉命前往天津办理天津教案。1870年6月21日，天津数千名群众因怀疑天主教堂以育婴堂为幌子拐骗人口、虐杀婴儿，群集在法国天主教堂前面。法国领事丰大业认为官方没有认真弹压，持枪在街上碰到天津知县刘杰，因发生争执开枪射击，当场击死刘杰仆人一人，民众激愤之下先杀死了法国驻天津领事丰大业及其秘书西门，之后又杀死了10名修女、2名神父、另外2名法国领事馆人员、2名法国侨民、3名俄国侨民和30多名中国信徒，焚毁了法国领事馆、望海楼天主堂以及当地英美传教士开办的4座基督教堂。事件发生后，英、美、法等国联合提出抗议，并出动军舰逞威。曾国藩到天津后，考量当时局势，不愿与法国开战，"但冀和局之速成，不问情罪之一当否"，在法国的要求下，商议决定最后处死为首杀人的18人，充军流放25人，并将天津知府张光藻、知县刘杰被革职充军发配到黑龙江，赔偿外国人的损失46万两银，并由崇厚派使团至法国道歉。这个交涉结果，朝廷人士及民众舆论均甚为不满，使曾国藩的声誉大受影响，引起全国朝野的唾骂，连他的湖南同乡，也把他在湖广会馆夸耀其功名的匾额砸烂焚毁。

同治十一年二月初四（1872年3月20日）在南京病逝。朝廷赠太傅，死后被谥"文正"。

权臣奸相

屠岸贾

屠岸贾，是春秋时晋国人，生卒年不详。在晋灵公和晋景公时任大夫之职。善以阿谀取悦灵公，因此得到灵公宠爱。后在景公面前进谗，冤杀丞相赵盾一家百口，制造历史上的一大惨案。

佞臣乱政

屠岸贾的家族就曾经是一个贵族，祖父屠岸夷是晋惠公身边的一个大臣，在晋惠公权利的争斗中，为晋惠公立下大功，为此后来被封为大夫官职。屠岸贾的父亲父亲屠岸击在晋惠公时期世袭大夫官职，屠岸贾因此受益。晋灵公继位后，屠岸贾任大夫之职，成为宠臣。

晋国开始是春秋时期的一个小国，由于晋文公励精图治使这个小国，一下子成为了具有霸主地位的强国，在晋文公和晋襄公时期一直保持着霸主地位。

晋襄公临终前，托付当时的相国赵盾把年幼的夷皋也就是晋灵公立为太子。

公元前620年，晋灵公继位。晋灵公继位时还是一个在母亲怀抱的小孩，由于年幼开始还听命赵盾的话，因为赵盾是有名的忠臣，晋襄公也很信任他才托付他扶持晋灵公，赵盾对托孤之事尽心竭力。但是到了年长后的晋灵公，开始宠信大夫屠岸贾。因为屠岸贾对于晋灵公惟命是从，善于阿谀奉承。他为了迎合巴结晋灵公，为晋灵公专门建造豪华庄园供晋灵公享乐。据说这个庄园装修特别的豪华，屠岸贾负责建造，搜刮民财大兴土木，不但有各种花鸟鱼虫，规模布局装饰等豪华程度，在当时都是独一无二的。晋灵公经常与宫女姬妾在这里淫乐。屠岸贾还到各地选择良家美女强行招入庄园。屠岸贾的用心得到回报和赏识，也助长了晋灵公的残暴，国家大事已经被晋灵公完全忘到脑后。

对此，相国赵盾和许多大臣都很担忧，都推举元老赵盾出面劝阻晋灵公以国家大业为重，晋灵公对这些善意的忠劝，不但不听，而且十分怨恨，开始和赵盾产生矛盾。屠岸贾乘机煽风点火挑拨离间，更加激化了晋灵公与赵盾之间的矛盾。晋灵公心里产生了除掉赵盾的心理。屠岸贾为了扫除自己的政敌，决定利用晋灵公与赵盾的矛盾。他多次挑拨，并且诬陷栽赃，怂恿晋灵公杀掉赵盾。晋灵公便与屠岸贾密谋派刺客刺杀赵盾。赵盾的忠贞感动了刺客，刺客知道自己被奸臣和昏君所蒙骗，不想违背君命也不忍心杀害忠臣，告诉赵盾小心提防小人奸臣陷害后，头撞大树自杀。

一计不成又生二计，屠岸贾在灵公面前诬陷赵盾有不轨行为，借机杀害。由于赵盾的侍卫识破，极力保护赵盾。屠岸贾等人就露出阴险的嘴脸，命人追杀赵盾。侍卫拼命保护，赵盾才脱离危险，但是侍卫被他们杀害。这次他们想除掉赵盾也没有成功。但是赵盾再也不能阻碍他们享乐了。

赵盾父子逃离后，在路上遇到了侄子赵穿，赵穿知道原委后很是气愤，安顿好赵盾父子，回到京城准备除掉晋灵公，他便假装向晋灵公请罪，说赵盾怎么的不对，而且还连累自己，自己请求晋灵公免去自己的官职。晋灵公觉得他很真诚，劝赵穿安心供职。赵穿假意迎合晋灵公，并建议到各处多多寻找美女侍驾。晋灵公很高兴，采纳了赵穿的建议命屠岸贾到晋国各地寻找美女。屠岸贾被支走后，赵穿带人攻入宫中。由于晋灵公荒淫无道，根本没有人为他拼命，很容易就将晋灵公杀死了。

晋灵公死后，晋国百姓拍手称快。赵盾被赵穿迎回，和众大臣商议之后，把晋文公的儿子扶上了皇位，晋成公继位后，由赵盾帮助主持朝政，并且以女嫁给赵盾的儿子赵朔为妻称庄姬。屠岸贾知道晋灵公已死，知道是赵穿干的，但是不敢声张偷偷的回来不敢出门。赵穿决定除掉屠岸贾，但是赵盾极力阻拦。结果留下了祸患。

灭门惨案

晋成公继位后，赵盾的忠贞功劳得到了肯定，赵盾的一切得到了恢复而且家族也得到了荣耀，与同朝官员和睦相处，一心辅佐晋成公重新恢复霸业。成王新登王位，不想造成过多的杀戮，因此屠岸贾得以幸免。

失势的屠岸贾虽然暂时隐忍，但是他时刻在等待和寻找机会，好恢复受宠的地位，实现呼风唤雨的野心。

这个机会很快就来了。不久赵盾病逝，晋成公也在征讨陈国的途中病逝。

公元前599年，晋景公继位，晋景公和晋灵公一样的昏庸荒淫无度，屠岸贾又被启用，因为屠岸贾使出各种手段去迎合晋景公荒淫淫乐，晋景公对他非常宠信和依赖。屠岸贾巩固了自己在景公那里的地位之后，便开始了诛杀赵氏，独揽大权的图谋。

晋景公三年，屠岸贾借口惩治杀灵公的逆贼以便牵连出赵盾，同时遍告所有的将领说："赵盾虽然不知情，但仍然是逆贼之首。做臣子的杀害了国君，他的子孙却还在朝为官，这还怎么能惩治罪人呢？请各位诛杀他们。"韩厥说："灵公遇害的时候，赵盾在外地，我们的先君认为他无罪，所以没有杀他。如今各位将要诛杀他的后人，这不是先君的意愿而是随意滥杀，随意滥杀就是作乱。为臣的有大事却不让国君知道，这是目无君主。"屠岸贾不听。韩厥就告知赵朔赶快逃跑。赵朔不肯逃跑，他说："您一定能不使赵氏的香火断绝，我死了也就没有遗恨了。"韩厥答应了他的要求，他谎称有病不出门。屠岸贾没有请示晋景公，就擅自和将领们在下宫攻袭赵氏，杀死了赵朔、赵同、赵括、赵婴齐，并且灭绝了他们的家族。

最后清点人数时发现了赵朔的夫人庄妃不见了，庄妃是晋成公的女儿，屠岸贾又挑拨晋景公，庄妃已经有身孕了，如果不除掉留下赵氏骨肉，将来会成为祸患。屠岸贾杀害赵氏一家，连一个还没有出生的婴儿他也不放过，就是想斩草除根。屠岸贾一手导演了赵氏孤儿的惨案。

罪有应得

屠岸贾陷害赵氏一家满门抄斩,赵氏冤情15年后才得以昭雪。

公元前582年,晋景公生病死去。晋悼公继位。晋悼公继位时年纪虽小,但是具有胆识和谋略,刚一登基就开始和左手清除前代留下的奸臣,而启用忠臣。当时的能臣韩厥被晋悼公任命为中军元帅,韩厥提出了为赵氏一家伸冤。晋悼公是一个明智之君,也很佩服赵盾一家对晋国的忠诚和贡献,并且命韩厥将赵氏遗留下来的后人赵武招回。屠岸贾当时还在朝中为官,韩厥为了不出现意外,秘密的将赵武接回。晋悼公当着众大臣的面,肯定了赵氏几代人的功劳,并且当年杀害赵氏一家的屠岸贾就在一旁,这个害人误国的奸贼当时就吓得跪在地上。晋悼公宣布杀死一手炮制赵氏满门命案的元凶屠岸贾,以安慰赵氏冤魂于地下。

赵高

赵高(?~前207),中国秦朝二世皇帝时丞相,著名宦官(一说并非宦官)。秦始皇死后与李斯合谋篡改诏书,立始皇幼子胡亥为帝,并逼死始皇长子扶苏。秦二世即位后设计陷害李斯,并成为丞相。后杀死秦二世,终被秦王子婴所杀。

篡诏弑君

赵高本是秦国某位国君之后,他的父亲是秦王的远房本家,因为犯罪,被施刑,其母受牵连沦为奴婢,赵高弟兄数人世世卑贱。秦始皇听说他身强力大,又精通法律,便提拔他为中车府令掌皇帝车舆,还让他教自己的少子胡亥判案断狱。由于赵高善于观言察色、逢迎献媚,因而很快就博得了秦始皇和公子胡亥的赏识和信任。有一次,赵高犯下重罪,蒙毅不敢枉法,要按律处他死刑,秦始皇却赦免了他并复其原职,由此不难看出秦始皇对赵高的偏爱,可他万万没有想到,就是这位在自己眼中"敏于事"的宠臣,日后会成为断送大秦江山的祸首。

秦始皇三十七年（前210）十月，年逾半百的始皇在第五次出巡的途中病倒了。虽然他一生都在寻求着长生不老的秘方且"恶言死"，但仍然无法抗拒生命的自然运作规律。随着病势一天天加重，秦始皇深知自己的大限已到，当务之急是赶快确定立储之事。他将二十几个儿子一一进行掂量，觉得胡亥虽然最得他的疼爱，但知子莫若父，此子昏庸无能，不成器；长子扶苏虽屡屡与自己政见不合，但为人"刚毅而武勇，信人而奋士"，再加上大将蒙恬的辅佐，无疑会是一位贤能的君王。况且，依照嫡长子继承制也应该传位于他。当下始皇不再犹豫，召来兼管着皇帝符玺和发布命令诸事的赵高，让他代拟一道诏书给长子扶苏。时扶苏正监军在上郡（今陕西榆林东南），始皇命他将军事托付给蒙恬，赶回咸阳主持丧事。这实际上已确认了他继承者的身份。诏书封好后，始皇吩咐赵高火速派使者发出，岂料老奸巨猾的赵高假意允诺着，暗中却扣压了遗诏。

原来，这赵高在秦国高层任事多年，早已谙熟了宫廷权力之争的残酷。他明白，一旦扶苏当上了皇帝，自己必定会受到冷落和排挤，所以，这道遗诏对自己是极为不利的。唯有扶立对自己言听计从的胡亥，才有可能保证自己日后的地位。于是，一个恶毒的计划在赵高的脑海中逐步形成了。

七月丙寅，秦始皇驾崩于沙丘平台（今河北广宗西北太平台）。丞相李斯鉴于皇上死于宫外而太子又未确立，害怕天下人知道真相后大乱起来，也担心秦始皇的诸多儿子纷纷起来争夺皇位，于是封锁了消息，将棺材置于辒辌车（古代可以卧的车，有窗户，闭之则温，开之则凉，后也用作丧车）内，队伍所经之处，进献食物、百官奏事一切如故。因此当时除了随行的胡亥、赵高和五六名宠幸之臣知晓始皇已逝外，其余的人均被蒙在鼓里。

一天傍晚，车队停下住宿。赵高觉得时机已到，便带着扣压的遗诏来见胡亥，劝他取而代之："而今大权全掌握在你我和丞相手中，希望公子早作打算。"胡亥早就梦想有朝一日能够登上皇帝的宝座，只是碍于忠孝仁义而不敢轻举妄动。现在听赵高一番贴心之语，蓄蕴已久的野心不禁蠢蠢欲动起来，但仍还有些犹豫，叹息道："父皇病逝的消息还没有诏示天下，怎么好就去麻烦丞相呢？"赵高早已摸透了他的心思，胸有成竹地说："公子不必再瞻前顾后，机不可失，时不再来。这事没有丞相的支持不行，臣愿替公子去与丞相谋划。"胡亥正求之不得，立即答应了。

赵高看出：李斯是秦朝开国元老之一，跟随始皇多年，协助始皇统一天下，治理国家，因而在朝中享有很高的声望，只有争取到李斯，篡位之事才有可能成功。为此，他颇费了一番心计。赵高了解到李斯本出身布衣，正是因为不堪卑贱穷困才效命于秦始皇，而今虽然位居三公，享尽荣华富贵，但依然时时为自己的未来担忧，唯恐有一天眼前的一切会化为泡影。于是，他决定抓住李斯这个性格弱点发动进攻。

赵高径直找到李斯，有恃无恐地对他坦言："皇上驾崩一事，外人无从知道，给大公子扶苏的诏书及符玺也在我那里，定谁为太子，全在丞相与高一句话，丞相看着办吧！"

李斯大惊，听出了赵高想篡诏改立的意图。当下断然拒绝，义正辞严地说："如此大逆不道的话，你怎么说得出口！李斯本来出身低微，幸得皇上提拔，才有今日的显贵。皇上现今将天下存亡安危托付给你我，怎么能够辜负他呢！"

赵高是何等奸猾之人，见正面游说无效，便一转话锋，问道："丞相，依你之见，在才能、功绩、谋略、取信天下以及扶苏的信任程度这几方面，你与蒙恬将军谁强呢？"这句话正触到李斯的痛处，他沉默半晌，黯然地说："不及也。"赵高装出十分关切的样子，进一步试探道："丞相是个聪明人，其中的利害关系恐怕比高看得更清楚。大公子一旦即位，丞相之职必定落人蒙恬之手，到时候，你还能得善终吗？胡亥公子慈仁敦厚，实乃立嗣的最佳人选，希望丞相仔细度量度量。"

李斯此刻已心乱如麻，他太懂得失宠之臣是什么滋味了！而且，这也是他最害怕见到的。经过激烈的思想斗争，他终于向赵高妥协，仰天长叹一声，滴下泪来:"遭遇乱世,也只能以保身为重了!"赵高知计已成,欣喜若狂,马上与李斯合谋,假托始皇之命,立胡亥为太子;又另外炮制一份诏书送往上郡,以"不忠不孝"的罪名赐扶苏与蒙恬自裁。

扶苏接到诏书后,如晴天霹雳,肝胆俱裂。他失声大哭着,转身回到帐中就要拔剑自杀。蒙恬与始皇素日相交甚厚,对这份意外的诏书产生了怀疑,劝阻道:"陛下而今出巡在外,又没有立定太子,诸公子必定都虎视眈眈,暗含窥伺之心。他委任你我监军守边,足见信任之深。今天忽然派使者送来赐死命令,怎知不是有诈?不如提出恳请,弄清楚再死不迟。"那使者早就受了赵高胡亥等人的指使,只在一旁不断地催促。扶苏一向仁孝,哪里还去想是真是假,悲伤地说:"君要臣死臣必死,父要子亡子须亡,还有什么好请求的呢?"言罢挥剑自杀。蒙恬不肯不明不白地就死,使者便将他囚禁在阳周(今陕西子长县北),兵权移交给副将王离,又安排李斯的亲信为护军,这才回去复命。胡亥听说扶苏已死,心中大石落地,就有释放蒙恬的念头。此时正好遇上蒙毅替始皇祭祀名山大川归来,赵高本对他积怨已久,同时也担心日后蒙氏重新掌握大权,不如索性一网打尽。于是对胡亥进谗言:"先帝本来早就想选贤立太子,就是因为蒙毅屡次阻止才没有实行。这种不忠惑主的人,不如杀之,永绝后患。"胡亥信以为真,就派人把蒙毅拘留在代地(今河北蔚县东北)。

赵高见障碍已除,建议胡亥赶快回去继承皇位。由于气候炎热,始皇的尸体已开始腐烂,一阵阵恶臭从车中传出。为掩人耳目,赵高便命人买来大批鲍鱼将臭味盖住,一行人浩浩荡荡回到了咸阳,这才发丧,公告天下,不久举行了空前隆重的葬礼。太子胡亥称帝,是为秦二世。赵高官被封郎中令,成为了胡亥最亲信的决策者。从此以后,这对暴君奸臣便在一起制造出了一幕又一幕令人发指的惨剧。貌似强大的秦王朝,也由此分崩离析。

君臣狼狈为奸

胡亥登上皇位不久,就开始追求起穷奢极欲的生活来。为了显示皇帝的威仪,即位第一年(前209)的春天,他就仿效始皇的排场沿着东线出巡,一直到达海边。又南下会稽,最后由辽东返回。此外,他还大修阿房宫,征召5万名精壮之士屯卫咸阳,并收集天下奇花异草、珍禽奇兽供自己玩乐,以致于

"咸阳三百里内不得食其谷"。但他毕竟清楚自己这个皇帝当得不够光彩，因此仍时时忧心忡忡。一天，他向赵高感叹："朕既然已君临天下，如果能在有生之年享尽人间欢乐，实现自己所有的心愿，那该是多么惬意啊！"赵高何尝没有这样的隐忧，立嗣一事，全是他一手策划，纸终究包不住火，倘若机密泄露，自己便会死无葬身之地。今日见二世亦如此，乘机和盘托出自己的想法："陛下所虑极是！沙丘之谋，诸公子和大臣们都在怀疑，这些人难保不怀有二心。臣每每想到这些，就战战兢兢，恐有不测。心腹大患不除，陛下又怎能安乐一世呢！"

胡亥连连点头称是，急急地问："卿有何高见，但说无妨。"

赵高略一思忖，目露凶光，面显杀机："陛下唯有严刑峻法，将有罪之人连坐诛族，对心怀不满的大臣及诸公子逐一打击，同时提拔陛下的心腹，安排要职。这样一来，才可保您高枕无忧，肆志宠乐矣！"胡亥对赵高早已深信不疑，立刻采纳了他的意见，将生杀大权一并交付给他。

赵高第一个开刀的就是蒙氏兄弟。蒙恬、蒙毅在始皇生前颇受重用，屡建奇功，在朝中也权高位尊，因此是赵高平生最忌之人。他"日夜毁恶蒙氏，求其罪过，举劾之"。胡亥的叔父知道了赵高欲杀蒙氏兄弟，赶忙进宫劝阻二世，认为诛杀忠臣乃亡国之举。无奈，利令智昏的胡亥根本听不进去，以"先帝欲立太子而蒙毅阻拦，实属危害社稷之举"的罪名，迫蒙毅自杀。随即赵高又遣使阳周追逼蒙恬，蒙恬悲愤难当，大声疾呼："我何罪之有，无过而死乎？"遂吞药自尽。可怜一代名将战无敌手，没有捐躯疆场，却惨死于卑劣的小人之手。

除掉蒙氏兄弟后，赵高的心病去了一半，便将谋杀的矛头转向了秦王室。据史书记载，赵高一次就在咸阳杀掉了胡亥的 12 个兄弟，将 10 名公主碾死于杜邮（今陕西咸阳市东）。公子将闾昆弟三人，被囚在内宫，赐死前，皆痛哭流涕，仰天大叫："吾无罪"惨不及言。另一公子高，见众手足都死于非命，知道赵高不会放过自己，便想逃亡，却又怕连累亲族，遂提出为父皇殉葬的要求。赵高就向胡亥报告说："现在众人整天提心吊胆，自顾不暇，已经毫无犯上作乱之心。"胡亥大悦，对他深表欣赏。接着，赵高又排挤掉不少敢于直言进谏的官员，安插了大批亲信。他的兄弟赵成，封为中车府令；女婿阎乐，当上了咸阳县令。为了堵塞群议，防止二世与其他人接触，进一步把他控制于股掌间，赵高又编造谎言说："天子之所以尊贵，就在于要随时保持自己的威仪，使人只闻其声，不见其形。陛下年纪还轻，如果在众臣面前不经意地暴露了弱点，恐为天下人耻笑。故陛下不如居内朝处理政事，由微臣等人一旁辅佐。这样，人人都会称颂皇上的圣明。"

昏庸无知的胡亥乐得把朝野大事交给赵高代理，于是不再上朝，一味寻欢作乐，决断之权大部落到了赵高的手中。随着权力的扩大，赵高的野心也不断地膨胀。他不再满足于只做一名郎中令，而将眼光转向了一人之下、万人之上的丞相之位。因此，除掉李斯在他的心目中显得日益迫切了。

此时的秦朝已是危机四伏，自秦始皇以来的暴政到了胡亥之世变本加厉。"税民深者为明吏""杀人众者为忠臣"。沉重的徭役赋税和残酷的苛政刑法，使人民苦不堪言；六国的旧贵族们也日夜谋划着复辟江山。各种复杂的矛盾交织在一起，终于点燃了反秦的熊熊烈火。农民领袖陈胜、吴广首先在大泽乡（今安徽宿县东南刘村集）揭竿而起；旧贵族的势力也很活跃，他们纷纷招兵买马，企图利用农民力量达到复辟目的；秦朝的小官吏如刘邦等人，由于不满秦的统治，也加入了起义的队伍。虽然他们心怀各异，但由于眼前利益一致，因此很快就形成了一股强大的力量，所向披靡，极大地震撼着秦室的根基。

李斯面对危局，心急如焚，屡次想进见二世，二世只是不许。赵高见此情形，假意问李斯："现在关东反叛的盗贼如此嚣张，但皇上仍然声色犬马，毫不关心。我本想劝阻一番，无奈位卑言微。丞相乃先帝重臣，说话有分量，为何不进谏呢？"李斯苦笑摇头："我何尝没有想过。只是现在陛下常居深宫，很难见到，我找不到机会啊。"赵高见李斯已上钩，心下窃喜，表面却不动声色："只要丞相肯进言，卑职一定留心，瞅到皇上有空闲，立即来禀报。"李斯自是感激不尽。

赵高深知胡亥已沉湎于酒色而不能自拔，当然就十分反感别人在他玩兴正浓的时候来打扰。于是，每当看到胡亥歌舞狂欢，与众姬妾厮混时，赵高就派人通知李斯："皇上正闲着，可以奏事。"李斯赶忙去求见，一连几次，都是如此。二世非常恼怒，破口大骂："李斯这老贼，竟敢拿朕寻开心！我闲着的时候他不奏事，偏我宴饮正酣之时再三扫我兴致。难道是看朕年轻，瞧不起朕吗？"

赵高在一旁，立即应声说："哎呀！如果丞相真这么想，那就糟了！沙丘之谋，丞相也是参与者。现在，陛下做了皇帝，他却没捞到多少好处，必定怀恨在心。大概他是想让陛下实行分封，立他为王呢！"赵高见胡亥的脸色越来越青，压低了嗓门，轻轻叹道："另外，还有一事，陛下不问，臣还不敢直言相告。"胡亥见他欲言又止，立时引起了警惕，厉声问："莫非又与李斯有关？"赵高拜了两拜，接着说："丞相的长子李由现任三川郡守，造反闹事的贼子陈胜等人与丞相本是同乡。正是因为这层关系，所以盗贼们经过三川的时候，李由也不组织攻击，致使事端越闹越大。臣还听说李由与陈贼有过书信往来，由于还没有得到真凭实据，才不敢贸然奏知圣上。"胡亥正在气头上，闻之雷霆大发，立刻就要审办李斯，并当即派人去调查李由通盗一事。李斯知道后，才知道自己中了赵高的圈套。他上书给二世，一面申诉自己的冤屈，一面指出赵高有"邪佚之志，危反之行"，提醒二世当心。

然而此时的胡亥，早就被赵高完全迷惑，视其为股肱心腹，尽忠贤臣。他将李斯的申诉书交给赵高过目，嘱其小心。赵高佯作悲伤，凄凄惨惨地说："丞相父子谋逆之心已久，所担心的就臣一人。臣死不足惜，只是担心陛下的安危。"这几句"赤胆忠心"之言，使胡亥大为感动。他安慰赵高道："爱卿不必挂心，有朕在，谁敢动你。"自此赵高更加肆无忌惮。

过了几日，李斯邀同将军冯劫和右丞相冯去疾联名上奏二世，建议暂停阿房宫的工程，减少边区戍守和转输，以缓解民愤。二世对李斯本就有怒气，这下一触即发。他咆哮道："这些都是先帝开创的功业，必须继续从事！如今我才即位两年，就蜂盗并起，完全是因为你们镇压不力所致，却想罢先帝之所为。你们身为两朝重臣，上无以报先帝，次不为朕尽忠，还有何资格占着丞相、将军的位子！"说罢，下令将他们交付司法官审办。

冯去疾、冯劫非常痛心，为了不受羞辱，不久便在狱中含恨自杀。胡亥派赵高审讯李斯父子谋反的案件，包藏祸心的赵高马上露出了魔王般的本性。他天天严刑逼供，直打得李斯皮开肉绽，体无完肤；李斯实在受不住，只得招了假供。他之所以不自杀，是因为自思有雄辩之才，又是秦王朝的有功之臣；而且，自己也的确没有谋反，说不定通过上书二世就会赦免他。可是天真的李斯哪里知道，进谏之路已完全为赵高一党把持，申诉书全落入了赵高手中。恣意妄为的赵高轻蔑地将书撕个粉碎："囚犯还有资格上书！"为了堵住李斯的嘴，他派自己的亲信扮成御史（监察官）、谒者（官名，为国君掌管传达）、侍中（官名，秦时设五人，往来殿内、东厢奏事），轮番提审。若李斯以实情相对，则施行拷打，直到李斯坚持假供不再改口为止。后来二世真的派人来审讯他，李斯以为还是和以前一样，就仍以假口供对之。胡亥看到口供后，以为李斯真想谋反，对赵高感恩戴德："如果不是爱卿，朕几乎被丞相出卖了！"等到调查"李由通盗"的使者到三川时，李由已为项梁带领的起义军所杀。赵高见死无对证，便又欺骗二世说已将其就地正法。

二世二年（前208）七月，经过一系列精心策划，李斯的罪名终于被赵高罗织而成，再也无法改变了。奔赴腰斩刑场的李斯，悔恨交加却为时晚矣。当年沙丘之谋，他如果不贪求一时私利，又何至于落得今日的下场呢？胡亥的昏庸，赵高的阴毒，都是他始料不及的。这位功过参半的丞相，临死前已敏锐地嗅到了秦必亡的气息："今反者已有天下之半矣，而心尚未寤也，而以赵高为佐，吾必见寇至咸阳，麋鹿游于朝也。"大秦的气数，在胡亥与赵高的统治下，已丧失殆尽。

黄粱梦断

李斯死后，赵高名正言顺地当上了丞相，事无大小，都完全由他决断，几乎成了太上皇。羽翼已丰的他，渐渐不把胡亥放在眼中了。一天，赵高趁群臣朝贺之时，命人牵来一头鹿献给胡亥，说："臣进献一马供陛下赏玩。"胡亥虽然糊涂，但是鹿是马还是分得清。他失声笑道："丞相错了，这明明是头鹿，怎么说是马呢？"

赵高板起脸，一本正经地问左右大臣："你们说这是鹿还是马？"围观的人，有的慑于赵高的淫威，缄默不语；有的惯于奉承，忙说是马；有的弄不清赵高的意图，说了真话。胡亥见众口不一，以为自己是冲撞了神灵，才会认马为鹿，遂召太卜算卦，太卜道："陛下祭祀时没有斋戒沐浴，故至于此。"胡亥信以为真，便在赵高的安排下，打着斋戒的幌子，躲进上林苑游猎去了。二世一走，赵高便将那些敢于说"鹿"的人纷纷正法。

"指鹿为马"事件让赵高弄清了朝廷中的人心向背，他进一步清除了异己分子，巩固了自己的势力，为篡位扫清道路；此外，他还从中了解到胡亥对自己的信任程度，以便伺机而动。果然，这件事以后，朝中上下莫不噤声，都看赵高的眼色行事，任其为所欲为。

此刻的咸阳城外，已到处卷起了亡秦风暴。陈胜、吴广起义失败后，项羽、刘邦领导的反秦义军以更加迅猛的势头继续战斗。秦二世三年巨鹿（今河北平乡县西南）一役中，秦军主力被项羽打得落花流水，精锐尽失，大将王离被擒。章邯求助不成，恐朝廷降罪，率12万大军投诚。六国旧贵族见机纷纷自立为王，并力西进。刘邦带着数万兵马迂回进入武关（今陕西商洛县西南丹江北岸），为了早日攻克咸阳，他派人暗中与赵高联系，希望赵高能作内应。赵高担心胡亥知道后祸及自己，便称病不上朝，私下里暗算着乘乱夺位之事。

秦王朝开始摇摇欲坠了，荒淫的胡亥寝食难安起来，日日斋戒于望夷宫，惶惶不可终日。他派使者质问赵高："丞相不是总说关东盗贼不能成气候吗，今天怎么会到了这种地步？"赵高听了大惊失色，知道二世对自己产生了怀疑与不满，若不尽早下手，只怕日后夜长梦多。于是秘密与弟弟赵成和女婿阎乐商议对策，制定了弑君政变的计划：由咸阳令阎乐率领手下士兵装扮成山东农民军攻打望夷宫（今河南咸阳市东北泾河南岸），以郎中令赵成为内应，赵高则负责指挥全局。

一切安排妥当后，赵成便在宫内散布谣言，假装说有盗贼，命令阎乐发兵追击，致使宫内防守空虚。同时，阎乐指使部分亲兵，化装成农民军，将自己的母亲劫持起来，暗中送到赵高家中，一边又率千余人以追贼为名直逼望夷宫而来。他们冲到宫门前，大声向守门官吼道："强盗进了宫门，你们为何不抵挡？"守门官莫名其妙，问："宫内外禁卫森严，怎么会有贼人进宫呢？"

阎乐不容分辩，手起刀落，杀死了守门官，冲进了望夷宫。逢人便砍，见人放箭。一时宫中血肉横飞，惨不忍睹。胡亥见状吓得目瞪口呆，全身瘫软，直到赵成与阎乐走进来。才明白是怎么一回事。胡亥又惊又怒，急召左右护驾，怎料侍从们早已溜之大吉，只有一个宦者站在身边。他揪住宦者的衣衫，歇斯底里大叫："你怎么不早告诉我呢，现在弄成这样，我该怎么办！"宦者鼓起勇气道："正因为奴才平时不敢说话，才能活到今天。否则，早就被皇上赐死了。"二世就像一个泄了气的皮球，垂头丧气。今日的局面，的确是他咎由自取。

阎乐冲到胡亥面前，胡亥一边后退一边颤声道："朕乃真龙天子，你敢弑君！"阎乐气势汹汹："你这个无道暴君，搜刮民膏，残害无辜，天下人人得而诛之。你还有什么可说的？"胡亥还欲作垂死挣扎，胆战心惊地问："我可以见一见丞相吗？"阎乐一口拒绝："不行！"胡亥仍不死心，哭丧着脸哀求："那么，可以给我一个郡王当吗？万户侯也行。"阎乐摇摇头。胡亥绝望地叫道："只要保全性命，我情愿做一名百姓，这总行了吧！"阎乐不耐烦地说："我奉丞相之命，为天下铲除暴君，你说得再多也没用，快快自裁吧！"此时的胡亥，才了解到这场宫廷政变的幕后指使人竟然是他曾经无比尊重和信赖的赵高。他痛心疾首，悔怨交加，却已无可奈何，只得最后再眷恋地环顾了一下巍峨的宫殿，回想了一下昔日奢靡安逸的生活，咬咬牙，拔出长剑，结束了他可怜又可恨的一生。

阎乐向赵高报告了胡亥已死的消息，赵高欣喜若狂，匆匆赶到现场，摘下了胡亥身上的玉玺佩上，大步走上殿去，仰仗着自己也有着嬴姓赵氏的血统，准备宣布登基。但是文武百官皆低头不从，以无声的反抗粉碎了他的皇帝梦。赵高顿觉天旋地转，他这才感到自己的罪恶达到了"天弗与，群臣弗与"的程度，只得临时改变主意，将玉玺传给了始皇之弟赵子婴。由于秦的力量已大为削弱，子婴只得取消帝号，复称秦王。

子婴早在当公子期间，就已耳闻目睹了赵高的种种罪行。现在被赵高推上王位，知道自己不过乃是一个傀儡而已。子婴不愿再重蹈胡亥的覆辙，便与自己的贴身宦官韩谈商定了斩除赵高的计划。

原来赵高要子婴斋戒五日后正式即王位。等到期限到了，赵高便派人来请子婴接受王印，正式登基。可子婴推说有病，不肯前往。赵高无奈，只得亲自去请。等赵高一到，宦官韩谈眼疾手快，一刀就将他砍死了。子婴随即召群臣进宫，历数了赵高的罪孽，并夷其三族（父族、母族、妻族）。

李林甫

李林甫（683~752），唐玄宗时奸相，初为宫廷侍卫。历官御史中丞，刑部、吏部侍郎。因趋附玄宗宠妃武惠妃，擢为黄门侍郎。李林甫在相位19年。

跑官有道

李林甫，小字哥奴，是高祖从父弟长平王叔良的曾孙。叔良生孝斌，官至原州长史，孝斌生思诲，官至扬府参军，思诲就是李林甫的父亲。李林甫善音律，初为千牛直长，其舅楚国公姜皎非常喜爱他。

李林甫从一个下级警卫官（千牛直长）高升到大唐宰相，其升官的秘诀主要是靠"跑"，他钻到三条跑官的路线：

一是亲戚路线：通过他的舅舅"跑"当时中央三省之一门下省侍中源乾曜。他的舅舅姜皎，当时任朝廷秘书监。按说，官官相通，他舅舅招呼一打，源侍中高抬贵手，李林甫升官顺理成章。但是，唐代秘书监官职品级较低，李林甫的指望并非放在与侍中权位相距尚远的舅舅身上，他是另外看重了舅舅的妹婿源光乘。

源光乘是源乾曜的侄孙，且与源乾曜之子源清关系很好。李林甫通过亲戚，与当朝权贵侍中源乾曜的贵公子源清联结起来。当源乾曜听到儿子告诉自己"李林甫求为司门郎中"时，虽认为郎中"须有素行，才望高者"，深知李林甫不堪此任，还是于几天之后提升了他，并连续升他为御史中丞。

二是夫人路线：李林甫通过太监"跑"唐玄宗的武惠妃。在杨贵妃未得宠之前，"武惠妃特承宠遇"，"爱倾后宫"。李林甫深谙枕边风的威力，就千方百计"跑"太监，利用已经获得的御史中丞身份，"多与中贵人善"，请他们给武惠妃捎话献忠心，表白自己"愿保护寿王（惠妃之子）"，支持寿王夺取太子尊位。此招果然灵验：惠妃对李林甫十分感谢，不仅在皇上面前经常夸李林甫有才有德，还经常暗暗地帮助他。

三是情人路线：李林甫的情人是武三思（武则天侄）之女。恰好，高力士"本出武三思家"，当时又红得发紫，"四方奏请皆先省后进"。李林甫尽管

"无学术，仅能秉笔"，义说话"陋鄙，闻者窃笑"，却有一个"善音律"的长处，而且"面柔""有狡计"，这是他博取女人欢心的条件。大概这就是武三思之女"与林甫私"的原因。李通过情人去找高力士，等于接通了最高层。

李林甫升御史中丞后，一方面有高力士通风报信，一方面有武惠妃暗中扶助，便更加官运亨通，很快升黄门侍郎，又由侍郎擢升礼部尚书、同中书门下三品（宰相）。

李林甫"奸"字开路，在仕途中一路扶摇直上。他后来在相位19年，专事"迎合上意，以固其宠；杜绝言路，以专其权；压抑贤能，以保其位；屡兴大狱，以张其势……"差点儿把好端端一个大唐天下搞亡了！

嫉贤妒能

玄宗做了20多年太平天子，渐渐滋长了骄傲怠惰的情绪。他想，天下太平无事，政事有宰相管，边防有将帅守，自己何必么为国事操心。于是，他就追求起享乐的生活来。

宰相张九龄看到这种情况，心里挺着急，常常给唐玄宗提意见。唐玄宗本来很尊重张九龄，但是到了后来，对张九龄的意见也听不进去了。

而李林甫呢，虽然不学无术，但是一套奉承拍马的本领当时没有人能够比得上他。他和宫内的宦官、妃子勾结，探听宫内的动静。唐玄宗在宫里说些什么，想些什么，他都先摸了底。等到唐玄宗找他商量什么事，他就对答如流，简直跟唐玄宗想的一样。唐玄宗听了挺舒服，觉得李林甫又能干，又听话，比张九龄强多了。

唐玄宗想把李林甫提为宰相，跟张九龄商量。张九龄看出李林甫不是正路人，就直截了当地说："宰相的地位，关系到国家的安危。陛下如果拜李林甫为相，只怕将来国家要遭到灾难。"

这些话传到李林甫那里，李林甫把张九龄恨得咬牙切齿。朔方（治所在今宁夏灵武）将领牛仙客，目不识丁，但是在理财方面，很有点办法。唐玄宗想提拔牛仙客，张九龄没有同意。李林甫在唐玄宗面前说："像牛仙客这样的人，才是宰相的人选；张九龄是个书呆子，不识大体。"

有一次，唐玄宗又找张九龄商量提拔牛仙客的事。张九龄还是不同意。唐玄宗发火了，厉声说："难道什么事都得由你作主吗！"唐玄宗越来越觉得张九龄讨厌，加上听信了李林甫的诽谤，终于借个因头撤了张九龄的职，让李林甫当宰相。

李林甫一当上宰相，第一件事就是要把唐玄宗和百官隔绝，不许大家在玄宗面前提意见。有一次，他把谏官召集起来，公开宣布说："现在皇上圣明，做臣下的只要按皇上意旨办事，用不到大家七嘴八舌。你们没看到立仗马（一种在皇宫前作仪仗用的马）吗？它们吃的饲料相当于三品官的待遇，但是哪一匹马要是叫了一声，就被拉出去不用，后悔也来不及了。"

有一个谏官不听李林甫的话，上奏本给唐玄宗提建议。第二天，就接到命令，被降职到外地去做县令。大家知道这是李林甫的意思，以后谁也不敢向玄宗提意见了。李林甫知道自己在朝廷中的名声不好。凡是大臣中能力比他强的，他就千方百计地把他们排挤掉。他要排挤一个人，表面上不动声色，笑脸相待，却在背地里暗箭伤人。

天宝元年（742），有一天，玄宗驾临勤政楼。兵部侍郎卢绚正骑马经过楼下，风标清粹，垂鞭按辔。玄宗看到，不禁称赞道："真乃伟丈夫也！"以目送之良久。

李林甫平时在皇帝身边布置了许多耳目喉舌，此事很快被他知道。他担心卢绚被皇上重用，便设计阻挠其成。第二天，李林甫把卢绚的儿子召来，说："你的父亲平时声望很高，皇帝想派他到交州、广州一带去做官，如果怕边地太远，不想去，不妨打个报告，就说父亲已年迈，不堪远行重任。"

卢绚害怕被任命到交州、广州一带边远地区任职，只好听从李林甫的"指点"，上书奏言自己年老，不堪重用，结果被罢免兵部侍郎之职，出任华州刺史。卢绚到任不久，李林甫又诬其借口有疾而不理政事。玄宗对他的好印象一下子抹煞了，改授为太子员外詹事。卢绚就是这样让李林甫给耍了。

原中书侍郎严挺之，早年被李林甫排挤出京城。后来唐玄宗想起他，问李林甫："严挺之现在在哪儿？此人可用。"李林甫当晚把严挺之的弟弟严损之召到府中"叙旧"，虚伪地以老朋友自居，说："当授子员外郎。"李林甫又进一步套近乎说："皇上对你哥哥很关心，须作一计，入城面见，当有大用。"并教严损之为其兄写一状纸，以身体不好为名，请入京就医。

严损之不知是计，反倒心怀感激，一切照办。李林甫拿着严损之写的状纸，面奏玄宗说："严挺之年事已高，近患风疾，急需辞官就医。"玄宗听后，叹息良久，只好令严挺之到东京养病去了。一起被安排去东京"养疾"的还有李林甫憎恨的汴州刺史齐瀚。

李适之也是李林甫排挤的对象。他任刑部尚书，是太宗李世民的曾孙，"昼决公务，庭无留事"，办事效率极高。天宝元年牛仙客死，代为左相，被李林甫视为竞争对手。一次，李林甫故意对李适之说："华山有金矿，采之可以富国，上未知之。"适之性情直率，胸无城府，他不知道这是李林甫为他设下的圈套，以为李林甫说的是好事，就进奏玄宗。玄宗闻之大悦，认为这个建议不错，就将此事征询李林甫的意见。李林甫不无担忧地说："臣知之久矣，然华山陛下本命，王气所在，不可穿凿，臣故不敢上言。"玄宗听了，觉得李林甫是一片"忠心"，而怨李适之考察问题失之轻率，因而宣布，"自今奏事，宜先与林甫议之""适之由是束手"，渐渐被皇上疏远。

表面上看，李林甫甜言蜜语，好像很关心人，实际上，暗藏杀机，有自己的险恶用心。他还常常挑拨他所反对的人之间的关系，制造矛盾，各个击破；或在两败俱伤时，坐收渔利。户部尚书裴宽，平时为皇上所器重，李林甫怕他有一天入相，威胁自己，便设法阻拦之。刑部尚书裴敦复"平贼有功"，皇上表彰了他，李林甫心内忌之，二裴之间本有矛盾，他总算从中找到了缺口。

李林甫怂恿裴敦复买通杨玉环的姐姐，在皇上面前说裴宽的坏话，致使裴宽被贬为睢阳太守。接着，李林甫又采取明升暗降的手法，借口裴敦复有战功，奏请皇上让他充任岭南王府经略使。裴敦复不太乐意，稍稍迟疑，没有及时赴任，则被李林甫反奏一状，坐"逗留京师"，贬为淄川太守。就这样，李林甫在不到一年的时间里就把裴宽和裴敦复赶出京城，何谈入相？

嫉妒成性的李林甫不仅排斥朝官，还注意"琢磨"边帅。按唐朝传统，边帅皆用忠厚名臣，其中功绩卓著的人往往迁升入朝，拜为宰相。李林甫欲堵边帅入相之路，乃献一条奸计，即不用文人和贵族子弟为边帅。天宝六年（746），他向玄宗再次进言："文臣为将，怯当矢石，不若用寒酸胡人（出身低微的少数族将领）。胡人则勇决习战，寒族则孤立无党。陛下诚以恩给其心，彼必能为朝廷尽死。"其花招是，少数民族将领不识汉字，驻边领军，才能再大也不会入朝拜相。这就从根本上杜绝了边帅入相的路子，自己的相位可长保无虞。玄宗未察其奸，竟听信其言，选用安禄山做边帅，委以重兵，最终酿成了天宝末年的"安史之乱"。

李林甫对有贤能的人或杀或贬或压制不用，而只用一些才智平庸而善于溜须拍马的小人，这自然使得唐朝末期纲纪崩坏，政治腐败。

早在开元年间被张九龄斥逐朝廷的"伏猎"侍郎萧灵重又被李林甫引荐入相府。"目不识丁"的牛仙客被李林甫称有"宰相才"。专用神仙符瑞取媚于上的陈希烈，李林甫认为"柔佞易制"，于公元746年引荐为相，同平章事。这些人被重用后，都成了李林甫的走狗。

冤杀忠良

唐朝天宝后期，李林甫已经结结实实地坐稳了相位。他屡次兴起大狱，或诛杀或贬谪贵臣，手段残忍，无所不用其极。三方头案就是他迫害政敌而制造的三次冤案。

由于妒恨兵部尚书兼左相李适之，李林甫制造了"兵部案"。公元745年，李林甫无端向兵部发难，诬告兵部官员以权谋私，逮捕了官员60多人，交给京兆尹和御史审讯。一连审讯几天后，李林甫仍然得不到任何口供，只好交给法曹吉温。吉温非善良之辈，因此受到李林甫的赏识。他严刑逼供，"或杖打或挤压，哭嚎之声，撕心裂肺"，致使这些兵部大员们个个屈打成招，没人再敢违背吉温的意旨，画押招供，互相揭发。李适之是太宗李世民的曾孙，面对李林甫咄咄逼人的气势，此时也束手无策，不得已，便上书皇帝要求外迁。于是，他被罢了宰相一职，出任宜春太守。

李林甫一手制造的"韦坚案"，有的也称"东宫案"。韦坚是皇太子妃的哥哥，自从原太子李瑛被废，东宫虚位后，李林甫多次劝皇上立寿王为太子，可玄宗没有听他的话，另立忠王为太子。由于新立的太子早就对李林甫不满，李林甫心里也明白这一点，所以李林甫担心将来太子登基后自己早晚要倒霉，就时时刻刻"巧求阴事，密谋推翻太子。"

韦坚是新立太子忠王的姻亲，担任江淮转运使期间，很有政绩，受到皇上恩宠，又与当朝宰相李适之相处很好，所以李林甫把他看为眼中钉，恨得咬牙切齿。由于时机不成熟，阴险的李林甫要考虑影响，没有直接治韦坚的"罪"，而是采取先拉后打的办法。他表面上对韦坚很好，提升他为刑部尚书，以此麻痹他，接着，派杨慎矜暗里察看他的动静。

恰巧，太子的朋友、边防重将皇甫惟明进京述职，他看到、听到李林甫如此专权，愤愤不平，私下规劝玄宗撤掉李林甫。谁知此事泄露，李林甫决定先下手为强。他让杨慎矜诬告韦坚和皇甫惟明搞阴谋，当即把他两人收进牢狱，交给京兆府曹吉温审理。因找不出具体的证据，韦坚被贬出京城，皇甫惟明仍回边镇，降级使用。韦坚的弟弟韦兰、韦芝不服，替他的哥哥喊冤，也被贬往岭南；凡是与韦坚有牵连的人都被诬蔑为同党，贬官流放的竟达几十人。

李林甫并没有就此罢手，他一路追杀过去。747年，他奏请皇上，要求分遣御史到各地巡查被贬谪的官员，其用心不言自明。派往岭南路的御史罗希奭自然也是李林甫的心腹，他根据主子的授意，从青州到岭南，对被李林甫贬谪的官员，见一个杀一个，搞得沿途郡县人心惶惶。李适之谪居宜春，听到这一消息后，忧惧万分，想到自己大祸临头，大呼："惟愿转世不再做朝官！"一仰脖，咕嘟咕嘟，喝药自杀了。他的儿子李普迎奉父亲尸骨到东京，李林甫知道后，阴险地说："斩草务必除根！"派人诬告李普，乱棍打死在河南府大堂上。趁此机会，皇甫惟明、韦坚三兄弟也都被赐死外地。韦坚死后，李林甫依然不肯罢休。因韦坚一直任江淮转运使，李林甫又遣使去江淮州县搜罗韦坚的"罪恶"，甚至连船夫也抓了起来，犯人一时充满牢狱。此案最终还是牵涉到太子妻族，太子整日战战兢兢，唯恐查到自己头上，赶紧上表请求与妃离婚，才得以保全自己的性命。

最惨的恐怕要算是"杨慎矜案"了。他是隋朝炀帝的玄孙，玄宗察访他有才干，授以御史中丞，他因惧怕李林甫，不敢接受；几个月后，李林甫接纳他为自己人时，才敢到任并兼诸道铸钱使，这期间，曾帮李林甫诬告韦坚。不久，又升任户部侍郎。杨慎矜忠于职守，兢兢业业，渐受皇上重用。李林甫却不由得妒火中烧，他怕日后难以控制，即使是自己手下的人，也绝不客气。

于是李林甫与王铁一同谋划，因杨慎矜是隋炀帝玄孙，便诬告他与周边小国有勾结，家里窝藏图谶之书，反对朝廷，阴谋恢复祖先基业。为了求得罪证，李林甫诬蔑太府少卿张瑄曾经和杨慎矜一起谈论过谶语，将张瑄下狱。因确实没有这事，张瑄矢口否认。李林甫气急败坏，用铁镣拷住他的双脚，让人抓住他脖子上的枷锁，像拉皮筋一样，用力向前拉拽，身体加长数尺，腰几乎被拉断，眼鼻出血，气绝身亡。

李林甫无奈，又找新的替死鬼，逮捕了一个名叫史敬忠的术士。史敬忠经不起严刑威吓，无中生有，胡编乱造了三页纸，承认自己曾与杨慎矜谈论谶语，企图谋反。获得人证后，李林甫又寻找物证——谶书，一时搜查不到，竟派殿中侍御史卢铉将伪造的谶书挟往杨慎矜的老家中，说是在老家中发现。李林甫获得"证据"后，上报皇上，玄宗即赐杨慎矜自杀，满门抄斩，其他受牵连遇害的达70多人。

李林甫在相位十九年，自张九龄罢相后，独揽朝政，同列宰相牛仙客、陈希烈都怕他而不敢问事。

他还曾极力支持玄宗废太子瑛，劝立武惠妃子寿王瑁，玄宗却立了忠王玙（后改名亨，即肃宗）。他怕太子即位后于己不利，屡兴大狱，以动摇太子。他促使杨国忠推究，诛杀太子亲戚和不附已的臣僚，株连数百家。

天宝八载（749），咸宁太守赵奉璋拟揭发李林甫罪状二十余条，被他指使御史台以妖言逮捕杖杀。

天宝十一载（752）十月，李林甫抱病而终，享年70岁。时尚未下葬，此前已与他有嫌隙的杨国忠唆使安禄山诬告李林甫与番将阿布思谋反，玄宗追削李林甫官爵，籍没其家产，子婿流配，李林甫改以小棺材如庶人礼葬之。

蔡京

蔡京（1047～1126），字元长，北宋时兴化仙游（今属福建省莆田市）人。进士出身，初为钱塘尉，后相继为舒州推官、起居郎、中书舍人、龙图阁待制，知开封府。司马光废除新法，限各地5天改掉差役法，蔡京如期完成任务，很受司马光赞赏并将其引荐为相。蔡京为相20多年，做尽了坏事，成为我国历史上典型的奸相之一。

百变谋相位

蔡京在24岁时那年（神宗熙宁三年，1070年）进士及第。元丰六年（1083），蔡京被任命为中书舍人，不久又改为龙图阁待制，知开封府。

蔡京初入仕途之时，正是王安石变法的高潮时期，为了尽快得到提拔，他千方百计跻身于变法派当中。

元丰八年（1085），神宗驾崩，年仅10岁的哲宗继位。神宗的母亲高太后听政，严厉地打击王安石的新政，旧党派官僚司马光等人当政，全部废除了王安石的新法。蔡京当年也是追随王安石的新法的，但他很善于见风使舵，看到风向一变，便马上倒向了司马光一派。他积极附和司马光，并得到了司马光的赏识，司马光高兴地说："假使人人像你这样的奉公守法，还有什么不可以做的事情呢？"尽管许多人认为蔡京不可重用，但司马光最终还是将他提升为龙图阁直学士，知成都府事。

然而，好景不长，蔡京的投机之举引起其他官吏的强烈不满，御史、谏官们纷纷上书，弹劾他"挟邪私法"，不可重用，司马光也无能为力。蔡京便被驱逐出京，贬至地方。

哲宗亲政之后，王安石的青苗、免役法都得到了恢复。蔡京的弟弟蔡卞等人甚至挖了司马光的坟墓。蔡京最初支持王安石变法，后又支持司马光恢复旧法，然后又反对司马光，在短短的时间之内，其变化之快令朝臣瞠目结舌，同时也让人们看出了他权奸的本质。

宋徽宗即位之后，众朝臣不断地弹劾蔡京，徽宗只得下令将蔡京罢免。蔡京听说之后，立即到太后面前跪地磕头，乞求不要让他离开朝廷，太后见他可怜，让徽宗留蔡京编修国史，但由于谏臣的竭力反对，蔡京在极度不情愿之下再次出京，在杭州闲居。

虽说是闲居，其实蔡京并不得闲。他虽然远离朝廷，但是他对国事仍然颇为关注，静待其变。

有一次机会最终来临了。

当蔡京在杭州闲居之时，获知皇上的宠臣童贯正奉旨在江浙一带访求民间的书画佳品等奇巧之物。蔡京对童贯尽力巴结，还请求童贯将他的字画不断送到宫中。徽宗皇帝看到蔡京的画后，龙颜大悦，便下诏将蔡京调到定州泠（河北定县），后又调到大名府（今属河北）。

由于宋徽宗刚登上帝位，他想彻底改变北宋王朝的衰落态势，便决定变法图强。当时任丞相的韩忠炎、曾布二人对此政见不合，常常相互指责。曾布便引荐蔡京入朝任了翰林学士。

蔡京这次入京的最主要职责就是替皇帝起草各种诏令，这便为蔡京提供了接近徽宗的好机会。由于蔡京善于察言观色，办事机敏快捷，很得徽宗的赏识。

当时，新旧两党仍在朝中争吵不休，这令徽宗感到了厌倦，但他表示要尊崇熙宁之政，重新推行新法，并将年号改为崇宁。

崇宁元年（1102），韩忠炎和曾布相继罢相。蔡京见有机可乘，便大肆投机钻营，为所谓"新法"推波助澜。蔡京还指使亲信在朝中大造声势，说皇帝若推新政，非得蔡京为相不可。徽宗最终被说动了。于是蔡京升为尚书左丞，相当于副宰相，不久蔡京便将自己的政敌打倒，如愿以偿地做了正宰相。从此北宋的历史进入了蔡京当权的黑暗时期。

借行新法排斥异己

当上宰相后的蔡京不择手段地打击政治上的反对派。他大肆排斥异己，以巩固自己的权位。刚当宰相两个月，就把司马光等120人统统定为"奸党"。为了儆戒百官，蔡京还在端礼门刻石立碑。端礼门是文武百官每日上朝必经之门，蔡京在这里竖立"奸党碑"，让百官每日都能看到。不久后，在蔡京主持下，圈定了司马光、苏轼、黄庭坚，秦观等309人，统称为"元祐党籍"。司马光当初曾扶植过蔡京，但这回却遭到了蔡京的无情打击与镇压。徽宗亲自书写党人名单，命工匠刻写在文德殿东壁，表示永远不再录用。蔡京这样做还嫌不够，为了让他们遗臭万年，他又手书一份，向全国各地颁布，下令各州县，官厅遍竖党人碑。当时被蔡京打入"元祐党籍"的人都遭到了迫害。死了的被追夺官职，活着的被流放或降官。由于蔡京的倒行逆施，国内政治处于一片黑暗之中。

为了打击异己，蔡京极尽无中生有之能事。

有一个叫吴俦的进士，曾与蔡京关系不错，蔡京让他代买东西，后因为吴俦在所买东西上标明了价钱，使蔡京极为不快。几年之后，吴俦被徽宗召到京城做编修官。蔡京向徽宗进谗言说："吴俦这个人很高傲，眼中没有皇上。"皇帝不解，蔡京进一步解释说："他明明知道陛下的御讳，却不肯改名，还用一个圈把御讳圈在里边，这不是目中无上吗？"意思是说吴俦的"俦"字把赵佶的"佶"字用圈阻住。徽宗听了对吴俦大为不满。没过几天就将吴俦罢免了官职。

王安石的新法经过蔡京一伙的肆意篡改，使熙宁新法完全变成了压榨民脂民膏的手段，人民的负担大大增加。各种赋税都数十倍甚至百倍地增加了。

怂恿皇上玩物丧志

蔡京很善于揣摩徽宗的心思，很会尽力满足徽宗的种种欲望，蔡京知道徽宗喜欢奢侈生活，于是便到处搜刮民脂民膏来供徽宗享用。蔡京先后在苏州设置"应奉局"，专门搜罗奇花异石，用船运往汴京，号称"花石纲"。在苏杭设置"造作局"，挑选东南能工巧匠数千人，为宫廷制作玉石、象牙、金银等各色工艺品，使得东南人民流离失所。因此东南人民恨透了奸臣朱勔和蔡京，方腊起义就是在这样的背景之下爆发的。

蔡京为了讨好徽宗，经常鼓动徽宗享乐快活。徽宗担心"花石纲"会使人民反对，蔡京说："陛下喜爱的花石竹木不过是山林间的野物，是别人不要的东西，对帝德没有影响，对民间没有困扰。"徽宗极想用玉石杯盏大宴群臣，可又恐怕人们说他太奢侈了。蔡京便说："陛下乃当朝天子，理应享用天下的供奉，区区玉器有什么可顾忌的呢？"蔡京的话总使徽宗感觉到特别舒坦，徽宗果然心安理得地享受起来。徽宗在京城东耗费了无数的民脂民膏来兴建御花园，仅其中的一个项目就役使了成千上万人，耗资不计其数。蔡京君臣骄奢淫逸，加速了北宋的灭亡。

蔡京当政时，铸钱十分混乱，当十钱、小平钱来回改变，铁钱、夹锡钱不断变动，吃亏者自然是贫苦的百姓。蔡京当政时，不仅是百姓深受其害，民不聊生，而且使商人破产，而蔡京却通过种种手段捞到了大量的好处，把钱财都聚集到了朝廷中。为了捞取钱财，甚至定出官价，公开卖官鬻爵。在蔡京的胡作非为之下，社会相当黑暗。这样一来，致使徽宗不信忠良、专信奸臣，连蔡京在内，当时朝廷中一共有6个大奸臣，人们称之为"六贼"。

北宋就是在"六贼"的内蠹之下，才不堪一击，被金国灭亡的。

罢相惨死

蔡京在朝中"怀奸植党，威福在其手"，"在人主前左狙右伺，专为固位之计……"百姓不堪其苦，朝臣侧目相向。

崇宁五年（1106），在赵挺之、刘逵等一班大臣的参劾下，蔡京第一次被罢去相位，贬为中太一宫使，由赵挺之接替蔡京担任宰相之职。赵挺之上任后，罢废了蔡京的一些所谓新法和御前应奉所、苏杭造作局等机构。

但是，蔡京尽管不再担任宰相，而他的党羽亲信却满布朝廷内外。赵挺之高高在上，不过是个空头宰相而已，他的政令根本无人执行。这一年的十二月，蔡京令其亲信向徽宗进言说："京之改法度，皆禀上旨，非私为之。今一切皆罢，恐非绍述之意。"徽宗心动，有再用蔡京之意。次年正月，蔡京就再度被拜为宰相。二度拜相之后，被罢废的各项法令又得以恢复。对那些曾反对或参劾过自己的人，他都一律加以贬谪。侍御史沈畸被贬官监信州酒税，御史萧服被流放处州。执政刘逵早已贬逐，蔡京便拿他的妻舅章蜒兄弟出气，把章蜒流放到海岛。故友之子方轸因上书弹劾他奸邪，则被流放到岭南。由于蔡京太过专横，引起了朝野上下的极大不满，大观三年（1109），中丞石公弼、殿中侍御史张克公联合上表弹劾蔡京，而任大使的郭天信又密奏说太阳有黑子，应斥退大臣，徽宗非常惊恐，于是再次将蔡京罢相，贬为太一宫使。

蔡京罢相之后，徽宗却拜蔡京党羽何执中为相。而蔡京则在十一月进封为楚国公，致仕后仍提举修《哲宗实录》。那些反对蔡京的人深怕他再度入朝，因而连连上章举劾，劝徽宗将其赶出京城，太学生陈朝老上书列举他十四大罪恶，请徽宗将其投畀远方，以御魍魉。但徽宗却根本不加理会。

何执中因为是蔡京的亲信，所以他根本没有能力领袖群臣，不过一个空架子而已。因此，徽宗决定起用被列入元祐党籍的张商英，任命他为中书侍郎。石公弼等人见徽宗对蔡京的恩宠渐衰，又合力上章论奏蔡京说："蔡京辅政八年，权震海内。轻赐以蠹国用，托爵禄以市私恩，役将作以葺居第，用漕船以运花石。""陛下去党碑以开自新之路，京疾其异己而别为禁防。陛下颁明诏以来天下之言，京恶其议已而重置于法。声焰所震，中外愤疾，宜早令去国，消弥天变。"宋徽宗见蔡京实在不得人心，于是将其贬居杭州。

张商英当了宰相以后，"为政持平，改蔡京所铸当十大钱为当三，以平泉货；复转般仓，以罢直达，行盐钞法，以通商旅，蠲横敛，以宽民力。劝帝节华侈，息土木，抑侥幸。帝严惮之。"虽然张上映的做法有利于百姓休养生息，国家安定，但是也招致宋徽宗的不满，因为在张商英任宰相的时候，他再也不能像以前那样任意挥霍，为所欲为了。再加上蔡京党羽的忌恨，上有皇帝不满，下有众人夹击，张商英只有请求辞职。政和元年（1112）八月，张商英被罢相。

政和二年二月，宋徽宗又把蔡京从杭州请了回来，在太清楼赐宴。五月，诏令他三日至政事堂议事。重新把朝廷大政交给他掌管，甚至允许他在家中办公。蔡京三度执掌朝政，更是恣意妄行，凡迁除官吏，皆须先经过他批准，只要对他讨好奉承，须臾之间即可得到美官，凡反对他者，上至宰相，下至小吏，皆欲去之而后快。由于蔡京的擅权专横，朝里上下，几乎没有人再敢上章弹劾他了。蔡京早已揣透了宋徽宗好大喜功，追求奢靡的本性，于是"又欲广宫室求上宠媚，召童贯辈五人，风以禁中佰侧之伏。贯俱听命，各视力所致，争以侈丽高广相夸尚，而延福宫、景龙江之役起，浸淫及于艮岳矣。"宋徽宗一朝最浩大的工程，大多是在这一时期兴建的，如明堂、延福宫、万岁山等，都耗费了庞大的人力、物力；尤其是为建造园林而设的"花石纲"，更是扰民害政，搞得民不聊生，怨声载道。各地穷苦百姓揭竿而起，北有梁山泊的宋江起义，南有浙东的方腊造反。这时是蔡京势力最盛的时期，家数子皆有官职，其中蔡攸、蔡壇、蔡绦，蔡攸的儿子蔡行，皆官至大学士，地位与执政相敌。家中的仆隶皆至大官，姬妾被封为夫人。诸子之中，以蔡攸最得徽宗宠爱，加官开府仪同三司，可随时入宫晋见皇帝，"与王黼得预宫中秘戏。或侍曲宴，则短衫窄挎，涂抹青红，杂倡优侏儒，多道市井淫媟谑浪语，以蛊帝心"。他常对徽宗说："所谓人主，当以四海为家，太平为娱。岁月能几何，岂徒自劳苦！"蔡攸的势力甚至可与父亲分庭抗礼，父子二人互相倾轧，各立门户，渐为仇敌。

当时蔡京专权日久，很不得人心，在徽宗面前渐渐失宠。而蔡攸对他也心怀忌恨，想将其排挤出朝。有一天，蔡攸到蔡京家中，蔡京正与客人说话，见蔡攸来，赶忙让客人避入内室。蔡攸进屋，便握住父亲的手腕诊脉，说道："您的脉象缓慢微弱，是不是生病了？"蔡京回答说："没有。"蔡攸说道："我朝中还有事，先告辞了。"说完，他便走了，这一幕戏都被客人看在眼里，出来问蔡京是怎么回事。蔡京说："你们不明白，他想以我有病为由罢免我的职位"几天之后，蔡京果然被罢职，迫令致仕。

蔡京去职后，王黼代他执掌了一段时间朝政。这王黼本是通过宦官梁师成上台的，其擅奸弄权、奢侈浮华更甚于蔡京，不久便被政敌李邦彦、何㮕等人以劾罢职。这时，蔡京已经到了望八之年，却又被徽宗召入朝中主持大政。因老眼昏花不能处理政务，凡事皆由其子蔡绦批改，引起朝论不满。结果政敌群起而攻，其中最卖力气的就是他的长子蔡攸。蔡攸不念手足之情，甚至请求徽宗把弟弟蔡绦处死，多亏蔡京舍下老脸向徽宗恳求，才保住爱子一条性命。儿子的命是保住了，可宰相却很难再当下去。但是，蔡京却留恋不舍，不肯主动请辞。徽宗只好下令逐客。他命童贯到蔡京家里，命他主动上章辞职。蔡京哭着说："皇上为什么不能宽容几年？一定是有人进谗言。"童贯说："不知道。"蔡京不得已，只好把请求辞职的奏章交给童贯。徽宗为了照顾蔡京的颜面，命令词臣仿蔡京笔体写了三道请辞的奏表，然后再下诏批准。这年是徽宗宣和七年（1125）。这年七月，金兵大举侵宋，徽宗在群臣请求下，宣布退位，把皇位传给儿子赵桓，是为钦宗。

蔡京见金兵强大，知道宋军难以抵挡，为了保全自己，举家南迁。正在他南下的时候，侍御史孙觌等人上书极陈其罪恶，将其列为祸国的六贼之首。宋钦宗连续下诏将其贬官，最后贬至韶州（今广东韶关）、儋州安置。其子孙23人亦皆被贬官流放。

蔡京南迁之时，平时贪赃而来的金银珠宝装满了一大船，然而，道上的商家听说是蔡京，都不肯卖给他们饮食，有些人甚至拦住叫骂，他拿出再多的钱来，也很难买得到一口饭，一盘菜，一杯茶。蔡京在轿子里叹息："京失人心，一至如此。"到了潭州（今湖南长沙），他作了一首诗词："八十一年住世，四千里外无家。如今流落到天涯，梦到瑶池阙下。玉殿五回命相，彤庭几度宣麻。只因贪此恋荣华，便有如今事也"。蔡京一行因为无处安歇，只能寄居在城南的一座破庙里，最终饿得"腹与背贴"，没过几天，这个一代权臣便撒手归西了。死后的一船金银，连一块棺材板都买不到，只好以布裹尸，埋进专门收葬贫病而死者的漏泽园中。

秦桧

秦桧（1090~1155），字会之，江宁（今江苏南京）人，南宋权奸。宋徽宗政和五年，登进士第，官至御史中丞。曾被金军俘虏北去，旋即降敌，于建炎四年（1130）被放回南宋。回来后受宋高宗信任，官至宰相，力主和议，后与宋高宗密谋解除岳飞、韩世忠等大将军权，以"莫须有"的罪名杀害岳飞，与金朝再次签订屈辱和约。南归后，任礼部尚书，两任宰相，前后执政十九年。

主张抗金 却成了和议使者

秦桧出生在一个汉族地主的家庭。他父亲当过静江府古县（今广西永福县境）令，这在宋朝统治阶级中只算得上一个小官。秦桧少年时曾经拜汪伯彦为师。秦桧自小天资狡猾，从汪伯彦那里学得了一套玩弄权术的本领，为他将来弄权提供了基础。秦桧长大之后便入太学就读，他善于筹划，常为同学们做一些跑腿的事情，因此得了"秦长脚"的绰号。不久他25岁考中进士，并中状元，任大学学正。秦桧娶了北宋名臣的孙女为妻，妻子王氏的亲姑父就是徽宗郑妃的堂兄郑居中。因此，尽管秦桧只是一个九品小官，却有一条上达天听的渠道，也为他日后联络达官贵人铺平了道路。

宣和七年（1125），金国大举南伐，兵锋直指宋都汴京（今河南开封）。宋徽宗为了逃避战争责任，将皇位传给了太子赵桓，自己则远遁淮、浙躲避金兵去了。赵桓即位，是为钦宗，次年正月改元靖康。

正当国家动荡之时，秦桧却一心专注于时局的变化，掌握朝廷的政治风向，为自己升迁做准备。不久，金兵直抵汴京城下，要挟宋朝割太原（今山西太原一带）、中山、河间（今河北河间一带）三镇作为退兵条件。当时朝廷分成以李纲、张邦昌等人为首的主战和主和两个派系。善于察言观色的秦桧猜度钦宗绝不会接受这一苛刻条件，于是向钦宗奏疏，提出反对割地的主张，为自己加上抗金派的主张，其要旨则在于争得参与政权的机会。奏书虽然不合钦宗的意图，没有被采纳，但钦宗却非常欣赏秦桧的才思。秦桧一方面主战，另一方面却又和主和派打得火热，以此博得了主和派的好感。于是，秦桧节节高升。

金人围攻汴京不下，宋朝20万勤王大军渐渐集结在汴京外围，形势逐步朝着有利于宋朝的方向发展。于是金人提出退兵议和。钦宗诏命秦桧以礼部侍郎身份赴金营议和，但秦桧害怕被金人扣留，遂以"割地之事，失臣本心"为由辞不赴金。但宋钦宗不许，于是秦桧只得硬着头皮去了金营。到了金营之后，由于秦桧对金人的奴颜婢膝之态，金人对待秦桧非常好，这让秦桧放下心来。谈判之后，钦宗追悔割地之诏，重命三镇将士固守不让，致使秦桧赴金和谈的使命落空，但秦桧却没有被金人扣留，安全返回了汴京。

回朝之后，秦桧四处放言自己如何坚定而又灵活地与金人交涉，等等。主张投降求和的御史中丞李回对秦桧的话深信不疑，认为秦桧是不可多得的人才，于是极力向钦宗保荐。钦宗遂命秦桧为殿中侍御史，专门负责纠弹朝中官臣之失，不久又擢升他为御史中丞，成为御史台的最高长官。从此，秦桧掌握弹劾大权，成为天子近臣。

靖康元年八月，金人再度南侵。十一月，金兵再次进逼汴京城下，围攻月余而破之。徽、钦二帝都被金人俘虏北去，张邦昌成了金人所推举的傀儡皇帝。身为御史台头目的秦桧，出于卖国求荣的目的，也出于为自己未来仕途的考虑，写了一封信送到金营，称张邦昌是一个名不见经传的庸人，如果他当皇帝，必然为天下人共起而诛之。如果金朝恢复钦宗的皇位，对双方都是有利的。这一举动使他赢得了忠于宋王朝的美名。秦桧也因此再度被金兵所扣留。在金营里，秦桧则又变了一副嘴脸，称自己反割地与反张邦昌是一时无奈之举，而且变节投降金人，因此不但没有受到折磨，反而得到金人的重用，蒙受了金人恩宠的秦桧当然感恩戴德，卖力效劳。因为为金人效力有功，秦桧还受到金太祖四太子的专门宴请。

罢相复相 议和先锋

公元1130年，秦桧从金营返回宋高宗赵构的驻地，立即被任命为南宋的礼部尚书。为了骗取宋高宗的信任。他谎称是杀死了看守他的金人后逃出来的。但朝廷中很多人都不相信，幸得他的老相好宰相范宗尹与同知枢密使李回极力为他辩解，才使他取得了宋高宗的信任。宋高宗说："秦桧的朴实、忠诚超过了一般人，我能得到秦桧的辅佐实乃大幸也。"不久就将秦桧升为参知政事。

秦桧为了谋取相位，极力排挤宰相范宗尹，他干脆对高宗说："如果让我当宰相，我有轰动天下的妙计献上！"秦桧所说的妙计，实际上就是投降措施。高宗为了早日达成和谈协议，就在绍兴元年任命秦桧为右仆射同中书门下平章事，兼知枢密院事，于是军国大权都被秦桧一人窃取了。

秦桧上台后，独断专行，任人惟亲，排斥异己，他的所作所为令世人所不齿，高宗也对秦桧未迅速达成和谈协议而不满，于是秦桧受到了弹劾。

绍兴元年（1131）五月，金军兵分两路进犯南宋。秦桧主持议和无效，使宋高宗感到失望，将秦桧的宰相之职免去。

公元1135年，金太宗死，挞赖掌握了金朝的朝政大权。即位后的金熙宗便采纳了挞赖的建议，决定将伪齐统治的地区交给南宋。但是，必须以南宋向金称臣、贡纳岁币作为交换条件。高宗以为这个条件太苛刻，但始终认为议和为上策。他又考虑到秦桧与挞赖的关系不同寻常，认为议和之策还应该由秦桧来完成。绍兴八年（1138），宋高宗便升任秦桧为右仆射、同中书门下平章事并枢密使（右相）。

当年五月，金人遣使来宋议和。高宗对议和的态度显得愈发坚决，于是秦桧在朝廷上传达了高宗的旨意。

没过多久，秦桧又玩弄了两面派的手法，使得反对议和的左相赵鼎激怒高宗，最终被罢相。赵鼎一去，秦桧便独揽朝权，对于议和更加无所顾忌了。朝中凡是反对议和的贤士，都被他一一贬官。

金国特使张通古、萧哲手捧金国皇帝的诏书，奉行诏谕江南。这显然是做样子给南宋朝廷看的。秦桧见状，恐怕遭到天下人责骂，便与萧哲等人商议，将"江南"改为"宋"，将"诏谕"改为"国书"，妄想以表面上虚假的平等，掩盖其投降称臣的实质。京淮宣抚处置使韩世忠屡次上书劝谏，力阻议和。秦桧却代表皇帝跪拜在金使面前，代接金国的诏书。从此之后，南宋成为金的一个属国，向金称臣。

造冤案害死岳飞

岳飞是南宋初期抗击金兵的主要将领之一。他坚决反对秦桧的投降路线，深为秦桧所忌。绍兴十年金兵南侵，被宋军打得大败。岳飞以河南北诸路招讨使之职率兵抗敌，在郾城（今河南郾城）大破金兀术的"拐子马"，乘胜进军朱仙镇。岳飞激励将士曰："直抵黄龙府，与诸君痛饮尔"。当时，高宗力主和议，秦桧一味主降。秦桧居心尤恶，他要在南宋处于劣势的情况下讲和，才能显出议和的重要性和他的作用。高宗也不愿再战，更不愿迎请二帝还朝，因这样会威胁他的帝位。君臣各怀鬼胎，目的虽不一，结果却相同，即尽快结束战争局面。所以，岳飞正拟进兵，秦桧派人催促退兵。岳飞不肯，秦桧先用紧急文书命另两路兵马统帅张浚、杨沂中率军火速撤回，使岳飞处在孤立无援的境地。然后一天发出12道金牌命令岳飞回师。"飞愤惋泣下，东向再拜曰：'十年之功，废于一旦'。"宋军撤回，金兵复来，刚刚收复的失地重新沦陷。

为了实现和议，秦桧禀承高宗旨意，用明升暗降之法收回三大帅兵权，任命韩世忠、张俊为枢密使，岳飞为枢密副使。金兀术最怕岳飞，又向秦桧提出，必须杀死岳飞方能商量议和主事。秦桧也恨岳飞不依附自己，更嫉妒他坚决主战的态度和杰出的军事才能，于是下决心要害死他，扫除投降路上的一道障碍。

岳飞在各将领中最年轻，三十岁时即统帅一军独挡一面。起初张俊很佩服岳的文武双全，后来见岳飞屡立战功便暗生忌妒之心，于是便依附秦桧参加了谋害岳飞的活动。

秦桧先找死党上奏章弹劾岳飞，解除岳飞的兵权。后又利用张俊的忌妒心理及和岳飞的矛盾，找张俊商量谋害岳飞。

二人先找来岳飞的部下，以重赏封官为诱饵来引诱其检举告发岳飞，可连续几天一点声响也没有。几天无人告发，可反衬出岳飞的清廉公正和深得人心，若是一般的人恐怕无法达到这一点。张俊听说岳飞曾处置过统制王贵，并屡加杖刑，就去动员王贵诬告岳飞，但遭到王贵严辞拒绝。一计不成，再生一计，秦桧听说岳飞手下有个绰号叫雕儿的部将王俊，贪婪奸诈曾屡受张宪的制裁，虽有怨言但因军纪严明不敢兴风作浪，秦桧便暗中封官许愿，又送他许多金银，唆使他诬告岳飞。王俊本贪婪无行，见钱不要命，何况良心呢？但他水平太低，不知怎样写诬告信。后来张俊出面，亲自写好，让他抄写上报。信的主要内容是："岳飞部下副都统张宪，谋据襄阳，求还岳飞兵柄。"试想，张俊是主谋之一，他又是枢密使，见到呈上的诬告信后，立即传令拘捕张宪，亲自审讯。属吏曾提醒张俊说枢密院没有审判权，张俊全然不顾，对张宪严刑拷打，张宪几次昏死也不招供。张俊令属吏捏造一个假供交给秦桧，秦桧则凭这个假口供请示过高宗后逮捕岳飞，岳云父子入狱，并命中丞何铸、大理卿周三畏审讯。

何铸、周三畏提审岳飞，岳飞脱上衣解开内衣让他们看，见后背刺有"尽忠报国"四个大字。查讯后又无佐证，二人深知岳飞之冤，何铸虽是秦桧党羽，也不忍心枉害忠臣，周三畏则干脆挂冠辞官而去。

秦桧必欲害死岳飞，见何、周二人不肯再审，就起用万俟卨这条疯狗去办理此案。万俟卨用尽灭绝人性的手段拷打岳飞，岳飞被害得死去活来，就是不肯诬服。万俟卨黔驴技穷，再用张俊故伎，让手下人编个口供，说岳飞曾令手下将领于鹏、孙革致书张宪、王贵，让他们谎报敌情以惊动朝廷。又说岳飞曾与张宪通信，让张宪想办法还岳飞的兵权，因没有证据，则说："书已被焚，无从勘证，应再求证人，以便谳狱。"秦桧又悬赏募集证人，两个月后竟无人作证。万俟卨再编造其他罪名，也毫无证据。秦桧、张俊等如此悖逆猖狂，惹怒了朝廷中的几名忠臣，如薛仁辅、李若朴、何彦猷（音yóu由）等都曾上书为岳飞呼冤，高宗看过后压下不发。韩世忠在大堂上质问秦桧，岳飞究竟犯了什么罪，秦桧答道："飞子云与张宪书，虽未得实据，恐怕是莫须有的事情。"韩世忠气愤地说："'莫须有'三字何以服天下？"秦桧也不答复。韩世忠见状，回家与夫人梁红玉商量一下，干脆辞职还乡隐居去了。"莫须有"的罪名即来源此处。

岳飞从绍兴十一年（1141）十月份入狱，直到年底也未能定案，所有的罪名都不能成立。秦桧又找新证，说岳飞在与众将闲聊时说过"我和太祖一样，都是三十岁当的节度使"，再雇几个亲党作证，说岳飞是指斥乘舆有不臣之心。于是以这条罪名和逗留淮西两条根本不能成立的罪状把岳飞定成死罪。昏庸的宋高宗居然批准这一千古难平的冤狱，下诏赐岳飞狱中缢死，张宪、岳云斩首。

绍兴十二年十二月二十九日（公元1142年1月27日）这一天，临安城上空阴云四起，尽忠报国，惊破敌胆的抗金英雄岳飞被秦桧派去的走狗勒死狱中，两员猛将张宪和岳云被杀死在刑场。

跪拜忠魂

秦桧搞株连无辜，举不胜举。岳飞被害时，株连坐牢者六人，审讯岳飞的大理寺丞认为岳飞无罪，均遭贬黜，上书为岳飞喊冤的，被捕杀于狱中。赵鼎被贬谪后，他的门生弟子，僚属都被虚构罪名，加以陷害。

秦桧对反对过他的人，即使平民百姓于细枝末节之处持有异议，也绝不放过。听到赵鼎死讯而叹息的人也被治罪。一次，秦桧举行家宴，叫戏子演戏，一个扮小官戏子的头发上的大环跌落在地。一戏子问："这是什么环？""小官说："二胜环（谐音为'二圣还'，二圣指宋徽宗，钦宗，均被金俘去）"，戏子说："你坐太师（无意中涉及秦桧，因他称秦太师）椅，为什么把'二胜环'丢在脑后！"意思是说坐上太师椅，就把二圣南还的事置之度外了。顿时人都失色，秦桧大怒。第二天就把戏子都关在牢里，有的还死去。

秦桧一生惯于横征暴敛，贪婪无度，他的积蓄财富足可敌国，他的财产比皇帝的还要多几倍。他凭借自己的位高权重，飞扬跋扈，到处霸占田产。秦桧所建的相府园宅在他死后被拿来用作宋高宗退位当太上皇的居所德寿宫，足见其规格之高。在秦桧当国时期，朝廷财政由于秦桧集团的贪渎，陷入全面窘困，"府库无旬刀之储"。如此尤嫌不足，秦桧还曾下达指令，"密谕江、浙监司暗增民税七八"，结果导致"民力重困，饥死者众。"

秦桧主政的20年间，对南宋之初在与金人的长期抗战锻炼出来的良将劲卒尽加杀害和驱逐。由于他的卖官鬻爵，新上任的军官根本不会治军，只会捞钱,"为将帅者,不治兵而治财,刻剥之政行,而附摩之恩绝;市井之习成,而训练之法坏。二十年间,披坚执锐之士,化为行商坐贾者,不知其几。"这些人整天朝游暮宴、安富尊荣、醉生梦死,军队的抗敌锐气,丧失殆尽。

绍兴二十五年(1155),秦桧病重,他知道自己将不久于人世,便加紧策划让其子秦熺继丞相位。秦熺凭借秦桧的权势,先成为科举榜眼,接着一路高升,6年之间就官至枢密院事,地位仅次于秦桧。高宗之所以容忍秦桧,是因为他还有利用的价值,如今秦桧将死,高宗当然不愿意看到另一个权相来威胁自己。十月,高宗亲临秦府探病,病榻旁的秦熺迫不及待地问:"由谁代任宰相之职?"高宗冷冷地答道:"这件事不是你应该问的!"这等于明确拒绝了秦熺继承相位的要求,秦桧父子的如意算盘落了空。次日,秦桧、其子秦熺、其孙秦埙和秦堪被一起免官。得知高宗的旨意,秦桧当夜一命呜呼。

秦桧死后七年(公元1162年),岳飞被平反昭雪。后人将秦桧等四名谋害岳飞的主谋,用白铁铸像,永跪岳飞面前,有联曰:"青山有幸埋忠骨,白铁无辜铸佞臣。"

贾似道

贾似道(1213~1275),南宋末年台州(今浙江)人,字师宪,宋理宗贾贵妃之弟。淳佑九年(1249)为京湖安抚制置大使,次年移镇两淮,专权多年。度宗时,他权势更盛,封太师,平章军国重任。德佑元年(1275),元军沿江东下,他被迫出兵,在鲁港(今安徽芜湖西南)大败。不久被革职放逐,至福建漳州木绵庵,被押送人郑虎臣所杀。

纨绔子弟 扶摇直上

贾似道,字师宪,台州(今浙江天台)人。他父亲贾涉年轻时,曾在钱塘县(在今浙江杭州市)买了一个有夫之妇胡氏做妾。后来,贾涉带了妻、妾去万安县(今江西万安)当县丞,宋宁宗嘉定六年(1213)八月初八,胡氏在万安县衙生下了贾似道。由于贾涉的妻子忌恶胡氏,在贾涉离开万安县时,胡氏被遗弃,后来改嫁给一个石匠,贾似道则跟随贾涉生活。嘉定十四年

（1221），贾涉升任淮东制置使。十六年（1223），他突然病死，当时贾似道只有十一岁。贾似道在青少年时期，因为父亲死去，家道中落，又无人管教，曾一度落魄，在社会上游荡。他不务正业，经常酗酒赌博，沾染了一身流氓习气。后来，总算依靠他父亲做过制置使的"恩荫"（皇帝赐官职给大臣或功臣的子孙），当了个嘉兴（今浙江嘉兴）司仓的小官。

宁宗赵扩死后，理宗赵昀继位。贾似道的同父异母姊姊贾氏，与天台（今浙江天台）人谢道清一起，被选入宫中。由于杨太后包办婚姻，将谢道清立为皇后。可是谢道清的容貌并不出众，而贾氏却长得非常漂亮。理宗本是个好色之徒，就于绍定五年（1232）十二月，进封贾氏为贵妃。贾似道就依靠他姊姊与理宗的"枕席之恩"，在端平元年（1234）以后的数年之中，被陆续提拔为籍田令、太常丞、军器监、大宗正丞等京官。从此，贾似道凭着理宗对贾贵妃的宠爱，更是有恃无恐，行为愈加放荡。他常常白天在京城临安（今浙江杭州）的名妓女家里鬼混，夜间又通宵在西湖上泛舟燕游。有一天晚上，理宗登高眺望西湖夜景，见湖上灯火异常，他对左右说："这必定是似道。"次日前去询问，果然不错。在南宋末期，理宗提倡理学。虽然他自己也经常干些荒淫无耻的丑事，但是在表面上总装得道貌岸然，竭力鼓吹维护封建礼教。贾似道挟妓浪游的行径，实在太过于张扬，理宗觉得有损封建统治者的声誉，就命临安府史岩之对贾似道提出警告。史岩之知道理宗宠爱贾妃，便乘机为贾似道讲好话。他对理宗说："贾似道虽有少年习气，然其材可大用也。"结果，贾似道并未受到惩戒，理宗只是命他离京去当澧州（今湖南澧县）知州。

贾似道无功无德，因是贵戚的关系，加上他善于耍弄权术，却连年升官。从淳祐元年（1241）至十年（1250），他由澧州知州陆续升到两淮制置大使兼淮东安抚使知扬州（今江苏扬州）。宝祐四年（1256），又加参知政事。随着权力的增加，贾似道的威风也越来越大，甚至右丞相兼枢密使董槐也十分怕他。宝佑五年（1257），贾似道又当了知枢密院事，任两淮安抚大使。

谎报战功 独擅朝政

  贾似道不断升官的时期，也正是南宋统治极端腐败和北方蒙古贵族不断率军南侵的时期。原来，自从宋理宗端平元年（1234）南宋联合蒙古军攻灭金朝之后，蒙古军得寸进尺，公然背弃盟约，开始进犯南宋。他们杀人抢劫，致使城无居民，遍地荒芜。宝佑六年（1258）二月，蒙古大汗蒙哥决定调动三路大军全面侵宋。开庆元年（1259）二月，蒙古军会师围合州（今四川合川），七月，蒙哥病死在钓鱼山。九月，蒙哥的弟弟忽必烈进围鄂州（今湖北武昌），并准备进攻南宋都城临安。这时，理宗万分慌张，急忙命令诸路出兵御敌，并派贾似道以右丞相兼枢密使的身分屯兵汉阳（今湖北汉阳），以援鄂州，十一月，蒙古军激烈进攻鄂州城，城中死伤达13 000人。这时，宋将高达率领援兵力敌蒙古军，加强了鄂州防守。左丞相吴潜根据军事需要，命贾似道移防鄂州下游军事要冲黄州（今湖北黄冈）。贾似道本无军事才能，只是个十分怕死的胆小鬼。他在移防黄州途中，忽闻前军遭遇蒙古兵，吓得手足无措，连叹"死了"！后来他发现来者只是南宋叛将储再兴带领的一支老弱残兵，这才又神气起来。当忽必烈一面急攻鄂州，一面扬言将向临安进军之时，贾似道万分惊恐，就秘密派遣宋京去向蒙古人求和，提出的条件是："北兵若旋师，愿割江为界，且岁奉银、绢各二十万。"蒙古军拒绝议和。正在这时，合州守将王坚派人前来向贾似道报告蒙哥的死讯，在这种蒙古军内部人心动摇的形势下，贾似道本应伺机反击，可是他却再次派宋京前去求和，忽必烈本来就准备撤军赶回蒙古去争夺汗位，他见贾似道求和心切，就乘机答应了议和条件，放心地率领主力军回北方去了。贾似道见蒙古军主力已撤走，就出动大军拦杀了170名殿后的蒙古兵，布置了一个"英勇抗战"的场面，然后隐瞒了向蒙古人求和答应纳币之事，大言不惭地向朝廷上表说："诸路大捷，鄂围始解，江汉肃清，宗社危而复安，实万世无疆之休！"昏庸的理宗对前线实况一无所知，他在接到贾似道的捷报后，十分感激贾似道为再造宋室江山立下了大功。于是在景定元年（1260）三月，他下诏褒奖，命贾似道入朝陛见，同时令满朝文武百官去京郊迎接慰劳。四月，晋升贾似道为少师，封卫国公。但贾似道并不以此为满足，为了进一步巩固并扩大自己的权势，他又进行了一系列阴谋活动。

贾似道首先排斥异己，打击抗蒙将领。他认为左丞相吴潜曾要自己移防蒙古军频繁出入的黄州，是想借蒙古人的刀杀害自己。因此，景定元年（1260）四月，他使人弹劾吴潜，说吴潜反对立赵祺为太子，又在抗蒙战争中措置无方，从而削去了吴潜左丞相之职，然后又派人将吴潜毒杀于循州（今广东龙川西）。另外，他恨抗蒙将领曹世雄、高达曾经轻视自己，就罗织罪名，逼死曹世雄，废弃高达。贾似道又因忌功，于景定二年（1261）八月，在各路行"打算法"，以清查军费为名，诬陷各地抗战将领侵吞官物，有的人因此被迫害致死，有的人被削去了官职。

同时，贾似道又大造舆论，指使幕僚廖莹中和属吏翁应龙等撰写《福华编》，竭力鼓吹他的所谓"援鄂之功"。景定元年（1260）七月，正当南宋举国上下受贾似道蒙骗之时，蒙古派国信使郝经前来南宋，催征贾似道求和时答应的岁币。贾似道怕阴谋败露，就密令淮东制置司将郝经拘留在真州（今江苏仪征）。

自从所谓"鄂州大捷"之后，理宗很快就忘掉了国难，又沉湎于醉生梦死的荒淫生活。宦官董宋臣之流，就在宫中兴建芙蓉阁、香兰亭，引娼入宫，日夜侍奉皇帝游燕，从而取得了理宗的宠信。于是他们用外戚子弟当监司、郡守等地方大官，内外勾结，贿赂公行。贾似道为了与宦官争权，他在从鄂州回朝后，立即利用宰相的威权，赶走宦官荐用的人，并勒令外戚子弟不得为监司、郡守。从此，贾似道就独擅朝政，权倾中外，可以为所欲为了。

回买公田 剥削人民

贾似道专权后，对人民的剥削愈益苛重，致使社会经济更为萧条。

在蒙古军南侵时，南宋政府财政困难，军粮不足。贾似道为了"富国强兵"，于景定四年（1263）实行买"公田"法。其办法是：按官品规定占田限额，两浙、江东西等地官户超过限数的田地，从中抽出三分之一，由官府买回，作为公田出租，然后收公田租米充军粮。买"公田"法先在浙西路实行，占田200亩以下者免买。此法实行到景定五年（1264），南宋政府共买公田约1000万亩，收租米600多万石。买公田使南宋政府从民间掠夺到了大批粮食。

按买"公田"法买田，本与农民关系不大。但因有关官吏以买田多为功，常将只能收租米六、七斗的田虚报为一石，官府就据此规定重额官租，强迫农民交纳。农民负担大大加重，阶级矛盾更加尖锐。同时，买"公田"时，有权势的官僚大地主可以拒不卖田。地方官为了完成买田数额，就强迫占田二百亩以下的中小地主乃至自耕农卖田。而且买田价格也强行压低，如渐西有些值钱千贯的田，贾似道只付给四十贯。而且支付的只是不值钱的会于（纸币），甚至是一些度牒（政府批准俗人出家为僧的证明文件，有度牒者可免除赋税、劳役）、官诰。这些官诰折价又极高。田主失去了土地，换来的只是一些不能兑现的度牒或空头官诰。并且以后公田土壤瘠薄，收租不足或佃农欠租逃亡，官府都要原田主偿付。买"公田"法推行结果，许多人家破产失业，南宋王朝与中小地主以及自耕农的矛盾也激化了。由于买"公田"害民，不少官员上书要求停止实行。可是理宗全力支持贾似道。贾似道有恃无恐，把一些上书反对他专权的人，统统打下去，有的被贬官，有的被刺配。

景定五年（1264），贾似道又在各路实行所谓"经界推排法"，也就是清查民间土地，分毫必计地向民间搜括田税地租。尤其在实际推行过程中，各地方政府常虚加贫弱农户的租税，对人民危害极大。在蒙古军严重威胁南宋统治、民族矛盾十分尖锐的时期，贾似遭不顾民族，国家的安危，不仅消极抗战，而且竭力加强对人民的剥削，从而激化了国内矛盾。

贾似道当权时，还滥发纸币，景定四年（1263）甚至每天增印十五万贯。第二年贾似道又下令印发新的纸币，称为"金银关于"。原来发行的第十七界旧会子废除不用。第十八界旧会子以三比一折换新的关于。滥发纸币造成了物价飞涨，从而致使市井萧条，城市工商业遭到破坏。

谋取权位，恣意淫乐

景定五年（1264）十月，理宗终因嗜欲过度而病死，皇太子赵祺在贾似道扶持下继位，这就是度宗。度宗孱弱无能，也爱好声色，他一切依靠贾似道，称贾似道为"师臣"。满朝臣子也都奉承贾似道，把他比作周朝辅佐成王的"圣人"姬旦，称他为"周公"。可是，贾似道还要考验一下度宗对他的信赖程度。他在理宗葬事结束后，一面弃官回到绍兴（今浙江绍兴）私宅，一面又指使吕文德慌报蒙古兵急攻下沱（在今湖北宜都东南）。度宗和谢太后闻报大惊，手诏请贾似道出来治事，并特拜他为太师、封魏国公。这时，贾似道才出来"为国视事"。但不久，他又多次以弃官要挟度宗，度宗总是卑躬屈膝地拜他，恳求他留下。贾似道觉得权位稳固了，便显得异常骄横。有一次他召集朝中百官议事，忽然厉声叫道："你们这些人，若不是我似道提拔，怎有今天的地位！"显然贾似道已自视为真正的太上皇。

　　贾似道贪心不足，感到自己的权位还不够高，于是他又耍花招，于咸淳三年（1267）一月，向度宗提出要归家休养。度宗每天四、五次派大臣和侍从官去传旨挽留，又每天十多次派人送去各种赏赐。这许多被派去的人，唯恐贾似道离京归家，竟每夜躺在贾府门外守着。同时，度宗特授贾似道平章军国重事，许他三日一朝。早在景定三年（1262）正月，理宗已将高宗在西湖享用过的集芳园，赐给贾似道作家庙和别墅，并赐予缗钱百万。这次，度宗又在靠近里西湖的葛岭，赐给贾似道第宅一所，把他送到那里去休养。从此，贾似道每五天坐西湖船入朝一次，也不去都堂（宰相办公的地方）理事，一切公文都由吏人送到他家中签署。实际上大小朝政，都由他的幕僚廖莹中和属吏翁应龙决定，其他几位宰相只是挂名而已。当时人们形容这种情况说："朝中无宰相，湖上有平章（指贾似道）。"

　　虽然贾似道深居家中，其实朝廷内外一切政事，如果他不同意，任何人也不敢办理。谁要是使他稍不满意，轻则斥责，重则削去官职，终身不用，一时间许多正直人士全部被他打击了下去。一些企图向上爬的吏人，纷纷向他行贿，求做监司、郡守等大官，以便到地方上去大肆搜括。这样一来，贾似道得了不少财宝，同时官场上的贪污之风也随之大盛。

此后，贾似道为了不断取得新的特权，又多次以离职要挟度宗。度宗总是流着眼泪鼻涕挽留他，直至给他十日一朝的特权，而且每次退朝，度宗总要离座目送他走出殿廷，才敢坐下。

在贾似道不断向度宗要官要权之时，蒙古军正大肆南侵，南宋民族危机十分深重。自从景定元年（1260）忽必烈北返蒙古夺得汗位之后，他迅速稳定了内部，不久即又派兵侵犯南宋四川地区，并沿汉江南下，于度宗咸淳四年（1268）包围襄阳，次年又围樊城。

咸淳六年（1270），正当襄、樊被围，南宋前线形势十分危急之际，贾似道却悠闲地躺在葛岭私宅中，过着极端荒淫的生活。他在住处建起楼阁亭榭，又治"养乐圃"，作"半闲堂"，还延请道士在堂中供奉自己的塑像。他取宫女叶氏和张淑芳以及许多美貌的妓女、尼姑为妾，日夜淫乐。贾似道又请来从前的赌友，关门赌博，不许别人偷看。他的一个侍妾的哥哥，来贾府探看妹子，正站在大门口想进去，被贾似道看见，立即将他捆起来投入火中。贾似道对身边的侍妾也极其残酷。有一名侍妾因见到西湖上两个游客，只赞了一声"多美的少年"，贾似道就醋劲大发，立刻叫人砍下了她的头。为了杀鸡儆猴，他还将这颗砍下的头装在盒子里，捧给其他侍妾观看，吓得那些可怜的妇女魂不附体。贾似道又经常与群妾一起，蹲在地上斗蟋蟀。他还著《蟋蟀经》，描述他养蟋蟀、斗蟋蟀的经验。他身边的狎客曾拍拍他的肩背开玩笑说："这是平章的军国重事吗？"贾似道还特别爱好奇玩珍宝，广为搜罗。他听说已故兵部尚书余阶有玉带殉葬，竟掘坟取来。谁要是有珍宝不肯送给他，他即诬加罪名，进行迫害。他所搜集到的大量古铜器、法书、名画、金玉珍宝，都交给廖莹中鉴定，并建多宝阁贮藏，每日登阁玩赏一次。贾似道在葛岭恣意淫乐，整月不上朝，如果有人提及边防之事，他即加贬斥。有一天，度宗问他："襄阳被围已三年，怎么办？"他扯谎道："北兵已退，陛下从何处听得此言？"度宗告诉他是听一个宫女讲的，他就立即处死了那个宫女。自此，不管前线情况多么吃紧，谁也不敢透露半点真实消息。

贾似道越来越专横，但他又怕舆论指责自己。特别是当时的太学生非常厉害，甚至直接批评宰相、御史台，连皇帝也对他们没办法。如曾有太学生上书指责贾似道，说他游山玩水，不管社会萧条；大吃大喝，不管物价飞涨。贾似道为了堵塞舆论，便施行权术，用官爵牢笼当时的名士，又增加太学生餐钱，放宽科场恩例，以种种小利去诱惑和拉拢读书人。从此，言路断绝，贾似道作威作福，更加肆无忌惮。

向敌称臣，不战而溃

咸淳五年（1269）三月，蒙古军已围襄、樊，宋军屡败。南宋群臣多主张派高达前去支援襄阳，贾似道不同意。次年正月，朝廷命李庭芝督师往援襄、樊，贾似道又布置他的女婿范文虎从中加以牵制，致使李庭芝不能进兵。左丞相江万里也多次请派兵救襄、樊，贾似道置之不理，仍挟着大批妓女沉醉于声色歌舞之中。

咸淳七年（1271）十一月，忽必烈定国号为元，并加紧进攻南宋。咸淳九年（1273），樊城被元军攻破。襄阳被围五年，粮尽援绝，城中拆屋当柴烧，缝纸币做衣穿，守将吕文焕不断向朝廷告急。军情如此危急，贾似道不能不有所表示。但他又很怕死，因此他一面假惺惺地向皇帝要求亲临前线，一面又暗地里指使谏官上奏皇帝，把自己留在朝中。二月，吕文焕献襄阳城投降元朝。消息传来，贾似道对度宗说："如果早让我去前线，决不会造成今天这种局面。"这样，贾似道既巧妙地把襄阳失陷的责任推给了别人，又乘机表现了自己的"爱国热忱"。同时，贾似道又假装十分着急地说，若再不让他去前线，后果将不堪设想。胆小无能的度宗偏死死拖住贾似道，这正中贾似道下怀，于是他便在宰相衙门中建立了一个所谓"机速房"，居中"指挥军事"。

咸淳十年（1274）三月二十日，贾似道的母亲胡氏活到83岁老死了。在国家、民族生死存亡的严重关头，贾似道不仅不积极组织抗元，反而乘办丧事之机，大摆排场，炫耀自己的权位。朝廷赐他水银、龙脑各五百两，银、绢共一万匹两，田六千亩。度宗亲往祭奠。太后以下之皇亲国戚以及朝中大臣，也家家设祭。有的祭台搭到数丈高，为装祭品，还跌死了好几个人。贾似道回台州治丧，动用皇帝的仪仗送葬，山陵的规模甚至超过度宗的寿坟。下葬那天，整日大雨，山洪猛涨，送葬的百官立在大水中，连动也不敢动一下。安葬完毕，贾似道住在绍兴私宅不肯回京，经度宗再三恭请，他才动身回临安，直到七月初才上朝。

贾似道所享的荣华富贵，可说到了顶点。可是他的内心却十分空虚。就在咸淳十年（1274）寒食节（清明前一天），他曾写了一首七绝："寒食家家插柳枝，留春春亦不多时。人生有酒须当醉，青冢儿孙几个悲？"意思是说：春天来了，家家户户都插柳枝，想留住春意，可是春天的时间并不长；人的青春也同样不长，所以人生在世，应当今日有酒今日醉，及时行乐，人死之后，有几个子孙会为你悲哀？这首诗充满着没落情绪，表述了一种极端自私自利的腐朽人生观。而这也正是贾似道醉生梦死和倒行逆施的思想根源。

贾似道回朝不几天，度宗因酒色过度，于七月初八日突然死掉了，只活了35岁。贾似道入宫立年仅四岁的赵㬎当皇帝，谢道清临朝听政，并被尊为太皇太后。

元军在二月占领襄阳后，又于十二月攻下鄂州。太学生和群臣上疏，一致要贾似道亲自督师抗元。贾似道不得已，只好在临安设立都督府。但他很怕元军，迟迟不敢出兵。直到德佑元年（1275）正月，才抽调各路精兵13万，从水路出发。他带了大批辎重，船只首尾相接达百余里。途经安吉（今浙江安吉北），他的座船因过于庞大；曾在拦河坝上搁浅，虽千人下水，也无法拖动，只得换船继续前进。队伍开到芜湖（今安徽芜湖），贾似道就与元朝江州（今江西九江）知州吕师夔联系议和，又从芜湖放回元朝俘虏，并送荔枝、黄柑给元朝丞相伯颜，同时派宋京去元军，请求称臣输岁币。伯颜以贾似道曾经失信，拒绝议和，并继续进兵至安庆（今安徽安庆）、池州（今安徽贵池）。贾似道计穷，只得命孙虎臣统领精兵七万屯驻池州下流的丁家洲，又命夏贵领战船2500艘横列江上，他自己则率领后军驻扎在鲁港（在今安徽芜湖南）。此时，夏贵毫无斗志。伯颜令元军全力冲击孙虎臣军，又用大炮猛轰。孙虎臣、夏贵不战而走，贾似道惊慌失措，宋军溃乱，被杀和落水溺死者无计其数，军事物资和武器全被元军抢

去。贾似道鸣锣退兵，并在夜晚召集夏贵、孙虎臣商议后路。夏贵表示无力应战，解舟离去。贾似道就与孙虎臣乘小船，狼狈逃往扬州。宋军也全部溃散。

贾似道逃到扬州后，不仅不思重整旗鼓，而且上书朝廷，建议迁都，要皇帝往海上逃跑，结果，因朝臣们的反对而未成。

当时元朝使者郝经尚被拘留在真州。在贾似道惊魂未定之时，元朝又派人前来责问他扣押郝经之罪。贾似道非常恐惧，就立即派人将郝经礼送回去。

贾似道兵败之后，元军主力顺长江东下，很快逼近临安，赵宋王朝已处在灭亡的前夕。

恶贯满盈 下场可耻

贾似道鲁港兵败，丧师辱国，朝野震动，群情激愤。原来依附贾似道的枢密使陈宜中，见贾似道失势，便上疏请诛贾似道。谢道清竭力庇护贾似道，只罢去了他的平章军国重事和都督诸路军马的官衔。德祐元年（1275）六月，朝廷又下令杀了翁应龙，并抄了他的家。不久又决定将廖莹中流放岭南，廖莹中畏罪自杀。

贾似道罪大恶极，谢道清对他的从轻处分，不足以平众愤。七月，太学生及台谏、侍从官纷纷上疏请杀贾似道，谢道清不许。这时，贾似道也送来奏表，一面将责任全部推给夏贵、孙虎臣，一面乞求活命。朝廷便削降他三级官职，命他回绍兴私宅去给他母亲守丧。可是贾似道却死死赖在扬州不肯回去。左丞相王爚认为贾似道既不死忠，又不成孝，应下诏严责。贾似道没法，只得回绍兴，但绍兴的地方官关起城门来不让他进去。于是朝廷改命贾似道去婺州（今浙江金华）居住，婺州群众听说贾似道来，就贴出通告，把他赶走。贾似道犯下滔天大罪，人人不容。因此，又有御史孙嵘叟等请求斩贾似道以正法。谢道清仍不允，只命将贾似道请居建宁府（今福建建瓯）。当时，朝臣中有人认为：建宁是朱熹讲道的地方，理学盛行，虽三尺孩童，闻贾似道的臭名都要呕吐，更何况见到他的面目。为此，应将贾似道流放到岭南的远恶荒州。由于众多朝臣的强烈要求，谢道清只得决定将贾似道贬为高州（今广东高州东北）团练使，派人监押到循州安置，并抄了他在临安和台州的家。

派谁押送贾似道去循州呢？当时绍兴府有个县尉郑虎臣，因受过贾似道迫害，为了报仇，他主动要求担任押送官。这时，贾似道虽已谪居在建宁府的开元寺，但仍不忘享乐，身边除带了大批行李和家属之外，还带了数十名侍妾和许多珍宝。郑虎臣一到建宁，立即除去贾似道的众多侍妾，并没收了他的珍宝，但贾似道仍留下了所谓"王生""沈生"两名最漂亮的侍妾。在押送途中，郑虎臣又撤去贾似道所坐轿子的顶盖，让他在初秋的烈日下烤晒。同时，郑虎臣命轿夫用杭州方言唱歌，嘲骂贾似道。贾似道苦不可言。当郑虎臣押贾似道坐船到达南剑州（今福建南平）黯淡滩时，郑虎臣暗示贾似道自杀说："水很清，何不就死在这里？"贾似道知道朝中有谢道清包庇他，因此他答道："太皇太后许我不死，有诏即死。"八月初八贾似道生日这天，他还亲自写了一篇建本醮青词（道教斋祭仪式上写给"天神"的奏表），为自己辩护。说什么"老臣无罪"。又说自己曾始终一节，为国任怨，为人正派得很。

由于郑虎臣多方惩罚贾似道。九月，贾似道到漳州（今福建漳州）后做了个恶梦，预感自己将死，故在漳州逗留了二天。押送官催促继续南行，但只走到离漳州城南五里的木绵庵，又住了下来。贾似道自忖必死，就服脑子（冰片）自杀。谁知贾似道吞下超量脑子后，一时不死，只是频繁泻肚。郑虎臣不甘心让贾似道轻易死去，为了满足报仇之快，决定亲手去杀他。郑虎臣虽知杀死朝廷命官，自己也难免一死，但他说："我为天下人杀贾似道，虽死何憾！"于是，郑虎臣走进厕所，扭住贾似道的前胸，提起他的整个身体，狠狠地向地上捶了几下，贾似道终于一命呜呼。

严嵩

严嵩（1480～1567），字惟中，号介溪。江西分宜人。明孝宗弘治十八年（1505）进士，历任吏部尚书，谨身殿大学士、少傅兼太子太师、少师、华盖殿大学士。严嵩无他才略，惟一意媚上，窃权罔利，专国政近20年。

发迹之路

严嵩本是江西人，年少聪慧，早在弘治年间就中了进士，因他当时还没钻营出门路，只被授了个编修的闲官。

弘治皇帝去世后，正德皇帝继位，也没有提拔他的意思。他觉得前途渺茫，决定以退为进，就向朝廷请长假回到了老家，又苦苦读了十年书。因此他的名声渐渐大起来，又喜欢在文朋诗友面前卖弄，居然被当地书生们尊为大师。这时他也自认为本领超群了，就兴冲冲去还朝复职，指望一下子捞个大官或者肥缺来做做。哪知那时正德皇帝朱厚照只顾纵情享乐，根本没把国家大事放在心里。招见严嵩时随便问了几句，就让他去南京的翰林院当侍讲。不得不遵命到南京当了侍讲的严嵩，心里一百个不服气。他为自己的十年寒窗苦读感到委屈，更恨自己生不逢时，他觉得这样下去，永远不会有什么出头之日。因为他深知，要想在朝里当大官，非得和皇亲国戚拉扯上关系，否则，就只能是痴心妄想。

严嵩毕竟饱读经书，思维敏捷。他凭着和朱厚照的那次见面，就断定正德皇帝朱厚照龙命不长了，而皇位只能落到远在湖北的朱厚熜手里。他想，任何一个皇帝，都得有自己的一班心腹随从，而在朱厚熜还没坐上皇位时，想办法接近他，将来的前途则未可限量。

于是，严嵩干脆再次辞官来到了湖北钟祥，打算伺机先进王府混个差事。由于没有人引荐，他几次想进王府，都被守门人给冷冷的挡在门外。思前想后，他只好到街上摆了一个卦摊，靠给人算命测字解梦来挣几个小钱度日，同时耐心等待机会的到来。

严嵩有才学，随便别人说个什么字，他都能解得别人口服心服。时间一长，他的卦摊就有了名气了，连小兴王朱厚熜也略有所闻。

这天，严嵩苦苦等待的机会终于来了。中午时分，朱厚熜带着两个随从，穿着便服来到街上。行不多远，就见街边围了一圈人，闹哄哄的，不时传来阵阵喝彩。他挤进人群，见是一个四十来岁的瘦汉在给人算命，便站在一边看。这个算命的人就是严嵩，他正跟别人侃得起劲，突然见两个彪形大汉护着一个方面大耳的公子过来，虽然不知十分底细，心里也有四五分明白，忙堆起笑脸说："这几位客官，本人善观祸福，明察秋毫。欲试灵验不妨抽一签、测个字，便知分晓。"小兴王朱厚熜自从死了父王，又好久没有得到北京的消息，心里本来就七上八下的。听算命先生这么一说，便在一张纸上歪歪扭扭写了个"问"字，又从签筒内信手抽出一支红签递给算命先生。严嵩刚将红签打开，就听人群外有人高喊："水，水来了！"原来是一个挑夫挑水从街上过，喊人让路。严嵩眼珠一转，计上心来。他一把推开卦摊，朝着小兴王"扑咚"一声跪了下去，嘴里连呼："恭喜贺喜，恭喜贺喜！"

兴王问："何喜之有？"

严嵩说："好得很啦，这是一支上上大吉的红签，真是再好也没有了啊！"兴王说："且莫过言，起来说话。"

严嵩这才起身，摇头晃脑地说："这支红签上是一个'田'字，田为人抽，人又在田上，本来缺水，马上就有水来了。田乃疆土，至关重要。田上站人，田下流水，又是个'鱼'字，这真是人统田疆，如鱼得水……"

兴王听严嵩说得玄乎，担心街上人多嘴杂，泄露了天机，就拦住了他，再让他解释'问'字。严嵩越发对自己的预测有了肯定，便更加玄乎地说："这个'问'字更不寻常，不是凡人所能写，妙就妙在左看是个君，右看呢，还是一个'君'，除了君王，谁人能写？"

兴王见他越说越激动，就命其收摊，跟他进兴王府。在兴王府内，严嵩又详细给兴王讲了一番"田"字和"问"字的妙处，说兴王是个真龙天子。兴王想到自己是纯一道人转世，便有些相信。为了更保险，他让严嵩再给他抽个签，严嵩自然是求之不得。还是按老规矩，兴王先写个字。他随手写了个"白"字，这才去抽签，不料抽了个"王"字。严嵩一看就说："白乃皇首，王爷是基础，这'王'上边加'白'字，就是皇了。"见兴王的眉头还不十分舒展，严嵩又说："再说这个'王'字，加上一点就是个'玉'字了。这就是说，王爷离当皇帝就只差那么一点了。"严嵩的这一番胡言乱语，直说得兴王当真像做了皇帝一般，坐在太师椅上，不由问起了严嵩的来历。严嵩自然把自己说得神乎其神，说他是看到这里有五色祥云而辞官投奔来的。兴王倒是遇着知己似的，将他留在府内。只是，兴王没想到在自己当上皇帝后，让严嵩主持朝政二十余年。他却祸国殃民，做尽了坏事，差点将一个好端端的大明江山给断送掉了。

阿谀谄媚得高官

严嵩是明代的著名奸臣，他为人并无特殊才干，但很善于谄谀媚上，他的高官厚禄都是通过谄谀媚上而得到的。嘉靖七年（1528），严嵩为礼部右侍郎，奉世宗朱厚熜命祭告显陵（世宗生父陵地，在今湖北钟祥附近）。事后，严嵩向世宗献媚说："臣恭上宝册和奉安神床时，应时雨止。又产石地枣阳（今湖北枣阳），有许多鹳鸟绕集；碑运入汉江（今湖北汉水），河流突然水涨。这些都是上天眷爱之意，请命辅臣撰文刻石予以记载。"世宗朱厚熜听后十分欢喜。不久，严嵩便改任吏部左侍郎，后又升南京礼部尚书，继改为吏部尚书。朱厚熜是皇帝朱厚照的堂弟，封国在湖广安陆（今湖北安陆）。武宗朱厚照没有儿子，死后由皇太后和内阁首辅杨廷和定策，以遗诏的名义由世宗朱厚熜弟继兄嗣皇帝位。

世宗朱厚熜登上皇帝位后，即追尊生父兴献王朱祐杬为兴献帝。嘉靖十七年（1538），世宗朱厚熜又准备将兴献帝庙号追尊为睿宗，并将神主入太庙，跻在武宗朱厚照之上。开始，严嵩与群臣一起表示反对，世宗朱厚熜很不高兴，著《明堂或问》给众廷臣看，意在责问群臣。同时，将力言不可之吏部侍郎唐胄下狱。严嵩见此情势，惊恐不已，尽改前说，并精心筹划兴献帝朱祐杬神主入太庙礼仪。礼成后，深合世宗心意，得到了金币等物的赏赐。从此，严嵩越加钻务巧言媚上，阿谀逢迎。世宗追尊太祖朱元璋高皇帝谥号时，大学士夏言、顾鼎臣等奏称见五色吉祥云，严嵩便奏请皇上受群臣贺拜，并仗着历年学问，撰著了《庆云赋》及《大礼告成颂》阿谀皇上。世宗读后大喜。次年，严嵩便晋升为太子太保，赏赐也与辅臣（内阁大臣）同等对待。明代冠制，皇帝与皇太子是用乌纱折上巾，即唐朝所称翼善冠。世宗朱厚熜崇尚道教；不戴翼善冠而戴香叶巾冠，并将五顶香叶巾冠赐夏言、严嵩等大臣。夏言认为这种香叶巾不是大臣应戴之冠，有违祖制而不戴。但严嵩却不放过这一逢迎皇上的机会，他在世宗召见时不仅头戴香叶巾冠，而且还特地用轻纱笼住以示郑重。世宗见状，越喜严嵩而渐疏远夏言。阴险的严嵩趁机在世宗面前谗言夏言傲慢犯上，世宗朱厚熜勃然大怒，当即罢了夏言的大学士职。而严嵩也就在这一年（嘉靖二十一年，公元1542年）八月，补了夏言去职后的空缺，以礼部尚书兼武英殿大学士入阁参与机务，开始掌握内阁重权。当时，严嵩已60余岁，但精神溢发，不亚少壮，朝夕在西苑侍奉世宗，越发得到世宗的宠眷，不久，又晋升为太子太傅。

排斥同僚害忠臣

明世宗时期，严嵩靠阿谀逢迎进入内阁，成了一名权臣。但他并不以此为满足，又千方百计打击和排斥同僚，目的是独揽朝政。当时，大学士翟銮资历、名望都在严嵩之上。严嵩为了排挤翟銮，便暗中唆使给事中王交以翟銮二子同举进士为由，上疏称翟銮二子在科举上有作弊行为。结果，在严嵩的构陷下，翟銮父子均被世宗朱厚熜削职为民，而严嵩越发得志。嘉靖二十二年（1543），吏部尚书许赞、礼部尚书张璧亦入阁与严嵩一同参与机务。但世宗遇事只召严嵩商讨，严嵩遂不把他二人放在眼里，凡事独断专行。对此，许赞略露不满之词，居心叵测的严嵩便上奏说："臣子一同侍奉皇上，应当协力同心，不应互相嫌恶。往年，夏言与郭勋同为朝中大臣，却互相猜忌，有失做臣子之道。臣严嵩屡次蒙皇上单独召见，於理未安，恐怕同僚生疑，致重蹈前辙。以后，请照祖宗朝蹇（义）夏（原吉）、三杨（杨士奇、杨荣、杨溥）故事，凡蒙召对，应阁臣一同入见。"严嵩在这里以退为进，明为显示自己能厚待同僚，实际是说其他阁臣对自己之妒。这样，严嵩通过诋毁别人，又进一步获得了世宗的宠信。不久，严嵩便晋升为吏部尚书、谨身殿大学士、少傅兼太子太师。

嘉靖二十四年（1545）十二月，世宗因许赞老病去职，张璧死，又起用夏言入阁。夏言入阁后，位仍在严嵩之上。严嵩心中很是不甘，表面上对夏言谦恭，暗中却伺机陷害夏言。朱厚熜是一个疑心很重的人，他经常派官监暗中窥视大臣们的行动。严嵩每次在宫监来窥视自己时，都故意做能够讨好皇帝的事情，例如夜晚在灯下阅看青词稿等。所谓青词稿，就是道士设坛上奏天神的表章，因以青藤纸朱字书写，故叫做青词。由于世宗崇尚道教，夏言和严嵩都以善写青词得宠，因此当时就有人讥讽夏言和严嵩是"青词宰相"。夏言再次入阁后，年迈体衰，每到夜晚入睡很早。当世宗得知严嵩夜晚阅看青词稿而夏言已经入睡的情报后，对严嵩越加宠眷，而对夏言渐生嫌恶。

嘉靖二十五年（1546）总督陕西三边军务曾铣，在夏言的支持下，提出了收复被蒙古鞑靼部占领的河套地区的计划。河套地区（宁夏和内蒙古境内贺兰山以东，狼山和大青山以南的黄河沿岸地区）东、西、北三面濒河，南面临近明朝的榆林（今陕西榆林）、宁夏（今宁夏银川）、偏头关（今山西偏关）等边镇，土地肥美，灌溉便利，适宜农桑。控制河套地区，对于明朝北面的边防有着重要的意义。但是，严嵩为了陷害夏言，利用世宗害怕蒙古鞑靼军的心理，攻击夏言、曾铣等收复河套地区的计划是"好大喜功""穷兵黩武"。这时，恰巧内宫失火，皇后去世，世宗朱厚熜对以上变故颇为惧怕。严嵩趁机进谗言说："灾异发生的原因就是由于夏言、曾铣等要收复河套地区，混淆国事造成的。"世宗朱厚熜信以为真，便把夏言罢职，曾铣下狱，其他支持收复河套地区计划的官员也给了贬谪、罚俸和廷杖的处分。不久，鞑靼军进扰延安（陕西延安）、宁夏（今宁夏银川）等地，严嵩又趁机对世宗朱厚熜说，鞑靼军是因曾铣要收复河套地区而发的兵。世宗朱厚熜又按开边事之衅罪把曾铣处死。严嵩虽然害死了曾铣，但是夏言还在，严嵩不把他置之死地是不甘心的。于是，又捏造了夏言曾经受过曾铣贿赂的罪行。结果，夏言也被世宗朱厚熜处死；夏言一死，严嵩便爬上了首辅（内阁中为首的大臣）高位，完全掌握了内阁大权。

严嵩在排斥同僚的同时，还极力培植死党，并安插亲信掌握机要部门，以固权势。严嵩以子严世蕃为爪牙，聚类养恶，朋比为奸，仅干儿子就有30余人，尚书关鹏、欧阳必进、高耀、许焞等都是严嵩党羽。通政司是负责呈送奏章的重要部门，严嵩为了控制这个部门，便由其义子赵文华任通政使，凡上疏奏章，必由赵文华将副本先送严嵩阅看，然后才上奏。吏部文选和兵部职方是二个低微的官职，但由于吏部文选负责办理官吏的升迁、改调，兵部职方负责军制等具体事宜，都比较机要。因此，严嵩也牢牢控制在手中，由亲信万寀和方祥分别担任文选郎和职方郎。他二人经常拿上文簿由严嵩任意填发，时有严嵩"文武二管家"之称。

鱼肉百姓误国家

严嵩倚仗权势，贪污纳贿，侵占民产、作恶甚多。严嵩执政期间，朝中官员的升迁贬谪，不是根据其人的贤愚廉耻和能力大小，而是凭他们对严嵩贿赂的多寡。因此，每天到严府贿赂的人络绎不绝，相望于道；馈赠之物，鱼贯联珠，斗量车载。礼部员外郎项治元贿赂严嵩一万三千金而升任吏部主事。举人潘鸿业贿赂严嵩二千二百金得任山东临清知州。犯罪军官仇鸾，被革职后为了复官，以重金贿赂严嵩父子后，竟当上了宣府、大同总兵要职。当时，南北给事、御史等监察官吏都认为，朝中贪污大臣首推严嵩。

严嵩父子侵占的民间田产仅在北京附近就有庄田一百五十余所。另外，在南京、扬州等地豪夺、强买之良田、美宅也有数十处。这些田产每处价值均有数千金，但严嵩父子强买时，卖者往往只能得银十分之四、五。严嵩父子在原籍侵占之民田更是惊人，袁州（今江西宜春）一府四县之田，竟有十分之七被严家侵占。

由于严嵩父子大肆搜刮民财，鱼肉百姓，其家财可与皇帝比富。严嵩的府第都是雕梁画柱，峻宇高墙，其巍峨壮丽不减朝堂，至于金银珠宝更是难以计数。严嵩子严世蕃曾自夸说："朝廷不如我富。"后来，严嵩事败被抄家时，抄出黄金3万余两，白银200多万两，其它珍珠宝玩价值数百万两。就连严嵩的家仆严年，家财也以数万两计。严嵩父子的生活相当奢侈糜烂。特别是严嵩子严世蕃，美妻爱妾，列屋群居；衣皆龙凤之纹，饰尽珠玉之宝；张象床，围金帐；朝歌夜舞，荒淫无度。对这种腐化生活，严世蕃自鸣得意地说："朝廷不如我乐！"

严嵩的奸贪和倒行逆施，还直接削弱了明朝的边防力量，造成了北方鞑靼贵族军和东南倭寇对明朝的严重威胁。

明中叶，蒙古瓦剌部渐衰，鞑靼部乘势兴起。不久，鞑靼部达延汗统一了蒙古各部。嘉靖二十三年（1544）达延汗死，其孙俺答汗势力独盛。在此期间，蒙古俺答汗屡次率军骚扰内地。但是明政府自严嵩执政以来，边将为了保官升职，把诸边军粮大半贿赂了严嵩，以致军士饥疲，边防大坏，无力抵御蒙古鞑靼贵族统治者军队的骚扰。特别是嘉靖二十九年（1550），鞑靼部俺答汗率军长驱直入北京郊区，北京城已处于万分紧急状态。但严嵩不顾军情紧急，只考虑如果在京郊战事失利难以瞒住皇上，自己作为内阁首辅难脱干系，便千方百计阻止抗战。国子司业赵贞吉等主张出兵保卫京师，严嵩却污蔑他狂诞，致赵贞吉被世宗朱厚熜廷击、贬谪。严嵩还授意兵部尚书丁汝夔说："京郊不比边塞，在边塞战败还可掩饰，而京郊战败人所共知。俺答军抢掠够了就会离去，我们惟有坚壁是上策。"于是，兵部发令，不得轻易出战。各路勤王军到京，严嵩又荐举其党羽仇鸾为大将军，节制诸路勤王兵马。在严嵩、仇鸾的节制下，各路勤王军队只是坐观俺答军杀掠人口，抢夺财物。仇鸾所率军队甚至尾随俺答军后趁火打劫，烧杀抢掠比俺答军还凶狠。一直到俺答军在北京城郊烧杀抢掠数日，押运着大批男女，金帛、财物志满得意地离去，仇鸾才率军佯作追击，杀了几十个百姓的头来冒功。世宗朱厚熜不加核实，竟加封仇鸾为太保，并赐金币。不过，世宗朱厚熜对于俺答兵临城下还是感到有失皇帝的面子，他为了泄愤，便把兵部尚书丁汝夔下狱。严嵩怕丁汝夔在这个时候揭发自己曾经授意他不出战的罪行，便宽慰丁汝夔说："有我在，一定不会让你死去。"可是当世宗朱厚熜发怒要处死丁汝夔时，严嵩又噤若寒蝉，一言不发。丁汝夔临刑时方知受骗，大呼"严嵩误我！"

奸横骄纵终败亡

奸臣严嵩父子贪鄙奸横、误国误民，使当时许多正直的官员都非常愤慨，纷纷上疏揭露其罪行。其中最著名的是锦衣卫经历沈炼和兵部员外郎杨继盛的疏论。嘉靖三十年（1551），沈炼上疏指出：俺答军能长驱直入京郊，都是由于严嵩贪婪愚鄙、废弛边防造成的。沈炼还在疏中历数了严嵩的纳将帅之贿，揽吏部之权，索抚按岁例，陷害言官，专擅国事等十大罪。请皇上诛杀奸臣严嵩，以谢天下。嘉靖三十二年（1553），兵部员外郎杨继盛就严嵩的罪行进行了全面的揭发。他把严嵩的罪行主要归纳为十大罪、五奸。这十大罪主要是：俨然以丞相自居，坏祖宗成法；假皇上之意，以售其奸；冒朝廷军功，子孙无功而官；纳贿营私，引用贪虐奸邪之臣；废弛战备，贻误国家军机。杨继盛还指出，严嵩正是依靠兜售五奸而得逞的。这五奸的大略是：厚贿交结皇帝侍从宫监，使之成为自己的间谍；严加控制掌管奏章的要害部门通政司，使之成为自己的鹰犬；勾结厂、

卫（皇帝的特务组织）官员，使皇上的爪牙也能为自己服务；百般笼络言官，使之成为自己的奴隶；网罗各部臣僚，使之成为自己的党羽。

显然，这些疏论都是对严嵩罪行尖锐的揭发和批判。但是，由于严嵩混淆是非，颠倒黑白，利用明世宗朱厚熜拒谏护短的毛病，激怒世宗，以致严嵩毫发未动，而言官本人却遭到了各种迫害和打击。如锦衣卫经历沈练受到了廷杖、贬谪的处分。沈练到了被贬地保安（今河北怀来西北）后，出于时奸臣严嵩的愤恨，动手扎捆了三个草人当做李林甫（唐代奸相）、秦桧（宋代奸相）、严嵩，经常以箭射之泄愤。严嵩听说后恼恨不已，不久，就捏造罪名把沈练杀死了。又如兵部员外郎杨继盛被世宗朱厚熜以诬陷大臣罪廷杖一百下狱后，严嵩仍不甘心，必欲置之死地，又把杨继盛无中生有地牵扯到所谓张经冒功一案中而加以杀害。除此以外，先后上疏弹劾严嵩的谢瑜、叶经、童汉臣、赵锦、王宗茂、何维柏、王晔、陈垲、厉汝进、徐学诗、周夫、吴时来、张冲、董伟策等，都由于严嵩的诬陷而遭到了廷杖、贬谪、下狱的迫害。这样，由于严嵩的淫威，朝中一度无人再敢上疏弹劾严嵩。

嘉靖四十年，严嵩的老婆欧阳氏因病去世，按照封建礼制的规定：严世蕃应离职回籍守孝三年，叫做"丁忧"。但是，严嵩一天也离不开儿子，他怎能让严世蕃回老家？于是他便找了个借口，向世宗求情，将严世蕃留在京城，而让他的孙子回家代为"丁忧"。严世蕃虽然被留下了，但因他重孝在身，不便入值西苑，所以，公务上的事情还是帮不了严嵩什么忙。没有了儿子的帮助，严嵩深感力不从心，往往将公事处理得一塌糊涂，对于呈上的御札下问，多不能明白其中的意思，有时急得严嵩团团乱转，一筹莫展，最后只好派人回家询问儿子严世蕃。严世蕃虽然在家"守孝"，却一点儿不守孝道、整日里大吃大喝，听歌观舞，他有二十七位妻妾，个个珠围翠绕、脂红粉香，严世蕃左拥右抱，和她们寻欢作乐。严嵩派人来询问御札之意，严世蕃自然没有心思琢磨世宗的御札，通常草草作答，语多隔膜，甚至前言不搭后语，使得严嵩大为光火；有时严嵩不得已自己写奏答，更是驴唇不对马嘴，所以，令世宗很不满意。此时已是严嵩执政的晚期，他们父子手中的权力过重，势力过强，大有阴云蔽日之势，世宗心中早已有所猜忌。这时，世宗正宠信着方士蓝道行，把他看做神仙一般，不说言听计从，他的话也是举足轻重的。严氏父子偏偏把他得罪了，蓝道行就在世宗面前告严氏父子的状。有一次，世宗问蓝道行："天下何以不治？"蓝道行乘机以仙人的身份回答说："严嵩父子，弄权专政，奸人不去，病国妨贤。"世宗又问："如果是这样，上仙何不降灾诛杀他们？"

蓝道行神秘地一笑，说："留待皇上正法。"世宗一听，心有所动，"仙人"既给他指出一条明路，世宗从此便产生了除掉严嵩父子的念头。不久，御史邹应龙又上疏弹劾严嵩父子，列举了父子二人的种种罪状。其后，又有徐阶推波助澜，力劝世宗处分严嵩父子。终于，嘉靖四十一年（1562）五月，世宗下旨令夺去严嵩的一切官职，并发配回江西老家；严世蕃也被谪戍雷州卫，另外，严嵩的两个孙子及几名私党也都被遣戍边。严世蕃在谪戍雷州的途中，逃跑回家，在家中躲了一阵子，见无人追问，胆子又大了起来，开始四处活动，他伙同严嵩的死党，也是在戍边途中私逃的罗尤文，二人相互勾结，网罗党徒，招纳叛卒，夺人子女、劫掠民财，勾结倭寇、图谋不轨，半年之内，就作案二十七起，情节恶劣，气焰嚣张，真达到了无法无天的地步。严世蕃还役使工匠四千人，大造私第，修建亭台园林，雕梁画栋，穷奢极侈，排场、气势，一如往昔。严府的豪奴悍仆，仍旧挟持相府余威，凌辱官民，为非作歹。嘉靖四十三年（1564）十月，御史林润又上疏弹劾严世蕃。世宗听说严世蕃逃跑回家，继续作恶，勃然大怒，下旨将严世蕃逮捕治罪。

嘉靖四十四年（1565）三月，世宗降下圣旨：将严嵩削籍为民，将严世蕃和罗龙文绑赴西市斩首。京城中的百姓听说这个消息，拍手称快，奔走相告，呼朋唤友相邀着来到西市看刑，看到往日不可一世的恶徒终于得到了应有的下场，真是大快人心。严世蕃临别时，家人捧过纸笔，让他写封家书，算做遗书。他接过笔纸，只是流泪不止，浑身筛糠般颤抖着，怎么也写不成一个字，往日作威作福的劲头早已吓得无影无踪。

严世蕃被斩后，其家产全部抄没，严嵩也无家可归，只得寄食墓舍，晚景凄凉。2年后，在贫病交加中死去。

【国学精粹珍藏版】

中华历代名人大传

◎尽览中国古典文化的博大精深 ◎读传世典籍，赢智慧人生

——受益终生的传世经典

李志敏⊙主编

卷三

民主与建设出版社

魏忠贤

魏忠贤（1568～1627），河间肃宁（今属河北）人。万历时因赌博输光钱财而自阉，改名李进忠入官。熹宗时伍司礼秉笔太监，后兼掌东厂。得势后，勾结熹宗乳母客氏专断朝政。明熹宗天启五年（1625）兴大狱，酷刑囚杀东林党人杨涟、左光斗等朝臣及名将熊廷弼。崇祯帝即位后对其同党定为"逆案"，罢职安置安徽凤阳。魏忠贤自知死罪难逃，在途中畏罪自杀。

谋害异己

魏忠贤原名进忠，曾从继父姓李。他从小是个无赖，目不识丁，而且嗜赌如命。他结交一批恶少，整天酗酒、赌博、鸡鸣狗盗无所不为。他结过婚，妻子姓冯，有个女儿，嫁于杨家。他有些武功，左右手均能挽弓，箭法很准；家中贫穷，却喜欢赌博，赌运不佳，常常受到凌辱。后来，在欠了一屁股赌债，走投无路之际，投师父自宫做了阉人，入宫当了太监。因他做得一手好菜，当了太子朱常洛的生母王才人的司厨。

明熹宗乳母客氏是北直隶定兴（今属河北）人，嫁侯二为妻，但18岁便入宫。那个时期的明朝有个习俗，宦官与宫中女性，主要是宫女，也包括像客氏这样的妇女，暗中或公开结为名义上的夫妻。两宦官争一宫女之事，亦不乏其例。客氏原与魏朝相好，见到魏忠贤，便移情于他。熹宗即位，封客氏为奉圣夫人。魏朝与魏忠贤争客氏，意义不止于争一女，而是争宠于熹宗，自然更为激烈，甚至夜间于宫中喧闹。熹宗亲自过问起此事，他问客氏看中了谁，由他做主安排。客氏选择了魏忠贤。后来，魏忠贤与客氏合谋，矫旨将魏朝打发回凤阳，派人在途中将他杀死。

谋杀了魏朝后，比魏忠贤地位更高的王安成了他下一个谋害的目标。王安不同于魏朝，是顾命太监，在移宫案中与外朝大臣合作，有相当的威望。当时御史方震孺上疏，请逐客氏和魏忠贤。王安也感觉到魏忠贤的威胁，奏明熹宗，欲加惩处。但真要处治时，他又手软了，只是令他改过自新。客氏出宫，魏忠贤一时无所作为。谁知熹宗比他更离不开客氏，若失魂魄，不食者数日。不久，又把她召回宫中。魏忠贤和客氏在外朝官僚中寻找伙伴，找到魏的同乡、给事中霍维华，指使他弹劾王安。客、魏包围熹宗，矫旨将王安降为南海子净军，又派人把他杀害。

王安死后，魏忠贤升为司礼秉笔太监。这打破了常规，因为他不识字，原没有资格入司礼监的。

熹宗皇后张氏，"性严正"，多次向熹宗谈起客氏、魏忠贤的过失。

皇后主持后宫事务，有权直接处置客氏。她没有这样做，或因投鼠忌器，或希望熹宗决断。一次，张后看书，熹宗问她在看什么书，她答曰："赵高传。"张后用意很明确，但熹宗听了之后并没有说什么。

客、魏二人知道了，又恨又怕，扬言张氏非国丈张国纪女，而是盗犯所出，借以治张家罪。另一太监王体乾说，熹宗重夫妇兄弟情谊，"朕有变，我辈无类矣"。这才保全了张后家族。尽管如此，张皇后还是深受伤害。在她有身孕时，客氏和魏忠贤派亲信服侍，致使其流产。另外一些得罪客、魏的妃嫔，连性命也难保。熹宗裕妃张氏为客氏所妒，以有孕之身被禁闭，绝饮食而死。冯贵人劝熹宗罢内操，被责为诽谤，赐死。李成妃解救，被革封禁闭。

迫害东林党

魏忠贤与外朝官僚的斗争，比起明代任何一次类似的斗争，更具有党争性质。

天启初年，标榜清流的士大夫都以东林党人自居，或被认为是东林党人。经历一二十年政治舞台上的风云，他们不但仍然具有左右舆论的力量，而且占据了一些重要的位置。

天启元年（1620），叶向高成为内阁首辅，孙慎行任礼部尚书，邹元标任都御史；天启二年，孙承宗入阁，兼掌兵部事，赵南星任都御史，第二年改吏部尚书。此外，高攀龙任左副都御史，杨涟也升至左副都御史，左光斗升至佥都御史。

开始，魏忠贤与这派官僚的关系还不太紧张。他敬重赵南星，在熹宗面前对他大加称赞。二人并坐弘政门议事，赵南星郑重告诫魏忠贤："主上冲年，内外臣子，会各努力为善。"这话虽使魏忠贤心中不快，也还没有到翻脸的程度。

天启三年（1623），魏忠贤受命提督东厂，顾秉谦、魏广微等选入内阁。顾、魏不断受到言官的弹劾，不为清流所容。赵南星与魏广微之父魏允贞是朋友，但他三拒魏广微于门外，公开说魏允贞无子。魏忠贤需要外朝官僚的配合，不为清流所容的官僚也需要投靠魏忠贤，于是，他们一拍即合，形成一个与朝臣抗衡的政治力量。

天启四年（1624）四月，给事中傅槐等上疏，称左光斗、魏大中等与内阁中书汪文言交通。六月，杨涟疏劾魏忠贤，列数他迫害朝臣、迫害太监、迫害妃嫔、蓄养内兵、罗织狱案等罪状，共24条，其他大臣也纷纷弹劾，不下百余疏。魏忠贤与外朝大臣的斗争，或者说，阉党与东林党的斗争，进入公开的阶段。从当时的形势看，反对魏忠贤和阉党的力量还很强大，无论哪一方都没有必胜的把握。魏忠贤找到阁臣韩爌，希望他从中调解。这是一种妥协的姿态。韩爌不肯合作，其他大臣也不肯息战。

魏忠贤只能依靠他和客氏摆布熹宗的能力。熹宗年少好游戏，魏忠贤等引导他于陆地走马行猎，于池中窍水泻珠为乐，又利用他喜爱木工的特点，每在他手操斧锯时奏事。在熹宗的眼里，国事远不如他引绳削墨、营筑小室重要，他不等听完，便说："好为之。"朝政的议决权逐渐为魏忠贤把持。

魏忠贤的同党把反对派官僚开列名单，括入百余人，称为邪党，而将阉党60余人列为正人，以此作为黜陟的根据。给事中阮大铖别出心裁，作《点将录》，以《水浒传》中的聚义领袖的名号排东林党人，如天罡星36人：托塔天王李三才、及时雨叶向高、浪子钱谦益、圣手书生文震孟、白面郎君郑鄤、霹雳火惠世扬、鼓上蚤汪文言、大刀杨涟、智多星缨昌期等；地煞星72人，有神机军师顾大章、青面兽左光斗、金眼彪魏大中、旱地忽律游士任等。天启四年七月，叶向高被迫去官。此前，中官为了搜寻一个被缉拿的御史，闯入叶向高宅邸，鼓噪谩骂，这也是历代首辅从未受过的大辱。十月，赵南星、高攀龙致仕，杨涟、左光斗削籍。

在魏忠贤打击东林人士的活动中，汪文言是个重要人物。他不是科举出身，初为县吏，豪侠机智。入京后，与太监王安倾心结纳，在王安与内阁间进行联络。为叶向高所器重，用作内阁中书，与杨涟、左光斗、魏大中及赵南星等均有来往。魏忠贤痛恨杨涟、左光斗，必欲置之死地。他选择汪文言这条线索，把他下诏狱，严刑拷讯两个多月，定要他供出杨涟等受贿情状。汪文言很有骨气，说："以此蔑清廉之士，有死不承。"最后受刑气绝。负责审狱的锦衣卫官许显纯自造狱词，把杨涟等下狱。同时下狱的还有经略辽东军务的兵部尚书熊廷弼。熊廷弼得罪过朝中权贵；又倡议放弃辽东，撤回关内，负有失地之责；且有人传言，杨涟弹劾魏忠贤的奏疏由他起草，于是他在劫难逃。魏忠贤认为，仅以移宫一案定杨涟等罪，尚难以昭彰，且牵涉的人员太少，而若以交通边帅，收取贿赂定罪，则死有余辜。

天启五年（1625）八月，魏忠贤的党徒冯铨编造伪书《辽东传》陷害熊廷弼，说："此书为熊廷弼所作，流传市上，希图为自己开脱。"，阁臣黄立极建议："夜半片纸了当之！"通过杀害熊廷弼，来打击东林党。天启五年八月二十八日五更，刑前，主事张时雍见熊廷弼胸前挂一执袋，问是何物？熊廷弼答道："此谢恩疏也。"张时雍冷笑道："公不读《李斯传》乎？囚安得上书！"熊廷弼怒道："此赵高语也。"张时雍一时无言。熊廷弼被冤杀，传首九边。死前奏疏也被毁弃不报。御史梁梦环诬告熊廷弼生前侵盗军资十七万余两，追抄其家产，熊廷弼的长子熊兆圭，不堪受辱而自杀，其女熊瑚愤激过度，吐血身亡，江夏知县王尔玉为讨好阉党，将熊家两名婢女的衣服褪去，笞四十。八九月间，杨涟、魏大中、左光斗、顾大章等人相继死于狱中。受杨涟等狱牵连，被逮被杀的官僚尚有多人。魏大中被逮，押解过吴县时，吴县人、吏部主事周顺昌正在家中。他挽留魏大中，周旋数日，并结为亲家。这是对魏忠贤的公然蔑视。魏忠贤派缇骑前去逮人，在苏州引起骚乱。聚集的群众为周顺昌乞命，击毙缇骑一人，击伤多人。周顺昌下狱被害。在处理苏州民变时，市民颜佩韦、马杰、沈扬、杨念如和周顺昌的舆隶周文元五人论死。他们被合葬在虎丘附近，墓碑题曰"五人之墓"。

高攀龙得到消息，自知不免，写下遗表，于三月十七日凌晨从容赴死，终年64岁。

高攀龙自杀前曾遗言同年挚友袁可立道："弟腐儒一，无以报国，近风波生於讲会，邹冯二老行，弟亦从此去矣。"，其言犹未尽之厚望可见于笔端，从此袁可立这位力图远离党争多做事的正直大臣终于不能再安其位，走上与阉党斗争的前台，每议事与阉党"数有所抵牾，欲自请外"。天启六年（1626）十一月，袁可立在朝堂上抗疏道："此非挂冠神武门时呼？"，阉党益怒。九卿公推兵部左侍郎袁可立为南京兵部尚书参赞机务，遂被魏忠贤排挤出朝，被迫致仕归里，而以自己的心腹刘廷元代袁可立为南大司马，时北则崔呈秀为本兵，天下兵马大权二人一手握定。随后魏忠贤欲加害袁可立，赖袁可立在朝中素享清望未果。

人生终途

魏忠贤与东林党的斗争已超出朝廷的范围，在社会上引起强烈的反响。魏忠贤在用刑狱对付反对派官僚的同时，还命其党羽编纂《三朝要典》，重新记述和评价"三案"，为打击异己制造舆论。魏忠贤的地位不断提升，相当一部分官僚出于各种原因，向他靠拢，协助他控制局面，打击反对派，他们被称为魏党或阉党。

天启五年（1625）以后入阁的大臣，大多为魏忠贤的党徒。这里包括顾秉谦、魏广微、黄立极、施凤来、张瑞图以及魏忠贤被罢以后入阁的来宗道、杨景辰等人。表现最突出的当数顾秉谦和魏广微。顾秉谦为首辅，掌拟旨批答，朝廷有一举动，则魏忠贤悉数尽知。魏广微呈寄魏忠贤书札，称"内阁家报"，当时人叫他"外魏公"。魏忠贤的党徒有五虎五彪十狗十孩儿四十孙等。"五虎"为文职，包括工部尚书兼左都御史崔呈秀，一年内由太仆少卿六迁至工部尚书的吴淳夫，一年内由大常少卿升至兵部尚书的田吉、太常卿倪文焕、左副都御史李夔龙。"五彪"为武职，包括左都督田尔耕、锦衣卫都指挥佥事许显纯、锦衣卫指挥崔应元、东厂理刑官孙云鹤和田尔耕的心腹杨衰。

居"十狗"之首的是周应秋。此人善烹饪，魏忠贤的侄子、肃宁伯魏良卿最喜欢吃他烧的猪蹄。他升至左都御史有赖于此，被人称作"煨蹄总宪"。十孩儿四十孙更是人品繁杂。如李蕃、李鲁生由知县分别擢升御史、给事中。他们先投靠魏广微，魏广微失宠，改投阁臣冯铨，冯铨失宠，又投靠崔呈秀，因而被讥称为"四姓奴"。魏忠贤的党羽还为魏忠贤建立生祠。最先建生祠的是浙江巡抚潘汝祯。他假借机户恳请，建祠于西湖，建成后上疏，请熹宗赐匾额。熹宗名之曰"普德"。作为对此举的鼓励，潘汝祯升为南京刑部尚书。而浙江巡按的奏疏晚到一天，竟被罢官。此例一开，兴建生祠立刻成为风气。全国各地都争先恐后地为魏忠贤建生祠。袁崇焕也是较早为魏忠贤建生祠的官员，只是崇祯即位之初，错误地将边事委之于崇焕，未予深究而已。

一名叫陆万龄的监生还别出心裁，建议在国子监建造生祠，把魏忠贤与孔子并论："孔子作《春秋》，忠贤作《要典》，孔子诛少正卯，忠贤诛东林，宜建祠国学西，与先圣并尊。"甚至尊贵如楚王也为魏忠贤建起生祠。一些无耻的官员，公开呼魏忠贤为"九千九百岁"，吹捧到无以复加的程度。主持制造生祠的官员不一定都是魏忠贤的党徒。只能说，建生祠形成了一种潮流，即使为了自我保护，也不得不随潮流而动。生祠"极壮丽庄严，不但朱户雕梁，甚有用琉璃黄瓦，几同宫殿。不但朝衣朝冠，甚至垂旒金像，几埒帝王"。每建一祠，多者用数十万，少者也要数万。所用钱财，不是盘剥民众，就是取自官府。建生祠需要土地，或占民田民墓，或拆民房民舍，无人敢阻拦。开封建祠，拆毁民舍达两千余间。生祠缮祀，按王公规格。祠内供像，以沉香木雕刻，外部镀金，工艺精细，眼耳口鼻及手足都可转动，有如生人。外则衣服奇丽，内则以金玉珠宝为肺为肠，发髻上有一空穴，不断更换四时香花。明人对权势者的奉承阿谀，至此而极。魏忠贤亲自提督东厂，锦衣卫官多是他的亲信和党徒。厂卫是魏忠贤专权的主要工具。厂卫的主要任务之一是监视官僚系统。魏忠贤时代，豢养厂役数百人，在东厂抽签，分派各衙门。

监视审狱的厂役叫听记，监视其他官府和各城门的厂役叫坐记。厂役将所探得事项汇报东厂叫打事件。有这一类情报，不论昼夜，都可直接从东华门投入。许显纯掌镇抚司，每审狱，魏忠贤必派人坐其后，"其人偶不来，即袖手不敢问"。至于社会上层人物的隐私，以至"家人米盐猥事"，很难躲过厂卫的耳目，多在宫中传笑。如宁安大长公主（兴献王女）之子李承恩，藏有公主所赐器物，也被发现。中书吴怀贤读杨涟疏，还不敢与他人交谈，只是击节称叹，被家人告密，死于非命，家亦被抄。工部郎中叶宪祖见内城建内祠，颇有感触，窃叹："此天子幸辟雍道也，土偶能起立乎！"把魏忠贤神像称作土偶，大不敬。魏忠贤闻知，把他罢官削籍。厂卫的触角也深入到民间。下面一件事很有代表性："有四人夜饮密室，一人酒酣，谩骂魏忠贤，其三人嚅不敢出声。骂未讫，番人摄四人至忠贤所，即磔骂者，而劳三人金，三人者魄丧不敢动。"三人始则"嚅不敢出声"，继则"魄丧不敢动"，显然不是预先布置的圈套。厂卫对民间的监视，尤其是针对富民的监视，也无孔不入。吴养春靠黄山收息，是徽州有名的富户。他的家仆告他私占黄山，历年所得租税计六十余万金。吴养春被逮至京，照数追赔，他本人被拷打而死，妻女自缢，家产尽收。郡中许多富户也因受牵连而破产。一般来说，专权宦官同外朝官僚、同民间富户的关系都是很紧张的。

另外，魏忠贤专权期间，还在社会上造成了相互监视的风气。如"有徐生者，偶过渡，逢一京师人同舟。生问曰：'魏监荼毒朝绅，公复何似？'其人怒曰：'魏尚公举朝奉为天生圣人，汝一小书生，敢妄诋毁，何胆大如斗也！'"再如"南昌书肆中，有一生阅《三朝要典》，偶发不平之慨。忽一人攘臂直前，欲挟以见杨抚院。众为解劝，俾生与多金，始获免"。前一京师人和后一人肯定不是厂卫探事人员。对魏忠贤的不满和抨击还要受到此辈凌辱和威胁，或许是更大的悲剧。作为封建专制工具的厂卫系统，在魏忠贤擅权时期，造成很多冤狱。扬州知府刘锋，试图收买有关方面，救援被押狱中的国戚李承恩，为东厂太监张体乾缉获。张体乾进一步诬陷刘锋勾结道人方景阳，诅咒魏忠贤。

事实上，方景阳与刘锋根本不相识。刘被斩于市，方被毙于狱。处死民人，就更简单了。魏良卿旧宅有两大狮子，目下视，"魏太监怒之，榜石工至死"。魏忠贤统领下的厂卫，所用刑罚之酷，更是令人发指。被称为"六君子"的杨涟、左光斗、魏大中、袁化中、周朝瑞、顾大章六人都受过全刑，各打四十棍，拶敲五十，夹杠五十。杨涟受刑最多，五日一审。许显纯令将他头面乱打，齿颊尽脱；钢针作刷，遍体扫烂如丝；以铜锤击胸，肋骨寸断；最后用铁钉贯顶，立刻致死。死后七日，方许领尸，止存血衣数片，残骨几根。左光斗估计，锦衣卫狱对他，或是"亟鞫以毙之"，或是"阴害于狱中"，如果送到法司，或无死理，于是"靡焉承顺"。他也被五日一审，"诃话百出，裸体辱之。弛扭则受拶，弛镣则受夹，弛拶与夹，则仍戴扭镣以受棍"。

另如周顺昌在狱中大骂许显纯，许显纯用铜锤击周顺昌齿，齿俱落。周宗建骂魏忠贤不识一丁，魏忠贤命以铁钉钉之，又使他穿绵衣，以沸汤浇之，顷刻皮肤卷烂，赤肉满身。魏忠贤专权时期，厂卫横行，造成了超过历次宦官专权的恐怖环境，这恐怕也是魏忠贤给后世留下的最深刻印象。魏忠贤本人、他的亲属和党羽，利用一切机会，谋求显赫的地位，阁臣和部院大臣按照常规，可得到公孤加衔，自不必说。像田尔耕加少师兼太子太师，许显纯加太子太保，却是不多见的。魏忠贤的族人中，荫封锦衣卫指挥使的有17人，他的族孙和姻亲中有多人官至左、右都督及都督同知、佥事等。他的侄子魏良卿地位最高，封宁国公，加太师。另一个侄子魏良栋封东安侯，加太子太保，侄孙魏鹏翼封安平伯，加少师。后两人都还是襁褓中稚子。在名义上，魏忠贤本人除了司礼大监和提督东厂太监职务以外，还进上公，加恩三等。再者有熹宗所赐印鉴，文曰"顾命元臣"。而实际上，他的权势远不止这些。对他本人有九千岁的称呼，对他的雕像行五拜三稽首之礼。最轰动的事件是魏忠贤去涿州进香，"铁骑之拥簇如云，蟒玉之追随耀日，登跸传呼，清尘垫道，人人以为驾幸涿州，及其归也，以舆夫为迟，改驾四马，羽幢青盖，夹护双遮，则已俨然乘舆矣"。凡朝中草疏，李永贞必遣人急速驰白，即百里外，亦一日往返，传达魏忠贤之意，票拟始敢批发。魏忠贤是否有心篡位，这并不重要，而他权势的发展，已经威胁到皇权，这一点就足以决定他的命运了。

天启七年（1627）八月，熹宗病死，他的弟弟、信王朱由检即位，他就是崇祯皇帝。无疑，魏忠贤也想要控制崇祯皇帝。据说，他曾进献国色四人，带有香丸一粒，名"迷魂香"。他要把崇祯皇帝变成痴皇帝，但没有得逞。

崇祯皇帝初即位，小心谨慎，无所举动。九月，他采取了第一个措施，把客氏赶出皇宫。十月，弹劾魏忠贤和魏党的奏疏突然出现。十一月，魏忠贤被免去司礼监和东厂的职务，谪发凤阳守祖陵。这是一个试探性的决定，没有引起大的骚乱。于是，崇祯皇帝命锦衣卫擒拿魏忠贤治罪。

魏忠贤行至途中，接到密报。当夜，他听到外边有人唱道："随行的是寒月影，呛喝的是马声嘶。似这般荒凉也，真个不如死。"想到昔日的荣华富贵，魏忠贤也感到真个不如死，于是他上吊自杀了。

鳌拜

鳌拜（？～1669）瓜尔佳氏，隶满洲镶黄旗，清初权臣。鳌拜自幼膂力过人，娴于弓马，以战功封公爵。鳌拜前半生军功赫赫，号称"满洲第一勇士"，后半生则操握权柄、结党营私，结果被生擒之后，老死于囚牢中。

专权擅权 阻我者亡

鳌拜的伯父费英东早年追随努尔哈赤起兵，是清朝的开国元勋之一，二哥卓布泰是清初军功卓著的战将。鳌拜本人亦随皇太极征讨各地，战功赫赫，不但是一员骁勇战将，而且也是皇太极的心腹。

清崇德二年（1637），鳌拜为先锋攻明皮岛，以勇闻。此后屡败明军，1644年清军入关，鳌拜率军定燕京，征湖广，驰骋疆场，冲锋陷阵，为清王朝统一中国立下汗马功劳。1646年鳌拜出征四川张献忠大西军，在南充大破大西军军营，斩张献忠于阵，因此以首功被顺治皇帝超升为二等公，授议政大臣、领侍卫内在（皇帝禁卫军司令），擢领侍卫内大臣，累加少傅兼太子太傅，教习武进士。自此，鳌拜参议清廷大政。

1661年，清顺治皇帝去世时，因为继位的康熙帝还很年幼，只有8岁，所以遗命索尼、苏克萨哈、遏必隆和鳌拜四大臣辅佐朝政。尽管鳌拜名列辅政大臣之末，事实上最擅于揽权的恰恰是此人。鳌拜利用索尼年老多病，遏必隆遇事迁就等条件，大肆引用私人，培植党羽，安插亲信，大权在握。对于不肯附他的人，滥施淫威，必欲除之而后快。内大臣费扬古因同鳌拜有隙，鳌拜便以费扬古之子倭赫（时任御前侍卫）当班时，带小皇帝去景山、瀛台游玩之际擅骑御马、擅用御弓之罪名，而将倭赫以及与倭赫一起当班的三人斩首。至此鳌拜还不肯善罢甘休，又以费扬古因子被杀心怀不满，而将费扬古本人及其子尼侃、萨哈连等处死。偶一泄愤，竟有七人丧生，时为康熙三年（1664）四月。

伴随着权力的膨胀，鳌拜对名列辅政大臣最后的事实已经不能忍受。洞察其中原委的遏必隆在上朝时，故意晚到片刻，以便把上座让给鳌拜。鳌拜党羽工部尚书噶褚哈在上疏言事时，也公然把鳌拜之名列在遏必隆的前面，这些自然都在太皇太后的睿鉴之中。想不到遏必隆已磨得全无棱角。人如其名，太皇太后又怎能把遏制鳌拜的希望寄托在遏必隆的身上。

册立赫舍里氏为后就同当年为顺治册立科尔沁部博尔济吉特氏为后一样，完全是出于政治的考虑。太皇太后是把立后同日后康熙帝亲政，结束鳌拜专权融为一体考虑的，不管鳌拜如何恋栈，其专权的时代终将结束。

面对鳌拜的淫威，3位满汉大臣挺身而出，抵制正在进行的第3次大规模圈地。这3位满汉大臣就是户部尚书苏纳海、直隶3省总督朱昌祚、保定巡抚王登联。

户部尚书苏纳海隶满洲正白旗，顺治十八年（1661）任工部尚书旋即调任兵部尚书。康熙二年（1663）三月，户部尚书宁古礼三卒，遂又调任户部尚书。苏纳海在兵部尚书任内，积极支持"迁海"之议，并同侍郎宜理布亲往浙、闽等地，协同地方督抚组织"迁海"清政府为防止内地人民支持和联系在台湾抗清的郑成功而下令沿海居民内迁30到50里，并尽烧沿海民居和船只，不准片板下海，康熙二十年（即1681年）完全撤销。因而当鳌拜拟再次进行大规模圈地时，苏纳海便被调往户部，此后仅数月就发生了康熙三年那次较大规模的圈地。康熙三年的圈地给苏纳海留下了极其深刻的印象：一方面是八旗将士那填不满的占有欲，一方面则是近京500里的空地所剩无几，户部难为无米之炊。康熙帝针对那次圈地所颁的谕旨，自然令苏纳海不胜惶恐，因而当八旗都统在鳌拜的庇护下，再次以"地土不堪"吁请圈占民地予以"更换"时，苏纳海又怎敢置皇帝的圣旨于不顾？

直隶三省总督朱昌祚在明清之际是一个十分具有传奇色彩的人物。朱昌祚原本是山东高唐一位富商子弟，自幼苦读孔孟之书。崇祯十五年十一月，阿巴泰率清军第四次突破长城防线，袭扰明畿辅重地。山东高唐亦遭清军扫荡，年仅十几岁的朱昌祚被掠至关外，沦为满洲人的家奴。两年后，当清朝统治者利用"甲申之变"，倾巢出动，大举入关时，朱昌祚凭借其渊博的学识，已经从一个供人驱使的家奴，变为从龙入关的汉军旗人。顺治初年，刚刚入主中原的清王朝治理乏人，尚在弱冠之年的朱昌祚便步入仕途，由宗人府启心郎擢为工部侍郎，旋即从工部侍郎升任浙江巡抚。四年后当其任满时又升为福建总督，而在一年后朝廷便诏令朱昌祚改任直隶、山东、河南三省总督，被调进京。

康熙三年（1664），清廷再次下达"迁海令"，界墙还要再向内地推进20里，于是安顿难民有术的朱昌祚，又被调往经济实力远不如浙江的福建。康熙四年（1665），当鳌拜决定在畿辅地区再一次进行大规模圈地时，朱昌祚则又被调往直隶。

王登联隶汉军镶红旗，先后历任河南郑州知州、山东济宁道、大理寺卿，顺治十七年出任保定巡抚。

康熙五年十月，苏纳海、朱昌祚、王登联奉鳌拜之命前往蓟州、遵化等地，率僚属对地亩一一丈量，登记在册，历时一个多月。时值初冬。从京南迁来的镶黄旗兵丁及其眷属，栖身破庙等候圈拨；从蓟州、遵化等地迁出的正白旗兵丁及其家口，则寄身草棚等待安置；而处于夹空民地的百姓已被逐出家门，辗转于荒郊野外，"号泣之声，闻于数里"。

鳌拜已经习惯独断专行，对王登联的所作所为火冒三丈，随即降旨，令吏、兵二部对"越行干预、纷更具奏"的直隶三省总督、保定巡抚"会同议处"。鳌拜惟恐吏、兵二部拘于律例，不能对朱昌祚、王登联以及从一开始酝酿圈地就从中作梗的苏纳海从重、从严议处，遂又于当天再度降旨，令吏、兵二部把"尚书苏纳海拿来禁守，总督朱昌祚、巡抚王登联拿来"。逮捕三大臣的命令便于十一月二十日从北京发出。

康熙五年（1666）十二月十四日，苏纳海、朱昌祚、王登联被逮入京，均被革职，交刑部议处。刑部"查律无止条"，遂付"拨地迟误"的苏纳海，"纷更妄奏"的朱昌祚、王登联作出各鞭一百"不准折赎""籍没家产"的拟处。

然而鳌拜对于刑部法外施刑的议处仍不满意，早在苏纳海把八旗都统呈请更换土地的行文驳回后，他就已动了杀机。

康熙五年（1666）十二月廿日，对苏纳海、朱昌祚、王登联判处死刑的议处送抵御前。康熙深知鳌拜对苏纳海"不阿其意"深恶痛绝，对朱昌祚、王登联吁请停止圈地，"阻挠其意，必欲置之于死地"。为了避免一起新的冤案，康熙帝"特召辅臣等赐坐询问"。但令康熙帝感到震惊的是，不单鳌拜，就连索尼、遏必隆也都坚请把三大臣"置重典"。只有苏克萨哈一语不发，以沉默表示反对。

尽管康熙受到三位辅臣的轮番陈请却毫不为之所动，"终未允所奏"。但权倾内外的鳌拜在御前召见后，竟然假传圣旨将"苏纳海、朱昌祚、王登联俱处绞刑。由此，三大臣冤赴黄泉"。

狂妄至极 目无君王

当苏纳海、朱昌祚、王登联被鳌拜假传圣旨处死后，野心勃勃的鳌拜并未就此罢休，仍变本加厉大肆揽权。康熙六年（1667）二月，晋封他的孙女婿贝勒兰布（敬谨亲王尼堪之子）为郡王，旋即任命他的心腹辅国公领侍卫内大臣班布尔善（努尔哈赤之孙，塔拜第四子）为内秘书院大学士。紧接着又利用三月份的大计京察，任命亲信噶褚哈为兵部尚书，马迩赛为工部尚书，泰壁图为吏部右侍郎，迈音达为兵部右侍郎。此刻就连索尼也对鳌拜的结党营私感到震惊，遂联合苏克萨哈、遏必隆迫使鳌拜联名疏请皇帝亲政，然而这一疏请却被"留中"。在苏克萨哈看来，皇帝亲政是解决问题的唯一办法，因而在四辅臣吁请归政的疏奏被留中后，苏克萨哈仍一再"自行启奏"，请求皇帝亲政，并多次身太皇太后表示："夕归政于皇上，朝即具疏恳往陵寝居往。"用自己愿为顺治守陵以示绝无揽权恋栈之意。

康熙六年（1667）六月二十三日索尼病故，鳌拜便公然以首席辅政大臣自居，气焰更加嚣张。七月初三日，康熙将索尼、苏克萨哈、遏必隆、鳌拜联名请皇帝亲政的疏奏批示如下：经"太皇太后谕允，择吉亲政"，辅政大臣"仍行佐理"。

七月初七日康熙帝行亲政大典，此后皇帝便亲自处理政务。令苏克萨哈感到不解的是，以果断著称的太皇太后，何以在处理归政问题时如此瞻前顾后，一再以"帝尚幼冲，如尔等俱谢政，天下事何能独理，缓一二年再奏"为词，莫非这位太皇太后果真衰老到体力不支、精神欠佳的地步？更令苏克萨哈不解的是，鳌拜对归政本来就没有诚意，而辅政大臣"仍行佐理"的懿旨，则为其继续独揽大权提供了方便。

康熙皇帝亲政以后的情况，的确像苏克萨哈所料，鳌拜在"仍行佐理"的旗号下，日与兄弟子侄心腹党羽穆里玛（弟）、纳穆福（子）、塞木特、纳莫、玛迩赛（侄）以及班布尔善、阿思哈等"结党营私，凡事即家定议，然后施行"。苏纳海死后，户部满尚书缺员，康熙已任命玛希纳出任，但鳌拜"欲以命玛迩赛"，竟在玛希纳已经任职的情况下，援引顺治年间户部曾置满尚书二人的旧例，强行增设一个满尚书。这种目无君父目无朝廷的行径。使得苏克萨哈别无他择，只有激流勇退，实践为先帝守陵的诺言。

七月十三日，苏克萨哈疏言："臣才庸识浅，蒙先皇帝眷遇，拔授内大臣，夙夜悚惧，恐负大恩。值先皇帝上宾之时，惟愿身殉以尽愚悃，不意恭奉遗诏，臣名列予辅臣之中，臣分不获死，以蒙昧余生，勉竭心力，冀图报称。不幸一二年来身婴重疾，不能始终效力于皇上之前，此臣不可之罪也。兹遇皇上恭亲大政，伏祈睿鉴，令臣往守先皇帝陵寝，如残余生，得以生全，则臣仰报皇上豢育之微忱，亦可以稍尽矣。"

鳌拜一览此疏，即假传圣旨，斥责苏克萨哈"奏请守陵，如残余生"之说，"不识何有逼迫之处，在此何以不得生，守陵何以得生""著议政工大臣会议具奏"。

鳌拜对于异己，从来都是必置于死地而后快。半年前当鳌拜假传圣旨杀害苏纳海、朱昌祚、王登联时，就已经把苏克萨哈作为下一个陷害的目标。在鳌拜看来，苏纳海、朱昌祚、王登联之所以敢阻挠换圈，就是因为得到苏克萨哈的支持。反对换圈的罪魁祸首，不是别人，正是苏克萨哈。更令鳌拜不能容忍的是，苏克萨哈竟然"自行启奏"疏请皇帝亲政。当鳌拜得知苏克萨哈以"夕归政于皇上，朝即具疏恳往陵寝居住"讨好太皇太后时，便恶狠狠地说道："今日归政于皇上，明日即将苏克萨哈灭族！"

两天后（七月十五日），在鳌拜的策划下，苏克萨哈及其满门均被逮捕入狱。大学士班布尔善在鳌拜授意下，竭尽造谣诬陷之能事，拼凑所谓24大罪证，交议政王大臣会议议处。

在鳌拜的把持下，议政王大臣于七月十七日会议，并作出如下议处：苏克萨哈"系辅政大臣，有负世祖章皇帝眷育厚恩，不仰体遗诏，以尽忠诚，怀抱奸诈，存蓄异心，欺藐主上，种种任意诡饰之罪甚大，本朝并无犯此等之例，应将苏克萨哈官职俱行革去，即凌迟处死。苏克萨哈之子内大臣查克旦不行劝阻，革职即凌迟处死。一等侍卫穗黑、塞黑里，郎中那塞、候补塞克精额、苏克萨哈之侄图尔泰俱革职，苏克萨哈之子达器、德器，孙侉克札，苏克萨哈亲弟苏哈喇之子海兰等斩立决。"有谁能相信，仅仅由于苏克萨哈奏请守陵，议政王大臣会议竟能作出2人凌迟处死，13人斩立决，38人革职的议处。鳌拜的淫威，可略见一斑。

对苏克萨哈凌迟处死的议处送抵御前后，康熙帝"知鳌拜等怨苏克萨哈数与争是非，积以成仇，与其同党班布尔善等构成罪款，必欲置之极刑，坚持不允所请"。鳌拜因皇帝不允所请，竟捋袖攘臂，高声质问，咆哮御前，毫无人臣之礼。君臣各不相让，争辩持续了整整一天。对于鳌拜专横跋扈挟制君父、目无朝廷的种种不轨，满朝文武竟无一人敢出面纠劾。这种唯唯诺诺的气氛，使康熙感受到"指鹿为马"的危险正一步步逼临。

鳌拜在七年的辅政过程中，已经网罗了一个庞大的集团，如今正凭借着这一个集团对抗君主之权。为了"进"，康熙帝决定先退，为了"夺"，康熙帝决定先"予"。于是，还不满15岁的皇帝在经历一场激烈的舌战之后，便偃旗息鼓了。这场争论的唯一结果，就是将苏克萨哈本人由凌迟处死改为绞。鳌拜终于将他的连襟苏克萨哈灭族，时为康熙六年七月十九日。

鳌拜被擒

索尼已故，苏克萨哈被杀，四大辅臣只剩下一个无足轻重的遏必隆，鳌拜更加肆无忌惮，为所欲为。虽然康熙已经亲政，但鳌拜根本不把他放在眼里，并不想归政于他。当时在康熙宫廷中的法国传教士白晋记载说，在康熙十五六岁时，四位摄政王中最有势力的宰相（即鳌拜），把持了议政王大臣会议和六部的实权，任意行使康熙皇帝的权威，因此，任何人都没有勇气对他提出异议。此时的鳌拜已经对康熙的皇权构成了严重威胁。

康熙决意铲除鳌拜集团。鳌拜党羽已经遍布朝廷内外，行动稍有不慎，必将打草惊蛇，酿成大变。康熙决定不露声色，于是挑选一批身强力壮的亲贵子弟，在宫内整日练习布库（满族的一种角力游戏，类似摔跤）为戏。鳌拜见了，以为是皇帝年少，沉迷嬉乐，不仅不以为意，心中反暗自高兴。康熙八年（1669）五月，清除鳌拜的时机终于到来。康熙先将鳌拜的亲信派往各地，离开京城，又以自己的亲信掌握了京师的卫戍权。

康熙皇帝已经下定决心，一定要扳倒鳌拜。为此，康熙暗暗布置下六连环计策：康熙和孝庄太皇太后联同"爱新觉罗家族、赫舍里氏家族、钮钴辘氏家族"三大家族合并，共同对付鳌拜；索尼之子索额图奉命调任康熙侍卫，当天索额图在门外站岗，收缴鳌拜的武器；鳌拜所坐的椅子，右上角的腿是锯断又简单粘合的。因为他面圣，身子要朝皇帝那方倾斜，因此这折了的腿不会用上力；十几个布库少年中，最厉害的两个，一个在椅子后面服侍；另一个则端上在开水中煮了一个多时辰的茶杯，给鳌拜送茶；将生擒鳌拜的地点选在宽阔的武英殿；将训练好的十几名布库少年藏于武英殿内。

一切布置停当。行动之前，康熙召集身边练习布库的少年侍卫说："你们都是我的股肱亲旧，你们怕我，还是怕鳌拜？"大家说："怕皇帝。"一群小毛孩子，其实他们连鳌拜是谁都不知道。

擒拿鳌拜当天，鳌拜受皇帝召见，进入武英殿。在门外，索额图让他交出武器。鳌拜大意了，心想：就算交出去他们也奈何不了我，再说一个小皇帝能把我满洲第一勇士怎么样呢？于是交出了随身佩剑。来到武英殿之上，康熙一声令下：赐座！鳌拜就坐在了那经过改装的椅子上。鳌拜身体向着皇帝，还好那条椅子腿很争气。否则历史就有可能被改写了！下面都按照原定的计划发展，功夫第二好的布库少年乔装成太监给鳌拜送茶，鳌拜接过茶杯，拿盖子的时候，觉得非常烫，要把茶杯摔了。但他不敢冲皇帝，因为那样是大不敬。身子就靠向了那条残废的椅子腿，这时，椅子后面的布库少年用力一推椅子，使鳌拜整个身子连同茶杯都摔在了地上。布库少年大喊：快来救鳌少保！（这哪是救他啊，这是要活捉他）这时早已埋伏好的十几个布库少年一拥而上。鳌拜还天真的以为他们是来扶自己的，哪想到他们竟是要擒拿自己！当把鳌拜弄得不能动弹了，康熙突然起身，读起鳌拜的30大罪状来。当念到"凌迟处死"时，鳌拜挣脱了这十几个孩子。脱下上衣，露出了满身的伤痕。指着康熙皇帝"我鳌拜一辈子，哪一天不是为了你们爱新觉罗打天下！你们却如此对我！"康熙原定的凌迟处死鳌拜，已经不能实现了。后来经各大臣的建议，改为了终身监禁。一代骁将就这样戏剧性地败在一群少年手下。

当鳌拜在监狱中度过的第一个月，就是他一生经历的两起两落的最低谷。他天天在想为什么，越想越生气，越生气越想，最后于1669年被自己活活气死在监狱之中。

和珅

和珅（1750~1799），清满州正红旗人，钮祜禄氏，字致斋，生员出身。袭世职，乾隆时由侍卫擢升为户部侍郎兼军机大臣，执政20余年，官至文华殿大学士。乾隆晚年对他倚任极专。任职期间，植党营私，招权纳贿。嘉庆皇帝恨其专横，早有收拾他之心，所以乾隆帝一死，即宣布和珅罪状20条，责令自杀，抄没家产。

好不容易找到这个孙女婿

乾隆十五年五月二十八日（公元1750年7月1日），和珅出生在福建副都统常保家中。三岁时母亲因难产而去世，临终时产下弟弟和琳，父亲常保在和珅九岁时亦因病去世，幸得一位老家丁和父亲的一位偏房保护和珅、和琳两兄弟才能免于被赶出家门。

和珅在上学的时候就引起了一个人的注意，这个人叫英廉。英廉是什么人呢？英廉姓冯，他在当时是一个特别大的官——刑部尚书兼直隶总督。

大清朝的中央机构，分为吏、户、礼、兵、刑、工六部。六部的首脑有尚书和侍郎，都是复职，满汉各一。刑部"掌天下刑罚之政令"，又与大理寺、都察院一起负责全国各衙门狱案判决的审核。刑部尚书就相当于我们现在的公安部门、检察院、法院三个机关的最高领导人，英廉就是这样一个身兼三任的刑部尚书，此外，他还有另外一个官职是直隶总督。

清朝在省级地方行政机关设立总督和巡抚进行节制。巡抚每省一员，总督则一般辖两个省，也有个别的辖三个省或者一个省的。一般而言，巡抚的品级是从二品，加兵部侍郎者为正二品；总督的品级是正二品，加尚书者为从一品。总督、巡抚同为封疆大吏，掌握着一方的军政监察大权。总督奉旨后还可以兼管河道、漕运、监课、关税等事务。一般而言，总督偏重军事，巡抚偏重民事。直隶总督，兼任巡抚之官衔，驻守保定，其权力相当于我们现在在北京、天津、河北三个省和直辖市的党政军一把手。

英廉的职权很大，可惜的是，天有不测风云。也许是老天爷太嫉恨英廉非凡的才能了，英廉的儿子和儿媳妇的寿命都很短。他们在为英廉生了一个孙女儿之后不久就先后早早的死掉了，他们死在了父亲英廉的前边。这就导致了英廉家的人口特别的稀少，只有英廉和他的孙女儿。也就是说，英廉的后代只有一个人，他的孙女儿。因此，英廉特别宠爱孙女儿，他把她当做掌上明珠，并且时时在为孙女儿物色一个天下无双的好女婿。

因为是刑部尚书，所以他要经常去紫禁城里找乾隆皇帝汇报情况，所以就经常能够见到乾隆皇帝，也就经常能够在路过西华门附近的时候看到咸安宫官学里面的学生。尤其重要的是，他特别地注意咸安宫官学里面的学生。他在想，我的这个唯一的孙女儿将来嫁给谁呢？不但要嫁给一个相貌英俊潇洒的美男子，更为重要的是，这个相貌英俊潇洒的美男子还一定要比我还要有学问、比我还要有本事。因此，英廉经常会为自己孙女儿的前途担忧，也就经常会有目的地到咸安宫官学里面去转悠。

转来转去他就看出来了，和珅是一个好苗子。将来我那唯一的孙女儿就应该嫁给和珅这样的人。英廉看中了和珅的什么优点呢？

英廉看中的就是和绅的老成、持重；看重的就是和珅的聪明、机智；看重的就是和珅工作能力够强，而且喜怒不形于色。

这些优秀的品质是经过了英廉的认真了解的。深通官场的英廉非常清楚，和珅在这里学到的不光是丰富的知识，还有高强的能力，而且他将来一定能成就大事业。

当然，他肯定还看中了和珅本人的相貌英俊潇洒，毕竟和珅是一个号称"满洲第一俊男"的美男子呀。

除了上述内容之外，还有一点也很重要：和珅早年父母双亡，他从来没有得到过家庭的温暖，因此他肯定非常渴望有一个温暖安乐的家庭；而英廉的家庭，又是人口如此的稀少，这个家庭更加需要一个强有力的接班人——类似于倒插门女婿的接班人。而和珅，则是一个非常合适的人选。

此后，英廉好不容易盼到和珅18岁，能结婚了，赶紧就把自己的孙女儿嫁给了和珅。

机敏应对 巧于逢迎得赏识

　　和珅年轻时只是个八旗官学员，后因他高祖尼雅哈那有军功而承袭了三等轻骑都尉，后又做了三等侍卫。乾隆四十年（1775）的一天，乾隆要出门，仓促间黄龙伞盖没带，乾隆发了脾气，问左右"是谁之过欤？"一时间，无人敢回答，这时侍卫和珅答曰："典守者不得辞其责。"他回答得干脆利落，口齿清楚，声音洪亮。乾隆一惊，见说话人相貌英俊、气质非凡，叹曰："若辈中也有这等人？"详问方知是官学生，是侍卫中少有的读书人。乾隆皇帝一向重视文化，就向和珅问"四书五经"中的内容，本读书不精的和珅倒也能对答如流，奏对称旨，乾隆本来对读过"四书五经"的满族生员，就另眼看待，这次和珅给乾隆留下了很好的印象，不久就取得了仪仗中的"典守者"这一职务。这一偶然机会使和珅时来运转，平步青云。

　　和珅随驾得皇帝赏识，自乾隆四十年（1775），由典守者升为乾清门侍卫，到乾隆四十五年（1780），短短五年时间，就升为户部尚书兼议政大臣，兼御前大臣，补镶蓝旗满洲都统，授正白旗领侍卫内大臣，充四库馆总裁，兼办理藩院尚书事务。并在这一年5月20日，乾隆下旨，"尚书和珅子赐名丰绅殷德，指为十公主额附，待年及岁时，再派结发大臣，举行婚礼。"十公主即和孝公主，是乾隆皇帝最钟爱的小女。乾隆肯把最钟爱的公主下嫁和珅之子，可见皇帝对和珅的宠信。

　　乾隆四十五年（1780），和珅奉皇帝之命去云南查办云南总督李侍尧贪污案。和珅到云南通过审问李侍尧心腹仆人，查清了他贪污的事实，又发现了云南吏治败坏，各州县财政亏空严重，都向皇帝一一奏明，由于他办案有功，乾隆皇帝又把他破格晋升。

　　和珅的官职，差不多无年不升，有时以月来计算升迁周期，到乾隆五十一年（1786），晋升为文华殿大学士，仍兼吏部、户部事。

　　和珅没有什么文韬武略，也没立过什么战功。在政治方面又屡屡出问题。可在大学士和军机大臣中，资历、人品、才干都不如别人的和珅却最受皇帝的宠信，和珅究竟凭什么能受到并不昏庸的乾隆皇帝的专宠呢？人们有种种猜疑，还出现了一个传说：雍正皇帝有一妃子，貌姣美，乾隆那时还是太子，年将冠，因事入宫，过妃侧，见妃子对镜梳头，就用手掩其目，与妃戏闹。妃子不知是太子，用梳向后击打，打中太子额头。第二天，皇后召见太子，看见太子额头有伤痕，问他，隐瞒不说，皇后严责之，乾隆才具实以对。皇后听了大怒，怀疑妃调戏太子，立赐妃死。太子大惊，欲为妃申冤，逡巡着又不敢。返回书斋，筹思再三，不得办法，就用指染硃，往妃子住所，但见妃子已上吊死了，就用染了硃的指印妃颈曰："我害尔矣，魂有灵，俟二十年后其复与吾相聚乎？"说完，悲伤而还。当乾隆四十年一天出门，没带黄龙伞盖问谁之过时，和珅出答"典守者不得辞其责"，乾隆见和珅时，就有似曾相识之感，回宫后，忆起少年事，觉和珅相貌与妃子很相似，于是召和珅入，俯视其颈，见指痕宛在颈上，于是默认和珅是妃的后身，倍加怜惜，如汉哀帝爱董贤一样。

这带有迷信色彩的传说，令人难以信服。其实和珅能蒙乾隆宠信，主要是和珅善于揣摩窥测乾隆的心理，从而谄媚逢迎，投其所好的结果。

贪赃枉法一场空

乾隆皇帝对贪赃枉法非常痛恨，他一旦发现贪赃的官员一定要严惩不怠，但唯独对和珅其亲信官员却视而不见，见也不理，这是很耐人寻味的。乾隆晚年又兴兵，又大兴土木，大搞巡游，所需费用非正常赋税收入所能供给的，超出部分都委和珅一人代筹。其实和珅的贪赃枉法正是以乾隆为后台的，和珅借为皇帝筹款之机，大肆向四方勒索，假公济私，中饱私囊，地方督抚进献给皇帝的贡物，乾隆仅能得到十分之一二，其余全被和珅贪污了。地方大员又借和珅为皇帝筹款之机，大肆向下勒索，一级下一级，于是，层层勒索，层层中饱私囊，形成一个从上至下的全国贪污系统，且名正言顺，"合理合法"，这就大大加重了百姓的负担，许多地方百姓苦不堪言，就铤而走险，清政府派兵镇压，这又大大地增加了军费，再一次加重百姓负担。

和珅除贪污外，还大肆收受贿赂，聚敛钱财。据记载："江苏吴县有石远梅者，业贩珠。恒怀一小箧，锦囊组裹，赤金为丸，破之则大珠藏焉。重者一粒值二万金，次者值万金，最轻者犹值八千金。士大夫争购之，唯恐不得，问所用，则日将以献中堂也。"这段话，形象地写出了当时士大夫争着向和珅行贿的情景。因和珅擅权，极得乾隆宠幸，要想晋升或得官必向他行贿，每天到他家行贿的官员络绎不绝。和珅家的仓库盖了一个又一个，金银财物还是盛不下。

和珅受贿，数额大得惊人，"宁羌人张某以守备罢归，向和珅行贿20万金。投书出，日侦探不得消息。费银5000，始见一服装华丽的少年奴仆从府中走出，问所献之金是白是黄，张某以银对，此奴不屑一顾，命人收在外库。"他们视白银为粗货，视20万是小数目，张某以为这少年奴仆是和珅的心腹，有人告诉他，"其心腹奴仆，岂数千金能颜色？"张某付出20万金，又加五千金"关节费"，连和珅真正奴仆的面都不得见。可见和珅当时的口味派头有多大。不仅一般人向和珅行贿，就是皇子龙孙也不例外，皇子永锡要承袭肃亲王的爵位，也被迫把两个铺子送给了和珅。

外国及各省对朝廷进贡物品，都要经过和珅之手，他常把珍贵的东西自己留下，其余的送交皇府，这样，皇宫里没有的好东西，和珅库里有。一次，七阿哥打破了乾隆喜欢的碧玉盘，怕父皇降罪，请和珅帮忙，和珅从家里拿来的碧玉盘要比七阿哥打破了的那一个好上许多。

乾隆八十大寿，命和珅和尚书金简专门负责庆典事，内阁学士尹壮图上疏说各省库存已空，乾隆看上疏后很不高兴，命尹壮图查各省府库亏空情景。各省亏空，和珅早知，因为地方官员向他行贿之故，他在尹壮图往查省府时，同时让自己心腹侍郎庆成同去，暗中监视并串通各省大员设法应付，每至一省，庆成都设法拖延，待该官员的银库挪移足了，然后查库，结果都未见亏空，尹壮图因之被撤职。御史曹锡宝上疏弹劾和珅家人刘全衣服、车马、居室逾制，和珅知道这事后，预先让刘全毁屋更造，衣服车马藏匿起来，因而查无实据，刘全有和珅撑腰守口如瓶，曹锡宝被皇帝斥责，并革职留任。弹劾刘全意在矛头指向和珅，可连和珅一根头发都没动着却落个革职，可见和珅的气焰如何嚣张。

乾隆六十年（1795），乾隆帝位满甲子，为了履行他在登基时就立下的不超越康熙皇祖61年皇位誓言，乾隆禅位给太子永琰，即嘉庆。此时，嘉庆已年过30，对国家形势朝廷内幕非常了解，也有一定政治见解，对和珅一伙早心存不满，欲处治他们。嘉庆心里清楚此时的大清国已不是盛世，早已是危机四伏了。他深知百姓铤而走险皆是官吏的盘剥，而"层层朘剥皆为和珅一人。"

乾隆皇帝虽禅位，实质上还掌握着国家大权，但已86岁的乾隆昨日事今日辄忘，早间所行晚或不省，这更为和珅的擅权创造了机会。

嘉庆二年（1797）八月，大学士阿桂去世，和珅升为首辅，成为皇帝的代言人，时称"二皇帝"。

和珅为了达到长期擅权的目的，也想方设法讨好嘉庆，嘉庆皇帝外表对和珅恭敬，内心却对他非常厌恶。为了击败和珅，采取的是长期迂回的策略，他韬光养晦，静待时机，甚至还作出巴结和珅的姿态。每当有事需奏明太上皇，嘉庆总是委托和珅代言，以此表示对和珅的尊崇，嘉庆这一做法麻痹了和珅一伙，使和珅一伙未对他动手，嘉庆保住了皇位。

嘉庆四年（1799）正月初三，乾隆病逝，嘉庆成了真正的皇帝。第2天，嘉庆发布了一道有关镇压白莲教起义的上谕，历数军营积敝，对各级领兵大员发出警告。矛头指向和珅，又宣布革除和珅军机大臣、九门提督等衔，命他与福长安守值殡殿，不得任自出入。第三天，发动各级官吏弹劾和珅，初八（第5天）那天以官吏弹劾为由拘捕和珅等。正月十五那天，嘉庆宣布了和珅

20条大罪，正月十八日，嘉庆宣布处死和珅，因乾隆新丧服丧期间，免其肆市，加令赐自尽。颇有心计的嘉庆仅用10天就处死了这个不可一世的奸相。

处死和珅同时，抄了和珅的家产，和珅家产多到了令所有人瞠目的地步。嘉庆宣布其家产清单共109号，内有83号尚未估计，已估计者26号即合银二亿二千三百八十九万一百六十两。抄出的东西计有除金、银、玉等器物几百件外，还有金银元宝各一千个，生沙金二百余万两，赤金四百八十万两，白银九百四十万两，洋钱五万八千元，银号四十二座，当铺七十五座，古玩铺十五座，地亩八千余顷。全部估算，合白银八亿到十亿两之多。

和绅为相20多年，所聚敛的财富全部没入清廷早已空虚的府库，因此有"和绅跌倒，嘉庆吃饱"的民谣。

军事将领

孙武

孙武,字长卿,后人尊称其为孙子、孙武子、兵圣、百世兵家之师、东方兵学的鼻祖。春秋时期齐国乐安(今山东省广饶县)人,具体生卒年月日不可考。曾以《兵法》十三篇见吴王阖闾,受任为将。所著十三篇是我国最早的兵法,被誉为"兵学圣典",置于《武经七书》之首。

隐居著兵法

孙武出生于公元前535年左右,他的祖先叫妫完,被周朝天子册封为陈国国君(陈国在今河南东部和安徽一部分,建都宛丘,今河南淮阳)。后来由于陈国内部发生政变,孙武的直系远祖妫完便携家带口,逃到齐国,投奔齐桓公。齐桓公早就了解陈公子妫完年轻有为,任命他为负责管理百工之事的工正。妫完在齐国定居以后,由姓妫改姓田,故他又被称为田完。一百多年后,田氏家族逐渐在齐国国内崛起,地位越来越显赫,在齐国的领地也越来越扩大。田完的五世孙田书,是个军事人才,后来做了齐国的大夫,因为领兵伐莒(今山东莒县)有功,齐景公在乐安封给他一块采地,并赐姓孙氏。因此,田书又被称为孙书。孙书的儿子孙凭,做了齐国的卿,成为齐国君主以下的最高一级官员。孙凭就是孙武的父亲。

孙武出身于贵族家庭,自小就拥有良好的学习环境,他有机会阅读古代军事典籍《军政》，了解黄帝战胜四帝的作战经验以及伊尹、姜太公、管仲的用兵史实，加上当时战乱频繁，兼并激烈，他的祖父、父亲都是善于带兵作战的将领，他从小也耳闻目睹了一些战争。因此，少年孙武在这样的环境下受到了良好的军事培养和熏陶。但孙武生活的齐国，内部矛盾重重，危机四伏。齐景公初年，左相庆封灭掉了右相崔杼。接着田、鲍、栾、高等四大家族又联合起来，赶走了庆封。后来，内乱日甚一日，齐国公室同四大家族的矛盾，四大家族相互之间争权夺利的斗争，愈演愈烈。孙武很反感这种内部斗争，他不愿纠缠其中，于是想远奔他乡、另谋出路去施展自己的才能。

当时南方的吴国自寿梦称王以来，联晋伐楚，国势强盛，很有新兴气象。孙武认定吴国是他理想的施展才能和实现抱负的地方。大约在齐景公三十一年（前517）左右，孙武正值18岁的青春年华，他毅然离开乐安，告别齐国，长途跋涉，投奔吴国而来。

孙武来到吴国后，便在吴都（今苏州市）郊外结识了从楚国而来的伍子胥。伍子胥原是楚国的名臣，公元前522年因父亲伍奢和兄长伍尚被楚平王杀害而潜逃到吴国。孙武与伍子胥见面后，聊得十分投机，于是结为密友，力求共创大业。这时吴国的局势也在动荡不安之中，两人便避隐深居，待机而发。

公元前515年，吴国公子光利用吴国伐楚，国内空虚的机会，以专诸为刺客，袭杀吴王僚，然后自立为王，称阖闾。阖闾即位后，采取很多措施和改革手段，吴国呈现出一派欣欣向荣的景象。他礼贤下士，珍惜人才，任用伍子胥等一批贤臣；他体恤民情，不贪富贵，不听淫乐，不近女色，注意发展生产，积蓄粮食，建筑城垣，训练军队；他又注重搜求各种人才，立志要使吴国更加强盛，这些措施使阖闾大得民心。隐居吴都郊外的孙武为此大为高兴，他在隐居之地，一边灌园耕种，一边写作兵法，并请伍子胥引荐自己。终于，孙武写好了13篇兵法。这13篇兵法，讲的全部都是如何克敌制胜的战略战术，全书构成了一个严密的体系。

孙武的兵法13篇，各有侧重，波澜起伏，分析透彻，见解精到，实用性强。为了使吴王能够任用他，他在兵法开头就说："吴王听我所陈之计而用兵则必胜，我就留在这儿，如不听我计而用兵则必败，我也就要再到别的国家去。"为了使吴王读兵法有切身体会，他在兵法中经常运用当时吴、越两国冲突的战例，并对其战争细节及战术手段等进行了针对性地阐述。他在兵法中自比商朝开国大臣伊尹和周朝开国大臣姜太公，希望辅佐吴王统一王朝。

斩姬立威纪律严

公元前512年，阖闾即位已三年，吴国国内稳定，仓廪充足，军队精悍，向西进兵征伐楚国的准备工作已经基本就绪。伍子胥向阖闾提出，这样的长途远征，一定要有一位深通韬略的军事家筹划指挥，方能取胜。他向吴王阖闾推荐了正在隐居的孙武，介绍了孙武的家世、人品和才干，称赞孙武是个文能安邦、武能定国的盖世奇才。可是，孙武自从来到吴国后，一直隐居著书，吴王连孙武这个名字都不曾听说，认为一介农夫，不会有大本事。面对阖闾的怀疑，伍子胥始终不放弃，仅一个早上就推荐了7次，最后吴王才答应接见孙武。

随后，孙武带着他写的兵法书进见吴王。吴王将兵法一篇一篇看罢，啧啧称好，但忽然产生一个念头，兵法头头是道，作战时是否真正实用呢？孙武能写兵法，又怎样才能证明他不只是一位纸上谈兵的人呢？吴王便对孙武说："你的兵法十三篇，我已经逐篇拜读，实是耳目一新，受益不浅，但不知实行起来如何，可否用它小规模地演练一下，让我们见识见识？"

孙武回答说："可以"。吴王又问道："先生打算用什么样的人去演练？"孙武答："随君王的意愿，用什么样的人都可以。不管是高贵的还是低贱的，也不论是男的还是女的，都可以。"吴王要求用宫女来演练，以此来难为孙武一下，算是对他的一个考验。

于是，吴王下令将宫中180名美女召到宫后的练兵场，让他们参加孙武的演练。孙武把180名宫女分为左右两队，指定吴王最为宠爱的两位美姬为左右队长，让他们带领宫女进行操练，同时指派自己的驾车人和陪乘担任军吏，负责执行军法。

孙武站在指挥台上，面对这180名女子新军，认真宣讲操练要领。他问道："你们都知道自己的前心、后背和左右手吧？向前，就是目视前方；向左，视左手；向右，视右手；向后，视后背。一切行动，都以鼓声为准。你们都听明白了吗？"宫女们回答："听明白了。"一切准备就绪，孙武便击鼓发令。在孙武的三令五申下，宫女们口中应答允诺。由于内心充满好奇。她们不听号令，捧腹大笑，队形大乱。孙武便召集军吏，根据兵法，斩两位队长。吴王见孙武要杀掉自己的爱姬，马上派人传命说："寡人已经知道将军能用兵了，寡人平日里吃饭都是这两个美人侍候，少了他们，寡人吃饭也没有味道。将军就赦免了她们吧。"孙武毫不留情地说："臣既然受命为将，将在军中，君命有所不受。"孙武执意杀掉了两位队长，任命两队的排头充当队长；继续练兵。当孙武再次击鼓发令时，众宫女前后左右，进退回旋，跪爬滚起，全都合乎规矩，阵形十分齐整。孙武传人请阖闾检阅，阖闾因为失去爱姬，心中不快，便托辞不来，孙武便亲见阖闾。他说："令行禁止，赏罚分明，这是兵家的常法，为将治军的通则。对士卒一定要威严，只有这样，他们才会听从号令，打仗才能克敌制胜。"吴王阖闾听了孙武的一番解释，觉得他说的很有道理，于是怒气消散，还便拜孙武为将军。

西破强楚功业成

　　春秋前期的吴国地处东南，长期以来，国小民贫，政治经济十分落后。阖闾即位后，励精图治，任人唯贤。以伍子胥为谋臣，以孙武为将帅，整军经武，奋发图强。几年之间，异军崛起，西挫强楚，北抗齐晋，使中原大国刮目相看。从公元前512年~前506年，孙武指挥的吴军与楚军进行了多次战争，取得一系列的胜利。与此同时，楚昭王被奸臣所惑，忠良权臣被疏远，朝政混乱，国力也大大削弱。阖闾趁此机会，决定大举伐楚。公元前506年，阖闾亲自出马，以孙武为将军，伍子胥等为参谋，统兵3万，杀奔楚国。楚国也出动

20万兵马，迎击入境吴军。吴军首先使用反间计，使楚王任命贪财而无能的令尹子常为军事统帅。之后，孙武为使楚军兵力分散，便诱使楚军派兵劫粮。又利用子常骄傲贪功的心理，引诱楚军主力与吴军在大小别山地区决战。然后，孙武亲率吴军与楚军激战三次，重创楚军。接着，孙武又指挥新胜之师，与溃退至柏举的楚军血战，再获全胜。楚军主帅子常弃军逃跑，大将史皇也死于乱军之中。当向西溃逃的楚军争相抢渡清发水（今湖北安陆涢水）的时候，又遭到穷追不舍的吴军的攻击。紧接着，两军又在雍噬连战三次，楚军遭到致命打击，无力抵抗。吴军渡过汉水，兵不血刃，占领了楚国首都郢都。后来，楚国虽然在秦军帮助下收复郢都，但已大丧元气。相反，吴国声威大震，中原诸国再也不敢小看它了。在这次战争中，孙武率3万之师，雄起勃发，跨千里之距，深入大国，连战皆捷，最后捣其首都，如入无人之境，终于创造了以少胜多的奇迹。十年以后，阖闾死于伐越之战。其子夫差继位后，南败越国，逼其臣服，北威齐晋，会盟黄池（今河南封丘西），吴国威震中原，达到强盛的顶点。孙武正是凭借自己的军事才干和思想立下这些赫赫功业。

吴起

吴起（？～前381），卫国左氏（今山东曹县北）人，战国时期著名的军事家、政治家。他善于用兵，任魏将时屡建战功，被魏文侯封为西河守。魏文侯死后，遭陷害，逃奔楚国，出任令尹，辅佐楚悼王实行变法，使楚国强盛。由于他的新法触犯了旧贵族的利益，楚悼王死后，吴起被旧贵族用乱箭射死，变法最终告于失败。

杀妻求将为仕途

吴起自小家境优越，生活十分富有。为了在政治上谋求发展，他持金四处奔走，求官不得且到处碰壁，家财却渐渐散尽，家道也随之衰落。与此同时，别人的讥笑和诽谤也如潮水一样袭来。求名不得的吴起一怒之下杀死了30余名诽谤者，后受到追捕。情急之余，他从卫国成功地逃到了邻近的鲁国，投奔于曾子门下。身在鲁国的齐国大夫田居，见吴起学习刻苦，认定他将来必有出头之日，就把女儿田氏许配给了他。不久，吴起的母亲死了，他没有遵从儒家孝道回乡奔丧，而是继续留在了鲁国，这遭到了很多熟人的反对。曾子因此同他断绝了师生关系。儒家学说也因此被吴起所抛弃，从此之后他改学兵法。

为了能够顺利完成自己的政治理想，吴起一心想着掌权和建功，为此不顾情义，因此他也在历史上留下了一些不好的名声。

公元前410年，齐国进攻鲁国，当时齐强鲁弱，鲁国在危急之中一时难以找到统兵打仗的大将。有人把吴起推荐给鲁穆公，并向鲁穆公夸赞吴起的文韬武略。鲁穆公被说得心动，想任用吴起为帅，但随即又有大臣进谏说："虽然吴起颇有才干，但他的妻子却是齐国人，齐国的女婿统率鲁军打齐国人，恐怕会腹存二心。"鲁穆公听了他的话觉得言之有理，便放弃起用吴起，而改用其他将领。被否决的原因很快就传到了吴起耳朵里，为了尽早踏上仕途，为了表示自己效忠于鲁国，吴起生出了"杀妻表忠"之心。吴起跑回家中，见妻子田氏正在房中操劳，他执剑而入，对妻子说："鲁君原要任我为帅，只因你是齐国人，恐我有二心又放弃了。"田氏往后退了几步，说："你，你要怎样？"吴起阴冷地说："如果我杀了你，鲁君就不会怀疑我了。"田氏跪地求情，求丈夫饶她一命。吴起面对妻子的请求，阴沉着脸说："这样，他们更会怀疑我！"说着，便提剑便朝妻子胸口刺去，然后又残忍地砍下妻子的头颅，提着去见鲁穆公。吴起为了表明对鲁国的忠心居然如此残忍，这种行为令鲁穆公大为惊骇。于是，鲁穆公只好任他为统帅，统兵抵御齐国。

吴起带兵打仗果然十分有韬略，他以弱旅之师，击败强大的齐军，鲁国得以暂时平安。但战争刚一结束，吴起便被鲁穆公所冷落，原因是全国上下对吴起"杀妻求将"的做法进行了抨击。在春秋战国时期，传统道德被鲁国所推崇，所有人都轻视吴起，鲁国上下几乎没有人能够原谅他。在他们看来，杀妻求荣的离经叛道之举是绝对不能容忍的。同朝大臣们处处排挤吴起，令他在朝廷中无法立足，街坊邻里更是见他如躲瘟疫。

阴晋之战

吴起处境艰难，鲁国没有他的立足之地，他只好通过好友翟璜的关系，来到了魏国。文侯问大臣李悝说："吴起为人如何？"李悝说："吴起贪荣名而好色，但是，他用兵司马穰苴也不能超过他。"这样魏文侯就任命他为将军，率军攻打秦国，攻克五座城邑。

魏文侯因吴起善于用兵，廉洁而公平，能得到士卒的拥护，就任命他为西河（今陕西部阳一带）的守将，抗拒秦国和韩国。周威烈王十七年（前409），攻取秦河西地区的临晋（今陕西大荔东）、元里（今澄城南），并增修此二城。次年，攻秦至郑（今华县），筑洛阴（今大荔南）、合阳（今合阳东南），尽占秦之河西地（今黄河与北洛河南段间地），置西河郡，任西河郡守。这一时期他"曾与诸侯大战七十六，全胜六十四""辟土四面，拓地千里"。

经过数年的准备，秦国于周安王元年（前401）开始进攻魏国，九年（前393）与魏国战于汪（今陕西澄城境），十二年（前390）又与之战于武城（今陕西华县东），企图夺回河西要地。魏国军队则全力与秦军作战。十三年，秦国再次调集50万人大军，浩浩荡荡进攻秦国东进道路上的重要城邑阴晋。秦军在阴晋城外布下营垒，形势危急。魏国在河西驻守一支精锐军队。西河郡守吴起，激励军队保持高昂士气。他请国君魏武侯举行庆功宴会，使立上功者坐前排，使用金、银、铜等贵重餐具，猪、牛、羊三牲皆全，立次功者坐中排，贵重餐具适当减少；无功者坐后排，不得用贵重餐具。宴会结束后，还要在大门外论功赏赐有功者父母妻子家属。对死难将士家属，每年都派使者慰问，赏赐他们的父母，以示不忘。此法行使了3年。秦军一进攻河西，魏军立即有数万士兵不待命令而自动穿戴甲胄，要求作战。面对这次秦军大规模进攻，吴起请魏武侯派5万名没有立过功的人为步兵，由自己率领反击秦军。武侯同意，并加派战车500乘、骑兵3000人。战前一天，吴起向三军发布命令说，诸吏士都应当跟我一起去同敌作战，无论车兵、骑兵和步兵，"若车不得车，骑不得骑，徒不得徒，虽破军皆无功"。然后，吴起率领魏军在阴晋向秦军发起反击。这一天，魏军人虽少，却个个奋勇杀敌，以一当十。魏军经反复冲杀，将50万秦军打得大败，取得了辉煌战果。

此战，在名将吴起的指挥下，虽面对强大的秦军通过激励方法极大地提高了魏军的士气，显著地增强了战斗力，以少数精兵击败了十倍于己的秦军，保卫了河西战略要地，有效地遏制了秦军东进的势头，是中国战争史上以少胜多的著名战例。

弃魏投楚搞变法

魏国的君主魏文侯非常英明。他礼贤下士，求贤若渴。无论来自哪个国家的贤人他都表示欢迎，并亲自接待。然而，魏文侯去世后，魏武侯没有文侯那样礼贤下士的风范，也没有文侯那样的才德，在宰相公叔的谗言下，魏武侯怀疑吴起的忠诚，并最终将吴起逼到楚国。

吴起来到楚国后，楚悼王立即召见他。早就听说吴起的威名，于是任命吴起为楚国北部边防要地宛（今河南南阳市）守，以防御魏、韩二国的入侵。吴起在任职期间，修筑边防，积极备战迎敌，果然这一带的边境平安无事。由于吴起治边有功，在第二年就被楚王任命为令尹（相当于国相）。吴起为相后，立即开始着手对楚国进行政治改革。他对楚王说："楚国地广人多，军队有百万之众，曾经称霸于诸侯，现在国家却贫弱不堪，最主要原因是大臣权势过重，王命不能得到彻底地贯彻执行，所以国家会逐渐走向衰败。而且国内受封食禄的人太多，不仅耗费大量国家钱财，还对国君的权势构成了严重威胁。要改变这种局面，只有重新编定官员等级，制定出奖惩的章程，实行变法革新。"楚悼王十分赞成吴起的主张，并决心起用他实行变法。

吴起在楚国的变法首先是向贵族开刀，压制贵族权力，实现中央集权。变法规定：凡封地已经传承三代的都取消爵禄，子孙不能再继承；公族出了五辈的一律取消特权和俸禄，原有土地由国家收回，将整个家族迁徙到边远贫瘠的地区从事生产劳动，自食其力。这样一来便沉重打击了旧贵族在政治与经济上的利益，引起了他们的强烈反抗。吴起又整顿政治机构，对官员能力进行严格考核，裁减官员，削减官吏俸禄，用以抚养战士，奖励军功。严禁危害国家的行为发生，不得因个人"私"利损害国家利益。这便限制了贵族对国家的干预,在经济与政治上剥夺了贵族集团的权力。吴起的变法还有助于加强政权。变法规定国家应建立强有力的军队,而军队应由国君统一指挥,从而避免了政出多门的怪现象。

吴起还为楚国开拓疆土,南收扬、越,北进陈、蔡,击退三晋,攻伐秦国,并进逼黄河两岸。

吴起的变法尽管使楚国迅速强盛起来,但他却因此遭到了旧贵族的残酷打击。旧贵族对吴起恨之入骨。楚悼王一死,那些旧贵族们便兴兵作乱,带人来杀吴起。吴起知道旧贵族们已经布下了天罗地网等待他,他无法逃脱,只好逃到宫中,闯入楚悼王的灵堂,趴到楚悼王的尸体上。这些旧贵族用箭射或用剑刺,把吴起杀死,也因此击中了在灵堂之中的楚悼王的尸体。楚悼王被埋葬后,楚肃王即位,派令尹追查,把所有杀吴起并击中楚悼王尸体的人全部斩首。旧贵族中因此而被灭族的有70多家。

吴起的变法并没有在楚国得到很好的巩固和推广。但吴起临死前设计除政敌,使得新法在其死后仍然能曲折延续,楚国因吴起变法而走向了强盛。吴起杰出的军事思想和变法革新的主张,对后世产生了很大影响。

孙膑

孙膑,是大军事家孙武的后裔,少时生长于齐国的阿鄄。其生卒年代不详,已无从查考,大体在吴起之后,与商鞅、孟轲同时,他的一生坎坷不平,连真实名字也没有留下。因他被庞涓陷害,曾受过膑刑,而别去两个膝盖骨,所以在他成就显名之后,世人便以刑法之称相传以为号,称为孙膑。孙膑虽然身残但志不残,他忍辱不屈,终于成为历史上杰出的军事家。著有《孙膑兵法》传了后世。

求学兵法遭迫害

孙膑生活在战国中期。这个时期是我国历史上兼并剧烈的动荡时代。有些诸侯国为了加强自己,普遍地实行政治经济上的改革,逐渐形成了齐、楚、燕、韩、赵、魏、秦七雄并立的局面。孙膑所在的齐国，地处东方。到齐威王时，继续革新政治经济，"谨修法律而督奸吏"，以致"齐国大治"。因此，齐国也想扩大自己的势力，称雄天下。战事频繁，尚武成风。孙膑少年时期，生活孤苦，再加上连年战争，使他深深感到，战争的胜负与国家的安危和人民的生活息息相关，于是下定决心要学兵习武。

孙膑成年以后，便到深山里拜鬼谷子先生为师。鬼谷子先生是一个很奇特的人物，传说他是当时最有本事的人，隐居在鬼谷山里，所以他们称他为鬼谷子。鬼谷子先生长于兵学和纵横捭阖之术，战国时著名兵家尉缭和纵横家苏秦、张仪都出于他的门下。孙膑专心致志地向名师讨教，刻苦钻研。

和孙膑一起拜鬼谷子先生为师学习兵法的人很多，其中有个名叫庞涓。此人生性奸诈，嫉贤妒能，他表面上和孙膑很好，双方约定，日后一旦得志，彼此互不相忘。

不久，庞涓提前下山，投奔当时较强盛的魏国。庞涓也颇有一些才干，他一到魏国很快就得到魏惠王的赏识，当上了将军。后来，由于墨子的门生禽滑厘向魏惠王讲述孙膑有才识，所以魏惠王派人把孙膑招来。孙膑来到魏国，见了魏惠王，魏惠王很赏识他的才能，欲拜他为副军师，与庞涓共同掌握兵权。庞涓深知自己的才能不及孙膑，又恐怕孙膑日后超过自己，影响自己显赫位置，于是就在魏惠王面前耍花招说："孙膑年长于我，其才干也居于我之上，怎么好让他做我的副手

呢！我看不如请他暂做客卿，等立了功，就做军师，我情愿做他的助手。"于是魏惠王拜孙膑为客卿。

后来庞涓左思右想，总觉得只有早日除掉孙膑，才能消除后患，确保自己无敌于天下。于是他就寻找机会，想法陷害孙膑。他首先暗中派人假扮齐国商人，说是有家信捎给孙膑。信的大意是说家境困窘，叫孙膑早返齐国建功立业，使一家人早日团圆。孙膑向来人表示，自己已在魏国做了客卿，暂时还不能回去，只好让来人带回一封家书表达怀乡之情，慰念亲人，这封信自然无法带回，反而交给了魏惠王，庞涓趁机对魏惠王说："孙膑通齐，罪在不赦，放回齐国更为不利，可先处以刖刑，待将他的兵法弄到手后再杀掉，免除后患。"魏惠王听说孙膑私通齐国的消息非常震怒，大庭审讯之后，刖除孙膑的两块膝盖骨并在脸上刺了字。

孙膑受刑之后，完全变成了残废，只好依靠庞涓过日子。这正中庞涓的下怀，庞涓认为，孙膑变成终生残废，便无法再出仕做官，不会妨碍自己的前途。同时，他又可以把孙膑作为"奇货"控制起来，养在庞府，以便利用他的智慧，为自己效劳。而孙膑还天真地认为是庞涓救了自己的性命，遂立志刻写祖传兵法欲送庞涓，以感谢他的恩德。庞涓派来的侍者，看到孙膑的诚实，深为敬佩，而看到他遭受的不白之冤又极为同情，于是将庞涓的所作所为全部告诉了孙膑。直到此时，孙膑才梦如初醒，看清了庞涓的阴险嘴脸。经过一番认真思考，孙膑只好装疯以自救，大喊大叫，烧掉了已经写出的兵书，庞涓以为他真的疯了，无可奈何。

离魏去齐显才华

具有雄才大略的孙膑，刚要实现他的理想，竟突然遭此横祸，被人暗算，身陷逆境，好不凄惨。但是，孙膑毕竟是个意志非凡的人，他不仅没有向恶势力屈服，反而更加发愤图强。他设法摆脱庞涓的监视，暗暗地钻研兵法，准备有朝一日逃离虎口，用自己的知识和智慧报仇雪耻。

过了一些时候，齐国的使者来到魏国。孙膑乘人不备，暗暗去见齐使。他以刑徒的身份，惊人的才华和慷慨陈词，打动了使者的心。使者与他秘密约定,临行时偷偷用车把孙膑带回了齐国。

孙膑来到齐国,受到齐威王、将军田忌的热情接待。在问对时,孙膑较系统地阐述了他的军事理论。齐威王听了孙膑的论述,深为他的精辟见解所吸引,只恨相识太晚,欲封孙膑官职,孙膑推辞说:"我无尺寸之功,焉能受封?何况,倘若魏人知我在齐,又不知要搞什么花招。所以我还是暂不露面,先住在田将军处,等大王有用我之处,我一定尽力。"于是,孙膑客居田忌府中。

田忌得以与孙膑朝夕相处,经常谈论兵法,田忌对孙膑的卓越才识深为佩服,待孙膑像师长一样,每有所言,无不信从。当时,随着骑兵在战争中显示出越来越大的作用,齐国也很重视发展骑兵,并以养马为荣,出重金收买良马,战时骑乘,平时逐射。在齐国的王公贵族中还流行一种赛马的活动,田忌也常常参加。有一次孙膑看田忌和齐威王赛马,马分三等,双方都以上等马对上等马,中等马对中等马,下等马对下等马,结果田忌连输三局。孙膑发现,田忌的马和齐威王的马,足力相差不大,就在下次比赛时给田忌出了个主意,让田忌用上等马对齐威王的中等马,用中等马对齐威王的下等马,用下等马对齐威王的上等马。比赛结果,田忌两胜一负,赢得千金。这个小小的故事,后来被传为千古佳话。它揭示了军事上一条很重要的规律,就是在战争中要善于用局部的损失,换取全局的胜利,正确运用这一规律,就能出奇制胜,使在全局上处于劣势的一方,有可能转化为优势的地位,从而达到以弱胜强的目的。孙膑这一思想受到历代军事家的重视和称道。

齐威王在这次赛马中输给了田忌,非常惊奇,就向田忌询问,才知道是孙膑出的主意。齐威王赞叹不已:"从这种小事上就可以充分看出孙先生的才能。"从此,齐威王对孙膑就更加器重,并且经常与他畅谈兵法,谈得相当投机,齐威王认为孙膑是个不可多得的奇才,便要拜他为大将。孙膑不愿显居其名,辞谢说:"我是个受刑的残废之人,怎么能做大将呢?大王还是以田将军为大将,我可以协助将军作计谋。"齐威王接受了孙膑的意见,任命他做齐国的军师。通过赛马谈兵,孙膑一鸣惊人,由一个刑余之人,一跃成为一个大国军队的统帅。从此孙膑在战国七雄争立的角逐中,开始崭露头角,大显身手。

围魏救赵

周显王十五年（前354），赵国侵占了卫国的漆和富丘（均在今河南省长垣境内）。卫国原是魏国的属国，所以魏惠王便以此为借口，派庞涓为大将，率主力大军长驱北上，一举包围了赵国都城邯郸（今河北邯郸西南），企图一举亡赵。赵都被围而又无力自救，赵国国君赵成侯遂于公元前353年，派使臣到齐国求救。

齐威王答应救赵，但没有立即大举出兵，而是先用一小部分兵力，联合宋、卫两国南攻魏国的襄陵，与赵军遥相呼应，以坚定赵国抗魏的决心。第二年，赵魏两国经过一年多的激战，邯郸已岌岌可危。而秦、楚两国此时也从西、南两个方向对魏国发动了一定规模的进攻，在魏国几面受敌的情况下，齐威王才下令以田忌为主将，孙膑为军师，率令八万军队，大举攻魏。

出兵前，田忌的意见是直接北上邯郸，与魏军决战，以解赵国。孙膑却以为不可，不主张硬拼，他说："解乱丝只能徐疏理，对殴斗只能善为分解。避实击虚，因势利导，避开敌人充实的处所，冲击敌人空虚的地方，攻敌所必救，其围自解，今魏王合力攻赵，精锐之军全在境外，魏国境内只是少数战斗力不强的弱军。所以，我们不如引军快速直扑魏都大梁，截断魏军交通线，冲击其空虚之处，庞涓必然放弃赵而回兵自救。这样既可以解赵之围，又可兼收魏人之制。"田忌听了孙膑的透彻分析，欣然采纳了这一作战方针。

由于当时魏军的战斗力很强，按照孙膑的建议"批亢捣虚""围魏救赵"，如果意图暴露，庞涓及早回兵自救，这对齐军也仍是不太有利的，因此，孙膑又建议田忌，"围魏救赵"要首先挥师南下，佯攻魏国的平陵，并在佯攻中佯败。平陵是魏国东部地军事重镇，兵多粮足，地形险要，易守难攻。孙膑提出佯攻平陵并在佯攻中佯败的目的，是为了迷惑、麻痹庞涓，给他造成齐军指挥无能的假象，促使他继续放心地围攻邯郸，进一步消耗其实力，而不急于回师自救。田忌采纳了这一建议。令齐军佯取平陵并在佯攻中佯败。庞涓见此便不以为然，不但没有作回师自救的准备，反而更加放心地围攻邯郸。

周显王十六年（前353）庞涓竭尽全力，终于攻到了邯郸。就在这时，孙膑建议田忌，立即转兵西下，直捣大梁，派斗部分轻车锐骑，直驱大梁城都，以突然猛烈的"攻心"之势，逼迫庞涓星夜回师；同时他又偷偷地把齐军主力埋伏在桂陵（今河南长垣西北），准备截击魏军。田忌依计而行。齐军突袭魏国的政治、经济中心大梁，魏惠王惊恐不安，他不得不急令庞涓除留部分兵力驻守邯郸外，率主力马上回援。庞涓刚刚攻下邯郸，正在得意忘形，忽听大梁危急，迫在眉睫，他又急又气，恨不得一下子飞回大梁。于是他亲率主力弃其辎重，兼程而返，但当他匆匆渡过黄河，到达桂陵的时候，就碰上了早已埋伏在那里的齐军主力。由于魏军久战疲劳，损伤过多，又来不及休整，毫无准备，陷于"进则缚于前，退则绝于后，左右陷于阻"的四面包围之中。而齐军则是早有准备，以逸待劳，占有天时地利，掌握着战争的主动权，士气旺盛，兵锋大振，所以齐军不费吹灰之力就大破魏军，魏军几乎全军覆没，庞涓仅以身免。这就是传诵千古的"围魏救赵"的桂陵之战。战后，魏惠王被迫讲和，把邯郸归还给赵国，赵国亡而复存。

见机而退

马陵之战后，孙膑名显诸侯，齐国大将田忌也名声显赫，登时令齐国的一些权臣、小人侧目而视。

随着孙膑、田忌威望的提高，齐国相国邹忌担心自己的相位不稳，因此欲除掉田忌、孙膑而后快。

可能因为孙膑是个残疾人，同邹忌争夺相位的可能性不大，所以邹忌将目标首先对准了风头甚劲的田忌。

马陵之战结束不久，邹忌便找来亲信谋划如何除掉田忌。其亲信公孙阅出了个主意："公何不令人操十金卜于市，曰：'田忌之人也，吾三战而三胜，声威天下，欲为大事，亦吉乎不吉乎？'卜者出，因令人捕为之卜者，验其辞于王之所。"

邹忌闻计大喜，便派人到市中找卖卜者算卦，扬言是田忌派他去算的，要算算田忌如果要谋反，是吉还是凶。邹忌则随后派人将此人抓获，送到齐威王那里。

齐威王这时年纪大了，有点老糊涂了。他本来就对田忌手握重兵心有疑惧，听了邹忌的话，遂相信田忌有谋反的意图。而这时田忌正率兵在外，于是齐威王遣使召田忌回临淄，准备等田忌回到临淄后再审问此事。

孙膑此时也在田忌军中。他对齐国的政局及邹忌、田忌之间的矛盾洞若观火，及见齐威王无缘无故忽然派人来召田忌回临淄，感觉齐威王一定是听信了邹忌的谗言，认为田忌如果回到临淄，将凶多吉少。

田忌在孙膑最艰难的时候曾助其一臂之力，而且长期以来，二人合作得非常好，孙膑实在不忍田忌自投罗网，乃提醒田忌说，齐王一定听信了邹忌的谗言，千万不要自己贸然回临淄。情急之下，他建议田忌率军回临淄驱逐邹忌，说："若是，则齐君可正，成侯邹忌可走。不然，将军不得入于齐矣。"

孙膑此言，实是要田忌举兵"清君侧"。与其成为邹忌案板上的肉，不如孤注一掷，与邹忌一决高低，这样，倒还可能死中求生、反败为胜。

田忌对孙膑早已佩服得五体投地，对他言听计从。他依孙膑之言，率兵攻打临淄。但邹忌也不是等闲之辈，早已作好了守城准备，田忌攻城不胜，眼见各地勤王之兵大集，只好弃军逃亡到了楚国。

孙膑于田忌攻临淄之时就已不知去向。从此史无所记。

有人认为，孙膑与田忌关系很好，田忌败后，应该是随田忌一起到了楚国。齐威王死了，齐宣王即位，得知当年田忌是被邹忌诬陷，于是"召田忌复故位"。孙膑也应与田忌一起回到齐国。

但这毕竟是后人的猜测，不足为凭。

晚年著述《孙膑兵法》

马陵大战之后，齐国上层统治集团开始出现矛盾，田忌就遭到邹忌的政治陷害，被迫流亡楚国。但孙膑很有先见之明，为了摆脱政治上的纠纷，他没有接受齐威王对他的犒赏，并主动辞去军师的官职，过起隐居生活。

虽然孙膑在政治上失意，但他那奋斗不息的性格却让他不甘寂寞，把晚年的全部精力都用于军事理论的著述上。他深究兵法，承前启后，写出流传千古的《孙膑兵法》共有八十几篇，共四卷。早在战国后期就已广泛流传于世。可惜这部重要著作，在东汉末年失传了。直到1972年，才在山东临沂崔山汉墓中，发现一批《孙膑兵法》的残简。经过文物部门的整理和注释，于1975年正式出版，分上下两编，各15篇，1.1万多字。由于竹简残缺不全，其中上编15篇可以肯定是孙膑及其弟子们的著述下编15篇则不能完全肯定是孙膑及其弟子们的著述。但仅就上编而言，《孙膑兵法》既总结了大量战国中期的作战经验，又在多方面具有高超而独特的见解，对后代军事理论和发展有较深远的影响。孙膑军事理论的精华所在，可以归纳为几个方面：

1. 慎重操戈的战争观

在战争观方面，孙膑针对战国时期七雄争斗的局面，充分肯定了进一步的统一战争在历史发展中的积极意义。他明确指出，面对着七雄争立、天下分裂、战争频繁、弱肉强食的现实，用仁、义、礼、乐空洞的说教是无法解除战乱的，只有通过"战胜而强之""举兵绳之"的战争手段，方能解决问题，实现国家的统一，但他同时也指出，战争也绝对不是最终目的，迷信武力、贪求胜利、穷兵黩武的人，必然会带来国破家亡的严重后果。因此，他积极主张变法革新、改良政治、发展经济、富国强兵。

2. "必攻不守"的战略理论

所谓"必攻不守"就是一定要坚决进攻敌人空虚和要害之处。牵一发而动全局，以此来调动敌人，疲惫敌人，消灭敌人。化劣为优，以弱胜强，争取战争全局的胜利。田忌坚持一般兵家的观点，把严明的赏、罚和高度集中的指挥权，创造有利的作战势态，运用计谋巧施诡诈看成是用兵最紧要的问题；而孙膑却在充分肯定了赏、罚、权、势、谋、诈的重要意义外，认为用兵能否取得最后胜利的关键在于"磐攻不守"，并用充分的理由说服了田忌。

3. 灵活用兵，巧妙造势的战术

在战术方法上，孙膑结合战国中期的战争实践，总结了大量的具体经验，提出用兵贵在"活"，而且要"巧妙造势"。古人说"孙膑贵势"。孙膑确实很重视"势"的问题，他要求用兵布阵，必须造成极其险峻，有利于我而不利于敌的势态。

4. "以人为贵"的治军思想

孙膑认为"天地之间，莫贵于人"。因为只有将士精良，才能有胜利的希望，所以他把"以人为贵"作为治理军队的根本。他对将帅和士兵都有非常严格的要求，要求具备仁、义、德、信、智、决等先天条件，又要有勇有谋，且能精通八阵的人才有能力当将帅。对士兵必须"篡贤取良"，注重士兵的"质"，要经过严格选拔，施行严格训练，以提高每个士兵的素质，达到个个精良。

总之《孙膑兵法》是继《孙子兵法》之后，我国古代史上又一部不朽的兵书，它在很多方面发展了《孙子兵法》，有很高的军事理论价值。孙膑的一生，历尽艰辛，忍辱不屈，顽强奋斗。在实践上，对战国中期的历史发展，作出了一定的贡献；在军事理论上，取得了较重大的成就。

廉颇

廉颇（前327~前243），战国时期赵国杰出的军事家。与白起、王翦、李牧并称"战国四大名将"。主要活动在赵惠文王（前298~前266）、赵孝成王（前266~前245）、赵悼襄王（前245~前236）时期。

将相和

廉颇,嬴姓,廉氏,名颇,战国末期赵国的名将,是历史上有名的军事人才。

赵惠文王初,东方七国以齐最为强盛,齐与秦各为东西方强国。秦国欲东出扩大势力,赵国当其冲要。为扫除障碍,秦王曾多次派兵进攻赵国。廉颇统领赵军屡败秦军,迫使秦改变策略,实行合纵,于惠文王十四年(前285)在中阳(今山西中阳县西)与赵相会讲和。以联合韩、燕、魏、赵五国之师共同讨伐齐国,大败齐军。其中,廉颇于惠文王十六年(前283)带赵军伐齐,长驱深入齐境,攻取阳晋(今山东郓城县西,本为魏国领地,后属齐),威旗诸侯,而赵国也随之越居六国之首。廉颇班师回朝,拜为上卿(上卿为当时最高级的文官,相当于后来的宰相),秦国虎视赵国而不敢贸然进攻,正是慑于廉颇的威力。此后,廉颇率军征战,守必固,攻必取,几乎百战百胜,威震列国。

周赧王三十二年(赵惠文王十六年,前283),曾得和氏璧,强秦愿以15城换之,赵派蔺相如出使秦国,蔺相如仅仅是宦官缪贤门下的"舍人"。经缪贤向惠文王荐举,身携"和氏璧",充当赵使入秦。蔺相如以他的大智大勇完璧归赵,取得了对秦外交的胜利。

其后秦伐赵,占领了石城。赵惠文王十九年复攻赵,杀了2万赵军。这时秦王欲与赵王在渑池会盟言和(今河南渑池县西),赵王非常害怕,不愿前往。廉颇和蔺相如商量认为赵王应该前往,以显示赵国的坚强和赵王的果敢。赵王与蔺相如同往,廉颇相送,与赵王分别时说:"大王这次行期不过三十天,若三十天不还,请立太子为王,以断绝秦国要挟赵国的希望。"廉颇的大将风度与周密安排,壮了赵王的行色,同时由于相如渑池会上不卑不亢地与秦王周旋,毫不示弱地回击了秦王施展的种种手段,不仅为赵国挽回了声誉,而且对秦王和群臣产生震慑。最终使得赵王平安归来。

会后,赵王"以相如功大,拜为上卿",地位竟在廉颇之上。廉颇对蔺相如封为上卿心怀不满,认为自己作为赵国的大将,有攻城野城,扩大疆土的大功，而地位低下的蔺相如只动动口舌却位高于我，叫人不能容忍。他公然扬言要当众羞辱蔺相如。蔺相如知道后，并不想与廉颇去争高低，而是采取了忍让的态度。为了不使廉颇在临朝时排列自己之下，每次早朝，他总是称病不至。有时，蔺相如乘车出门，远远望见廉颇迎面而来，就索性引车躲避了。这引起了蔺相如舍人的不满，蔺相如解释说："强秦与廉颇相比，虎狼般的秦王相如都敢当庭呵斥，羞辱他的群臣，我还会怕廉颇吗？强秦之所以不敢出兵赵国，这是因为我和廉颇同在朝中为官，如果我们相斗，就如两虎相伤，没有两全之理了。我之所以避他，无非是把国家危难放在个人的恩怨之上罢了。"廉颇听后，深受感动，他选择蔺相如家宾客最多的一天，身背荆条，赤膊露体来到蔺相如家中，请蔺相如治罪。从此两人结为刎颈之交，生死与共。

秦赵之战

公元前266年，赵惠文王卒，孝成王立。这时，秦国采取应侯范雎"远交近攻"的谋略，一边跟齐国、楚国交好，一边攻打临近的小国。周赧王五十五年（前260），秦国进攻韩地上党。上党的韩国守军孤立无援，太守冯亭便将上党献给了赵国。于是，秦赵之间围绕着争夺上党地区发生了战争。这时，名将赵奢已死，蔺相如病重，执掌军事事务的只有廉颇。于是，赵孝成王命廉颇统帅20万赵军阻秦军于长平（今山西高平县西北）（参见长平之战）。当时，秦军已南取野王（今河南沁阳），北略上党（今山西中部地区），切断了长平南北联系，士气正盛，而赵军长途跋涉而至，不仅兵力处于劣势，态势上也处于被动不利的地位。面对这一情况，廉颇正确地采取了筑垒固守，疲惫敌军，相机攻敌的作战方针。他命令赵军凭借山险，筑起森严壁垒。尽管秦军数次挑战，廉颇总是严束部众，坚壁不出。同时，他把上党地区的民众集中起来，一面从事战场运输，一面投入筑垒抗秦的工作。赵军森严壁垒，秦军求战不得，无计可施，锐气渐失。廉颇用兵持重，固垒坚守三年，意在挫败秦军速胜之谋。秦国看速胜不行，便使反间计，让赵王相信，秦国最担心、最害怕的是用赵括替代廉颇。赵王求胜心切，终于中了反间计，认为廉颇怯战，强行罢廉颇职，用赵括为将。虽然蔺相如力谏，指出只知纸上谈兵的赵括不适合担此重任，但赵王不听，任用赵括为将军。赵括代替了廉颇的职务后，完全改变了廉颇制定的战略部署，撤换了许多军官。秦国见使用赵括为将，便暗中启用武安君白起率兵攻赵。大败赵括军于长平，射杀赵括，坑赵兵40余万。赵长平之战，赵国损失近五十万精锐部队。秦长平之战取得胜利后，接受了赵割地请和的要求。

传说故事

廉颇卸职与三个村名

话说赵王误中秦国反间之计，起用纸上谈兵的赵括为帅，替代廉颇。廉颇告诉赵括："秦军千里奔袭，利在速战，应以守为主"，并以"守势图"相托。不料赵括却冷眼相待，廉颇大怒之下，交出帅印，离开大营，骑马驰奔，要回邯郸。路过一村，百姓跪拜，这才发现自己仍然头戴帅盔，身披铠甲，足蹬战靴，觉得自己已经卸职，无披挂必要，便把这三件东西脱在这里，人们为怀念这件事便把这个村叫三甲村。

廉颇越走越不放心，他觉得赵括骄傲自大，轻敌麻痹，若轻率出击，必遭惨败。再加上赵军战士和百姓的挽留，心理就犹豫起来，一会儿觉得自己已经卸职，干脆走了吧；一会儿又觉得长平战事，非同儿戏，四十万生灵乃赵国元气……，是走，是留，他拿不定主意，在一个村边徘徊犹豫了好长时间，直到邯郸发来诏书催他回朝，这才哀叹一声离去。因此，百姓就把这个村叫徘徊村。

虽然诏书催发，去意已定，但沿途百姓仍拦路乞留。百姓为啥能认出他来，除了廉颇的白发白须外，最显著的就是他骑的那匹体格高大，浑身雪白的玉兔赛风驹。廉颇为了摆脱窘境，经一村时，忍痛换掉了他的宝马良驹，百姓就把这个村叫换马村。

赵军运沙

民间传说地名故事。相传战国时，赵国为抗击秦军，派大将廉颇屯兵长平，在今高平市米山村西北的摩天岭驻重兵。一日廉颇到摩天岭察看阵地。发现山腰有大量黄沙，为迷惑秦军，便令士卒用牛皮和苇席，在山中部修起一座座"粮仓"。又暗令士卒于夜间拉运黄沙，装入仓中。秦兵见赵军粮积如山，不敢轻易来犯，直到长平之战赵军大败后，秦军来起运粮食时，才发现仓中装的全是黄沙。后人便将此山称为大粮山，把摩天岭改称营防岭。今存"廉颇屯"址。

一篓油水饺

一篓油水饺是河北邯郸风味小吃，历史悠久，相传创制人王一香早年与父在赵国南门外开一肉包铺店。有一天，赵国大将廉颇武灵丛台点兵路过南门外时，廉颇闻着香味赶到肉包铺店，见食客尝在嘴里，赢得了食客的好评，生意很好。当廉颇购买包子时，包子已卖完。廉颇说到："你的案板上的不是包子?"王小儿说："那是生的，还得蒸。"廉颇说："那得几个时辰?"王小儿说："不到一个时辰。"廉颇一听心急了，就将案板上的包子统统扔进开水锅里，不到一会儿，锅里的包子全部漂起来了。王小儿一听是廉颇大将军就毛了，赶紧把煮熟的水包端上，廉颇吃完后连声叫好："真是一咬一口油，真香"。从此，王一香就把包子铺改为"一口油"水包馆，生意更加红火。

韩信

韩信（约前231～前196），西汉开国功臣、齐王、楚王、上大将军，后贬为淮阴侯。公元前三世纪世界上最杰出的大军事家、大战略家。中国历史上伟大军事家、战略家、战术家、统帅和军事理论家。中国军事思想"谋战"派代表人物。被后人奉为兵仙、战神。

少年受尽屈辱

韩信于公元前231年出生于淮阴（今江苏淮安），年少时父母双亡，家道贫寒，没有好品行，不能够被推选去做官，又不能做买卖维持生活，苦于生计无着，经常寄居在别人家吃闲饭，人们大多厌恶他。他曾经多次前往下乡南昌亭亭长处吃饭，接连数月，亭长的妻子嫌恶他，就提前做好早饭，端到内室床上去吃。开饭的时候，韩信去了，却不给他准备饭食。韩信也明白他们的用意，一怒之下同亭长绝交而去。

韩信在城下钓鱼，有几位老大娘漂洗涤丝棉，其中一位大娘看见韩信饿了，就拿出饭给韩信吃。几十天都如此，直到漂洗完毕。韩信很高兴，对那位大娘说："我一定重重地报答老人家。"大娘生气地说："大丈夫不能养活自己，我是可怜你这位公子才给你饭吃，难道是希望你报答吗？"

韩信有时也到淮水边上钓鱼换钱，屡屡遭到周围人的歧视和冷遇。一次，一群恶少当众羞辱韩信。有一个屠夫对韩信说：你虽然长得又高又大，喜欢带刀佩剑，其时你胆子小得很。有本事的话，你敢用你的配剑来刺我吗？如果不敢，就从我的裤裆下钻过去。韩信自知形只影单，硬拼肯定吃亏。于是，当着许多围观人的面，从那个屠夫的裤裆下钻了过去。史书上称"胯下之辱"。

韩信并不是胆怯，而是看清局面的睿智。

有传说韩信富贵之后，找到那个屠夫，屠夫很是害怕，以为韩信要杀他报仇，没想到韩信却是很善待屠夫，他对屠夫说，没有当年的"胯下之辱"就没有今天的韩信。

立为齐王

汉高祖四年（前203）十一月，韩信又用重兵急袭的办法攻破了齐都临淄。楚将龙且急领20万人马来援，与败退的齐军会师于高密，然后与汉军隔淮水对峙。韩信秘密派人用1万多个沙袋，乘暗夜在上游把淮水堵住。天明后派部分军队渡过淮水，在侧后攻击楚军，继而佯装溃败。龙且误以为汉军胆怯，率主力渡淮水追击。韩信命部属掘开上游堤坝，将楚军冲成两段，汉军运用半渡而击的办法，把已渡水的楚军全歼，龙且被杀。未渡水的齐楚联军不战自溃。韩信趁势挥军追歼逃敌，俘虏齐王田广，全部平定了齐地。

韩信攻占齐地后，项羽恐慌万分，连忙派人去游说韩信，以三分天下为条件，希望韩信反汉联楚，被韩信所拒绝。韩信的谋士蒯通劝他："将军难道没有听说过勇略震主者身危，功盖天下者不赏的道理吗？将军如今既有震主的威名，又挟难赏的大功，归楚，楚不信；归汉，汉王震恐。若不自立为王，何处是你的归宿呢？"韩信听了连连摆手道："请不要再说了，汉王待我十分厚恩，把他的车给我乘，把他的衣给我穿，把他的饭给我吃。古人说过，'乘人家的车，要替人分担忧患；穿人家的衣，也应替人分担忧患；吃人家的饭，就应该为人家卖命。'我怎么能见利忘义呢？"于是，谢绝了蒯通的建议。可是齐地初定，需立王掌政以安民心。所以韩信已遣使修书请求刘邦立他为假齐王（代理齐王）。当时，刘邦正被项羽困在荥阳，自顾不暇，看罢来书后勃然大怒，大骂韩信不救荥阳之急竟想自立为王。张良、陈平暗自踩刘邦的脚，凑近他的耳朵说："汉军处境不利，怎么能禁止韩信称王呢？不如就此机会助他为王，好好善待他，使他自守一方，否则可能发生变乱。"刘邦经提醒也明白过来，改口骂道："大丈夫定诸侯，即为真王耳，何以假为！"于是派张良前去立韩信为齐王，征调他的部队攻打楚军。

凄惨的结局

项羽兵败后，他的逃亡将领钟离昧因素来与韩信关系很好，就投奔了韩信。刘邦记恨钟离眜，听说他在楚国，就下令楚王逮捕他。那时韩信初到楚国，到各县乡邑巡察进出都派军队戒严。汉六年（前201）有人告韩信谋反。刘邦用陈平的计策，说天子要出外巡视会见诸侯，通知诸侯到陈地相会，说："我要游览云梦泽。"其实是想要袭击韩信，韩信却不知道。刘邦将到楚国时，韩信打算起兵谋反，但又认为自己无罪；想去谒见刘邦，又怕被擒。这时有人向韩信建议："杀了钟离眜去谒见汉高祖，高祖必定高兴，也就不用担心祸患了。"于是韩信把此事与钟离眜商议，钟离眜说："刘邦之所以不攻打楚国，是因为我在你这里，如果想逮捕我去讨好刘邦，我今天死，随后亡的定是你韩信。看来你也不是位德行高尚的人。"结果钟离眜自杀而亡。韩信持钟离眜首级去陈谒见刘邦。刘邦令武士把韩信捆绑起来，放在随从皇帝后面的副车上。韩信说："果若人言，'狡兔死，良狗烹；高鸟尽，良弓藏；敌国破，谋臣亡。'天下已定，我固当烹！"高祖说："有人告你谋反。"就给韩信戴上械具。回到洛阳，赦免了韩信的罪过，改封他为淮阴侯。

韩信被贬为淮阴侯之后，深知高祖刘邦畏惧他的才能，所以从此常常装病不参加朝见或跟随出行。韩信由此日益怨恨，在家中闷闷不乐。对于和绛侯周勃、颖阳侯灌婴等处在同等地位感到羞耻。一次韩信去拜访樊哙，樊哙行跪拜礼恭迎恭送，并说："大王竟肯光临臣下家门，真是臣下的光耀。"韩信出门后，笑道："我这辈子居然同樊哙等同列！"

韩信在被软禁的时间里与张良一起整理了先秦以来的兵书，共得182家，这也是我国历史上第一次大规模兵书整理，为我国军事学术研究奠定了科学的基础。同时还收集、补订了军中律法。著有兵法三篇，可惜已经失传。

高祖刘邦高兴时，常同韩信闲谈将领们才能的高下。刘邦问："如我能将几何？"韩信说："陛下不过能将十万。"刘邦问："于君何如？"韩信说："臣多多而益善耳。"刘邦笑着说："多多益善，何为为我禽？"韩信说："陛下不能将兵，而善将将，此乃言之所以为陛下禽也且陛下所谓天授，非人力也。"

韩信的绝世军功和才华终于招来了杀身之祸，汉高祖十一年（前196），吕后和萧何诱韩信至长乐宫的钟室，以谋反罪名杀之。一代名将，死非其所，实堪哀伤。

李广

李广（？~前119），陇西成纪（今甘肃静宁）人，西汉名将。汉文帝十四年（前166）从军击匈奴因功为中郎。景帝时，先后任北部边域七郡太守。武帝即位，召为中央宫卫尉。后任右北平郡（治平刚县，今内蒙古宁城西南）太守。元狩四年，漠北之战中，李广任前将军，因迷失道路，未能参战，愤愧自杀。

英勇的飞将军

李广（？~前119），陕西成纪（今甘肃静宁南）人，西汉著名军事将领。他的祖先是秦朝将军李信，曾率秦军追逐燕太子丹直到辽东。李广接受世传弓法，射得一手好箭。

汉文帝十四年（前166），匈奴大举入侵边关，李广以良家子弟从军抗击匈奴。因善于用箭，杀死和俘虏了众多敌人，升为郎中，以骑士侍卫皇帝。多次跟随文帝射猎，格杀猛兽，文帝曾慨叹："惜乎，子不遇时！如令子当高帝时，万户侯岂足道哉！"

汉景帝即位后，李广为陇西都尉，不久升为骑郎将。吴楚七国之乱时，李广任骁骑都尉跟随太尉周亚夫抗击吴楚叛军。因夺取叛军帅旗由此在昌邑城下立功显名。虽有功，但由于李广接受了梁王私自授给他的将军印，回朝后，没得到封赏。

诸王叛乱平定后，李广任上谷太守，匈奴日以合战。典属国公孙昆邪上书："李广才气，天下无双，自负其能，数与虏敌战，恐亡之。"于是被任为上郡太守。后李广又在陇西、北地、雁门、代郡、云中等地做太守，以打硬仗而闻名。

一次，匈奴进攻上郡，景帝派了一名亲随到李广军中，这名亲随带了几十骑卫士出游，路上遭遇三名匈奴骑士。结果，卫士们全被射杀，亲随本人也中箭逃回。李闻讯，即率百名骑兵追击，亲自射杀其中两人，生擒一人。刚把俘虏缚上马,匈奴数千骑兵赶来,见到李广等人,以为是汉军诱敌之兵,连忙抢占了一座高地。李广所带的百骑兵士慌忙上马欲逃。李广大喝:"我们远离大军数十里,逃必死!不逃,匈奴以为是诱敌之计,必不敢攻击我们。"遂带领兵士向匈奴骑兵迎去:离匈奴阵前二里之遥,他令士兵下马解鞍,匈奴搞不清他们的意图,果然不敢攻击,只派一名将官出阵试探,李广飞马抢到阵前,将他射落马下,然后从容归队。到夜半时,匈奴人认为一定有汉军埋伏夜袭,遂引兵而去。第二天一早,李广回到了部队。

公元前140年,汉武帝即位,众臣认为李广是名勇将,武帝于是调任李广任未央宫的卫尉。这时程不识也任长乐官卫尉,他俩从前都以边郡太守的身份统帅军队,却有截然不同的带兵方法。李广治军简易,行军没有严格的编制、队列和阵势。常找靠近水源的草地驻扎。士兵人人自便,晚上不打更巡逻自卫。军队的文书簿籍一概从简,但是也远远布置侦察人员,所以没遭遇过危险。程不识则以严格治军而闻名,他注重部队的编制,队列和阵式。晚上敲刁斗巡逻,军官处理军事文件到天亮,军队得不到休息,也没遇到过危险。可是士兵却苦于程不识之严,都喜欢跟随李广作战。程不识景帝时因数次直谏而被任为太中大夫,为人清廉,谨于文法。

汉武帝三年(前133),汉用马邑城(今山西朔县)诱匈奴单于入塞。派大军埋伏在附近的山谷中,李广担任骁骑将军,受护军将军韩安国节制。单于发觉这种情况,引兵离去。

四年后,李广率军出雁门关,被成倍的匈奴大军包围,李广终因寡不敌众而受伤被俘。匈奴单于久仰李广威名,命令手下:令部下务必生擒之。押解途中,他飞身夺得敌兵马匹,射杀追骑无数,终于回到了汉营。从此,李广在匈奴军中赢得了"汉之飞将军"称号。归朝后，李广被汉帝革除军职，贬为庶人。

几年后，匈奴杀辽西太守，击败韩安国将军。武帝重新起用李广为右北平太守。匈奴闻"飞将军"镇守右北平，数年不敢来犯。

冯唐易老 李广难封

元朔六年（前123），李广再为后将军，从大将军卫青军出定襄，击匈奴。诸将多数因立功而被封侯，而李广军无功而还。

公元前121年，李广以郎中令身份率四千骑兵从右北平出塞，与博望侯张骞的部队一起出征匈奴。李广部队前进了数百里，突然被匈奴左贤王带领的四万名骑兵包围。李广的士兵们都非常害怕，李广就派自己的儿子李敢先入敌阵探察敌情。李敢率几十名骑兵，冲入敌阵，直贯匈奴的重围，抄出敌人的两翼而回。回来后向李广报告说："匈奴兵很容易对付。"李广的军士听了才安定下来。李广布成圆形阵势面向四外抗敌。匈奴猛攻汉军，箭如雨下，汉兵死伤过半，箭也快射光了。李广就命令士兵把弓拉满，不要发射，他手持强弩"大黄"射杀匈奴裨将多人，匈奴兵将大为惊恐，渐渐散开。这时天色已晚，汉官兵都吓得面无人色，但李广却意气自如，更加严格地整饬军队。军中官兵从此都非常佩服李广的勇气。第二天，他又和敌兵奋战，这时博望侯张骞的救兵才赴到，解了匈奴之围。李广的军队几乎全军覆没，李广功过相抵，没有得到赏赐。博望侯张骞当斩，后用钱赎罪，成为平民。

李广前后与匈奴作战四十多年，却始终得不到封侯，当年同他一起为郎中的堂弟李蔡，人品才能不及中等，名声也远在李广之下，却连连得封，元朔五年为轻车将军，后封为乐安侯，元狩二年中，代公孙弘为丞相。李广的许多部下也被封侯，而李广却未得爵邑，官职也没有超过九卿。一次李广与望气算命的王朔交谈，说："自击匈奴而广未尝不在其中，而诸部校尉以下，才能不及中人，然以击胡军功取侯者数十人，而广不为后人，然无尺寸之功以得封邑者，何也？岂吾相不当侯邪？且固命也？"王朔说："将军想想难道做过什么可悔恨的事情么？"李广想想说："我为陇西太守时，羌族人造反，我诱降了他们之后却又杀死了他们。至今最大的悔恨只有这事。"王朔说："罪过没有比杀已降的人更大了。这就是你不得封的原因了。"

元狩四年（前119），大将军卫青与骠骑将军霍去病深入漠北打击匈奴。李广多次请求随军出征，武帝认为他年老未被启用。直到元狩六年才被任命为前将军，随卫青出征。出塞，卫青得知单于的驻扎地，卫青决定自率精锐部队袭击单于。而命李广与右将军赵食其从东路出击。东路道远，而且水草极少，不利于行军。李广亲自请求为先锋，说："臣部为前将军，今大将军乃徙令臣出东道，且臣结发而与匈奴战，今乃一得当单于，臣愿居前，先死单于。"可是卫青曾暗中受到武帝的嘱咐，认为李广年老又命数不好，不要让他与单于正面对阵。这时候，卫青的好友公孙敖新失掉侯爵，担任中将军随大将军出征，卫青想给他立功机会，所以把李广调开让公孙敖与自己一同与单于对阵。

李广当时知道这一内情，仍坚决拒绝调动。卫青不接受他的请求，命令长史下道文书，让李广赶快到所在部队去，照文书说的办。李广没有向卫青告辞就动身了，内心极其恼怒地回到营中，领兵与右将军会合，从东路出发。部队因无向导，迷失了道路，落在大将军后面，耽误了约定的军期。卫青的部队因单于逃跑也无收获，在回军的路上才与右翼部队会合。

回师后，卫青派长史拿了干粮酒食送给李广，顺便问起李广等迷路的情况。李广不予回答，卫青又派长史紧催李广的幕府人员前去听候审问。李广说："我的部下无罪，迷路的责任在我。"他又对部下说："我与匈奴大小作战七十余次，好容易有机会跟着大将军直接与单于作战，但卫大将军把我调走，本来路途就远，又迷了路，天意如此呀。况且我已经六十多岁了，实在不能再去面对那些官僚。"说完就自刎了。李广部下军士大夫一军皆哭。百姓闻之，无论认识与不认识他的，无论老者青年，皆为之流泪。

"冯唐易老，李广难封"，冯唐见弃于高祖，到景帝让他出山时他已经老的走不动了，而李广虽然冠绝天下，到死也未能立功封侯。

李广有子三人，长子李当户早死，有遗腹子李陵。次子李椒为代郡太守，也先于李广而死。幼子李敢常随军出征，李广死时，李敢正跟随骠骑将军霍去病征战。李广死第二年，李蔡因罪自杀。李敢以校尉身份随霍去病击左贤王，力战，夺左贤王鼓旗，斩首甚多，被赐爵关内侯，食邑二百户，代李广为郎中令。不久，怨大将军卫青怀恨其父李广，击伤卫青，卫青因有所顾忌加之内心有愧，没有声张。后李敢至上雍，到甘泉宫狩猎，被骠骑将军霍去病射杀。当时霍去病正被武帝所宠，武帝辩说："鹿触杀之"，对此事也就不了了知。

卫青

卫青（？～前106），字仲卿，河东平阳（今山西临汾市）人。他是西汉时期能征惯战，为汉朝北部疆域的开拓做出过重大贡献的将领，也是中国历史上为人熟知的常胜将军。率军与匈奴作战，屡立战功，但从不结党干预政事。他对士卒体恤较多，威信很高。

苦尽甘来命运转

西汉初年，汉王朝由于经济力量尚未恢复起来，而且内部不够稳定，从刘邦到汉武帝初年，一直对匈奴采取和亲政策，每年送给匈奴大量的礼物和金钱。汉武帝即位后，专制集权空前强化，社会经济有了很大发展，军事力量也得到加强。汉武帝决定改变和亲政策，发动了全面反击匈奴的大规模战争。卫青正是在这场战争中涌现出来的杰出将领。

卫青的母亲在平阳公主家做女仆，因丈夫姓卫，她就被称为卫媪。平阳公主原号阳信长公主，是汉武帝的姐姐，因嫁与平阳侯曹寿（汉初名臣曹参之曾孙）为妻，所以也称平阳公主。

卫媪生有一男三女，即儿子长君，长女君孺、次女少儿、三女子夫。丈夫死后，她仍在平阳侯家中帮佣，与同在平阳侯家中做事的县吏郑季私通，生了卫青。卫青在母亲的关怀下度过了童年。后来，他的母亲感觉供养他非常艰苦，就把他送到了亲生父亲郑季的家里。但郑季的夫人根本看不起卫青这个私生子，让他到山上放羊，郑家的几个儿子也不把卫青看成手足兄弟，随意苛责。卫青在这样的环境下生活，受尽了苦难，在他的性格形成上打下了深深的烙印。有一次，卫青跟随别人来到甘泉宫，一位囚徒看到他的相貌后说："你现在穷困，将来定为贵人，官至封侯。"卫青笑道："我身为人奴，只求免遭答骂，已是万幸，哪里谈得上立功封侯呢？"

卫青长大后，不愿再受郑家的奴役，便回到母亲身边。平阳公主看到卫青已长成了一个相貌堂堂的彪形大汉，非常喜欢，就让他做了自己的骑奴。每当公主出行，卫青即骑马相随。虽然没有一官半职，但与在郑家时的情景相比已是天壤之别。卫青聪明好学，渐渐学到了一些文化知识，懂得了一些上层阶级礼节。他怨恨郑家对他没有一点亲情，决定冒姓为卫，完全与郑家断绝关系。

公元前139年春，卫青的姐姐卫子夫被汉武帝选入宫中，卫青也被召到建章官当差。这是卫青命运的一大转折点。

卫子夫入宫不久，就有了身孕，引起了陈皇后的嫉妒。陈皇后就是汉武帝姑姑的女儿，当年曾让他许下"金屋藏娇"誓言的陈阿娇，与汉武帝成亲后，被立为皇后，但一直未能给汉武帝生一个儿子。她担心卫子夫一旦生下的是个男孩，那就会被立为太子，而卫子夫也就会因为儿子的关系，青云直上，成为皇后。这对她的地位无异是一个很大的威胁。但是，眼下卫子夫正得汉武帝的宠幸，陈皇后对她不敢加害，就找母亲大长公主诉屈。大长公主是汉武帝的姑姑，为了给女儿出气，嫁祸于卫青。她找了一个借口，把卫青抓了起来，并准备处死。卫青当骑奴时结识的好友公孙敖听到了消息，马上召集了几名壮士，赶往抢救，把卫青从死亡的边缘夺了回来。另一方面，公孙敖还派人给汉武帝送信。汉武帝得知后，大为愤怒，索性召见卫青，任命他为建章官监、侍中。不久，汉武帝封卫子夫为夫人，提升卫青为太中大夫。可以说，卫青是沾了他姐姐的大光的。

初露锋芒

公元前129年，匈奴又一次兴兵南下，前锋直指上谷（今河北省怀来县）。汉武帝果断地任命卫青为车骑将军，迎击匈奴。从此，卫青开始了他的戎马生涯。

这次用兵，汉武帝分派四路出击。车骑将军卫青直出上谷，骑将军公孙敖从代郡（今河北蔚县东北）出兵，轻车将军公孙贺从云中（今内蒙古托克托东北）出兵，骁骑将军李广从雁门出兵。四路将领各率一万骑兵。卫青首次出征，但他英勇善战，直捣龙城（匈奴祭扫天地祖先的地方），斩首700人，取得胜利。另外三路，两路失败，一路无功而还。汉武帝看到只有卫青胜利凯旋，非常赏识，加封关内侯。

汉朝对匈奴的反击，使得匈奴的进犯更加猖狂了。公元前128年的秋天，匈奴骑兵大举南下，先攻破辽西，杀死了辽西太守，又打败渔阳守将韩安国，劫掠百姓两千多人。汉武帝派匈奴人敬畏的飞将军李广镇守右北平（今辽宁省凌源西南），匈奴兵则避开李广，而从雁门关入塞，进攻汉朝北部边郡。汉武帝又派卫青出征，并派李息从代郡出兵，从背后袭击匈奴。卫青率三万骑兵，长驱而进，赶往前线。卫青本人身先士卒，将士们更是奋勇争先。斩杀、俘获敌人数千名，匈奴大败而逃。

河南战役

公元前127年，匈奴贵族集结大量兵力，进攻上谷、渔阳。武帝决定避实击虚，派卫青率大军进攻久为匈奴盘踞的河南地（黄河河套地区）。这是西汉对匈奴的第一次大战役。

卫青率领四万大军从云中出发，采用"迂回侧击"的战术，西绕到匈奴军的后方，迅速攻占高阙（今内蒙古杭锦后旗），切断了驻守河南地的匈奴白羊王、楼烦王同单于王庭的联系。然后，卫青又率精骑，飞兵南下，进到陇西，形成了对白羊王、楼烦王的包围。匈奴白羊王、楼烦王见势不好，仓皇率兵逃走。汉军活捉敌兵数千人，夺取牲畜一百多万头，完全控制了河套地区。因为这一带水草肥美，形势险要，汉武帝在此修筑朔方城（今内蒙古杭锦旗西北），设置朔方郡、五原郡，从内地迁徙10万人到那里定居，还修复了秦时蒙恬所筑的边塞和沿河的防御工事。这样，不但解除了匈奴骑兵对长安的直接威胁，也建立起了进一步反击匈奴的前方基地。卫青立有大功，被封为长平侯，食邑 3800 户。

匈奴贵族不甘心在河南地的失败，一心想把朔方重新夺回去，所以在几年内多次出兵，但都被汉军挡了回去。公元前 124 年春，汉武帝命卫青率三万骑兵从高阙出发；苏建、李沮、公孙贺、李蔡都受卫青的节制，率兵从朔方出发；李息、张次公率兵由右北平出发。这次总兵力有十几万人。匈奴右贤王认为汉军离得很远，一时不可能来到，就放松了警惕。卫青率大军急行军六、七百里，趁着黑夜包围了右贤王的营帐。这时，右贤王正在帐中拥着美妾，畅饮美酒，已有八九分醉意了。忽听帐外杀声震天，火光遍野，右贤王惊慌失措，忙把美妾抱上马，带了几百壮骑，突出重围，向北逃去。汉军轻骑校尉郭成等领兵追赶数百里没有追上，却俘虏了右贤王的小王 10 余人，男女 15 000 余人，牲畜有几百万头。汉军大获全胜，高奏凯歌，收兵回朝。

汉武帝接到战报，喜出望外，派特使捧着印信，到军中拜卫青为大将军，加封食邑 8700 户，所有将领归他指挥。卫青的三个儿子都还在襁褓之中，也被汉武帝封为列侯。卫青非常谦虚，坚决推辞说："微臣有幸待罪军中，仰仗陛下的神灵，使得我军获得胜利，这全是将士们拼死奋战的功劳。陛下已加封了我的食邑，我的儿子年纪尚幼，毫无功劳，陛下却分割土地，封他们为侯。这样是不能鼓励将士奋力作战的。他们三人怎敢接受封赏。"汉武帝随后又封赏了随从卫青作战的公孙敖、韩说、公孙贺、李蔡、李朔、赵不虞、公孙戎奴、李沮、李息、豆如意等。

经过几次打击，匈奴依然猖獗。入代地，攻雁门，劫掠定襄（今内蒙古和林格尔）、上郡（今陕西绥德县东南）。公元前 123 年二月，汉武帝又命卫青攻打匈奴。公孙敖为中将军，公孙贺为左将军，赵信为前将军，苏建为右将军，李广为后将军，李沮为强弩将军，分领六路大军，统归大将军卫青指挥，浩浩荡荡，从定襄出发，北进数百里，歼灭匈奴军数千名。这次战役中，卫青的外甥霍去病率 800 精骑首次参战，取得了歼敌两千余人的辉煌战果。战后全军返回定襄休整，一个月后再次出塞，斩获匈奴军一万多名。但是，右将军苏建和前将军赵信与匈奴打了一场遭遇战，汉军死伤惨重，苏建突围逃回，赵信本是匈奴降将，兵败后就又投降了匈奴。

在论如何处置苏建弃军而逃的罪过时，有人建议将他斩首以建立大将军的威严，有人认为苏建是尽力而战的，不应斩首。卫青认为自己身为皇亲国戚，没有必要再建立威严；自己本有权力可以处决部将，却不敢擅杀。他要做一个人臣不敢专权的榜样，于是把苏建用囚车送回长安由皇帝处理。汉武帝赦免了苏建的死罪，令其交纳了赎金后贬为平民。

公元前121年，西汉对匈奴的第二次大战役开始，由霍去病指挥，结果使汉朝完全控制了河西地区，切断了匈奴与羌人的联系。

大败匈奴受加封

为了彻底击溃匈奴主力，汉武帝集中全国的财力、物力，准备发动对匈奴的第三次大战役。公元前119年春，汉武帝召集诸将开会，商讨进军方略。他说："匈奴单于采纳赵信的建议，远走沙漠以北，认为我们汉军不能穿过沙漠，即使穿过，也不敢多作停留。这次我们要发起强大的攻势，达到我们的目的。"于是挑选了10万匹精壮的战马，由大将军卫青、骠骑将军霍去病各率精锐骑兵五万人，分作东西两路，远征漠北。为解决粮草供应问题，汉武帝又动员了私人马匹4万多，步兵10余万人负责运输粮草辎重，紧跟在大军之后。

原计划远征大军从定襄北上，由霍去病率骁勇善战的将士专力对付匈奴单于。后来从俘获的匈奴兵口中得知匈奴伊稚斜单于远在东方，于是汉军重新调整战斗序列。汉武帝命霍去病从东方的代郡出塞，卫青从定襄出塞。

大将军卫青麾下，强将济济。李广为前将军，公孙贺为左将军，赵食其为右将军，曹襄为后将军。卫青考虑到前将军李广年纪已高、运气又不好，就没让他担任先锋，而是与右将军赵食其两军合并，从右翼进行包抄。卫青自己率左将军公孙贺、后将军曹襄从正面进兵，直插匈奴单于驻地。

赵信向伊稚斜单于建议："汉军不知道厉害，竟打算穿过沙漠。到时候，人困马乏，我们以逸待劳，就可以俘虏他们。"于是下令所有的粮草辎重，再次向北转移，而把精锐部队埋伏在了沙漠北边。

卫青大军北行一千多里，跨过大沙漠，与严阵以待的匈奴军遭遇了。卫青临危不惧，命令部队用武刚车（铁甲兵车）迅速环绕成一个坚固的阵地，然后派出5000骑兵向敌阵冲击。匈奴出动一万多骑兵迎战。双方激战在一起，非常惨烈。黄昏时分，忽然刮起暴风，尘土滚滚，沙砾扑面，顿时一片黑暗，两方军队互相不能分辨。卫青乘机派出两支生力军，从左右两翼迂回到单于背后，包围了单于的大营。伊稚斜单于发现汉军数量如此众多，而且人壮马肥，士气高昂，大为震动，知道无法取胜，就慌忙跨上马，在数行精骑的保护下奋力突围。向西北方向飞奔而去。

　　这时，夜幕已经降临，战场上双方将士仍在喋血搏斗，喊杀声惊天动地。卫青得知伊稚斜单于已突围逃走，马上派出轻骑兵追击。匈奴兵不见了单于，军心大乱，四散逃命。卫青率大军乘夜挺进。天亮时，汉军已追出二百多里，虽然没有找到单于的踪迹，却斩杀并俘虏匈奴官兵19 000多人。卫青大军一直前进到真颜山赵信城（今蒙古乌兰巴托市西），获得了匈奴囤积的粮草，补充军用。他们在此停留了一天，然后烧毁赵信城及剩余的粮食。胜利班师。

　　霍去病率领的东路军，北进两千多里，与匈奴左贤王的军队遭遇。经过激战，俘获了匈奴3个小王以及将军、相国、当户、都尉等83人，消灭匈奴7万多人。左贤王败逃而去。

　　这次战役，汉军打垮了匈奴的主力，使匈奴元气大伤。从此以后，匈奴逐渐向西北迁徙，出现了"漠南无王庭"，匈奴对汉朝的军事威胁基本上解除了。

　　汉武帝为表彰卫青、霍去病的大功，特加封他们为大司马。

身居高位娶公主

卫氏一门显赫后,京城中有歌谣说:生男无喜,生女无怨,独不见卫子夫霸天下。意思是说卫氏一门的显贵全靠了卫皇后。其实不然,在两汉时期,左右朝政的外戚大多是靠裙带关系巧居高位的,而卫青、霍去病却是出生入死,浴血奋战,为国家做出了重大贡献。正因为如此,即使后来卫皇后失宠,二人在朝廷的地位也丝毫未受影响。

家奴出身的卫青如今变成了贵极人臣的大将军,朝中官员无不巴结奉承。这时,平阳公主寡居在家,要在列候中选择丈夫,许多人都说大将军卫青合适,平阳公主笑着说:"他是我从前的下人,过去是我的随从,怎么能做我的丈夫呢?"左右说:"大将军已今非昔比了,他现在是大将军,姐姐是皇后,三个儿子也都封了候,富贵震天下,哪还有比他更配得上您的呢"。汉武帝知道后,失笑道:"当初我娶了他的姐姐,现在他又娶我的姐姐,这倒是很有意思。"于是当即允婚。时迁事移,当年的仆人就这样做了主人的丈夫。这样一来,卫青与汉武帝亲上加亲,更受宠信。但卫青为人谦让仁和,敬重贤才,从不以势压人。

后来,汉武帝对霍去病恩宠日盛,霍去病的声望超过了他的舅舅卫青,过去奔走于大将军门下的许多故旧,都转到了霍去病门下。卫青门前顿显冷落,可他不以为然,认为这也是人之常情,心甘情愿地过着恬淡平静的生活。

公元前106年,大司马大将军卫青去世,汉武帝命人在自己的茂陵东边特地为卫青修建了一座像庐山(匈奴境内的一座山)的坟墓,以象征卫青一生的赫赫战功。

李靖

李靖(571~649),字药师,原名药师,雍州三原(今陕西三原县东北)人。唐初杰出的军事家将领、军事理论家。

王佐之才

李靖，出生于官宦之家，体貌魁梧秀美，通史书，有文武才略，曾对亲近的人说："大丈夫要遇主逢时，必建功立业，取得富贵。"舅父韩擒虎是隋朝名将，李靖常与他谈论兵法，韩擒虎常赞不绝口地说："可以与谈孙、吴兵法的，除了李靖还有谁呢！"

李靖刚刚走入仕途之时，只任地位很低的长安县功曹，等到30岁时，才任兵部驾部员外郎。然而他的才略却得到了吏部尚书牛弘、宰相杨素的赏识。隋朝末年，李靖察觉太原留守李渊正密谋起兵造反，于是他前往江都，准备向在那里巡幸的隋炀帝告发。走到长安，道路阻塞，滞留未去。此事当时有人报告给李渊，李渊在太原起兵后，迅速攻占长安，李靖当了俘虏，记起前仇，李渊决定将李靖处死。临刑，李靖呼喊说："你李渊起兵，本为天下除暴乱，以成大业，何以私怨斩壮士？"李渊壮其言，加之秦王李世民为之说情，李靖才免于一死。从此，李靖归附李渊、李世民父子，实现了他遇主逢时的愿望，高祖武德二年，李靖奉命讨萧铣率军南下。

萧铣是南朝梁皇室的后裔，在隋末大乱时，拥兵四十万占据长江中游地区。李靖军队受到萧铣的阻挡，无法开往夔州，高祖非常气愤，密令硖州都督许绍把李靖斩首，但许绍爱惜李靖的才干，上表请求赦免，李靖才免于一死，驻守夔州的李孝恭迎战失利。李靖率800士卒袭冉肇则大营，继而又设伏兵于险地要塞，杀了冉肇则，俘敌五千余人。对此李渊特别高兴，对大臣们说："使功不如使过，李靖果然立了大功"从此之后，李渊对李靖倍加重用。九月，唐军分四路自夔州发兵浩浩荡荡而下。

当时，江水猛涨，诸将建议待水落以后再进军，李靖认为"兵贵神速，今吾兵始集，铣尚未知，若乘江涨，倏忽抵其城下，掩其下备，擒获萧铣在此一举，机不可失也！"李孝恭听从了李靖的意见，大军乘二千余艘战舰，顺流而下。十月，进至夷陵，萧铣的部将文士弘率精兵数万屯扎于清江。李靖认为，文士弘是名将，不可速战，应待其气衰，然后奋击。李孝恭不听李靖的意见，命李靖驻守大营，亲自率师出战，结果大败。

文士弘的军队小胜后乘机抢掠，阵势混乱，李靖立即指挥将士出击，一举打败文士弘，获战舰三百余艘，这次战役战死者近万人。打败文士弘后，李靖率精兵五千围江陵，萧铣恐惧而投降。至于归降之人，李靖坚持认为不应惩罚，应该宽大为怀，以慰人心。

于是，号令严肃，秋毫无犯，江陵城中，人心安定，江汉地区州县闻知，纷纷归降，平定萧铣后，高祖论功行赏，授予李靖上柱国，封永安县令。十一月，李靖为岭南抚慰大使，并授予"承制拜封"的特权，代表朝廷任命地方官员。

李渊以李孝恭为元帅，李靖为副元帅，带领李世勣等七总管的军队，由西、南、北三个方面，包围江淮军。武德七年三月，唐军至舒州，辅公祏部将冯慧亮、陈正通屯兵于博望山、青林山，深垒高墙，坚壁不战，一时双方形成对峙之势，李孝恭召集诸将商议攻战之策，大多将领认为，冯慧亮拥强兵扼守，又据水陆之险，如果强攻，一时难以取胜，建议绕道直取丹阳（今南京）；丹阳一败，冯慧亮等定不战自降。李靖反对，他认为："博望诸塞尚不能攻破，公栖保据石头（指南京），岂易取战！如进攻丹阳，旬月不下，慧亮威胁吾后，使吾腹背受敌，那就危险了。"他还说："冯慧亮非不欲战，而是辅公祏授计使之持重，据险固守，拖延时间，彼之计策是使我师老兵疲。我今若攻其城以挑之，一举可破也！"

李孝恭采纳李靖的意见，以老弱士卒攻冯慧亮，冯慧亮不知是计，率军出城造之，遇到李靖率大队人马，一时之间冯慧亮被打得措手不及，遭到惨败，于是李靖率水陆大军俱进，直逼丹阳。辅公祏知前方军败，弃城而逃，在浙江武康镇被俘。江淮军彻底被镇压下去，唐朝基本上统一了全国。

第二年四月，突厥又进犯灵州，李靖率兵抗击，在青铜峡附近展开激战，突厥被打败，不久，李靖被任命为灵州大都，担负北方的防务。武德九年（626）李世民即位，是为唐太宗。不久，唐太宗任命李清为刑部尚书，后来，又任命为代理中书令。

屡建战功受重用

　　唐太宗是个励精图治的有作为的皇帝。对于不断扰边的东突厥他决定给予狠狠地打击。贞观三年，他任命兵部尚书李靖为行军总管，代州都督张公瑾为总管，征讨东突厥。李靖率骁骑3000从马邑直取恶阳岭，夜袭颉利可汗牙帐所在地定襄，颉利可汗大惊失色，往北逃遁碛口。

　　李靖不战而下定襄，唐太宗听到捷报，封李靖为代国公，赞扬李靖说："汉李陵以步卒五千抵御匈奴，然终归降于匈奴，尚青史留名；今李靖以三千轻骑攻占定襄，威振北方，古今未有，足报往年渭水之盟之耻。"颉利败窜铁山，派遣使者人朝谢罪，太宗知道突厥反复无常，出尔反尔，于是决定剿灭。他一面派鸿胪卿慰抚，又一面令李靖引兵打击。李靖遂定计偷袭，颉利见唐使者唐俭，心中自安，而李靖军先头部队乘雾而行，至离其总部七里，颉利始觉察，乘马先逃。靖率大军赶到，此役斩首万余，俘男女18万，获牲畜数10万。贞观四年（630）三月，颉利可汗被俘，强大的东突厥汗国灭亡。在灭东突厥的战争中，李靖功居第一，胜利凯旋。但御史大夫萧瑀却上奏唐太宗，弹劾李靖"破颉利牙帐，御军无法，突厥珍宝，掳掠俱尽。"唐太宗下令免弹劾。李靖入宫进见，唐太宗对他大加斥责，李靖也不予置辩，惟顿首叩谢，后来，唐太宗知道上了谗言的当，就对他说："以前有人说你坏话，现在我明白自己上了当，请不要将这件事放在心里。"贞观四年八月，任命李靖为尚书右仆射，李靖担任宰相后，身居富贵，功名显赫，他为人沉稳厚道，态度恭顺，从不盛气凌人，唐太宗誉为"一代楷模"。

　　贞观八年（634）正月，太宗命李靖等十三人分行天下。巡察各地，李靖为畿内道大使，十一月，李靖以足疾辞去宰相职务。唐太宗准许了他，但给了他特殊的礼遇。病情好转时，每两三日去政事堂参加宰相会议。不久，吐谷浑犯边，唐太宗谓侍从说："李靖能复起为帅乎？"李靖闻知后，说："臣虽年老，尚可一征，"唐太宗任命他为西海道行军大总管，率兵部尚书侯君集、刑部尚书李道宗等五总管出征吐谷浑，李靖采纳侯君集建议，分兵两路，不顾缺水缺粮，穷追不舍，终于击溃吐谷浑王伏允，其子慕容顺举国投降，唐军大获全胜而凯旋。在这次征讨吐谷浑的战争中，盐泽道部管高甑生延误军期，李靖以军法给予惩罚。班师回京后，高甑生为报私仇，诬告李靖谋反。此事不辨自明，唐太宗以诬告罪将高甑生流放边疆，但官场的险恶却给李靖的心里投下了阴影。从此，闭门不出。贞观二十三年（649）初，李靖病重，太宗曾亲往探视，五月，病死于家中，时年79岁，葬昭陵。

郭子仪

郭子仪（697~781），中唐名将，华州郑县（今陕西华县）人，祖籍山西汾阳。以武举高第入仕从军，累迁至九原太守、朔方节度右兵马使。天宝十四载（755），安史之乱爆发后，任朔方节度使，率军收复洛阳、长安两京，功居平乱之首，晋为中书令，封汾阳郡王。代宗时，又平定仆固怀恩叛乱，并说服回纥酋长，共破吐蕃，朝廷赖以为安。

打败叛军 收复洛阳

郭子仪公元697年生于华州郑县（今陕西华县）。武举出身，高七尺三寸，勇武不凡。传说，他20岁时，在河东（今山西）服役，曾犯过军纪，按律处斩。在押赴刑场的途中被当时著名诗人李白发现。李白见他相貌非凡、凛然不惧的样子，甚感可惜，认为其非平庸之辈。

后来，郭子仪果然不负所望。参加武举考试后，便获高等补左卫长史（皇帝禁军幕府中的幕僚长）之职。天宝八年（749），出任安塞军使，拜左卫大将军。

唐玄宗统治的后期，朝政腐败，藩镇势力迅速扩大。镇守唐东北边境的番将安禄山，身兼平卢（治所在今辽宁朝阳县）、范阳（治今北京市）、河东（治今山西太原市）三镇节度使部下拥兵十五万，久已蓄谋推翻李唐王朝，暗自招兵买马，积草屯粮，积极准备着发动叛乱战争。天宝十四年（755）十一月，安禄山在范阳起兵，南下占领了河北、河南的许多州县，于十二月即攻破东都洛阳。

唐朝廷慌忙应敌，诏授郭子仪为朔方军节度使，命出兵河北，袭击安禄山的后路。郭子仪兵进山西，在右玉（今山西右玉县）初战获胜，打败叛军高秀岩部，歼敌七千余，收复了云中（今山西大同市）、马邑（今山西朔县）、东陉关（在今山西代县东）等地。十五年正月，安禄山攻潼关，玄宗又命郭子仪分一路兵去洛阳，另选一将出井陉关（在今河北井陉县西北）入河北。子仪推荐部将李光弼任河东节度使，率军出关。随后，玄宗改命郭子仪返朔方补充兵力，然后东进代州。四月，子仪赶至常山郡（今河北正定县）与李光弼会合，在九门（在今河北藁城县西北）打败叛军史思明部。五月，追至恒阳（今河北曲阳），与史思明大战于嘉山（在曲阳县东），歼敌四万余人，俘千余名，获战马5000匹，取得反击叛军的第一个大胜仗，河北的许多郡县纷纷迎接唐军，郭子仪由此威名传扬。

是年闰八月底，肃宗命元帅广平王李豫发兵攻长安，郭子仪率领中军。九月二十七日，唐军进抵长安城南、沣河以东香积寺北。长安城的叛军将领安守忠、李归仁等倾巢出动。两军激战大半日，叛军死伤六万余人，大败而回。当夜，叛军撤出长安，逃往陕州。九月二十八日，元帅广平王率郭子仪等入城，京师光复。接着，郭子仪统兵东进，下潼关，克弘农，长驱直进新店。在洛阳的安庆绪命严庄为帅，统兵15万在陕州阻击唐军。唐军得回纥铁骑援助，大败叛军。严庄挟带安庆绪逃往相州（今河南安阳市），唐军收复洛阳。

肃宗回到长安，诏命广平王、郭子仪返还西京。当郭子仪到达长安东郊时，肃宗亲自出迎，拉着子仪的手说："国家再造，卿之力也！"加封子仪为代国公，离别命他复往洛阳，经略北讨。

遭人嫉妒被罢免

长安和洛阳的相继收复，河东、河南的大部郡县平定，使唐朝廷和安史叛军的力量对比发生了根本的转变，唐中央政府已摆脱了危难境地。但这时的唐肃宗却重用宦官李辅国、鱼朝恩把持朝政。乾元元年（758）九月，唐肃宗命令九个节度使出兵围攻盘踞相州的安庆绪。但这次出兵不设主帅，以鱼朝恩任观军容宣慰处置使，监视各军将领。十月，郭子仪率本部人马与他路兵合围卫州（今河南汲县）。临战，假装败退，而令事先埋伏的3000弓弩手箭射叛军。敌军惊恐，郭子仪挥兵掩杀，阵斩叛军四万余人，俘虏了叛将安庆和，收复了卫州。安庆绪的人马退守在相州，唐军各路人马60万共围相州邺城（今河南安阳市）。郭子仪命部队引漳河水淹邺城，城中粮尽，安庆绪向史思明求救，史发兵五万南下，在邺城外与唐军相遇，杀伤相半，唐将鲁炅中流矢，郭子仪军承其后，未及布阵，忽狂风大起，天昏地暗，双方军兵皆大惊！溃不可止，唐军溃而南，史军溃而北。郭子仪一军退至河阳，子仪谋守河阳以保东京洛阳，不料军营夜里自惊，又退至阙门方才稳定。子仪复派兵去守河阳。

鱼朝恩素忌郭子仪功高，便乘邺城之败诋毁他，将失败责任推在他一人身上。肃宗本已对郭子仪"拥兵太盛"心怀戒惧，于是将他召还京师，摘掉兵权，改命李光弼统领朔方军。与此同时，史思明杀了安庆绪，吞并其军，在范阳称"大燕皇帝"。得知郭子仪被逐，便在乾元二年五月发兵南下，打败李光弼，重占了洛阳，形势急转直下。

单身走访回纥营

郭子仪手下有一名大将叫仆固怀恩，在安史之乱中立过战功。他不满意唐王朝对他的待遇，发动叛变，派人跟回纥和吐蕃联络，欺骗他们说，郭子仪已经被宦官鱼朝恩杀害，要他们联合反对唐朝。

公元765年，仆固怀恩带引回纥、吐蕃几十万大军进攻长安。仆固怀恩到了半途上，得急病死了。回纥和吐蕃大军继续进攻，唐军抵抗不住，回纥、吐蕃联军一直打到长安北边的泾阳（今陕西泾阳），长安也受到威胁。

唐代宗和朝廷上下都震动了。宦官鱼朝恩劝代宗再一次逃出长安。由于大臣反对，才没有逃走。大家都认为，要打退回纥、吐蕃，只有指望郭子仪。

那时候，郭子仪正在泾阳驻守，手下没有多少兵力。他一面吩咐将士构筑防御工事，不许跟敌人交战。一面派探子去侦察敌军的情况。

根据侦察到的情况，回纥和吐蕃两支大军虽说是联军，但是也在闹不团结。他们本来是仆固怀恩引进来的，仆固怀恩一死。谁也不愿听谁的指挥，两股力量合不到一块儿去。

郭子仪知道这个情况，决定采取分化敌人的办法。回纥的将领过去跟郭子仪一起打过安史叛军，有点老关系。郭子仪就决定先把回纥将领拉过来。

当天晚上，郭子仪派他的部将李光瓒偷偷地到了回纥的大营，去见回纥都督药葛罗，李光瓒跟药葛罗说："郭令公派我来问你，回纥本来和唐朝友好，为什么要听坏人的话，来进攻我们呢？"

药葛罗奇怪地说："郭令公还活着？听说郭令公早已被杀，你别骗人了。"

李光瓒告诉药葛罗，郭令公现在就在泾阳。但是回纥将领说什么也不相信。他们说："要是郭令公真在这里，那就请他亲自来见个面。"

李光瓒回到唐营，把回纥人的怀疑向郭子仪回报了。郭子仪说："既然这样，我就自己去走一趟，也许能劝说回纥退兵。"

将领们都觉得这是个好办法，但是又认为让元帅亲自到敌营去太冒险。有人提出，派五百个精锐的骑兵跟郭子仪一起去，万一回纥人动起手来，也有人保护。

郭子仪说："不行！带了这样多兵去，反而会坏事。我只要几个人陪我一起去就可以了。"

说着，就命令兵士给他牵过战马来。

郭晞上前拦住他的马说："您老人家现在是国家元帅，怎么能这样到虎口去冒险呢。"

郭子仪说："现在敌人兵多，我们兵少，要真的打起来，不但我们父子两人生命难保，国家也要遭难。我这回去，如果和他们谈判成功，那就是国家的幸运；即使我有什么三长两短，还有你们在嘛！"

说着，他跳上了马，扬起鞭子把郭晞拦马的手打了一下。

郭晞一缩手，马就撒开蹄子跑了。

郭子仪带着几个随从兵士，骑马出了城，向回纥营的方向走去。兵士们一面走，一面叫喊："郭令公来了！""郭令公来了！"

回纥兵士远远望见有几个人骑马过来，又隐约地听见兵士的吆喝声，连忙报告药葛罗。

药葛罗和回纥将领们大吃一惊，命令兵士摆开阵势，拈弓搭箭，准备迎战。

郭子仪带着随从兵士到了阵前，他们摘下头盔，卸掉铁甲，把枪扔在地上，拉紧马缰，缓缓向回纥营靠近。

药葛罗和将领们目不转睛望着来人，异口同声地叫了起来："啊，真是令公他老人家！"说着，大伙一起翻身下马，围住郭子仪下拜行礼。

郭子仪跳下马来，走上去握住药葛罗的手，和气地对他说："你们回纥人曾经给唐朝立过大功，唐朝待你们也不错，为什么要帮助仆固怀恩闹叛乱呢。我今天到这儿来，就为了劝你们悬崖勒马。我现在是单身到这儿，准备被你们杀掉，但是我的将士会跟你们拼命的。"

药葛罗很抱歉地说："令公别这样说。我们受了仆固怀恩的骗，以为皇帝和令公都已经死去，中原没有主人，才跟着他上这里来。现在知道令公还在，哪会同您打仗呢？"郭子议说："吐蕃和唐朝是亲戚关系，现在也来侵犯我们，掠夺我们百姓财物，实在太不应该啦！我们决心要回击他们。如果你们能帮我们打退吐蕃，对你们也有好处。"

药葛罗听了郭子仪的话，连连点头说："我们一定替令公出力，将功补过。"郭子仪和药葛罗正在谈话的时候，两边回纥将士听着听着，慢慢都围了拢来。郭子仪的随从一看回纥兵靠近，有点紧张起来，也挨到郭子仪身边，想保护他。

郭子仪挥了挥手，叫随从让开，接着就叫药葛罗派人拿酒来。药葛罗的左右送上酒。郭子仪先端起一杯，把酒洒在地上，起誓说："大唐天子万岁！回纥可汗万岁！两军将领万岁！打现在起，谁要违反盟约，叫他死在阵上！"

药葛罗也跟着郭子仪起了誓，洒了酒。双方订立了盟约。

郭子仪单骑访回纥营的消息，传到吐蕃营里，吐蕃的将领们害怕唐军和回纥联合起来袭击他们，连夜带着大军撤走了。

李光弼

李光弼（708～764），唐代营州柳城（今辽宁省朝阳）人，契丹族人。李光弼于唐天宝十五年（756）初，经郭子仪推荐为河东节度副使，参与平定安史之乱。乾元二年（759）七月，任天下兵马副元帅，曾参与镇压浙东袁晁领导的农民起义军。

斩杀崔众树立军威

李光弼是契丹族人，自少年时代起，就精于骑射，性格严毅刚果，不苟言笑，让人一见肃然，营中上下皆知这是个有远大志向的好苗子。李楷洛死后，李光弼袭父封爵在河西节度使王忠嗣手下任府兵马使，充赤水军使。王忠嗣一直慧眼识人，对李光弼另眼相待，他常常对人讲："日后能代我统兵的，非光弼莫属。"

哥舒翰镇守潼关时，唐玄宗心中也打鼓，同时拜郭子仪为朔方节度使，收兵河西。临行之前，玄宗问郭子仪有何良将可以推荐，郭子仪马上就说出李光弼的名字。唐廷制下，以李光弼为云中太守，兼御史大夫，充河东节度副使。天宝十五年三月，李光弼以五千兵马与郭子仪合军，东下井陉，收复常山郡。史思明叛军来援，李光弼数出奇兵，贼军连败，唐军趁机攻打赵郡。四月，唐廷又拜李光弼兼范阳长史、河北节度使。七月，李光弼率军又在常山的嘉山一带大破安禄山属下史思明、蔡希德、尹子奇3大将，斩首万余，生俘4000。史思明露发徒跣，只身一人逃往博陵。至此，河北大半郡县重为唐军所有。

首伐连捷之时，李光弼清醒认识到，范阳是安禄山老窝，应该先予攻克，绝其根本。计划未行，哥舒翰潼关败迅传来，唐玄宗逃往蜀地，一时间军心大骇。唐肃宗李亨即位后，马上派使臣授李光弼为户郎尚书、同中书门下平章事。李光弼临危受命，立即提5000兵马赴太原。

当时，节度使王承业荒于军政，侍御史崔众在太原主持军事，平时根本不拿王承业当回事，参见这位上司时也时常着甲提枪，随便闯入，没有一点上下尊卑规矩。李光弼听说此事后，本来就对崔众很反感。朝廷令下来，依理崔众应把所部兵马全部交予李光弼掌管。赴营参见新上司时，崔众骑马率兵士与李光弼会面，双方队伍相交，崔众仍旧大大咧咧安坐马上，根本不行参见礼。李光弼大怒，喝令左右当众把崔众拿下，绑缚关押。刚把崔众推走，朝廷中使赶到，说有任命崔众为御史中丞的诏书，又问众人崔众在哪里，要他跪地听封。李光弼答言："崔众有罪，已经关起来了！"中使连忙拿出朝廷敕旨给李光弼看。

"现在要处斩的，只是侍御史崔众。如果你宣读制命封他为中丞，我就斩中丞崔众。果朝廷有旨拜他为宰相，我就斩宰相崔众！"李光弼斩钉截铁，掷地有声。"中使惧，遂寝之而还。"兵荒马乱，大将在外，有生杀矛夺之权，这位公公胆小得聪明，赶忙回朝复命。转天，李光弼大树兵威，在军中当众斩杀崔众，威震三军。这崔众也是倒霉蛋，撞在李光弼刀下，成为李将军树威立势的牺牲品。

太原保卫战

唐肃宗至德二年（757），史思明等人率10万多叛军向驻扎太原的李光弼军发起攻势。当时，唐军的精兵锐卒都被征调到朔方军保卫唐肃宗，李光弼手下士卒连1万都不到。面对十倍于己、来势汹汹的劲敌，众将都建议修城凭固，坚守以待外援。惟独李光弼有自己的见解。"环城四周有四十里，现在派城内兵民大修城池根本就不现实，敌人马上就杀至城外，到时大家筋疲力尽，连御敌的力量都没有。"于是，李光弼亲率士卒百姓，在城外掘壕沟为守，又下令挖堑沟数万，周围将士也不明就里，只能依命而行。史思明到太原城前信心百倍，对诸贼将说："李光弼弱兵不过1万，太原可屈指而取，然后我们鼓行而西，直攻河陇、朔方两军，再无后顾之忧！"没想到刚到攻城，李光弼派人先以200人才能挽动的巨型抛石车猛砸大石，一顿乱轰，叛军有一、两万人被砸成肉酱。史思明指挥兵士搭建飞楼，用木幔围起，在中间堆土成山，想凭土山临城进攻。李光弼兵士从下面把土挖空，土山轰塌。如此数合，史思明知道确实遇到劲敌，再也不提连战速决的事情。

史思明在城外张灯结彩，大宴兵士，又让戏子在台上扮成逃跑的唐玄宗，一来刺激城内固守唐兵，二来给叛军当"宣传队"，鼓舞士气。戏演到一半，台上的几个戏子忽然不见——李光弼派人从先前挖的堑沟壕洞一直钻到戏台上，掏空地层，戏子们自然就掉了下去。没多大功夫，几个戏子就被推到城头，咔咔几下，涂满化妆油彩的脑袋就被扔了下来。"思明大骇"，把自己的统军牙帐赶忙迁到距城很远的地方。叛军走动时，也个个眼睛紧盯地下，惟恐不小心自己也掉到下面的窟窿里面，脑袋搬家。

相持之中，李光弼派人遍挖城外地下，可以说是中国军事史上第一次大规模的"地道战"——只不过唐兵不是躲在里面放冷枪，而是把叛军营地的地下全部挖空。见时机成熟，李光弼假装城内粮尽，派人向史思明"约降"。"思明兴奋过望"，眼见在约定的时间有唐军将领手执白旗出城，忙下令兵士放仗准备迎降。脸上笑容还没消失，史思明身后军营忽然发出巨响，随即声声惨叫——军士集结后，地面再也承受不住重量，纷纷"塌方"，几千叛军糊里糊涂全被活埋。再一转头，城上城下唐兵鼓噪大喊，精骑突出，一下子就杀掉近万名叛军。史思明吓破了胆，转身就逃。唐军乘胜追击，斩首七万余级，获军资粮草无数。此欢胜后，唐廷迁李光弼为司空，封郑国公。

河阳之战尺寸必争

乾元元年（758），李光弼又代郭子仪为朔方节度使，不久，又为天下兵马副元帅。

滑汴节度使许叔冀屡战不利，向史思明投降，唐军形势转恶。有人建议增益陕郡兵力，速保潼关。李光弼不同意，说："两军相敌，尺寸之地必争。今弃五百里地而退守潼关，贼军益地，威势更强，不如移军河阳，北阻泽、潞，胜则出，败则守，表里相应。"同时，他又做出悉空洛阳城的决定，让全城官吏居民全部出城避寇，派军兵运送守城军备于其中。史思明军队到偃师，李光弼全军赶赴河阳。双方在石桥相遇，时值黄昏，李光弼令军士持火炬慢慢行进，坚甲利矛，叛军忌惮李光弼威名，没有人马敢突前进犯。史思明军驻扎于白马寺，南不出百里，西不敢犯宫阙，只敢在河阳南筑月型城，挖战壕与唐军相持。十月，贼军攻城，李光弼指挥得当，斩千余人，生俘五千多人，叛军掉入河中又淹死好多。

南城方面，唐将李抱玉也使"诈降计"，忽然出兵击袭，又杀伤不少贼兵。唐将荔非元礼在羊马坡大破贼军。各路贼军虽溃败，毕竟是燕山锐卒，很快又整合在一起，劲兵3万，全力进攻北城，很有决一死战的气势。唐军城内兵少得可怜，全赖李光弼指挥得当，或给500兵，或给300铁骑，或给几十匹战马，又临阵重赏英勇之士，杀掉几个退兵败卒，使得唐军有必死之心，望旗而进，一举斩敌万余，生擒8000，俘获敌军大将3人。

战事正酣其间，还有一个小插曲。李光弼手下大将荔非元礼守羊马城。战事胶着之时，李光弼命令荔非元礼悉兵出战。贼将周挚指挥八千兵马，一边填平壕堑，一面疯狂进攻。荔非元礼乍开城门一冲，退怯。毕竟贼兵人多势众，攻意正盛，荔非元礼认为此时不是派精骑突阵的时机，就摇旗令步兵回阵，示弱诱敌。李光弼大怒，派人召荔非元礼回师营，想当众杀掉以明军法。荔非元礼对传令兵说："我正在战斗中，来不及见主师，请回禀一声，破贼后我马上去！"在栅后望着贼军越来越近，荔非元礼对手下将士说："李公刚才派人召我，是以为我们刚才怯战，要斩我以示众。现在应该拼死一奋，战死有名，以免因无功而受戮于军营之内。"说完，荔非元礼下马持刀，身先士卒，嗔目冲前，身后将士感奋，左右砍刺，无不以一当十，斩杀数百敌人，势不可挡。贼将周挚见势不妙，慌忙遁走。

每次大战前，李光弼都插一锋利短刀于靴中，有必死之心，对属下讲：

"我位居三公，绝不会活着被贼军俘虏，誓死报效朝廷！"至此，见敌军退败，李光弼西向天子所居方向拜舞。"三军感动"，欢声震地。

岳飞

岳飞（1103~1142）字鹏举。北宋相州汤阴县永和乡孝悌里（今河南省安阳市汤阴县）人。著名战略家、军事家、民族英雄、抗金名将。岳飞在军事方面的才能则被誉为宋、辽、金、西夏时期最为杰出的军事统帅、连结河朔之谋的缔造者。同时又是两宋以来最年轻的建节封侯者。南宋中兴四将（岳飞、韩世忠、张俊、刘光世）之首。

离家从军崭露头角

1103年，岳飞生于相州汤阴（今河南汤阴）一个农家，出生之时有大鸟飞鸣掠过屋顶，故取名飞、字鹏举。少时家贫，日间耕田割草，晚上以柴照明念书习字，尤喜读兵书。岳飞体魄强健、寡言淳厚、刚直义气且勇力过人，十几岁已能拉300斤硬弓、960斤腰弩，能左右开弓射箭，枪法"一县无敌"。

岳飞20岁入伍，投奔真定（今河北正定）安抚使，但不久因父丧回乡，两年后，再投河东路平定军。1126年，金军攻汴京，朝廷风雨飘摇，钦宗弟赵构以"天下兵马大元帅"名义招募义勇民兵，岳飞投其帐下，因率百骑斩杀金军几千有功，被升为秉义郎。

不久，赵构改派岳飞至老将宗泽麾下，赴澶州援救汴京，自己却视望不前，待金军1127年4月攻入汴京将徽、钦二宗及后妃、大臣等3000人和无数财宝掳走北归后遂于南京应天府（今河南商丘）即位，是为宋高宗。高宗任命宗泽为开封知府兼东京留守，听信宠臣黄潜善等劝说，反"战"而主和。岳飞上书怒斥议和力主回击，反被以"越职"罪免去职务。

三个月后，岳飞投奔河北路招抚使张所，颇受赏识，曾在王彦统辖下抗金，渡河收复新乡。因与王彦不和，转战汴京，再次投奔宗泽，在黄河以南连续战胜金军。次年，曾24次上书高宗请求还都的老将宗泽忧愤成疾，临终三呼"渡河!"而亡,岳飞随接替东京留守的杜充南下,退往建康(今江苏南京市)。1129年冬,金军由兀术(即宗弼,金太祖阿骨打第4子)统率大举南侵,渡江攻入建康。高宗辗转逃往海上,仅率臣八九人,乘楼船漂泊于温州、台州一带。

岳飞奉命收复建康,先率部在城南牛头山埋伏,深夜派百名黑衣战士混入敌营,使金军于梦中,互相残杀,又伺机捕捉敌人哨兵,获知敌北撤路线,火速赶往静安镇,横刀跃马冲入敌军,往来翻飞击毙敌军无数,乘胜进驻建康后,升任通(今江苏南通)、泰(今江苏泰州)镇抚使。岳飞由此崭露头角。

岳飞抗金死不屈

1130年,金扶植汉奸刘豫割据河南、淮北建立伪齐政权,使其牵制南宋以缓和宋对金的直接威胁。放回降臣原宋御史中丞秦桧,让他劝诱高宗称臣行南北分治。同时由兀术率主力征服川、陕,以断南宋兵粮之援。

南宋相应在江淮之间有防,派岳飞防守江州(今江西九江)至江陵(今湖北江陵)一线,岳飞先平定叛军、游寇及农民起义,收编精兵,以后三次主动出击大获全胜。

第一次在1134年,岳飞率军从江州出征,收复伪齐占领的襄阳等六州之地。在随州(今湖北随县)岳飞的16岁长子岳云,手握各重80斤的铁锤力夺头功。在襄阳,岳飞慧眼识破敌人以骑兵布防江岸,以步兵摆阵阔野的破绽,令部将以手持长枪的步兵攻敌骑兵,使其阵脚大乱,互相争挤夺路,落入江中。又以骑兵将敌步兵杀得丢盔弃甲,击溃伪齐主力。仅三个月即顺利收复六州,保住了长江中游,打通了通往川陕之路,扭转了南宋的被动局面,增强了军民抗敌的勇气和信心。32岁的岳飞被破例提升为清远节度使,又进封武昌郡开国侯,享受刘光世、韩世忠、张俊同等的宋朝最高殊荣。

由于高宗严令不得越界追敌扩大事态,岳飞只得率军回鄂州(今湖北武昌)驻防,期盼着"何日请缨提劲旅,一鞭直渡清河洛。"年底,金、齐联军进逼庐州(今安徽合肥),高宗"御札"岳飞东下解围。牛皋等13骑先遣,略展"岳"字旗,已使敌军心动摇,待援军赶到又追杀敌军30余里,以至百里外的兀术大营也闻风北逃。

1135年夏,岳飞率军镇压洞庭湖地区杨么起义,被朝廷封为开国公。岳家军由于收编起义军人数猛增。次年,岳家军第二次北上出击,收复洛阳西南险要之地,夺取烧毁伪齐粮秣,逼近黄河。因朝廷不供军粮,功败垂成。

1137年,金下令取消节节败退的伪齐,以归还河南、陕西为条件诱使南宋议和称臣纳贡。1139年元旦,秦桧代高宗向金使跪拜称臣、接受金朝皇帝诏书,达成和议。岳飞坚决反对上表称"和好不可恃"并四次奏辞因和议而赏封给他的官衔,遭秦桧嫉恨。

果然,金军于1140年5月撕毁和约,四路伐宋。高宗大惊失色,不得不下令各军分别抵抗。岳飞第三次出击,令所部一支分路进攻河南,一支重返河北,自己率主力从正面向汴京推进。40多天,先后收复陈州(今河南淮阳)等重镇,从三面形成对汴京的包围圈。7月初,岳飞以少数轻骑驻守郾城,每天派小股人马向金军挑战。兀术由小路进军至城北20里处与岳家军相遇。

岳飞命岳云先闯敌阵,苦战几十回合,获胜。兀术遂以有"常胜军"之称的"铁塔兵""拐子马"袭来。"铁塔兵"是金兀术侍卫亲军,由3000余头戴双层铁盔、身披重甲的骑兵组成,每推进一段,后面便置障碍,只能前进不能后退。正面冲锋时,犹如一道铁墙。左右两翼配备轻骑兵15 000,常在战斗最激烈时突然出击,称"拐子马"。待敌军临近,岳飞指挥经过专门训练的步兵手持"麻扎刀"和大斧专砍马腿,使敌马翻人仰不得前进。午后直战至天黑,金军大败。

接着,在郾城附近连战连捷。在颍昌(今河南许昌)再杀退兀术的10万步兵和3万骑兵。金军全线崩溃,副帅毙命,兀术败逃。岳飞上书高宗:此乃"陛下中兴之机,金贼必亡之日"。并亲率岳家军追抵朱仙镇,距汴京仅45里,与义军配合将兀术围困在汴京,派猛将率五百精骑与10万金军对阵。

兀术哀叹:"自我起兵北方以来,没有像今天这样失败过。"岳飞决心乘胜渡河收复河北,激励部将:"直捣黄龙府,与诸君痛饮耳!"然而,高宗慑于岳飞震主之威,听信秦桧奏言,"令岳飞暂且班师",下令各路大军一律撤回原驻地。岳飞锐意北伐,上奏道:"豪杰向风,士卒用命,时不再来,机难轻失。"高宗借口"孤军不可久留",一天催发12道金牌(即一尺长朱漆金字木牌），日行四五百里。岳飞涕泪交流，痛心疾首，大放悲声："十年之功，废于一旦！"被迫撤军。

此后，兀术提出"必杀飞，始可和"的条件。

高宗于1141年一举剥夺韩世忠、张俊、岳飞的兵权，解散其军队。诏岳飞赴临安（今浙江杭州）任枢密使。不久秦桧又唆使右谏议大夫万俟以居功颓惰弹劾岳飞，使罢官出朝。再诬陷岳飞与岳云及部将张宪谋反，将岳飞逮捕入狱，由高宗亲自审理此案。审讯中御史中丞何铸被岳飞背上由老母亲手刺上的"精忠报国"四个大字深深感动，转而为岳飞鸣冤，朝廷改由万俟接任审理。同年底，宋金议和，规定：宋金以东起淮水，西至大散关（今陕西宝鸡西南）为界；南宋每年向金纳贡银绢各25万匹两；南宋称臣，且"世世子孙谨守臣节"。

戚继光

戚继光（1528～1588）字元敬，号南塘，晚号孟诸，山东登州人。明代著名抗倭将领、军事家，与俞大猷齐名。率军之日于浙、闽、粤沿海诸地抗击来犯倭寇，历10余年，大小80余战，终于扫平倭寇之患，被现代中国誉为民族英雄，萃谥武毅。世人称其带领的军队为"戚家军"。有多部军事著作及诗作传世，戚继光纪念馆现为福建省爱国教育基地。

将门虎子立国志

戚继光出身于将门之家。他的六世祖戚详从军30年，最后战死沙场，是明朝的有功之臣。朱元璋追念戚详开国有功，授予他儿子戚斌为明威将军，子孙后代得世袭登州卫指挥佥事。

自戚斌到登州任职后，戚家就在山东登州定居下来。戚斌的儿子戚理、孙子戚谏，都是继承祖业的武将。戚谏，是戚继光的祖父。戚继光的父亲是戚景通。那个时候，已到了明朝中叶，大明江山，东有倭寇犯境。北有蒙古鞑靼部的侵扰，尤其是倭寇之患，给沿海百姓带来了深重的灾难。

戚继光的父亲戚景通是一个有强烈爱国心的将领。由于他的军事才能，曾被提任为都指挥，负责山东沿海备倭军事，为抗倭卫国呕心沥血。后来，又被调任保定都指挥使等职。

戚景通不但勤奋好学，文武全才，而且耿直正派，从不趋炎附势。他48岁那年，被提升为江南运粮把总。戚景通刚直不阿、光明磊落。

戚景通中年时育有一女，直到56岁那年，戚继光才出生。戚景通老来得子，当然是钟爱异常。他教导儿子读书、写字，练习武艺。还经常给他讲一些保国安民的为人处世的道理。他告诉儿子："一个武将必须有全身报国的志向，打起仗来要有身先士卒的勇猛精神。"幼小的戚继光，把父亲的教诲牢牢记在心上。

嘉靖十四年（1535）戚景通奉命调入京师，任禁军中神机营的副将。这一年戚继光8岁，他跟随父亲到了北京。北京那坚固的城墙，森严的防卫，无不给少年时代的戚继光留下深刻的印象。

嘉靖二十三年（1544）夏天，戚景通得了重病。为了趁自己还活着的时候给儿子安排好前程，便让戚继光迅即到京城办理袭职手续。

年仅17岁的戚继光，带着父亲的嘱托，匆匆踏上了去京师的大道。戚继光在京城接到家书，得知父亲去世的噩耗，十分难过。

戚继光担任登州卫指挥佥事以后，仍然坚持读书习武。

戚继光的生活，从表面上看是平静的。但他的内心却像大海的波涛一样地翻滚。他不甘心无所建树地度过一生，趁自己年轻。他要轰轰烈烈地干番事业。

嘉靖二十七年（1548），戚继光第一次离家远征，他率领卫士卒远戍蓟州。他安排了家事，怀着满腔热忱，踏上了北上的征程。

那时，我国北部的蒙古贵族政权势力强大，不仅侵扰河北、山西、陕西，而且威胁北京。为了加强防卫，补充长城一线兵力的不足，朝廷便调集山东、河南等地的官军轮番前往边关戍防。

就从这一年起，每年春季，戚继光都要奉命到蓟州戍守，前后一共五年。这一经历，使他熟悉了边疆的形势，更增强了他保卫祖国的责任心。

戚继光的报国之心如磐石之坚，任何挫折都不会使他消沉和动摇。

戚继光把保卫疆土，屏障国家当做武臣的天职。他一面戍边，一面调查蓟州一带的防务情况。他把自己的见解写成《备俺答策》，上奏朝廷。当政的大臣虽然没有采纳他的献策，但对策文中显示出的军事才能都感到惊奇。

戚继光的志向是远大的。他以为，靠自己的努力和拼搏担当官职，才合本愿。于是他决意走考取武举的道路。22岁那年他以普通人的身份参加了山东乡试，结果以武艺出众中了武举。第二年秋天，赴北京参加会试。

这一年为农历庚戌年，戚继光正巧碰上了一场战争。东蒙古鞑靼的统治者俺答率大队人马进犯大同，大同守将仇鸾是权臣严嵩的干儿子，他竟用重金贿赂俺答，叫俺答绕过大同从别处进攻。于是俺答从古北口突破长城之后，一路烧杀抢掠，直逼北京城下，京师处于危难之中。这一事件，历史上称作"庚戌之变"。

"庚戌之变"来得太突然。明政府的兵将缺乏战斗力而难以抵挡，仓促间从民间招集了四万义军，并且恰逢1000名到京城参加会试的武举，也被派上用场。戚继光被任命为督防九门的总旗牌官，负责传递将令。他怀着一颗爱国之心，多次上书，呈献御敌方略，他提出的十几条措施，都是克敌取胜的切实良法，引起兵部的重视。兵部不但予以采纳，还奏请朝廷刊布出来，供将士学习，用以退敌致胜。

由于戚继光的品德出众，才华横溢，被人们誉为"国士""将才"。嘉靖三十二年（1553）夏天，戚继光被明朝政府擢升为主备山东防倭军事的都指挥佥事，统辖三营二十五卫所将士，扼守海防，抗御倭寇。他那"封侯非我愿，但愿海波平"的宏伟愿望就要实现了。

浙江倭匪被驱尽

嘉靖三十九年（1560）春，戚继光担任了独挡一面的台州、金华、严州（今建德）等处地方参将。经过一年的努力，浙江的防务大大增强。

转年四五月间，倭寇又大举进犯浙江。倭寇的中心攻击目标是台州，行动时却声东击西。首先窜扰宁海。戚继光经过全面分析后，识破了这一阴谋，将计就计，布下天罗地网：一面防守台州；同时派水师到宁海外洋伏击，自己率主力直趋宁海。此时又得报有大股倭寇在桃渚、新河等地登陆。经过分析比较，戚继光仍带主力进剿宁海的倭寇，并且堵住桃渚倭寇的深入，另派部将率军去救援新河。

五天后，侵犯新河的倭寇被明军打得大败，残倭逃往乐清，而窜扰宁海的倭寇，更不是戚继光的对手。双方在龙山一带展开激战，倭寇被打得落花流水。倭寇败逃，窜到了雁门岭。

当戚家军大败倭寇于雁门岭时，流窜于桃渚的倭寇，趁机向台州府城攻去。形势十分危急。戚继光立即下令：疾奔台州府城救援！戚家军不顾饥饿和疲劳。赶往台州城。在距台州仅二里的小镇花街，戚家军与倭寇遭遇了。

交战中，戚家军霎时士气大振，个个奋勇争先，勇杀倭寇。

倭寇受到重创，改变队形再战。戚继光早已成竹在胸，指挥旗鼓，变化阵势，杀得倭寇溃不成军。戚家军获倭寇的刀、枪、弓、箭等战利品650多件，救出被掳的男女百姓五千多人。

流动于浙江的倭寇，气焰仍然很嚣张。就在花街之战后的第四天，又有一股倭寇窜到台州府城东北的大田。台州再次遭受到严重的威胁。

戚继光得到消息时，身边只有1500名将士。他对即将投入的战斗作了周密的准备，并在临行前召开了誓师会，准备与倭寇决一死战。

戚家军开到大田，与倭寇对峙了三天，没有交锋。倭寇既不能战，又不能攻城，只得从小路逃遁。戚继光早已料定，率兵在半道设下埋伏。杀得倭寇弃甲曳戈而逃，死伤不计其数。戚家军又从倭寇手里夺回被掳的百姓1000多人。

戚继光取得台州大捷后，没有丝毫松懈，率领部队继续剿杀倭寇。

五月十七日，他又得情报：先前侵犯宁海被击溃的倭寇，聚集了3000人，带着所掠财物和男女百姓，乘坐十几艘大船，欲出海逃跑。

戚继光率部冒雨向宁海进发。这天黎明，戚家军悄然向倭寇逼进，摸到倭寇营边，突然杀入。正当倭寇被迫乘船逃命时，忽然刮起了飓风，把这些作恶多端的家伙全都掀到海底去了。

一个多月的战斗，使侵犯台州的倭寇遭到歼灭性的重创。同一时期，明军总兵官卢镗、参将牛天赐等将士，也分别在宁波、温州一带，和倭寇交战十多次，取得了重大的胜利。

就在这一年秋天，戚继光升任都指挥使，负起了更重大的海防责任。不久，他又增募义乌民兵2000人。

入闽胜利剿倭

正当戚继光率领部下在浙江平倭建奇功的时候，福建的倭患又日甚一日地严重起来。而当地的明军，却忍看老百姓遭受倭寇烧杀抢掠，大多不敢出战。

嘉靖四十一年（1562）七月，胡宗宪命戚继光为上将，率本部正兵6000人，另以督府中军都戴冲霄率部1600人协助，往援福建。

戚家军从温州出发，由海道抵达平阳，再自平阳取旱道入闽。八月初，到达福建宁德县，与福建巡抚游震得会合。戚继光与游震得对福建的倭寇现状作了详尽地分析，戚继光制定了御倭战略：先征横屿，再破牛田，最后歼灭林墩的残寇。

为了攻占横屿，戚继光决定采取"削枝弱干"的办法，先招降胁从，拿下张湾，剪去倭寇羽翼，再直捣贼巢。戚家军兵进张湾。一进村即张贴招抚告示，分化敌军。几天工夫，就有2000多人脱离了倭寇，向明军投诚。张湾安抚定了，横屿也就孤立了。戚继光决定不用水师，只用步兵涉海迎敌，全歼岛上的倭寇。

他命令虎将王如龙率领两支兵马，扼守海滩，截杀漏网之敌，其余将士排成"鸳鸯阵"队伍，把草束铺在泥滩上，随着"咚咚"的鼓声，匍匐前行，草束不断从后队传向前队，就这样一步步逼近横屿。

没有了张湾的耳目，倭寇对明军来攻毫无防备。这天早上，明军突然出现，真好似从天而降，不免蒙头转向，仓促中沿山麓布成阵势，妄图死守。戚家军前锋一登上横屿，立即以"鸳鸯阵"为单位展开，占领了滩头。队伍过去将近一半，戚继光也和将士们一起涉过泥滩。他一到滩头，就下令将军旗展开。倭寇们见了目瞪口呆，他们万万没想到戚家军会出现在横屿！

戚继光按照预定部署，命一员将领率部正面主攻倭寇木城；另派陈大成带一支奇兵，沿山麓登上山顶，从背后包抄。扼守在大陆岸上的王如龙见岛上战斗激烈，便主动决断，指挥士兵乘小船越海助战。进攻横屿的戚家军得到王如龙的支援，立即声势大振，冲锋更加猛烈，这时，攻打木城的戚家军烧掉了倭寇的老巢，倭寇更加大乱，仓皇逃窜。戚家军在岛上搜索追杀，将倭寇全数剿灭。从步兵过滩到大获全胜，历时不到三个时辰。这是戚家军入闽后的第一个大胜利，铲掉第一个倭寇大巢穴。

第二天，戚家军率军回到宁德，作短暂的休整。

进军牛田捣贼窝

戚继光与戚家军将士在宁德刚刚度过中秋节，转天一早便离开宁都向下一个目标——牛田开拔。

牛田在福清县城东南 30 里，离海很近，是倭寇在福建的最大巢穴。戚继光到达福清后，为了打好这一仗，与各路明军将领一起歃血盟誓，同心戮力杀敌。然后，他把兵马分成三种，自己亲率主力先进攻杞店，以此震慑其它据点的倭寇，使他们不敢妄动，然后，再乘胜直捣牛田。

农历八月底的一个夜里，没有一点月光。戚家军神不知鬼不觉地从锦屏山出发，飞快奔袭杞店，将倭巢团团包围起来。倭寇毫无戒备，从梦中惊醒，还没明白怎么回事，便已做了刀下鬼。没一刻工夫，杞店的倭寇就被全部歼灭。

战斗结束，不过三更时分，戚继光把队伍带回锦屏山，还没入睡，就得知有一股倭寇正向锦屏山而来。戚继光料定倭寇必定是来偷营，便设下埋伏，等待倭寇来袭。五更时分，倭寇果然前来偷营，骑兵在前，步兵在后，一共有七百多人等到他们冲进营帐，才知中了埋伏，正要退却，已被戚家军团团围住。戚家军如饿虎扑羊一般冲向倭寇，杀得倭寇死的死，降的降。

戚家军越战越勇，乘胜出兵，直捣牛田倭窟。倭寇仗着人多势众，列阵抵挡。戚继光将兵马分三路包抄进攻，倭寇抵挡不住，不及退回大寨，向新塘方向逃跑。戚继光又兵分两路：一路追击逃敌；一路攻克牛田倭巢。戚家军接连攻克了牛田和上薛的倭巢。逃向新塘的倭寇与西林、木岭的倭寇合成一股，拼命向上经方向逃窜。扼守上经的是由一名参军率领的福建地方兵。这名参将不相信戚继光这么快会获胜，毫无准备，被几千名败倭冲散队伍，残倭漏网而逃了。

经过牛田之战，倭寇的凶焰大受打击，福清县内暂时得到了安宁。戚家军凯旋福清城，福建巡抚游震得亲自带领欢迎的人群，出城迎接。戚家军的威名，从此在福建广泛地传扬开来。在倭寇当中，戚继光得了个"戚老虎"的称号。

十月初，戚家军班师回到福清。戚继光由于连日积劳而病倒了。可当他听说又有一股300人的新倭窜扰葛塘时，便不顾病体，抱病上马，迎战倭寇。兵分四路，向葛塘进发。出城才十里，得报又有300个倭寇到了牛田。戚继光决定先就近消灭牛田的倭寇。主将抱病出战，将士深受激励，奋勇向前，杀向倭寇。牛田的300个倭寇顷刻被歼。葛塘的300新倭听到牛田的炮声，便往上桥奔来。恰被戚继光派出的伏兵截住，双方一场恶战，倭寇死伤不少，戚家军也有一些伤亡。倭寇仗着凶悍，杀开了一条血路，连夜逃回海上。

经过审讯俘虏，戚继光得知，这些倭寇是先头部队，后面还有达万人的倭寇，准备攻打省城。

果真，不几天，登陆的倭寇越来越多，当他们得知先头部队已被消灭，戚继光正在这里等待着他们，再也不敢久留，乘上原船逃走。

戚继先率军入闽，转战千里，连战连捷，但本身也有一定的伤亡，为了准备明年春天同倭寇继续作战，戚继光于十一月初率部回浙江休整，补充兵力。

扼制边关护百姓

戚继光一再上书朝廷，要求募兵训练，始终没被接受，他只能训练蓟州现有的兵马了。他首先对边军进行了整顿，淘汰了一批不中用的将官，修整和配备了精锐器械，积储了钱粮，同时还根据蓟门一带地形制定了车、骑、步多种兵配合作战的战术。这种战术使车、骑、步兵互相取长补短，互相配合作战，其作战能力比单一兵种强得多了。

在戚继光镇守蓟州期间，明朝的政局出现了一段相对的稳定。在这个期间，戚继光又完成了他的又一部极有价值的军事著作——《练兵实纪》，并以此为教本，分别训练各营将士。在攻守战器方面，戚继光又发明了自犯钢轮火等新式武器。自犯钢轮火是世界上最早的地雷，它与石炮组合起来使用，埋在敌军出没的地方，只要敌骑踏中机关，钢轮立即转动，打擦火石，迸射火星，引爆炸药。

戚继光丰富的军事理论、精辟的战略战术和先进的武器装备，为有效地战胜敌人提供了有力的保证。

然而，戚继光并不满足于此，他希望能将边防线上的16万大军集中起来进行一次总的训练。正好在隆庆六年（1572）的冬天，明廷派出兵部的一些高级官员分头巡视边防。戚继光想趁此机会进行一次大检阅。他的请求得到朝廷的批准。执政大臣张居正还特地写信鼓励他为加强边防而努力。大检阅的地点选在蓟州镇的中心汤泉（今河北省遵化县北）。

戚继光想通过检阅，使各路将士能够掌握协同作战的要领。他把将领们召集到中军大帐，按照正式作战的要求，对这次演习的宗旨、要求作了周密部署，明确了各种号令，尔后命大家归营待命。

大阅兵、大演练的帷幕，在这天清晨拉开了。遵照戚继光的部署，几支"敌兵"不断由长城外直扑长城，企图攻下长城，都被明军配合打退……就这样，演练进行了二十多天，汪道昆等巡视要员非常满意，戚继光更是大为振奋。

戚继光的阅兵训练完全是从实战出发的，他确信边防战守大有可为，也不是随便说说的。就在检阅大演习后不到半年，两场真刀真枪的激战便证实了这一点。

原来，东北地区的蒙古大封建主董狐狸和他的侄子长昂不时骚扰边境，与明军发生冲突。明神宗万历元年（1573）春，董狐狸和长昂率领大队骑兵逼临长城的喜峰口，引诱明军出战，然后寻机进行截击。

戚继光早在四年前，就与董狐狸、长昂交过手。那时，这股鞑靼骑兵窜扰蓟镇。戚继光率兵打败了他们，把他们赶跑了。这一次，戚继光经过了10万大军的实战演习，更是成竹在胸，派兵出击。董狐狸和长昂见大队人马压来，顿时慌了神，交战不多时，便败下阵来，落荒而逃了。

当年夏天，董狐狸和长昂兵分两路再一次南犯，又被戚继光打得大败。董狐狸自知不是明军对手，只得请求归顺。

不料到了万历三年，董狐狸与其弟长秃率部合股南犯。戚继光率兵从榆林关和董家关出塞迎击，将敌军杀得大败，并活捉了长秃。董狐狸和长昂不得不率领亲族前来投降，戚继光受降后，释放了长秃。董狐狸、长昂也当即归还了以前掳去的哨兵、居民和马匹，保证以后不再进犯明朝。

万历七年（1579）冬，又发生了鞑靼左翼图门汗大规模进犯辽东的军情。戚继光率兵援辽，在狗儿河、万河墩等处，大败敌军。由于援辽有功，明政府又给戚继光加封了太子少保的头衔。

戚继光每每想到边塞平静，京师安全，也总是感到无限欣慰。

袁崇焕

袁崇焕（1584～1630），字元素（《明史本传》），一说字自如（《黄尊素说略》）。祖籍广东东莞。

单骑出关

邵武知县袁崇焕任职不久,遵照朝廷的规定,于天启二年(1622),到北京朝觐,接受朝廷的政绩考核。他利用在京的时机,察视边塞,了解形势,为辽事进行准备。

此时辽东形势,已经越来越危急。辽东经略王在晋分析当时关外形势道:"东事离披,一坏丁清、抚,再坏于开、铁,三坏于辽、沈,四坏于广宁。初坏为危局,再坏为败局,三坏为残局,至于四坏——捐弃全辽,则无局之可布矣!逐步退缩之于山海,此后再无一步可退。"意思是:明朝先失陷抚顺、清河、开原、铁岭、辽阳、沈阳,又失陷广宁,丢弃全辽,无局可守。《明史》记载:自努尔哈赤攻陷抚顺以来,明朝在辽东的总兵官,阵亡者共14人:抚顺则张承胤,萨尔浒之战则杜松、刘、王宣、赵梦麟,开原则马林,沈阳则贺世贤、尤世功,浑河则童钟揆、陈策,辽阳则杨宗业、梁仲善,广宁则刘渠、祁秉忠。天启帝惊慌失措,抓住首辅叶向高"衣袂而泣"。京师朝野官员,谈敌色变。张岱在《石匮书后集》中说:"时广宁失守,王化贞与熊廷弼逃归,画山海关为守。京师各官,言及辽事,皆缩朒不敢任。崇焕独攘臂请行。"

袁崇焕在这个明朝关外局势空前严重的态势下,单骑出关,巡视形势。《明史·袁崇焕传》记载:

天启二年正月,朝觐在都。御史侯恂请破格用之,遂擢兵部职方主事。无何,广宁师溃,廷议扼山海关,崇焕即单骑出阅关内外。部中失袁主事,讶之,家人亦莫知所往。已,还朝,具言关上形势。曰:"予我军马钱谷,我一人足守此!"廷臣益称其才,遂超擢佥事,监关外军,发帑金20万,俾招募。

在失陷广宁的第四天,御史侯恂慧眼识人,不泥成规,题请破格擢用袁崇焕,具疏奏言:"见在朝觐邵武县知县袁崇焕,英风伟略,不妨破格留用。"

明天启帝采纳侯恂等的建议,授袁崇焕为兵部职方司主事,旋升为山东按察司佥事、山海监军。

袁崇焕赴任前,往见革职听勘在京的熊廷弼。熊廷弼问:"操何策以往?"

袁崇焕答:"主守而后战。"熊廷弼跃然喜。

袁崇焕任职后,上《擢佥事监军奏方略疏》。力请练兵选将,整械造船,固守山海,远图恢复。他疏言:"不但巩固山海,即已失之封疆,行将复之。"当时山海关外广大地域,为漠南蒙古哈剌慎等部占据,袁崇焕便驻守关内。朝廷采纳蓟辽总督王象乾的奏议,对边外蒙古部落实行"抚赏"政策,就是颁发赏银,争取他们同明朝结盟,共同抵御后金。一些蒙古部落首领接受了"抚赏",辽东经略王在晋令袁崇焕移到山海关外中前所(今辽宁省绥中县前所镇)。王在晋又令袁崇焕往前屯(今辽宁绥中前屯),安置辽民流亡、失业者。袁崇焕受命之后,连夜赶路,丛林荒野,虎豹出没,天明入城,将士都赞叹他的勇敢与胆量。

营筑宁远

天启二年(1622)三月,王在晋经略辽东,四月有驻守北山的湖广士兵溃逃,袁崇焕杀数人乃定。六月王在晋令袁崇焕移往中前所,监参将周守廉,游击左铺,经理前屯卫事务。袁崇焕当夜出发,次日抵达前屯。夜行荆棘老虎、豹狼中,四鼓入城,将士莫不壮其胆(《三朝辽事实录》)。王在晋甚为倚重,题请升其为宁前兵备佥事。

王在晋当时商议在八里铺筑山海重关,袁崇焕以为不妥,上书朝廷,力争。朝廷命大学士孙承宗亲往视察,六月二十六日,孙承宗抵山海关,驳回了山海重关之请。孙承宗召集关内外众臣公议,阎鸣泰主守觉华,袁崇焕主守宁远。孙承宗实地考察后,认为宁远乃山海天然重关,听从袁崇焕之议。

八月,孙承宗自请督师辽东,王在晋调南京兵部尚书。阎鸣泰升任巡抚辽东,袁崇焕调永平道。九月,孙承宗抵关。十二月,阎鸣泰令袁崇焕审核兵数,袁崇焕私斩小校,(《明史本传》《三朝辽事实录》中记其杀二人)导致军营几乎哗变。孙承宗怒其以监军专杀,袁崇焕请罪。

天启三年(1623)春,孙承宗令袁崇焕抚哈剌慎各部,令其移出八里铺至宁远,收复二百七十里(《孙承宗年谱》)。孙承宗初令祖大寿筑宁远城,九月又令袁崇焕和满桂前往,袁崇焕定城规模,令祖大寿等督建城。天启四年

(1624)，宁远城竣工，逐成关外重镇。

天启四年（1624）春，孙承宗上疏言"宁远可战可守"，又说"愿用崇焕指殚力瘁心以急公"不愿用"腰缠十万之逋臣，闭门颂经之孱胆"，帝听之。

九月，袁崇焕马世龙等携兵12 000巡边广宁，叙劳进兵备副使，继又升至右参政。同年，袁崇焕父病故，袁崇焕两疏请辞，不许。

天启五年（1625），孙承宗，遣兵分驻锦州松山杏山等城，同年，因柳河之战，孙承宗屡次遭参，请辞。十月，兵部尚书高第经略辽东。

宁锦大捷

天启七年即天聪元年（1627）五月初六日，后金皇太极，以"明人于锦州、大凌河、小凌河筑城屯田"，没有议和诚意为借口，亲率数万军队，谒堂子，出沈阳，举兵向西，进攻宁（远）锦（州）。

十一日，后金军至锦州，距城一里，四面扎营布兵，将锦州城包围。时明太监纪用、总兵赵率教驻锦州，负责筑城、守城。当后金兵将至时，左辅等人，撤入锦州，凭城固守。皇太极得报后，传令攻城。后金兵攻城数日，伤亡惨重，别无所获。

十六日，明辽东巡抚袁崇焕派人送给纪用、赵率教的书信被后金兵截获，内称"调集水师援兵六七万，将至山海关，蓟州、宣府兵亦至前屯，沙河、中后所兵俱至宁远。各处蒙古兵，已至台楼山"云云。皇太极信以为真，即收缩围锦兵力，聚集于城西，以防明援师。

至二十六日，后金军已围城15日不克，人马疲惫士气低落。

二十七日，后金军分兵为两部：一部继续留驻锦州，在锦州城外凿三道濠，加以包围；另一部由皇太极率领官兵数万，往攻宁远。

辽东巡抚袁崇焕提出："坚壁固垒，避锐击惰，相机堵剿。"总督蓟辽、兵部尚书阎鸣泰题奏："今天下以榆关为安危，榆关以宁远为安危，宁远又依抚臣为安危，抚臣必不可离宁远一步。而解围之役，宜专责成大帅。"此奏，得旨："宁抚还在镇，居中调度，以为后劲。"朝廷为确保宁远，不允许袁崇焕亲自率领援兵，前往救援；而令满桂、尤世禄、祖大寿等率军一万，驰援锦州。

二十八日，辽军与后金军在宁远城，展开激烈的攻守战。袁崇焕列重兵，阵城外，背依城墙，迎击强敌。皇太极欲驰进掩击，贝勒阿济格也欲进战；大贝勒代善、二大贝勒阿敏、三大贝勒莽古尔泰"皆以距城近不可攻，劝上勿进，甚力"。天聪汗皇太极对于三位大贝勒的谏止，怒道："昔皇考太祖攻宁远，不克；今我攻锦州，又未克。似此野战之兵，尚不能胜，其何以张我国威耶！"

明辽军与后金军两支骑兵，在宁远城外展开激战，矢镞纷飞，马颈相交。明总兵满桂身中数箭，坐骑被创，尤世威的坐骑也被射伤；后金贝勒济尔哈朗、萨哈廉及瓦克达俱受伤。两军士卒，各有死伤。

明军骑兵战于城下，炮兵则战于城上。袁崇焕亲临城堞指挥，"凭堞大呼"，激励将士，齐力攻打。参将彭簪古以红夷大炮击碎八旗军营大帐房一座，其他大炮则将"东山坡上奴贼大营打开"，后金军伤亡重大。明太监监军刘应坤奏报称："打死贼夷，约有数千，尸横满地"。后金贝勒济尔哈朗、大贝勒代善第三子萨哈廉和第四子瓦克达俱受重伤，游击觉罗拜山、备御巴希等被射死。蒙古正白旗牛录额真博博图等也战死。后金军死伤甚多，尸填壕堑。

二十九日，后金天聪汗皇太极率军撤离宁远，退向锦州。

辽东巡抚袁崇焕欣喜地奏道：

"十年来，尽天下之兵，未尝敢与奴战，合马交锋。今始一刀一枪拼命，不知有夷之凶狠剽悍。职复凭堞大呼，分路进追，诸军忿恨此贼，一战挫之，满镇之力居多。"

皇太极攻宁远不克，又转攻锦州。

先是二十八日，当后金兵在宁远城下激战之时，锦州的明兵趁后金军主力西进、势单力弱之机，突然大开城门，蜂拥冲杀出来，攻向后金大营，予敌一定杀伤。稍获初胜之后，迅即撤退回城。后锦州战报送到皇太极手里，他感到宁、锦前后、腹背受敌，不得不迅速从宁远撤军。

六月初三日，皇太极向锦州城发起进攻。

初四日，皇太极攻城不下，遂命撤军回营。明总兵赵率教疏报：此役后金兵伤亡"不下二三千"。明镇守太监纪用奏报："初四日，奴贼数万，蜂拥以战。我兵用火炮、火罐与矢石，打死奴贼数千，中伤数千，败回贼营，大放悲声。"

初五日，凌晨，天聪汗皇太极从锦州撤军。

初六日，辽东巡抚袁崇焕上《锦州报捷疏》言：

"……孰知皇上中兴之伟烈，师出以律，厂臣帷幄嘉谟，诸臣人人敢死。大小数十战，解围而去。诚数十年未有之武功也！"

宁锦之战，后金军攻城，明辽军坚守，凡二十五日，宁远与锦州，以全城而结局。明人谓之"宁锦大捷"，载入中国战争史册。

文坛名宿

屈原

屈平（约前340~约前278）字原，又自云名正则，字灵均，战国末期楚国丹阳（今湖北秭归）人，楚武王熊通之子屈瑕的后代。屈原虽忠事楚怀王，但却屡遭排挤，怀王死后又因顷襄王听信谗言而被流放，最终投汨罗江而死。屈原是中国最伟大的浪漫主义诗人之一。代表作品有《离骚》《九歌》《天问》等。

壮志难酬

屈原（约前340~约前278），名平，出身于楚国的贵族。公元前340年诞生于秭归三闾乡乐平里。屈原自幼勤奋好学，胸怀大志，26岁就担任楚国左徒兼三闾大夫。

屈原生活的战国时代，称雄的秦、楚、齐、燕、赵、韩、魏七国，争城夺地，互相杀伐，连年不断混战。那时，楚国的人诗人屈原，正当青年，为楚怀王的左徒官。他见百姓受到战争灾难，十分痛心。

屈原立志报国为民，劝怀王任用贤能，爱护百姓，很得怀王的信任。

那时西方的秦国最强大，时常攻击六国。因此，屈原亲自到各国去联络，要用联合的力量对付秦国。怀王十一年，屈原的外交成功了。楚、齐、燕、赵、韩、魏六国君王齐集楚国的京城郢都，结成联盟，怀王成了联盟的领袖。

联盟的力量,制止了强秦的扩张。屈原更加得到了怀王的重用,很多内政、外交大事,都凭屈原作主。

　　因而,楚国以公子子兰为首的一班贵族,对屈原非常嫉妒和忌恨,常在怀王面前说屈原的坏话。说他夺断专权,根本不把怀王放在眼里。挑拨的人多了,怀王对屈原渐渐不满起来。秦国的间谍把这一情况,报告秦王,秦王早想进攻齐国,只碍着六国联盟,不敢动手,听到这个消息,忙把相国张仪召进宫来商量。张仪认为六国中间,齐楚两国最有力量,只要离间这两国,联盟也就散了。他愿意趁楚国内部不和的机会,亲自去拆散六国联盟。

　　秦王大喜,准备了金银财宝,交给张仪带去。张仪将相印交还秦王,伪装辞去秦国相位,向楚国出发。张仪到了郢都,先来拜访屈原,说起了秦国的强大和秦楚联合对双方的好处,屈原说:"楚国不能改变六国联盟的主张。"

　　张仪告诉子兰:"有了六国联盟,怀王才信任屈原,拆散了联盟,屈原就没有什么可怕了。"子兰听了,十分高兴。楚国的贵族就和张仪连成一气。子兰又引他拜见了怀王最宠爱的王后郑袖,张仪把一双价值万金的白璧,献给了郑袖。那白璧的宝光,把楚国王后的眼睛都照花了。郑袖欣然表示,愿意帮助他们促成秦楚联盟。大家认为:要秦楚联合,先要拆散六国联盟;要拆散联盟,先要怀王不信任屈原。

　　子兰想了一条计策:就说屈原向张仪索取贿赂,由郑袖在怀王面前透出这个风声。张仪大喜说:"王

后肯出力，真是秦楚两国的福分了！"张仪布置停当，就托子兰引见怀王。他劝怀王绝齐联秦，列举了很多好处。最后道："只要大王愿意，秦王已经准备了商于地方的六百里土地献给楚国。"怀王是个贪心的人，听说不费一兵一卒，白得六百里土地。如何不喜。回到宫中，高兴地告诉了郑袖。郑袖向他道喜，可又皱起眉头："听说屈原向张仪要一双白璧未成，怕要反对这事呢！"怀王听了，半信半疑。

第二天，怀王摆下酒席，招待张仪。席间讨论起秦楚友好，屈原果然猛烈反对，与子兰、靳尚进行了激烈争论。他认为：放弃了六国联盟，就给秦国以可乘之机，这是楚国生死存亡的事情呵！他痛斥张仪、子兰、靳尚，走到怀王面前大声说："大王，不能相信呀！张仪是秦国派来拆散联盟、孤立楚国的，万万相信不得……"怀王想起郑袖所说，果然屈原竭力反对秦楚和好；又贪图秦国的土地。不禁怒道："难道楚国的六百里土地抵不上你一双白璧！"就叫武士把他拉出宫门。

屈原痛心疾首，站在宫门外面不忍离开，盼着怀王能醒悟过来，改变主意，以免给国家带来灾难。他从午站到晚，看见张仪、子兰、靳尚等人欢欢喜喜，高高兴兴走出宫门，才绝了望。他叹着气喃喃地说："楚国啊，你又要受难啦……"屈原回到家中，闷闷不乐，想到亲手结成的联盟一经破坏，楚国就保不住眼前的兴旺，不禁顿脚长叹。

替他管家的姐姐女嬃问明情由，就知他遭到了小人的陷害，劝他不要再发议论了，屈原道："我是楚国人，死也不能看到楚国遇到危险啊！"他认为怀王会醒悟，定会分清是非的。只要怀王回心转意，楚国就有办法了。但是怀王不再召见他。

投身汨罗江

利令智昏的楚怀王不但听信了秦国割让六百里送给楚国的鬼话，还把相印授予张仪，封张仪为相，继而和齐国断绝了合纵之盟，还派人跟张仪去秦国受地。张仪回秦国后装病，三个月不见楚使。愚蠢的怀王，还以为是张仪怪他绝齐不够坚决，又派人去辱骂齐王一通。齐王大怒，断绝了和楚的合纵，反而和秦国联合起来了。这时张仪才出面对楚使说："您为什么不接受土地呢？从某地到某地，长宽六里。"六百里变成了六里，楚使很生气，归报怀王，怀王大怒，先后两次兴师伐秦，结果都被秦打败，丧失八万军队，虏我大将军屈丐、裨将军逢侯丑等70余人被秦军俘虏，还被占去汉中大片土地。

这时怀王稍有醒悟，"悔不用屈原之策""于是复用屈原"，让他出使齐国，重修楚齐之盟。秦两次大败楚军之后，也怕齐、楚复交，于是主动提出退还汉中之地的一半以求和。楚怀王恨透了张仪，提出不要汉中地，只要张仪头。秦惠王本不同意，张仪却胸有成竹地说："以我张仪一个人就能抵得上汉中的土地，臣愿意到楚国去。"张仪到楚以后，贿赂了郑袖、靳尚之流，在楚怀王面前一番花言巧语之后，糊涂透顶的楚怀王居然又把张仪给放了；还和秦王结下了婚姻关系。等到屈原使齐回来，说明利害，怀王想追回张仪，张仪早已走得无影无踪了。这样楚国对齐国又一次大失信用。前305年，楚怀王二十四年，楚又一次背齐合秦，去秦迎亲；第二年，怀王还与秦王会于黄棘（今河南新野县东北）、接受了秦退还的上庸之地（今湖北竹山县）。当时屈原虽竭力反对，结果不但无效，反而被流放到了汉北地区（今安康一带及汉水上游地区）。

前303年，楚怀王二十六年，齐、韩、魏三国攻楚，声讨楚违背纵约。楚向秦求救，还把太子送到秦国作人质。第二年，楚太子杀了秦大夫逃回楚国。前301年，楚怀王二十八年，秦以此为借口，联合齐、韩、魏攻楚，杀楚将唐眜，占领了重丘（今河南泌阳县东北）。第二年又攻楚，消灭楚军2万，又杀楚将景缺。这时，昏庸的怀王才又想起齐楚联盟的重要，让太子质于齐以求齐楚联盟反秦。前299年，秦又攻楚，取楚八城。趁这形势，秦昭王"邀请"，怀王在武关（今陕西商县东）相会。

屈原此时已从汉北的流放地返回，和昭雎等一起，力劝怀王不要赴会，说："秦，虎狼之国，不可信，不如无行。"可怀王的幼子子兰怕失去秦王欢心，竭力怂恿怀王前去。结果怀王一入武关，就被秦军扣留，劫往咸阳，要挟他割让巫郡和黔中郡。楚怀王被劫往咸阳，楚由齐迎归太子横立为顷襄王，公子子兰为令尹，不肯向秦割让土地，秦又发兵攻楚，大败楚军，斩首5万，取十六城。前296年，顷襄王三年，怀王死于秦国，秦国将他的尸体送回楚国安葬。楚国人都怜悯他，如同哀悼自己的父母兄弟。诸侯由此认为秦国不义。秦国、楚国断绝交往。

前293年，顷襄王六年，秦国派白起前往伊阙攻打韩国，取得重大胜利，斩首24万。秦国于是送给楚王书信说："楚国背叛秦国，秦国准备率领诸侯讨伐楚国，决一胜负。希望您整顿士卒，得以痛快地一战。"楚顷襄王很忧虑，就谋划再与秦国讲和。这对屈原来说是绝对不能容忍的。他写诗抒情，表达了他眷顾楚国，系心怀王，不忘欲反的感情，又指出，怀王最后落到客死他国的下场，就是因为"其所谓忠者不忠，而所谓贤者不贤也"。这对子兰形成了威胁，于是子兰指使靳尚到顷襄王面前进谗。至此，屈原遭到第二次流放，这一次，他被流放到到南方的荒僻地区。

屈原被放逐之后，在江湖间游荡。他沿着水边边走边唱，脸色憔悴，形容枯槁。渔父看到屈原便问他说："您不就是三闾大夫吗？为什么会落到这种地步？"

屈原说："世上全都肮脏只有我干净，个个都醉了唯独我清醒，因此被放逐。"

渔父说："通达事理的人对客观时势不拘泥执着，而能随着世道变化推移。既然世上的人都肮脏龌龊，您为什么不也使那泥水弄得更浑浊而推波助澜？既然个个都沉醉不醒，您为什么不也跟着吃那酒糟喝那酒汁？为什么您偏要忧国忧民，行为超出一般与众不同，使自己遭到被放逐的下场呢？"

屈原说："我听过这种说法：刚洗头的人一定要弹去帽子上的尘土，刚洗澡的人一定要抖净衣服上的泥灰。哪里能让洁白的身体去接触污浊的外物？我宁愿投身湘水，葬身在江中鱼鳖的肚子里，哪里能让玉一般的东西去蒙受世俗尘埃的沾染呢？"

渔父微微一笑，拍打着船板离屈原而去。口中唱道："沧浪水清啊，可用来洗我的帽缨；沧浪水浊啊，可用来洗我的双足。"便离开了，不再和屈原说话。

公元前278年，秦国攻破了郢都。当年五月五日，屈原在绝望和悲愤之下怀抱大石投汨罗江而死。

一代辞宗

屈原是个诗人,从他开始,中华才有了以文学著名于世的作家。他创立了"楚辞"这种文体(也称"骚体"),被誉为"衣被词人,非一代也"。屈原的作品,根据刘向、刘歆父子的校定和王逸的注本,有25篇,即《离骚》1篇,《天问》1篇,《九歌》11篇,《九章》9篇,《远游》《卜居》《渔父》各1篇。据《史记·屈原列传》司马迁语,还有《招魂》1篇。有些学者认为《大招》也是屈原作品;但也有人怀疑《远游》以下诸篇及《九章》中若干篇章非出自屈原手笔。据郭沫若先生考证,屈原作品,共流传下来23篇。其中《九歌》11篇,《九章》9篇,《离骚》《天问》《招魂》各一篇。

大体说来,《离骚》《天问》《九歌》可以作为屈原作品三种类型的代表。《九章》《远游》《卜居》《渔父》《招魂》《大招》,其内容与风格可与《离骚》列为一组,大都是有事可据,有义可陈,重在表现作者内心的情愫。《离骚》是屈原以自己的理想、遭遇、痛苦、热情以至整个生命所熔铸而成的宏伟诗篇,其中闪耀着鲜明的个性光辉,是屈原全部创作的重点。《天问》是屈原根据神话、传说材料创作的诗篇,着重表现作者的学术造诣及其历史观和自然观。《九歌》是楚国祀神乐曲,经屈原加工、润色而成,在人物感情的抒发和环境气氛的描述上,充满浓厚的生活气息。然而是代人或代神表述,并非作者自我抒情,它更多地显示了南楚文学传统的痕迹。《离骚》一组,《九歌》一组,构成了屈原作品的基本风格。

屈原作品和神话有密切关系。许多虚幻的内容就是承袭神话发展而来的。屈原又是关注现实的诗人,作品里反映了现实社会中的种种矛盾,尤以揭露楚国的黑暗政治最为深刻。

屈原作品的风貌和《诗经》明显不同。这与长江流域的民风和黄河流域的民风不同有关。当时,北方早已进入宗法社会,而楚地尚有氏族社会的遗风,民性强悍,思想活泼,不为礼法所拘。所以,抒写男女情思、志士爱国是如此直切,而使用的材料,又是如此丰富,什么都可以奔入笔底。写人神之恋,写狂怪之士,写远古历史传说,写与天神鬼怪游观,一切神都具有民间普通的人性，神也不过是超出常人的人而已。它们使作品显得色泽艳丽，情思馥郁，气势奔放。这样的作品，表现了与北方文学不同的特色。从体制上看，屈原以前的诗歌，不管是《诗经》或南方民歌，大多是短篇，而屈原发展为长篇巨制。《离骚》一篇就有2400多字。在表现手法上，屈原把赋、比、兴巧妙地糅合成一体，大量运用"香草美人"的比兴手法，把抽象的品德、意识和复杂的现实关系生动形象地表现出来。在语言形式上，屈原作品突破了《诗经》以四字句为主的格局，每句五、六、七、八、九字不等，也有三字、十字句的，句法参差错落，灵活多变；句中句尾多用"兮"字，以及"之""于""乎""夫""而"等虚字，用来协调音节，造成起伏回宕、一唱三叹的韵致。总之，他的作品从内容到形式都有巨大的创造性。

屈原作品，在楚人建立汉王朝定都关中后，便产生了更大的影响，"楚辞"的不断传习、发展，北方的文学逐渐楚化。新兴的五、七言诗都和楚骚有关。汉代的赋作家无不受"楚辞"影响，汉以后"绍骚"之作，历代都有，作者往往用屈原的诗句抒发自己胸中的块垒，甚至用屈原的遭遇自喻，这是屈原文学的直接发展。此外，以屈原生平事迹为题材的诗、歌、词、曲、戏剧、琴辞、大曲、话本等，绘画艺术中如《九歌图》《天问图》等，也难以数计。

司马迁

司马迁（约前145～约前87），字子长，西汉夏阳（今陕西韩城，一说山西河津）人，我国西汉伟大的史学家、思想家、文学家，著有《史记》，又称《太史公记》，他记载了上自中国上古传说中的黄帝时代，下至汉武帝太初四年（前100），共3000多年的历史。

游学生涯

司马迁生于汉景帝中元五年（前145），司马迁家自唐虞至周，都是世代相传的历史学家和天文家。司马错是秦惠王时伐蜀的名将，司马昌是秦始皇的铁官，到了司马迁的父亲司马谈，又做汉武帝的太史令，恢复了祖传的史官恒业。

司马迁的少年时代,"耕牧河山之阳"。司马迁在这"山环水带,嵌镶蜿蜒"(《韩城县志序》)的自然环境里成长,既被山川的清淑之气所陶冶,又对民间生活有一定体验。

司马迁长到10岁时,随父亲至京师长安,得向老博士伏生、大儒孔安国学习;家学渊源既深,复从名师受业,启发诱导,获益不浅。这个时候,正当汉王朝国势强大,经济繁荣,文化兴盛的时候,张骞奉使通西域,卫青、霍去病大破匈奴,汉武帝设立乐府……也是司马迁在京城里丰富见闻,热情迸发的时候。

大约20岁,司马迁开始外出游历——"南游江、淮,上会稽,探禹穴,窥九疑,浮于沅、湘,北涉汶、泗,讲业齐、鲁之都,观孔子之遗风,乡射邹、峄,厄困鄱、薛、彭城,过梁楚以归。"回到长安以后,做了皇帝的近侍郎中,随汉武帝到过平凉、崆峒,又奉使巴蜀,他到得最南边是昆明。据司马迁自己说,他少年时期曾经"耕牧河山之阳",也就是说他儿童时期曾经在家乡从事过一些农业劳动。后来他的父亲司马谈到长安做了太史令,司马迁随父亲也到了长安,在父亲的指导下,他刻苦读书,打下了深厚的文化基础,他拜了很多名师做老师。司马迁的家族,就是他这个家族,世代都是史官,而作为史官,他有责任来记载帝王圣贤的言行,也有责任来搜集整理天下的遗文古事,更有责任通过叙事论人而为当时的统治者提供借鉴。那么他的父亲司马谈就有志于整理中华民族数千年历史,试图撰写一部规模空前的史著。就是写一部史书,从他父亲开始就已有这么一个理想,他的父亲做太史令之后,就开始搜集阅读史料，为修史做准备。但是司马谈感到自己年事已高，要独立地修成一部史著，无论是时间、无论是精力，还是才学知识都还不够，所以司马谈寄厚望于他的儿子司马迁，希望他能够早日参与其事，最终实现这样一个宏愿。

于是，他让儿子在读万卷书的基础上，开始行万里路，他要求他儿子来进行一次为期两年多的一次全国的漫游。司马迁从20岁开始的这次漫游，通过实地考察，亲自采访，获得了大量的第一手材料，成为以后书写《史记》的坚实铺垫。

忍辱负重著《史记》

公元前110年，当时司马迁35岁，他奉命从四川回到京城，看望病重的父亲。司马谈拉着他的手哭着说："我们的祖先是周朝的史官，远祖掌管天文历法，已成累世家学，后一度衰落。你如能再作太史令，那就可以继续祖先的事业了……"司马迁泪流满面，低着头对父亲说："儿虽不材，但一定会把祖先和您所谈论的内容记录下来，好好继承先辈的事业。"不久，司马谈就死去了。

元封三年（前108），司马迁38岁时，继承父职正式做了太史令，有机会阅览汉朝宫廷所藏的一切图书、档案以及各种史料的机会，他一边整理史料，一边参加改历。等到太初元年（前104），第一部历书《太初历》完成。司马迁此时开始动手编写《史记》。

然而正当司马迁雄心勃勃、发奋写书的时候，却不料祸从天降。

天汉二年（前99），汉武帝派贰师将军李广利带兵3万，攻打匈奴，打了个大败仗，几乎全军覆没，李广利逃了回来。李广的孙子李陵当时担任骑都尉，带着5000名步兵跟匈奴作战。单于亲自率领3万骑兵把李陵的步兵团团围困住。尽管李陵的箭法十分好，兵士也十分勇敢，5000步兵杀了五六千名匈奴骑兵。单于调拨更多的兵力，然而仍然无力与李陵相抗衡。就在单于准备退军之时，李陵手下有一名叫侯敢的军候叛变，将李陵内部军情告发。侯敢告诉单于李陵后面没救兵，而且教单于部下制作连发连射的弓箭。单于于是继续与李陵作战。最后李陵寡不敌众，只剩了四百多汉兵突围出来。李陵被匈奴逮住而投降。

大臣们都谴责李陵不该贪生怕死，向匈奴投降。汉武帝问太史令司马迁，听听他的意见。

司马迁说："李陵带去的步兵不满五千，他深入到敌人的腹地，打击了几万敌人。他虽然打了败仗，可是杀了这么多的敌人，也可以向天下人交代了。李陵不肯马上去死，准有他的主意。他一定还想将功赎罪来报答皇上。"

汉武帝听了，认为司马迁这样为李陵辩护，是有意贬低李广利（李广利是汉武帝宠妃的哥哥），勃然大怒，说："你这样替投降敌人的人强辩，不是存心反对朝廷吗？"他就把司马迁下了监狱，交给廷尉审问。司马迁被关进监狱以后，案子落到了当时名声很臭的酷吏杜周手中，杜周严刑审讯司马迁，司马迁忍受了各种肉体和精神上的残酷折磨。面对酷吏，他始终不屈服，也不认罪。司马迁在狱中反复不停地问自己"这是我的罪吗？这是我的罪吗？我一个做臣子的，就不能发表点意见？"不久，有传闻说李陵曾带匈奴兵攻打汉朝。汉武帝信以为真，便草率地处死了李陵的母亲、妻子和儿子。司马迁也因此事被判了死刑。第二年汉武帝杀了李陵全家，处司马迁以宫刑。宫刑是个大辱，污及先人，见笑亲友。司马迁在狱中，又备受凌辱，"交手足，受木索，暴肌肤，受榜棰，幽于圜墙之中，当此之时，见狱吏则头抢地，视徒隶则心惕息。"几乎断送了性命。他本想一死，但想到自己多年搜集资料，说："人固有一死，或重于泰山，或轻于鸿毛。"为完成《史记》的写作，司马迁忍辱负重，希望出现一线转机。

太始元年（前96）汉武帝改元大赦天下。这时司马迁50岁，出狱后当了中书令，在别人看来，也许是"尊宠任职"。

有一天，司马迁正在家中写《史记》，突然看见大儿子司马临怒气冲冲地闯进来，说："爹爹，你看我从市上揭来的揭帖。"司马迁接过一看，只见上面写着：

鱼跃龙门变成龙

还看鲤鱼雌与雄

假若非雄也非雌

跃上龙门也非龙

原来，这是朝里与司马迁为敌的李二师一伙人干的。后来，司马迁的朋友知道了这件事，都竭力反对他应诏。他们说："你这个德才兼备的司马迁，为何非要进宫作'闺阁之臣'，甘受此辱？"司马迁强忍心中的剧痛说："不进宫怎知宫庭秘史？不和帝王将相打交道，怎知他们灵魂善恶？不应招，史书又怎生去写？"

后来，司马迁进了宫，作了中书令。但他知道，他写的这本实记实录的《史记》，必然会遭到汉武帝的反对。因此他早就做了应对，完稿后他同时准备了几份：一是手稿，后来汉武帝追查，他便将手稿呈交上去，果不出所料，手稿被汉武帝烧毁了；二是副稿，由才智非凡的女儿司马英抄写，以便"藏之名山，传之后人"；三是腹稿，他每写一篇，都命外孙杨恽（司马英的儿子）学懂背熟，以确保信史传给后人。

直到征和二年（前91），《史记》全书才终于完成，共得130篇，52万余言。

关于司马迁之死，有多种说法，一说是"有怨言，下狱死"，二说是为"巫蛊之狱"所累及冤狱而死，另外一种说法就是平安地活到武帝之后，寿终正寝。

李白

李白（701～762），字太白，号青莲居士，又号"谪仙人"。唐朝诗人，有"诗仙""诗侠"之称。祖籍陇西郡成纪县（今甘肃省平凉市静宁县南）。有《李太白集》传世，代表作有《望庐山瀑布》《行路难》《蜀道难》《将进酒》《梁甫吟》《早发白帝城》等多首。

一进长安

李白祖籍陇西成纪（现甘肃省秦安县陇城），701年正月十六（2月28日）生于四川省江油市青莲乡，四岁时举家迁回四川绵州昌隆县（今四川省江油市）。

20 岁时只身出川，开始了广泛漫游，南到洞庭湘江，东至吴、越，寓居在安陆（今湖北省安陆市）、应山（今湖北省广水市）。他到处游历，希望结交朋友，拜谒社会名流，从而得到引荐，一举登上高位，去实现政治理想和抱负。可是，十年漫游，却一事无成。他又继续北上太原、长安（今陕西省西安市），东到齐、鲁各地，并寓居山东任城（今山东省济宁市）。

这时他已结交了不少名流，创作了大量优秀诗篇。李白不愿应试做官，希望依靠自身才华，通过他人举荐走向仕途，但一直未得人赏识。他曾给当朝名士韩荆州写过一篇《与韩荆州书》，以此自荐，但未得回复。

直到天宝元年（742），因道士吴筠的推荐，李白被召至长安，供奉翰林。

此时的唐玄宗已由励精图治的英明君主，变成了骄奢淫逸、只图享乐的皇帝，整天贪恋酒色，不务朝政。他召李白进京，只是想利用李白的诗章，为他自己歌功颂德，粉饰太平，增加宫廷生活的乐趣，并不想让李白参与朝政。

李白虽任翰林供奉，但只是一个虚衔，并无实权，尽管李白的诗才得到了唐玄宗的欣赏和宠爱，但由于政治抱负得不到施展，他的满腔热血、一片肝胆无处倾诉，一身才智无所用处，因此常常闷闷不乐，借酒消愁。

一天，正当李白独自在宫廷外一处酒楼上闷闷饮酒的时候，唐玄宗和杨贵妃正在宫中对酒赏花，连夜欢筵。因为这一天是杨贵妃的生日，唐玄宗便命梨园供奉李龟年等人请李白进宫将今天赏心乐事写成诗歌，以为永久纪念。李龟年一行数人找遍了翰林院所有角落，也没有见到李白的影子，便亲自带人到闹市上的所有酒家查寻。他们找了几个酒店，还是没有见到李白的影子，着急之际，忽然听到一家酒楼上有人引吭高歌：

三杯通大道，

一斗合自然。

但得酒中趣，

莫为醒者传。

李龟年一听就知道是李白的声音，急忙奔到楼上去请。谁知李白已烂醉如泥，在酒桌上睡着了，李龟年无奈，只好差人将李白扶下楼去，用马将他驮到金銮殿。玄宗见李白醉成这个样子，急忙令人在自己身边给李白铺了一块毯子，并叫贴身宫女口含清水给李白喷面。不多时，李白渐渐醒来，当他看清在自己身旁坐的是玄宗皇帝和杨贵妃时，不禁大吃一惊，急忙起身跪下请罪。唐玄宗不仅没有怪罪他，反而让人端来已准备好的醒酒汤。玄宗亲自给他调温，赐给他喝下。李白喝了醒酒汤，神志清醒多了，只见眼前一片火红、粉红、紫、黄和雪白的木芍药花，在皎洁的月光和灯火照耀下，争奇斗艳，栩栩飘香。玄宗皇帝见李白已清醒了，便对李白说："贤卿，今日是贵妃的生日，又正好赶上牡丹盛开，我和贵妃前来观赏，特召你作首新词，以助雅兴。"

李白谢过万岁，命人拿起笔来，抬头看了看争奇斗艳的牡丹花，又看了看含情脉脉、满脸红晕的杨贵妃，便乘酒后的馀兴，铺纸挥笔，一口气写了三首著名的《清平调》：

云想衣裳花想容，春风拂槛露华浓。

若非群玉山头见，会向瑶台月下逢。

一枝红艳露凝香，云雨巫山枉断肠。

借问汉宫谁得似，可怜飞燕倚新妆。

名花倾国两相欢，常得君王带笑看。

解释春风无限恨，沉香亭北倚栏杆。

李白写完，李龟年立即将李白写好的新词献给唐玄宗。唐玄宗将新词置于御案，从头至尾细细读了一遍。他见李白醉中写出的新词仍然笔墨酣畅，文采盎然，隽永别致，不禁高兴地用手拍着御案，点头连称："好！好！好啊！爱妃诞辰喜日，贤卿为朕写出这样绝妙好诗来，足以光灿千古了！岁月不能掩其精华，流年不能减其光彩。"说完，忙将新词转给杨贵妃，贵妃接过新词，见字字喷珠涌玉，笔笔牵心动人，读着读着心都要醉了。她欣喜不禁地将新词交给梨园供奉李龟年，命他立即率乐工、歌妓，在筵席前满唱。

李龟年率众歌妓在欢快的《清平调》旋律中，唱起了李白为杨贵妃写的新词。

在欢快的音调中，杨贵妃心花怒放，禁不住迈开轻盈的脚步，在花前月下飞舞起来。半醉了的唐玄宗，痴痴地望着杨贵妃的舞姿，也高兴地让身边宫女取来一支玉笛，随着《清平调》乐曲的节拍，兴致勃勃地吹起了玉笛。

杨贵妃舞完一曲，端起七宝盏，亲自斟上一杯西域酿造的葡萄酒，赏给李白。李白谢过贵妃，双手接过这杯美酒，一饮而尽，不久便昏昏然地沉睡过去了。

在京3年，李白只能以诗文伴驾，博取唐玄宗和杨贵妃一笑而已，与他满怀的治国安邦的抱负大相径庭，加之当朝权贵的排挤和对朝中种种腐败、黑暗的厌恶，李白于是弃官而去，离开长安，继续他那飘荡四方的流浪生活了。

命丧流放中途

天宝十四年，安史之乱爆发，李白避居庐山。那时，他的胸中始终存在着退隐与济世两种矛盾的思想。永王李璘恰在此时出师东巡，李白应邀入幕。李白入幕后，力劝永王勤王灭贼。李白哪里知道永王怀揣不臣之心，不久即和肃宗发生了争夺帝位的斗争，永王不久即告败北，李白也因此被拘浔阳狱。这时崔涣宣慰江南，收罗人才。李白上诗求救，夫人宗氏也为他啼泣求援。将吴兵三千军驻扎在浔阳的宋若思，把李白从监牢中解救出来，并让他参加了幕府。李白成为宋若思的幕僚，为宋写过一些文表，并跟随他到了武昌。李白在宋若思幕下很受重视，并以宋的名义再次向朝廷推荐，希望再度能得到朝廷的任用。但不知什么原因，后来不但未见任用，反被长流夜郎（今贵州桐梓），完全出乎意料。至德二年（757）冬，李白由浔阳道前往流放之所——夜郎。因为所判的罪是长流，即将一去不返，而李白此时已届暮年，"夜郎万里道，西上令人老"，不由更觉忧伤。

乾元二年（759），李白行至巫山，朝廷因关中遭遇大旱，宣布大赦，规定死者从流，流以下完全赦免。这样，李白经过长期的辗转流离，终于获得了自由。他随即顺着长江疾驶而下，而那首著名的《早发白帝城》最能反映他当时的心情。到了江夏，由于老友良宰正在当地做太守，李白便逗留了一阵。乾元二年，李白应友人之邀，再次与被谪贬的贾至泛舟赏月于洞庭之上，发思古之幽情，赋诗抒怀。不久，又回到宣城、金陵旧游之地。差不多有两年的时间，他往来于两地之间，仍然依人为生。上元二年，已60出头的李白因病返回金陵。在金陵，他的生活相当窘迫，不得已只好投奔了在当涂做县令的族叔李阳冰。上元三年（762），李白病重，在病榻上把手稿交给了李阳冰，赋《临终歌》而与世长辞，终年62岁。

杜甫

杜甫（712~770），汉族，河南巩县（今巩义市）人。字子美，自号少陵野老，杜少陵，杜工部等，盛唐大诗人。他忧国忧民，人格高尚，一生写诗1500多首，诗艺精湛，被后世尊称为"诗圣"。

生逢乱世

杜甫生于河南巩县，他出身于一个世代奉儒守官的家庭，立功立言是这个家族的传统。杜甫的十三世祖是西晋大将、著名学者杜预，祖父杜审言是初唐著名诗人，官修文馆学士；父亲杜闲，做过朝议大夫、奉天令。杜甫因此享有不纳租税，不服兵役等特权。

杜甫7岁学诗，15岁时已经很有一些名气了。

开元十九年（731），杜甫20岁，开始漫游吴越。5年之后归洛阳应举不第，之后杜甫再次漫游齐赵，并在洛阳遇到李白。两人一见，都是相见恨晚，从此结下了深厚友谊。继而又遇到高适，三人同游梁、宋（今开封、商丘），后来李杜又到齐州，分手后又遇于东鲁，再次分别。

这一时期，杜甫先在长安应试，又一次落第。当朝宰相李林甫为了达到权倾朝野的目的，竟然向唐玄宗说无人中举。后来，杜甫曾经一度向皇帝献赋，向贵人投赠，过着"朝扣富儿门，暮随肥马尘，残杯与冷炙，到处潜悲辛"的屈辱生活，最后才得到右卫率府胄曹参军（主要是看守兵甲仗器，库府锁匙的小官）的职位。这期间他写了《兵车行》《丽人行》等批评时政、讽刺权贵的诗篇。而《自京赴奉先县咏怀五百字》尤为著名，标志着他经历十年长安困苦生活后对朝廷政治、社会现实的认识达到了新的高度。

唐玄宗在751年正月8到10日接连举行了三个盛典。杜甫借此机会写成了三篇《大礼赋》，得到玄宗的赏识。

755年，安史之乱爆发，潼关失守。杜甫把家安置在鄜州，独自去投肃宗，中途被安史叛军俘获，押到长安。他面对混乱的长安，听到官军一再败退的消息，写成《月夜》《春望》《哀江头》等诗。后来他潜逃到凤翔行在，做左拾遗。当时的宰相房琯是典型的知识分子，善慷慨陈词，却又不切实际，在与叛军对阵时，居然滥用春秋阵法，结果大败，被肃宗问罪。杜甫向肃宗上疏，为房琯开罪，肃宗大怒，想治杜甫的罪，后来侥幸脱罪。

随着九节度官军在相州大败和关辅饥荒，杜甫弃官，携家随百姓逃难，经秦州、同谷等地，到了成都，过了一段比较安定的生活。

宝应元年（762）四月，唐玄宗、唐肃宗父子时隔十四日相继去世。七月，杜甫的好朋友，时为成都府尹兼御史大夫、充剑南节并使的严武被召回京，入为太子宾客，升迁为京兆尹兼御史大夫。

严武走后，蜀中军阀作乱，杜甫失去了依靠，他带着家眷漂流到梓州、阆州。

由于高适治属不利，广德二年，朝廷又命严武入蜀，封成都尹、剑南节度使。杜甫于是又去投靠严武。

永泰元年（765），严武不幸突患疾病，死于成都。那个时候，严武已经是杜甫除李白、高适之外的又一知音，严武之死，令杜甫痛悼不已。"颜回竟短折，贾谊徒忠贞"、"诸葛蜀人爱，文翁儒化成。公来雪山重，公去雪山轻"，杜甫在诗中把严武的早卒比成颜回、贾谊，给尘世留下了遗憾。把严武比成诸葛亮，比成汉武帝时使蜀郡文物开展起来的文翁，他来去使蜀中崇山峻岭为之载轻载重。

死者已矣。而杜甫也终于失去最后的护恃，举家东迁，途中留滞夔州二年，出峡。后来又漂流到湖北、湖南一带。公元770年冬，在他59岁的时候，由于贫病交加，杜甫病死在由潭州到岳阳的一条船上。

世称"诗圣"

杜甫生活在唐朝由盛转衰的历史时期，其诗多涉笔社会动荡、政治黑暗、人民疾苦，被誉为"诗史"。其人忧国忧民，人格高尚，诗艺精湛，被奉为"诗圣"。

杜甫是中国文学史上伟大的现实主义诗人，他的诗深刻地反映了唐朝由兴盛走向衰亡时期的社会面貌，具有丰富的社会内容，鲜明的时代色彩和强烈的政治倾向。他的诗激荡着热爱祖国、热爱人民的炽烈情感和不惜自我牺牲的崇高精神。

杜甫一生写下了1000多首诗，其中著名的有《三吏》《三别》《兵车行》《茅屋为秋风所破歌》《丽人行》《春望》等。杜甫诗充分表达了他对人民的深刻同情，揭露了封建社会剥削者与被剥削者之间的尖锐对立："朱门酒肉臭，路有冻死骨！"这千古不朽的诗句，被世世代代的中国人所铭记。"济时敢爱死，寂寞壮心惊！"这是杜甫对祖国无比热爱的充分展示，这一点使他的诗具有很高的人民性。杜甫的这种爱国热忱，在《春望》和《闻官军收河南河北》等名篇中，也表现得非常充沛。而在《三吏》《三别》中，对广大人民忍受一切痛苦的爱国精神的歌颂，更把他那颗爱国爱民的赤子之心展现在读者面前。出自对祖国和人民的热爱，对统治阶级奢侈荒淫的面目和祸国殃民的罪行，必然怀有强烈的憎恨。这一点在不朽的名篇《兵车行》《丽人行》中更是得到了淋漓尽致的表现。一个伟大爱国者的忧国忧民之情，必然在其它方面也有所表现。杜甫的一些咏物、写景的诗，甚至那些有关夫妻、兄弟、朋友的抒情诗中，也无不渗透着对祖国、对人民的深厚感情。总之，杜甫的诗是唐帝国由盛转衰的艺术记录。

杜甫以积极的入世精神，勇敢、忠实、深刻地反映了极为广泛的社会现实，无论在怎样一种险恶的形势下，他都没有失去信心，在我国悠久的文学史上，杜甫诗歌的认识作用、借鉴作用、教育作用和审美作用都是难以企及的。

　　杜诗最大的艺术特色是，诗人常将自己的主观感受隐藏在客观的描写中，让事物自身去打动读者。例如《丽人行》中，诗人并没有直接去斥责杨氏兄妹的荒淫，然而从对他们服饰、饮食等方面的具体描述中，作者的爱憎态度已显露无遗。

　　杜诗语言平易朴素、通俗、写实，但却极见功力。他还常用人物独白和俗语来突出人物性格的个性化。

　　杜诗在刻画人物时，特别善于抓住细节的描写，如《北征》中关于妻子儿女的一段文字就是非常突出的例子。

　　杜甫诗风多变，但总体来看，可以概括为沉郁顿挫。这里的沉郁是指文章的深沉蕴蓄，顿挫则是指感情的抑扬曲折，语气、音节的跌宕摇曳。

　　所有这一切，确立了杜甫在三千多年的中国文学史上至高无上的"诗圣"的地位。

后世影响

  杜甫在他有的有生之年以及他去世后的一些年，没有受到多少嘉奖和重视，这在一定程度上是由他在风格和格律上的创新所导致的，某些评论家认为其中的有些作品仍然很大胆古怪。他在世时关于他的参考资料几乎没有，只有6名诗人共11首诗。而且这些诗关于他的影响这一方面，都没有提及他是诗歌和伦理观点的模范。然而，就像孔庆翔说的一样，杜甫是"中国唯一影响随着时间不断增长的诗人"。

  公元九世纪时他的作品开始出名，早期的正面积极评价来自白居易，他推广了杜甫部分作品伦理观点，尽管他只在杜甫的部分作品中找到这些观点。除了白居易，还有韩愈，他撰文以此批驳反对李杜的声音，捍卫了他们的美学地位。同时，这两位诗人的诗文中都有杜诗的影子。

  公元十世纪初，五代诗人韦庄找到了草堂遗址，重新修建茅屋，使之得以保存。这一个时期，中国刮起了"新乐府运动"的狂潮，杜甫作为这一次现实主义诗歌运动的启发者备受推崇。杜甫的现实主义创作精神，自白居易后，影响了皮日休、曹邺、聂夷中、杜荀鹤等人的创作，从而形成一个现实主义诗派，在晚唐的诗坛上独领风骚。

  到了宋朝，杜甫的声名达到了顶峰，黄庭坚、陈师道等，专门探究杜诗奇峭的一面，形成了"江西诗派"，之后的王安石、陆游、文天祥也都在一定程度上受到了杜甫的影响，文天祥评价说"凡吾意所欲言者，子美先为代言之。"鲁迅也评价过杜甫，"杜甫似乎不是古人，就好像今天还活在我们堆里似的"。而杜甫更广泛的影响是，杜甫的作品将律诗从文字上的游戏变成了抒发政治抱负的载体，对后来的诗人政治题材的写作奠定了基础。

  宋朝理学的发展确保了杜甫作为诗的典范和他的至高无上的地位，苏轼阐释了理由："古今诗人众吴，而子美独为首者，岂非以其流落饥寒，终身不用，而一饭未尝忘君也欤！"他思考的能力铸就了他的影响力，出于他对建立良好社会秩序的向往，他深受政治家的推崇，改革家也学习他对穷人的悲悯，文学家学习他在艺术手法上的创新。

清初文学评论家金圣叹,把杜甫所作之诗,与屈原的《离骚》、庄周的《庄子》、司马迁的《史记》、施耐庵的《水浒传》、王实甫的《西厢记》,合称"六才子书"。在当代,杜甫对国家的忠心和对人民的关切被重新诠释为民族主义和社会主义的含义,而他本人因为使用"人民的语言"而受到现代研究者的赞赏。

杜甫对后人的影响还有道德方面的。二十世纪,美国现代诗人雷克斯罗斯认为杜甫所关心的是人跟人之间的爱,人跟人之间的宽容和同情:"我的诗歌毫无疑问地主要受到杜甫的影响。我认为他是有史以来在史诗和戏剧以外的领域里最伟大的诗人,在某些方面他甚至超过了莎士比亚和荷马,至少他更加自然和亲切"。

杜甫不只在中国流名,还扬名海外。1481年韩国将杜诗翻译成韩文,叫《杜诗谚解》。他对日本文学影响相对较晚,直到十七世纪他在日本拥有和在中国一样的名声。杜甫对松尾芭蕉的影响尤深。杜甫也是美国作家雷克斯罗斯最喜欢的作家。

柳宗元

柳宗元(773~819),字子厚,祖籍河东(今山西省永济市)人。是我国唐朝著名的文学家,世称"柳河东",与唐代的韩愈、宋代的欧阳修、苏洵、苏轼、苏辙、王安石和曾巩,并称"唐宋八大家"。一生留诗文作品达600余篇。

宦海浮沉

在北朝时,柳氏是著名的门阀士族,柳、薛、裴被并称为"河东三著姓"。柳宗元曾自豪地说:"柳族之分,在北为高。充于史氏,世相重侯。"柳宗元的八世祖到六世祖,皆为朝廷大吏,五世祖曾任四州刺史。入唐后,柳家与李氏皇族关系密切,只高宗一朝,柳家同时居官尚书省的就达23人之多。到了永徽年间,却屡受武则天的打击迫害。到柳宗元出生时,其家族已衰落,柳宗元曾祖、祖父也只做到县令一类小官。其父柳镇，在玄宗天宝末曾做过太常博士，安史之乱后又继续为官，官职一直很低。柳宗元的母亲卢氏，出身于著名的士族范阳卢姓，但家道早已没落。她生有二女一子，柳宗元最幼。因此，可以说柳宗元的家庭是一个具有浓厚的文化气氛的家庭。

唐代宗大历八年（773），柳宗元出生。那年，正好是"安史之乱"平定20年。虽然已有20年的短暂和平，但这时的唐王朝早已走过了它的太平盛世，逐渐衰朽。唐王朝的各种社会矛盾急剧发展，中唐以后的各种社会弊端如藩镇割据、宦官专权、朋党相争等等正在形成。

柳宗元的母亲卢氏信佛，聪明贤淑，很有见识，并有一定的文化素养。她教年幼的柳宗元背诵古赋十四首。正是母亲的启蒙教育，使柳宗元对知识产生了强烈的兴趣。卢氏勤俭持家，训育子女，是一位典型的贤妻良母，在她身上体现了很多中国古代妇女的美德。母亲的良好品格，从小熏陶了柳宗元。除了母亲外，父亲柳镇的品格、学识和文章对柳宗元更有直接的影响。柳镇深明经术，"得《诗》之群，《书》之政，《易》之直、方、大，《春秋》之惩劝，以植于内而文于外，垂声当时。"可知他信奉的是传统的儒学，但他并不是一个迂腐刻板、不达世务的儒生。他长期任职于府、县，对现实社会情况有所了解，并养成了积极用世的态度和刚直不阿的品德。他还能诗善文，曾与当时有名的诗人李益唱和，李益对他很推崇。父亲和母亲给予柳宗元儒学和佛学的双重影响，这为柳宗元后来"统合儒佛"思想的形成奠定了基础。

柳宗元的幼年是在长安度过的。对朝廷的腐败无能、社会的危机与动荡有所闻见和感受。他9岁那年，即唐德宗建中二年（781），爆发了继安史之乱后又一次大规模的割据战争——建中之乱。诱发战争的直接原因是成德镇节度使李宝臣病死，其子李惟岳谋继袭，得到河北其它两镇和山南东道节度使梁崇义的支持，企图确立藩镇世袭传子制度。新继位的唐德宗不同意，四镇就联合起兵反抗朝廷。建中四年，柳宗元为避战乱来到父亲的任所夏口（今湖北省武汉市武昌区）。但由于夏口是一个军事要冲，这时又成为李希烈叛军与官军激烈争夺的目标。年仅12岁的柳宗元亲历了藩镇割据的战火。

贞元元年（785），柳镇到江西做官。在这以后一段时间，柳宗元随父亲宦游，到过南至长沙、北至九江的广大地区。这段经历使柳宗元直接接触到社会，增长了见识。从这以后，他已经开始参与社交，结纳友朋，并作为一个有才华的少年受到人们的重视。不久，他回到了长安。

贞元九年（793）春，20岁的柳宗元考中进士，同时中进士的还有他的好友刘禹锡。贞元十二年（796）柳宗元任秘书省校书郎，算是步入官场，这一年，与杨凭之女在长安结婚，两年后，中博学宏词科，调为集贤殿书院正字，得以博览群书，开阔眼界，同时也开始接触朝臣官僚，了解官场情况，并关心、参与政治。到集贤殿书院的第一年，他便写了《国子司业阳城遗爱碑》，颂扬了在朝政大事上勇于坚持己见的谏议大夫阳城，第二年写了《辩侵伐论》，表明坚持统一、反对分裂的强烈愿望。

贞元十七年（801），柳宗元调为蓝田尉，两年后又调回长安任监察御史，时年31岁，与韩愈同官，官阶虽低，但职权并不下于御史，从此与官场上层人物交游更广泛，对政治的黑暗腐败有了更深入的了解，逐渐萌发了要求改革的愿望，成为王叔文革新派的重要人物。

王叔文、王伾的永贞革新，虽只有半年时间便宣告失败，但却是一次震动全国的进步运动，所实行的措施，打击了当时专横跋扈的宦官和藩镇割据势力，利国利民，顺应了历史的发展。柳宗元与好友刘禹锡是这场革新的核心人物，被称为"二王刘柳"。年轻的柳宗元在政治舞台上同宦官、豪族、旧官僚进行了尖锐的斗争。

贞元二十一年（805），由于顺宗下台、宪宗上台，革新失败，"二王刘柳"和其他革新派人士都随即被贬。宪宗八月即位，柳宗元九月便被贬为邵州（今湖南邵阳市）刺史，行未半路，又被加贬为永州（今湖南永州市）司马。这次同时被贬为司马的，还有七人，所以史称这一事件为"二王八司马事件"。

永州地区地处湖南和广东、广西交界的地方，当时甚为荒僻，是个人烟稀少令人可怕的地方。和柳宗元同去永州的，有他67岁的老母亲、堂弟柳宗直、表弟卢遵。他们到永州后，连住的地方都没有，后来在一位僧人的帮助下，在龙兴寺寄宿。由于生活艰苦，到永州未及半载，他的老母卢氏便离开了人世。

柳宗元被贬后，政敌们仍不肯放过他。造谣诽谤，人身攻击，把他丑化成"怪民"，而且好几年后，也还骂声不绝。由此可见保守派恨他的程度。在永州,残酷的政治迫害,艰苦的生活环境,使柳宗元悲愤、忧郁、痛苦,加之几次无情的火灾,严重损害了他的健康,竟至到了"行则膝颤、坐则髀痹"的程度。贬谪生涯所经受的种种迫害和磨难,并未能动摇柳宗元的政治理想。他在信中明确表示:"虽万受摈弃,不更乎其内。"

永州之贬,一贬就是10年,这是柳宗元人生一大转折。在京城时,他直接从事革新活动,到永州后,他的斗争则转到了思想文化领域。永州10年,是他继续坚持斗争的10年,广泛研究古往今来关于哲学、政治、历史、文学等方面的一些重大问题,撰文著书,《封建论》《非〈国语〉》《天对》《六逆论》等著名作品,大多是在永州完成的。

元和十年(815)正月,柳宗元与刘禹锡等被召回京。但并未被重用,由于武元衡等人的仇视,他们二月到长安,三月便宣布改贬。柳宗元改贬为柳州(今广西柳州市)刺史,刘禹锡为播州刺史。虽然由司马升为刺史,但所贬之地比原来更僻远更艰苦。柳宗元想到播州比柳州还要艰苦,刘禹锡还有80多岁的老母随身奉养,便几次上书给朝廷,要求与刘禹锡互换。后来因有人帮忙,刘禹锡改贬连州,柳宗元才动身向柳州。

柳州距京城长安,比永州距京城更远,更为落后荒凉,居民多为少数民族,生活极端贫困,风俗习惯更与中原大不相同。柳宗元初来这里,语言不通,一切都不适应,但他还是决心利用刺史的有限权力,在这个局部地区继续实行改革,为当地民众做些好事。

柳宗元在柳州,决心废除"以男女质钱,约不时赎,子本相侔,则没为奴婢"的残酷风习,制订了一套释放奴婢的办法,规定那些已经沦为奴婢的人,都可以按时间算工钱,抵完债即恢复人身自由,回家和亲人团聚。此举受到广大贫苦人民的欢迎,后来被推行到柳州以外的州县。针对当地百姓迷信落后习俗,柳宗元严令禁止江湖巫医骗钱害人;举办和发展文化教育事业,兴办学堂,推广医学,并使从不敢动土打井的柳州,接连打了好几眼井,解决饮水问题。柳州荒地很多,柳宗元组织闲散劳力去开垦,仅大云寺一处开垦的荒地,就种竹三万竿,种菜百畦。他还非常重视植树造林,并多欢亲自参加了植树活动。

柳州4年,柳宗元在力所能及的范围内,进行了一番兴利除弊的改革,遗惠一方，实际是王叔文改革在局部地区的施行。

长期的贬谪生涯，生活上的困顿和精神上的折磨，使柳宗元健康状况越来越坏，未老先衰。他的好友吴武陵多次奔走于执政大臣裴度门下，设法营救他离柳州还京。裴度与柳宗元同系河东人，元和十四年宪宗因受尊号实行大赦，经裴度说情，宪宗才同意召回柳宗元。然而为时已晚，诏书未到柳州，柳宗元便怀着一腔悲愤离开了人间，当时年仅47岁。临死前，柳宗元写信给好友刘禹锡，并将自己的遗稿留交给他。后来刘禹锡编成《柳宗元集》。

文学成就

虽然活了不到50岁，但柳宗元却在文学上创造了光辉的业绩，在诗歌、辞赋、散文、游记、寓言、小说、杂文以及文学理论诸方面，都做出了突出的贡献。

柳宗元的诗，共集中140余首，在大家辈出、百花争艳的唐代诗坛上，是存诗较少的一个，但却多有传世之作。他在自己独特的生活经历和思想感受的基础上，借鉴前人的艺术经验，发挥自己的创作才华，创造出一种独特的艺术风格，成为代表当时一个流派的杰出诗才。苏轼评价说："所贵乎枯谈者，谓其外枯而中膏，似淡而实美，渊明、子厚之流是也。"把柳宗元和陶渊明并列。现存柳宗元诗，绝大部分是贬官永州以后作品，题材广泛，体裁多样。他的叙事诗文笔质朴，描写生动，寓言诗形象鲜明，寓意深刻，抒情诗更善于用清新峻爽的文笔，委婉深曲地抒写自己的心情。不论何种体裁，都写得精工密致，韵味深长，在简淡的格调中表现极其沉厚的感情，呈现一种独特的面貌。因他是一位关心现实、同情人民的诗人，所以无论写什么题材，都能写出具有社会意义和艺术价值的诗篇。

宋人严羽说："唐人惟子厚深得骚学。"此论相当中肯。柳宗元的辞赋继承和发扬了屈原辞赋的传统。他的辞赋，不仅利用了传统的形式，而且继承了屈原的精神。这或者是因为两人虽隔千载，但无论是思想、遭遇，还是志向、品格，都有相通之处。《旧唐书》本传云柳宗元"既罹窜逐，涉履蛮瘴，崎岖堙（户乙）。蕴骚人之郁悼，写情叙事，动必以文，为骚文数十篇，览之者为之凄恻。"与屈原之作辞赋，何其相似。柳宗元的"九赋"和"十骚"，确为唐代赋体文学作品中的佳作，无论侧重于陈情，还是侧重于咏物，都感情真挚，内容充实。

柳宗元的散文，与韩愈齐名，韩柳二人与宋代的欧阳修、苏轼等并称为"唐家八大家"，堪称我国历史上最杰出的散文家。唐中叶，柳宗元和韩愈在文坛上发起和领导了一场古文运动。他们提出了一系列思想理论和文学主张。在文章内容上，针对骈文不重内容、空洞无物的弊病，提出"文道合一""以文明道"。要求文章反映现实，"不平则鸣"，富于革除时弊的批判精神。文章形式上，提出要革新文体，突破骈文束缚，句式长短不拘，并要求革新语言"务去陈言""辞必己出"。此外，还指出先"立行"再"立言"。这是一种进步的文学主张。韩柳二人在创作实践中身体力行，创作了许多内容丰富、技巧纯熟、语言精练生动的优秀散文。韩柳的古文运动对后世产生了深远的影响。

在游记、寓言等方面，柳宗元同样为后世留下了极其优秀的作品。《永州八记》已成为我国古代山水游记名作。这些优美的山水游记，生动表达了人对自然美的感受，丰富了古典散文反映生活的新领域，从而确立了山水记作为独立的文学体裁在文学史上的地位。因其艺术上的成就，被人们千古传诵、推崇备至。除寓言诗外，柳宗元还写了不少寓言故事，《黔之驴》《永某氏之鼠》等，也已成古代寓言名篇。"黔驴技穷"，已成成语，几乎尽人皆知。有的寓言篇幅虽短，但也同他的山水记一样，被千古传诵。

文学成就而外，柳宗元又是一位著名的思想家。一个积极投身于政治革新的人，必然是一个思想家。柳宗元的哲学论著有《非国语》《贞符》《时令论》《断刑论》《天说》《天对》等。在这些论著中，柳宗元对汉代大儒董仲舒鼓吹的"夏商周三代受命之符"的符命说持否定态度，把董仲舒这样的大人物斥为"淫巫瞽史"，指责他"诳乱后代"。他反对天符、天命、天道诸说，批判神学，强调人事，用"人"来代替"神"，这在一千多年前神学迷信思想占统治地位的封建社会中，是十分难能可贵的。柳宗元还把对神学的批判变成对政治的批判，用朴素唯物主义观点解说"天人之际"，即天和人的关系，对唯心主义天命论进行批判。他的哲学思想，是同当时社会生产力的发展、自然科学所达到的水平相适应的。他把古代朴素唯物主义无神论思想发展到了一个新的高度，是中唐时代杰出的思想家。

柳宗元所写的一些关于社会政治的论著，是他的政治思想的具体反映，是他参与政治斗争的一种手段。《封建论》是柳宗元最著名的政治论文。针对分封制和郡县制两种制度之争，柳宗元认为整个社会历史是一个自然发展的过程，有其不以人们的意志为转移的客观发展的必然趋势。分封制暴露出种种严重弊端，而新的郡县制能克服分封制弊端，有优越性和进步性，因而极力支持郡县制。对秦始皇的评价，也反映出柳宗元政治思想的进步性。《六逆论》《晋问》等政论文，主张任人唯贤，反对世袭特权，甚至认为天子在用人问题上有了错误，也应改正。他重视农事的思想也比较突出，劝农耕，修水利，以利民、安民。柳宗元推崇儒学，但不主张一家。他的不少言论，往往从折衷调和的立场，来对儒、法、释、道等各家学说作调和的解说，这是他思想异于其他思想家之处。

作为我国历史上杰出的思想家、文学家，柳宗元将永远受到世人的尊敬。

范仲淹

范仲淹（989~1052），字希文，苏州吴县（今属江苏）人。唐宰相履冰之后。北宋著名的政治家、思想家、军事家和文学家。他为政清廉，体恤民情，刚直不阿，力主改革，屡遭奸佞诬谤，数度被贬。皇佑四年（1052年5月12日）病逝于徐州，终年64岁。是年十二月葬于河南洛阳东南万安山，谥文正，封楚国公、魏国公。有《范文正公集》传世。

一心向学

宋太宗端拱二年（989）八月二日（9月5日），范仲淹生于真定常山（今河北省正定县），在百日时随家人去苏州。父亲范墉，端拱初年（988）赴徐州任武宁军节度掌书记（徐州军事长官的秘书），990年病逝。谢氏贫困无依，抱着襁褓中的范仲淹，改嫁山东淄州长山县（今山东邹平县附近）一户姓朱的人家。范仲淹也改从其姓，取名朱说，在朱家长大成人。

范仲淹从小读书就十分刻苦，朱家是长山的富户，但他为了励志，常去附近长白山上的醴泉寺寄宿读书，晨夕之间，便就读讽诵，给僧人留下深刻的印象。那时，他的生活极其艰苦，每天只煮一锅稠粥，凉了以后划成四块，早晚各取两块，拌几根腌菜，调拌于醋汁，吃完继续读书。他对这种清苦生活却毫不介意，而用全部精力在书中寻找着自己的乐趣。

这样过了差不多三年，长山乡的书籍已渐渐不能满足他的需要。一个偶然的事件，暴露了范仲淹家世的隐秘。他惊愕地发现，自己原是苏州范家之子，这些年来，一直靠继父的关照度日。这件事使范仲淹深受刺激和震动，愧愤交集之下，他决心脱离朱家，自树门户，待将来卓然立业，再接母归养。于是他匆匆收拾了几样简单的衣物，佩上琴剑，不顾朱家和母亲的阻拦，流着眼泪，毅然辞别母亲，离开长山，徒步求学去了。

真宗大中祥符四年（1011），23岁的范仲淹来到睢阳应天府书院（今河南睢阳区）。应天府书院是宋代著名的四大书院之一，共有校舍150间，藏书数千卷。更主要的是这里聚集了许多志操才智俱佳的师生。到这样的学院读书，既有名师可以请教，又有许多同学互相切磋，还有大量的书籍可供阅览，况且学院免费就学，更是经济拮据的范仲淹求之不得的。应天府后来改名南京，应天府书院所以又叫南都学舍。

范仲淹十分珍惜崭新的学习环境，昼夜不息地攻读。范仲淹的一个同学、南京留守（南京的最高长官）的儿子看他终年吃粥，便送些美食给他。他竟一口不尝，听任佳肴发霉。直到人家怪罪起来，他才长揖致谢说："我已安于过喝粥的生活，一旦享受美餐，日后怕吃不得苦。"范仲淹艰涩的生活，有点像孔子的贤徒颜回：一碗饭、一瓢水，在陋巷，他人叫苦连天，颜回却不改其乐。

范仲淹的连岁苦读，也是从春至夏，经秋历冬；凌晨舞一通剑，夜半和衣而眠。别人看花赏月，他只在六经中寻乐。偶然兴起，也吟诗抒怀："白云无赖帝乡遥，汉苑谁人奏洞箫？多难未应歌凤鸟，薄才犹可赋鹪鹩。瓢思颜子心还乐，琴遇钟期恨即销。但使斯文天未丧，涧松何必怨山苗。"（此诗是范仲淹写给书院同窗晏殊的）数年之后，范仲淹对儒家经典——诸如《诗经》《尚书》《易经》《礼记》《春秋》等书主旨，已然堪称大通；吟诗作文，也慨然以天下为己任。

大中祥符七年（1014），迷信道教的宋真宗率领百官到亳州（今安徽亳县）去朝拜太清宫。浩浩荡荡的车马路过南京（今河南商丘），整个城市轰动了，人们争先恐后地看皇帝，惟独范仲淹闭门不出，仍然埋头读书。有个要好的同学特地跑来劝他："快去看，这是个千载难逢的机会，千万不要错过！"但范仲淹只随口说了句："将来再见也不晚"，便头也不抬地继续读他的书了。果然，第二年他就得中进士，见到了皇帝。

入仕

大中祥符七年（1014）秋和八年（1015）春，范仲淹通过科举考试，中榜成为进士。在崇政殿参加御试时，他第一次看见年近五旬的真宗皇帝。后来还荣赴了御赐的宴席。二月的汴京（今开封市），春花满目，进士们坐跨骏马，在鼓乐声中游街："长白一寒儒，名登二纪余"。此时，范仲淹已经27岁。

不久，他被任命为广德军的司理参军（广德军位置在今安徽广德县一带，司理参军是掌管讼狱、审理案件的官员，从九品）。接着，又调任为集庆军节度推官（集庆军辖境位置在今安徽亳州一带，节度推官是幕职官，从八品）。他把母亲接来赡养，并正式恢复了范姓，改名仲淹，字希文。从此开始了近四十年的政治生涯。

天禧五年（1021），范仲淹被调往泰州海陵西溪镇（今江苏省东台县附近），做盐仓监官——负责监督淮盐贮运转销。仓官既属于闲差，然而，他很快发现，这里有许多事情需要去做。当地多年失修的海堤，已经坍圮不堪，不仅盐场亭灶失去屏障，而且广阔的农田民宅，也屡受海涛威胁。遇上大海潮汐，甚至水淹泰州城下，成千上万灾民流离失所。官府盐产与租赋，都蒙受损失。为此，他上书给江淮漕运张纶，痛陈海堤利害，建议在通州、泰州、楚州、海州（今连云港至长江口北岸）沿海，重修一道坚固的捍海堤堰。

对于这项浩大的工程，张纶慨然表示赞同，并奏准朝廷，调范仲淹做兴化县令（今江苏省兴化市），全面负责治堰。

天圣二年（1024）秋，兴化县令范仲淹率领来自四个州的数万民夫，奔赴海滨。

但治堰工程开始不久，便遇上夹雪的暴风，接着又是一场大海潮，吞噬了一百多民工。一部分官员，认为这是天意，堤不可成，主张取缔原议，彻底停工。事情报到京师，朝臣也踌躇不定。而范仲淹则临危不惧，坚守护堰之役。

经过范仲淹等人的努力坚持，捍海治堰又全面复工。不久，绵延数百里的悠远长堤，便凝然横亘在黄海滩头。盐场和农田的生产，从此有了保障。往年受灾流亡的数千民户，又扶老携幼，返回家园。人们感激兴化县令范仲淹的功绩，都把海堰叫做"范公堤"。

这年，范仲淹被调回京师，做大理寺丞。从此，他跨入京官的行列。

仁宗天圣四年（1026），母亲谢氏病故。范仲淹含泪服丧，回南京居住。当时南京留守官晏殊，已风闻仲淹通晓经学，尤长于《易经》。他邀请仲淹协助戚氏主持应天府学的教务。仲淹慨然领命，还把另一位青年朋友富弼，推荐给晏殊。

天圣六年（1028），范仲淹服丧结束。经过晏殊的推荐，他荣升秘阁校理——负责皇家图书典籍的校勘和整理，秘阁设在京师宫城的崇文殿中。秘阁校理之职，实际上属于皇上的文学侍从。在此，不但可以经常见到皇帝，而且能够耳闻不少朝廷机密。对一般宋代官僚采说，这乃是难得的腾达捷径。

范仲淹深入朝廷后，发现仁宗皇帝年已20，但朝中各种军政大事，却全凭60岁开外的刘太后一手处置，而且，听说这年冬至那天，太后要让仁宗同百官一起，在前殿给她叩头庆寿，范仲淹认为，家礼与国礼，不能混淆，损害君主尊严的事，应予制止，他奏上章疏，批评这一计划。

范仲淹的奏疏，使晏殊大为恐慌。他匆匆把范仲淹叫去，责备他为何如此轻狂，难道不怕连累举主吗？范仲淹素一向敬重晏殊，这次却寸步不让，沉脸抗言："我正为受了您的荐举，才常怕不能尽职，让您替我难堪，不料今天因正直的议论而获罪于您。"一席话，说得晏殊无言答对。回到家中，范仲淹又写信给晏殊，详细申辩，并索性再上一章，干脆请刘太后撤帘罢政，将大权交还仁宗。

朝廷对此默不作答，却降下诏令，贬范仲淹寓京，调赶河中府（今山西省西南部永济县一带）任副长官——通判。三年之后，刘太后死去了。仁宗把范仲淹召回京师，派做专门评议朝事的言官——右司谏。有了言官的身份，他上书言事更无所畏惧了。

明道二年（1033），京东和江淮一带大旱，又闹蝗灾，为了安定民心，范仲淹奏请仁宗马上派人前去救灾，仁宗不予理会，他便质问仁宗："如果宫廷之中半日停食，陛下该当如何？"仁宗悚然惭悟，就让范仲淹前去赈灾。他归来时，还带回几把灾民充饥的野草，送给了仁宗和后苑宫眷。

当时的宰相吕夷简，当初是靠讨好刘太后起家的。太后一死，他又赶忙说太后的坏话。这种狡诈行径，一度被仁宗的郭皇后揭穿，宰相职务也被罢免。但吕夷简在宫廷中的因缘关系，依然根深蒂固。不久，他便通过内侍阎文应等重登相位，又与阎文应沆瀣一气，想借仁宗的家务纠纷，而废掉郭后。堕入杨美人、尚美人情网的年轻皇帝，终于决定降诏废后，并根据吕夷简的预谋，明令禁止百官参议此事。

范仲淹懂得，这宫廷家务纠纷背后，掩藏着深刻而复杂的政治角逐。他与负责纠察的御史台官孔道辅等，数人径趋垂拱殿，求见仁宗面谈。他们伏阁呼请多时，无人理睬，司门官又将殿门砰然掩闭。范仲淹等人手执铜环，叩击金扉，隔门高呼质问："皇后被废，为何不听台谏入言！"看看无济于事，大家在钢虎畔议定一策，准备明日早朝之后，将百官统统留下，当众与吕相辩论。

次日凌晨，妻子李氏牵着范仲淹的衣服，再三劝诫他勿去招惹祸机。他却头也不回地出门而去。刚走到待漏院，等候上朝，忽听降诏传呼，贬他远放江外，去做睦州（今浙江建德市梅城镇）知州。接着，朝中又派人赶到他家，催促着要押他即刻离京。孔道辅等人也或贬或罚，无一幸免。

过了几年，他由睦州移知苏州，因为治水有功，又被调回京师，并获得天章阁待制的荣衔，做了开封知府。前时一同遭贬的孔道辅等人，也重归朝廷。范仲淹在京城大力整顿官僚机构，剔除弊政，把工作安排得井井有条，仅仅几个月，号称繁剧的开封府就"肃然称治"。

范仲淹看到宰相吕夷简广开后门，滥用私人，朝中腐败不堪。范仲淹根据调查，绘制了一张"百官图"，在景祐三年（1036）呈给仁宗。他指着图中开列的众官调升情况，对宰相用人制度提出尖锐的批评。吕夷简不甘示弱，反讥范仲淹迂腐。范仲淹便连上四章，论斥吕夷简狡诈。吕夷简更诬蔑范仲淹勾结朋党，离间君臣。

范、吕之争的是非曲直，不少人都看得分明，偏偏吕夷简老谋深算，善于利用君主之势而最终取胜。仁宗这年27岁，尚无子嗣。据说范仲淹曾关心过仁宗的继承人问题，或许谈论过立什么皇太弟侄之类的事。这事虽出于兴旺宋廷的至诚和忠直之心，却不免有损仁宗的自尊。加以吕夷简的从旁中伤，范仲淹便被递夺了待制职衔，贬为饶州知州。后来几乎又贬死岭南。

征战西北

从宝元元年（1038）起，党项族首领元昊，突然另建西夏国，自称皇帝，并调集十万军马，侵袭宋朝延州（今陕西延安附近）等地。面对西夏的突然挑衅，宋朝措手不及，朝廷内有的主攻，有的主守，吵成一团，宋仁宗也举棋不定，莫衷一是。

边境上更是狼狈，由于三十多年无战事，宋朝边防不修，士卒未经战阵，加上宋将范雍无能，延州北部的数百里边寨，大多被西夏军洗劫或夺去。仁宗与吕夷简商议，派夏竦去做陕西前线主帅，又采纳当时副帅韩琦的意见，调范仲淹作另一员副帅——陕西经略安抚招讨副使。后来又把尹洙也调至西线。

52岁的范仲淹，先被恢复了天章阁待制的职衔，转眼间又荣获龙图阁直学士的职衔。进京面辞仁宗之后，范仲淹便挂帅赶赴延州，仕途上的艰辛蹉跎使他早已霜染鬓发，但是忠心报国的热忱却不减当年。范仲淹亲临前线视察，他发现宋军官兵、战阵、后勤及防御工事等各方面都颇多弊端，如不改革军阵体制，并采取严密的战略防御，实难扭转战局。韩琦的看法却不同，他低估了西夏军优势，并激于屡受侵扰的义愤，主张集中各路兵力，大举实行反击。

夏竦为请仁宗批准反攻计划，派韩琦和尹洙兼程回京，得获仁宗诏准后，尹洙又奉命谒见范仲淹，请他与韩帅同时发兵。范仲淹与韩、尹虽为至交，却认为反攻时机尚未成熟，坚持不从。尹洙慨叹道："韩公说过，'且兵须将胜负置之度外'。您今天区区过慎，看来真不如韩公！"范仲淹说："大军一发，万命皆悬，置之度外的观念，我不知高在何处！"

庆历元年（1041）正月，韩琦接到西夏军侵袭渭州（今甘肃平凉一带）的战报。他立即派大将任福率军出击。西夏军受挫撤退，任福下令急追。直追至西夏境六盘山麓，却在好水川口遇伏被围。任福等16名将领英勇阵亡，士卒惨死一万余人。韩琦大败而返，半路碰上数千名死者的家属。他们哭喊着亲人的姓名，祈祷亡魂能跟着韩帅归来。韩琦驻马掩泣，痛悔不迭。

范仲淹的战略防御，并非单纯或消极的防守措施。他初至延州，便全面检阅军旅，并实行了认真的裁汰和改编。他从士兵和低级军官中提拔了一批猛将，由当地居民间选录了不少民兵；又开展了严格的军事训练。按军阶低高先后出阵的机械临阵体制，也被他取缔，改为根据敌情选择战将的应变战术。在防御工事方面，他采纳种世衡的建议，先在延北筑城；后来又在宋夏交战地带，构筑堡寨。对沿边少数民族居民，则诚心团结，慷慨优惠，严立赏罚公约。这样，鹿延、环庆、泾原等路边防线上，渐渐屹立起一道坚固的屏障。庆历二年（1042）三月的一天，范仲淹密令长子纯佑和番将赵明，率兵偷袭西夏军，夺回了庆州西北的马铺寨。他本人，又随后引军出发。诸将谁也不知道这次行动的目的。当部队快要深入西夏军防地时，他突然发令：就地动工筑城。建筑工具事先已经备好，只用了 10 天，便筑起一座新城。这便是锲入宋夏夹界间那座著名的孤城——大顺城。西夏不甘失利，派兵来攻，却发现宋军以大顺城为中心，已构成堡寨呼应的坚固战略体系。

从大顺城返回庆州的途中，范仲淹觉得如释重负。去年，在延州派种世衡筑青涧城，东北边防已趋稳定。西夏军中私相戒议的话，也传到他的耳朵里。他们说"不能轻易攻取延州了，如今小范老子胸中有数万甲兵，不似大范老子那般好对付"。现在庆州北部的边防，也大体接近巩固。只是他自己的身体，却感到十分疲乏。此刻正是暮春季节，山畔的野花刚刚开放。如果是在江南，早已百花烂漫了。他随口吟起四句诗："三月二十七，羌山始见花；将军了边事，春老未还家。"

转眼又是夏去秋来，范仲淹为了严密防务，不能不赴大顺城等处踏勘。他今年已逾 54 岁，满头白发，在朔风中摇曳，望望天空南飞的大雁，心中有无尽的感慨。深夜失眠，他便挑灯填起词来。一连数阕《渔家傲》，都以相同的 4 个字开头：塞下秋来风景异，衡阳雁去无留意，四面边声连角起，千嶂里，长烟落日孤城闭。浊酒一杯家万里，燕然未勒归无计，羌管悠悠霜满地，人不寐，将军白发征夫泪。

范仲淹还采取了一些办法来提高军队的战斗力。宋朝皇帝的诏旨中曾规定了各级将领统率军队的数目，若遇敌侵犯，地位低的军官就带军队先行出阵抵御。范仲淹说："战将不选择适当的人，只以官阶高低作为出阵先后的标准，这是自取失败的办法。"于是，他认真检阅了延州的军队，淘汰了一批怯懦无能的将校，选拔了一批经过战火考验的有才干的人代替他们，他又淘汰老弱，选择18 000名合格士兵，把他们分成6部，让每个将领统率3千人，分别予以训练，改变了过去兵将不相识的状况，临战时根据敌军多寡，调遣他们轮流出阵抗敌。

范仲淹又积极招募士兵，因为原来守边的大都是从内地调来的已经腐化的禁军，这批人既不耐劳苦，又因久戍思乡，斗志不高，而从本地人民中招募士兵，熟悉山川道路，强悍敢战，又因保卫家乡，斗志较强。精练士卒，提高了军队的战斗力。此外，范仲淹能以身作则，将士没喝上水他从不说渴，将士没吃上饭他从不叫饿，朝廷赏赐给他的金帛都分发给将士。范仲淹赏罚分明，奖励勇猛杀敌的士兵，提拔重用立功的将领，对克扣军饷的贪污分子则当众斩首，毫不留情。这样，在范仲淹的率领下，西北军中涌现出许多像狄青、种世衡那样有勇有谋的将领，又训练出一批强悍敢战的士兵，直到北宋末年，这支军队仍是宋朝的一支劲旅。

在范、韩等人苦心经营下，边境局势大为改观。这时，西夏国内出现了各种危机，西夏军将领中间，也矛盾重重。至庆历二年以后，边界自西夏向宋朝投诚的人，已陆续不断。宋夏两国的百姓，都希望尽快停止军事行动。双方议和的使节，也开始秘密往返于兴庆府（今银川市）与汴梁之间。庆历四年（1044）双方正式达成和议。宋夏重新恢复了和平，西北局势得以转危为安。

先天下之忧而忧

从元昊叛宋起，宋军的边防开支便突然膨胀起来。政府为了扩大收入，又不得不增加百姓负担。于是，包括京城附近在内，各地反抗朝廷的暴动与骚乱，纷然而起。

庆历三、四年间（1043～1044），亟待稳定政局的仁宗皇帝，似乎显得格外开朗和进步。他将西线的三名统帅——夏竦、韩琦和范仲淹，一同调回京师，分别任命为最高军事机关的正副长官——枢密使、枢密副使；又扩大言官编制，亲自任命下四名谏官——欧阳修、余靖、王素和蔡襄，后来号称"四谏"。

"四谏"官一声奏言,撤掉了略无军功的夏竦,以杜衍和富弼为军事长官。"四谏"官又一声奏言,彻底罢免了吕夷简的军政大权。"四谏"们第三声奏论,则驱逐了副宰相王举正,以范仲淹取而代之。

庆历三年(1043)九月,仁宗连日催促范仲淹等人,拿出措施,改变局面。范仲淹、富弼和韩琦,连夜起草改革方案。范仲淹认真总结从政28年来酝酿已久的改革思想,很快呈上了著名的新政纲领《答手诏条陈十事》,提出了10项改革主张。

《条陈十事》写成后,立即呈送给宋仁宗。宋仁宗和朝廷其他官员商量,表示赞同,便逐渐以诏令形式颁发全国。于是,北宋历史上轰动一时的庆历新政就在范仲淹的领导下开始了,范仲淹的改革思想得以付诸实施。新政实施的短短几个月间,政治局面已焕然一新:官僚机构开始精简;以往凭家势做官的子弟,受到重重限制;昔日单凭资历晋升的官僚,增加了调查业绩品德等手续,有特殊才干的人员,得到破格提拔;科举中,突出了实用议论文的考核;全国普遍办起了学校。

范仲淹还主张,改变中央机关多元领导和虚职分权的体制,认真扩大宰臣的实权,以提高行政效率。为了撤换地方上不称职的长官,他又派出许多按察使,分赴各地。按察的汇报一到,贼官姓名就从址簿上勾掉。富弼看他一手举簿、一手执笔,俨若无情的阎罗判官,便从旁劝谕:"你这大笔一勾,可就有一家人要哭!"范仲淹回答说:"一家人哭,总该比几个州县的人哭好些!"

改革遭到了大批守旧派官僚的抵制。他们先是窃窃私议,然后御史台的官员中,有人开始抨击某些按察使——说什么"江东三虎""山东四伥"。范仲淹在边防线上的几员部将,也遭到秘密的调查,并遇到许多麻烦。欧阳修等"四谏",企图撵走这些保守派的爪牙,另换几名台官。但他们很快发现,台官背后，掩藏着更有权势的人物。欧阳修本人，反被明升暗撤，离京出使河东。范仲淹预感到，事情绝不像石介颂扬的那么简单：改革路上，隐患重重；新政前程，也岌岌可危。

庆历四年（1044）仲夏时节，台官们忽然声称破获了一起谋逆大案。该案直接涉及的，是石介和富弼。仁宗不信会有这等事情。石、富二位，更觉莫名其妙。但是，台官却有石介给富弼的亲笔信件作证；而信中又隐然有废黜仁宗之意。石介对此，矢口否认。富弼未及辩诬，先已惶恐不迭。其实，此事纯为夏竦一手制造。从他被撤去枢密使职、并被石介斥为"奸魅"时起，便秘密买通婢女临摹石介的手迹。该婢临写之功，已非一日。

此案一兴，蜚语四起。后来，甚至牵连到范仲淹改革的诚意，乃至扩大相权的居心之类。宋仁宗虽然对这件事未必全信，但看到反对革新的势力这么强大，他开始动摇了，这时，宋夏之间已正式议和，政治危机，也大略消弭。仁宗对于改革的兴致，已渐冷漠和淡释。富弼为了避嫌，请求出使边地。范仲淹也自知无趣，带职去视察河东与陕西。

宰相章得象和副相贾昌朝，当初曾附和过范仲淹的新政。但在实际执行中，他们却阳奉阴违。待到新政受挫，革新派遭诬，他们便立即转向与范仲淹对立。范、富离京之后，他们索性与保守势力联合，对范仲淹等人落井下石，并通过台官，制造新的冤案，将在京的革新人物一网打尽。

庆历五年（1045）初，曾慷慨激昂，想励精图治的宋仁宗终于完全退缩，他下诏废弃一切改革措施，范仲淹和富弼被撤去军政要职。实行仅一年有余的各项新政，也先后纷纷取缔。京师内外的达官贵人及其子弟，依旧歌舞喧天。范仲淹革除弊政的苦心孤诣，转瞬间付之流水。他被调作邠州（今陕西彬县一带）知州。

这年冬天，范仲淹已近58岁。边塞的严寒威胁着他的健康，他被允许移到稍暖的邓州（今河南省邓州市）做知州。此时，富弼已贬至青州（今山东省益都一带），欧阳修贬去滁州（今安徽省滁县等地），滕宗谅贬在岳州（今湖南省岳阳一带），尹洙则流窜筠州（今江西省高安附近），并备受凌辱。范仲淹经过申请，把尹洙接到邓州来养病，尹洙临终，极为贫困，他笑着告诉范仲淹："死生乃是正常的规律。既无鬼神，也无恐惧。"

皇佑元年（1049），范调往杭州作知州。他出资购买良田千亩，让其弟找贤人经营，收入分文不取，成立公积金，对范氏远祖的后代子孙义赠口粮，对婚丧嫁娶也均有资助（有俸禄的官员除外），这种善举感动天下，全国范姓人民视范仲淹为圣贤而敬之。

皇佑三年（1051），范仲淹又移任青州。这里的冬寒，加重了他的疾病。第二年（1052）调往颖州，他坚持扶疾上任。但只赶到徐州，便在五月二十日（6月19日）溘然长逝，享年64岁。

北宋皇帝闻讯后难过万分，追加范仲淹为兵部尚书，并亲书褒贤之碑。

【国学精粹珍藏版】

中华历代名人大传

◎尽览中国古典文化的博大精深 ◎读传世典籍，赢智慧人生——受益终生的传世经典

李志敏·主编

卷四

民主与建设出版社

欧阳修

欧阳修（1007~1072），字永叔，号醉翁，又号六一居士。吉安永丰（今属江西）人，自称庐陵（今永丰县沙溪人）。谥号文忠，世称欧阳文忠公，北宋卓越的文学家、史学家。

仕途艰涩

北宋景德四年（1007），欧阳修出生在绵州（今四川绵阳）。欧阳修4岁时，他的父亲故去，欧阳修跟随叔父在现湖北随州长大。

欧阳修幼年家贫无资，母亲郑氏以荻画地，教以识字。欧阳修自幼酷爱读书，常从城南李家借书抄读，他天资聪颖，又刻苦勤奋，往往书不待抄完，已能成诵。少年习作诗赋文章，文笔老练，有如成人，其叔由此看到了家族振兴的希望，曾对欧阳修的母亲说："嫂无以家贫子幼为念，此奇儿也！不唯起家以大吾门，他日必名重当世。" 10岁时，欧阳修从李家得唐《昌黎先生文集》6卷，甚爱其文，手不释卷，这为日后北宋诗文革新运动播下了种子。

天圣八年（1030）中进士。次年任西京（今洛阳）留守推官，与梅尧臣、尹洙结为至交，互相切磋诗文。景祐元年（1034），召试学士院，授任宣德郎，充馆阁校勘。三年，范仲淹上章批评时政，被贬饶州。欧阳修为他辩护，被贬为夷陵（今湖北宜昌）县令。康定元年（1040），欧阳修被召回京，复任馆阁校勘，编修崇文总目，后知谏院。庆历三年（1043），任右正言、知制诰。范仲淹、韩琦、富弼等人推行"庆历新政"，欧阳修参与革新，提出改革吏治、军事、贡举法等主张。五年，范、韩、富等相继被贬，欧阳修上书为其辩驳，因被贬为滁州（今安徽滁州）太守。后又改知扬州、颍州（今安徽阜阳）、应天府（今河南商丘）。

皇祐元年（1049）回朝，先后任翰林学士、史馆修撰等职。至和元年（1054）八月，与宋祁同修《新唐书》，又自修《五代史记》（即《新五代史》）。嘉祐二年（1057）二月，欧阳修以翰林学士身份主持进士考试，提倡平实文风，录取苏轼、苏辙、曾巩等人，对北宋文风转变有很大影响。三年六月庚戌，欧阳修以翰林学士身份兼龙图阁学士权知开封府。五年，拜枢密副使。次年任参知政事。后又相继任刑部尚书、兵部尚书等职。治平二年（1065），上表请求外任，不准。此后两三年间，因被蒋之奇等诬谤，多次辞职，都未允准。

熙宁二年（1069），王安石实行新法。欧阳修对青苗法有所批评，且未执行。三年，除检校太保宣徽南院使等职，坚持不受，改知蔡州（今河南汝南县）。此年改号"六一居士"。四年六月，以太子少师的身份辞职。居颍州（今属安徽省）。五年闰七月二十三日（1072年9月22日），欧阳修卒于家，谥文忠。

回河之争

宋庆历八年（1048），黄河决于澶州商胡埽（今河南濮阳东北），河水改道北流，经大名府、恩州、冀州、深州、瀛州、永静军等地，至乾宁军合御河入海。当时因年荒民困，没有立即堵口。皇祐三年（1051），北流于馆陶郭固口决口，四年堵塞后流势仍不畅，引起了北流和恢复故道东流的争论。至和二年（1055），欧阳修极力反对回河东流，连上两疏陈述不能回河的理由。在第一疏中，他分析了当时"天下苦旱，京东尤甚，河北次之""河北自恩州用兵之后，继以凶年，人户流亡，十失八九"的严重形势，认为在"国用方乏，民力方疲"之际，以"三十万人之众，开一千余里之长河"，不但人力、物力不允许，而且会引起"流亡盗贼之患"，危及宋王朝的根本利益。在第二疏中，他根据自己的观察体会，首先从分析黄河淤积决溢规律出发，阐述了不宜回河的原因。他说："河本泥沙，无不淤之理。淤常先下流，下流淤高，水行渐壅，乃决上流之低处，此势之常也。"接着他又分析了京东、横陇河道的具体情况，指出："天禧中，河出京东，水行于今所谓故道者。水既淤涩，乃决天台埽，寻塞而复故道；未几，又决于滑州南铁狗庙，今所谓龙门埽者。其后数年，又塞而复故道。已而又决王楚埽，所决差小，与故道分流，然而故道之水终以壅淤，故又于横陇大决。是则决河非不能力塞，故道非不能力复，所复不久终必决于上流者，由故道淤而水不能行故也。及横陇既决，水流就下，所以十余年间，河未为患。至庆历三、四年，横陇之水，又自海口先淤，凡一百四十余里；其后游、金、赤三河相次又淤。下流既梗，乃决于上流之商胡口。然则京东、横陇两河故道，皆下流淤塞河水已弃之高地。京东故道屡复屡决，理不可复，不待言而易知也。"同时，欧阳修还认为，河渠司李仲昌等议开的六塔河，宽仅五十步，"欲以五十步之狭，容大河之水，此可笑者"，并断言六塔河"于大河有减水之名，而无减患之实。今下流所散，为患已多，若全回大河以注之，则滨、棣、德、博河北所仰之州，不胜其患，而又故道淤涩，上流必有他决之虞，此直有害而无利耳，是皆智者之不为也"。欧阳修的奏疏未予采纳，朝廷命加紧堵口，开六塔河。嘉祐元年（1056）四月，商胡决口塞而复决，回河失败。

狄青之死

崇文盛世的北宋一直贯彻重文轻武的国策，作为一个文人，欧阳修在北宋这样一个轻武潮流汹涌的时代也犯过不理解武将的错误：与士大夫一起弹劾狄青，最终导致狄青的死。

皇祐四年（1052）狄青任枢密副使时，御史中丞王举正就认为，狄青出身行伍而位至执政，"本朝所无，恐四方轻朝廷"。右司谏贾黯上书皇帝，论奏狄青升官有四不可，御史韩贽等人亦皆附和。在侬智高纵横岭南，满朝文武惊慌失措，狄青受命于危难，率兵出征之际，朝廷在欣喜之余，也仍然不忘"狄青武人，不可独任"，要以宦官任守忠监军，监视狄青。

后因谏官李兑力言"唐失其政，以宦者观军容，致主将掣肘，是不足法。"朝廷也迫于形势紧急才作罢。到狄青凯旋还朝作了枢密使（和丞相一个级别）时，这种疑忌和不安达到了顶点。臣僚百官纷纷进言，不仅始终反对狄青做官者如王举正竟以罢官威胁，就连原来屡屡称颂狄青战功，誉之为良将的欧阳修等人也极力反对任命狄青。

欧阳修在嘉祐元年（1056）七月上书请罢狄青，洋洋数千言，却举不出一条得力罪证，反而称赞他："青之事艺，实过于人""其心不恶""为军士所喜"，任枢密使以来，"未见过失"。那么罪名是什么呢？不得不假托虚妄的阴阳五行说，把当年的水灾归罪于狄青，说："水者阳也，兵亦阴也，武将亦阴也"，今年的大水就是老天爷因为狄青任官而显示的征兆。简直是无中生有，罗织罪名。另一位文学家文彦博也向仁宗发难。仁宗辩解道："狄青是忠臣。"文彦博在没有任何证据的情况下居然反驳道："太祖皇帝也是周世宗的忠臣。"（宋太祖是通过政变推翻周世宗统治当上皇帝的）

嘉祐元年（1056）正月，仁宗生了一场病，后来慢慢康复，如制诰刘敞上书说："天下有大忧者，又有大可疑者，今上体平复，大忧者去矣，而大疑者尚存"，竟把狄青树为朝廷最大的威胁。在这种猜忌、疑虑达到登峰造极的时候，谣言纷起，有人说狄青家的狗头正长角，有人说狄青的住宅夜有光怪，就连京师发水，狄青避家相国寺，也被认为是要夺取王位的行动。

嘉祐元年（1056）八月，仅作了4年枢密使的狄青终于被罢官，但因无过，被加宰相衔（同中书门下平章事），民间称"从士兵到元帅、从布衣到宰相"，出知陈州，离开了京师。

到陈州之后，朝廷仍不放心，每半个月就遣中使，名曰抚问，实则监视。这时的狄青已被谣言中伤搞得惶惶不安，每次使者到来他都要"惊疑终日"，惟恐再生祸乱，不到半年，发病郁郁而死。

狄青出身贫贱，曾有谄谀附阿之徒附会说他是唐朝名臣狄仁杰之后，狄青并不为改换门庭而冒认祖宗，他说："一时遭际，安敢自比梁公。"在侬智高败逃之后，有人曾主张报侬智高已死，以此邀功，狄青却以为"不敢诬朝廷以贪功"。

狄青始终对朝廷忠心耿耿。在他作了枢密副使之后，脸上仍保留着宋代军士低贱的标记——制字。宋仁宗曾劝他用药抹去，狄青回答说："陛下以功擢臣，不问门第，臣所以有今日，由此涅尔，臣愿留以劝军中。"

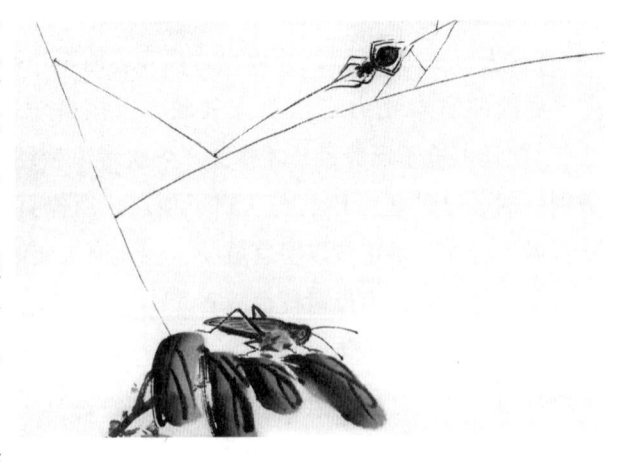

史称狄青"为人缜密寡言，其计事必审中机会而后发。行师先正队伍，明赏罚，与士卒同饥寒劳苦……尤喜推功与将佐。"狄青的品行和武功在当时朝野广为传颂，京师的百姓

"诵咏其材武。青每出入,辄聚观之,至壅路不得行。"就连力主罢免他的文彦博也称他"忠谨有素"。

这位曾驰骋沙场,浴血奋战,为宋王朝立下汗马功劳的一代名将,对宋王朝忠心耿耿的良臣,以49岁的盛年,没有在兵刃飞矢之中倒下,血染疆场,马革裹尸,却死在猜忌、排斥的打击迫害之中。

醉翁四逸事

欧阳修在滁州时,自号醉翁,晚年自号六一居士。自述藏书一万卷,藏金石文一千卷,有琴一张,有棋一局,而常置酒一壶,是为六一。

(一)宋庆历五年(1045),欧阳修被贬滁州任太守。此后,他时常闲游山水,并与附近琅琊寺的智仙和尚结为好友。为便于他游览,智仙和尚带人在山腰盖了座亭子。亭子建成那天,欧阳修前去祝贺,为之取名为"醉翁亭",并写下了千古传诵的散文名篇《醉翁亭记》。文章写成后,欧阳修张贴于城门,征求修改意见。开始大家只是赞扬,后来,有位樵夫说开头太啰嗦,便叫欧阳修到琅琊山南门上去看山。欧阳一看,便恍然大悟,于是提笔将开头"环滁四面皆山,东有乌龙山,西有大丰山,南有花山,北有白米山,其西南诸山,林壑尤美"一串文字换上"环滁皆山也"五个字。如此一改,则文字精练,含义倍增。

(二)欧阳修在翰林院任职时,一次,与同院三个下属出游,见路旁有匹飞驰的马踩死了一只狗。欧阳修提议:"请你们分别来记叙一下此事。"只见一人率先说道:"有黄犬卧于道,马惊,奔逸而来,蹄而死之",另一人接着说:"有黄犬卧于通衢,逸马蹄而杀之。",最后第三人说:"有犬卧于通衢,卧犬遭之而毙。"欧阳修听后笑道:"像你们这样修史,一万卷也写不完。"那三人于是连忙请教:"那你如何说呢?"欧阳修道:"'逸马杀犬于道',六字足矣!"三人听后脸红地相互笑了起来,比照自己的冗赘,深为欧阳修为文的简洁所折服。

(三)《宋稗类钞》记载,有一次欧阳修替人写了一篇《相州锦堂记》,其中有这样两句:"仕宦至将相,富贵归故乡。"交稿后,他又推敲了一下,觉得不妥,便派人骑快马将稿子追回,修改后再送上。来人接过改稿,草草一读,很是奇怪:还和原稿一模一样吗?仔细研读后才发现,全文只是将"仕宦至将相,富贵归故乡"改成了"仕宦而至将相,富贵而归故乡",快马追回的只是两个"而"字。但他反复吟诵后,才发现个中妙处。原来,改句中增加了两个"而"字,意义虽未改变,但是读起来语气由急促变为舒缓,音节和谐,增加了语言抑扬顿挫的音乐美。

(四)从前,有一个单科秀才,总是觉得自己了不起,文如锦绣,诗如莲花。四下张望,只有一个叫欧阳修的,能和自己相比。一日,这秀才背起行囊,拿了一张地图,要对欧阳修进行文学访问。那真是,一脸得意,万种豪情。心想,定要访他个哑口无言,乖乖地亮出免战牌。说话间,秀才来到河边,上船的时候,歪脑袋看见一棵枇杷树,好秀才,出口成吟:"路旁一枇杷,两朵大丫杈。"——要说嘛,这秀才的前两句还是挺顺当的,可不知怎么,总是后劲不足,后面就憋不出来。要说天下的事儿,就是一个巧。正巧欧阳修也来过河,随口说道:"未结黄金果,先开白玉花。"秀才一听,拱手赞道:"想不到老兄也会吟诗,对得还不错,不失我的原意。这可是诗人兴会了。"

说话间,船老大已经开船了,枇杷树渐行渐远,秀才见河中有一群鹅,有的鹅潜水,有的鹅灌水,诗兴又起,脱口念道:"远看一群鹅,一棒打下河。"

话说秀才两句出口,又没词儿了。欧阳修顺口接道:"白毛浮绿水,红掌拨清波。"

秀才大喜:"嚞!看来老兄肚子里还真有点货,竟能懂得我的诗意。那秀才大步流星,从船头跨到船尾,向欧阳修伸出双手,一边跑一边说:"诗人同登舟,去访欧阳修。"欧阳修连忙把双手高高拱起:"修也不知你,你也不知修(羞)。"

文学成就

欧阳修在文学创作上的成就,以散文为最高。苏轼评其文时说:"论大道似韩愈,论本似陆贽,纪事似司马迁,诗赋似李白"。但欧阳修虽素慕韩文的深厚雄博,汪洋恣肆,但并不亦步亦趋。

欧阳修一生写了500余篇散文,各体兼备,有政论文、史论文、记事文、抒情文和笔记文等。他的散文大都内容充实,气势旺盛,深入浅出,精炼流畅，叙事说理，娓娓动听，抒情写景，引人入胜，寓奇于平，文坛面目自欧阳修始为之一新。他的许多政论作品，如《本论》《原弊》《与高司谏书》《朋党论》《新五代史·伶官传序》等，恪守自己"明道""致用"的主张，紧密联系当时政治斗争，指摘时弊，思想尖锐，语言明快，表现了一种匡时救世的怀抱。他还写了不少抒情、叙事散文，也大都情景交融，摇曳多姿。他的《释秘演诗集序》《祭石曼卿文》《苏氏文集序》等文，悼念亡友，追怀往事，情深意挚，极为动人；他的《丰乐亭记》《醉翁亭记》诸作，徐徐写来，委婉曲折，言辞优美，风格清新。总之，不论是讽世刺政，还是悼亡忆旧，乃至登临游览之作，无不充分体现出他那种从容宽厚、真率自然的艺术个性。

欧阳修还开了宋代笔记文创作的先声。他的笔记文，有《归田录》《笔说》《试笔》等。文章不拘一格，写得生动活泼，富有情趣，并常能描摹细节，刻画人物。其中，《归田录》记述了朝廷遗事、职官制度、社会风习和士大夫的趣事轶闻，介绍自己的写作经验，都很有价值。

欧阳修在诗歌创作方面也卓有成就。他的诗在艺术上主要受韩愈影响。《凌溪大石》《石篆》《紫石屏歌》等作品，模仿韩愈想象奇特的诗风；其它一部分诗作沉郁顿挫，笔墨淋漓，将叙事、议论、抒情结为一体，风格接近杜甫，如《重读〈徂徕集〉》《送杜岐公致仕》；另一部分作品雄奇变幻，气势豪放，却近于李白，如《庐山高赠同年刘中允归南康》。但多数作品，主要学习韩愈"以文为诗"，即议论化、散文化的特点。虽然他以自然流畅的诗歌语言，避免了韩愈的险怪艰涩之弊，但仍有一些诗说理过多，缺乏生动的形象。有的古体诗因此显得诗味不浓，但部分近体诗却比兴兼用，情景相生，意味隽永。在内容上，他的诗有一部分反映人民的疾苦，揭露社会的黑暗，具有一定的社会意义。例如，在《答杨子静祈雨长句》中，描写了"军国赋敛急星火""然而民室常虚空"的社会现实；在《食糟民》中，揭露了官吏"日饮官酒诚可乐"，而百姓"釜无糜粥度冬春"的不合理现象。不过，他写这些诗的目的是很明白的："因吟君赠广其说，为我持之告采诗"，为的是规劝统治阶级修明政治，维护封建秩序。他还在诗中议论时事，抨击腐败政治，如《奉答子华学士安抚江南见寄之作》。其他如《明妃曲和王介甫作》《再和明妃曲》，表现了诗人对妇女命运的同情，对昏庸误国的统治者的谴责。更多的是写景抒情作品，或清新秀丽，或平淡有味，多抒发诗人的生活感受。如《黄溪夜泊》中的"万树苍烟三峡暗，满川明月一猿哀"，《春日西湖寄谢法曹歌》中的"雪消门外千山绿，花发江边二月晴"，《画眉鸟》"百啭千声随意移，山花红紫树高低；始知锁向金笼听，不及林间自在啼"等。总的来看，他的诗歌风格还是多样的。欧阳修不仅善于作诗，且时有新见，其最后一部作品《诗话》（由于诗话从专名演变为一种文体，后人为区别称《六一诗话》），是为中国文学史上第一部诗话。后人郭绍虞说："诗话之称，固始于欧阳修，即诗话之体，亦可谓创白欧阳氏矣"（《宋诗话考》）。欧阳修的诗话，改变了以前的论诗或重在吕评、或重要格例、或重在作法、或重在本事的做法，而是兼收并蓄，细加抽绎，以随便亲切的闲谈逸事的方式评叙诗歌，成为一种论诗的新形式。他在评论诗的时候，虽然不废雕琢，但主张归于自然。在《梅圣俞诗集序》中，他提出诗"穷者而后工"的论点，发展了杜甫、白居易的诗歌理论，为宋诗的发展指明了方向，对当时和后世的诗歌创作产生了很大的影响。欧阳修还在宋初的词坛上占了一席重要的位置。他创作了很多词，内容大都与"花间"相近，主要内容仍是恋情相思、离情别绪、酣饮醉歌、惜春赏花之类，并善于以清新疏淡的笔触写景。《采桑子》13首，描绘颍州西湖的自然之美，写得恬静、澄澈，富有情韵，宛如一幅幅淡雅的山水画。另一些词的"杏花红处青山缺，山畔行人山下歇"（《玉楼春》），"堤上游人逐画船，拍堤春水四垂天。绿杨楼外出秋千"（《浣溪沙》），"平山栏槛倚晴空，山色有无中"（《朝中措》）等，也都是写景的佳句。由于作者对事物体察入微，看似随意写出，却是无限传神，没有炉火纯青的工夫，是不能达到这种艺术境界的。而他偏重抒情的词，写得婉曲缠绵，情深语近，例如《踏莎行》中上下阕的最后两句"离愁渐远渐无穷，迢迢不断如春水""平芜尽处是春山，行人更在春山外"，通过春水春山，从思妇眼中写征人，情意深远，含蓄蕴藉，给人以新颖别致的感觉，感情亦非常深挚。他还有一些词，虽然颓唐叹老、牢骚不平，却直抒胸臆，表现出襟怀豪逸和乐观的一面。还有一些艳词，虽写男女约会，也朴实生动；当然，其中也不免有浅薄庸俗的作品。此外，欧阳修还打破了赋体的严格的格律形式，写了一些文赋，他的著名的《秋声赋》运用各种比喻，把无形的秋声描摹得非常生动形象，使人仿佛可闻。这篇赋变唐代以来的"律体"为"散体"，对于赋的发展具有开拓意义，与苏轼的《赤壁赋》先后媲美，千载传诵。

欧阳修在中国文学史上有重要的地位。他大力倡导诗文革新运动，改革了唐末到宋初的形式主义文风和诗风，取得了显著成绩。由于他在政治上的地位和散文创作上的巨大成就，使他在宋代的地位有似于唐代的韩愈，"天下翕然师尊之"（苏轼《居士集叙》）。他荐拔和指导了王安石、曾巩、苏洵、苏轼、苏辙等散文家，对他们的散文创作发生过很大的影响。其中，苏轼最出色地继承和发展了他所开创的一代文风。北宋以及南宋后很多文人学者都很称赞他的散文的平易风格。他的文风，还一直影响到元、明、清各代。

苏轼

苏轼（1037~1101），字子瞻，又字和仲，号"东坡居士"，世人称其为"苏东坡"，眉州（今四川眉山，北宋时为眉山城）人，祖籍栾城。北宋著名文学家、书画家、词人、诗人，美食家，唐宋八大家之一，豪放派词人代表。其诗、词、赋、散文，均成就极高，且善书法和绘画，是中国文学艺术史上罕见的全才，也是中国数千年历史上被公认文学艺术造诣最杰出的大家之一。

政见不合，屡屡遭贬

苏轼出身于寒门家庭，幼年承受家教，深受其父苏洵的熏陶，母程氏也曾"亲授以书"。长大以后，他"学通经史，属文日数千言"。

北宋嘉佑元年（1056），苏轼首次出川赴京应举，次年与弟辙中同榜进士，深受主考欧阳修赏识。后因奔母丧回蜀，四年始沿长江、经江陵再度赴京。六年应中制科，入第三等，授大理评事、签书凤翔府判官。这期间苏轼针对财乏、兵弱、官冗等政治弊端，写了大量策论，要求改革。

苏轼凤翔任满，其父苏洵于汴京病故，他扶丧归里。熙宁二年（1069）初还朝任职。其时神宗用王安石变法，苏轼的改革思想与王安石的变法主张有许多不同。如王安石主张"大明法度"，多方理财，并迅速向全国推行新法。苏轼则强调择吏任人，而反对"以立法更制为事"；主张"节用以廉取"，而不赞同"广求利之门"；他还提出"欲速则不达""轻发则多败"，在兴革步骤上力主稳健，因此，他连续上书反对变法。

苏轼站在保守派的立场，上书力陈新法害处："国家之所以存亡者，在道德之浅深，不在乎强与弱，历数之所以长短者，在风俗之薄厚，不在乎穷与贫。人主知此，则知所轻重矣。"要求神宗权衡轻重，务崇道德而厚风俗，不要急于有功而贪富强。

由于意见未被采纳，请求外调，自熙宁四年至元丰初期他先后被派往杭州、密州、徐州、湖州等地任地方官。在这期间，他曾经惩办悍吏，灭蝗救灾，抗洪保堤，对邑政进行了某些改革，收到了"因法便民"之效。

苏轼不满意变法，尤其当看到新法推行中的流弊时，"不敢默视"，时时"缘诗人之义，托事以讽"。王安石罢相后，何正臣、舒亶、李定等新进官僚却从苏轼诗文中深文周纳，罗织罪状，弹劾苏轼"指斥乘舆""包藏祸心"，因于元丰二年（1079）把他从湖州逮捕，投入监狱，勘问他诽谤朝廷的罪行，这就酿成北宋有名的文字狱"乌台诗案"。经过几个月的折磨，苏轼侥幸被释，谪贬黄州。在元丰时期的贬斥生活中，他虽被迫表示要闭门思过，但并未缄口搁笔，他仍然关心现实，同情人民，写了不少有价值的作品。元丰七年，苏轼改贬汝州，离黄州北上时，路经金陵，曾拜会退休宰相王安石。两人政治见解虽有分歧，但还保持了私交，共游蒋山，互相唱和。

元丰八年神宗病死，哲宗年幼，高太后临朝，次年改元佑，起用旧党司马光执政，苏轼被调回京都任中书舍人、翰林学士、知制诰等职。他不同意司马光"专欲变熙宁之法，不复校量利害，参用所长"。在罢废免役法问题上与旧党发生分歧。苏轼认为差役免役"二害轻重，盖略相等，今以彼易此，民未必乐"，这又引起了旧派疑忌，元佑四年，出知杭州。六年召回，贾易等人寻隙诬告，苏轼"七上封章乞除一郡"，先后被派知颍州、扬州、定州。苏轼在杭州，曾减赋赈荒，掘湖修堤；在定州，曾整饬军纪，加强边备。在元佑保守气氛充满朝廷的时代，他仍然在力所能及的范围内不断进行某些改革。

绍圣元年哲宗亲政，新党得势，贬斥元佑旧臣，苏轼又成为这些新贵打击的对象，被一贬再贬，由英州（今广东英德）、惠州，一直远放到儋州（今海南儋县）。尽管当时"饮食不具，药石无有"，条件极为艰苦，苏轼却能"食芋饮水，著书以为乐"。并对惠州百姓和黎族人民流露了深厚的同情。直到元符三年（1100）宋徽宗即位，他才遇赦北归。建中靖国元年（1101）七月死于常州。

不思量，自难忘

苏轼一生当中曾经有过三位妻妾，三位夫人都是秀外而慧中，被苏轼引为生命知己。但不幸的是，三个人都先后早于苏轼离开人世，留给苏轼的只有追忆和感伤。

苏轼的结发之妻叫王弗，四川眉州青神人，年轻貌美，知书达理，16岁嫁给苏轼。她堪称苏轼的得力助手，有"幕后听言"的故事。苏轼为人旷达，待人接物相对疏忽，于是王弗便在屏风后静听，并将自己的建议告知于苏轼。苏轼的《亡妻王氏墓志铭》中记载着这样的故事：每当苏轼和访客谈话的时候，王弗都后站在屏风后面听着，等客人走了之后，对苏轼与客人的谈话内容给以指正，说明对待立场摇摆的客人，不要盲目坦陈肺腑，以免为自己招来祸害。如果遇到有人来和苏轼交好，甚至频频礼下于人苏轼，王弗就对苏轼说，和这样的人交往是不会长久的，必然是来得快，去的也快，后来事实果然和王弗预料的那样。每当苏轼读书时，王弗便陪伴在侧，终日不去；苏轼偶有遗忘，她便从旁提醒。可谓苏轼绝佳的贤内助。王弗侍亲甚孝，对苏轼关怀备至，二人情深意笃，恩爱有加。王弗与苏轼生活了11年后病逝，这对东坡是绝大的打击，其心中的沉痛，精神上的痛苦，是不言而喻的。苏轼依父亲苏洵言"于汝母坟茔旁葬之"，并在埋葬王弗的山头亲手种植了30 000株松树以寄哀思。又过了10年，苏轼为王弗写下了被誉为悼亡词千古第一的《江城子·记梦》：十年生死两茫茫。不思量，自难忘。千里孤坟，无处话凄凉。纵使相逢应不识，尘满面，鬓如霜。夜来幽梦忽还乡。小轩窗，正梳妆。相顾无言，惟有泪千行。料得年年

肠断处，明月夜，短松冈。这首词九百多年来，在不同的朝代都一直被广为传诵着，也是文学史上众多悼亡作品中最突出的一首。当了解到苏轼与王弗的爱情故事后，再读这首词，那种情感、那种沉痛、那种深切，足以让后人也一样"泪千行"了！

  苏轼的第二任妻子叫王闰之，是王弗的堂妹，在王弗逝世后第三年嫁给了苏轼。她比苏轼小11岁，自小对苏轼崇拜有加，生性温柔，处处依着苏轼。王闰之伴随苏轼走过了他人生中最重要的25年，历经乌台诗案，黄州贬谪，在苏轼的宦海沉浮中，与之同甘共苦。最困难时，和苏轼一起采摘野菜，赤脚耕田，变着法子给苏轼解闷。在王闰之生日之际，苏轼放生鱼为她资福，并作《蝶恋花》纪事。词中"三个明珠，膝上王文度"，是赞美她对三个儿子都一视同仁，疼爱不分彼此。25年之后，王闰之也先于苏轼逝世。苏轼痛断肝肠，写祭文道："我曰归哉，行返丘园。曾不少许，弃我而先。孰迎我门，孰馈我田？已矣奈何！泪尽目乾。旅殡国门，我少实恩。惟有同穴，尚蹈此言。呜呼哀哉！"在妻子死后百日，请他的朋友、大画家李龙眠画了10张罗汉像，在请和尚给她诵经超度往来生乐土时，将此10张足以传世的佛像献给了妻子的亡魂。苏轼死后，苏辙将其与王闰之合葬，实现了祭文中"惟有同穴"的愿望。

  苏轼的侍妾叫王朝云，比苏轼小26岁。苏轼最困顿时，他身边的侍妾纷纷离去，王朝云却一直陪伴其左右。是苏轼的红颜知己，苏轼写给王朝云的诗歌最多，称其为"无女维摩"。不幸的是，朝云也先于苏轼在惠州病逝。朝云逝后，苏轼一直鳏居。

画扇断案

  苏东坡在杭州做刺史期间，他画扇断案的故事一直为人所津津乐道。

  有一天，忽然有两个人又打又闹地扭到衙门里来，把堂鼓擂得震天响，呼喊着要告状。衙役出来吆喝道："新老爷还没上任，要告状过几天再来吧！"那两个人正在火头上，也不管衙役拦阻，硬要闯进衙门里去。

  苏东坡叫衙役放那两个要告状的人放进来。他一拍惊堂木，问道："你们两个叫什么名字？谁是原告？"

  两个人在堂上跪下。其中一个说："我是原告，叫李小乙。"另一个说：

"我叫洪阿毛。"

苏东坡问："李小乙，你何故状告洪阿毛？"

李小乙回答说："我帮工打杂积下十两银子，早两个月借给洪阿毛做本钱。我和他原是要好的邻居，讲明不收利息，但我什么时候要用，他就什么时候还我。如今，我相中了一房媳妇，急等着这银子娶亲，而他非但不还我银子，还打我呢！"

苏东坡转过来问洪阿毛："你为啥欠债不还，还要打人？"

洪阿毛急忙磕头分辩："大老爷呀，我是赶时令做小本生意的。借他的那十两银子，早在立夏前就贩成扇子了。没想今年过了端午节天气还很凉，人家身上都穿夹袍，谁来买我的扇子呀！这几天又接连阴雨，扇子放在箱里都霉坏啦。我是实在没有银子还债呀。我不还，他就骂我、揪我，我一时在火头上打了他一拳，这可不是存心要打的呀！"

苏东坡在堂上皱皱眉头，说："李小乙娶亲的事情要紧，洪阿毛应该马上还他十两银子。"

洪阿毛一听，在堂下叫起苦来："大老爷呀，我实在是没有银子还债呀！"

苏东坡在堂上捋捋胡须，说："洪阿毛做生意蚀了本，也实在为难。李小乙娶亲的银子还得另想办法。"

李小乙一听，在堂下喊起屈来："大老爷呀，我辛辛苦苦积下这十两银子，可不容易呀！"

苏东坡笑了笑，说："你们不用着急，现在洪阿毛马上回家去拿二十把发霉的折扇给我，这场官司就能两清了。"

洪阿毛高兴极了，急忙爬起身，一溜烟奔回家去拿来二十把白折扇交给苏东坡。苏东坡将折扇一把把打开，摊在案桌上，磨浓墨，蘸饱笔，把那大块的霉印子，画成假山盆景；拣那小点的霉印子，画成松竹梅岁寒三友，只一会工夫，二十把折扇全画好了。他拿起十把折扇交给李小乙说："你娶亲的十两银子就在这十把折扇上了。你把它拿到衙门口去喊，'苏东坡画的画，一两银子一把'，马上就能卖掉。"他又拿起十把折扇交给洪阿毛说："你也拿它到衙门口去卖，卖得十两银子当本钱，去另做生意吧。"

两个人接过扇子，心里似信非信。谁知刚刚跑到衙门口喊了两声，二十把折扇就一抢而空了。李小乙和洪阿毛每人捧着十两白花花的银子，欢天喜地的各自回家去了。

苏东坡"画扇判案"的事，就此一下子就在民间传开了。

轶闻三则

（一）苏轼20岁的时候，到京师去科考。有6个自负的举人看不起他，决定备下酒菜请苏轼赴宴打算戏弄他。苏轼接邀后欣然前往。入席尚未动筷子，一举人提议行酒令，酒令内容必须要引用历史人物和事件，这样就能独吃一盘菜。其余5人轰声叫好。"我先来。"年纪较长的说："姜子牙渭水钓鱼！"说完捧走了一盘鱼。"秦叔宝长安卖马！"第2位神气地端走了马肉。"苏子卿贝湖牧羊！"第3位毫不示弱地拿走了羊肉。"张翼德涿县卖肉！"第4个急吼吼地伸手把肉扒了过来。"关云长荆州刮骨！"第5个迫不及待地抢走了骨头。"诸葛亮隆中种菜！"第6个傲慢地端起了最后的一样青菜。菜全部分完了，6个举人兴高采烈的正准备边吃边嘲笑苏轼时，苏轼却不慌不忙地吟道："秦始皇并吞六国！"说完把六盘菜全部端到自己面前，微笑道："诸位兄台请啊！"6举人呆若木鸡。

（二）苏轼高中榜眼后，苏氏三父子加上以三难秦少游而闻名的苏小妹一家齐聚在花园里庆祝，苏轼之父苏洵命题定以"冷、香"两个字，每人写两句诗，要求都会合当时的情景。为起带头，苏老泉缓步度到花池边，吟道："水自石边流出冷，风从花里过来香"。少游站起来摘了瓣馨香腊梅，弹了下手指，曰："冷字句伕不可知，梅花弹遍指头香。"小妹也去摘花，少游要笑他摹仿自己，小妹却云："叫日杜鹃喉舌冷，宿花蝴蝶梦魂香。"说完摊开手掌，一只蝴蝶已被捏死。女儿特点毕露，大家都齐声叫好。苏轼却用衣带一拂石凳，骑着马就走，苏老泉叫道："我儿，答不出也不要走啊。"话音未落，苏轼已长声飘来两句："拂石坐来衣带冷，踏花归去马蹄香"！苏轼之奇才从中可略见一斑。

（三）苏东坡在杭州，喜欢与西湖寺僧交朋友。他和金山寺佛印和尚最要好，两人饮酒吟诗之余，还常常开玩笑。佛印和尚好吃，每逢苏东坡宴会请客，他总是不请自来。有一天晚上，苏东坡邀请黄庭坚去游西湖，船上备了许多酒菜。游船离岸，苏东坡笑着对黄庭坚说："佛印每次聚会都要赶到，今晚我们乘船到湖中去喝酒吟诗，玩个痛快，他无论如何也来不了啦。"谁知佛印和尚早打听到苏东坡要与黄庭坚游湖，就预先在他俩没有上船的时候，躲在船舱板底下藏了起来。明月当空，凉风送爽，荷香满湖，游船慢慢地来到西湖三塔，苏东坡把着酒杯，拈着胡须，高兴地对黄庭坚说："今天没有佛印，我们倒也清静，先来个行酒令，前两句要用即景，后两句要用'哉'字结尾。"黄庭坚说："好吧！"苏东坡先说："浮云拨开，明月出来，天何言哉？天何言哉？"黄庭坚望着满湖荷花，接着说道："莲萍拨开，游鱼出来，得其所哉！得其所哉！"

这时候，佛印在船舱板底下早已忍不住了，一听黄庭坚说罢，就把船舱板推开，爬了出来，说道："船板拨开，佛印出来，憋煞人哉！憋煞人哉！"苏东坡和黄庭坚，看见船板底下突然爬出一个人来，吓了一大跳，仔细一看，原来是佛印，又听他说出这样的四句诗，禁不住都哈哈大笑起来。苏东坡拉着佛印就坐，说道："你藏得好，对得也妙，今天到底又被你吃上了！"于是，三人赏月游湖，谈笑风生。

艺术成就

苏轼的文学观点和欧阳修一脉相承，但更强调文学的独创性、表现力和艺术价值。他的文学思想强调"有为而作"，崇尚自然，摆脱束缚，"出新意于法度之中，寄妙理于豪放之外"。他认为作文应达到"如行云流水，初无定质，但常行于所当行，常止于所不可不止。文理自然，姿态横生"（《答谢民师书》）的艺术境界。苏轼散文著述宏富，与韩愈、柳宗元和欧阳修三家并称。文章风格平易流畅，豪放自如。释德洪《跋东坡池录》说："其文涣然如水之质，漫衍浩荡，则其波亦自然成文。"苏轼与欧阳修并称"欧苏"，是"唐宋八大家"之一。苏轼是继欧阳修之后主持北宋文坛的领袖人物，在当时的作家中间享有巨大的声誉，一时与之交游或接受他的指导者甚多，北宋文学家黄庭坚、秦观、晁补之和张耒都曾得到他的培养、奖掖和荐拔，故称苏门四学士。

苏轼现存约四千首，其诗内容广阔，风格多样，而以豪放为主，笔力纵横，穷极变幻，具有浪漫主义色彩，为宋诗发展开辟了新的道路。蛮星期

《原诗》说："苏轼之诗，其境界皆开辟古今之所未有，天地万物，嬉笑怒骂，无不鼓舞于笔端。"赵翼《瓯北诗话》说："以文为诗，自昌黎始，至东坡益大放厥词，别开生面，成一代之大观。……尤其不可及者，天生健笔一枝，爽如哀梨，快为并剪，有必达之隐，无难显之情，此所以继李、杜后为一大家也，而其不如李、杜处亦在此。"其诗清新豪健，善用夸张比喻，在艺术表现方面独具风格。少数诗篇也能反映民间疾苦，指责统治者的奢侈骄纵。词开豪放一派，对后代很有影响。《念奴娇·赤壁怀古》《水调歌头·丙辰中秋》传诵甚广。诗文有《东坡七集》等。

苏轼的词现存三百四十多首，冲破了专写男女恋情和离愁别绪的狭窄题材，具有广阔的社会内容。苏轼在我国词史上占有特殊的地位。他将北宋诗文革新运动的精神，扩大到词的领域，扫除了晚唐五代以来的传统词风，开创了与婉约派并立的豪放词派，扩大了词的题材，丰富了词的意境，冲破了诗庄词媚的界限，对词的革新和发展做出了重大贡献。名作有《念奴娇》《水调歌头》等，开豪放词派的先河，与辛弃疾并称"苏辛"。刘辰翁在《辛稼轩词序》说："词至东坡，倾荡磊落，如诗，如文，如天地奇观。"

陆游

陆游（1125～1210）字务观，号放翁，越州山阴（今浙江绍兴）人。南宋爱国诗人，著有《剑南诗稿》《渭南文集》等数10个文集存世。

爱情悲歌

陆游自幼好学不倦，12岁即能诗文，20岁时与唐琬结婚，后被其母强行拆散。这种感情伤痛终其一生，

南宋绍兴十四年（1144），20岁的陆游和表妹唐琬结为伴侣。两人从小青梅竹马，婚后相敬如宾。然而，唐琬的才华横溢与陆游的亲密感情，引起了陆母的不满，以至最后发展到强迫陆游和她离婚。陆游和唐琬的感情很深，不愿分离，他一次又一次地向母亲恳求，都遭到了母亲的责骂。在封建礼教的压制下，虽一次次哀告陆母，但是最终还是走到了"执手相看泪眼"的地步。

陆游迫于母命，万般无奈，便与唐琬忍痛分离。后来，陆游依母亲的心意，另娶王氏为妻，唐琬也迫于父命嫁给同郡的赵士程。这一对年轻人的美满婚姻就这样被拆散了。

10年后的一个春天，31岁的陆游满怀忧郁的心情独自一人漫游山阴城沈家花园。正当他独坐独饮，借酒浇愁之时，突然他意外地看见了唐琬及其改嫁后的丈夫赵士程。

尽管这时他已与唐琬分离多年，但是内心里对唐琬的感情并没有完全摆脱。他想到，过去唐琬是自己的爱妻，而今已属他人，好像禁宫中的杨柳，可望而不可即。

想到这里，悲痛之情顿时涌上心头，他放下酒杯，正要抽身离去。不料这时唐琬征得赵士程的同意，给他送来一杯酒，陆游看到唐琬这一举动，体会到了她的深情，两行热泪凄然而下，一扬头喝下了唐琬送来的这杯苦酒。然后在粉墙之上奋笔题下《钗头凤》这首千古绝唱。

红酥手，黄縢酒，满城春色宫墙柳；

东风恶，欢情薄，

一怀愁绪，几年离索，

错、错、错。

春如旧，人空瘦，泪痕红浥鲛绡透；

桃花落，闲池阁，

山盟虽在，锦书难托，

莫、莫、莫。

陆游题词之后，又深情地望了唐琬一眼，便怅然而去。陆游走后，唐琬孤零零地站在那里，将这首《钗头凤》词从头至尾反复看了几遍，她再也控制不住自己的感情，便失声痛哭起来。回到家中，她愁怨难解，于是也和了一首《钗头凤》词。

世情薄，人情恶，雨送黄昏花易落；

晓风干，泪痕残，

欲笺心事，独语斜栏，

难、难、难。

人成各，今非昨，病魂常似秋千索；

角声寒，夜阑珊，

怕人询问，咽泪装欢，

瞒、瞒、瞒。

唐琬不久便郁闷愁怨而死。

陆游67岁的时候，重游沈园，看到当年题《钗头凤》的半面破壁，触景生情，感慨万千，又写诗感怀：

枫叶初丹槲叶黄，河阳愁鬓怯新霜。

林亭感旧空回首，泉路凭谁说断肠。

坏壁醉题尘漠漠，断云幽梦事茫茫，

年来妄念消除尽，回向蒲龛一炷香。

陆游75岁时，住在沈园的附近，这年唐琬逝去40年。陆游"每入城，必登寺眺望，不能胜情"。他重游故园，挥笔和泪作《沈园》诗：梦断香消四十年，沈园柳老不飞绵。此身行作稽山土，犹吊遗踪一泫然！

陆游81岁，又作梦游沈氏园亭诗：路近城南已怕行，沈家园里更伤情。香穿客袖梅花在，绿蘸寺桥春水生。城南小陌又逢春，只见梅花不见人。玉骨久成泉下土，墨痕犹锁壁间尘。

陆游84岁时，再次重游沈园，怀念唐琬。

报国无门

陆游于绍兴二十三年（1153）赴临安应试进士，取为第一，而秦桧孙秦埙居其次，秦桧大怒，欲降罪主考。二十四年参加礼部考试，主考官再次将陆游排在秦埙之前，竟被秦桧除名。二十八年，秦桧已死，陆游出任福州宁德县主簿。三十二年，孝宗即位，以陆游善词章，熟悉典故，赐其进士出身。历任枢密院编修官兼编类圣政所检讨官、通判、安抚使、参议官、知州等职。淳熙二年（1175），范成大镇蜀，邀陆游至其幕中任参议官。五年，陆游诗名日盛，受到孝宗召见，但并未真正得到重用，孝宗只派他到福州、江西去做了两任提举常平茶盐公事。六年秋，陆游从提举福建常平茶盐公事，改任朝请郎提举江南西路常平茶盐公事，十二月到抚州任所。他一方面用大量精力处理因茶盐官卖后，茶盐户破产，被迫采取私贩和闹事进行反抗而引发的各种纠纷和诉讼；另一方面上书朝廷，主张严惩不法官吏向茶盐户收纳高额茶盐税，趁机大量搜括民脂民膏的行为。淳熙七年（1180）春，抚州大旱。五月大雨，山洪暴发，淹没大片田地和村庄，洪水冲到抚州城门口，百姓饥困潦倒。陆游密切注视灾情发展，写下"嘉禾如焚稗草青，沉忧耿耿欲忘生。钧天九奏箫韶乐，未抵虚檐泻雨声"诗句，同时上奏"拨义仓赈济，檄诸郡发粟以予民"。在未征得南宋政府同意前，他先拨义仓粮至灾区赈济，使灾民免于饥饿之苦，然后奏请拨粮和给江西地方官下令发粮，并到崇仁、丰城、高安等地视察灾情。这一举措有损朝廷利益，十一月，被召返京待命。行前，从宦游四方所搜集到的100多个药方中，精选成《陆氏续集验方》，刻印成书，留给江西人民，表达他的为民之心。途中又遭给事中赵汝遇所劾，竟以"擅权"罪名罢职还乡。陆游在家闲居6年后，淳熙十三年（1186）春，以朝请大夫知严州（今浙江建德县梅城镇）。官至宝谟阁待制、晋封渭南伯，后被劾去封号。又以"擅权"之罪罢其官职还乡。十五年，陆游在严州任满，卸职还乡。不久，被召赴临安任军器少监。次年，光宗即位，改任朝议大夫礼部郎中。于是他连上奏章，谏劝朝廷减轻赋税，结果反遭弹劾，以"嘲咏风月"的罪名再度罢官。此后，陆游长期蛰居农村，于嘉定二年十二月二十九日（1210年1月26日）与世长辞。

施耐庵

　　施耐庵（1296～1371），元末明初的文学家。博古通今，才气横溢，举凡群经诸子，词章诗歌，天文、地理、医卜、星象、一切技术无不精通，35岁曾中进士，后弃官归里，闭门著述，与拜他为师的罗贯中一起研究《三国演义》《三遂平妖传》的创作，搜集、整理关于梁山泊宋江等英雄人物的故事，最终写成"四大名著"之一的《水浒传》。

避乱修书

施耐庵祖籍泰州海陵县，住苏州阊门外施家巷，后迁居当时兴化县白驹场（今江苏省大丰市白驹镇）。

施耐庵自幼聪明好学，元延祐元年（1314）考中秀才，泰定元年（1324）中举人，至顺二年（1331）登进士。不久任钱塘县尹，因替穷人辩冤纠枉遭县官的训斥，遂辞官回家。

至正十三年（1353），白驹场盐民张士诚等18名壮士率壮丁起义反元。张士诚敬其文韬武略，再三邀请他为军幕。施耐庵抱着建造"王道乐所"的宏远计划欣然前往，为张士诚献了许多攻城夺地的计策。后因张士诚居功自傲，独断专行，亲信佞臣，疏远忠良，施耐庵几次谏劝，张士诚都不予采纳，于是愤然离开平江，并作《秋江送别》套曲赠予同在张幕的鲁渊、刘亮等人，此后，浪迹江湖，替人医病解难。后入江阴祝塘财主徐骐家中坐馆。在那里，施耐庵除了教书以外，还与拜他为师的罗贯中一起研究《三国》《三遂平妖传》的创作，搜集、整理关于梁山泊宋江等英雄人物的故事，为撰写《江湖豪客传》准备素材。

二十七年，朱元璋发兵围攻平江，战乱波及江阴。施耐庵想起先后曾任松江同知和嘉兴路同知的好友顾逖是兴化人，那里地方偏僻，四周环水，交通不便，一向有"自古昭阳（兴化别名）好避兵"之说，于是特意差人给顾逖送去一封信，并附诗一首：

年荒世乱走天涯，寻得阳山（指昭阳，即兴化）好住家。

愿辟草莱多种树，莫教李子结如瓜。

顾逖见信后，马上给施耐庵回信，欢迎他来兴化避难。信中也答诗一首：

自江南来问津，相送一笑旧同寅。

此间不是桃源境，何处桃源好避秦？

施耐庵接信后，将大弟彦明留在苏州原籍，带了续娶妻子申氏、二弟彦才和门人罗贯中，冒着烽烟，渡江北上，先在兴化顾逖家中暂住，而后由顾逖相助，在兴化以东人烟稀少的海滨白驹场购置了田地房产，从此隐居，专心于

《江湖豪客传》的创作。《江湖豪客传》成书后，定为《水浒传》。

死于冤狱

施耐庵不仅聪明好学，才气过人，事亲至孝，而且为人仗义，不畏豪强。

明朝初年的一天，施耐庵在一座茶山上游玩，正遇见一个恶霸在强夺农夫的茶园。他十分气愤地赶上前去阻止。恶霸见来人理直气壮，只好偷偷地溜了。可是事后，恶霸打听到来人的住处后，便花钱雇了一帮打手，围住施耐庵的居所。施耐庵见此情景，只是微微冷笑，便坦然自若地迈出了门。打手们见他赤手空拳，便一哄而上。其中一个黑脸大汉，手举根铁棒挟着风声朝施耐庵的头顶劈来。施耐庵侧身摆头，一个"顺风扯旗"，让过了棒锋，双手就抓住了铁棒，同时飞起右脚，正好踢在大汉的小腹上，那家伙便滚出一丈多远。施耐庵舞起夺来的铁棒，一阵旋风般的横扫，吓得那帮家伙四处逃窜。

还有一年，施耐庵正在元宵节观花灯。忽然看见一个恶少在街尾侮辱一名妇女。他怒火顿起，用右手将那家伙提起，然后像摔死狗似的将他摔在地上。恶少吓得连连磕头求饶，施耐庵这才饶了他。谁知第二天，那家伙纠集了七八个无赖前来报复。施耐庵不慌不忙地找来一根粗绳，让无赖们用绳子拴住他的双腿，然后叫他们用力拉。可是，尽管他们一个个累得脸红脖子粗，施耐庵的双脚像生了根，纹丝不动。接着，他取出铁棒，一记"乌龙摆尾"，便将身旁的一棵大杨树"咔嚓"一声打断。无赖们见他有如此功力，才知道是遇上了高手，个个叩头认输了。后来，施耐庵在写《水浒》时，还将这段亲身经历融进鲁智深在大相国寺降伏众泼皮的情节中去了呢。

水泊梁山众位好汉侠义刚直，善抱打不平的人物形象，其实也是施耐庵本人的写照。

《水浒传》书成之时，施耐庵信笔题诗两首：

太平天子当中坐，清慎官员四海分。

但见肥羊宁父老，不闻嘶马动将军。

叨承礼乐为家业，欲以讴歌寄快文。

不学东南无讳日，却云"西北有浮云"。

大抵人生土一丘，百年落个得齐头。

扶犁安稳尊于辇，负暴奇温胜似裘。

子建高才空号虎，庄生放达以为牛。

夜寒薄醉摇柔翰，语不惊人也便休。

前一首是坦陈自己的政治理想，希望有明君清官治世，让人民安居乐业，不再有战乱，后一首是叙述自己隐居著书的恬淡生活，虽不显于当世，却也安逸自在。

可是，事实并不如施耐庵所想，《水浒》成书后不胫而走，传入宫中，朱元璋见之曰："此倡乱之书也，此人定有逆谋"，下令将施耐庵关进天牢一年多，经刘伯温多方营救，于明洪武三年释归，途中病逝于淮安。

吴承恩

吴承恩（1501～1582），字汝忠，号射阳山人。淮安府山阳县（今江苏省淮安市楚州区）人。中国明代杰出的小说家，是四大名著之一《西游记》的作者。

恃才傲物

吴承恩出生于一个由下级官吏沦落为小商人的家庭，他的父亲吴锐性格乐观旷达，奉行常乐哲学，为儿子取名承恩，字汝忠，意思希望他能读书做官，上承皇恩，下泽黎民，做一个青史留名的忠臣。吴承恩小时候勤奋好学，一目十行，过目成诵。他精于绘画，擅长书法，爱好填词度曲，对围棋也很精通，还喜欢收藏名人的书画法帖。少年时代他就因为文才出众而在故乡出了名，受到人们的赏识，认为他科举及第，"如拾一芥"。

步入青年时代的吴承恩是狂放不羁、轻世傲物的年青人。社会地位的低下，贫穷困苦的处境，使这位大才子狂放不羁，招来了纷至沓来的笑声，被人交口称誉的日子一去不复返了。吴承恩约20岁时，与同乡一位姓叶的姑娘结婚，婚后感情甚笃。吴承恩虽然狂放不羁，但他品行端正，忠于自己的妻室。嘉靖十年（1531），吴承恩在府学岁考和科考中获得了优异成绩，取得了科举生员的资格，与朋友结伴去南京应乡试。然而才华不如他的同伴考取了，他这位誉满乡里的才子竟名落孙山。第二年春天，他的父亲怀着遗憾去世了。接受初次失败的教训，吴承恩在以后3年内，专心致意地在时文上下了一番苦功，在嘉靖十三年秋的考试中却仍然没有考中。吴承恩羞恨交加，这年冬天，竟病倒了。两次乡试的失利，再加上父亲的去世，对吴承恩的打击是沉重的。在他看来，考不取举人，不仅付资无由，而且愧对父母，有负先人。但他并不以为自己没考取是没本事，而只是命运不济，他认为"功名富贵自有命，必须得之无乃痴？"

吴承恩一生不同流俗，刚直不阿。他厌恶腐败的官场，不愿违背本心，对黑暗的现实持否定态度。他在《二郎搜山图歌》一诗中写道："民灾翻出衣冠中，不为猿鹤为沙虫。坐观宋室用五鬼，不见虞廷诛四凶。野夫有怀多感激，抚事临风三叹惜。胸中磨损斩邪刀，欲起平之恨无力。救月有矢救日弓，世间岂谓无英雄？谁能为我致麟凤，长令万年保合清宁功。"认为"民灾"的形成，社会现实的丑恶，原因就在于统治者用人不善，让"五鬼""四凶"那样的坏人当道。

他想"致麟凤"，行"王道"，扭转乾坤，但是怀才不遇，壮志未酬，只能空怀慷慨，抚事临风叹息。生活困顿给吴承恩带来的压力并不小于科考的失利。父亲去世以后，他需要操持全家的所有开支，但他却没有支撑门户的能力，更没有养家活口的手段。家中生活来源，除了每月从学府里领回六斗米外，只能坐食父亲所留遗产了。品尝了社会人生酸甜苦辣的吴承恩，开始更加清醒地、深沉地考虑社会人生的问题，并且用自己的诗文向不合理的社会进行抗争。

奇书《西游记》

小时候，吴承恩除勤奋学习外，经常跟从父亲遍游淮安近郊的古寺丛林。他从小就有好听奇闻的习性，特别喜欢搜奇猎怪，爱看神仙鬼怪，狐妖猴精之类的书籍，如《百怪录》《酉阳杂俎》之类的小说或野史，这类五光十色的神话世界，潜移默化中养成了搜奇猎怪的嗜好，随着年龄的增大，这种爱好有增无减，这对他创作《西游记》有着重大的影响。在读私塾时，吴承恩经常瞒着父亲和老师，偷偷地阅读"野言稗史"。随着年龄的增大，这种爱好有增无减。30岁后,他搜求的奇闻已"贮满胸中"了,并且有了创作的打算。

吴承恩曾写过一本志怪小说《禹鼎志》。他在这本书的序言中说,他的志怪小说、神话小说,写的虽是神仙鬼怪,其实着意的还是在于"人间",为的是寄托他的政治理想,鞭笞邪恶势力,使读者"悚然易虑",并非无为而作,或搜奇猎异以资谈笑。他创作《西游记》,目的也是如此。在《西游记》四十五回中,写到孙悟空布置自然之神布云、打雷、下雨时,特别命令雷公邓天君说:"老邓仔细替我看那贪赃枉法之官,忤逆不孝之子,多打死几个示众!"孙悟空最恨的是"贪赃枉法之官",这与吴承恩在许多诗文中所表现的特别仇视贪官污吏的思想是完全一致的。在《西游记》的神话世界里,处处有人间的影子:神圣的天宫表面气派不凡,至高无上的玉帝却贤愚莫辨,十分昏庸,天庭和人间的王朝相仿佛;地府森严,官官相护,贪赃枉法,无辜的人有冤难伸,和地上的衙门并无两样;妖魔鬼怪杀人吃人,贪财好色,仗着魔力法术称霸一方,无恶不作,简直是人间恶霸、官僚的化身。《西游记》还写到了一些人间国度,那里的统治者大多是"文也不贤,武也不良,国君也不是有道的",这同样是明朝廷君臣祸国殃民罪行的写照。吴承恩塑造的孙悟空,嫉恶如仇,神通广大,一切称凶逞狂的妖魔鬼怪在它的金箍棒下都推动失去了往日的威风,或一命呜呼,或束手就擒,这都反映了吴承恩扫荡社会丑恶现象和丑恶势力的强烈愿望,也是《西游记》民主性精华之所在。

50岁左右,吴承恩完成了《西游记》的前十几回,后来因故中断了多年,直到晚年辞官离任回到故里,他才得以最后完成《西游记》的创作,历时7年。

曹雪芹

曹雪芹(1715~1763),清代小说家。出身于一个"百年望族"的大官僚地主家庭,后因家庭的衰败使曹雪芹饱尝了人生的辛酸。他在人生的最后几十年里,以坚韧不拔的毅力,历经十年创作了《红楼梦》并专心致志地做着修订工作,死后遗留下《红楼梦》前八十回的稿子。

离奇身世

曹雪芹诞生在位于南京的江宁织造府内。江宁织造府，位于如今南京的市中心大行宫地区，清朝康熙皇帝6次下江南，有4次就住在江宁织造府内。这里的地名大行宫的称呼即由于康熙和乾隆两个皇帝在此住过而得名。

明天启元年（1618），努尔哈赤统兵攻明，攻占沈阳、辽阳，曹宜的先祖被满军所虏，归依八旗正白旗"包衣"，曹世远、高祖曹振彦沦为多尔衮的家奴。曹振彦颇受多尔衮赏识，封为佐领，曾参与平定姜瓖起义。入关后，改任文官，历任山西吉州知州、大同府知府、两浙都转运盐使等三品官职。

曹雪芹的曾祖父曹玺任江宁织造。曾祖母孙氏做过康熙帝玄烨的保姆。祖父曹寅做过玄烨的伴读和御前侍卫，后任江宁织造，兼任两淮巡盐监察御使，极受玄烨宠信。

曹寅病故，其子曹颙、继子曹頫（即曹寅之弟曹宣第四子）先后继任江宁织造。他们祖孙三代四人担任此职达58年之久。曹雪芹自幼就是在这"秦淮风月"之地的"繁华"生活中长大的。雍正初年，由于曹振彦的亲孙子曹宜使坏，加之受朝廷内部政治斗争的牵连，曹家遭受一系列打击。曹頫以"行为不端""骚扰驿站"和"亏空"罪名革职，家产抄没。这时，曹雪芹随着全家进京，住在蒜市口；曹頫下狱治罪，"枷号"一年有余。其家族在乾隆时代曾经复兴过一时。后来曹雪芹在右翼宗学里结识了敦诚、敦敏，并与他们成为亲密朋友。康熙朝废太子胤礽之长子弘晳谋立朝廷，暗刺乾隆，事败。曹家被牵累，再次抄没，曹家从此一蹶不振，日渐衰微。经历了生活中的重大转折，曹雪芹深感世态

炎凉。

曹雪芹晚年的生活穷愁潦倒而又嗜酒狂放，朋友们常把他比作晋朝的阮籍。他甚至穷困到"举家食粥"的地步，常常要靠卖画来换酒喝。他的画很为当时的朋友们所推重，敦敏《题芹圃画石》诗说："傲骨如君世已奇，嶙峋更见此支离；醉余奋扫如椽笔，写出胸中磈礌时！"

乾隆二十八年（1763），曹雪芹幼子夭亡，他陷于过度的忧伤和悲痛，卧床不起。到了这一年的除夕（1764年2月12日），终于因贫病无医而逝世，享年约40岁。

"字字看来皆是血，十年辛苦不寻常"

在亲身经历了家族败落之后，曹雪芹从一个锦衣纨绔的贵公子摇身一变而成为了钦定罪囚的后裔，过上了穷愁潦倒、"茅椽蓬牖、瓦灶绳床"的日子。"叹人世，终难定"，这种转瞬间荣兴辱衰的变幻，让他看清了统治阶层内部的冷酷和凶残，也使他出现根深蒂固的人世空幻悲观的思想。

晚年，曹雪芹移居北京西郊，性格傲岸、愤世嫉俗、豪放不羁的曹雪芹以坚韧不拔的毅力，专心致志地写作和修订《红楼梦》。

曹雪芹在创作《红楼梦》过程中，前后增删5次，最终成就了这部"字字看来皆是血，十年辛苦不寻常"的作品。据考《红楼梦》八十回以后曹雪芹也已写完，但由于种种原因而没有流传下来。今流行本一百二十回，后四十回是由书商程伟元和官僚文人高鹗整理印行的，一般认为后四十回为高鹗所续。

后世给予《红楼梦》很高的评价，认为《红楼梦》是一部"四大家族兴衰史"，是一部"封建社会没落史"；《红楼梦》以政治斗争为题材，批判了腐败的封建官僚统治；以宝黛爱情悲剧贯穿全篇，暴露了封建礼教的罪恶，歌颂人民的叛逆精神；最终揭示了封建贵族崩溃的历史命运。

科学巨匠

鲁班

鲁班，姓公输，名般。又称公输子、公输盘、班输、鲁般。鲁国人（都城山东曲阜，故里山东滕州），"般"和"班"同音，古时通用，故人们常称他为鲁班。大约生于周敬王十三年（前507），卒于周贞定王二十五年（前444），生活在春秋末期到战国初期，出身于世代工匠的家庭，从小就跟随家里人参加过许多土木建筑工程劳动，逐渐掌握了生产劳动的技能，积累了丰富的实践经验。鲁班是我国古代的一位出色的发明家。

发明成就

"没有规矩，尤以成方圆"，其实规矩原本是两种木工用的工具，其中的矩，就是我们今天说的曲尺，木工们又把他叫作鲁班尺，因为它是我国古代著名的工艺师和发明家鲁班发明的。

鲁班大约生活在春秋末年到战国初年这段时间，当时正是我国社会剧烈变化的一个历史时期，铁器已经比较普遍的推广开来，生产技术有了很大提高，已经出现了许多繁华的城市，生产方式也处于激烈变化之中，随着城市和商业的发展，一些独立的个体手工业者和各种工匠出现了，鲁班就是一个个体的手工业者。

鲁班非常善于动脑，他在长期的生产劳动中，积累了丰富的实践经验，又勤奋研究，发明了许多的工具。比如木工的锯子就是他发明的。相传，有一天

393

鲁班爬山的时候，不小心被一种小草的叶子划破了手，鲁班很纳闷这样小的一棵草怎么能把手划破呢？于是他就仔细去观察那棵小草，发现那棵小草叶子的边缘带有细齿，这些细齿很尖锐，能轻易地划破人手。鲁班脑中灵光一现，想到如果能仿照小草叶子，做成一种工具，那要割开木头就省力多了。就这样鲁班进行过多次试验，终于发明了"锯"这种工具。锯的发明使得木匠们受益匪浅，并且一直到今天还在广泛应用。现在的电锯也是在锯的基础上改进而成的。

鲁班发明了很多的工具，其中最多的是木工具。除了锯子之外，鲁班还发明了木工用的平木器刨子、打孔器钻和一种矫正曲木使它变直的工具檗栝。这些工具被木工们广泛使用，一直传到今天。

鲁班还发明了一些家庭日常使用的工具，其中很多工具直到今天仍然在使用。像我们今天习以为常的铲子，就是鲁班最先发明的。据记载鲁班还发明了砻、碾、磨，砻是古代用来磨去谷皮的工具，江浙一带至今还把谷糠叫作砻糠，就是因为这个原因。鲁班发明的碾磨是由一块固定的石头和一片可以旋转的石头组成的，磨面时将谷物倒在碾磨里，推动可以旋转的石头，石头之间的谷物就会被压得粉碎。推着石头转自然比抱着石杵捣要省力得多，而且碾磨还可以使用畜力或者水力来代替人力，大大减轻了劳动强度，提高了生产效率。

鲁班作为一个能工巧匠，还发明了一些精巧的器械。鲁班发明的木车马，并让木人代替人力驾驶，给后世的能工巧匠很大的启发和鼓舞。后世著名的机械发明家，像三国的马钧等，都在他的影响下，研制机动的木车马，并且取得了很大的成就。据记载，鲁班还曾经用质地较轻的竹子和木头做成鸟状的飞行器，飞到天上之后，竟然连续三天都不下来，鲁班自己都觉得很得意，后人也对此津津乐道。这大概是世界上最早的滑翔机吧。鲁班制造的锁和钥匙也非常巧妙，锁是模仿大蚌的形状做成的，机关设在里面，从外面简直看不出任何痕迹，必须用和它相配合的钥匙才能够打开。

鲁班还有很多发明，据说他曾经发明一种起重机械，代替人力把沉重的棺木放进墓穴里。他还发明了许多武器，相传古代战争里最常用的弓箭就是他发明的。相传鲁班晚年时，南方的大国楚国的君主特意将他请到南方，帮助楚国改进军事器械。于是鲁班为楚国制造了云梯和钩强。云梯是一种攻城用的长梯子，在古代战争中使用得非常普遍，我们在历史战争题材影视中就经常能够看到兵士们架起云梯攻城的画面。钩强是一种带有铁刺和钩子的长篙，主要用于水战，它可以把敌人的船只钩过来，也可以用它来抵御敌船的靠近。后来，在墨子"非攻"思想的影响下，鲁班就不再创造兵器了，所以他发明的兵器就只有这两种。

鲁班发明的这些工具器械，对于减轻人们的劳动强度，提高生产效率，推动生产的发展发挥了巨大的作用。后世的木工们都尊奉他为祖师，而且后来还出现了一个成语"班门弄斧"，意思是在木工祖师爷鲁班的面前耍弄斧头，用来讽刺那些自以为是，在行家里手面前卖弄炫耀的人。可见人们对鲁班的尊敬和推崇。

个人传说

传说以前鲁班做木工的时候，每次用墨斗放线，都要让他的母亲帮他拉住墨线的一头。后来鲁班觉得这样很不方便，就琢磨了一下，做了个小小的改进，他在墨线头上挂了个小钩子，放线的时候，用小钩子钩住木头的一端，这样不必劳动母亲，就能把墨线的一头固定住了。后世的木工因此把这个小钩子称为"鲁母"，来纪念鲁班的这个发明。还有一个传说，以前鲁班刨木料的时候，经常要妻子在前面帮他顶住木料。可是妻子不在的时候，就没人帮他了，于是鲁班又想了办法，他发明了一个卡口来代替，所以木工们就把这个卡口叫作"班妻"。

古书里记载鲁班曾经把母亲弄丢的故事。事情是这样的：鲁班的母亲年纪很大了，行动很不方便，孝顺的鲁班为了让母亲能够自由活动，就为母亲制造了木车马，让木人驾驶，车上还安装了各种机关，使用非常方便。鲁班就让车载着母亲出去，谁知道，木车竟然一去不还，踪影皆无，从此以后，鲁班就失去了母亲。当然，此故事之真假尚未能明确。

在鲁班的影响下，鲁班的家人也都善于开动脑筋。我们今天经常使用的伞，据说就是鲁班的妻子发明的。鲁班是个工匠，长年累月地在野外劳作，碰到下雨时，经常被浇得像落汤鸡一样跑回家里。鲁班的妻子很心疼他，就苦思冥想，终于制成了可以收折的伞，这种伞轻巧方便，出门时折起来随身携带，撑开来就可以遮日避雨。鲁班妻子的巧妙发明真是让人佩服。

蔡伦

蔡伦约东汉永平四年（61）生，建光元年（121）卒。永平末年（75）入宫为宦官。历任小黄门、中常侍兼尚方令、长乐太仆等职。元兴元年（105），他将造纸过程、方法写成奏章，连同造出来的植物纤维纸，呈报汉和帝，和帝大加赞赏，蔡伦造纸术很快传开。人们把这种纸称为"蔡侯纸"，全国"莫不从用焉"。

生活困苦辛酸入宫

蔡伦的名字是与造纸紧密联系的，他是中华民族的骄傲。但蔡伦的身前身后，有很多风雨和辛酸。

蔡伦出生在湖南耒阳县的一个贫苦家庭，自小就家境贫寒，衣食不保。

小蔡伦非常好学，但由于家庭条件所迫，无法读书。他处处留意生活中的新奇现象，有什么不懂的就非要弄个明白才肯罢休，蔡伦聪明伶俐，好动脑筋，所以心灵手巧。

蔡伦13岁那年，家乡来了皇宫里的人征选宦官。

在古代，宦官的来源主要有两种：一种是从民间征选，不是实在没有出路的话，谁也不愿去应征；另一种来源是受宫刑的罪人。古时宫刑是对重罪犯的刑罚之一，属"五刑"之一。

这样，年仅13岁的蔡伦因家境贫寒，不得不走了官宦这条路，被送入宫中，开始了他悲剧性的一生。

在封建社会，宦官很特殊。宦官在皇室内廷服务，要侍候皇帝、皇后和皇帝的嫔妃以及其他皇室成员的饮食起居。要进内廷，必须先要"去势"，即受宫刑（又称腐刑，就是割去生殖器）。由于这些人不能生育，不能传宗接代，被认为辱没祖宗。尽管他们接近皇室，生活优越，并且其中不乏握有大权的人，但仍为时人所不齿，称他们为"宦竖"。

受过宫刑的人肉体上和心灵上都受到极大的摧残。曾受宫刑的《史记》作者司马迁在给他的朋友任安的书信中曾描述了这种心态。

他说：没有比污辱祖先更丑陋的行为了，没有比宫刑更耻辱的了。受过宫刑的人，是无法和君子相提并论的。过去，卫灵公和宦官雍渠与孔子同坐在一辆车子，孔子觉得很耻辱，就离开了卫国，到了陈国，商鞅因宦官景监的引见而得官，贤臣赵良为之寒心……这些事情说明，自古以来都是鄙视宦官的……我因出言不慎而遭此大祸，被乡亲、同僚所耻笑，污辱还是十分严重。因此我愁肠一日九回，在家则恍恍惚惚若有所失，出外则往往不知到了何处，每当想到这种耻辱，没有一次不汗流浃背，浸透衣衫……

司马迁所描写的这些痛苦，还只是因为别人的鄙视而在精神上感受到的痛苦。在人自身，受宫刑的则导致内分泌失调，产生生理上与心理上的变态。

蔡伦没有留下描绘自己痛苦心态的文字，但从《后汉书·蔡伦传》中隐约透露出他痛苦的内心。他"闭门绝宾"，不与人往来；"暴体田野"，在自然中袒露自己的躯体，这些都可以说是宫刑带来的痛苦所致。但这些还只是蔡伦一生悲剧中的一个方面。

伴君如伴虎

蔡伦在封建帝王做近侍，身处统治阶级内部斗争的政治漩涡中心。他的命运自己也无法来把握，这注定了他仕途的悲剧。蔡伦无论是其个人生活，还是其政治经历，都充满了悲伤和不幸。

东汉章帝建初中期，蔡伦入宫5年了。这年他已经18岁了，当上了"小黄门"。小黄门是汉朝太监中较低级的职务，到东汉和帝即位那年，即永元元年（89），蔡伦被提升为"中常侍"，这是汉朝宦官中的高级职务，负责传达皇帝诏令及管理文书，很有权力。此时蔡伦已是参与军国大事的人物了。蔡伦很有才华学识，做事认真严谨，而且为人很耿直，因此屡次惹得皇帝生气。

按汉朝的制度，官员每旬（十天）有一天休假，这是士大夫们相互交游、联络感情的时候。可蔡伦每逢此时却闭门谢绝宾客，不与同僚交往。

汉和帝永元九年，蔡伦被任命兼职"尚方令"。"尚方"是负责管理皇室金库和宫廷内部事务的机构"少府"所属的重要部门，专门为皇室制造御用器物，拥有显赫权势、雄厚财力和全国选拔来的优秀工匠。蔡伦受命为"尚方"的主管，负责监制御用器械和宝剑等，在此期间，蔡伦在工艺技术及对此类事物管理上的才华显露出来。在他的督导下，尚方制出的产品样样工艺精湛，质量上乘，成为后世人们仿效的宝物。

汉安帝元初元年（114），皇太后邓绥以蔡伦在宫廷供职多年，辛苦勤勉为由，加封他为龙亭侯，赐给他食邑三百户，所谓"食邑"，就是把那块地方的赋税作为他的个人收入。后来蔡伦又被擢升为长乐太仆。在汉朝，高级的官位依次是三公、九卿。太仆是九卿之一，是专门侍奉皇帝、太后的近御官员。这次擢升是蔡伦仕途上的顶点。

蔡伦的封侯和提升为太仆都得力于皇太后邓绥，这一时期她掌握着朝政大权。汉安帝刘祜与太后有矛盾，他不愿蔡伦充当太后的近臣为其出谋划策，但又不能明显得罪太后，所以，元初四年（117），安帝以汉皇室的藏书文字中存在许多错误为由，下令邀及大学士刘珍等人到汉朝皇家图书档案馆"东观"去勘校所藏图书档案，命令蔡伦主管这件事。实际上是把蔡伦从太后身边调开。

元初七年（120），邓太后去世，汉安帝刘祜开始得以临政，次年改元建光。元帝以蔡伦从前做小黄门时曾受窦皇后指使诬陷过安帝的祖母宋贵人为由，下令蔡伦向掌管刑狱的官员"廷尉"去自首，交待自己的罪行。蔡伦不愿到"廷尉"那里受辱，就沐浴更衣，穿戴整齐，服毒而死。蔡伦死后，汉安帝取消了他生前的一切官职和封号。

蔡伦似乎是因为他"站错了队"才死，他是挟制皇帝的邓太后的亲信，太后一死便没了靠山，加之早年时陷害过皇帝的祖母，因而皇帝掌实权后对他实施了报复。其实并不尽然，要了解蔡伦的政治悲剧情景，必须从东汉时宦官所扮的政治角色说起。

从历史上讲，宦官是皇帝的贴身家奴、宦官干扰政治的事几乎是和皇权的存在共始终的，从秦汉开始直到明清，几乎没有一个皇朝没有宦官弄权的事，这大概也是人们历来对宦官没有好印象的原因之一。就东汉来说，宦官政治活动的特点是它和外戚的斗争。这是其他皇朝所没有的，是东汉历史的具体条件所决定的。"外戚"指的是皇后的亲戚，也就是皇帝的外姓亲戚。

为什么东汉会出现宦官和外戚的政治斗争呢？从表面上看，是因为东汉有8个皇帝不到15岁就即位成为小皇帝。蔡伦是在汉和帝即位那年升为"中常侍"的。汉和帝即位时只有10岁，后来逼得蔡伦自杀的汉安帝即位时13岁。

下面的顺帝 11 岁，冲帝 2 岁，质帝 8 岁，桓帝 15 岁，灵帝 12 岁，东汉最后一个皇帝汉献帝 9 岁登基。因为皇帝幼小，故多太后临朝听政。皇太后掌权，自然要多依靠自己的娘家人，造成外戚专权。到小皇帝岁数大些，想收回权力时，自然是"请神容易送神难"，就出现了皇帝与母后、外戚的矛盾。小皇帝除了身边的宦官外"无枝可依"，于是皇帝与母后、外戚的矛盾就演化为宦官与外戚的斗争。

对蔡伦造纸的功绩曾给予嘉许的汉和帝刘肇就是与宦官郑众合谋诛杀了外戚窦宪。窦宪死后，郑众因为有功，做了"大千秋"的官，从此常参与政事。这是东汉宦官和外戚斗争的第一回合，宦官胜利了，东汉宦官在政治上弄权也就是从此时开始的。

造成宦官与外戚斗争的表面原因是皇帝年幼即位。外戚是世家豪族的代表，因此东汉皇帝、宦官和母后、外戚的斗争，也就是皇权和世家豪族间的政治斗争。

世家豪族是一些兼并了大量土地的豪强地主中的上层人物。豪强地主个人富甲王侯，土地跨州连郡，因而被他的兼并土地而破产依附于他们门下的农民被称作"徒附"，实际上是农奴。徒附是不入户籍的，即不再给政府纳税，只为主人服务。徒附们平时为主人劳作、战时充当家兵，叫做"部曲"。地主住在没有战楼和土城堡的村寨中，称为"坞堡"，俨然一个独立王国。战乱之时，大豪强地主就纷纷起兵割据，天下则归于胜者。汉代的社会制度规定土地可以自由买卖，可以畜奴。这一制度成了世家豪族滋长的温床，使得这种社会势力得到了充分发展。

东汉的外戚多半出生于世家豪族集团。窦皇后和窦宪就出自河西豪门窦氏。很赏识蔡伦的邓太后，是光武帝刘秀时的开国元勋邓禹的后代，邓禹官至大司徒，位列三公。邓氏从这时开始几世显贵，家族中共有 29 人封侯，位及三公者两人，做小官的不可胜数，由此可见，外戚是世家豪族势力的代表。

世家豪族政治、经济权力的发展，要求削弱皇权，削弱皇权对他的干涉、限制，所以外戚专权。皇帝要夺回权力，就得依靠宦官，宦官是皇帝的家奴，有皇帝才有宦官，有皇权才有宦官的权力，宦官自然站在皇帝一边，要求对世家豪族特权加以限制，直接体现就是打击外戚。两者相斗，免不了血雨腥风。

东汉外戚和宦官的斗争的实质是统治阶级内部争权夺利，没有正义和非正义之分，都给社会发展造成了不良影响，他们轮流专权，使政治日趋黑暗。

跋扈将军梁冀把持朝政时，顺者昌、逆者亡，平日更加横行不法。他曾一句话就吞并了扶风一个亿万富翁的财产，一个指令就使几千个平民百姓成为他家的奴隶。他喜欢白兔，就下令在洛阳城西圈农田几十亩，征调民夫用几年功夫修了个兔苑，将各地进贡来的兔子烙上记号放养在其中。谁伤了他家兔子要判重刑至死刑。西城一个商人不知禁令打死了一只兔子，为此受牵连被杀的竟有10多人。他还把洛阳周围方圆五百里的地方封起来作为他家的猪苑。抄他家时抄出的财产值30万万缗，抵得上当时全国租税的一半。而梁冀只是外戚中典型的一例。

外戚如此，宦官亦如是。一个宦官中常侍侯览在济北境内兴立田业，竟打劫过往旅客，前后夺人房宅381所，田地118顷。宦官当政期间，凡反对宦官、与宦官作对的大臣和地方官，不是被杀就是被投入牢狱。桓、灵二帝时，洛阳有3万大学生，他们对政治的黑暗极为不满，要求改革现状，起来反对宦官。他们得到朝臣和外戚的支持，也得到全国各地官私学府中人士的拥护，形成一股雄厚的社会舆论势力。他们经常一起议论朝政，抨击宦官，这叫"清议"，宦官视这些人为眼中钉，就诬蔑他们是想图谋不轨，推翻朝廷的党人，把他们逮捕、打杀、下狱、流放、或禁锢终身不许做官，连他们的父子、亲戚、师生，也免官禁锢。历史上称此为"党锢之祸"，宦官集团镇压舆论的党锢之祸绵延二十余年。

蔡伦生活的年代，正是东汉王朝宦官与外戚第一、二次较量的时候。那些人大都横行不法、鱼肉百姓，掠地占田，逼民为奴，而且亲戚宾朋都依仗其势力做官捞钱，肆虐横行；而身为太仆的蔡伦却未有过这种行为。《后汉书》的作者范晔是个非常仇视宦官的人，如果蔡伦有这方面的行为，范晔不会放过。

《后汉书·蔡伦传》中非但没有指称蔡伦有劣迹，而且有些赞美之辞，称道他有才学，做事严谨可靠，言事耿直。当然，他的传记中还记录了他受窦太后指使陷害宋贵人的事情。不过，那时蔡伦仅十八九岁，涉世不深，不知宫廷险恶，难免受人利用。

在宫廷斗争的漩涡中要洁身自好、好好地生活是不可能的。最后蔡伦只得自杀来结束自己悲剧性的一生。在当时历史背景下，他的悲剧可以说是必然的。

书写困境

身在宫廷，使蔡伦得以了解汉帝国在科学、文化、对外交流等多方面所取得的辉煌成就，因此，他深感必须冲破书写的困境。

最初的汉字不是写，而是刻在龟甲和兽骨上的，即我们今天所说的甲骨文。

龟甲和兽骨上刻写很费力气，速度很缓慢，为了省些力气，加快速度，刻字的人往往刻得是那个意思就得了，在当时当地的人们是可以理解的，可是时过境迁，人们往往不知道是什么意思。我们现在对出土的甲骨文很大一部分不能辨别，也有这方面的原因。在当时龟甲和兽骨的来源可能比现在多些，但依当时的条件，得到它们也并不容易。龟甲和兽骨的表面积也有限，不能承载大量信息。把大量的龟甲兽骨编集在一起不发生混乱几乎不可能；重量大，形状不规则，工作量大。所以，在龟甲和兽骨上刻字不是用来传播文化，只是用来记录卜辞和皇家世系，另一个最初记载汉字的方式是将字铸在铜器钟上，这就是现在说的钟铭文。这样做代价很昂贵，非王侯不能，而且根本就不利传播，这只用在国家法律、基本体制等的记录上，这样的青铜器是国家权力的象征，时做九鼎，后传至周，这九鼎就属此类。到周朝衰败时，抗命的诸侯派使臣问周王这些如何处理，意思是要取代周王的地位，所以"问鼎"成了觊觎王位的代名词，到今天演化成我们把打算独占鳌头，夺得桂冠的企图称为"问鼎"。

钟铭文用来记录国家或王侯家族的重大事件，除此之外没有其他用途。钟铭文的篇幅都很短，没有长篇巨制。

除在钟鼎上铸字,古时还在兵符上铸字。帝王遣将调兵,以兵符为证,兵符以金属铸成,上面有字,分为两半,一半在军中,一半在朝廷。帝王派将领去指挥军队,将手中的一半给他,他拿这一半与军中的一半相合,就取得了指挥权。战国时,秦兵攻打赵国,包围了赵国的都城邯郸,赵国向魏国求救。魏公子信陵君欲救赵国,但魏国带兵的将领按兵不动,信陵君无奈,要带领自己的门客去战场以死相拼。城门守门人给他出主意,让他通过王妃偷出在王宫的另一半兵符。后来信陵君用偷出的兵符骗取了调兵权,发兵解了邯郸之围。

到了秦汉,刻文字于碑是记录皇帝的重大活动采用的另一种形式,如秦始皇出行,封禅泰山,就刻碑示纪念。

最主要的记录汉字的方法,是把字刻写在竹简和木牍——竹片和木片上,我们至今留下"文牍"一词,就从木牍而来,后来我国的丝织充分发展起来,出现了写在缣帛上的"帛书",秦始皇焚书坑儒,后人作诗讽之:

竹帛烟消帝业虚,

关河空锁祖龙居,

坑灰未冷山东乱,

刘项原来不读书。

诗中的"竹帛"就是指竹简和帛书。

在竹简、木牍上记录文字,也是一件浩大的工程,这种记录也是刻上去的。而且,为了长久保存,在竹简上刻字后,还必须用火烤出水分,使青竹片变黄,叫做"煞青"。我们今天写文章定稿有称之煞青的,就是从这里演化而来。竹简、木牍刻完之后,要用绳一片片串起来,称为"册圲",每片竹简或木牍的容量很有限,所以一篇文章往往要用很多竹简木牍。这种"书"用麻绳、丝绳或牛皮绳串起来,每串叫一"册"或者一"卷"。从"册"字的字形可以看出,这个字就是两片木片被串在一起,而卷则是说可卷成一卷。现在大部头的作品分册或卷,就是从那里来的。不过那时一卷书的容量可远远抵不上现在的一卷,没多少字的文章,往往要分好多卷。竹简用绳串,看多了磨损厉害或日久天长绳子断了,竹片就散乱不堪,几部不同的书堆在一起,一旦散开便难以整理,这也是简书的一个不便之处。

用缣帛当然比竹简木牍方便多了,便于书写、携带和保存,比现在的纸还结实,但这种书写材料过于昂贵,除了王侯之家和中上等地主们,一般人都用不起。

由于书写材料的问题不能解决，大大地妨碍了文化知识的传播，阻滞了社会文化的进步和发展。汉朝是一个经济和文化获得巨大发展的朝代．竹简和木牍当然满足不了记录和传播文化知识的需要，获得一种便利耐用而价钱便宜的书写材料迫在眉睫，全社会都在呼唤着这种新材料的诞生。

蔡伦就是为满足社会的这种要求而发明了纸。造纸术的发明和推广，是蔡伦为人类做出的杰出贡献。那些在他身前身后出现的科学文化巨人们的成就，都因他的发展而得以广泛传播。

蔡伦造纸

有志者事竟成。蔡伦从民间总结了制作雏形纸的零散经验，加上自己创造性的劳动，发明了一套系统的、具有重大生产和实用价值的造纸技术，为纸的推广使用奠定了基础。蔡伦利用自己的地位，借助汉王朝中央集权政府的力量，使纸张得以在全国推广。这样，蔡伦终于将自己的才智做了充分利用和发挥，为人类造福。

传说蔡伦在宫中任尚方令的时候，有一天，邓太后派人送给他一包新鲜的荔枝。原来地方上每年都要向宫中进献新鲜果品，邓太后因为蔡伦平日辛苦勤勉，对他格外恩赐。蔡伦拿着荔枝注视良久，忽然问来人："送果品的人是否还在宫中？"来人摇摇头，于是蔡伦派人日夜兼程追回了进贡的人。这是一位白发苍苍的老人，看到皇宫中的使者，心里不知是祸是福，但到了这个时候也身不由己，只好跟着进宫。出乎老人意料的是，这时朝廷官吏待他为佳宾，问了他很多他家乡的情况，最后还问到了包果品的"絮纸"，这是一种自然成型的丝质薄纸。面对如此和蔼的人，老人当然把制作絮纸的情况全盘道出，还把他的女儿带到宫中，让她给蔡伦看如何炮制出"絮纸"。蔡伦由此受到启发，多次实验，发明了沿用至今的造纸术，终于造出了"蔡侯纸"。

我国养蚕制丝的历史很悠久，还曾被称为"丝绸之国"。相传首创养蚕制丝的是黄帝的妃子嫘祖，这说明养蚕制丝自中华民族进入农耕文化时就开始了。蚕吐丝成茧后质量高的蚕茧经沸水煮后抽丝，用来纺织。质量差的用来制丝棉。方法是把蚕茧放在透水容器中，浸泡在水里反复捶打，将茧打烂使丝连成片状，再置于篾席上放在阴凉的地方晾干，每日用清水漂淋，使丝色更白，五六天后晾干揭下，就制成了丝棉，作寒衣的填充物。《孟子·梁惠王》中孟轲曾描绘他的理想王国，其中说到五十者可以衣帛食肉，所谓"衣帛"就是穿丝棉做的衣服。前面所说的制丝棉的方法为漂絮法。制丝棉的工匠们，从竹席上取下要成絮的丝棉后，发现在竹席上还有薄薄的一层敝绵，这层纤维干燥揭下后，可以用来书写，这就成了最初的"纸"。

在我国，种植和使用麻类植物的历史也很久远。这可以追溯到远古的传说和《诗经》中的描写。

在棉花未传入我国时，达官贵人、王侯富家穿的是丝织品，而普通百姓穿的布衣则是麻制成的，冬衣内的填充物也是麻。麻用来做纺织的材料的是其茎皮纤维，把这种植物茎皮加工成可供纺织的纤维，需要将它放在池塘中沤制，池塘中的水是不流动的，麻浸在池塘中，日照使水温上升，池中真菌繁殖起来，真菌以麻中的果胶等为营养，把它们吸收，剩下的就成为可供纺织的纤维缕，这就是"沤麻"。

受漂絮沤麻的启发，在前人经验的基础上，蔡伦决心造出一种新的可以方便书写的纸来。经过反复实践，他选用破布、废旧麻类、破鱼网，树皮等为原料，使造纸原料造价降低，料源充足。在造纸工艺方面，他发明了使用挫、揭、抄的生产工艺，对原料处理，除了加强淘洗、切碎、沤泡等环节外，还增加了用石灰进行碱液烹煮的过程，使植物纤维分解速度加快，分解更均匀更细致，从而提高了纸的生产效率和纸张的质量。公元105年，蔡伦把自己造出的纸呈献给汉和帝，汉和帝很赞许他的才能，下令推广他的造纸法。

自从蔡伦发明纸后，纸的应用广泛深入到社会生活的各个领域。官府的文书使用了纸张，便于传阅和向民众告示，使官府行使职能的方式大大简化了；审理案件使用了纸张，使得记录全面、准确，便于保存；纸张的运用还促成了官府对文件收发，账目收支等方面管理手段的改变。这一切使得官府的办事效率提高，管理手段加强，职能被强化。在民间，纸深入到经济生活中，租佃、买卖、雇佣、借贷等活动，广泛运用了纸张。

我们无法估价纸张对文化发展和社会生活所产生的影响。总之，如果没有纸张作为书写材料，汉朝后中华民族在文化科学等领域的发展是无法想象的，印刷术的发明也不能产生，而中华文明的发展规模恐怕也要大打折扣。纸张作为书写材料的出现，大大推动了中华民族文明史的进程。

不仅如此，若干年之后，纸与我们民族发明的印刷术、指南针、火药一起走出国门，传到中世纪的欧洲，在那里敲响了欧洲封建社会的丧钟，使欧洲继罗马时代之后，站在又一个新的历史高峰上。纸对整个人类的文明产生了深远的影响。

张衡

张衡，东汉建初三年（78）生；永和四年（139）卒。字平子，南阳西鄂（今河南南阳市石桥镇）人。他是我国东汉时期伟大的天文学家、数学家、发明家、地理学家、制图学家、诗人、汉朝官员，为我国天文学、机械技术、地震学的发展作出了不可磨灭的贡献。由于他的贡献突出，联合国天文组织曾将太阳系中的1802号小行星命名为"张衡星"。另外，历史中的三国、隋朝时期，以及现代都有与张衡同名的人物。

家世背景

张衡，东汉章帝建初三年（78）诞生在河南南阳郡西鄂县石桥镇（今河南南阳县城北五十里）。东汉时期的南阳郡，辖境相当于现在河南省熊自山以南叶县、内乡间和湖北省大洪山以北应山、邹县等地，为荆、襄和吴、洛地区的交通要道。这里山清水秀，地理条件优越，交通便利，经济发达。东汉时，南阳郡是东汉开国皇帝刘秀的故乡，故派得力官员杜诗等着力经营，使之发展成为和故都长安、京城洛阳鼎足而立的大城市，国泰民安的南阳社会环境给张衡的学习提供了良好的保障。

张衡出身于南阳著名的大族。他的曾祖父在王莽时代是个大地主，死得较早，他的祖父张堪，16岁时就被推荐到当时的京城长安就学。他天资聪慧，才华出众，京城里众多老学者称他为"圣童"。光武帝刘秀起兵以前，就对张堪的才华甚为嘉许。西汉末年，当绿林、赤眉、铜马等农民起义进入高潮时，刘秀纠集南阳一带的豪强地主起兵。张堪率全家相随，效忠刘秀。为东汉政权的建立立下了汗马功劳。刘秀当了皇帝后，召拜张堪为郎中，后提升为谒者，又派他跟随大司马吴汉进军四川。张堪全力协助吴汉，用计攻克成都，杀了割据者公孙述，取得了胜利。消息传到京城，刘秀立即降诏，追拜张堪为蜀郡太守。张堪在蜀郡任职2年，后又调任渔阳（今北京市密山县西南）太守。在渔阳8年期间，张堪一面"捕击奸猾，赏罚必信"，一面发展生产，广开稻田，鼓励农桑，百姓安居乐业。匈奴犯境，张堪率士兵出征，大破匈奴军队。因此，张堪担任渔阳太守期间，匈奴未敢再贸然南犯。那时当时留传这样一首歌："桑无附板，麦穗两歧张君为政，乐不可支。"可见，张堪政绩突出，深得当地民众的称赞。张堪死在渔阳，具体时间无据可查。

张衡的祖母、父亲、母亲史上不见记载。在封建社会里，像太守这种职务，月薪两千石，离职以后，也是"家业富厚"。然而张堪却不然，他生前为官清廉，没有积蓄，他一去世，家庭便很快衰落下来，到张衡的幼年时期，已经相当清苦。

张衡自小就天资聪颖，勤奋好学，很会写文章，得到了乡邻的赞许。因先人去世较早，失去了靠祖荫入仕的条件，张衡只有靠自己的勤奋努力，才能改变贫困的家境。所以他刻苦学习，锲而不舍，"如川之逝，不舍昼夜。"

张衡从小就有强烈的求知欲。在他7岁那年，有一天夜里，他坐在园子里，看着满天繁星一颗一颗地数了起来。爷爷看着这种情景就问张衡："天上有那么多星星，你能数得清吗？"张衡说："只要能看得见，就能数得清，星星确实在不停地运动，但它们并不是乱动。这颗星星和那颗星星之间，总是那么远。"爷爷听了以后说："星星确实在运动，但相互之间的距离是不变的。天上那些成千上万颗星星已经被人们一组一组地分开，每一组还有自己的名字。你看，那七颗连在一起，就像一把'勺子'一样的星，人们称它为北斗星，离它们不远的是北极星。北斗星总是围绕着北极星转。"那天晚上，张衡一直没睡好觉，几次起来看天空，终于看清北斗星果然绕着北极星慢慢地移动。

张衡的学习方法和所走的道路独具特点。张衡年轻时，游学盛行。仕宦人家的子弟六七岁便开始入学，掌握一定的基础知识以后，就出外投奔名师进一步攻读。而张衡到了十六七岁时，才告别了家人，只身出外游学。当时洛阳是政治、经济、文化的中心，急于仕进的读书人，都愿意到那里学习。在洛阳经郡太守的推荐成为博士子弟以后，才能进太学受业。太学是当时的最高学府，仕子在那里学习一年后，通过太举官的考试便可被任命为小官。以张衡的才学和其祖父的功德而论，他当可被推荐为博士子弟，但张衡十分重视在实践中学习，提高自己的能力，并未直接去洛阳，而去三辅地区考察了3年。

东汉时期把京兆尹、左冯翊和右扶风后称为三辅地区，即今陕西省东部地区。西汉时建都在长安，这个地区是最发达最繁华的地区，山川秀丽，名胜古迹很多。东汉时，光武帝建都洛阳，但这里仍是政治、经济、文化高度发达的地区。

张衡在三辅地区考察期间，走遍了广阔的渭河平原、登览太华、终南山等名山的风景，考察了当地的民情风俗，特别是长安的宫廷建筑，引起了他的极大兴趣，他观察得更为仔细。通过游览，张衡积累了大量的文学素材，为日后的文学创作打下了坚实的基础。

张衡游完三辅后，经过灞桥，于永元七年（95）来到骊山。在骊山停留的时候，他写了一篇《温泉赋》，这是他至今保留的文学作品中最早的。张衡在两三年的考察旅途中提笔作赋，随时把自己的感受写下来，以锻炼自己的文思，提高观察能力、思维能力。

张衡常说："一物不知，实以为耻。"他来到洛阳以后，因未经过县、郡政府之推荐，不能进太学学习。张衡抓紧分秒光阴到处拜谒名师。当时那些名师大儒深居简出，求见甚难。张衡亦不例外，虽几度登门求教，屡遭闭门羹，但他初衷不渝仍不灰心。如逢名师面授，他知难得此一回，便珍惜分秒虚心求教，如未能亲身聆听名师赐教，他就从他们的学生那里转学。张衡在这种环境中学习，既锻炼了他的自学能力和质疑能力，也培养了他强烈的进取精神。

张衡在洛阳的五六年修业期间，博览群书、丰富自己的知识。当时太学的学生们学习"五经"（指诗、书、礼、易、春秋）"六艺"（礼、乐、射、御、书、数）。毕业中每人也不过通一经一艺，但张衡已经达到了"通五经、贯六艺"的地步。张衡还学习了天文、地理、气象、历算等方面的知识。他的好友崔瑗评说张衡："焉所不学，亦何不师，盈科而进，成章乃达；一物不知，实以为耻，闻一善言，不胜其喜。"

张衡也在学习生活中培养了自己的独立见解。他观察处理一些事情都有自己的主见，而且信念坚定，不易受其它因素的干扰。当时张衡学习刻苦，成绩优异，赢得了南阳郡守的察举。接着官府争相请他出任官职，一条进入仕途的坦荡大道已为他铺平。无权无势的读书人欲得察举和征辟极为不易，非有超凡出众、被社会公认的品德和才学不可。谁被察举或被征辟，被视为莫大的荣幸。但是出乎人们的意料，张衡在京都没有去当什么"孝廉"，也没有奔走于官宦门庭以求个一官半职。他在京城里仍然如饥似渴地学习，把全部心血倾注在学习上，继续拓宽知识面。

当时扬雄所著《太玄经》已经问世，该书是仿《易经》的体裁而写的，道理艰深，文字难懂，学者们很少有敢于问津的。有人言："洋洋五千言盼'太玄'，辞采焕发，像枝叶繁茂的大树一样；其道理深邃如进入地底的黄泉，其高远如超出苍天之上；其博大如太空包含大气；其精微如入于天间之地。"张衡如醉如痴，夜以继日批读《太玄经》，不断为扬雄的深刻哲理而赞叹不已。他写信给他的好友崔瑗，称："我反复认真研究扬子云（即扬雄）的《太玄经》，感到他所讲的玄理太深刻了。《太玄经》的内容庞杂，涉及的问题太多，以前人们都不去研究它，实际上《太玄经》讲出了天地间的真谛，其地位应该是和五经并列的。"张衡一字一句深究细考，挖掘扬雄的微言大义；埋头注释《太玄经》，写了《太玄注》，还作了《玄图》，形象地解释了玄理。

张衡从前人那里吸收了进步的唯物主义思想和辩证思想，掌握科学的认识论和方法论，为他今后正确的科学研究导向，把握未来的发展方向，起了积极的作用。《太玄经》中，既有唯物主义的东西，也有唯心主义的东西，既论形而上学的一面，亦言及辩证法思想。扬雄明确告诫人们，必须按照东西的本来面目认识自然，而不应该对客观自然随意增加或减少。他还指出，事物不是固定不变的，而是有发展、有变化的。《太玄经》中这种唯物主义思想倾向对张衡的科学研究产生了很大影响。

游学三辅以后，张衡已是才华出众，颇有名望的学者。他不但是可与班固相提并论的大赋家，而且又是"中世阴阳"之宗，精通天文、地理、历算、绘画等，几乎无所不知、无所不晓，被人们称为"南阳道人"。此后，他便开始在各方面表现出了自己的才能。

文学创作

张衡的创作活动由文学作品开始。他自21岁起，几乎每年都有文学著作问世或有重大的科学发明。

永元十二年（100），当时任黄门侍郎的鲍德召见了张衡，鲍德颇为赏识张衡的才华。这年鲍德调至南阳担任郡太守职务，邀张衡随他一起去南阳，协助郡政。张衡欣然同意，便随鲍德回到家乡南阳，当了鲍德的主簿官。张衡同意当主簿官，其原因有两点：一是，主簿这个职务是专为郡守起草文书的，可以了解民情，也可以利用业余时间从事创作活动；主簿的俸禄还可以解决生活问题。二是，鲍德为官正直，气节高尚，是张衡非常敬重的人。跟这样一位德高望重的郡太守做事，张衡觉得很荣幸。因此，他愉快地接受了鲍德的邀请。张衡出任南阳主簿的第一年，写了一首五言诗《同声歌》。诗中张衡以妾自比，以君比鲍德，抒发了他能担任鲍德主簿的兴奋心情，并表达了帮助鲍德处理好郡政的决心。张衡的《同声歌》在我国五言诗的发展上占有重要的地位。它吸取了民间文学乐府诗歌的营养，寓有通俗文学的气息，在内容和形式上都很成熟，对后世的文学发展颇有影响。

《同声歌》之外，张衡还写出了《定情赋》（99年）、《扇赋》（101）等作品，可惜均未流传下来，我们只能从别人著作的引文中看到一鳞半爪。《定情赋》的失传使我们无法了解张衡的婚姻状况，只好扼腕长叹了。

使张衡在文学史上一举成名的是他在南阳主簿时完成的不朽之作《二京赋》，开始著于公元97年，完成于公元107年，长达整十年之久。

《二京赋》由《西京赋》和《东京赋》两篇构成，二者长达万言，浑然天成。《西京赋》中详细描写了西京的繁华，皇帝生活的豪奢，以及民间的新东西，如都市商贾、使士、辩士的活动以及杂技和角触百戏的演出场面等，描述得都十分突出。《二京赋》的另一个特点是，在叙述中引入议论说理，发表作者的思想倾向。张衡写道："夫水所以载船，亦所以覆舟。"他以水能载舟也能覆舟来解释君民关系，警告统治者不要穷奢极欲，残害百姓，不然就会被百姓群起而攻之，使其覆灭。这些议论，都是针对当时统治阶级生活日益腐化堕落，社会阶级斗争、统治阶级集团内部矛盾日益尖锐而发的，至今都有深刻的现实意义。汉代的辞赋历来提倡"劝百讽一"的传统写法。张衡以前的赋家虽然也有讽喻之意，但因受赋的传统写法之限，常常是欲讽反谀，很难有"讽"的效果，张衡则不然，他的讽喻都是切中要害的，"讽"和议论是切直的，感情是真挚的。

继《二京赋》之后，张衡又写了《南都赋》，在这篇赋中，他满怀着对家乡的无限热爱之情，歌颂了南阳美丽的景色，描绘了南阳发达的经济建设。

赋是汉代的主要文学形式，它在我国文学发展史上占有重要地位。张衡把汉代大赋推向一个新的高峰，为我国文学事业的发展作出了巨大的贡献。

阳嘉第二年（公元133年），汉顺帝欣赏张衡的才华，任命张衡为侍中。侍中为九卿之一少府的高级属员，俸禄2000石。但是，张衡已经极不满意当时宦官和外戚之间激烈争斗的腐政败局，并不乐意当侍中。张衡出任侍中3年期间，亲眼目睹宦官专权，政局腐败，心情烦闷，对政局心灰意冷，因此，在政治上无大作为。张衡就开始抓紧业余时间写了一部《周官训诂》。阳嘉四年（135），张衡心情极度忧郁，他便著述《思玄赋》，以寄托自己的情和志。《思玄赋》是一个难得的人类到星际旅行的畅想曲。他认为，世间的好人和坏人决不能合污，违背心愿媚上取荣的事是绝对难以从命的，处在这种污浊的世界，只能远走高飞，因而到太空中去漫游。

张衡从不畏惧权势，不与他们同流合污，这使宦官们很恼火，他们极为排

斥张衡，不断向皇帝耳旁吹风，诬陷张衡。永和元年（136），顺帝听信谗言，决定调张衡为河间相。对此张衡极为不满，写了《怒篇》发泄了自己心中的怨恨。

张衡担任河间相以后，"治威严，整法廉"，捉拿惩办了一批豪强奸党，他还清理冤狱释放无辜，受到当地百姓的称颂。但是，过了不久张衡便发现，"诸豪侠游客，恶惶惧逃出境"，法办的多是些从犯，实际上仍然是"风漏吞舟之鱼"，这就使他认识到自己对"天下渐弊"的无能为力。在这期间，因统治阶级对百姓的剥削压榨，尤其是对少数民族的残暴掠夺激起了四起规模较大的叛乱。张衡看到东汉帝国已无生机，自己的治国安邦之心也无法实现，心情越来越烦闷，便挥笔写了不少诗篇和文章，表达了自己的心情。

《四愁诗》是张衡写于永和二年（137）的诗，在我国诗歌史上占有重要的地位。它表达了张衡的郁闷之情，内容上不同于以前诗人们的著作，在形式上也做了大胆的创新，采用了七言的形式，增强了诗的表现力，是我国最早的七言诗。张衡在我国七言诗的发展上有开山之功。

《四愁诗》之后，张衡还写出了《髑髅赋》《冢赋》和《归田赋》等。其中《归田赋》是一篇抒情小赋，表现了作者在宦官专权、朝政日非的情况下，退隐到田园后的生活乐趣。《归田赋》中张衡用清新的语言描写了自然景物，也抒发了自己归田后的恬淡安适心情，情与景十分和谐，语言中颇有并偶成分。所有这些在赋的发展史上是一个转机。自张衡以后，东汉的抒情小赋不断发展，对魏晋朝代抒情赋的发展产生了重大影响。张衡的赋是承前启后的，他也为我国古代文学发展做出了突出贡献。

科学发明成就

除了在文学创作上，张衡在科学研究方面也取得了辉煌的成就。永初二年（108），由于鲍德政绩卓著，被朝廷调至京城，升为大司农。大司农相当于现在的农业部长。鲍德曾邀张衡同赴洛阳，但张衡未应鲍德之邀。在此期间，他又婉言谢绝邓骘（大将军，开国功臣邓禹的孙子，当朝太后的哥哥）征聘他当幕僚的邀请，回到故乡西鄂专心读书，潜心研究西汉末年大赋家扬雄的《太玄经》。与此同时，张衡还精心研究了《墨经》《太玄经》，涉及到哲学、天文、历算等诸方面，《墨经》概括了墨家关于认识论、逻辑学、经济学和自然科学的研究成果。张衡对这些很感兴趣。从此，张衡开始了专心研究科学和哲学的生涯。

永初五年（111），汉武帝下诏让中央和地方大臣各荐一名有道德、有才能的人到城里做官。当时鲍德正担任大司农，他就推荐张衡。汉安帝对张衡的才学也早有所闻，就拜他为"郎中"，这样，张衡就到了京城洛阳任郎中。张衡趁起草文书等公事之余，开始专心钻研玄妙的天体结构。张衡深入研究了当时对天的两种解释法：盖天说和浑天说。他最后认为，浑天说是合理的，天是一个圆球，地球在其中，就如鸡蛋黄在鸡蛋内部一样。天有一个硬壳，硬壳外的宇宙大空间和时间上都是无限的。天和地未分开之前，混混沌沌，分开以后，轻者上天，重者凝结为地。天为阳气，地为阴气，二者互相作用，创造了万物。张衡还用"近天则退，远天则速，"即用远近的变化来解释行星运行的快慢。张衡的这些解释有些合理的因素，尔后张衡对浑天说又加以修改和发展，使浑天说成为当时最圆满的一种天体结构学说。因此，张衡便成了浑天说的重要代表人物之一。

元初二年（115），汉安帝听说张衡在天文理论方面有很深的造诣，就任命他为太史令，使张衡成为掌管"天时、星历"的主任官员。此官职使张衡有了用武之地，他颇为满意。

张衡接任太史令以后，立即来到坐落在洛阳平昌山南的灵台。灵台就是当时的天文台，张衡登上了灵台顶端，仰观天象。他发现，观天象的仪器太陈旧，年久失修，不堪应用。他决定重新修造观天象的仪器。他精心设计和研制的浑天仪，很形象地体现了浑天说的概貌。

浑天仪相当于现在的天球仪，据史记中记载，最早造浑象天文仪的是西汉宣帝时期的大司农中丞耿寿昌（前73~前49），张衡对它加以改进，并用来作为浑天说的演示仪器。张衡用齿轮系统地把浑象和计时漏壶联系起来，漏壶漏水推动浑象均匀地旋转，一天正好转一周。这样，人们在屋里看浑象，就可以知道哪些星当时在什么位置上。浑天仪上的三十六度折算现今的地理纬度，基本上跟洛阳地区的纬度接近。黄道上刻三百六十五又四分之一度，正好是地球绕太阳公转的周期（公转周期为365.25日）。张衡把黄赤交角定为二十四度，与现在计算的地球轨道和赤道面相交的角度（23°26′）也十分接近，张衡写的

《浑天仪图注》上说明，黄、赤道差的变化在进三度和退三度之间，从而明确了黄、赤道差的计算法，这种计算法一直沿用到隋代。这是张衡在历法方面所作的突出贡献。

浑天仪的制造惊动了京都的学者，他们纷纷来到太史令府邸，参观张衡的杰作，但对它能否准确地表示天象表示怀疑，有一位学者问张衡："你能否用浑天仪演示天象让我们看看！"张衡说："可以，天黑以后，你们分成两组，一组在屋里看着浑天仪，不断向外面报告仪器上所表示的天象情况，一组在屋外观察星空，看是否和屋里仪器的演示情况相符。"学者们很高兴，按照张衡的部署安排就绪，夜幕降临，晴朗的天空中出现了繁星。不一会儿，屋里的人向外面报告说："月亮正在升起。"屋外的人也看到东南方面升起一弯明月。接着屋里的人又不断报告。某星已经升起，某星已到中天，某星转入地下……皆与屋外看到的实际天象相符。试验结束，屋内外的学者纷纷向张衡表示祝贺，称赞道："真是巧夺天工的伟大发明。"张衡也十分珍惜浑天仪，他说："叫我躺在这个浑天仪下面研究一生，我也愿意。"

浑天仪制造成功以后，张衡着手研制了一种可以显示月相和日期的仪器，叫做"瑞轮蓂荚"。这个仪器有十五个不同的形状的叶轮，每片叶轮代表着不同的月相。张衡把瑞轮蓂荚与浑天仪连结起来，通过齿轮，让它们转动，每天转出一片叶轮，到第十五片以后，又每天转入一片叶轮。这样，一个活动的日历制成了。人们看到叶轮，就知道是哪一天，也可以知道月亮的圆缺。张衡还曾为浑天仪写了两部说明书：一是《浑天仪图注》，一是《漏水转浑天仪注》。张衡制造的浑天仪在后来兵荒马乱中毁灭了，但因有这两部书的记载，到了1437年明朝时期又制造了一个浑天仪。后来八国联军侵占北京时，被德国兵抢走，陈列在柏林彼茨坦富里，第一次世界大战以后，我国设法索取回来，陈列在南京紫金山天文台上。

元初五年（118），张衡冲破了当时封建神学的迷雾，继承和发展了前人的唯物主义哲学思想，写出了闻名于世的天文学著作《灵宪》，在《灵宪》中张衡描述了天体演化进程，共分为三个时期：第一个时期叫做"溟涬"，这时候无天无地，整个空间一片沉寂，只存在一种拘束形成的气，看不见，摸不着。无形无象，而这就是宇宙万物发展变化的根本，称之谓"道之根"。第二个时期叫做"庞鸿"，产生了不同的物质性的气互相混合在一起，浑沌不分，不停地运转，称之谓"道之干"。第三个时期叫做"天元"，宇宙的这团元气清浊逐渐分开，形成了天地，天地构合精气，生育出万物，称之谓"道之灾"。这里提出"道"，即宇宙发展变化的固有规律，这个规律是属于自然界本身的，而不是人或神强加于自然界的。张衡在《灵宪》中不断探讨了行星运动的规律，在缜密观测的基础上找到了行星运动的快慢与影响行星运动的中心体之间的关系，明确地提出，行星的快慢决定于距离天的远近。当时尚未发现行星都是围绕太阳转的规律的情况下，提出上述看法，不能不说是一个具有远见卓识的发现。

此外，张衡在《灵宪》中对日蚀的产生做了科学解释。他明确提出，月亮本身是不发光的，月亮的光是太阳光的反照。地球挡住了太阳的光辉，月亮也就看不见了，这就发生了月蚀。同时他还观测出太阳和月亮的角直径。周天三百六十度的七百三十六分之一是 29′44″，这与现在的科学根据已经非常接近了。张衡第一次用科学的方法，解释了月蚀形成的原因。

张衡不仅制造出观测仪器，还进一步为理论研究著书立说，而且积极投入了围绕着《四分历》而展开的反图谶斗争，《四分历》是当时通用历法。当时，梁丰、刘恺等八十余人认为，《四分历》不符合图谶，应该恢复西汉时期的《太初历》，李泓等四十余人认为，《四分历》是根据图谶而来的，比《太初历》先进，最为正确，应该继续使用。张衡则主张，历法的改革与否认该以天文观测的结果为依据。他和周光观测天文的结果认为，九道法最为准确精密。经过激烈的辩论，九道法虽然未被采用，但用唯心主义的图谶之学来附会历法的做法也归于失败。这是我国历法史上唯物主义反对唯心主义的一个胜利。

张衡坚持唯物主义，于是对图谶迷信持批判态度。阳嘉元年（132），张衡写了《论举贡疏》，尖锐地抨击了招收学生，要考试图谶的做法，公元 133

年，他又上书《驳图谶疏》，请求皇帝用行政命令的方法禁绝图谶。张衡在当时极力反对谶纬，表现了科学家的大无畏的革新精神，因为在那个年代谶纬得到统治阶级的支持，为封建统治阶级说教，反对谶纬是遭杀身之祸的。当时汉顺帝比较开朗，他虽然没有下行政命令禁绝图谶，但觉得张衡写的《驳图谶疏》所言有理，他尤其欣赏张衡敢于直言进谏的精神，所以非但没有处罚张衡，反而提升他为侍中。

此外，张衡在机械制造业方面表现出非凡的才能。安帝建光五年（121），张衡担任过公车司马令（九卿之一，卫尉手下秩禄六百名的小官）。官虽不大，但管的事很多很杂。他刚任公车司马令不久，安帝下令要制造指南车，在没有任何资料的情况下，张衡苦苦思索，从南阳郡守杜诗水排的齿轮系统得到了启发，制造了指南车和记里鼓车。

张衡制造的指南车是两轮小车，车上高高地站着一个雕刻精制的木人，不论车子朝什么方向走，木人的手始终指向南方。

张衡制造的记里鼓车是一辆两层套马车，上层中间有一面大鼓，鼓旁有两个木头人，手里握着鼓棒摆出挥棒欲敲的架势。下层中间挂一口铜钟，钟两旁站着手握钟锤的两个木人，车子每行一里，上层的木头人就自动击敲一次，车子每行至十里，上层的木头人就自动敲钟一下。建光三年（124），安帝去泰山祭奠时用了张衡制造的指南车和记里鼓车，重扬了皇威。

张衡居住过的房子里有一张宽大的桌子，上面摆着一件东西。这个东西是用青铜铸造的，圆圆的，像一个大酒坛子。坛子的周围镶着八条龙，按照东、南、西、北、东北、东南、西北、西南八个方向排列着。龙嘴里都含着一粒小铜球，对准龙头的嘴巴下面，蹲着八个昂头张着大嘴的铜蛤蟆。这就是张衡发明的世界上第一架测定地震的仪器——地动仪。在哪儿发生地震，对准那个方向的龙嘴就会张开，龙嘴里的铜球就落在铜蛤蟆的嘴里，告诉人们那个方向发生了地震。张衡的地动仪是阳嘉元年（132）发明的，比世界其它国家的同类仪器早一千七百多年。阳嘉二年（133）四月，京都发生了地震，地动仪准确测到了。地动仪制造6年以后（138）的一天，地动仪头向西北方向的一条龙吐出了铜丸，而人们却丝毫没感觉地震。于是，本来一些对张衡制造的地动仪持怀疑态度的学者，嘲笑地动仪是"屠龙之技"，不相信地动仪会有那么灵验。张衡自己也有些焦虑不安了。直到过了5天，忽见从洛阳西门外跑来一个骑着快马的信使，直奔记史的太史府，向太史府投了一份报告。报告中写道："五天前，陇西地区发生了地震。"在事实面前，大家才信服了地动仪的准确性。张衡的地动仪的发明，使我国开始了用仪器远距离观测和记录地震的历史。

张衡制造地动仪的同时，还研制了一架测定风向的仪器——候风仪。可惜的是文字对这种仪器的制造过程和形状历史上没有记载，后人也没办法了解这个发明的具体信息。

张衡从事科学研究多年，制造了巧夺天工的浑天仪、自动测量行程的记里鼓车、指明方向的指南车、报知震向的地动仪、辨别风向的候风仪，确立了自己在世界在文学、地震学、机械制造业等方面的显赫地位。

祖冲之

祖冲之（429～500）是我国杰出的数学家，科学家。南北朝时期人，字文远。生于宋文帝元嘉六年，卒于齐昏侯永元二年。祖籍范阳郡道县（今河北涞水县）。为避战乱，祖冲之的祖父祖昌由河北迁至江南。祖昌曾任刘宋的"大匠卿"，掌管土木工程；祖冲之的父亲也在朝中做官。祖冲之从小接受家传的科学知识。青年时进入华林学省，从事学术活动。一生先后任过南徐州（今镇江市）从事史、公府参军、娄县（今昆山市东北）令、谒者仆射、长水校尉等官职。其主要贡献在数学、天文历法和机械三方面。

致力于历法研究

公元429年，祖冲之在建康（今南京）出生。他的祖籍本是河北范阳，西晋末年时，他的祖先为了躲避战乱，就迁居到了江南。他的父祖三代都在朝廷做官。祖冲之的祖父做过大理寺卿，负责主持土木工程。而且祖家历代对于天文历法都有很深的研究，所以，祖冲之从小就有很多机会接触科学知识。

祖冲之从小就兴趣广泛，如自然科学、文学、哲学等，他都很喜欢。尤其是对数学、天文和机械制造，更是有强烈的爱好和深入的研究。祖冲之没有进过学校，也没有受过名师指点，他是靠自学成才的。祖冲之对学术研究的态度非常严谨，他十分尊重古人的研究成果，但又不盲目崇拜古人，就像他自己说过的那样"搜炼古今"，但是绝不"虚推古人"。他一方面搜集参阅前人的著述，从古往今来的典籍文献中吸取精华；另一方面又敢于大胆怀疑前人的研究成果，通过实际研究、考察，发现前人的错误和不足，并加以纠正补充，从而取得了很多极有价值的科学成果。他编制的《大明历》是当时最精确的历法，他把圆周率推算到小数点后7位数字，保持了1000多年的世界纪录。

我国古代通用的历法是阴历，但是阴历的1年只有354天，和太阳公转一圈的365天，相差11天多。为了把这两种历法一致，古代人采用了闰月的办法，就是在每若干个阴历内安排一个闰年，闰年有13个月。一直到祖冲之生活的南北朝时期，我国的历法都还是19年7闰，就是19年里，有7年是13个月。这种闰年法已经使用了1000多年，但是它还不够精密准确。后来十六国中的北凉，编制了《元始历》，规定600年中有221个闰年。

祖冲之在长期的观察研究后发现19年7个闰年太多，600年221个闰年又太少，都不够精确。他提出每391年，应该有144个闰年，这在当时是最先进的了。

祖冲之还在历法中使用了岁差。古代已经有人发现了岁差，祖冲之继承了前辈科学家的研究成果，推算出岁差是每45年11个月后退1度，而且在制订历法时，使用了岁差理论。虽然祖冲之提出的岁差数据还不够精确，但是，他把岁差应用到历法中，这在天文历法史上却是一个创举。以后的很多历法都应用了岁差。

祖冲之根据自己的研究成果，编制了《大明历》，这是当时最科学、最进步的历法。后来，祖冲之把《大明历》送给政府，请求公布实施。但是，却遭到了皇帝宠信的戴法兴等人的阻挠。他们认为冬至点始终不变，19年7个闰年，这都是古圣先贤测定的，是万世不能改变的。责骂祖冲之污蔑天理，违背圣人经典，甚至说他是浅陋的凡夫俗子。

祖冲之则不畏权贵，坚持以真理为准则，他写了一篇著名的文章——《辨戴法兴难新历》，对他们的观点一一进行驳斥。他根据古代的文献记载，又详细列举了当时的观测记录，证明自己的观点。祖冲之在科学与迷信、进步与保守的斗争中，坚持科学真理的大无畏精神，为后世的科学家树立了光辉的榜样。

其他发明成就

对圆周率的推算是祖冲之最光辉的成就。大家都知道圆周率是圆的周长和直径的比，是一个永远除不尽的无穷小数。它在天文、历法等方面广泛应用。许多古代的科学家都致力于准确地推算圆周率，圆周率的数据也越来越精确。到三国时的刘徽，得出圆周率是 3.141024，这是古代圆周率研究的一个重要成就，被称为"徽率"。

祖冲之在推算圆周率方面超越了前人。他推算出圆周率的值在 3.1415926 和 3.1415927 之间。当时都习惯用分数形式，祖冲之采用了两个分数值来表示圆周率，比较精密的一个 355/113 叫作"密率"，比较粗疏的一个 22/7 叫作"约率"。在欧洲，一直到公元 1357 年，才有一个德国数学家渥脱推算出 355/113 这个数值。所以，有人建议把这个圆周率值称为"祖率"，以此来纪念伟大的中国科学家祖冲之。

祖冲之还写过一部精彩的数学专著《缀术》，这本书在当时影响很大，一直到唐朝的时候，官办学校必修的数学课程，考试题目也大多出自其中。可惜这部书到北宋中期，竟然失传了。

祖冲之除了在天文、数学上有所作为，在其他很多方面也有成就。他看到人们舂米、磨面非常辛苦，就发明了水碓磨把舂米和磨面结合起来，利用水力推动，生产效率大大提高了，直到今天，水碓磨还在我国江南的一些农村使用着。

祖冲之还制造过古代用来指示方向的工具——指南车。相传远古时代的黄帝和蚩尤大战时，就使用了指南车来辨别方向。但是这只是个传说。文献记载，三国时的马钧曾做过指南车，但是也失传了。后来南朝齐的皇帝就要祖冲之再做一辆。祖冲之做成的指南车今天也已经失传了，但是根据历史记载，那辆指南车是非常精巧灵活的。

祖冲之还制作过欹器。欹器是春秋时代的文献里记载过的一件器具，容器空的时候，就倒向一边；水量合适，就会直立；水量过多，又会倒向一边。古人用这个容器来警戒人们不要自满，很多前人都尝试制作，却都没有成功。祖冲之却成功地制成了，并把它送给了齐武帝的儿子。相传祖冲之还设计制造了一种千里船，一天可以航行100多里。

祖冲之不仅自然科学的成就很高，对哲学也有很深的研究，他曾经著有《易义》《老子义》，还注释过《论语》《孝经》《楚辞·九章》等，可惜都失传了。

人们对祖冲之的伟大成就一直很推崇和赞扬。我国紫金山天文台发现的一颗小行星就是用他的名字命名的。祖冲之的辉煌成就，还为他博得了极高的世界声誉。法国巴黎有一座科学博物馆，叫作"发现宫"，墙上有许多世界著名科学家的名字，祖冲之的名字也列在其中。俄罗斯莫斯科大学的大礼堂走廊上，也有祖冲之的彩色塑像。祖冲之的名字还和世界各国的卓越科学家一起，被用来命名月球上的环形山。

贾思勰

贾思勰，生卒年不详，益都（今山东省寿光市西南）人，生活于我国北魏末期和东魏（公元6世纪），曾经做过高阳郡（今山东临淄）太守。是中国古代杰出的农学家。

热爱农学搞创作

贾思勰出身于书香门第，从小他就很喜欢读书、学习，尤其喜欢农业生产技术知识的学习和研究，这对贾思勰的一生有很大影响。他的家境虽然不是很富裕，但却拥有大量藏书，使他从小就有机会博览群书，从中汲取各方面的知识，为他以后编撰《齐民要术》打下了基础。成年以后，他开始走上仕途，曾经做过高阳郡（今山东临淄）太守等官职，并因此到过山东、河北、河南等许多地方。每到一地，他都非常重视农业生产，认真考察和研究当地的农业生产技术，有时请教一些具有丰富经验的老农，获得了很多农业生产知识。中年以后，他又回到自己的故乡，开始经营农牧业，亲自参加农业生产劳动和放牧活动，对农业生产有了亲身体验，掌握了多种农业生产技术。大约在北魏永熙二年（533）到东魏武定二年（554）期间，他将自己积累的许多古书上的农业技术资料、询问老农获得的丰富经验、以及他自己的亲身实践，加以分析、整理、总结，写成农业科学技术巨著《齐民要术》。

《齐民要术》全书共92篇，分成10卷，正文大约7万字，注释4万多字，共11万多字；此外，书前还有《自序》和《杂说》各一篇。引用前人著作有150多种，记载的农谚有30多条。全书介绍了农作物、蔬菜和果树的栽培方法，各种经济林木的生产，野生植物的利用，家畜、家禽、鱼、蚕的饲养和疾病的防治，以及农、副、畜产品的加工，酿造和食品加工，以至文具、日用品的生产等等，几乎所有农业生产活动都作了比较详细的论述。在农学方面具有重大意义。

首先，《齐民要术》深入地探讨了北方抗旱保墒的问题。贾思勰对关于精耕细作、深耕细耙、中耕除草等成功的经验进行了比较完整的总结和提高，从理论上说明了这些技术措施的重要意义。又如，贾思勰总结了前人恢复提高土壤肥力的办法，豆类作物在恢复和提高土壤肥力上的重要作用，把它作为绿肥作物纳入轮作周期，《耕田第一》书中分析说明了轮作的好处，对绿肥作物的栽培和轮作套种作出科学总结，是世界上最早的。在播种时间上，贾思勰引用农谚："以时及泽，为上策之，"说明要以季节、气候和墒情作为根据。在《种谷第三》一书中明确地提出了因地、因时、因作物制宜而进行农业生产的原则。

其次，《齐民要术》非常重视选育良种对于提高农畜产品的产量和质量的重要作用。书中仅谷种就搜集了80多个品种，并且按成熟期、植株高度、产量质量、抗逆性等特性作了比较科学的分类。还叙述了播种前怎样进行选种、晒种、浸种和用药物或者肥料拌种等种子处理方法，其中不少措施非常巧妙、合理，直到今天还普遍应用于农业生产。

贾思勰还初步提示了生物和环境的相互联系，描述了生物遗传和变异的关系问题。贾思勰介绍了许多改变旧的遗传性、创造新品种的经验，涉及到人工选择、人工杂交和定向培育等育种原理，其中不少经验和论点对于指导今天农业生产仍有现实意义。进化论的创立者，19世纪英国伟大的生物学家达尔文说，他的人工选择思想是从"一部中国古代的百科全书"得到启发的。从达尔文所引述的内容看，不少人认为，这部书就是《齐民要术》。

《齐民要术》用了不少篇幅介绍了蔬菜种植、果树和林木的扦插、压条和嫁接等育苗方法以及幼树抚育方面的技术。还提出了一些防治病虫害和果农熏烟防霜害的方法："天雨新晴，北风寒切，是夜必霜。此时放火作煴，少得烟气，则免于霜矣。"（煴音，yún，意思是没有火焰的暗火。）短短的20几个字就说明了我国古代劳动人民看天气判断降霜的经验和防霜的方法，直到今天仍然在普遍应用。

另外，《齐民要术》总结了我国6世纪以前家畜家禽的饲养经验并搜集记载了兽医处方48例，涉及外科、内科、传染病、寄生虫病等方面，如直肠掏结术和疥癣病的治疗方法，历时一千四百多年，现在仍然沿用。《齐民要术》中还有我国独特的制曲、酿酒、制酱、作醋、煮饧（饧音，xíng，糖稀的意思）以及食品保存和加工工艺的翔实记录，其中许多是现存最早的资料。

总之，《齐民要术》是一部有很高科学价值的"农业百科全书"，它内容极其丰富，反映了当时我国北方农业生产技术的水平，其中有许多技术直到现在还在应用。另外，它比较系统地总结了黄河中、下游地区北魏和北魏以前农业生产技术，初步建立了农业科学体系，对我国和世界的男女工业生产都有很大的影响。

农学思想精髓

贾思勰认为，农作物生长是有规律的。谷子成熟有早晚，早熟的谷子，棵体矮小，果实多。晚熟的谷子，长的高大，而果实少。强壮的苗长得短小，黄谷就是这样。收少的果实味道好，高产的果实，不好吃。良田可以晚种，薄田就要早种。良田不是一定要晚种，也可早种，但薄田晚种就可能收不到庄稼。山地种庄稼，要选强壮的种子，因为要避风霜。肥沃的田里种庄稼，可以用不一定强壮的种子，主要是多产。顺天时，量地力，则用力少而成功多。任情反道，劳而无获。

贾思勰重视粮食生产，但他又并不把农业生产归结为生产粮食，而是要多种经营。《齐民要术》包括了粮食作物、园艺作物、林木、种桑养蚕、畜牧、养鱼、农副产品加工等内容。贾思勰认为，农副产品加工是农业生产的继续，是生产转向消费的必要环节。经过加工的农副产品，不但满足了消费的需要，而且价值提高了。《齐民要术》中就有酒、醋、酱、豉的制作，还有把粮食、蔬菜、果品、肉鱼加工成耐储食品的方法。

《齐民要术》是要教导农民搞好农业生产，也提到了农业生产的成本问题。贾思勰在书中谈到，实际是教导农民，首先要按市场条件来安排生产，其次要有适当的规模和合理的田间布局来生产。要使用临时性雇工，以降低成本。要重视成本核算和利润的计算。《齐民要术》列举了大量的实例，教农民如何计算，甚至连运输、销售的费用都有计算。贾思勰的《齐民要术》不仅是北魏时期的重要农学著作，也是有极大的学术价值。它不但影响了古代农业的发展，至今还有很大的指导意义。我们的国家长期是一个农业国，有十几亿人要吃饭。中国是一个疆域辽阔的大国，每年都有许多地方受灾。我们的国家正在走向世界，成为强盛的大国。《齐民要术》中都有可以借鉴的东西，都有值得学习的东西。

沈括

沈括（1031~1095），北宋科学家、改革家。晚年以平生见闻，在镇江梦溪园撰写了笔记体巨著《梦溪笔谈》。一位非常博学多才、成就显著的科学家，我国历史上最卓越的科学家之一。精通天文、数学、物理学、化学、地质学、气象学、地理学、农学和医学。他还是卓越的工程师、出色的外交家。

广泛兴趣

沈括自幼对天文、地理等有着浓厚的兴趣，勤学好问，刻苦钻研。少年时代他随做泉州州官的父亲在福建泉州居住多年，当时的一些见闻，均收入《梦溪笔谈》。

沈括博学多才，著作等身，但是很多都已经失传了。幸而他在晚年隐居时，创作了《梦溪笔谈》这部旷世名著。它不仅保存了沈括自己的科学研究成果，还汇聚了许多古代劳动人民伟大智慧的结晶，也保存了很多稀有的材料。

天文、历法和数学是沈括在自然科学上的主要贡献。数学是自然科学的基础，沈括在这方面成就很大。他通过观察酒店里堆放的酒坛子，提出了计算堆积物体积总数的科学方法——隙积法。隙积法的创立，发展了《九章算数》以来的等差级数，后来经过南宋杨辉、元代朱世杰等人的发展，成为中国传统数学的一大项目——垛积术。到了清代，数学家李善兰得出享誉世界的"李善兰恒等式"，还取得了其他一些组合数学范畴内的重大成果。这一切也都离不开沈括的伟大贡献。

沈括还发明了"会圆术"，在我国数学史上第一个提出用圆的直径和弓形的高度来求弓形的弧长的公式。这为元代的科学家郭守敬以四次方程式求天球"黄道积度"和时差，奠定了基础。

沈括在天文学上也有成就。他在担任司天监期间，亲自参加天文观测，得出科学的结论：北极星和北极的距离为3度多。沈括还发现，人们从地面上观察到的太阳方向和太阳本身的实际位置并不完全一致，人们观察到的太阳高度比其实际高度要大，这在当时也是了不起的创见。

沈括还改进了浑天仪、景表、五壶浮漏等仪器，他制作的浑天仪，开创了简化浑天仪结构的先河，启发了元代郭守敬简仪的发明。他改进的制造浮漏的方法，一直沿用到清代。

在历法方面，沈括经过长期的观察研究，提出了《十二气历》，主张废除传统的阴历，实行阳历。这种新的历法简单明了，对指导农业生产有很大的好处。800年后，英国农业气象局使用的《萧伯纳历》，就和沈括的《十二气历》原理相同，而且《萧伯纳历》至今还在使用。

沈括在物理学上也有建树。他提出了指南针的4种装置方法。其中以悬丝法最为科学准确，它克服了航行时水面动荡不定带来的困难，更适宜于在航海中使用。沈括的这4种装置法，一直到近代，仍然是制作罗盘的主要依据。沈括还发现了地磁子午线和地理子午线是不完全一致的，所以指南针经常微微偏东，这是世界上关于地磁偏角的最早记录，比意大利航海家哥伦布第一次横渡大西洋时发现的地磁偏角早了400多年。

沈括还通过实验，对小孔成像、凹面镜成像等做了生动通俗的描绘，得出了通过小孔和焦点形成光束的原理。

沈括在地理学和地质学上也都很有建树。他在出使契丹的时候，曾经绘制了《使契丹图抄》，记录了契丹的山川道路、地理形势和风土人情。他还创制了立体模型地图，相当于现在的地形模型。神宗看后觉得很有用，就下令边境地区，都把山川险要制成模型，送到中央，以备不时之需。

沈括还精通地质学。公元1074年，沈括奉命察访浙东，顺便游览了雁荡山。他发现雁荡山山峰险峻峭拔，高耸入云，但是都包含在山谷之中，从山谷之外看去，一无所见；但是一进入谷地，却蓦然发现峰峦林立。沈括认真观察研究后，得出结论：雁荡山这一奇特的地貌，是由于谷中大水侵蚀，沙土尽去，只剩巨石岿然挺立。这在我国乃至世界地质学史上，首次提出了流水侵蚀的理论。在欧洲，一直到18世纪末，英国人赫顿的《地球理论》中，才提出了类似的学说。

沈括用流水堆积作用来解释海陆变迁的现象和冲积平原的成因，比欧洲古生物学和古地质学的创始人达芬奇早了400多年。沈括还根据延州发现的竹笋、鱼蟹的化石，推断出古时的地理环境和气候变迁。这种具有开创性的研究方法，至今还被地质学者广泛采用。

沈括还在延州一带发现开采石油，并且预料，后世一定会大规模开采石油做燃料。沈括还是第一个使用石油这个名称的人。

在医药学和生物学上沈括也有所成就。他曾经批判纠正过古代人体解剖学上认为人有三喉的严重错误，指出人只有咽、喉而已，在我国的古代解剖学上产生了很大影响。沈括还订正过古代药典中的错误，对后世的医药卫生事业做出了很大贡献。

沈括还在《梦溪笔谈》中记载了很多古代的科学史料。比如，他对毕昇活字印刷术的记载，是历史上关于活字印刷的惟一的比较详尽的材料。我们今天能够清楚地了解一千年前的这一伟大发明，不能不归功于沈括。

沈括除了在自然科学上成就卓著之外，还对历史、考古、文学、音乐、美术等广泛涉猎。《梦溪笔谈》中曾经记载过许多古代的出土文物，这对宋代新兴的考古学起了很大的推进作用。沈括也擅长诗词，著有《沈存中诗话》一书，可惜已经失传了。《梦溪笔谈》里还有专章论述音乐和书画。

沈括这样一位博学多才的科学巨人，他的成就对后世产生了巨大的影响，他是我们国家和民族的骄傲，将中国的科学技术水平推向了一个新的高峰。

外交军事成就

沈括不仅是一个科学家，他还是一个出色的外交家和军事家，在北宋与契丹的边界谈判以及抵抗西夏的侵犯上，都立过汗马功劳。

公元1075年，辽国派使者来到宋朝，要求重新划定两国边界，想借此要挟宋朝，侵占大宋领土。宋神宗派沈括去同辽国使者谈判，沈括先去查阅了大量的历史档案，掌握了两国以前议定的边界情况。他发现，辽国使者提出的以黄嵬山为界，比起以前议定的边境线向南伸进了30多里，纯属无理要求。沈括立即向神宗报告，神宗高兴地说："别的大臣谁也不去追寻以前商议边界之事，如果不是沈括，几乎误了大事。"于是，神宗命沈括拿了过去议定的边界地图，向辽国使者据理力争。辽使理亏心虚，只好推脱，说自己不能做主，要求宋朝派使臣到辽国去继续谈判。神宗认为只有沈括能担此重任，便派他出使辽国。

出发之前，沈括让随从人员搜集了几十份有关疆界划分的档案资料，一一熟读，并默记在心。到达之后，沈括同契丹丞相举行会谈；不论他提出什么问题，沈括的属下都能引章据典，应答如流。契丹丞相被驳斥得哑口无言，不禁恼羞成怒，威胁道："为了区区几里的土地，难道你们竟然想和我们兵戎相见吗？"沈括却毫不畏惧，他义正词严地回答："并非我大宋要和贵国断绝友好，实在是北朝背信弃义，一再侵扰威胁。如果双方一旦刀兵相见，理亏的是北朝，而不是我们大宋。"沈括与契丹丞相一连进行了6次会谈，

425

每次契丹都聚集千人旁听,却没有一个人能驳倒沈括。最后,契丹见阴谋不能得逞,又不敢轻易发动战争,只得退让。沈括胜利凯旋。沈括谈判的胜利,保护了宋朝的领土和国家的尊严,也震慑了契丹,契丹见宋朝人才济济,也不敢再轻视宋朝了。

郭守敬

郭守敬(1231~1316),中国元朝的天文学家、数学家、水利专家和仪器制造专家。字若思,汉族,顺德邢台(今河北邢台)人。生于元太宗三年,卒于元仁宗延祐二年。郭守敬曾担任都水监,负责修治元大都至通州的运河。1276年郭守敬修订新历法,经4年时间制订出《授时历》,通行360多年。是当时世界上最先进的一种历法。1981年,为纪念郭守敬诞辰750周年,国际天文学会以他的名字为月球上的一座环形山命名。

成长经历

我国元朝大科学家郭守敬生于1231年(元太宗三年、金哀宗正大八年)。家乡在今河北省邢台县。

邢台地方本来属宋朝,1128年(宋高宗建炎二年)被金朝夺去,到1220年(金宣宗兴定四年)又为后来建立元朝的蒙古贵族占领。所以郭守敬是在元朝统治时期出生的。后来元朝在1234年灭金,到1279年又灭了宋,统一中国,郭守敬也逐渐成长为一位杰出的科学家。

早些时候,金朝北边的蒙古人还过着游牧的生活,处在奴隶社会阶段。那时他们在金朝北方一带骚扰,进行的战争具有极大的掠夺性和破坏性。当地的农田水利遭到了严重的破坏,人口大量减少,生产急剧下降。这种状况对于元朝的建立统治是十分不利的。以元世祖为首的蒙古统治集团觉察了这一点,于是在华北地区封建势力代表人物的支持下,逐步进行了一些改革,改变了一些野蛮的杀掠方式,实行了一些鼓励农桑增产的措施。因此,在元世祖的时代,华北一带的农业生产才逐渐恢复起来。农业生产必须适应天时,农田排灌需要水利建设,于是对天文历法和水利工程的研究,就成为迫切的要求。同时,国家统一了，中外交通范围比以前扩大了，更给科学技术的发展提供了新的因素。因此，元朝的天文学和水利学，在金、宋两朝的基础上，有了进一步的发展。郭守敬正是在这个时期，在这两门科学方面作出了许多贡献。

郭守敬父亲的名字，从现有的历史记载中已查不出来。他的祖父倒还留下名字，叫郭荣。郭荣是金元之际一位颇有名望的学者。他精通五经，熟知天文、算学，擅长水利技术。郭守敬就是在他祖父的教养下成长起来的。

老祖父一面教郭守敬读书，一面也领着他去观察自然现象，体验实际生活。郭守敬自小就喜欢自己动手制作各种器具。有人说他是"生来就有奇特的秉性，从小不贪玩耍"。其实，由于他把心思用到制作器具上，所以就不想玩耍了。

在十五六岁时，郭守敬就显露出了科学才能。那时他得到了一幅"莲花漏图"。莲花漏是一种计时器，是北宋科学家燕肃在古代漏壶的基础上改进创制的。这器具由好几个部分配制而成。上面有几个漏水的水壶。这几个水壶的水面高度配置得经常不变。水面高度不变，往下漏水的速度也就保持均匀。水流速度保持均匀了，那就在一定时间内漏下的水量一定不变，不会忽多忽少。这样，就可以从漏下的水量指示出时间来了。燕肃留下的莲花漏图，就画着这样的一整套器具。

配制这套器具的原理不很浅显。燕肃所画的图，构造也不很简单。仅仅依据一幅图就想掌握莲花漏的制造方法和原理，对一般成年学者来说也还不是一件容易的事情。年纪才十几岁的郭守敬居然把它弄得一清二楚，这就足以证明郭守敬确是一个能够刻苦钻研的少年。

在邢台县的北郊，有一座石桥。金元战争的时候，这座桥被破坏了，桥身陷在泥淖里。日子一久，竟没有人说得清它的所在了。这给来往的人带来了很大的不便，而且严重影响了当时的农业发展。郭守敬查勘了河道上下游的地形，对旧桥基就有了一个估计。根据他的指点，居然一下子就挖出了这久被埋没的桥基。这件事引起了很多人的惊讶。石桥修复后，当时一位有名的文学家元好问还特意为此写过一篇碑文。这时候，年青的郭守敬已经能对地理现象作颇为细致的观察了。那一年，他刚刚20岁。

郭荣为了让他孙儿开阔眼界，得到深造，曾把郭守敬送到自己的同乡老友刘秉忠门下去学习。刘秉忠精通经学和天文学。当时他为父亲守丧，在张有读书。郭守敬在他那儿得到了很大的教益。更重要的是，郭守敬在他那儿结识了一位好朋友王恂。王恂比郭守敬小四五岁，后来也是一位杰出的数学家和天文学家。这一对好朋友后来在天文历法工作中亲密合作，做出了卓越的贡献。

熟悉水利巧提建议

郭守敬在刘秉忠门下学习的时间不长。1251年，刘秉忠被元世祖忽必烈召进京城去了。刘秉忠离开邢台之后，郭守敬的行踪如何，史书上没有明白的记载。只知道后来刘秉忠把他介绍给了自己的老同学张文谦。1260年，张文谦到大名路（今河北省大名县一带）等地作宣抚司的长官，郭守敬也跟着他一起去了。在那儿，他把少年时代试作过的莲花漏铸了一套正规的铜器，留给地方上使用。后来，元朝政府里的天文台也采用了这种器具。

郭守敬跟着张文谦到各处勘测地形，筹划水利方案，并帮助做些实际工作。几年之间，郭守敬的科学知识和技术经验更丰富了。张文谦看到郭守敬已经渐趋成熟，就在1262年，把他推荐给元世祖忽必烈，说他熟悉水利，聪明过人。元世祖就在当时新建的京城上都（今内蒙古多伦附近）召见了郭守敬。

郭守敬初见元世祖，就当面提出了六条水利建议。第一条建议修复从当时的中都（今北京）到通州（今通县）的漕运河道；第二第三条是关于他自己家乡有地方城市用水和灌溉渠道的建议；第四条是关于磁州（今河北磁县）、邯郸一带的水利建议的意见；第五第六条是关于中原地带（今河南省境内）沁河河水的合理利用和黄河北岸渠道建设的建议。这六条都是经过仔细查勘后提出来的切实的计划，对于经由路线、受益面积等项都说得清清楚楚。元世祖认为郭守敬的建议很有道理，当下就任命他为提举诸路河渠掌管各地河渠的整修和管理等工作，下一年又升他为银符副河渠使。

西夏治水

元世祖至元元年（1264）张文谦被派往西夏（今甘肃、宁夏及内蒙古西部一带）去巡察。那里沿着黄河两岸早已修筑了不少水渠。宁夏地方（今银川一带）的汉延、唐来两渠都是长达几百里的古渠，灌溉田地的面积很大，是西北重要的农业基地之一。当年成吉思汗征服西夏时,严重破坏了农业生产,兵马到达之处,水闸水坝和渠道都被毁坏。这种情况,张文谦当然是知道的。他巡察西夏,一方面要整顿地方行政,另一方面也想重兴水利,恢复农业生产。所以他带了擅长水利的郭守敬同行。

郭守敬到了那里立即着手治理这些问题。有的地方疏通旧渠,有的地方开辟新渠,又重新修建起许多水闸、水坝。当地人民久旱望水,对这样具有切身利害关系的大事自然尽力支持。由于大家动手,这些工程竟然在几个月之内就完工了。开闸的那一天,人们望着那滚滚长流的渠水,心里有多么喜悦啊。

修完了渠,郭守敬就离开了西夏。在还京之前,他曾经逆流而上,探寻黄河的发源地。以往史书上虽也有些河源探险的记载,但都是些将军、使臣们路过这个地区,顺便查探,写下的一些记述,并不是特意进行的科学考察结果。有些记载只是从传闻得来,还不免失实。以科学考察为目的,专程来探求黄河真源的,要推郭守敬是第一个人。很可惜,郭守敬探查河源的结果没有记载流传下来。后来到了1280年,又有一位探险家都实奉元世祖之命专程前去考察河源。这次探索的经过记录在一部《河源记》的专著里,其中有着不少有价值的结果。毫无疑问,作为先驱的郭守敬考察对于都实是有相当影响的。

1265年,郭守敬回到了上都。同年被任命为都水少监,协助都水监掌管河渠、堤防、桥梁、闸坝等的修治工程。1271年升任都水监。1276年都水监并入工部,他被任为工部郎中。

编订《授时历》

经过王恂、郭守敬等人的集体努力,到1280年(元世祖至元十七年)春天,一部新的历法宣告完成。按照"敬授民时"的古语,取名"授时历"。同年冬天,正式颁发了根据《授时历》推算出来的下一年的日历。

很不幸,《授时历》颁行不久,王恂就病逝了。那时候,有关这部新历的许多算草、数表等都还是一堆草稿,不曾整理。几个主要的参加编历工作的人,退休的退休,死的死了,于是最后的整理定稿工作全部落到郭守敬的肩上。他又花了两年多的时间,把数据、算表等整理清楚,写出定稿。其中的一部分就是《元史·历志》中的《授时历经》。

在《授时历》里，有许多革新创造的成绩。第一，废除了过去许多不合理、不必要的计算方法，例如避免用很复杂的分数来表示一个天文数据的尾数部分，改用十进小数等。第二，创立了几种新的算法，例如三差内插内式及合于球面三角法的计算公式等。第三，总结了前人的成果，使用了一些较进步的数据，例如采用南宋杨忠辅所定的回归年，以一年为365.2425日，与现行公历的平均一年时间长度完全一致。《授时历》是1281年颁行的；现行公历却是到1576年才由意大利人利里奥提出来。《授时历》确实是我国古代一部很进步的历法。郭守敬把这部历法最后写成定稿，流传到后世，把许多先进的科学成就传授给后人，这件工作，就称得起是郭守敬的一个大功。

王恂去世不久，郭守敬升为太史令。在以后的几年间，他又继续进行天文观测，并且陆续地把自己制造天文仪器、观测天象的经验和结果等极宝贵的知识编写成书。他写的天文学著作共有百余卷之多。然而封建帝王元世祖虽然支持了改历的工作，却并不愿让真正的科学知识流传到民间去，把郭守敬的天文著作统统锁在深宫秘府之中。那些宝贵的科学遗产几乎全都被埋没了，这是多么令人痛惜的事！

黄道婆

黄道婆（1245～1330），宋末元初知名棉纺织家。又名黄婆，黄母。松江府乌泥泾镇（今上海市华泾镇）人。出身贫苦，少年受封建家庭压迫流落崖州（今海南岛），以道观为家，劳动、生活在黎族姐妹中，并师从黎族人学会运用制棉工具和织崖州被的方法。

痛苦的年幼时期

黄道婆年幼时，家里非常贫困。父母迫于无奈，把她送到一户富裕人家做了童养媳。黄道婆的公婆和丈夫对她百般虐待折磨，她每天起早贪黑，除了操持家务，还要下田耕种，纺纱织布，每天累得直不起身。可是公婆和丈夫对她还是百般挑剔，天天非打即骂，甚至有时连饭都不给她吃。有一天晚上，黄道婆在田里干了一天农活之后，又像以前一样，拖着疲惫不堪的身体去织布，可是她实在太累了，不知不觉竟然爬在织机上睡着了。不巧又被她公婆和丈夫看见了，他们大骂黄道婆懒惰，将她痛打一顿，关进了柴房，连晚饭也不许她吃。黄道婆是个刚强的女子，公婆和丈夫的羞辱虐待让她非常愤怒，她思前想后，觉得自己再也不想忍受这种受尽折磨的生活了，于是，她决定逃离这里，去寻找新的出路。刚巧那天晚上下起了倾盆大雨，黄道婆就趁机爬上柴堆，攀到屋顶，将屋顶的茅草掏了一个洞，从洞里爬出来，在大雨和夜色的掩护下，逃离了婆家所在的村庄。

天快亮的时候，黄道婆跑到了一条大江边。身无分文的黄道婆也不知道该往哪去，留在附近，又害怕婆家的人来追赶。正在这时候，一位好心的老船夫听说了她的遭遇，很同情她。老船夫正要到南方的海南去，就问她愿不愿意跟他到海南去。走投无路的黄道婆自然愿意，于是老船夫将她带到了海南的崖州。正是在那里，黄道婆学习了先进的纺织技术。

纺织成就

明朝中期的时候，在我国资本主义生产关系的萌芽开始出现，而最早出现资本主义萌芽的行业是纺织业，最早出现的地区则是长江下游的苏州、杭州、松江等地。资本主义萌芽最早在这个行业、这些地区出现，恐怕和元代伟大的纺织技术革新家黄道婆的贡献有密切的关系。

黄道婆是松江府乌泥泾人，乌泥泾是一个土地贫瘠的地方，由于农业生产条件太差，农民的收入很少，当地的1000多户人家生活都很贫困。后来，棉花种植技术从南方传到了这里，于是当地人纷纷开始种植棉花，从事棉纺织的手工业。可是，当时的纺织技术还很落后，生产效率很低，织出的布匹质量也很差。人们还是无法摆脱贫困。

黄道婆在一次逃跑后偶然来到了海南。那时海南的主要居民是黎族，崖州盛产棉花，那里的黎族妇女个个都是纺织能手，他们制作的黎单、黎饰都是远近闻名的特产。热情淳朴的黎族同胞对这个背井离乡、漂泊天涯的汉族姐妹非常同情。他们无微不至地照顾她的生活，还把当地先进的纺织技术教给她，让她以此谋生。勤劳聪明的黄道婆在黎族姐妹的精心传授下，很快掌握了先进的纺织技术，成为有名的纺织能手。她还和黎族姐妹一起改进纺织工具和纺织技巧，创造了许多新的花色。

黄道婆虽然在崖州生活的很好，可是年老的时候，她也开始怀念家乡和亲人。她决定回去，把黎乡的先进技术带给松江的父老，帮他们摆脱贫困，过上幸福快乐的生活。于是，在崖州生活了20多年后，黄道婆依依不舍地告别了黎族乡亲，搭上北上的船只，返回了阔别多年的故土。

回到松江后，她立即把带回来的纺织工具展示给大家，并向家乡人民传授先进的纺织技术。她还耐心地向乡亲们示范操作方法，把自己精湛的技术毫无保留地传授给乡亲们。

那时，松江使用的还是单绽手摇纺车，得三四个人纺纱才能供应一个人织布，黄道婆想方设法把这种纺车改进成三绽纺车，纺纱效率一下子提高了两三倍，操作起来也更省力了。这种三绽纺车是当时世界上最先进的纺织工具，它的出现是纺织技术的重大进步，大大推动了纺织业的发展。

黄道婆还改进了弹棉花的弓，把它从1尺长的小弓改为4尺长的大弓，并用檀木制成的棰子代替手指来击打弓弦。经过这种改造后，弹棉花不仅省力，弹出的棉花也比以前均匀细致了，棉纱和棉布的质量也随之提高了。

当时，松江一带的妇女们还用手剥出棉籽，不但非常费力气，而且速度很慢。黄道婆看到之后，就把黎族人民使用的搅车介绍给大家。这种搅车利用两个向相反方向旋转的轴轮，把棉籽剥离出来，送到两个轴轮之间的空隙里，人们只要摇动摇把，棉花和棉籽就会随着轴轮转动，自动分离，既快又省力。妇女们都赞叹不已，纷纷仿造，不到1年，当地的妇女都开始使用这种搅车剥棉籽了。

黄道婆还对纺织技术进行了改进，她在纺车的顶上设计了一个花楼，织有图案的布料时，由两三个人分工合作，下边的人织纬线，花楼上的人提经线，这样就织出了别致的提花布。黄道婆还总结推广了一套错纱配色，综线挈花的技术，于是妇女们织出的被褥、衣带、手帕都有折枝、团凤等各色花样，色彩艳丽夺目。

经过黄道婆的改进，乌泥泾的纺织技术大大提高，生产出的乌泥泾远销各地。乌泥泾的棉纺织业也由此迅速地发展起来，当地人民也终于摆脱了贫困，过上了丰衣足食的富裕生活。

黄道婆革新的纺织技术还迅速传播到附近的上海、苏州、杭州等地，她去世不久，她的故乡松江就成了全国的棉纺织中心，而且一直持续了几百年。到了明朝中期的时候，松江农民一天就能织出上万匹布，而松江布开始远销到海外的欧美地区，名扬天下。

黄道婆的辛勤努力，大大推动了我国，尤其是松江、苏杭一带的棉纺织业的发展，改善了当地人民的生活，更为后来资本主义萌芽最先在这些地区、这个行业出现奠定了基础，对中华文明的发展产生了巨大的影响。黄道婆的卓越贡献受到了世世代代的尊敬和缅怀。她去世的时候，当地人为她举行了公葬，还修建了"先棉祠"来祭祀她。

徐光启

徐光启（1562~1633），字子先，号玄扈，教名保禄，明朝南直隶松江府上海县人，中国明末数学和科学家、农学家、政治家、军事家，官至礼部尚书、文渊阁大学士。赠太子太保、少保，谥文定。徐光启也是中西文化交流的先驱之一，是上海地区最早的天主教徒，被称为"圣教三柱石"之首。

仕途之路

徐光启幼年时家境贫困，他的祖母和父母每天都得辛苦劳作，以维持生计。徐光启的家乡上海是中国资本主义萌芽最先产生的地区之一。民风勤劳刻苦。徐光启从小就生活在这样的环境里，目睹家人和乡人的辛勤劳作，自己也很小就开始参加劳动,这使他养成了勤劳节俭的好习惯,而且对农事园艺产生了很大的兴趣。

7岁时,徐光启就到龙华寺的村学读书,少年徐光启活泼好动、聪敏好学、胸怀大志。有一次,他独自爬上龙华寺的古塔抓鸽子,差点失足掉下来,围观的人失声尖叫,徐光启却若无其事,他举着捉到的鸽子,得意地说:"你还能在塔顶上飞来飞去,惹得我几天都在想着怎么才能捉到你吗?"

徐光启在未中进士之前,曾长期辗转苦读,在破万卷书、行万里路之后,深知流行于明中叶以后的陆王心学,主张禅静顿悟、反对经世致用,实为误国害民。有人记述徐光启当时的变化说:"(他)尝学声律、工楷隶,及是悉弃去,(专)习天文、兵法、屯、盐、水利诸策,旁及工艺数学,务可施用于世者。"还有人记述说"公初筮仕入馆职,即身任天下,讲求治道,博极群书,要诸体用。诗赋书法,素所善也,既谓雕虫不足学,悉屏不为,专以神明治历律兵农,穷天人指趣。"(邹漪《启祯野乘·徐文定传》、张溥为徐光启《农政全书》所写序言)徐光启思想上的如此转变,使他的后半生走上了积极主张经世致用、崇尚实学的道路。徐光启是明学术界、思想界兴起的实学思潮中的一位有力的鼓吹者、推动者。

1604年,徐光启赴京参加会试,考中进士,进入翰林院学习。从此徐光启踏上了仕途。1618年努尔哈赤建立的后金兴兵南犯,明朝震动,徐光启被举荐参与军务。1619年,他奉命管理练兵事务,但因受到层层阻挠,选练新兵的工作最终失败了。但是他引进的西方大炮,在抗击后金军队的战斗中却发挥了巨大的威力。1629年,徐光启升任礼部左侍郎,主持礼部日常事务,并奉命修订新历。正在这时,后金军队进入关内,威胁京师,徐光启再度投笔从戎,暂时放下修订历法的工作,从事火器制造和保卫京师的工作,使得后金最终也不敢进攻北京。

科学成就

徐光启用尽了毕生的精力来推进中国科学的发展,在天文学、数学、农业科学、机械制造等方面都取得了很高的成就。徐光启还是把欧洲的自然科学介绍到中国来的第一人,他介绍引进了西方先进的数学、历法、水利、测量等科学技术，为推动中西方文化的交流与融会做出了巨大的贡献，被称为我国近代科学的先驱者。

从16世纪起，西方的基督教传教士就叩开了中国的大门，开始在中国南方传教。徐光启也开始同西方传教士有了初步的接触。他从此开始对传教士和西方的科学文化产生了好感，为以后和传教士长期合作打下了基础。后来，徐光启皈依了天主教，并开始和西方传教士一起，合作翻译西方的科学著作，致力于把西学介绍到中国来。徐光启到北京就职以后，和客居北京的利玛窦过从甚密。于是两人在1605年左右，开始合作翻译西方数学的经典名著、欧几里得的《几何原本》。这是徐光启介绍西方自然科学的第一步，在翻译《几何原本》的过程中，徐光启创立了一套几何学的名词术语，如点、线、面、锐角、钝角、直角、四边形、对角线、平行线、外切等等，这些术语与原书的意思完全吻合，直到今天仍被我们沿用。徐光启还运用西方几何学的原理，对我国传统的数学经典著作《九章算术》《周髀算经》进行了整理，初步揭示了传统数学是经验型科学，缺乏严密的逻辑推理和演绎形式这一特征。并根据欧几里得的几何学原理，仿照《几何原本》的方法，创立出一套与传统数学完全不同的证明方法，这也是我国数学史上的创举。

公元1610年，利玛窦去世，徐光启又和传教士熊三拔一起合作翻译西方的水利著作，编译成《泰西水法》一书，这本书具有很强的实用性和可操作性，对我国农田水利事业的发展具有极大的指导意义。

天文学也是徐光启学习西学的重要内容之一：他进入翰林院之后，曾经花了很大的力气钻研天文学，并写了《平浑图说》《日晷图说》《简平仪说》等书。徐光启不仅对西方天文仪器的构造、原理有充分的认识，对西方的测天方法和理论也有深入的研究。徐光启选择西方天文学最基础的东西，包括欧洲天文学理论、计算测量方法、测量仪器、数学知识等首先进行翻译。他自己也积极参与编译工作，他参与编译的著作就有《测天约说》、《测量全义》等许多种。徐光启还上书皇帝，建议制作地球仪、天球仪、日晷、望远镜、自鸣钟等10种仪器，用于天文观测。这样大量引进制造西方的仪器，也是前所未有的，这为清朝初年铸造大型的天文仪器积累了宝贵的经验。

翻译介绍西方的天文学著作只是修改历法的准备工作，为了编出一部融汇中西方历法优点的新历法，徐光启精心设计了历书的结构。他提出整部历书应该分成节次6目和基本5目。节次6目6种书研究天体运动的规律，介绍测算天体运动的方法。而基本5目是整部书的大纲，包括了有关天文、历算的全部重要知识。徐光启设计的这个结构，成为《崇祯历书》编写工作的纲领。为了使新历法更加科学准确，徐光启多次组织人员进行天文观测，获取了大量的第一手科学资料。在天文观测中，徐光启在我国历史上第一次制造并使用了望远镜。根据实际观测结果，徐光启又主持绘制了一幅星图，这是当时最完备、最精确的星表和星图，也是我国目前所知最早包括了南极天区的全天星图。

徐光启是一位博学多才、全面发展的伟大科学家，他最杰出的贡献，是那部里程碑式的农学巨著《农政全书》，这是徐光启结合自己的实际经验，对古今中外农业生产和农学研究的得失利弊，做出的全面总结；是代表我国古代农业科学发展的最高水平的百科全书。《农政全书》共60卷，约60万字，举凡农业以及与农业有关的政策、制度、措施、工具、农作物特性、栽培技术知识等，搜罗殆尽，应有尽有。《农政全书》的内容主要包括了两大部分，一部分是摘引前代的文献资料，其中注明来源的就有225种之多；一部分是徐光启自己的撰述，这是徐光启对自己多年农学研究和种植实验的总结概括。如《除蝗疏》中对蝗虫生活习性的深入研究，对甘薯、木棉、女贞等农作物的栽培经验，以及对垦田、用水、养鱼的独到见地，都是字字珠玑的独创。

《农政全书》为农业发展提供了许多切实可行的经验措施，不仅推进当时农业生产的发展，还为后世的农业发展和农学研究提供了宝贵的财富，其中的一些经验和措施直到今天仍有很大的实用价值。

徐霞客

徐霞客（1587～1641），名弘祖，字振之，号霞客，明南直隶江阴（今江苏江阴市）人。伟大的地理学家和旅行家和探险家。崇祯十年（1637）正月十九日，由赣入湘，从攸县进入今衡东县境，历时55天，先后游历了今衡阳市所辖的衡东、衡山、南岳、衡阳、衡南、常宁、祁东、耒阳各县（市）区，三进衡州府，饱览了衡州境内的秀美山水和人文大观，留下了描述衡州山川形胜、风土人情的15 000余字的衡游日记。他对石鼓山和石鼓书院的详尽记述，为后人修复石鼓书院提供了一笔珍贵的史料。

背负行囊外出考察

徐霞客出生于一个没落的士绅家庭，自幼受到良好的家庭教育。但是，他对四书五经和八股文式的科举制度不感兴趣，却特别喜爱看历史、地理和游历探险方面的书籍。书中的一切深吸引了徐霞客，他暗暗地下定决心，将来要做自己所喜爱的事情。然而事不由人，徐霞客毕竟出身于官僚家庭，走达官仕途之路仍然是当时的"正道"，他无力摆脱世俗。

但是，徐霞客仕途之路并不顺。应举失败后，他下定决心挣脱科举的枷锁，潜心学习和研究前人有关地理学的著作。他勤于思考，发现前人的著作中有许多地方由于历代沿袭照抄照搬，时过境迁而文字依旧，存在许多错误和疑问。于是，他决定外出旅游，去探索大自然的奥秘，以自己的亲身实践来完成这一艰巨的科学考察任务。

公元1607年，徐霞客肩负背囊，告别了家人，徒步南行，从此开始了他30多年的旅游生涯。

被誉为"江南明珠"的太湖是徐霞客第一个出游的地方。碧波万顷的湖面，银光粼粼，远处的山峦，郁郁葱葱，真可谓山清水秀，让徐霞客大饱眼福。他一鼓作气，游览了斜插在太湖中的西山和东山，然后满载着内心的喜悦回到了自己的家乡。至此以后，徐霞客差不多每年都要外出旅游考察。

徐霞客在外出旅游考察过程中，得到了他母亲的大力支持。母亲激励他说：" 志在四方，男子事也。"徐霞客的母亲甚至不顾70岁高龄，还满怀豪情伴同徐霞客游览了荆溪、勾曲（今江苏宜兴一带）。每次当徐霞客旅游考察归来，向母亲和家人谈起所见所闻、各地风土人情以及灵怪惊险之举时，母亲总是发出朗朗笑声，从心底里感到满足和高兴。

怀着自己的宏伟志向，加上家庭的大力支持，徐霞客不畏寒暑，游历了泰山、天台山、雁荡山、黄山、武夷山、嵩山、华山、五台山、落迦山、太和山、恒山、罗浮山、盘山，又邀游了大渡河、金沙江、澜沧江、星宿海（现青海省境内）等，中华大地名山大川尽收眼底，真可谓"饱尝河山美，收尽天下奇"。徐霞客在应举成风的时代，不入世俗，以考察大自然为己任，可算得上我国亘古第一人也。

徐霞客长年累月，不分寒暑，攀山越岭，奔波在荒山野林之中，接受着大自然的严酷考验，曾经三次遇盗，四次绝粮，到了"身无寸丝"、饥肠辘辘的境地。但是，这些困难都没能动摇徐霞客的意志和信念。他甚至做好了牺牲一切的打算，豪言壮语道："我已背着挖土的工具，什么地方不能埋我的骨头？"

为了克服考察途中所遇到的困难，徐霞客不耻向乡里人借贷，或用别人惠赠给他的物品向村妇换得数筒粮食，或变卖几个零钱作为自己继续考察的经费。为了探寻自然界的奥秘，徐霞客猎奇而从，见险而行，登山必登最高之巅，下洞必到最深之地。他不信邪，不信鬼，无论是"神龙精怪"，还是巨蟒猛兽，都无所畏惧。

有一次，徐霞客在湖南茶陵准备考察麻叶洞时，周围的乡亲都跑过来了。有的对徐霞客说："洞中有神龙。"有的说："洞中有精怪，不会法术的人是不能降服这些东西的。"众人你一言，我一语，探头下望，没有一个人不为徐霞客担心。然而徐霞客却毫不畏惧，他从容地脱下衣服，拿着火把下洞进行探察。在洞中，他不仅没有遇到人们传说的各种神龙精怪，反而亲身感受了"石幻异形，肤理顿换，片窍俱灵"的另一番大千世界。

当徐霞客考察完毕回到洞口时，充满着疑虑、焦急地守候在洞口的近百人一下子将他围了起来，他们的疑惑和担心烟消云散，无不对徐霞客的惊人之举投以敬佩的目光。

《徐霞客游记》

胸怀大志的徐霞客从 22 岁时就开始了云游四方、地理考察的生涯。徐霞客的游历十分艰苦。白天,他在烈日、寒风中考察河流、山川,向当地的居民了解那里地貌的变迁和风土人情;晚上,他不顾一天的劳累,露宿在残垣破庙或古树荒野之中,燃起篝火,或点上油灯,记下他一天的收获和见解。

徐霞客在游历考察过程中,曾三次遭到强盗的抢劫,四次断炊,每次他都凭着自己的胆识和智慧绝处逢生。有时行至穷乡僻壤,没有粮食了,他就用身上的衣物去换取食物,甚至采摘野果充饥。

任何艰难险阻都没有能阻挡徐霞客前进的脚步,他艰苦卓绝的地理考察活动,终于结出了举世瞩目的科学成果。

徐霞客横穿云南,对金沙江、澜沧江、丽江等诸水流实地调查勘测,写成《溯江纪源考》和《盘江考》,详细论证长江和盘江的水源,肯定了金沙江为长江上源。与此同时,他还论述了左江、右江、大盈江、澜沧江等多条水系的发源地。他对河流的发育、沉积和侵蚀状态所做的详细观察和描述,与现代地貌研究成果大体一致。

徐霞客是世界上对石灰岩地貌(又称喀斯特)进行大规模考察,并做详细记录和深入研究的第一人。我国的石灰岩地貌在湖南、广西、云南、贵州发育最为完整,堪称世界上分布最广、形态最奇特的地域之一,徐霞客在这一带详细考察了 3 年。

徐霞客在他的游历日记中,记录了石灰岩地貌突兀绮丽的风光和不同的类型及其成因,他认识到石林、象鼻山、石笋、石钟乳等现象的形成,无不与流水作用、气温、湿度有关。他还将不同的地貌形态按其土壤覆盖和植被发育的情况进行了分类。由于他准确精细的观察,这一分类竟能与现代地质学分类基本吻合,这是多么令人惊叹啊!

在对不同地形、温度、风向风速条件下,徐霞客对植物的生态与种属发育进行了仔细的观察中,并提出了地面高度与地球纬度是对植物和气候、生态产生影响的重要条件。这些在今天看来已属常识的问题,在科学十分不发达的数百年前却具有开创意义。

徐霞客一生游踪遍及名山大川，为后人留下了反映我国秀美的山川风貌、充满田园诗意的地理考察散记——《徐霞客游记》。这部中外驰名的典籍，闪耀着徐霞客献身祖国地理考察事业的坚强毅力和聪明才智，是中国乃至世界地理学史中一块不可多得的瑰宝。

《徐霞客游记》生动、准确地记录了祖国丰富的自然资源，对地理、水文、地质、植物等都做了详细记载，为历史地理学的研究提供了许多重要资料，具有很高的科学价值和地理学价值。在徐霞客的笔下，祖国的锦绣河山，自然界的万千奇景，如诗如画，栩栩如生，读他的游记使人仿佛置身于千变万化、千姿百态的地理景观之中。

因此，《徐霞客游记》不仅是一部地理学名著，还是一部享有盛名的文学佳篇，受到国内外广大专家和读者的赞赏。人们称徐霞客为"千古奇人"，称《徐霞客游记》为"千古奇书"。

徐霞客的考察与探险持续了30余年。1640年，他在云南考察时身患重病，翌年在家乡江阴去世，时年55岁。徐霞客把毕生的精力献给了祖国的地理考察事业，献给了他倾心热爱的大自然。

我国宋代文学家王安石曾经说过："世之奇伟瑰怪非常之观，常在于险远，而人之所罕至焉，故非有志者不能至也。"徐霞客在考察中，"途穷不忧，行误不悔，暝则寝树石之间，饥则啖草木之实，不避风雨，不惮虎狼"，正充分体现了他大无畏的科学精神。

艺术大师

王羲之

王羲之（303～361，一作307～365或321～379）东晋书法家，字逸少，号澹斋，祖籍琅琊临沂（今属山东），后迁会稽（今浙江绍兴），晚年隐居剡县金庭，中国东晋书法家，有书圣之称。历任秘书郎、宁远将军、江州刺史。后为会稽内史，领右将军，人称"王右军""王会稽"。其子王献之书法亦佳，世人合称为"二王"。此后历代王氏家族书法人才辈出。东晋升平五年前后卒，葬于金庭瀑布山（又称紫藤山），其五世孙衡舍宅为金庭观，遗址犹存。

年少时轶事

王羲之很早父亲就去世了，他在母亲和兄长的抚养教育下成人。王羲之幼时为人木讷，不善言辞，人们对他并不注意。少年时代，才华方露，机敏过人。《世说新语》上曾记下他少年时的一件轶事，说是他10岁时候，其伯父大将军王敦十分喜欢他，经常把他放到自己的军帐中睡觉。有一天，王敦先起床，王羲之尚未起来。过了一会儿，钱风进入军帐内，两人密谋谋反之事，两人都忘了还有王羲之在军帐中，王羲之听到他们所议之事，意识到听到此事后肯定有生命危险，于是吐唾津弄脏被子，装出一副熟睡的样子，王敦与钱风商量到一半时，才猛然想起王羲之还未起床，可能听到他们谋反的事，便决定除掉他。等他们上前一看，王羲之正在睡梦中，还流着口水，于是便相信他正处于熟睡之中，才取消了杀他的念头，这样王羲之才得以保全性命，可见王羲之为人很聪明。

东晋成帝咸和九年（334），王羲之13岁，他去拜见当时的名人周凯。周凯当时身居要职，十分渴求人才。当时许多文人学士都争相拜谒他。王羲之去拜见的时候，正赶上周凯大摆宴席，席间高朋满座。周凯对王羲之的才华非常赏识，在别人尚未动箸的情况下，首先割了一块炙牛心给他。大家都认为周凯如此钟爱这一少年，一定不是等闲之辈。从此，大家对王羲之另眼相看。

三年后，领军将军（后为太尉）郗鉴，听说太傅王导家子侄多英俊少年，就请门生去太傅府寻求女婿。郗鉴的门生见了王导说明来意，王导说："他们都在东厢房里，你自己去看着挑选。"那门生奉命来到东厢房里，看到众家公子，真是个个眉目清秀，英气勃勃，但见一人敞开衣襟，露着肚腹，坐在东面的床上就食，好像没有听到太尉派人来"相女婿"这件事似的。再回头看看其他公子都正襟危坐，目不旁视，十分矜持。那门生回去把这一情况对郗鉴一说，郗鉴是一个饱学且有见识的人，听了门生的话就说："那个敞襟袒腹的人，就是我要选的好女婿。"他选中的那个坐在床上袒腹的人就是王羲之，郗鉴就把女儿许配给了他。因此以后在人们中流传着凡是被称为好女婿的就说他是某某人的"袒腹东床"。

仕途不顺辞官职

王家世代贵族，地位显赫，其家族与亲戚多在朝为官，他们的官职上至将军、尚书、丞相，下至刺史。王家门前整天车水马龙，门庭若市，其往来的多达官贵人。王羲之生长在这样的环境中，功名事业对他影响很大。文人士大夫的清闲生活并不是他所喜欢的，他准备实实在在地大干一番事业。

王羲之出身于豪门，又博学多才，深得达官贵人的青睐，因此，官禄爵位可谓是囊中之物，垂手可得，对此王羲之既自负又自信。朝廷曾召他为侍中、吏部尚书，他都没有接受。后来又授予他护卫将军的职位，他又想推辞。当时，关陇地区正被符坚建立的前秦王国所占领，而巴蜀地区早在王羲之出生那年就建成了由各族流民组成的成汉王国。他们都与东晋王朝作对，不时侵扰掠夺，成为东晋王朝的外患。因对这种"今四郊多垒"的割据局面，王羲之希望在边疆建功立业，统一关陇巴蜀地区，一展宏图。很可惜他未能如愿。考虑再三，他终于作了殷浩麾下的护卫将军。在任护卫将军期间，安西将军，荆州刺史桓温攻克成都，灭成汉国，声威大振。朝廷畏惧桓温势力，便视殷浩为心腹，统管扬、豫、徐、兖、青五州军事，用以箝制桓温的势力。当时荆州的经济与军事力量雄厚，具有控制长江下游的咄咄逼人之势，东晋王朝陷入了中央与地方之间的重重矛盾中。面对这种局势，王羲之认为"国家之安定在于内外和睦，不宜内外嫌隙"，因此竭力上书劝殷浩以王朝利益为重，与桓温和好，但是殷浩却没听取他的意见。

王羲之在朝廷中并不是一帆风顺的，这可能是由于他为人清高，处事谨慎，又好仗义执言，面折人之过而有"骨鲠"之称的缘故。45岁时，他从护将军而降至后将军、会稽内史，这对他来说无疑是沉重的打击，他因此心情十分郁闷。只是出于万般无奈才出任会稽内史的。当时杭州、会稽、山阴等地的大贵族"封山占水，百姓连砍柴、捕鱼也无自由"加上赋役繁重，天灾频繁，"百姓流亡，户口日减。"王羲之见了，十分同情，立即开仓赈贷，并上疏豁减赋税，使百姓稍得喘息。他还一再向朝廷进谏，提出开漕运赈灾，断酒节粮以裕民食和严惩贪官民蠹等建议，其中有不少被朝廷采纳，正如他在给谢安的信中说到的"顷所陈记、每蒙约纳，所以令下，小得苏息，各安其业。若不尔，此一郡久已蹈东海矣。"在会稽任职时王羲之才崭露头角。

但是东晋王朝的形势每况愈下。桓温和殷浩都企图利用北伐来发展自己的势力，扩大影响，树立

威望。永和九年（353），殷浩准备北伐。王羲之劝阻殷浩说，要想北伐胜利，就应该考虑周全，做到知己知彼后才能行动。但殷浩并未听从，结果为姚襄所致。接着，殷浩企图再度北伐，王羲之又上书劝阻：现在军队刚吃败仗，我们物资奇缺，想保住淮河的愿望，恐怕是难以实现的。现在保住长江是当务之急，但是他的忠言并未被采纳，殷浩北伐也失败。

桓温乘机上书弹劾殷浩，殷浩被废为庶人。这时，他又恰逢王述来检查会稽郡的行政。这位王述当年与王羲之齐名，两人关系素来不好。王述任扬州刺史时，王羲之才任会稽内史，级别差别相当大。这种情况王羲之不能忍受，他曾派使者到朝廷，要求分会稽为越州，与扬州并列。结果这个愿望没能够实现，王羲之还被人们取笑。因为他虽然出身豪门，少有令誉，敢于直谏，但面对社会的种种危机，其忠言又不为朝廷所采纳，其才华和抱负不能施展。王羲之深感郁闷，思虑再三，他终于在永和十一年（355）辞去了官职。

苦练书法

在东晋，王氏家族还是东晋的书法世家。他的父亲王旷擅长隶书，伯父王导行草兼妙。堂兄弟王恬、王访、王劭、王夸等擅长隶书和行草书。在家庭的熏陶下，王羲之7岁就开始学习书法，11岁时就曾偷偷读其父亲藏于枕下的前代笔记著作。母亲和父亲都认为应在他长大成人后，才传授他书写技巧。但他说"愿早授之，使得成人，已成暮学。"显出一副急不可待的样子，父亲见此情形，便将那本笔记著作细心地讲解，王羲之也尽心学习。后来，他又拜卫夫人为师。卫夫人笔法传自钟繇，而钟繇则又上承蔡邕法脉。王羲之既有家学，又得名人指教，虽童年弄笔，已有老成之志。王羲之的才能特别受其叔父王庾的赏识，曾经画了一幅孔子并十弟子图并题词赞扬他："余兄子羲之幼而岐嶷，必将隆余堂构，今始年十六，学进之外，书画过目例能，就余请书画法，余画孔子十弟子以励之。嗟尔羲之，可不勖哉！"他认为王羲之的书法技艺一定能够有所突破，以后能为家族争光。

王羲之成年后学习书法更加努力。有一次，他听到汉朝名家张芝每天临池学书，以致池水尽黑的故事，心里很感动。从此，他每天也坐在池边练字，送走黄昏，迎来黎明，不知写完了多少墨水，不知写烂了多少笔头。由于他常常在池里洗砚洗笔，竟把一池子清水也洗成黑色了。这就是"墨池"这个故事的来源。他的儿子王献之学书法想图个捷径，问父亲写字有什么秘诀。王羲之想了想，就指着家里的水缸里说："秘诀就在这水缸里面，你把十八只水缸的墨水写完了，自然就知道了。"王献之听了，从此日夜苦练，坚持不懈，水平不断提高，以后果然练成了一笔好字。

王氏书法的艺术魅力

楷书和行书是王羲之最擅长的字体。王羲之不受当时的局限，独辟蹊径，大胆革新，一变魏晋以来质朴的书风，为妍美流便的新体，把楷书、行书这种年轻的书法艺术，引向一个成熟的阶段。第一，创造了笔画清圆，结构端正的新体楷书。钟繇破隶为真，尚不彻底，左右有波挑，存有隶意体取横势。王羲之改革钟法，破隶为真，去掉左右波挑，敛锋不发，摆脱隶意，形体完全独立，体取纵势。第二，创造了自然清新，笔势流动，变化多姿的行书，简捷、易识、实用。

王羲之的隶书没有人能与他比衡。人们称赞他的字体是：飘若浮云，娇若惊龙。

王羲之书法以其强烈的艺术魅力备受历代书法家的推崇。南朝羊欣说王羲之"博精群法，特善草隶，古今莫二。"南朝梁萧衍说："王羲之书字势雄逸，如龙跃天门，虎距凤阙，故历代宝之，永以为训。"唐太宗还说："旷观古今，堪称尽善尽美者，其惟王逸少手？观其点曳之工，裁成之妙，烟霏雾结，状若断而还连，凤翥龙蟠，势如斜而反正，玩之不觉为倦，览之莫识其端。"乾隆认为王羲之的行草书帖《快雪时晴帖》"天下无变，古今鲜对。"他把《快雪时晴帖》、王献之《中秋帖》、王珣的《佰远中正》，称为"三希"，并把自己的书斋取名"三希堂"。

现存王羲之的楷书代表作品有《黄诞经》《东方朔画像赞》和《乐毅论》，只有纪年，不知书于何时，《黄诞经》是"永和十二年五月十三日书与王敬仁"，《东方朔画像赞》是"永和十二年五月廿日山阴县写"。都是在辞官后的第二年写成的。这两件作品的字结体偏长，左紧右松，上密下疏，点画横细竖粗，用笔逆入回收，锋正线圆，提按顿挫，起讫分明，章法上行距大于字距，与当时流行的带有隶书风味的楷书不同，已是今楷模样式。既有钟繇《宣示表》的宽博开张和朴茂浑厚，又有晋代抄经类楷书的劲把挺秀逸。王羲之在早期雍容和穆具有庙台气的钟繇楷书的基础上，融进清峻通脱与名士情调合拍的抄经书风，反映了处世立身观念的转变。

现存王羲之的行草书代表作有《兰亭序》《快雪时晴帖》和《丧乱帖》等，草书代表作有《十七帖》等。《兰亭序》是王羲之最著名的行书法帖。

顾恺之

顾恺之（348～409）字长康，小字虎头，晋陵无锡（今江苏无锡）人。顾恺之博学有才气，工诗赋、书法，尤善绘画。精于人像、佛像、禽兽、山水等，时人称之为三绝：画绝、文绝和痴绝。谢安深重之，以为苍生以来未之有。顾恺之与曹不兴、陆探微、张僧繇合称"六朝四大家"。顾恺之作画，意在传神，其"迁想妙得""以形写神"等论点，以及提出的"六法"。为中国传统绘画的发展奠定了基础。

绘画作品与成就

顾恺之出身于官宦之家，晚年曾做过东晋安帝的散骑常侍。他多才横溢，感情丰富，时人说他有"三绝"——才绝、画绝、痴绝。所谓"痴绝"正是他对艺术的执著与不懈精神，"才绝"是指他才华出众，"画绝"说的正是他的画艺超群。

顾恺之尤其擅长于画人物，其人物画以线描作为造型的手段，以浓色微加点缀来敷染人物容貌，不求晕饰，构图笔迹周密，线条流畅，如春蚕吐丝，如春云浮空，流水行地，皆出自然。

顾恺之善于凸显人物的特点。有个叫裴楷的人，脸颊上有三根长汗毛，别人为他画像时，都不画出来，顾恺之却把这三根汗毛画得特别突出，而强调他的特征。

另一次，他为谢鲲画像，把他画在山岩中间，人家问他是什么道理？他说，谢鲲喜欢游山玩水，所以把他画在山岩之间。可见顾恺之还善于用环境衬托人物。

顾恺之今存有《魏晋胜流画赞》《论画》《画云台山记》3篇画论。在我国绘画史上首次提出"传神论",主张绘画要表现人物的精神状态和性格特征,重视对所绘对象的体验、观察,通过形象思维来把握对象的内在本质,在形似的基础上进而表现人物的情态神思。"传神论"是顾恺之对绘画实践经验的高度概括和总结,是中国绘画的基本理论之一,对后世的美术发展产生了重大影响。

根据记载,顾恺之的作品有70多件,大多以肖像、历史人物、道释、禽兽、山水等为题材。可惜,流传至今的只有《女史箴图》《洛神赋图》和《列女仁智图》3幅卷轴画摹本了。它们是迄今所知最早的卷轴画。

《女史箴图》是根据西晋张华《女史箴》一文而画的,主要描写古代宫廷仕女的节仪行为,宣扬封建社会的女性道德。全图按题材划分,共12段,每段都相对独立,各有箴文。但各段之间散而不乱、疏密得当,形成一个有机整体。全画线条匀细而流动,如"春蚕吐丝",富有韵律之美,呈现出"春云浮空、流水行地"式的运动感和飘逸气息。

《洛神赋图》是根据三国时期大文学家曹植的作品《洛神赋》所绘。此文词藻富丽,是中国文学史上的名篇。顾恺之依据这一文学名著进行构思创作,绘制出了《洛神赋图》卷。他充分发挥了丰富的艺术想象力,通过巧妙的构图,传神的笔墨,描绘出曹植在洛水之畔与洛水之神宓妃相会的情景。

图中的洛神端庄美丽,时而徜徉于水面,"凌波微步";时而飘忽遨游于云端,"仿佛兮,若轻云之蔽月,飘摇兮,若流风之回雪""翩若惊鸿,婉若游龙",含情脉脉,仪态万千。据说这位美丽非凡的仙女正是让曹植寝食不安、朝思暮想的恋人甄氏的化身。

此图的环境描写也十分丰富。在洛神的周围,有青山、绿水、红日、彩霞、轻云、荷花、秋菊以及鸿雁、游龙等,将曹植赋文中对洛神形象生动的描述,都一一地再现于画面,使画面气韵生动,人物呼之欲出。

《洛神赋图》与同一时期的敦煌壁画有相近的风格,也是研究顾恺之绘画艺术的宝贵资料。

记载轶事

画史上关于顾恺之的轶事有不少记载。

东晋大画家顾恺之也很擅长画女人和神女。他那神来之笔的练成,全出于他对母亲的一片孝心。

原来,顾恺之生下来后母亲就死了,他从来不知道母亲的长相,小时候他经常去问父亲自己母亲的长相。根据父亲的描述,使顾恺之心中渐渐就有了母亲的身影、脸形。8岁起,他按自己的想象,在白纸上把心中的母亲画出来,让父亲、奶奶看,然后修改。

就这样年复一年地绘画,他终于将母亲的像描画得逼真而具神韵。有一天,他将母亲画像挂到父亲书房里时,连父亲也愣住了,他以为是妻子出现了。

还有一个顾恺之点睛募捐的故事,也生动地表现了他善于刻画人物的特点。

晋哀帝时,京城建康(今南京)的僧人要修建瓦棺寺,向京中士大夫募捐。京中豪门巨户虽然有的是,但布籝款数却没有一个超过10万的。顾恺之听说后,当即认捐了100万。

主事和尚看他只是个20多岁的年轻人,知道他并不富有,大家也以为他是说大话。顾恺之对僧人说:"只要在寺中为我粉刷出一堵墙壁,我一定能捐出100万。"

墙壁备好后,顾恺之进入寺中一个多月不出来,画了一幅佛经中传说的学问渊博的维摩诘居士肖像。

在这幅画快要完工的时候,顾恺之叫和尚打开山门,让人们进来参观他"点眸子"。他对和尚们说:"开山门的第二天,你们请来参观的人捐十万,第二天捐五万,第三天随便捐。"

消息一传出,果然观者如潮。顾恺之挥笔点睛,维摩诘顿时栩栩如生,光照全寺。大饱眼福的参观者们纷纷解囊,不一会儿就捐足了100万。

吴道子

吴道子（约680～约759）唐代画家。画史尊称吴生。又名道玄。阳翟（今河南禹州）人。约生于永隆一年（680），卒于乾元元年（758）前后。少孤贫，初为民间画工，年轻时即有画名。曾任兖州瑕丘（今山东滋阳）县尉，不久即辞职。后流落洛阳，从事壁画创作。开元年间以善画被召入宫廷，历任供奉、内教博士、宁王友。曾随张旭、贺知章学习书法，通过观赏公孙大娘舞剑，体会用笔之道。擅佛道、神鬼、人物、山水、鸟兽、草木、楼阁等，尤精于佛道、人物，长于壁画创作。

走上绘画之路

吴道子自幼失去双亲，一直过着贫困的生活，为了生计，他向民间画工和雕匠学习。由于他刻苦好学，20岁时已经很有名气。

后来，他做了县尉，期间他去过四川，对蜀道山川的优美风光，产生了浓厚的兴趣，专精"写蜀道山水"，这为他奠定了山水画的基础。吴道子喜欢绘画，不喜欢做官，不久便辞去了县尉职务，跑到繁华东都洛阳，开始"浪迹东洛"的艺术生活。

后来他偶然被唐玄宗召入宫中，担任宫廷画师。作为宫廷画师，吴道子随皇帝巡游各地，得以开拓眼界，这对他艺术修养的形成与积累起了重要作用。同时，盛唐时期的宗教艺术极为兴盛，宗教壁画十分盛行，都城长安是全国文化中心，汇集了许多著名的文人和书画家，吴道子经常和这些人一起交流切磋，他的绘画技艺也不断提高。

吴道子是一个多产画家。据载他曾于长安、洛阳两地寺观中绘制壁画多达300余堵，有记录的卷轴画有100多件。其中佛教、道教题材为多，还有山水、花鸟、走兽等。

吴道子的绘画有自己的风格。他打破了长期以来沿袭的顾（恺之）陆（探微）"紧劲联绵，如春蚕吐丝"的游丝描法，而开创了"行笔磊落，挥霍如莼菜条，圆间折算，方圆凹凸"的兰叶描法。他用笔起伏变化，状势雄峻而疏放,创造出气韵生动的艺术形象。

吴道子作画时注重笔下的线条,运笔过程中轻重、快慢、转折的力量变化无穷,线条自由婉转而又富于节奏感,使线描的表现力由过去圆润、刻板一变而为丰富多样。《画意》记载吴道子作画"行笔磊落挥霍,如莼菜条。人物有八面,生意活动,方圆平正,高下曲直,折算停分,莫不如意"。

吴道子作品中的人物"虬须云鬓,数尺飞动,毛根出肉,力健有余"。这种粗细变化、生气活泼的线描绘出的人物形象刚劲有力并极富动感,尤其是衣纹飘带犹如迎风舞动。因而,后人将他这种"天衣飞扬,满壁风动"的笔法风格,称为"吴带当风"。

代表作品

总结起来,吴道子在绘画史上的贡献,主要有四点。第一、提高了线描的表现力,丰富了中国画毛笔的使用方法;第二、创造了以墨线为基础,略施淡彩的"吴装";第三、创立了"笔不圆意圆"的"疏体",为后世写意人物画的开端;第四、奠定了中国水墨山水画的基础。

吴道子的主要成就在宗教题材的人物画,而且绝大部分是佛、道两教的壁画,所画人物难以计数,形形色色,无一雷同。

吴道子的代表作是《天王送子图》(又名《释迦降生图》)。这幅作品构思独到,气势磅礴,功力深厚,物象纷繁,给日后的宗教题材绘画尤其是佛道壁画带来深刻的影响。

现存的《天王送子图》是宋人对他作品的临摹本。它描绘的是佛祖释迦牟尼降生为悉达王子后,其父净饭王和摩耶夫人抱着他去拜谢天神的佛经故事。此图意象繁富,以释迦降生为中心,天地诸界情状历历在目,技艺高超,想象奇特,令人神驰目眩。

图中天王按膝端坐,怒视奔来的神兽,一个卫士拼命牵住兽的缰索,另一卫士拔剑相向,共同将其制服。天王背后,侍女磨墨、女臣持笏秉笔,记载这一大事。净饭王抱持圣婴,稳步前行。王后拱手相随,侍者肩扇在后。激烈与平和,怪异与常态,天上与人间,高贵与卑微,疏与密,动与静,喜与怒,爱与恨,构成比照映衬又处处交融相合。

画卷中人物神情动作、鬼怪、神龙、狮象等都描绘得极富神韵，略具夸张意味的造型更显出作者"出新意于法度之中，寄妙理于豪放之外"的艺术追求和艺术趣味。在技法上，重线条和用笔，轻重顿挫合于节奏，以动势表现生气，具有"疏体"画的特性。

吴道子所画的《地狱变相》早已不复存在。这幅画描写人死后在阴间受审判或惩罚的情景，吴道子通过形象与性格的刻画，使观众毛发耸然，不寒而栗，画面上无鬼却胜过有鬼，产生了强烈的艺术效果。当时很多屠夫看过画后，竟惧罪改行。

这幅画中描绘的虽然是佛教题材，但是也反映了现实生活。吴道子敢于打破宗教绘画的老路子，把那些"今世作孽"的高官显宦，戴上脚镣手铐打入十八层地狱。这些为非作歹的豪门贵族，生前倚仗权势无法无天，胡作非为，到了冥间，最终也逃脱不了最后的审判。这是吴道子绘画艺术中人性精神的反映。

中国画的线描在吴道子的手中发挥到了极高的境界，可以说是中古时代东方艺术的典型代表。他的绘画对后世影响极大，他被人们尊为"画圣"，被民间画工尊为祖师。张彦远在《历代名画记》中评论："观吴道元之迹，可谓六法俱全，万象必尽，神人假手，穷极造化也。"苏东坡也说"画至于吴道子，而古今之变，天下之能事毕矣!"

生活速写

吴道子性格直爽，不受拘束，"每一挥毫，必须酣饮"，因此，经常是醉中做画。传说他描绘壁画中佛头顶上的圆光时，不用尺规，挥笔而成。在龙兴寺做画的时候，观看者水泄不通。他画画时总是一气呵成。

有一次，吴道子在洛阳和书法老师张旭，还有一个善于舞剑的将军相遇。他观看那将军持剑起舞，左旋右转，神出鬼没，变化万端，很受启发，即兴在天官寺墙壁上画了一幅壁画，画时笔走如飞，飒飒有声，顷刻而成。随后，张旭又在墙壁上做书。在场数千观众大饱眼福，高兴地赞叹："一日之中，获观三绝！"

还有一次，唐玄宗想看四川嘉陵江山水的奇丽景象，就命吴道子去写生。吴道子漫游一番，沿途饱览了巴山蜀水的秀色，空手丽归。随后，他凭着鲜明的印象和熟练的技巧，在大同殿壁上，只花了1天的时间，就画出了嘉陵300里江山的全貌。著名画家李思训也曾画过嘉陵江山水，却仅仅用了几个月的时间，所以唐玄宗对吴道子大加赞赏。

据说，玄宗有一次生病，梦见一个小鬼偷了杨贵妃的紫香囊和玉笛，绕殿逃跑，后面追来一个大鬼，把小鬼捉住吃掉了。那大鬼对玄宗说："我叫钟馗，是个落第举人，专除天下妖孽。"

玄宗醒后病居然就好了，他将梦中所见告诉了吴道子，吴道子就画了一幅钟馗捉鬼图。玄宗看了惊讶不已，说："和我在梦中所见的一模一样！"

可见吴道子的绘画逼真，技艺高超。

颜真卿

颜真卿（709~784），字清臣，唐京兆万年（今陕西西安）人，祖籍唐琅琊临沂（今山东临沂），中国唐代书法家。唐代中期杰出书法家。他创立的"颜体"楷书与赵孟頫、柳公权、欧阳询并称"楷书四大家"。和柳公权并称："颜筋柳骨"。

酷爱书法成大家

颜真卿出身于书香门第，他的五世祖颜之推是北周著名的文学家，著有《颜氏家训》，他的曾祖颜师古是隋唐著名的文学家和史学家。但不幸的是颜真卿幼年丧父，门庭逐渐衰落。家庭良好的文化传统和母亲殷氏严格的教育，使颜真卿养成了一种刚正倔强、发奋好学的优秀品格。

颜真卿对于书法的追求始终不倦。据说，他为了学到书法艺术的真谛，竟辞去了官职，到洛阳拜访蜚声海外的"草圣"张旭。但这次张旭并没传授给他用笔要诀。3年后，他自以为长进不少，却仍难以达到一定境界，又辞官再次拜访张旭。这次张旭认真仔细的给他指点，使他有了进一步的提高。

颜真卿还广泛地向历代书法名家如蔡邕、王羲之、王献之、褚遂良等汲取营养，经过融会贯通，兼收篆隶和北魏的笔意，创造了出类拔萃、雄伟刚劲、大气磅礴的独特风格的"颜体"，树立了唐代的楷书典范。

从魏晋到初唐，中国书法发生了很大变化。魏晋的书法艺术主要分为两大类，一是"二王"，即王羲之、王献之父子，以清秀流畅的行草彪炳于书史；二是魏碑和隋碑，古朴拙真，均以瘦硬为特征。初唐四杰——欧阳询、虞世南、褚遂良和薛稷，他们的书法成就主要是将楷书进一步推向成熟，但仍没有改变前人"瘦硬"之风。

到了中唐，颜真卿的楷书一反初唐书风，对"二王"以来的传统有很大突破，化瘦硬为丰腴雄浑，结体宽博而气势恢宏，骨力道劲而气概凛然，开创了一个崭新的时代。这种风格也体现了大唐帝国繁盛的风度，并与颜真卿高尚的人格契合，是书法美与人格美完美结合的典例。

颜真卿的楷书代表作品有《东方朔画赞》《中兴颂》《颜勤礼碑》《麻姑山仙坛记》等。行草作品以"三稿"最为出名，其中《祭侄儿稿》被后人尊为"天下行书第二"。

颜真卿中年时期的代表作是《东方塑画赞》。这是一个大字碑刻，在写法上比早期作品更显得气势宏阔，整个字形的间架结构都有一种比较雄壮雍容的气氛。后人评价颜真卿的楷书有"妙唐气"，就是指的这种庄重的气氛。《中兴颂》全称《大唐中兴颂》，颜真卿36岁时书于摩崖（今湖南祁阳县浯溪）。浯溪边山岩峰峦叠嶂，石壁嶙峋，《中兴颂》就刻在其中最大的一块石壁上。它记载了平安禄山之乱，颂唐中兴之事，书风磊落奇伟。因为石质坚硬，所以经千年还保存完整。

颜真卿晚年的代表作是《颜勤礼碑》，代表了他晚年楷书的最高成就。相比而言，书风显得很轻松，但是更加熟练，那种雍容的、庄严的、庄重的体式体现得更加清楚了。

颜真卿行书的代表作是《祭侄儿稿》。这幅字写得神采飞动，笔势雄奇，姿态横生，得自然之妙。此作被后人称为"天下行书第二"，行笔的过程和笔锋变换之妙尽在其中，对于学习行草书有很大的益处。

中国楷书发展到唐代达到顶峰，其成就以颜真卿为代表。稍晚的唐代书法家柳公权也受到颜真卿的影响，后世并称为"颜柳"。颜真卿的书法筋力丰满，气派雍容堂正；柳公权的书法则偏重骨力劲健，所以又有"颜筋柳骨"之说。

在中国书法发展史上颜真卿的书法起了承先启后的作用，对后世书法产生了极大的影响。唐以后很多名家，都从颜真卿变法成功中汲取经验。尤其是行草，唐以后一些名家在学习"二王"的基础之上，再学习颜真卿而建树起自己的风格。

颜真卿在中国书坛上集五百年雄健派之大成，而又最富革新精神，卓然自成大家，在书学史上矗立起一座巍峨丰碑。

今天，"颜体"成了家喻户晓的书体。同时，颜真卿高尚人品也深为后人所景仰。宋欧阳修称赞说："颜公书如忠臣烈士道德君子，其端庄尊重，人初见而畏之，然愈久而愈可爱也。其见宝于世者不必多，然虽多而不厌也。"

威武不屈

一次，颜真卿去见李希烈，想劝他停止叛乱。

李希烈听到颜真卿来了，在见面的时候，叫他的部将和养子1000多人都聚集在厅堂内外。颜真卿刚刚开始劝说，那些部将、养子就冲了上来，个个手里拿着明晃晃的尖刀，将颜真卿团团围住又骂又威胁。但颜真卿却毫不畏惧，只是朝着他们冷笑。

李希烈于是命令部下退下，他把颜真卿送到驿馆里，企图慢慢说服他。

叛镇的头目都派使者来跟李希烈联络，劝李希烈即位称帝。李希烈大摆筵席招待他们，也请颜真卿参加。

叛镇派来的使者见到颜真卿来了，都向李希烈祝贺说："早就听到颜太师德高望重，现在元帅将要即位称帝，正好太师来到这里，不是有了现成的宰相吗？"

颜真卿扬起眉毛，朝着叛镇使者骂道："什么宰相不宰相！我年纪快八十了，要杀要剐都不怕，难道会受你们的诱惑，怕你们的威胁吗？"

李希烈拿他没办法，只好把颜真卿关起来，派士兵监视着。士兵们在院子里掘了一个一丈见方的土坑，扬言要把颜真卿活埋在坑里。第二天，李希烈来看他，颜真卿对李希烈说："我的死活已经定了，何必玩弄这些花招。你把我一刀砍了，岂不痛快！"

过了一年，李希烈自称楚帝，又派部将逼颜真卿投降。士兵们在关禁颜真卿的院子里，堆起柴火，浇足了油，威胁颜真卿说："再不投降，就把你放在火里烧！"

颜真卿二话没说，就纵身往火里跳去，叛将们把他拦住了。

785年，李希烈想尽办法，终没能使颜真卿屈服，就派人将其缢杀。

师从张旭

颜真卿拜张旭为师后，书法大有长进，张旭对他也十分满意。

一天，张旭和颜真卿一起谈论书法。张旭问："三国时候的钟繇，把写字的方法归结了十二个字，你知道是哪十二个字吗？"

颜真卿回答说："平、直、均、密、锋、力、轻、决、补、损、巧、称。"

"对！不过，你知道它们的意思吗？"

"还清先生指教！"

"这十二个字是书法的精髓。现在，我把我多年的体会传给你。这'平'字是说，横的笔画要写得平，但漫，不能太平，要有气势，不呆板；'直'是说，竖划要从不直中求直，下笔要放纵开来，不能歪斜变曲；'均'指的是字的笔画和笔画之间的空隙，要均匀自然，不能过远过近；'密'是说，笔画相连处要不露痕迹；'锋'是每一笔的收处都要写好笔锋，使它挺健有力；'力'字很容易懂，是说字要写得有骨力；'轻'是说笔画在转折的地方，要轻轻带过；'决'的意思是说，下笔的时候，一定要果敢坚决，不能胆怯犹豫；'补'是头几笔没有安排好，就要设法用下面的笔画来补救；'损'字很重要，是说在一点一画的书写上，要让人感到还有余意没有表达出来，能引起人的想象；'巧'是要把字的形体结构布置得富于变化；'称'不但是说字的笔划结构要匀称，在一篇字的布局上，也要大小疏密得当。写字的时候，只要注意按这十二个字的要求去写，字是一定能够写好的。"

原来，对这十二字的解释，张旭从来没有向别人讲过，今天他传给了颜真卿，从此，颜真卿的书法大有长进。

颜真卿任监察御史时，有一次来到五原（今宁夏盐池县）考察。他听说有一件冤案牵连了许多人，虽然当地的百姓一再向官府申诉冤情，可办案的地方官一直不认真察访审理，结果案子拖了很久不能平反。

而且，自从五原出了这桩冤案以后，就一直大旱。水井干涸了，小溪断流了，田里的庄稼枯萎了。人祸加上天灾，五原的百姓日子过得苦极了。

颜真卿决心为这起冤案平反。他经过一番明察暗访，终于弄清案情真相，重新审理了这个案子，最后解救了蒙冤受屈的人，惩治了失职的官员。五原的百姓们都说："颜御史真是为百姓做主的好官啊！"

据说，就在颜真卿为蒙冤的人平反那天，好几个月不下雨的五原，一下子就下了场透雨，枯黄的庄稼没几天就变得一片青绿了。

后来，五原的百姓四处传扬说："准是冤情惹怒了上天，给五原带来这场旱灾。如今颜御史为受难的人伸了冤，感动了老天爷，才有这场大雨呀！这场雨就叫'御史雨'吧！"

柳公权

柳公权（778～865），字诚悬，唐代著名书法家，京兆华原（今陕西耀县）人。官至太子少师，世称"柳少师"。柳公权书法以楷书著称，与颜真卿齐名，人称颜柳。他的书法初学王羲之，后来遍观唐代名家书法，认为颜真卿，欧阳询的字最好，便吸取了颜、欧之长，在晋人劲媚和颜书雍容雄浑之间，形成了自己的柳体，以骨力劲健见长，后世有"颜筋柳骨"的美誉。他一生作品很多，主要有《大唐回元观钟楼铭》《金刚经刻石》《玄秘塔碑》《冯宿碑》《神策军碑》。另有墨迹《蒙诏帖》《王献之送梨帖跋》。

学识素养

柳公权从小接受《柳氏家训》关于"德行"的教导，因此终身以德行为根株，"博贯经术"。他于人生、书艺都具儒家风范，柳公权的"笔谏"，成为后世士大夫的一种"典范"：

穆宗政僻，尝问公权笔何尽善，对曰："用笔在心，心正则笔正。"上改容，知其笔谏也。（《旧唐书》）

穆宗弃朝政于不顾，于是柳公权以书喻政巧妙地进行进谏。从此"心正笔正"说一直流传至后世。柳公权在"侍书中禁"时敢于直言或婉言进谏的行迳，于此可见一斑。

柳公权当着皇帝、臣子的面表现书法，又是他"侍书"生活的另一个侧面。其诗才、书才，使帝王"奇惜之"。

尽管如此，柳公权的心灵并不偏溺于这一端。外部的荣耀，消不去内心的苦闷。他"博贯经术，于《诗》《书》、《左氏春秋》《国语》《庄周》书尤邃，每解一义，必数十百言"（《新唐书》）。这里值得注意的是，他在研习儒学之时，又同时研习《庄子》，而且深得精微。柳公权同时从儒、佛、道中汲取心灵之滋养，求得互补与平衡，求得某种超脱。他对于佛、道方面接触颇多，并有多种书法创作。《金刚经》他多次挥写过，如今虽只见敦煌拓本，但前人著录柳书《金刚经》者颇多。另外公权还书有《阴符经序》以及《清静经》《度人经》等。他对唐代僧人的碑志、塔铭多有挥写，其《大达法师玄秘塔铭》即此中最为著名者。柳于佛寺庙观也多书碑，有名者如《回元观钟楼铭》《复东林寺碑》，即此中佼佼者。柳公权有佛道的慰藉和超脱的心灵，因此他能在滚滚红尘中孑然一身。他给人写碑，每年有巨额收入，家奴海鸥与龙安常盗用其钱财器物，他都对丢失的财物不屑一顾。

此外柳公权还"性晓音律",但"不好奏乐",常云:"闻乐令人骄怠故也。"(《旧唐书》)柳公权有多方面的学识素养,因而由其心灵滋润而出的书艺也是别有风味。其性刚毅正直和超尘脱俗的佛道风范,都熔铸于柳书的风骨之中。

学书法之路

早期:望尽天涯路

这一时期是从二十几岁到六十岁。宋赵明诚《金石录》载:贞元十七年(801),柳公权二十四岁时已书碑《河东节度李说碑》;此碑由郑儋撰文,原石在洛阳,已佚,但或可想象其为年少妍华之书。元和十五年,四十三岁时柳书《左常侍薛苹碑》;长庆四年(824),四十七岁时书《大觉禅师塔铭》等。虽然这些书迹都已不存在,但可见他二十多岁时的书艺已被社会接受和重视。柳在五十岁以前的作品,今只有《洛神赋十三行跋》《金刚经刻石》(敦煌本)可睹风采(见下文介绍)。从中可见其学锺繇、王羲之的书体,仿虞世南、欧阳询、褚遂良、陆柬之的体态。

柳公权五十岁以后的作品,据《金石录》载,有:《涅盘和尚碑》(五十一岁),《李晟碑》(五十二岁),《王播碑》(五十三岁),《将作监韦文恪墓志》(五十四岁),《太清宫钟铭》(五十四岁),《升玄刘先生碑》(五十六岁),《大唐回元观钟楼铭》(五十九岁),《赠太尉王智兴碑》(五十九岁)等。柳五十岁以后,只有《李晟碑》《大唐回元观钟楼铭》以及墨迹《送梨帖跋语》,可见其楷书概貌,虽能看到又有进境,但尚未大成。康有为说:"柳诚悬《平西王碑》学《伊阙石龛》而无其厚气,且体格未成,时柳公年已四十余,书乃如此,可知古之名家,亦不易就,后人或称此碑,则未解书道者也。"(《广艺舟双楫》)如果柳公权不能享高寿，那么六十岁之前，虽有很好声名，但终未能成一书坛巨擘。

鼎盛期：柳体之大成

六十岁以后的十年中，柳书进入鼎盛时期。这一时期，文献载有《冯宿碑》《检校金部郎中崔稹碑》《淮南监军韦元素碑》《义阳郡王苻璘碑》等等将近20通碑，而以《玄秘塔碑》和《神策军碑》为柳体的典型，声名最为卓著。

《神策军碑》至《玄秘塔碑》《神策军碑》柳体已大成。它一变中唐肥腴之风，用笔骨力深注，爽利快健，以方为主，济之以圆，且在蹲锋与铺毫之间显示瘦硬劲挺之线条，这便是"柳骨"（下文再作阐述）。在笔画之间已有自家面目，横之长者瘦挺舒展，横之短者粗壮有力；竖画较之横画为粗，以为主笔，求其变化；其撇，长者轻，而短者重；其捺必重，显示矫健力度；其钩、踢、挑必顿后回锋迅出。柳体在结字上，也似颜真卿书正面示人，左右较均衡，但纵长取势，且中密外疏。柳体法度森严，面目又变颜体之肥，而为清劲挺拔，瘦硬通神，在唐晚期以一种新的书体及其劲媚之美引起了人们对柳体的赞赏。

中期：斜阳的魅力

七十岁以后的十年中，柳公权又进入了一个新的发展时期。此阶段书碑记载很多，即据《金石录》所载，便有七十岁时书写的《商于新驿记》、《山南西道节度使王起碑》等，七十一岁书有《牛僧孺碑》《太子人傅刘沔碑》，七十三岁书《普光王寺碑》等近十通。今天仅见《太子太傅刘沔碑》与《魏公先庙碑》《高元裕碑》等。

从以上这些碑中，可以看到柳公权似乎想继《玄秘塔碑》和《神策军碑》淋漓尽致地表露柳体之后，再辟一新的境界。欲以淡拙渗透笔法，以平易渗透结体，以古雅渗透气韵。因此中期那种刀切钢铸般的用笔就有所收，抛筋露骨的结体有所隐，森严峻峭的风棱有所敛。清杨守敬对此悟识尤深，云："《苻璘碑》《魏公先庙碑》《刘沔》《冯宿》皆敛才就范，终归淡雅。"（《学书迩言》）他甚至认为，"《高元裕》一碑，尤为完美"。不过"柳骨"已经过数十年千锤百炼而成，柳公权也终未能再化出全新的另一番面目来。

晚期：柳书的晚霞

八十岁以后的八年中，柳公权进入书艺创作的晚期。他依然让生命与书艺交互滋养。他至八十七岁仍书有《太子太保魏谟碑》（《宝刻类编》著录）。从其代表作品《复东林碑》可以看到他以生命最后一段晚霞映染在碑的字里行间。那种风采已不是朝阳般的充满蓬勃生机的光辉，而是一片灿烂的晚霞；笔锋的利铓转入内部，气韵与自然贴近，通篇之旨趣与大化亲和，是宗匠晚年的心智所悟，老笔所致。柳公权就像一位向青山深处走去的得道之人，将书魂凝刻进书学的峰峦中。

从别家汲取精华

柳公权的成功是辛勤努力的结果，又是在其他书法家的基础上发展起来的。他善于吸取书艺大家的智慧与成果，自成一家书艺。

柳公权学锺繇书，《金刚经》中可见一斑，柳玭早已有所指。唐人多学"二王"书，但柳公权学王书能取其神而离其形。王世贞曾云："柳公权所书《兰亭》帖，去山阴室虽远，大要能师神而离迹者也。"（《书林藻鉴》）而董其昌最为知音，他从柳公权学王书中看到其形与王离，神与王合，悟用笔之古淡，由柳法而趋右军（《书林藻鉴》）。其实从柳公权的行草书札中，可以看到一些作品也类似王书面目。从王书中汲取书学营养，是柳书生命源泉之一。

柳书从欧阳询、褚遂良书中化出，论者颇多。米芾认为，柳师欧。康有为说："诚悬则欧之变格者。"康有为还认为，崔浩是瘦硬派，其后褚遂良、柳公权、沈传师均属此派（《广艺舟双楫》）。刘熙载认为柳与欧、褚密切，即如《沂州普照寺碑》系后人集柳书成之，然刚健含婀娜，乃与褚公神似焉（《艺概》)。欧书的筋骨显露,结体谨严,褚书用笔的蹲锋纤劲、流利秀美,给了柳公权有益的启示。

柳书从颜真卿书中吸取的精华。苏轼云:"柳少师书本出于颜,而能自出新意。"(《东坡题跋》)朱长文云:"柳书,盖其法出于颜,而加以遒劲丰润,自名一家。"(《续书断》)从具体书作而言,有的说"《玄秘塔》出颜之郭家庙"(刘熙载《艺概》);有的说鲁公《臧怀恪碑》"最为开张""柳谏议学颜即是由此入手"(郭尚先《芳坚馆题跋》);有的说颜的《李元靖碑》"结体与《家庙》同,遒劲郁勃,故是诚悬鼻祖"(王世贞《弇州山人稿》),如此等等。柳学颜主要有四个方面:

一是学颜之法度。颜真卿楷书在笔法、结字方面,法度甚备,柳在此基础上损益,使之更加完备。

二是学其雄媚之书风。变其雄中有媚为自己的秀中有雄。

三是学其人格与书品的结合。颜的高尚人格与颜书的风格二美并具,柳公权亦是书美、人美契合的典型。

四是学颜之变法精神。颜在王书的樊篱之外,另拓一恢宏境界,不仅比肩王羲之,而且为盛唐创立属于自己时代的书风,奏响了盛唐之音。柳则又变之,创元和以后的新书体,丰富了大唐之音。

除此以外,他也向民间书艺(例如北碑)汲取养料。

特别要指出的是柳公权的成功还在于拥有一个群体,互相切磋砥砺,取长补短。如长于柳公权十岁的沈传师,以及小于公权十三岁的裴休,都被视为与柳公权同一类型的书家:尚"清劲""命新体"。柳公权的名碑《玄秘塔》即是裴休撰文,裴休的名碑《圭峰定慧禅师碑》即由柳公权篆额。而裴氏此碑,可见柳书的影响,"细参之,其运笔之操纵,结体之疏密,与诚悬昕合无间"(《语石》)。柳公权之兄柳公绰也精书法,相互影响也在情理之中。

柳公权取质、取量、取度,炼形、炼神、炼韵,加以冶铸,又需要刻苦的磨炼,尤要以自己的性灵和人格去化入。柳公权之所以成为柳公权,也正在于此。

心正笔正

柳公权不但是一位有名的大书法家,还是一位为人耿直、敢于直言的人。

有一年，皇帝唐穆宗在一座寺院里，看到了柳公权写的字，心里十分喜爱，很想见一见他。正巧，没过多久，柳公权从自己做官的地方夏州（现在陕西北部）来朝廷办事。唐穆宗听说柳公权来了，就让他来见自己，把他留在朝廷里做了右拾遗（负责给皇上提建议的官）。

有一天，唐穆宗和柳公权谈论书法，唐穆宗向柳公权请教说："你的字写得笔法端正、刚劲有力，可我却写不了那么好，怎样用笔才能把字写好呢？"听了唐穆宗的问话，柳公权心想：听说皇上整天只知道玩乐不理朝政，我得找个机会劝劝他。

于是，他对唐穆宗说："写字，先要握正笔。用笔的要诀在于心，只有心正了，笔才能正啊！这跟国家大事是一个道理，不用心不行啊！"

唐穆宗知道柳公权是借讲笔法在规劝自己，不由得难为情起来。

这不过是小节，后来皇帝换成了唐文宗。有一天，唐文宗同几位大臣在一起谈论国事，柳公权也在场。大家说到汉文帝（他的故事，请看本全书政治家卷一）很注意俭朴的时候，唐文宗举起自己的衣袖让大家看，并有意自夸地说："这件衣裳已经洗过三次了，它现在还穿在我的身上。"

在座的一个大臣听了马上奉承说："陛下，您的俭朴胜过了汉文帝呀！"

其他几位大臣也跟着随声附和起来。只有柳公权在一旁一句话不说。唐文宗见了有些不高兴，就问柳公权："你怎么一句话也不说呢？"

柳公权看着唐文宗，神情严肃地说："陛下，您作为天子，最重要的事要选用那些有才德的人，罢免那些没有才德的人。让应该得到奖赏的人得到奖赏，使那些应当受到惩罚的人受到刑罚，这才是天子最宝贵的美德呀！穿件洗过的衣服，固然很好，可不过是细微的小事啊！"唐文宗听了柳公权的这一番话，想了想，觉得很有道理，就高兴地说："现在文官中最高贵、最荣耀的官职就是中书舍人（负责起草朝廷文告的官）了，您已经担任了这个官职，按理说，我不应该再让你去当谏议大夫这样的小官了。可是因为您正直敢言，有诤臣的风采，所以，我要委屈您再兼任谏议大夫官职，好让您能够常常提醒我。"

第二天，唐文宗就发布了命令，让柳公权兼任了谏议大夫。

张择端

张择端（1085～1145），字正道。琅邪东武（今山东诸城）人。北宋著名画家。他的风俗画《清明上河图》，系世界名画之一，也是他的代表作，描绘当年汴京近郊在清明时节社会各阶层的生活景象，真实生动，是一件具有重要历史价值和杰出艺术成就的优秀风俗画。经过近千年的漫长岁月，至今仍完好地保存在北京故宫博物院。

绘画题材的来源

张择端，字正道，东武（今山东诸城）人。早年游学汴京，后习绘画，宋徽宗赵佶（1101～1124在位）时期供职翰林图画院。专工中国画中以界笔、直尺划线的技法，用以表现宫室、楼台、屋宇等题材，尤擅绘舟车、市肆、桥梁、街道、城郭。他的画自成一家，别具特色。

张择端生活在阶级矛盾和民族矛盾都异常尖锐的北宋末年。当时北宋表面和平安乐，内部已隐藏着深刻的社会动荡和危机。在这种历史背景下，他创作了历史长卷《清明上河图》。

北宋年间的汴京极盛，城内四河流贯，陆路四达，为全国水陆交通中心，商业发达居全国之首，当时人口达100多万。汴京城中有许多热闹的街市和各种店铺，那时也出现了夜市。逢年过节京城里最热闹。为了表现京城的繁荣昌盛，张择端选择了清明这个重要节日的景象进行表现。《清明上河图》着重描绘了北宋首都水陆运输和市面繁忙的景象。

张择端虽然是在翰林图画院供职，创作的作品都称为"院体画"或"院画"，但他却把绘画题材转向人民的生活之中，多描写城乡生活的社会风俗。《清明上河图》画了大量各式各样的人物。而且，张择端对每个人物的动作和神情，都刻画得非常逼真生动，且创作的技巧非常娴熟。

《清明上河图》赏析

　　《清明上河图》是中国十大传世名画之一。北宋风俗画作品，宽24.8厘米（24.8公分），长528.7厘米（528公分），绢本设色，是北宋画家张择端存世的仅见的一幅精品，属一级国宝。中国12世纪城市生活的面貌在清明上河图上有了生动地记录，这在世界绘画史上罕见。

　　作品以长卷形式，采用散点透视的构图法，将繁杂的景物纳入统一而富于变化的画卷中，画中主要分开两部分，一部分是农村，另一部是市集。画中有814人，牲畜60多匹，船只28艘，房屋楼宇30多栋，车20辆，轿8顶，树木170多棵，往来衣着不同，神情各异，栩栩如生，其间还穿插各种活动，注重情节，构图疏密有致，富有节奏感和韵律的变化，笔墨章法都很巧妙，颇见功底。

　　这幅画描绘的是汴京清明时节的繁荣景象，是汴京当年繁荣的见证，也是北宋城市经济情况的写照。通过这幅画，我们了解了北宋的城市面貌和当时各阶层人民的生活。总之，《清明上河图》具有极高的史料价值。

　　《清明上河图》的中心是由一座虹形大桥和桥头大街的街面组成。粗粗一看，人头攒动，杂乱无章；细细一瞧，这些人是不同行业的人，从事着各种活动。大桥西侧有一些摊贩和许多游客。货摊上摆有刀、剪、杂货。有卖茶水的，有看相算命的。许多游客凭着桥侧的栏杆，或指指点点，或在观看河中往来的船只。大桥中间的人行道上挤满了人群；有坐轿的，有骑马的，有挑担的，有赶毛驴运货的，有推独轮车的……大桥南面和大街相连。街道两边是茶楼，酒馆，当铺，作坊。还有不少张着大伞的小商贩在街道两旁摆摊卖货。街道向东西两边延伸，一直延伸到城外较宁静的郊区，可是街上还是行人不断：有挑担赶路的，有驾牛车送货的，有赶着毛驴拉货车的，有驻足观赏汴河景色的。

汴河上来往船只很多，可谓千帆竞发，百舸争流。有的停泊在码头附近，有的正在河中行驶。有的大船由于负载过重，船主雇了很多纤夫在拉船行进。有只载货的大船已驶进大桥下面，很快就要穿过桥洞了。这时，这只大船上的船夫显得十分忙乱。有的站在船篷顶上，落下风帆；有的在船舷上使劲撑篙；有的用长篙顶住桥洞的洞顶，使船顺水势安全通过。这一紧张场面，引起了桥上游客和邻近船夫的关注，他们站在一旁呐喊助威。《清明上河图》将汴河上繁忙、紧张的运输场面，描绘得栩栩如生，更增添了画作的生活气息。

张择端具有高度的艺术概括力和浓缩力，具有很高的艺术水准。《清明上河图》丰富的内容，众多的人物，规模的宏大，都是空前的，丰富的内容处处引人入胜。

唐寅

唐寅（1470～1523），字伯虎，一字子畏，号六如居士、桃花庵主、鲁国唐生、逃禅仙吏等，据传于明宪宗成化六年庚寅年寅月寅日寅时生，故名唐寅。吴县（今江苏苏州）人。他玩世不恭而又才气横溢，诗文擅名，与祝允明、文征明、徐祯卿并称"江南四才子"，画名更著，与沈周、文征明、仇英并称"吴门四家"。

厌倦仕途转绘画

唐伯虎出生于苏州府吴县一个普通人家，父母开一个小酒店。唐伯虎少年时在酒店扫地洗碗帮工，十分辛苦。为了唐伯虎日后能光宗耀祖，父亲专门请人来教他读书。小唐伯虎天资聪颖，学习刻苦。

唐伯虎16岁时以第一名考中秀才，后来到南京参加乡试，又中了举人第一名解元。年少得志，他幻想沿着封建科举制度的路走下去，求得一官半职，成就功名。然而前途莫测，唐伯虎30岁时，到北京会试，牵连到一桩科场舞弊案，他无辜被牵连入狱，"功名富贵"的梦就此破灭。

　　唐伯虎也渐渐对官场的"逆道"产生了反感，从此性格、行为流于放浪不羁。后来，在好友祝允明规劝下，他发奋读书，决心以诗文书画终其一生。

　　明弘治十三年（1500），唐伯虎回到家乡，情趣寄托于山水之间。这年他先后出游了镇江、扬州、庐山、岳阳、武夷山、洞庭湖等地，最后回到苏州。出游对他的绘画事业影响很大。

　　唐伯虎生活的苏州在明代就是个经济、文化比较发达的地方，许多文人雅士都有收藏绘画的爱好。唐伯虎从小就对绘画有着浓厚的兴趣，后来拜当地一位名画家周臣为师，长进很大。以后，唐伯虎又拜江南画坛的盟主沈石田为师。

　　唐伯虎在绘画领域中则独树一帜，自成一路，尤其擅长山水、人物、花鸟。他才情极高，并且没有门户之见，无论是北宋中原画风还是南宋院体，以及江南画派，他都学其所长，为己所用。另外他还学习赵孟頫及"元四家"，并与同辈切磋画艺，采众家之长。

独特画风才华高

　　唐伯虎的山水画大都是急流引退、遁世独处的主题，他寄予了自己的思想感情。有的展现雄伟险峻的重山复岭，楼阁溪桥，四时朝暮的江山胜景，有的描写亭榭园林、文人悠闲的生活。画中的人物虽小，但其神情、仪态都刻画生动，具有完整的情节，不同于一般的点景之作。

　　在山水画作品中唐伯虎最具代表性的是《山路松声图》。画中松泉相映，似可闻声，极尽清妙。与《山路松声图》同样表现唐伯虎画风的还有：《春山伴侣图》《落霞孤鹜图》《莳田行犊图》《杏花仙馆图》《水亭幽居图》《草堂话旧图》《东篱赏菊图》《雪霁看梅图》《柳桥赏春图》《雪山会琴图》《硕上清吟轴》《丘林独步图》《渡头帘影图》《步溪图》《夏雨归牧图》等等。

　　在唐伯虎的作品中流传最广的是美人仕女画。

美人仕女画在我国传统人物画中占有重要地位。画面通过妇女形象的塑造来体现不同时期的现实生活、伦理观念和审美趣味，成为绘画艺术中具有独立审美意义的门类。唐伯虎的人物仕女画多取材于高人雅士、神仙故事以及官妓、歌妓一类。

在画法上，唐伯虎的美人仕女画大致分为两类：第一类，线条工细、劲利，设色艳丽，代表有《孟蜀官妓图》；第二类，笔墨流动爽利，转笔方劲，线描起伏抑扬，较为粗放，挥洒自如，富有韵律感，代表作有《秋风纨扇图》。

《秋风纨扇图》画用高度洗练的笔触，描绘了一名手持纨扇伫立在秋风里的美人。此画笔墨富于变化，含蓄有思致。唐伯虎还自题一首绝句："秋来纨扇合当收，何事佳人重感伤，请把世情详细看，大家谁不逐炎凉。"

唐伯虎画的花鸟基本上是以水墨提炼形象，墨韵明净，活泼洒脱，生趣盎然，富有生命气息，不同于沈、周二位老师的质朴老拙。传说唐伯虎所做的《鸦阵图》挂在家中，有一天有数千只乌鸦纵横盘旋在屋顶，恍若酣战，堪称奇绝。

唐伯虎的画风在晚年转入失意的苦痛和体弱多病的困境，而画中孤独的高士往往又是自己的写照。这些画用笔简单，只单纯地表现自己独特的心境。如他晚年的《秋风怀旧图》，整个画面给人的感觉是画家只抒情怀不注意刻画。

唐伯虎在诗词中有其独创的成就。其诗真切平易，不拘成法，大量采用口语。如《把酒对月歌》中写道："我愧虽无李白才，料应月不嫌我丑；我也不登天子船，我也不上长安眠；姑苏城外一茅屋，万枝桃花月满天。"

唐伯虎书法出自赵孟𫖯一体，俊迈轶群，很有功力。除诗文外，唐伯虎也能作曲，多采用民歌形式。

唐伯虎曾自刻"江南第一风流才子"印章，实在是名不虚传。

生活故事

明弘治年间，唐伯虎听说无锡开化乡一带名胜古迹颇多，就带着个书童前去游览。当他路过长泰寺时，天已经黑了，就想过去借宿一晚。

唐伯虎刚进长泰寺山门，慧珏方丈就迎了出来，笑问：

"请问施主尊姓大名？"

唐伯虎答道："田丑是也。路过这里，想找个地方歇息。"

方丈心想：一个眉清目秀的读书郎，怎么取如此怪名。听得出是苏州口音，也就没再多问，把唐伯虎带进大殿旁左侧的厢房。

唐伯虎倒头就睡，鼾声大作。

谁知睡了一会儿，书童惊呼起来："老鼠，老鼠！"

唐伯虎睁眼一看，果然三五只大老鼠毫无顾忌地在被子上跑来跑去，一时毛骨悚然，哪里还有什么睡意！

他立刻翻身起来，对小书童说："笔墨伺候！"

小书童连忙取出笔砚，磨好墨水。可没有画桌、宣纸，怎么画？

"去大殿！"唐伯虎来到大雄宝殿，借长明灯之光，挥起如椽大笔，饱蘸墨水，在殿壁上画了起来。不一会儿，一只欲从高处跳下来的虎斑狸猫已经画成。唐伯虎又点染几笔，配上几块山石、一丛紫藤，落过题款，然后回到厢房倒头就睡，一夜无事。

翌日凌晨，慧珏方丈来到大殿。"猫！"方丈惊叫起来。只见那只虎斑狸猫在大殿窜东窜西，跳上跳下，凶猛无比。方丈揉揉眼睛，欲看个究竟，那猫却到了壁上。

"好一幅水墨猫图！"定睛细看，落款写着唐寅大名。慧珏大呼上当："哪里是什么田丑？田（甜）者，唐（糖）也，丑之后，寅也。唐伯虎把老夫蒙了。"

方丈急忙赶到厢房，已不见唐伯虎踪影，赶出山门，也不见唐伯虎踪影。

468

唐伯虎为长泰寺画猫的故事很快传遍街头巷尾，老百姓从数十里外赶来观赏唐伯虎的杰作，一时挤得寺里水泄不通。

有人说："自打唐伯虎画了猫后，长泰寺里就没有发现过老鼠了。"

郑板桥

郑板桥（1693～1765），江苏兴化人；清代著名画家、书法家；原名郑燮，字克柔，号板桥，也称郑板桥；乾隆时进士，曾任潍县县令。为"扬州八怪"之一，其诗、书、画世称"三绝"，擅画兰竹。

卖画求生计

郑板桥出生于1693年11月，其时家道已经中落，生活拮据。3岁时，生母去世，14岁又失去继母。乳母费氏是一位善良、勤劳、朴真的劳动妇女，给了可怜的郑板桥悉心的照顾和无微不至的关爱。郑板桥资质聪慧，3岁识字，至八、九岁已在父亲的指导下作文联对。少时随父立庵至真州毛家桥读书。16岁从乡先辈陆种园先生学填词。大约在20岁左右考取秀才。23岁娶妻徐夫人。是年秋郑板桥首次赴北京，于漱云轩手书小楷欧阳修《秋声赋》。26岁至真州之江村设书塾教书。30岁，父亲去世，此时板桥已有二女一子，生活更加困苦。作《七歌》诗，慨叹"郑生三十无一营"。

因为生活的贫困，30岁以后，郑板桥弃官至扬州卖画为生。在扬州卖画10年期间，也穿插着一些旅游活动。不幸的是徐夫人所生之子去世，郑板桥曾作诗以致哀。三十二岁出游江西，于庐山结识无方上人和满洲士人保禄。出游北京，与禅宗尊宿及其门羽林诸子弟交游，放言高论，臧否人物，因而得狂名。在京期间，结识了康熙皇子、慎郡王允禧，即紫琼崖主人。

35岁，客于通州；读书于扬州天宁寺，手写《四书》各一部。37岁时作《道情十首》初稿。39岁，徐夫人病殁。郑板桥十载扬州，结论了许多画友，金农、黄慎等都与他过往甚密，对他的创作思想乃至性格都有极大的影响。

绘画的艺术性

封建社会中，士大夫往往在画图中、题画诗中表露清高之意，但由于历史的、社会的多方面因素，这些士大夫往往远离生活，逃避现实，隐遁山林，寄情于自然丘壑的态度，作品大都是以闲情寄兴的为多，即使有感而发的诗题也是泛泛而谈，有它的局限性。

而郑板桥的题画诗却有所不同，他已摆脱传统单纯的以诗就画或以画就诗的窠臼，他每画必题以诗，有题必佳，达到"画状画之像""诗发难画之意"，诗画映照，无限拓展画面的广度，郑板桥的题画诗是关注现实生活的，有着深刻的思想内容，他以如枪似剑的文字，针砭时弊，正如他在《兰竹石图》中云："要有掀天揭地之文，震电惊雷之字，呵神骂鬼之谈，无古无今之画，固不在寻常蹊径中也。"

郑板桥画竹和画石很独特。如《柱石图》中的石头，这也是前人画中常用题材，但很少把它作为主体形象来表现的。而郑板桥在画幅中央别具一格地画了一块孤立的峰石，四周皆空没有背景。画上四句七言诗："谁与荒斋伴寂寥，一枝柱石上云霄，挺然直是陶元亮，五斗何能折我腰。"诗点破了画题，一下子将石头与人品结合到一块儿，可谓"画不足而题足之，画无声而诗声之。诗画互相为用，开后人无数法门。"板桥借挺然坚劲的石头，赞美陶渊明刚直不阿、品格高尚的人格，同时也吐露了他自己同样的遭遇。画中的石头代表了人物形象，蕴藏着刚直不阿、气宇轩昂的品质，使人感到，画石头比画人更有意味。

郑板桥还有很多以兰花为主题的画，也表现了一些新的内容，借题画诗发挥，寓意对各种各样事物的看法。如：有的借兰花特征，透溢出做人胜不骄、败不馁，持平常心态的胸臆，题画诗云："兰花与竹本相关，总在青山绿水间，霜雪不凋春不艳，笑人红紫作客顽。"由兰花让人产生联想，做人要像兰花一样幽静、持久、清香，不浮不躁，不争艳。咫尺画幅，拓展无限之大，意境深邃。又如：有的借一丛丛兰花，夹着一些荆棘的自然现象，抒君子能宽容小人之大度的气质。《荆棘丛兰石图》题画诗云："不容荆棘不成兰，外道天魔冷眼看，看到鱼龙都混杂，方知佛法浩漫漫。"另一幅《荆棘丛兰石图》题云："满幅皆君子，其后以荆棘终之何也？盖君子能容纳小人，无小人亦不能成君子，故棘中之兰，其花更硕茂矣。"板桥匠心独运，兰花中穿插几枝荆棘，画兰花与荆棘共存，表达了遇有小人，虚怀若谷、和睦共处，"历经磨练，方成英雄"的宽宏大量之胸怀，读画者亦受益匪浅。越读越感简单的植物具有高深的意境，乐趣无穷。郑板桥笔下兰竹石，我们不难看出，他喜画兰竹石的缘由，正如他所云："四时不谢之兰，百节长青之竹，万古不败之石，千秋不变之人"，而"为四美也"。"有兰有竹有石，有节有香有骨"。在他眼中，兰竹石，能代表人坚贞不屈，正直无私，坚韧不拔，心地光明，品格高洁等品格，因而其题画诗的字字句句，托物言志，意境深远。

题画诗在他笔下，不但在内容上有思想性，抒情性，而且在形式上还具有艺术性、趣味性。题画诗能充分体现"书画同源""用笔同法"的艺术趣味，"扬州八怪"的题款已脱传统国画以及"文人画"题款、题诗的窠臼，特别是郑板桥将书法与画糅合在一起，还成了共同表现形象的特殊手法，彼此关系不分割。如《兰石图》，郑板桥将诗句用书法的形式，别具匠心，真草隶篆融为一体，大大小小，东倒西歪，犹如"乱石铺街"地题于石壁上，代替了画石所需的皴法，产生了节奏美、韵律美，又恰到好处地表现了石头的立体感、肌理美，比单纯用皴法表现立体感更具有意趣。这倒成了不可或缺的表现方法，既深刻揭示兰花特征，寓意高尚人品的意境美，又有书法艺术替代皴法的艺术美。让人在观画时既享受到画境、诗境的意境美，又能享受到书法艺术的形式美，沉浸在诗情画意中。另在许多兰竹石的画幅上，他题诗的形式变化多端，不守成法，不拘一格，自然成趣，达到书佳、行款得体，画亦随之增色。他将

题画诗或长题于侧，或短题于上下，或纵题、或横题、或斜题、或贯穿于兰竹之间、藤叶之间，断断续续地题，观其形态，参差错落，疏密有致。是书也是题，是画也是诗，是诗也是画，欣赏每幅画中题画诗，既是绝妙的书法再现，也是将书画相映成趣的综合艺术，书题与画面有机地交融在一起，构成了统一的诗情画意，给人以综合的完美的艺术享受。因而，世人无不赞叹他们是诗书画印融为一体的最佳创作者。

综上所述，郑板桥的作品突破了传统花鸟画藩篱，他的作品不是自然景物的"再现"，不是前人艺术的翻版，也不是远离生活的笔墨游戏，是有着独特个性，有创新精神的。因而，自它的作品问世以来一直深受国内外人们的欢迎。

商界名人

范蠡

范蠡,字少伯,又称陶朱公,生卒年不详,春秋楚国宛(今河南南阳)人。春秋末著名的政治家、军事家和实业家。后人尊称"商圣"。他出身贫贱,但博学多才,与楚宛令文种相识、相交甚深。因不满当时楚国政治黑暗、非贵族不得入仕而一起投奔越国,辅佐越国勾践。帮助勾践兴越国,灭吴国,一雪会稽之耻,功成名就之后激流勇退,化名姓为鸱夷子皮,变官服为一袭白衣与西施西出姑苏,泛一叶扁舟于五湖之中,遂游于七十二峰之间。期间三次经商成巨富,三散家财,自号陶朱公,乃我国儒商之鼻祖。世人誉之:"忠以为国,智以保身;商以致富,成名天下"。

助勾践灭吴雪耻

范蠡出身贫寒,生活十分困苦。稍长时,颇有才学与志向。当时在宛邑任邑令的文种得知他的情况后,亲自驾车去拜访范蠡。范蠡听说后就向兄嫂借了衣冠,穿戴整齐出来迎接贵客。两人一见如故,相谈甚欢,从此成为至交。他们经过一段时间的交往,便决定一道外出,寻机干一番大事业。

两人先到吴国,打算辅佐吴王夫差,但夫差很蔑视他们,于是他们离开吴国继续南行,后来到达越国的都城会稽。越王勾践所治理的小国经济文化十分落后,荒地遍布,人民生活贫困,很缺乏人才。于是勾践很赏识范蠡和文种,很快封他们为大夫。由于范蠡具有丰富的政治、军事、经济、天文、地理等方面的知识，并对天下大势了如指掌，所以成了勾践的主要谋臣。君臣一心，同心协力，越国政治、经济等方面有所改进和提高。但好景不长，勾践不听范蠡之言，在国力、军力尚不强大的情况下，于公元前494年起兵进攻吴国。吴越两军战于夫椒（太湖一山名），结果越军大败，勾践带领5000残兵败将退守于会稽，被夫差率领的吴军团团包围。这次勾践在范蠡的建议下，派文种向夫差求和，夫差同意受降，但提出要勾践亲自到吴国充当人质，无奈之下，勾践只好答应夫差的无理要求。

范蠡随同勾践到了吴国，为吴王夫差驾车养马，过着仆役一样的生活。范蠡拒绝了吴王的多次招降，始终留在勾践身边，忠心不二。他曾为勾践出谋划策，想方设法取悦于夫差，从而使夫差确信勾践君臣已无叛逆之心，于是将他们释放回国。回到越国后，范蠡与文种等大臣辅佐勾践励精图治，下决心复兴越国。范蠡主张顺应天时，大力发展农业生产，藏富于民。君臣亲密合作，越国的经济迅速发展起来，逐步赶上了发达的中原地区的水平。除了发展经济，范蠡还全力训练军队，加强军事力量，准备征讨吴国，报得灭国为奴之仇。

公元前475年，勾践再次率兵，大破吴兵，吴国都城姑苏也被越军围困了3年。吴王夫差躲在姑苏山上，派人向越国求和，范蠡劝谏勾践不可允和，并督师打到吴国王宫前，夫差被迫自杀，吴国从此灭亡。

范蠡由此受到人们的普遍敬重，越王勾践也成为"春秋五霸"之一。

弃政从商变富豪

范蠡帮助勾践成就霸业后，便偷偷乘船离开越国。临行前，他留下一封信给文种，提醒他："飞鸟尽，良弓藏；狡兔死，走狗烹。越王为人，长颈鸟喙，可与共患难，不可与共安乐。"建议文种离开越国以保性命。文种没有听从范蠡的意见，结果被杀。

范蠡驾船出三江，入五湖，北上来到齐国。为了重新开始生活，便隐姓埋名，自号"鸱夷子皮"，以经商为生。他选择经商之路是受计然的影响和启发。当年勾践被夫差围困于会稽时，计然曾为他出谋划策，主张发展生产、繁荣市场经济以促进越国尽快富足，并提出了经商七策。范蠡认为治国与治家道理相通，决心按计然的七策发家致富。由于经营有方，几年之后，范蠡成为积财数十万的富商。后来齐王听说他的名声，想聘请他为相国。范蠡感叹说："居家富确千金，居官位至卿相，这是普通人所能达到的最高地位了。久享此尊名，乃是不祥之兆。"于是他谢绝了齐王的美意，把财产分给同乡好友，仅带着贵重珠宝，悄悄地离开齐国到了陶邑（今山东省济阳）。所以后世商人称他为"陶朱公"。

陶邑是交通要道，在各国之间往来方便，便于经商，于是他选择在这里停留。范蠡在那里囤积货物，把握时机，聚散适宜，而且选择助手也是知人善任。于是过了几年，其产业得到发展，获得了丰厚利润。19年内，曾三次获利千金。范蠡为人大方慷慨，心地善良，他时常接济贫穷百姓，并向亲戚朋友馈赠钱财，因而受到众人的普遍称赞。他年老后归隐田园，子孙们继续努力经商，财富也不断增加，资财达到上亿。

范蠡初步形成了儒商思想，主要体现在以下几个方面：

（1）实行以道德经商。从范蠡那里就开始初步形成了鲜明的道德特色。一方面表现为范蠡经商致富主要是依靠无损于民的商业技巧，而不是损人利己；另一方面表现为在致富之后并不是为富不仁，而是仗义疏财，散尽私财给老百姓。所以，他被时人誉为"富好行其德者"。

（2）继承了计然的农商俱重的思想。认为："末病则财不出，农病则草不辟矣。……农末俱利，平粜齐物，关市不乏，治国之道也。"

（3）继承了"计然之策"中的物质储备思想，主张要按照天时变化和农业生产的变化规律，掌握时机，积蓄物质，实行"旱则资舟，水则资车"的物质储备战略，做到有备无患。

（4）继承了计然的价值规律思想。商人应十分重视价格的变化，根据价格的波动及时做出经营决策。要按照"贵上极则反贱，贱下极则反贵""一贵一贱，极而复反"的规律，采取"贵出如粪土""贱取如珠玉"的手段，果断进出货物，走在潮流之前。范蠡还提出"无敢居贵"的思想，提倡薄利多销。

（5）采取多种经营的方式。范蠡反对把经商与其他生产经营分割，而是以多种经营的方式，扩大财源，分摊风险。因而他既"囤货"，又"耕畜"，农牧商三管齐下，从而成为天下屈指可数的富翁。

吕不韦

吕不韦（？～前235），姜姓，吕氏，名不韦。战国末年著名商人、政治家、思想家，后为秦国丞相，卫国濮阳（今河南濮阳滑县）人。吕不韦是阳翟（今河南省禹州市）的大商人，故里在城南大吕街，他往来各地，以低价买进，高价卖出，所以积累起千金的家产。他以"奇货可居"闻名于世，曾辅佐秦庄襄王登上王位，任秦国相邦，并组织门客编写了著名的《吕氏春秋》，其门客有3000人。即《吕览》。也是杂家思想的代表人物。有关成语：一字千金。

商人之鼻祖

范蠡之前是越王勾践的大将军，隐退后有很多的金银作为经商的资本，因此，范蠡经商的成功有着良好的经济基础。而吕不韦却是白手起家，小小的年纪，就成了赵国首都邯郸的首富。

吕不韦的第一桶金是如何挖到的，至今尚无法考证，但在尚未婚娶的年龄就成为一国首富，也绝对不是靠贩卖青菜，卖几个肉包子就能实现的。结合历史分析吕不韦的生财之道，从中我们也可以看出他经商的天才，也不愧商人之鼻祖的称号。

单纯靠贱进贵出这个商业上最起码的理论是难以发家的。他的奇货可居理论，才是他发家的关键。他能把一个人（安国君的儿子，即后来的秦庄襄王。）作为货物囤积，还什么样的事情干不出来？这里至少有一点是可以肯定的，吕不韦的原始资本积累，一定是靠见不得人的买卖来积累的。是否有过非法融资尚待考证，但相信那些贩卖私盐、走私珠宝的买卖少不了他，因为在当时的赵国，这都是奇货。

还有，卫国是小国，经济不发达，于是他把商品贸易扩展到了赵国，并且把经商中心也设在赵国。当时赵国的地理位置十分重要，他是各诸侯国的交通要道，经济比较发达，各国的名人和商人云集于此；吕不韦选择赵国作为自己的出口贸易国家，足以看出他独到的经济眼光。

此外，善于交际的吕不韦，为了使自己的商业顺利发展，与达官贵族联系密切。吕府来往的大多数是赵国的高官贵人和各国的外交使节，这就使他的商业与官场有了千丝万缕的联系，在扩大了自己的知名度的同时，也使自己的商业发展提供了更多的良机。这种商人与官场合作的经商之道，至今仍然被很多成功商人所推崇。

开创了商人从政的历史先河

众所周知，商人的地位在古代是比较低下的。即使商人有再多的金银财宝，那些高官贵族、文人学者也会对他们不屑一顾。为了改变自己的处境，吕不韦决定弃商从政，以抬高自己的社会地位。在当时的环境下，商人想达到这一步是很难的，但对于吕不韦来说，却很容易取得了成功。

作为商人，单纯靠拉关系、贿赂官员是很难在政治上取得重大成功的。因此，他决定把奇货可居的经商理论应用于政治权谋，直接从高层入手，孤注一掷，把秦国的质子异人作为自己进入上层的阶梯。他花费巨资包装质子，还大施美人计，把自己心爱的女人送质子异人为妻，以博得质子异人的欢心。

把秦国质子异人拉入怀抱后，吕不韦来到秦都咸阳，凭借其巨大的财力四处结交上层关系，大力宣传炒作质子异人的能力；他还拿大笔的金银财宝贿赂秦王宠爱的华阳夫人，利用枕头风的威力，成功使质子异人登上了秦王的宝座。自此，吕不韦已混入上层社会，成为了政治要臣。作为一个商人，能取得如此巨大的成功，可以说是前无古人，后无来者。

吕不韦被拜为丞相后，开始掌管秦国军政大权，成了真正的商人政治家。两年后，庄襄王也就是子楚去世，接替王位的是赵姬所生的儿子嬴政。嬴政登基时年仅13岁，于是拜吕不韦为相国，尊称他为"仲父"。由于秦王嬴政年幼，所以直到公元前238年，这段时间实际上是吕不韦在当政，执掌着秦国的一切权力。

吕不韦本是富商，贵为相国后，更是富可敌国，其家中僮仆就达万人之多。他还效仿当时贵族养士，用钱财广招天下宾客，汇集食客3000人，并组织宾客中有学问者，合编出一部学术大著作《吕氏春秋》。该书被认为是杂家的代表作。他这样做，就是想以学问向士人靠拢，借此改变自己出身商人的卑贱地位，使自己像个真正的贵族。

此外，吕不韦对统一中国也做出了应有的贡献。他实际执政期间，继续执行秦国既定的兼并天下的方针。他以李斯为谋士，蒙骜、王翦等人为将军，蚕食各诸侯的土地。他曾亲率大军讨灭东周，使周王朝从此绝灭。他还派蒙骜、王翦等人率军攻打魏、韩、赵诸国，屡战屡胜，粉碎了各诸侯国的最后一次合纵，为后来秦王统一六国扫清了障碍。

沈万三

沈万三（1330~1379），本名富，字仲荣，世称万三，湖州路乌程县南浔镇（今浙江湖州南浔）人，祖上迁居平江路（明改苏州府）长洲县（今江苏苏州）东蔡村。民间传说沈万三致富的原因是因为"聚宝盆"，说沈氏获得了一只聚宝盆，不管将什么东西放在盆内，都能变成珍宝。

致富的真正原因

这些传说只是使后世之人自得其乐罢了。其实，沈万三发财致富的原因，一直以来有三种说法：垦殖说，分财说，通番说。

（1）垦殖说。根据许多史料上的记载，沈万三从"躬稼起家"继而"好广辟田宅，富累金玉"，以至"资巨万万，田产遍于天下"。沈万三依靠垦殖发富，乃至成为豪富，号称江南第一。

（2）分财说。有人认为，"沈万三秀之富得之于吴贾人陆氏，陆富甲江左……尽与秀"。（《周庄镇志》卷六·杂记），又有人说"元时富人陆道源，皆甲天下……暮年对其治财者二人，以资产付之""其一即沈万三秀也"（杨循吉《苏谈》）。总之，沈万三是得到了吴江汾湖陆氏的资财，才成为江南巨富的。

（3）通番说。据《吴江县志》载，"沈万三有宅在吴江二十九都周庄，富甲天下，相传由通番而得"。著名历史学家吴晗也说："苏州沈万三一豪之所以发财，是由于作海外贸易。"这说明沈万三是由于把商品运往海外贸易，才一跃而成为巨富的。

其实，沈万三成为江南巨富是以上三个因素密切关联、相互作用的结果。如果说沈万三"其先世以躬稼起家……大父富，嗣业弗替尝身帅其子弟力穑"，说明他有了立业的根本。沈万三得到了汾湖陆氏巨资，有了致富的本钱，且"治财"有方，显示了他出色的"经营管理"的才能。他手持巨资，一方面继续开辟田宅，另一方面他把周庄作为商品贸易和流通的基地，利用白砚江（东江）西接京杭大运河，东北走浏河的便利，把江浙一带的丝绸、陶瓷、粮食和手工业品等运往海外，开始了他大胆地"竟以求富为务"的对外贸易活动，使他迅速成为"资巨万万，田产遍于天下"的江南第一豪富。周庄也因此成为粮食、丝绸、陶瓷、手工艺品的集散地，发展成为苏州巨镇，周庄"以村落而辟为镇，实为沈万三父子之功"。所以说，沈万三是以垦殖为根本，以分财为经商的资本，大胆通番，而逐渐发家成为巨富。

沈万三发迹后，在镇东东坨建造千亩粮仓，在银子浜尽头建造堆放银子的府库。据史籍记载：当年沈万三发迹时，每天都有很多小船进出银子浜，运送银子。据说，沈万三发迹后，并没有为富不仁，而是兴修水利、修桥铺路、散财济贫，为村民做了许多善事，因此被当地老百姓称为"沈善人"。

三次打击致其衰落

但是，沈万三的生活并没有那么平静。他的巨大财富，引来了朱元璋的嫉妒和不满，因而对沈万三进行了三次沉重的打击，导致沈家最后衰落。

第一次打击是在明洪武六年（1373）前后。据《周庄镇志》记载，"洪武时，富民沈秀者助筑都城三分之一，请犒军，帝忍日：匹夫犒天下之军乱民也，宜诛之。后谏日，不祥之民，天将诛之，陛下何诛焉！乃释秀，成云南。"除沈万三充军云南之外，他的第二个女婿余十舍也被流放潮州。最终沈万三客死云南。这次打击不仅使沈家失去了沈万三这个当家人，而且富贵气息也减去大半，可谓人财两空。不仅如此，沈万三当时被捕时，周庄镇上株连甚多，有尽诛周庄居者之说，幸亏周庄镇人徐民望不避斧钺，台御状至京城，才救下周庄全镇老小。

第二次打击是在明洪武十九年（1386），洪武十九年春，"兄至以户役故，赴秋官时伯熙亦获戾京师，适与兄同系狱"（《周庄镇志卷三·冢墓》）。这次沈万三子沈旺的两个儿子沈至、沈庄（伯熙）又为田赋坐了牢，伯熙当年就死在牢中，后移葬于周庄杏村。这样，从根本上动摇了沈家的基业。

第三次打击是在洪武三十一年（1398）。"奏学文与蓝玉通谋，诏捕严讯，株连妻女，及其仇七十二家""洋武三十一年二月学文坐胡蓝党祸，连万三曾孙德全六人，并顾氏一门同日凌迟"（《周庄镇志·卷六·杂记》）。这次沈万三女婿顾学文一家及沈家六口，近八十余人全部被杀头，没收田地，可谓是满门抄斩。沈万三苦心经营的巨大家业，急剧地衰落了。"沈万三家在周庄，破屋犹存，亦不甚宏大"，沈家大族遭受三次如此沉重的打击，只能家破人亡。

就这样，号称江南第一豪富的沈万三的家业由兴盛走向了衰落。

乔致庸

乔致庸（1818~1907）字仲登，祁县乔家第三代人。他出身商贾世家，自幼父母双亡，由兄长抚育。本欲走入仕途，刚考中秀才，兄长故去，只得弃文从商。他是乔家门中最长寿的人，活了89岁，一生娶有6妻，因乔门中有不许纳妾的家规，都是续弦。当国家到了国将不国的境地，大批银子流向海外时，他一改往日不治家宅的习惯，于同治初年耗费重金扩建祖宅，修建了著名的乔家大院，被专家学者誉为"清代北方民居建筑的一颗明珠"。

乔氏家族发家史

乾隆初年，乔家的第一代乔贵发为做生意走西口，在包头一个当铺当店员。10余年后乔贵发和秦姓同乡开了一个小字号广盛公。后来生意不景气，广盛公也处于破产的边缘。但乔贵发为人厚道，广盛公的许多生意伙伴都对他的遭遇极为同情，不忍看他们破产，于是相约3年后再来收欠账。3年后，乔贵发不但还清欠款，生意还重新复兴，把广盛公改名为复盛公。这已经是嘉庆年间的事了。这次经历似乎已经奠定了乔家经商重诚信的基础。后来，历经两代人经营，到乔致庸出生时，乔家家境已经比较富裕。而家族的生意达到鼎盛是在乔致庸的管理下实现的。乔致庸青年时代已经考中了秀才，他的生活本来应该与商道无关的。当时乔家有三门。一门人丁不旺，二门已经出了5个举人，家里竖了5个石旗杆，生意则是乔致庸所在的三门主要在做，但三门却没出过一个举人。乔致庸的大哥有个愿望，就是希望乔致庸能给三门挣个举人，竖个旗杆。如果将来能再中个进士，这辈子的任务就提前完成了。

咸丰初年，乔家当时在祁县的大德兴丝茶庄主营生意就是丝茶，当时战乱不断，北方捻军和南方太平军起义，南北茶路断绝。乔家虽然主营丝茶，但在当时山西商人中也并非最大。乔致庸的大哥因战乱对生意的重大打击而一病不起，于是乔致庸不得不担起家族生意。从咸丰初年到光绪末年，乔致庸的人生经历了整个清朝晚期。接手家族生意后，他却在社会动荡、兵荒马乱的清朝晚期把乔家的生意推到了顶峰，尤其是乔家的票号生意。乔致庸当时做的第一件事，就是疏通南方的茶路、丝路。

当时乔家还没有涉及票号生意。那时已经有了平遥的日升昌票号，现在找到的最早证据是日升昌在1823年分账的记录，当时是5年一次。不过公认在日升昌之前，平遥就已经有了商号经营汇兑。当时票号很少，全国也只有5

家,其中最大的日升昌也只有7个分号,且不和中小商人打交道,影响非常有限,一般小商人还必须带着银子做生意。当乔致庸意识到票号的广阔前景后,志向是希望有朝一日能汇通天下。不但如此,乔致庸虽然力图将票号发展到全国,却并没有垄断票号生意的意愿。他的想法,其艰难和风险都一眼可知——比如你想让票号把20两银子汇到南方,这在当时连路费都不够。想想看,如果你乔家在新疆要是有票号,让你汇一两银子去你也必须做到,这个成本和风险何其惊人!但乔致庸就是那样的理想主义。

善于用人

"人弃我取,薄利广销,维护信誉,不弄虚伪",乔致庸以儒术指导商业经营,他执掌家业时,"在中堂"事业突飞猛进,家资千万,起先是"复字号"称雄包头,因此有"先有复盛公,后有包头城"之说。

信、义、利是乔致庸的经商理念。即以信誉徕客,以义待人,信义为先,利取正途。而乔家的事业得以快速发展,也得益于乔致庸能够不拘一格用人才。如礼遇聘请阎维藩。阎维藩原为平遥蔚长厚票号福州分庄经理,他与年轻武官恩寿交往密切,当恩寿为升迁需银两时,阎维藩自行作主曾为恩寿垫支银10万两。为此阎维藩被人告发,并受到总号斥责。后恩寿擢升汉口将军,不几年恩寿已归还了所借蔚长厚之银,并为票号开拓了业务。但阎维藩因曾经受到排挤和总号斥责丧失了对蔚长厚的感情,决计离开蔚长厚返乡另谋他就。乔致庸知道阎维藩是个商界难得人才,便派其子备了八抬大轿、两班人马在阎维藩返乡必经路口迎接。一班人马在路口一连等了数日,终于见到阎维藩,乔致庸之子说明来意,并代为表达父亲的真诚之情,使阎氏大为感动。阎维藩心想：乔家富甲三晋，财势赫赫，对他如此礼遇，实在三生有幸。乔致庸之子又让阎维藩坐八乘大轿，说明此乃家父特地嘱咐，而自己骑马伴随左右。这更使阎氏感动不已。阎氏觉得不妥，二人相让不已，最后只好让八乘大轿抬着阎氏衣帽，算是代阎坐轿，而二人则并马而行。

阎氏来到乔家，乔致庸盛情款待。乔致庸见阎维藩举止有度，精明稳健，精通业务，十分欣赏他的能力。当时阎氏仅36岁，乔致庸更是感叹年轻有为，是难得的经济人才。当即聘请阎氏出任乔家大德恒票号经理。阎氏对照在蔚长厚的境况，深感乔家对他之器重，知遇之恩，当即表示愿殚精竭虑，效犬马之劳。阎氏自主持大德恒票号以来的26年间，使票号日益兴隆，逢账期按股分红均在8000到10 000两之间，阎氏为乔家的商业发展立下了卓越功劳。

胡雪岩

胡光墉（1823～1885），幼名顺官，字雪岩，徽州绩溪县人，红顶商人，著名徽商。开办胡庆馀堂中药店。后入浙江巡抚幕，为清军筹运饷械，1866年协助左宗棠创办福州船政局，在左宗棠调任陕甘总督后，主持上海采运局局务，为左宗棠大借外债，筹供军饷和订购军火，又依仗湘军权势，在各省设立阜康银号20余处，并经营中药、丝茶业务，操纵江浙商业，资金最高达2000万两以上。中法战争爆发后，由于资金周转困难，加上官僚压榨，胡雪岩最终破产，客死杭州。

慷慨相助结至交

胡雪岩生得一双炯炯有神的眼睛，一看就聪明伶俐。平时他不仅吃苦耐劳，而且热情大方，笑口常开，所以他人缘极好，钱庄上上下下的人都喜欢他。三年师满之后，胡雪岩理所当然成了开泰钱庄一名得力的伙计。开始时，胡雪岩和其他伙计一样在店里站柜台，后来东家和总管店务的"大伙"都觉得这个小伙计顺眼，就派他出去收账。胡雪岩也没有辜负东家的期望，他办事认真，从来不曾出过纰漏。

一年夏天，胡雪岩在一家名叫"梅花碑"的茶店里跟一个叫王有龄的人攀谈，得知他是一名候补盐大使，正打算北上"投供"加捐。清代捐官不外乎两种，一种是做生意发了财，富而不贵，需要捐个功名好提高身价。像扬州的盐商，个个都是花几千两银子捐来的道台，这样一来便可以与地方官称兄道弟，平起平坐，否则有事上公堂，还要跪着回话。再有一种，本是官宦子弟，书也读得不错，就是运气不好，次次名落孙山，年纪也不小了，家计也难维持了，改行又无从改起，只好卖田卖地，托亲拜友，拉拢关系，凑一笔钱去捐个官做。

王有龄就属于后者，他的父亲是候补道，没有任过什么好差使，分发浙江后在杭州一住数年，老病侵扰，再加上抑郁不得志，最后死在异乡，身后没有留下多少遗产。运灵柩回老家福州需要一大笔盘缠，而且家乡也没有什么可以投靠的亲友，万般无奈之下，王有龄就只好奉母寄居在异地了。境况不好，举目无亲，生活没有着落，王有龄穷困潦倒，每天只能在茶馆里消磨时光。虽然捐了官却无钱去"投供"。

胡雪岩了解了这些情况后问王有龄："如果银钱的问题能解决，你准备怎么做？""那我就去改捐个知县。盐大使是正八品，知县是正七品，改捐花不了多少钱。出路可就大不相同了。"

"怎么讲？"

"盐大使只管盐场，出息倒也不错，不过没什么意思。知县虽小，却是一县之父母，能杀人也能活人，可以好好做一番事业。再说，知县到底是正印官，不比盐大使，说起来总是捐班的佐杂，到处做'磕头虫'，与我的性情也不相宜。"

"对，对！"胡雪岩不断点头，"那么，你需要多少'本钱'呢"？"总得500两银子。"

"噢！"胡雪岩心中有了计

较，没再多问。

两人又闲聊了一会儿，眼见日落西山，便起身互相告辞。胡雪岩临别时道："我二人一见如故，言犹未尽，明天下午，我们还在这里喝茶，你可一定要来。"

王有龄拱手道："一定，一定！"

第二天下午，王有龄按时赴约却久不见胡雪岩的踪影，天色已暮之时，胡雪岩依旧没出现，心中难免有些恼火，便起身走出茶馆。走出茶馆不多远，听见后面有人喊他的名字。转头一看正是胡雪岩，跑得上气不接下气，满脸是汗。手里还拿着一个布包。

来到王有龄的跟前，胡雪岩连声说："对不起，对不起，让你久等了。总算还好，事情有了着落。"

王有龄不知道他这话是什么意思，胡雪岩也没细说，只道："走，到茶店坐下说话。"

两人来到茶店，胡雪岩把手中的布包递给王有龄说："你打开来看看，注意别让外人看见。"

王有龄见胡雪岩一脸的神秘，不知包中藏着何物，打开一看，里面是一叠银票，还有些碎银。不解地问："哪里弄来的这些钱？"

"这你就别管了，但绝不是偷来抢来的。这就是你做官的本钱。"

王有龄万万没有想到和自己素昧平生的胡雪岩会如此慷慨相助，感动得热泪盈眶，一时不知说什么好。

王有龄得了胡雪岩的帮助，感激之情无以言表，他暗暗发誓："倘或上天有眼，让我也有得意的那一天，定报胡兄的大恩！"

大树底下好乘凉

一天，王有龄到了天津落脚驿馆之中，偶然听说有个叫何桂清的户部侍郎要到南方某地查办某事，现正在天津。王有龄一听大喜，原来，何桂清是王有龄的少年同窗学友。于是王有龄登门拜访何桂清，难得的是何桂清果然还未忘掉故人之情，靠了他的面子，返回浙江后，王有龄受到了浙江巡抚黄宗汉的多方关照，很快成了黄抚台面前的大红人。没过多长时间，黄宗汉下委札让他坐了"海运局"坐办的交椅。"海运局"是清朝专为漕米改为海运而设,"总办"由黄宗汉兼任,"坐办"是实际的主持人。这一职务权力也不小,很多人做梦都想得到这个美差。

王有龄到"海运局"上任后的第一件事就是找到胡雪岩,把他从上海请回杭州,帮助胡雪岩把因动用钱庄的钱丢了的饭碗找回来。王有龄有意到钱庄摆一摆官派,替胡雪岩出一口恶气,但胡雪岩不同意这么做。胡雪岩根据那些昔日同事的关系、境遇、爱好,花了整整一上午的时间,替每人备了一份厚礼,然后雇了一个挑夫,担着这一担礼物跟着他去了钱庄。

钱庄上下都知道以前错怪了胡雪岩,现在王大人回来给他撑腰,大家心里都很不安。可是胡雪岩却满脸微笑,好像从前的事没发生过似的,更让钱庄伙计们想不到的是胡雪岩竟还给每个人备了份礼。这一下,众人都很佩服胡雪岩。人人都有这样一个感觉:胡雪岩倒霉时,不会找朋友的麻烦,他得意时,一定会照应朋友。

王有龄对胡雪岩的所作所为大加赞叹,对他也愈发敬重,以后大事小事总要先来向胡雪岩请教之后才去办理。胡雪岩关照王有龄:"官场非寻常之地,为官与经商的道理是一个样,水涨船高,人抬人高;只有这样生意才做得好,官才做得顺。你初来乍到,背后,虽有何学台的面子,但抚台、藩台、粮道,还有他们的手下人,一定都要安抚好。该花的银子就得花,只有各条路都通了,才不至于有人找碴儿捅娄子。"王有龄心领神会,按照胡雪岩的点拨去做,果然有效果。

抚台大人对王有龄提携有加,到海运局不久,就把催运漕粮的任务交给他去办。漕粮北运事关国家和军队的命脉,照例应一年一运,一年一清。漕米运达的速迟,关涉到地方官的名声,所以督抚黄宗汉催逼甚紧,前一年甚至为此逼死了一个名叫椿寿的二品大员。王有龄没有办法,只有硬着头皮尽力催运,只不过是费力不讨好的法子。倒是头脑灵活的胡雪岩帮他想了一个两全其美的法子——买商米代替漕米。就是带钱直接去上海买粮交差,反正催的是粮,只要目的达到就可以了。

买商米的钱,胡雪岩出面向原来的钱庄去借。钱庄一看有海运局这个衙门做后盾,不愁借出的款子收不回来;又受了胡雪岩放款王有龄的现成例子的鼓舞,二话没说,就按胡雪岩的要求把事情给办了。

在去上海谈生意过程中，胡雪岩发现，虽说漕运渐衰，漕帮势力大不如前，但是地方运输安全等方面，还非得漕帮帮忙不可。这是一股闲置起来有待利用的势力，忽视了这股势力，一不小心就会受阻。更何况各省漕帮互相通气，有了漕帮里的关系，对王有龄的海运局完成各项差使也大有益处；一旦有个风吹草动，王有龄也不至于受捉弄，损害官声。

上海之行，王有龄收获不小。公事方面，圆满完成了漕粮代垫；私事方面，汇了20 000两银子到黄宗汉老家。黄宗汉异常满意，透出口风，要不了多长时间定有酬谢。向巡抚大人交了差后，王有龄松了口气，就约胡雪岩一同品茶聊天。

王有龄有些感叹地说："我们两人合在一起，何事不可为？真要好好干一下。"

"我也这么想，我已经有了一个打算。"

"什么打算？快告诉我。"

"我想自己立个门户，开家钱庄。现在因为打仗的关系，银价常常有起落，只要眼光准，兑进兑出，两面好赚，机会不可错过。"

"雪岩！说句老实话，我现在真不愿意你去开钱庄。抚台已经有话了，最近可能有升迁，你不如捐个功名，跟我一起去。"

"这我早就想到了。开钱庄归开钱庄，帮你的事我也不会丢的，你放心好了。"胡雪岩见王有龄还有些迟疑，就低声说道："钱庄有一个最大的好处就是可以代理道库、县库，公家的银子没有利息，等于白借本钱。你迟早要放出去的，等你放出去后再现开一家钱庄代理你那个州县的公库，中饱私囊痕迹就太明显了。所以要开就现在开，而且越快越好。"

"嗯，是这个理，我明白了。"王有龄又问："现在哪来那么多本钱？"

"这其中的奥妙你就不懂了，我的计划是先把门户立起来，开张时开得热热闹闹的，其实是虚张声势，内里是空的。等你一旦放了州县，不就可以代理它的公库了吗？空的不就变成了实的了吗？"

说干就干，没多长日子，杭州阜康银号就红红火火地开张了。他们对外号称拥有本钱20万两，实则不到2万两。胡雪岩在钱庄学徒时的几年学费没有白交，他不仅用"空城计"唱出了一个阜康银号来，而且在存款和放款方面提出了大胆设想。

当王有龄一跃而成为湖州府知府时，阜康银号自然就由空转实了。这时，胡雪岩开始实施他的大胆放款计划：第一是放给做官的。这几年官员调补升迁，多不受常规，所谓"送部引见"的制度，虽未废除，却多变通办理，尤其是军功上保升的官员，有不少是在地方上当了巡抚、道台这样主持一省钱谷、司法的大员，而未曾进过京的。或者在当地升迁从一地到另一地的，一般少不了需要一笔盘缠和安家费。第二项放款是放给那些逃难到上海来的内地乡绅人家。这些人多是祖上留下大把家私，有不少现款、细软带在身上。

太平军频频进攻江浙那几年，胡雪岩已经站稳了脚跟。他所依仗的第一样是钱庄，并且在上海、杭州、宁波、汉口、福州等地开设了近十家钱庄，吸收了各地官府、贵戚、富贾的大量存款。多年的诚信经营使"阜康"更是成了客户心中不倒的金字招牌。第二样是典当和药店。在胡雪岩看来，开典当和药店是为了给穷人提供一些方便，要让老百姓都晓得他胡雪岩的名字。第三样是与国计民生有关的大事业，利用漕帮的人力、水路上的势力跟现成的船只，承揽公私货运，同时以松江漕帮的通裕米行为基础，大规模贩运粮食，外加上军火和生丝贸易。胡雪岩很快跻身于官商行列，并成为其中的佼佼者。

另择木而栖

王有龄死后，胡雪岩失去了最得力的靠山。面对纷乱世道，政治上没有牢固的靠山，要想在商场上吃得开是不可能的，胡雪岩深知道这一点。所以他必须尽快找到一个更有发展前途的人作为自己的后台，他把目光转向了左宗棠。

1860年，左宗棠率湘军从安徽进入浙江，一路稳扎稳打，先求立于不败之地。

对于左宗棠而言夺回杭州指日可待。这一点胡雪岩早就看出来了，他开始计划重回杭州。他派人先去收服在太平军内做事的张秀才，让他做内应。清军夺回杭州，张秀才父子因为开城迎接蒋益澧有功，获得了一张七品奖状，并被派为善后局委员。张秀才知恩图报，趁机进言，蒋益澧答应送胡雪岩到余杭拜见左宗棠。

左宗棠对胡雪岩这个名字并不陌生，早就听说他在公款上动过手脚，再就是他不能与王有龄做到誓共生死，正准备上折严参。今天他见胡雪岩主要是想看看他到底是个什么货色。

左宗棠虽是个犟脾气，却还愿意听人陈诉。胡雪岩声情并茂，细诉心曲，到底将左宗棠的骡子脾气拧过来了。当胡雪岩讲到冒险运粮而不愿还时，左宗棠微有所动；当讲到王有龄血书相托，要胡雪岩发誓做程婴保黎民时，左宗棠不由得为之动容；胡雪岩据实相告，已随船运来粮米万石，准备马上进行安抚工作，左宗棠大为骇异，连声敦请胡雪岩落座吃饭。

胡雪岩早已摸准了左宗棠的脾性，当左宗棠拿李鸿章来和自己相比，要胡雪岩谈谈看法时，胡雪岩称许左宗棠只会做事，不会做官，又补充说："大人也不是不会做官，只不过不屑于做官而已。"左宗棠听了大为过瘾。

胡雪岩见好就收，谦虚一句："我是信口胡说，斗胆在大人面前放肆。"左宗棠正色道："你不要妄自菲薄，在我看来满朝纡青拖紫，及得上你的见识的，实在不多。"

在左宗棠的授意之下，胡雪岩殚精竭虑，把善后赈灾的工作做得十分出色，左宗棠对他十分信任，凡事总向他讨主意。

左宗棠让胡雪岩长驻上海，为的是军饷、军粮和军火。胡雪岩自知责任重大，不敢丝毫懈怠。第一是采办西洋兵器，炮弹子药，决不让前方短缺。第二足军饷，数目不大，随时都有；数目太大，可预先嘱咐一声。

后来，左宗棠想自办船厂造轮船。经过一番筹划之后，左宗棠于1866年6月25日向清廷递上奏折，说明他拟设局制造轮船的目的和计划。他认为，购买机器制造轮船已成为刻不容缓之举，成一船即练一船之兵，五年后成船较多，即可布防沿海各省，遥卫津沽。至于造船经费，左宗棠请求由福建海关拨付，如有不足，则动用闽省厘税。他还致信给此时已是广东巡抚的蒋益澧和浙江巡抚马新贻，说明他筹建船厂的目的和计划，他们均表示愿意凑集款项，共襄盛举。

清政府对左宗棠设厂造船的计划表示十分赞赏，发布上谕，所需经费由闽海关税内酌量提用，如有不敷，则由闽省厘税项下提取应用。

就在左宗棠忙于兴办福州船政局的时候，西北地区爆发了回民起义。7月14日，清政府发布上谕，调左宗棠担任陕甘总督，让他率领湘军前往西北镇压。

上谕到时，左宗棠用"密保"的形式单独保存胡雪岩，措辞极有分量："按察使衔福建补用道胡光墉，白臣入浙，委办诸务，悉臻妥协。杭州克复后，在籍筹办善后，极为得力，其急公好义，实心实力，迥非寻常办理赈抚劳绩可比。迨臣自浙而闽而粤，叠次委办军火军粮，络绎转运，无不应期而至，克济军需。是故恳请破格优奖，以照鼓励，可否赏加布政使衔。"

加了布政使衔，便可改换顶戴。胡雪岩原衔按察使，是正三品，戴的是亮蓝顶子，布政使是从二品，便可戴红顶子了。捐班出身的官儿，戴到红顶子极不容易，戴红顶子的商人更是绝无仅有。饮水思源，没有王有龄，怎会有今日？

西北征伐，首先要筹办兵饷。左宗棠的计划是采用练马队、造炮车、办屯垦的办法，稳扎稳打，以10年为期，平定回民起义。按这个计划一年下来，需要筹300多万两的军饷，实在不是一笔小数目。即使有朝廷之命，可以向各省要求"协饷"，但通算下来，军饷仍是大半之数没有着落。

接下来的一半军饷就要看胡雪岩的了。左宗棠特设了上海采运局，由胡雪岩主管。胡雪岩匆匆收拾行装，奔赴上海。上海采运局的业务范围很广，牵涉和洋人打交道的第一件事是筹借洋款，前后合计在1600万两以上，第二是购买各色最新的西式枪支弹药和炮械。

1878年春天，左宗棠的勋业达到巅峰，他的"西征"大功告成，被晋封为二等侯。胡雪岩的事业也随之达到了巅峰。左宗棠知道如果没有胡雪岩筹饷及后勤支援之功，他的"西征"不可能获得如此辉煌的成就。因此这年的4月14日，左宗棠会同陕西巡抚谭钟麟，联衔出奏，请"破格奖叙道员胡光墉"，历举他的"功劳"，共计九款之多。前面五款是历年各省水陆灾荒，胡雪岩奉母命捐银赈济的实绩，因而为胡老太太博得一个正一品的封典，使得胡雪岩在杭州城内元宝街的宅院得以大起门楼。浙江巡抚到胡家，亦须在大门外下轿，因为巡抚的品秩只是正二品。

后四款才是胡雪岩真正的"功绩"。一是胡雪岩在杭州开了规模宏大的药店"胡庆余堂"，其声名可与北京同仁堂媲美。历年西征部队日常所需的"诸葛行军散""避瘟丹""神曲""六神丸"之类的成药，治跌打损伤的膏药、金创药，以及军中所用药材，全部都由胡雪岩捐解。

其次是奉左宗棠之命，在上海设立采运局，采购转运毫无延误。再次是经手购买外洋火器，物美价廉。

最后一项最重要，即是为左宗棠筹饷，除了倦洋债及商债，前后合计在1600万两以上之外，各省的协饷亦由胡雪岩一手经理。"协饷"未到，而前线不能缺饷时，多由胡雪岩代垫。湘军、淮军都曾出现过索饷哗变事件，只有西征之师从未"闹饷"。这件维持两征士气的功劳，左宗棠认为"实与前敌将领无殊"。

胡雪岩是捐钱的道员，以军功加布政使衔，从二品文官顶戴用珊瑚，戴红顶子。乾隆年间的盐商有戴红顶子的，戴红顶子而又穿黄马褂，唯胡雪岩一人而已。